Naturrecht und Universalrechtsgeschichte
Vorlesungen nach G. W. F. Hegel

自然法与普遍法历史

黑格尔法哲学讲座

［德］爱德华·甘斯　著
［德］约翰·布劳恩　编
黄钰洲　译

Eduard Gans

NATURRECHT UND UNIVERSALRECHTSGESCHICHTE

Vorlesungen nach G. W. F. Hegel

Herausgegeben und eingeleitet von

Johann Braun

Mohr Siebeck Tübingen,2005

本书据莫尔·齐贝克出版社 2005 年版译出

《政治哲学名著译丛》编委会

主　编　吴　彦

编委会成员（以姓氏笔画为序）

王　涛　　田飞龙　　孙国东　　李燕涛　　邱立波

吴冠军　　张　龑　　杨天江　　周保松　　周国兴

泮伟江　　姚　远　　章永乐　　黄　涛　　葛四友

《政治哲学名著译丛》
总　　序

  政治一直以来都与人自身的存在息息相关。在古典时代,无论是西方还是中国,在人们对于人类生活的原初体验中,政治都占据着核心位置。政治生活被看成是一种最高的生活或是作为一个真正的人最该去追求的生活。政治与个人的正当生活(古希腊)或人自身的修养(中国)是贯通的。在政治生活中,人们逐渐明白在由诸多人构成的共同生活中如何正确地对待自身和对待他人。

  在过往这十多年内,国人一直在谈论"政治成熟"。这在某种意义上根源于对过去几十年内人们抱持的基本政治理想的省思。但是,一个民族的政治成熟在根本意义上不在于它在力量上的强大甚或对现实处境的敏锐意识,而在于它可以给整个世界提供一种好的生活方式。只有在人们不仅认识到残酷的人类现实,而且认识到我们可以根据一种正当的、好的方式来处理这种现实的时候,我们才开始在"政治上"变得"成熟"。

  这一克服和摆脱野蛮状态的过程在某种意义上就是一个"启蒙"的过程。在此过程中,人们开始逐渐运用他自身的理智去辨识什么是一个人或一个国家该去追求的生活。在此意义上,一种政治启蒙的态度就尤为重要,无论是古典路向的政治哲学,还是以自由民主制国家为典范的现代政治思想都必须首先予以检讨。这在某种意义上也正是此套丛书的基本旨趣之所在。希望通过译介一些基本的政治和法律著作而使国人能够在一个更为开阔和更为基本的视域内思考我们自身的生存和发展环境。

吴 彦

2014 年寒冬

目 录

前言 …………………………………………………………… 1
编者引论 ……………………………………………………… 4
 一 所谓的王储逸事 ………………………………………… 4
 二 实质背景 ………………………………………………… 8
  （一）宪法问题 ……………………………………………… 9
  （二）反对派理论 …………………………………………… 12
  （三）等级制或代议制 ……………………………………… 16
  （四）陪审团法庭 …………………………………………… 20
  （五）市民社会中的阶级斗争 ……………………………… 23
 三 论阐述的方法 …………………………………………… 27
  （一）线性和整合性的思维 ………………………………… 30
  （二）思想与现实的交织 …………………………………… 35
 四 对黑格尔构想的扩展 …………………………………… 37
  （一）哲学史概览 …………………………………………… 38
  （二）普遍法历史 …………………………………………… 40
  （三）立法的科学 …………………………………………… 53
 五 一部科学的法百科全书 ………………………………… 55

法哲学与普遍法历史

（大纲概述）

导论 …………………………………………………… 63
从古代以来关于自然法的各种观点的历史发展 ………… 73

第一部分　狭义的法哲学 …………………………… 151
第一篇　抽象法 ……………………………………… 166
　第一章　所有权 ……………………………………… 170
　第二章　契约 ………………………………………… 192
　第三章　不法 ………………………………………… 199
第二篇　道德 ………………………………………… 225
　第一章　论行为的归责 ……………………………… 226
　第二章　论目的 ……………………………………… 233
　第三章　论至善 ……………………………………… 238
第三篇　伦理 ………………………………………… 245
　第一章　家庭 ………………………………………… 247
　第二章　市民社会 …………………………………… 271
　第三章　国家 ………………………………………… 331

第二部分　普遍法历史 ……………………………… 411
第一篇　东方法 ……………………………………… 412
　第一章　东方法的概念 ……………………………… 412
　第二章　中国法 ……………………………………… 416
　第三章　印度法 ……………………………………… 432
　第四章　波斯法 ……………………………………… 447

　　　　第五章　埃及法 ··· 455

　　　　第六章　摩西法 ··· 462

　　　　第七章　穆斯林法 ··· 476

第二篇　希腊法 ·· 488

第三篇　罗马法 ·· 514

第四篇　中世纪法 ·· 530

第五篇　近代 ··· 561

第三部分　实践法或立法的科学 ································ 567

注释 ·· 572

版本报告 ·· 611

人名索引 ·· 626

译后记 ·· 643

法哲学与普遍法历史

（详细划分）

导论 ·· 63
  自然法与法历史的结合　对第一种异议的反驳　对第二种异议的反驳　关于自然法的通常观点　作为实定法的哲学的自然法　自然法的真观点　法的思想展示在法的状态中　现实的合乎理性与合乎理性的现实　自然法作为法的本质

从古代以来关于自然法的各种观点的历史发展 ·············· 73

  一　希腊哲学 ·· 74
    苏格拉底　柏拉图　柏拉图的《理想国》　国家作为正义的呈现　对柏拉图《理想国》的批判　亚里士多德　伦理学与政治学的分离　国家政制　柏拉图与亚里士多德的对比

  二　罗马人的法哲学 ································· 93
    "法"一词的发明　自然法与万民法　西塞罗

  三　中世纪的法哲学 ································· 95
    教会　经院哲学

  四　近代的开端 ···································· 97
    培根　马基雅维里　托马斯·莫尔　博丹　胡果·格劳秀斯

  五　近代的法哲学 ·································· 102
    （一）奠基性的法哲学阶段 ····················· 103
      笛卡尔　斯宾诺莎　对斯宾诺莎哲学的批判　霍

布斯　普芬道夫　科克采伊父子　托马修斯　贡德林　克里斯蒂安·沃尔夫　孟德斯鸠

（二）革命性的法哲学阶段 ……………………… 120

康德　卢梭　法国大革命　重农学派　西耶斯　米拉波　康德派　费希特

（三）返回或概念把握的法哲学阶段 ……………… 133

1. 返回现实,然而是过去的现实 ………… 134

博纳尔子爵　迈斯特伯爵　德国法思想家　历史法学派

2. 在法国大革命的充实之后,返回一种秩序的国家 …………………………………………… 140

边沁　圣西门

3. 以对法与国家之存在进行概念把握的方式返回 …………………………………………… 148

第一部分　狭义的法哲学 ……………………… 151

论法的基地

（一）意志的形式 ………………………………… 151

意志的环节

1. 纯粹无规定性 ……………………… 153
2. 特殊性与规定性 …………………… 154
3. 意志的真正本性 …………………… 155

（二）意志的内容 ………………………………… 157

1. 自在的自由意志 …………………… 157

2. 自在自为存在着的意志 ·················· 160
　　法的划分　考察的辩证形式

第一篇　抽象法 ···························· 166
　　人格　法权能力

第一章　所有权 ···························· 170
　　占有　萨维尼的取得占有　占有作为开端的财产
　　占有与所有权　所有权　对自己的所有权
　一　取得占有 ······························ 179
　　（一）身体把握 ·························· 179
　　（二）定形 ······························ 181
　　（三）标志 ······························ 182
　二　物的使用 ······························ 183
　　价值　货币　财富
　三　所有权的转让 ·························· 187
　　自杀　自我转让　知识产权　翻印　剽窃　从所有
　　权过渡到契约

第二章　契约 ······························ 192
　一　契约的分类 ···························· 194
　　（一）赠与契约 ·························· 195
　　（二）交换契约 ·························· 196
　　（三）担保契约 ·························· 198
　二　从契约过渡到不法 ······················ 199

第三章　不法 ······························ 199
　一　无犯意的不法 ·························· 200

　　　　　诉讼原则　辩论主义　职权调查主义
　　二　欺诈 ································· 204
　　三　犯罪 ································· 205
　　　　　犯罪的分类　刑罚　威慑论　预防论　威吓论　矫
　　　　　正论　契约论　报应论　复仇　同态复仇　刑罚作
　　　　　为罪犯的权利　刑罚的方式　死刑　身体刑　名誉
　　　　　刑　财产刑　自由刑　未遂　控告式与纠问式诉讼
　　　　　过渡到道德
第二篇　道德 ································· 225
　第一章　论行为的归责 ······················· 226
　　一　责任 ································· 227
　　二　故意 ································· 228
　　　（一）恶意 ······························· 228
　　　　　间接故意
　　　（二）偶然 ······························· 230
　　　（三）过失 ······························· 230
　　三　意图 ································· 232
　第二章　论目的 ····························· 233
　　一　幸福 ································· 233
　　二　实践目的 ····························· 235
　　三　理论目的 ····························· 236
　第三章　论至善 ····························· 238
　　一　德行论 ······························· 238
　　二　义务论 ······························· 239

　　　　　　决疑论　禁欲主义
　　三　良知……………………………………………… 242
第三篇　伦理…………………………………………………… 245
　第一章　家庭……………………………………………… 247
　　一　婚姻…………………………………………………… 248
　　　　婚姻的概念　契约论　圣礼　婚姻的缔结　一夫一妻制　禁婚令　丈夫与妻子的领域　婚内财产关系　婚姻的解体
　　二　家庭的持存…………………………………………… 259
　　　　（一）孩子……………………………………… 259
　　　　　　教育　教学法
　　　　（二）家庭所有权……………………………… 262
　　　　（三）佣仆……………………………………… 262
　　三　家庭的解体…………………………………………… 264
　　　　（一）监护……………………………………… 264
　　　　（二）继承法…………………………………… 265
　　　　　　遗嘱继承与无遗嘱继承　继承法的历史　继承权的准则　家庭过渡到市民社会
　第二章　市民社会………………………………………… 271
　　　　市民社会的两个环节　市民社会与国家　财富与苦难
　　一　需要的体系…………………………………………… 275
　　　　（一）论主观需要……………………………… 275
　　　　（二）论外在的物……………………………… 276
　　　　　　时尚　奢侈

（三）论劳动 ……………………………… 278
　　　　　教化　劳动分工　国民财富　重商体系　重农体系　工业体系
　　　（四）等级 …………………………………… 285
　　　　　1. 直接的等级 …………………………… 287
　　　　　2. 反思或产业的等级 …………………… 288
　　　　　3. 普遍等级 ……………………………… 290
二　司法 ……………………………………………… 291
　　（一）法之为法律 ……………………………… 292
　　　　　习惯法　立法的使命　法律与法的矛盾　判例　法律解释
　　（二）法律的定在 ……………………………… 296
　　　　　原则与案例列举　形式主义
　　（三）法院 ……………………………………… 299
　　　　　1. 法院的一般组织 ……………………… 299
　　　　　法官独立　法院的义务　举证责任　上诉　仲裁
　　　　　2. 公开性与口头性 ……………………… 302
　　　　　公开性的政治理由　口头性　法律修辞
　　　　　3. 陪审法庭 ……………………………… 306
　　　　　陪审法庭的性质　陪审法庭的历史　嫌疑　刑罚　刑讯　过渡到警察与同业公会
三　警察与同业公会 ………………………………… 314
　　（一）警察 ……………………………………… 314

警察的普遍特征　警察的历史　治安警察
产业警察　产业自由　贸易自由　教育警察
济贫警察　殖民　过渡到同业公会

  （二）同业公会 ·· 326
   行业组织　伙计、帮工与行家　医生与律师
   公社　过渡到国家

第三章　国家 ·· 331
  关于国家的不同观点　国家作为自由的现实
 一　内部国家法 ·· 337
  （一）内部宪制本身 ······································ 338
   宗教　神权国家　国教　宗教自由　科学与
   艺术　各项国家权力
   1. 国家权力 ·· 347
    王权　共和权　人民主权　神的恩典　世
    袭君主制与选举君主制　国家权力的各项
    个别权利　赦免权的历史　国家权力的责任
   2. 政府权力 ·· 357
    机关组织　各部的划分　官僚体制
   3. 立法权 ·· 362
    诸等级的功能　等级制与代议制　议会制
    两院　议院的组织　选举　选举原则
    津贴　提案权　反对派　协商的公开性
    公共舆论　新闻自由
  （二）对外主权 ·· 375

论战争　战争的原因　勇敢的等级

二　外部国家法或国际法·················· 380
　　干涉　条约　邦联国家　帝国法院　使节　战争国际法　过渡到世界历史

三　世界历史···························· 386
　　关于历史的不同观点　人类的可完善性　世界历史民族与传记民族　黄金时代与铜铁时代　历史的各个时期

　　（一）东方世界······················· 391
　　　　1. 后亚细亚······················· 393
　　　　2. 中亚细亚······················· 395
　　　　3. 前亚细亚······················· 395
　　（二）希腊世界······················· 397
　　（三）罗马世界······················· 399
　　（四）基督教························· 401
　　　　1. 教会与国家的斗争··············· 404
　　　　2. 文艺复兴与宗教改革············· 405
　　　　　绝对主义
　　　　3. 法国大革命····················· 409

第二部分　普遍法历史·················· 411
第一篇　东方法······················· 412
　第一章　东方法的概念················ 412
　　　孟德斯鸠与安格迪尔·迪佩龙　法与宗教的统一

法发展的各个层次
第二章 中国法 ……………………………… 416
一 资料来源 ……………………………… 416
二 中国法和国家的特征 …………………… 417
皇帝 行政 最高法院 平等与专制主义
三 市民社会 ……………………………… 421
农民等级 对报纸与官员的控制 贸易与产业
四 家庭 …………………………………… 424
（一）婚姻 …………………………… 424
婚姻的障碍 一夫多妻制 离婚
（二）父权 …………………………… 427
哀悼 亲属关系
（三）继承法 ………………………… 428
五 道德 …………………………………… 429
六 刑法与民法 …………………………… 430
第三章 印度法 ……………………………… 432
一 资料来源 ……………………………… 432
二 法和国家的普遍特征 ………………… 433
种姓的区分 国家法
三 市民社会 ……………………………… 438
四 家庭 …………………………………… 438
（一）婚姻 …………………………… 439
（二）父权 …………………………… 441
（三）亲属关系 ……………………… 442

（四）继承法 …………………………… 442
　五　道德 ………………………………… 444
　六　私法与刑法 ………………………… 444
　　　诉讼程序　个别规则

第四章　波斯法 ………………………………… 447
　一　资料来源 …………………………… 447
　二　宗教与法的普遍性质 ……………… 448
　　　种姓
　三　市民社会 …………………………… 451
　四　家庭 ………………………………… 452
　　　（一）婚姻 …………………………… 452
　　　（二）父权 …………………………… 454
　　　（三）继承法 ………………………… 454
　五　道德 ………………………………… 454
　六　刑法与民法 ………………………… 455

第五章　埃及法 ………………………………… 455
　一　资料来源 …………………………… 455
　二　国家与法 …………………………… 456
　　　种姓　王位
　三　家庭 ………………………………… 459
　　　（一）婚姻 …………………………… 459
　　　（二）父权 …………………………… 460
　四　道德 ………………………………… 461
　五　刑法 ………………………………… 461

六　民法 ………………………………………… 461
第六章　摩西法 ………………………………… 462
一　资料来源 …………………………………… 462
二　法与国家 …………………………………… 463
　　神权政体　选民　国家的组织
三　市民社会 …………………………………… 467
四　家庭 ………………………………………… 467
　　（一）婚姻 …………………………………… 467
　　　　利未婚　禁婚令　离婚
　　（二）父权 …………………………………… 470
　　（三）继承法 ………………………………… 470
五　道德 ………………………………………… 471
六　刑法 ………………………………………… 472
七　私法 ………………………………………… 474
第七章　穆斯林法 ……………………………… 476
一　资料来源 …………………………………… 476
二　国家与法 …………………………………… 479
　　帝国的四根支柱　迪万
三　市民社会 …………………………………… 482
四　家庭 ………………………………………… 482
　　（一）婚姻 …………………………………… 482
　　　　妇女的地位
　　（二）父权 …………………………………… 484
　　（三）继承法 ………………………………… 485

五　刑法 ································· 485

　　　六　民法 ································· 486

　　　　　回顾东方法

第二篇　希腊法 ································· 488

　一　资料来源 ································· 488

　二　一般导论 ································· 489

　　　法与宗教的分离　法的国家法性质　演说家　缺乏内部差别法

　三　雅典的国家法 ······························ 494

　　　梭伦之前的国家组织　梭伦之后的国家组织　行政权　公民大会　战神山议事会

　四　市民社会 ································· 499

　　　同业公会　公民　奴隶

　五　家庭 ···································· 502

　　　（一）婚姻 ······························· 502

　　　　　嫁妆　离婚　婚姻障碍

　　　（二）父权 ······························· 506

　　　（三）继承法 ····························· 507

　　　　　法定继承　遗嘱

　六　民法与刑法 ································ 509

　　　杀人罪　其他犯罪　私人诉讼

第三篇　罗马法 ································· 514

　一　一般特征 ································· 514

　　　知性思维　二元论　罗马历史的不同时期　罗马法的不同时期

二　全部法与国家的状态	518
三　家庭	521
（一）婚姻	521
（二）父权	522
（三）亲属关系	523
（四）监护	524
（五）继承法	524
四　道德	526
五　民法与刑法	526
（一）物法	526
（二）债法	527
（三）刑法	528

第四篇　中世纪法 …… 530

一　导论 …… 530

　　教会法　日耳曼各民族的法　封建法　罗曼语族国家
　　日耳曼国家　斯拉夫民族

二　中世纪的国家法	544
（一）德意志	545
（二）英国	546
（三）丹麦	548
（四）瑞典	548
（五）西班牙	549
（六）葡萄牙	550
（七）意大利	550
（八）法国	551

（九）斯拉夫民族 ………………………………… 552
　三　中世纪的家庭 …………………………………………… 553
　　　（一）婚姻 ……………………………………………… 554
　　　（二）父权 ……………………………………………… 557
　　　（三）继承法 …………………………………………… 557
　　　（四）刑法与民法 ……………………………………… 558

第五篇　近代 …………………………………………………………… 561
　一　国家 ………………………………………………………… 561
　二　家庭 ………………………………………………………… 563
　三　私法与刑法 ………………………………………………… 564
　　　最近的法典化

第三部分　实践法或立法的科学 ………………………………… 567
　　　立法的理念

注释 ………………………………………………………………… 572
版本报告 …………………………………………………………… 611
　一　所使用的资料来源 ………………………………………… 611
　二　编辑原则 …………………………………………………… 615
　三　与其他版本的关系 ………………………………………… 621
人名索引 …………………………………………………………… 626

译后记 ……………………………………………………………… 643

前　言

　　黑格尔在1821年出版的《法哲学原理》被认为是德国唯心论在政治哲学领域所取得的最重要成就。与其他任何作品相比，这部作品以概念表达的方式把握了它所处的那个时代的国家和社会，并塑造了直至今日的法权思想。时至今日，我们都还没有任何一部著作可以与之相媲美。然而对于那些对黑格尔的思维方式和语言并不是很熟悉的读者来说，这个宝藏是难以进入的，因为黑格尔在他的法哲学中所展开的思想宇宙，只向内行人展露。因此，一些读者可能希望有一位经验丰富的导游来帮助他们入门，并在探索困难的地形时给予他们建议和支持。

　　本书的主要目的是提供这种帮助，然而并不是通过从今天的角度解释和评论黑格尔的论述，而是通过再现一个黑格尔同时代的释义。事实上，这里介绍的作品是法学家爱德华·甘斯（1797—1839）于1827年至1828年在黑格尔生前根据与他的约定，以及在哲学家去世后（1831），在一定程度上凭借继承而来的权利，对黑格尔法哲学所进行的讲座的重构。在黑格尔的所有同伴中，甘斯是最懂得如何把黑格尔的法哲学和历史哲学向大众推广的人。他让黑格尔的抽象概念充满了生命力，也让柏林大学的讲堂门庭若市。人们在这里寻求关于一般法哲学的讯息，以及按照这种哲学的判断，什么是当下这个时代的具体之事。通过对这些讲座的重构，我们可以了解到当时德国最著名的法学院之一向听众提供的内容，同时也让人获得那个时代的财富。

然而，本书不仅可以帮助我们更好地理解黑格尔，而且也可以帮助我们更好地理解甘斯。甘斯在大学讲堂和上流社会的沙龙中传播黑格尔哲学所发挥的作用，使他在其生前就颇有名气。然而根据后世不为演说家编织花环*的原则，他只获得了微小的身后名。尤其是在法律史中鲜有关于他的报道。无论在哪里，只要有对德国三月革命前的思想和政治运动感兴趣之人，甘斯就会一如既往地让他感到满足。甘斯站在他那个时代的伟大焦点上，几乎没有任何其他人能做到这一点；他首先是一位实践家；然后是一位改宗的犹太人、黑格尔的支持者，在他自己的大学里是萨维尼的公开反对者，属于青年德意志的文学团体；最后他还是黑格尔和青年黑格尔派以及青年马克思之间的一种联系。尤其是后者成了一些人的理由，他们随着马克思主义的起落而失去了自己的世界观，正在寻找一种新的意识形态联系，根据片面选择的引文，把甘斯作为他们自己的一员。

所有旨在认识和理解甘斯作品的努力，首先必须是确保和扩充有说服力的文献来源。我在《犹太教、法学和哲学——法学家爱德华·甘斯的生平图景》(*Judentum, Jurisprudenz und Philosophie—Bilder aus dem Leben des Juristen Eduard Gans*)

---

* 语出席勒作品《华伦斯坦》中的"华伦斯坦的军营"这一幕里的"后世不为优伶编织花环"。意为人们认为真正的功绩归功于黑格尔，而不是作为演说家对黑格尔进行讲解的甘斯。——译者

一书中收录了一些更小篇幅的探索这一目标的论文。另有两部作品刊载于《德国犹太裔法学家》(*Deutsche Juristen jüdischer Herkunft*,1993)和《法律人报》(*Juristenzeitung*,1998)的文集中。而本书再次扩大了资料来源基础。与之前发现的那些更具有传记或一般历史意义的文献相比,这本书是一个迷人的智识成就,可以独立存在,超越时代,仍然可以给今天的读者留下深刻印象。

本书的准备工作最早可以追溯至 1976 年。由于各种原因,它被多次打断,直到现在才得以完成。在这些年里,我从许多方面得到了支持,我现在仍然可以回想起:从图书馆到档案馆,从学生到同事,从朋友到熟人。在所有友善的帮助者中,我只提最后两位作为代表:我的同事汉斯-阿尔伯特·鲁普雷希特(Hans-Albert Ruppercht)教授(马堡)和孟文理(Ulrich Manthe)教授(帕绍)。然而,即使不指出名字,我也要感谢所有以这种或那种方式帮助过我的人。最后但并非最不重要的是,尽管面临重重障碍,我对自己还是完成了这本书充满了感激之情。

我的秘书莫妮卡·希尔贝特(Monika Hilbert)女士和特蕾泽·赛勒(Therese Sailer)女士在手稿创作的"热火朝天时期"仔细而可靠地审阅了手稿的撰写。人名索引是由实习律师米夏埃尔·尼斯尔(Michael Nißl)编制的。我要感谢德国研究基金会(DFG)提供的印刷资助,这使得本书的出版成为可能。

约翰·布劳恩
2005 年 10 月 15 日,帕绍

编者引论

一　所谓的王储逸事

在这里根据多份学生笔记[1]进行了重构的柏林法学家爱德华·甘斯(Eduard Gans,1797—1839)的讲座"自然法与普遍法历史",在法哲学史上取得了一定意义。这是甘斯于1827—1828年冬季学期与黑格尔达成一致而接手的讲座,[2]后来两人由于讲座的形式,发生了一次严重的冲突。我们主要是从阿诺德·卢格那里了解到这件事的经过的。

卢格在他的回忆录中报告说[3]:"有一天,黑格尔在王储那里就餐。'这是一件丑闻,'王室东道主说,'甘斯教授正在把我们所有的学生变成共和主义者。他关于您的法哲学的讲座,教授先生,总是有数百人参加,众所周知,他给您的阐述染上了一种完全自由

---

[1] 对此,参见本书第399页刊印的版本报告。(注释中凡涉及本书页码均为原书页码,即本书边码。——译者)

[2] 关于传统的"委托命题"的理由,里德尔(Riedel)对此表示怀疑(《洛维特祝寿文集》[*Festschrift für Löwith*],1967年,第267页以下),详见 J. 布劳恩(J. Brauen):《犹太教,法学与哲学——法学家爱德华·甘斯的生平图景》,1997年,第145页。

[3] 阿诺德·卢格(Arnold Rüge):《早期回忆》(*Aus früherer Zeit*),第4卷,1867年,第431页。

主义的甚至是共和主义的色彩。为什么您自己不去讲课呢?'黑格尔没有反驳这种说法,他推脱说自己不知道甘斯在讲什么,并承诺他将在下个学期自己讲授法哲学。黑格尔宣布了这门课;甘斯也做了同样的事。黑格尔有四五个学生报名,甘斯则有几百个。这可真是个痛苦的经验。"

由于卢格没有列席这次谈话,所以这可能只是一个道听途说的逸事,其中很可能还包含一些错误信息。因此,当卢格说甘斯关于法哲学的讲座"总是有数百人参加"时,它是基于一种混淆。甘斯以其精彩的"最近时代的历史讲座"吸引了如此之多听众;然而在法哲学方面,尽管听众依然可观,但他也不得不满足于较少的听众。[4] 然而,王储的故事有一个真实的内核。以下是肯定的:1830—1831年冬季学期,当黑格尔本人在长期的停顿之后,宣布关于法哲学的讲座时——在此期间则由他的法哲学同事甘斯讲授此门课程[5]——甘斯明确地将自己限制在"普遍法历史"上,而在通常情况下,他将"普遍法历史"与法哲学联系起来。[6] 然而,黑格尔自己的讲座随后因"身体不适"而被取消。在接下来的冬季学期,黑格尔再次宣布了这门课程,甘斯也是如此。这两个人肯定就这个问题进行过讨论。商定的内容不得而知。然而随后,甘斯在公告栏上贴出通知,建议学生们参

4　数字见于马克斯·伦茨(Max Lenz):《皇家弗雷德里希·威廉柏林大学历史》(Geschichte der königlichen Friedrich-Wilhelms-Universität zu Berlin),第2卷,第1辑,1910年,第496页注释1。

5　1824—1825年冬季学期,黑格尔最后一次讲授了法哲学。1827—1828年的冬季学期开始,甘斯接手了这个讲座。

6　参见《普鲁士国家总汇报》(Allgemeine Preußische Staatszeitung),1830年,第2096页。其中1830—1831年冬季学期的公告如下:"普遍法历史或东方、希腊、罗马、中世纪和更晚近时代的法历史,每周四次,11点—12点,甘斯教授先生。"

加黑格尔的讲座。黑格尔为此完全陷入了愤怒之中。他在给甘斯的信中抗议他的这一做法，我们完全可以从中感受到他的出离愤怒：

> 以……铤而走险的通知方式——您，最高贵的教授先生，决定以这种方式张贴公告，让学生知道所讨论的竞争的情况，并让您自己向学生们推荐我的讲座，我说，这将使我有责任在我的立场上发布公告，以纠正您让我在我们的同事和学生中引起的、让我所处的愚蠢形象，就好像您的公告和对我的课程的推荐是我所意愿的、是在我的唆使下进行的，而且好像我同意这种做法一样。担心……让您继续做蠢事，或者给您带来做新蠢事的机会，促使我不是通过发布公告，而只是通过这封信，向您表达我对您的公告的看法。[7]

这是出自黑格尔之手的最后一封信。两天后，他就去世了。霍乱是官方版本的死因。然而私底下有传言说，对甘斯的愤怒与这位哲学家的猝然离世脱不了干系。[8] 尽管如此，对久经考验的战友的尖锐语气或许可能真的是出于实质的差异。瓦恩哈根·

7　黑格尔致甘斯，1831 年 11 月 12 日，根据克拉克夫雅盖隆斯基图书馆的手稿，瓦恩哈根藏。

8　参阅弗朗茨·梅林（Franz Mehring）：《全集》（*Gesammelte Schriften*），第 1 卷，第 3 版，1980 年，第 73 页："然后他的听众成群结队地离开了他，转向他的学生爱德华·甘斯，他讲授大师的法哲学，强调其革命性的一面，同时尖锐地批驳历史法学派。当时在柏林有人说，这位伟大的思想家正是死于这种痛苦的经验，而不是死于霍乱。"亚历山大·荣格（Alexander Jung）：《性格、特征》（*Charaktere*, *Charakteristiken*），第 1 卷，1848 年，第 114 页——在黑格尔去世近 20 年后谈道，他是死于一个鸡蛋煎饼还是死于对甘斯的暴怒，这仍然是个问题。

冯·恩塞(Varnhagen von Ense)曾给黑格尔的传记作者卡尔·罗森克朗茨(Rosenkranz)写信道:"您知道,在他最后的日子里,黑格尔完全是绝对主义的,他认为公共运动是最为荒谬的。他对比利时起义的憎恨尤其激烈。完全站在对立面的甘斯不得不首当其冲地承受这种政治上的不满。"[9]

埃尔德曼(Erdmann)[10]则如此描绘这一事件:

1829年,舒巴尔特谴责黑格尔,说他的政治学是反普鲁士的和革命的,黑格尔还可以对这种指责嗤之以鼻,但当黑格尔注意到在他的学生中有些人对当时事件的看法与他完全不同时,这种指责就变得更加令人担忧了。事实上,当有来自一个方面的警告(他不能忽视这个警告)时,他的注意力被吸引到这样一个事实中:甘斯,这个受他委托进行自然法讲座的人,正在从他(黑格尔)的原则中得出关于比利时和波兰的结论,而这些结论人们必须称之为是革命性的。这推动了黑格尔自己再次接手这门长期未再讲授的课程。甘斯因此改变了他先前的公告。但由于他这样做的方式,不仅剥夺了这一崇敬行为的价值,而且让黑格尔一生中写下的最后几句话成了一则致一位曾经如此喜爱之人的极度愤怒的短文。

---

[9] 瓦恩哈根致罗森克朗茨,1840年4月24日,载《卡尔·罗森克朗茨与瓦恩哈根·冯·恩塞来往书信集》(*Briefwechsel zwischen Karl Rosenkranz und Varnhagen von Ense*)(A. 瓦尔达编),1926年,第89页以下。

[10] 埃尔德曼语,见《德意志人物志》(*Allgemeine Deutsche Biographie*),第11卷,1880年,第254页(第272页以下)。

正如瓦恩哈根所报告的那样,甘斯想在黑格尔死后亲自出版他的短文,但由于有人提出了反对而遭到阻止,"他自己无法有技巧地写出必须与之相联系起来的解释"。因此,我们只能旁敲侧击地了解其中更准确的情况。

二 实质背景

然而,比这些传记细节更令人感兴趣的是引起上述争议的实质分歧。因为甘斯讲授黑格尔纲要的次数比黑格尔本人要多得多,因此对黑格尔的思想如何在年轻一代中发生效果产生了决定性的影响。总的来说,毫无疑问,甘斯在他的讲座中严格遵循黑格尔的指导方针。这一点不仅在比较黑格尔1821年出版的《法哲学原理》时表现得很明显,而且当我们查阅黑格尔自己的讲座的现存学生笔记时更是如此。[11] 这些笔记缺少一些黑格尔所特有的刻板风格;此外,这位哲学家似乎在口头表述时比在出版作品中更大胆。显然,甘斯从一开始就根据黑格尔的学生记录稿来进行演讲,

---

11 G. W. F. 黑格尔:《1817—1818 年自然法和国家科学讲座》(*Vorlesungen über Naturrecht und Staatswissenschaft 1817/1818*),万纳曼记录(P. 贝克尔等编),1983 年;《法哲学:万纳曼(1817—1818)与霍迈尔(1818—1819)笔记》(*Die Philosophie des Rechts. Die Mitschriften Wannenmann 1817/1818 und Homeyer 1818/1819*)(K.-H. 伊尔廷编),1983 年;《法哲学:1819—1820 年讲座》(*Philosophie des Rechts. Die Vorlesung von 1819/1820*)(D. 亨利希编),1983 年;《法哲学讲座:1819—1820》(*Vorlesungen über die Philosophie des Rechts*,1819/1820),约翰·鲁道夫·林伊尔记录(E. 安格尔恩等编),2000 年;《法哲学:K. W. L. 海泽 1822—1823 年记录》(*Philosophie des Rechts. Nachschrift der Vorlesung von 1822/1823 von K. W. L. Heyse*)(E. 施巴赫编),1999 年;《法哲学:1818—1831 年讲座》(*Vorlesungen über Rechtsphilosophie 1818 –1831*)(霍迈尔 1818—1819 年、霍托 1822—1823 年、格里斯海姆 1824—1825 年、施特劳斯 1831 年记录)(K.-H. 伊尔廷编),四卷本,1973—1974 年。

因为他的阐释中有很多内容只能从黑格尔的口头演讲中获取。然而与黑格尔自己的讲座进行比较后，我们可以看出瓦恩哈根的报告，即黑格尔担心在改革时代已经取得的政治成果的维续，而甘斯是一位期望进一步变革的进步人士，对他来说，政治发展总体上进行得太慢。通过在一些爆炸性的地方避重就轻，正如王储所抱怨的那样，甘斯成功地消解了黑格尔的一些模棱两可，使黑格尔的叙述具有"完全自由主义的甚至是共和主义的色彩"。这是甘斯的法哲学讲座对当时听众所具有的一种根本魅力。但即使对今天的读者来说，看一看这些差异也提供了从时代历史方面接近黑格尔法哲学严格结构的可能性。从这个角度看，它也许最容易被那些对现实之法感兴趣的人所理解。因为黑格尔并没有对过去的现实进行哲学思考；相反，他以将现实带入概念的要求出场。与他所处的时代发生关联，这也就意味着，在思想上正视政治的三月革命前时期，并对争议性问题表明立场。因此，下面的阐述将首先更详细地澄清这个方面。

（一）宪法问题

三月革命前最敏感的问题之一是宪法问题。当要把拿破仑赶出被征服的领土时，人们之所以急于拿起武器，就是期望在胜利后得到政治上的回报。为了满足这种期望，普鲁士的腓特烈·威廉三世也曾把制定宪法提上议程，后来又多次确认了这一承诺。[12] 在维也纳会议（1815）上，人们同意，为了履行德国王公们的宪法承诺，将在所有联邦邦国推行"邦等级宪法"（*Landständische Verfassungen*）。

12　J. 布劳恩著作（本文注释 2）第 155 页注释 68 所提供的证明。

但事实上，只有德意志南部各邦（巴伐利亚、巴登、符腾堡、黑森-达姆施塔特）颁布了现代意义上的宪法。直到 30 年代，在法国和比利时再次发生革命之后，德国中部的一些邦（黑森-卡塞尔、萨克森、布伦瑞克、汉诺威）才开始效仿。在普鲁士，按照过时的等级模式，1823 年只建立了八个省级议会，甚至在德意志两大国中的另一个——奥地利，统治阶级也没有想过要放开缰绳。在许多地方，"宪法"一词几乎是禁忌，如果不想让自己不受欢迎，那就别去碰它。

在这种对立的情况下，黑格尔试图避免任何风险，表现得好像他还没有完全理解宪法诉求的**政治**含义。他没有介入这场硝烟弥漫的争端并表明立场，而是退缩到根本不处于争议主题的"宪法"一词的含义上。众所周知，宪法不仅是体现国家基本法的**宪法文本**（*Verfassungsurkunde*）；宪法也是一个人或一个组织的**事实状态**。继而，黑格尔教导他的读者和听众，每个国家都毫无例外地有一部宪法，即使它没有体现在文本中。这样一来，国家的基本结构，即"概念的合乎理性区别的形象"[13]，被宣布为其真正的宪法，而作为目前争议主题的成文宪法则沦为一个单纯的附属品。有鉴于这种事实上的宪法，宪法诉求显然是无稽之谈："至于说一部宪法可以被制定出来的观念，这是不可能的，一个民族仿佛必须能够改变自己。"[14]在当时的语境下，这种说法的意义显然在于它由此消除了要求君主制法制化的基础。

甘斯则以相当不同的方式处理这个主题。他在讲座中没有公

---

[13] 黑格尔：《法哲学：1819—1820 年讲座》（亨利希编）（本文注释 11），第 228 页。
[14] 黑格尔：《法哲学：1818—1831 年讲座》（伊尔廷编），第 4 卷，1974 年，第 658 页。

开谈到普鲁士所许诺的宪法的禁忌。然而,他确实关注了——并非没有参考黑格尔的观点——**绝对主义国家和立宪国家之间**的区别。在甘斯看来,绝对主义国家是那些所有权力都出自君主的国家;与之不同,立宪国家的区别在于它有不同的制度或分支。根据这一观点,立宪国家的本质不是成文的宪法,而是沿袭了混合政体(regimen mixtum)差别化的内部结构。与此相应,对甘斯来说,绝对主义国家只是历史的一个过渡阶段。绝对主义将所有权限集中在一人之手,尽管他使现代国家成为一个完整的统一体。然而从长远来看,它必须将它所占有的东西从自己身上释放出来,并将其作为"有机体"的环节。甘斯认为,只有划分权力的"立宪"国家才符合现代的精神。在他看来,谁要是抵制这种从绝对国家到立宪国家的发展逻辑,坚持过时的观念,那他就只是在召唤革命。[15]至少通过革命的手段,立宪国家最终会出现,尽管革命必须付出代价。

在将绝对主义的大权独揽分散为一个"立宪"国家的特定个别功能方面,甘斯并没有表现出丝毫的顾虑,就连君主本人也功能化了。他远远没有宣布君主制是所有国家形式中最好的,而是比黑格尔更明确地赋予君主作为国家元首代表国家的专属职能。很明显,这是一项可以由一位**总统**来履行的职能。因此,甘斯所实行的功能性考察方法无非是说,"立宪"君主制是根据为共和制奠定基础的同一种结构模式来解释的。因此,还明确指出,"两者的本质

---

[15] 参见本书第216页。

是一样的"[16]。甘斯赶紧补充说,"从概念中"产生的国家要想取代欧洲的君主制,可能还需要很长一段时间;但这种可能性显然已经在考虑之列。

然而,甘斯将划分权力的"立宪"国家与专制主义国家相对立,还隐藏着进一步的意义。正如按照当时的语言用法,一个国家的"宪法"还没有被理解为国家当时事实上的状态,"宪法"也没有被理解为划分权力的国家本身,而只是指分权被载入宪法文件的国家。这样一来,当甘斯在黑格尔的意义上谈到"立宪"国家时,成文宪法就自动作为一种内涵参与其中。偶尔,甘斯会突然切换到这种政治层面的语言,从而清楚地表明与黑格尔的方式完全不同,他已经有意识地考虑到了"宪法"一词的双重含义。因此,关于1830年的七月革命,他曾经说过,一个君主如果撕毁了他所享有的"不可侵犯性的条文"的宪法,那就是"把自己置于了任人宰割的地步",理所当然"要被打发走了"。[17]

这正是宪法问题中的症结所在,这也是卢格讲述的逸事中所说的甘斯使"所有的学生变成共和主义者"的意思。

(二) 反对派理论

前三月革命时期另一个热血沸腾的话题是政治**反对派**问题。[18] 与英国和法国相比,德国在这方面已经落后了。虽然在英国,反对派早已成为一种永久性的制度,法国在法国大革命之后也

---

[16] 本书第213页。
[17] 本书第220页。
[18] 布劳恩著作(本文注释2)第144页以下对此问题有深入介绍。

紧跟而来,但在德国,人们对与君主任命的部委相对的反对派还所知甚少。在普鲁士,"反对派"这个词已经遭到禁止,因为它标志着对传统上级的反叛。因此,正式组建政党是不可设想的;相反,一切都被用来压制政治组织的出现。

只要看一眼黑格尔1817—1818年的海德堡自然法讲座就会发现,当时黑格尔仍然认为,一个等级议会"只有在它本身有一个反对派的情况下才能被视为进入了现实的活动"。这也更意味着,"因此在等级议会本身中必然有一个反对派,部委在等级议会中必须占多数,但反对派也必须存在"[19]。在黑格尔1821年出版的《法哲学原理》中,人们徒劳地寻找这样的话。相反,黑格尔试图证明,反对派完全不符合等级议会的本质。正如他现在所解释的那样,"主要从与政府相对立的观点"来构想等级议会,是"经常但最危险的判断之一"。现在归属于等级的职能仅仅是在政府和人民之间进行调解,因此,"反对派本身已经被降格为假象"[20]。但即使是这种调解,也绝不应该通过承认等级本身依照自身的权利具有共同决策权来进行,而应该让他们深入了解国家的内部事务。这绝不是符合当时政治参与要求的;相反,这是在政府圈子里想要听到的声音。

在这方面,甘斯在他的讲座中也以不同的方式予以强调。诚然,他在讨论反对派时再次紧跟黑格尔,然而在等级本质上是否只应是辨识(认识)或决定(决断)的关键问题上,他的立场与黑格尔不同。甘斯认为,等级不仅应该**知道**高层为人民决定了什么,而且

---

[19] 黑格尔:《1817—1818年自然法和国家科学讲座》,万纳曼记录(贝克尔等编),1983年,第240页以下。

[20] 黑格尔:《法哲学原理》,第302节附释。

还应该依据自己的权利来**共同决定**——"说是的人也必须能够说不"。为了证明这一点,甘斯只是提到了所有人类关系的规范性。正如他所解释的那样,反对无非是否定的一种现象形式,这是人的思维所特有的,只有通过它,人的思维才能取得进展。正如任何地方都不能缺少否定的环节本身一样,政治反对派也因此是"正常的国家机构所必需的",甚至作为"政府利益所必需的"出现。[21] 问题只是一个国家是否考虑到这一要求,或者对这必然的后果不予理睬。甘斯对从否定物的必然性中所得出的结论毫不掩饰:正如一般的否定物一样,"对政府的反对也必须是体系性的",最多只能在"涉及每个人的心都必须赞同的对象时"才会停止。[22] 他认为,像在普鲁士发生的那样,试图压制反对派不仅是错误的,而且是徒劳的。由于其内在的必然性,它也会在不被容忍的地方为自己创造出空间,即使是通过隐蔽的手段。

如果我们再进一步看,反对派理论与一系列制度有关,这些制度可以说是它的具体展现,包括**等级协商的公共性**。在黑格尔"柏林时期"的观点中,等级只有"中介"功能,其公共性只是为人民提供一个"教化的场面"。在这个场面中,人民"最能了解到他们利益的真实性质"。[23] 与此相反,甘斯用一个完全不同的论点为等级协商的公共性辩护。据他说,为了等级本身的利益,公共性也是必要的,以保护他们免受部长的压力:"封闭的等级最容易被政府利用,在自由的名义下,行使最卑劣的专制主义。"——这当然是听众们

---

[21] 本书第 231 页。
[22] 同上。
[23] 黑格尔:《法哲学原理》,第 315 节补充。

屏住呼吸的段落之一。甘斯喜欢把思想引向危险的方向,只是在最后一刻才把自己带到安全地带。劳伯[24]报告说:"往往一个关于最棘手的主题的句子会以一种可怕的大胆方式开始,静静地听着一切,焦急的朋友以及潜伏的敌人都期望越过适宜的界限,但在言辞方面最非凡的剑客却如此娴熟地避开攻击,一切都做了,而他在句子结束时却仍然隐藏着。"同样,甘斯也在这里,在"最卑劣的专制主义是在自由的名义下行使的"这句话之后,加上了令人惊讶的结束语:"拿破仑时期就是如此"。因此,他个人已经撤到了一个免受攻击的位置,但他想说的还是很清楚。

反对派学说的另一个含义是**新闻自由**。等级协商被广泛感知到的前提条件是,存在一个在**自由报刊**中表达的**公共舆论**。黑格尔深知公众舆论的重要性。黑格尔认为,从错误的东西中区分出真的东西,是"伟大人物的事情"[25]。对他来说,舆论形成的过程并不是目的本身:"……谁在这里和那里听到了舆论而不懂得去藐视它,这种人绝做不出伟大的事业来。"[26]这不仅是一种个人态度的表达,人们很容易同意,而且还包含了对一般的自由报刊的明确保留。通过"部分防止和部分惩罚其过度行为的警察和法律秩序",即通过审查制度,公共舆论的"保障"在黑格尔那里得到了哲学上的辩护。[27] 在他看来,"损害个人名誉,诽谤、诟骂、侮辱政府及其

---

[24] 海因里希·劳伯(Heinrich Laube)语,见《德意志潘多拉》(*Deutsche Pandora*),第4卷(1841年),第3(24)页。
[25] 黑格尔:《法哲学原理》,第318节补充。
[26] 同上。
[27] 同上书,第319节。

首长和官员,特别是君主本人,嘲弄法律,唆使暴乱等",没有区别,都是"各种不同程度的犯罪和不端行为"。除此之外,这就使得有必要采取"警察预防"。[28]

在这里,甘斯在不同的场合比黑格尔明显更熟悉对审查制度的认识,他得出了完全不同的结论。忠实于政治自由主义的信条,他宣布公众舆论是"现在最高和最有力的法庭",是一种不需要指导的媒介,因为它"在其自身中"就包含着它的纠正者、它的"救济"(remedium),"即自由"。[29] 正如甘斯所指出的,在不同的意见并不相互对立的情况下,人们甚至无法知道哪种意见值得优先考虑。因此,阻碍公共辩论的审查制度在一个有秩序的国家是不合适的:

> 作为自由的否定,审查制度必须被扬弃。尽管在 17 和 18 世纪,当中世纪的自由要被粉碎的时候,审查制度是必要的;但现在必须在所有文明国家推行新闻自由……一个不容忍自由报刊的国家就不能容忍公共舆论本身,从而只能证明自己的无能。[30]

这些是人们在柏林不常听到的声音。

(三) 等级制或代议制

甘斯在演讲中与黑格尔相矛盾的第三点是关于民众代表在邦

28　黑格尔:《法哲学原理》,第 318 节附释。
29　本书第 232 页。
30　本书第 234 页。

议会中的合法性。虽然对 19 世纪中叶以来的民主运动来说，代表应该代表**全体**人民是毫无争议的，但在那个世纪初，这绝不是一个定论。相反，有两种模式是相互冲突的：**等级制**和**代议制**。等级制意味着等级的代表只应代表选举他们的"等级"的**特殊利益**，而**普遍利益**仍应由君主和他任命的政府负责。与此相反，代议制以这一观念为基础，不仅君主，而且议员也应被视为整体和普遍物的代表。这样一来，国家就不可避免地获得了**双重领导**：一方面是君主，另一方面是作为人民代表的等级议会。因此，代议制本身就存在着一个根本性的冲突。

梅特涅的助手根茨在为 1819 年的卡尔斯巴德会议撰写的备忘录《论等级制和代议制宪法的区别》[31]中公开指出的正是这种矛盾：

> 这意味着，"代议制宪法"，最后总是建立在人民**最高主权**的混乱概念上，并必然会回溯到这个概念，无论它是如何小心翼翼地隐藏起来……凡是代议制占上风的地方，**部长们的双重责任**，首先是对君主的责任，然后是对人民或其代表的责任、**协商的公开性**、**无限的新闻自由**、**不受限制的请愿权**等等，都被认为是它的必要属性……然而，不需要任何特殊的洞察力就能把握住**这种机构与君主制政府形式的首要条件不相容**。

31　刊印于约翰·路德维希·克吕伯（Johann Ludwig Klüber）：《德意志民族法权状态的重要文本》(*Wichtige Urkunden für den Rechtszustand der deutschen Nation*)，第 2 版，1845 年，第 231 页以下。

普遍代表制的新思想威胁到了君主制的根基,这一点并没有给海德堡时期的黑格尔留下深刻的印象。相反,他在这里明确主张,等级议会的成员"不接受其选举人的指示",因为他们"受制于普遍利益的同等约束力",即"不是在单个城市、单个等级的意义上投票和行动,而是……在整体的意义上"。[32] 然而,在柏林,他准备捍卫君主作为国家唯一代表的地位,这是在绝对主义下实现的。对黑格尔来说,"与君主的主权相对的人民主权"现在只是那些"建基于人民的荒唐观念之上的人民概念的混乱思想"之一。他继续说:"如果没有自己的君主,没有那种正是与君主必然而直接地联系着的整体的划分,人民就是一群无定形的东西。"[33] 现在对黑格尔来说,人民主权只表现在个人的顶点,并因此在君主的人格之中:"国家必须有一个个人顶点。它不可能有两个独立的最高权力。"[34] 这显然与根茨试图阻止的议会制度发展方向的立场是一致的。

甘斯在这方面以不同的方式采取妥协。根据混合政体的思想,国家尽管在这里也必须有一个人居于顶点。正如我们已经看到的,[35] 然而这也可以是一位总统。根据甘斯的说法,"这个人叫什么是无关紧要的"[36]。因此,从国家顶点绝不能得出公民不过是

---

[32] 黑格尔:《1817—1818年,自然法和国家科学讲座》,万纳曼记录(贝克尔等编),1983年,第225、227页。

[33] 黑格尔:《法哲学原理》,第279节附释。

[34] 黑格尔:《法哲学:1818—1831年讲座》(K.-H.伊尔廷编),第1卷,1973年,第331页。

[35] 参见本文第二部分第一小节。

[36] 本书第214页。

"臣民"。相反,"'臣民',也就是'*Subjectus*'这个词,是中世纪的一个词,因此它必须消失。我们最多可以把居民称为国家的成员"[37]。这句话所表达的公民解放思想,让特殊代表制在甘斯那里几乎不可避免地被视作是过时的:

> 现在可以在两种意义上把握这一等级原则,即中世纪的意义和代议的意义。中世纪的等级并不代表国家的思想,而是代表他们的行业;他们不受普遍之法的召唤,而是为自己的权利而来。相反,近代的等级代表国家而不是自己。[38]

因此毫无疑问,未来是属于代议制的。然而,甘斯并没有走得像普遍代表制度原则所暗示的那样远。相反,他明显试图避免这样的后果:国家通过代表等级获得双重顶点——一方面是君主,另一方面是等级会议。因此与黑格尔相似,关于等级,只是说"他们是国家首脑和底层之间的中项,亦即人民和国家权力之间的中间部分"[39]。因此,代表制的思想没有被一贯地思考到它的逻辑结论,而国家元首的地位表面上也未被触及。

然而,进一步的后果完全是沿着根茨所指出的路线。甘斯从普遍代表制的思想中推导出,议员的选举不应"按照同业公会"进行,而应"以原子化的方式按照人口"进行:"源自同业公会的选举

---

[37] 本书第 214 页。
[38] 本书第 225 页。
[39] 同上。

是中世纪的,而不是代议制意义上的。"[40] 由于当选者可以不受阻碍地为整体效力,他可以不受选民委托的约束:"……代表们必须以一种普遍利益为指导。一名议员必须能够作为一个自由人为其选民的利益而行动。"[41] 由于"市民社会的所有方面在等级会议中都有代表"似乎是"令人向往的",[42] 对竞选权的所有限制应当被废除。投票权只应该与一定的最低缴税额挂钩,而最低缴税额不应该像法国那样高。[43] 所有这些加起来就是一个与黑格尔的正统主义思想形成鲜明对比的共和主义构想。[44]

(四) 陪审团法庭

在政治上,三月革命前的另一个争论点是所谓的陪审团法庭。在这种法庭上,刑事案件中的事实问题被委托给非专业人员组成的陪审团来决定。正如甘斯本人在《法哲学原理》第二版的序言中指出的那样,黑格尔"把陪审团法庭确立为唯一与合理性相符合的东西"。这句话后来被黑格尔的辩护人们热情地予以重复。然而仔细观察就会发现,至少在他的柏林时期,黑格尔为设立陪审团辩护的理由,与当时人们再三要求设立陪审团法庭的理由并不一致。对他来说,这些法庭的唯一功能是取代被告人的供词,而同时又不必把对被告人罪责的裁判交托给国家法官的主观信念。[45] 因此,

---

[40] 本书第 227 页及以下。
[41] 本书第 229 页。
[42] 同上。
[43] 参见本书第 228 页及以下。
[44] 甘斯语,见黑格尔:《法哲学原理》,纪念版,第 7 卷,第 7 页。
[45] 黑格尔:《法哲学原理》第 227 节补充。

在对他们作出判决时,公民不应处于法律人阶层的监护之下,而是应当——由他们的同胞作为代表——自己也在场。

陪审团法庭被列入三月革命前的政治议程另有其真正的原因。这涉及(往往是不言而喻的)对"政治"犯罪的处理,即针对新闻界的犯罪问题。官方法官,即使他们是独立的,也被怀疑在裁决此类案件时"有利于国家",从而不利于被告。另一方面,非专业人士组成的陪审团被认为会采取更有利于言论自由的立场。至少在要求陪审团作出一致的有罪判决时是这样的,因为那时即使有一张反对票也足以阻止定罪。然而在有争议的案件中,至少有一名陪审员总是会投反对票。在黑格尔海德堡时期的自然法讲座中,这种相互联系得到了很好的体现和记录。[46] 而在柏林的讲座中,只谈到了一致的有罪判决是"证据的保证";而这里不再提及新闻法的背景。[47]

从表面上看,甘斯的叙述并没有什么不同。与黑格尔一样,陪审员在他眼里也是作为被告的"代表"出现的,他们代替被告认罪。只是比黑格尔更多地谈到了法律史方面的理由。正如甘斯详细阐述的那样,纠问式诉讼试图在原则上坚持被告对其定罪的"同意",却通过刑讯的方式剥夺了他的这种同意。从长远来看,这是不被接受的,并导致从18世纪起废除了刑讯。由于认为判决将基于官方法官的主观信念,1805年的《普鲁士刑法典》采用了权宜之计。

46　黑格尔:《1817—1818年自然法和国家科学讲座》,万纳曼记录(贝克尔等编),1983年,第156、239页。

47　黑格尔:《法哲学:1818—1831年讲座》(K.-H.伊尔廷编),第4卷,1974年,第581页以下。

即在证据不足、无法对犯罪行为进行定罪但又不能完全消除某种犯罪嫌疑的情况下,以单纯的怀疑刑的形式对被告进行特别的惩罚,而不是宣告其无罪。这不是解决问题的办法——"随着刑讯的废除,我们的刑事诉讼已经变得完全没有了精神。如果某人今天不认罪,那么我们还不会宣告他无罪;他会被判处非常规的刑罚,好比一台永动机(*perpetuum mobile*):甲被指控的犯罪没有被证实,那么甲应该被无罪;但甲的宣告也没有被证实,那么他要受到惩罚。人们称之为非常规刑罚,即两难的刑罚"。作为摆脱这种尴尬局面的办法,甘斯和黑格尔一样,推荐陪审团法庭:

> 我们很容易就可以想象出这会造成怎样的结果。因此随着刑讯的废除,德国的刑事诉讼已经失去了一些本质的东西。当刑讯停止时,陪审法庭必须来临,否则赤裸裸的供词就在那里,并让整个事情操控在被告的手中。[48]

根据现存的学生笔记,甘斯在他的讲座中没有明确谈到真正的要害之处,即对政治和新闻犯罪的处理。但它还是暗中存在着,任何对政治感兴趣的听众都很容易认识到这一点。甘斯比黑格尔更加明确地强调,陪审团的投票应该是**一致的**,而一致性是自由主义阵营认为他们可以在政治审判中阻止定罪的手段。甘斯也追随这一趋势,这在柏林并不是什么秘密。众所周知,他一直在与审查员做斗争,并曾挑衅性地将他的第一次讲座之一献给

---

[48] 本书第188页。

陪审团法庭。[49] 1832年普鲁士起草新闻法时,施泰格曼曾在信中对友人说道:"这很难让双方都满意;野蛮的自由主义者(甘斯及其伙伴)希望有一种陪审团的诽谤自由,绝对主义者则希望对康德和哥白尼也进行审查。"[50]这也是甘斯在法哲学讲座中未曾言明的一点。

(五) 市民社会中的阶级斗争

关于"**市民社会**"这一章或更准确地说其第一节"**需要的体系**",通常被认为是黑格尔法哲学中最有影响力的部分。其原因是,在这里,法哲学向国民经济学敞开,现代的劳动分工连同资本和劳动之间的区分,进入了人们的视野。在黑格尔看来,市民社会只是"困厄和知性的国家",它仍然受制于政治秩序的控制和指导。但对马克思来说,它成了现代世界的焦点,与之相比,其他一切都不过是"上层建筑"。经济生产和再生产的合乎规律性在马克思看来是整个社会世界的运作规律,因此任何想要了解历史的人只能在这些规律的基础上展开活动。

如果看一下黑格尔1821年的《法哲学原理》,我们很难看出,它是如何引发了这样一个颠覆性的转折的。尽管很明显,但与他

---

49 1827年夏季学期讲座预告:"论陪审团法庭的学说"(de judicio juratorum)。见瓦恩哈根·冯·恩塞:《普鲁士历史文集》(*Blätter aus der preußischen Geschichte*),第4卷,1869年,第283页。

50 施泰格曼(Stägemann)致奥尔菲尔斯(Olfers),1832年7月24日,见弗朗茨·吕尔(Franz Rühl)(编):《腓特烈·威廉三世时期普鲁士历史书信与旧文件:主要来自F. A. v. 施泰格曼遗物》(*Briefe und Aktenstücke zur Geschichte Preußens unter Friedrich Wilhelm Ⅲ. vorzugsweise aus dem Nachlaß von F. A. v. Stägemann*),第3卷,1902年,第504(505)页。

的前辈相比,黑格尔带来了认识的进步。如果说在康德的作品中,经济学的内容太少,只有几句关于货币是"人们彼此交换其努力的一般手段"[51],那么在费希特的作品中,整个国家被过度夸张地还原为根本生活需要的满足。[52] 只有在黑格尔那里,"需要的体系"才得到理解并呈现为一个按照其自身规律即经济规律运作的世界。然而在《法哲学原理》中,相关段落是如此简短,以至于人们很难相信它们有这样的爆炸性力量。如果考虑到现存的黑格尔讲座学生笔记,这种印象就会改变。对需要、奢侈和苦难、劳动和分工的解释在这里获得了相当大的篇幅与清晰性。[53] 这也以类似的方式适用于甘斯的讲座。此外,作为一项创新,这里还对最重要的国民经济学理论进行了概述,[54]这进一步阐明了法和经济之间的联系。此外,在甘斯对市民社会的叙述中,关于早期社会主义的圣西门主义的一个较长章节也给人留下了印象,这一章已经包含在讲座的导论中,在其中确实可以找到一些足以颠覆黑格尔法哲学的句子。此外,甘斯在此阐述了以下内容:

> 总的来说,圣西门主义者认为,迄今为止只被视为次要事项、一种手段的工业,是最终目的,并将整个国家建立在此之上……因此,国家必须自上而下予以重塑。这里唯一可以作

---

[51] 康德:《道德形而上学》(*Metaphysik der Sitten*),学院版,第286页以下。

[52] 费希特:《锁闭的商业国》(*Der geschlossene Handelsstaat*),1800年;《法权学说1812》(*Rechtslehre 1812*)。

[53] 尤其参见黑格尔:《法哲学:1818—1831年讲座》(K.-H. 伊尔廷编),第3卷,1974年,第585页以下,第4卷,第486页以下。

[54] 参见本书第164—166页。

为出发点的原则是劳动。在劳动中,人呈现其所是,而所从事的劳动职业构成了他的意义。[55]

诚然,圣西门主义者的社会主义与费希特的锁闭商业国一样没有得到甘斯的认可。圣西门主义者从他们的经济学出发点所得出的结论,即废除生产资料中的私有财产、继承权、职业自由和婚姻自由,对他来说,同样都是许多"不关心现实的抽象"[56]。不过在一个方面,他同意他们的观点:

> 如果我们认为奴隶制已经完全被废除了,我们就是在自欺欺人;事实上,奴隶制依然存在,只是在现象上有所改变……奴隶制和佣工制之间没有太大的区别。尽管佣工们可以离开并去试试他们的运气,但他们随后将毁灭。难道国家没有责任消除那种不存在于乡村而存在于城市的社会疮痍或渣滓以及消灭贱民吗?这或许是不可能的;它是一种无法扬弃的沉淀物,但可以使其减少。国家可以建立劳动机构,让每个人都能工作。这是圣西门主义者的一粒金子,可以引导这种社会疾病的痊愈。[57]

偶尔,甘斯也会走得更远,不由自主地让自己被对愿景的热情冲动所吸引。这表明,黑格尔的指导方针可以多么迅速地转向一

---

[55] 本书第 60 页。
[56] 本书第 62 页。
[57] 本书第 63 页。

个完全不同的方向。例如,1833—1834年冬季学期关于历史和哲学的讲座结束时,他谈到了未来的发展,谈到了"已经在此展现自己"的"未来思想"。在这里,他再次提到了圣西门主义者、"城市中的工人联盟",以及一般的"社会中被压迫者的解放",这些都是目前各个地方正在努力争取的。然而随后,他跃入那一激动人心的时期。除了他之外,或许没有人敢在柏林大学对之予以构想:这一切

> 证明人类的斗争还没有结束,社会的下层阶级也将争取在历史上占有一席之地,它也将逐渐越来越多地介入国家,治者和被治者之间的差别将越来越小,基督教所发现的、作为所有宗教基础的人的概念将越来越普遍,并在社会的最底层圈子里越来越多地得到实现。[58]

正如莱昂哈特[59]报告的那样,据说甘斯在讲台上展望了世界革命的前景。莱昂哈特将此描述为"甘斯在教席上留下的遗言"、他的"天鹅挽歌":

> 新时代的历史是一场伟大的革命。在以前,贵族创造了

58　E. 甘斯:《历史哲学》,1833—1834冬季学期,H. F. W. 扬克讲座笔记(柏林洪堡大学图书馆,学生笔记78),第160页。

59　卡尔·塞萨尔·冯·莱昂哈特(Karl Cäsar von Leonhard):《我生命中的我们的时代》(Aus unserer Zeit in meinem Leben),第2卷,第213页。引文的最后一句话让人想起了巴贝夫(Babeuf)的《平等派宣言》(Manifest der Gleichen,1795),其中指出:"法国大革命只是另一场更大、更重要的革命的前奏,它将是最后一场革命。"

革命，也就是一般的特权者；然后，法国的剧变创造了第三等级的贵族，他们在人民，也就是穷人、贱民的帮助下获得了特权。但第三次革命将是这群贱民的革命，是整个非特权阶层和无产者的革命；如果发生这种情况，世界将颤抖。

毫无疑问，在黑格尔那里听不到这样的语调，它们很容易就可以解释，为什么甘斯对黑格尔的法哲学的阐述会遇到与黑格尔自己的演讲不同的反响。

三 论阐述的方法

黑格尔的法哲学与当时的政治和社会冲突纠缠在一起的事实，无疑适合于建立起一种对它的历史兴趣。如果这种哲学在变化了的条件下仍然具有吸引力，那么这还有一个原因，即它具有超越具体历史处境的意义，因此在某种意义上具有永恒的意义。原则上，黑格尔并不关心在日常的政治事务中站队，利用对精神的历史性之洞见来使任何现实的国家合法化。即使如我们所见，他偶尔也难免要这样做。[60] 甘斯讲座的意义不仅仅在于，他在三月革命前的政治语境下赋予黑格尔哲学一种"进步"和更符合时代精神的转向。如果人们相信黑格尔的话，他的著作中所能传授的即是，"不可能把国家从其应该怎样的角度来教，而是在于说明对国家这一伦理世界应该怎样来认识"[61]。脱离了当时的政治争论，黑格尔

---

[60] 就此可详细参见伊尔廷语，载《法哲学：1818—1831年讲座》(K.-H.伊尔廷编)，第1卷，1973年，第25页以下。

[61] 黑格尔：《法哲学原理》，序言。

的主要关切是对**现代国家**本身予以**概念把握**。甘斯的意图并无二致。如果不考虑刚才那种惊人的偏离,甘斯在很大程度上还是谨遵黑格尔的阐述,并表明他只关心从法学的视角对黑格尔的论述予以直观化,从而使它们更便于听众理解。在他的哲学老师去世后,甘斯出版了黑格尔《法哲学原理》的第二版,并在他的序言中认为这本书的价值不在于对法哲学本身的奠基,而在于"阐述、编排以及相当精妙的建筑术。借此,每一方面和每一处空间都得到了处理"[62]。阐明这种现代国家的内在建筑术同样是甘斯自然法讲座的关切之所在,其第一部分的主要内容就是基于黑格尔的著作。

黑格尔法哲学的划分层级结构——从"抽象法"经"道德"到"伦理",再从这里到世界历史的论坛——在过去已经成为无数解释努力的对象,这里就不再加以评论了。尽管这里有许多问题没有得到解答,但是黑格尔几乎没有比在这部作品中更能满足他的死敌叔本华的要求的了:

> 德国人的一个特有毛病是,他们在云中寻找他们脚下的东西。这方面一个很好的例子是哲学教授对**自然法**的处理。但是对于某些词语,如法、自由、善、存在等等,德国人就会变得相当晕眩,立即陷入一种神志不清的状态,并开始在毫无意义、华而不实的措辞中得意忘形,人为地把最宽泛的因而也是最空洞的概念串起来;他本应当用肉眼把握实在,亲身直观那

---

[62] 甘斯文(本文注释44),第1页以下。

些从中抽象出概念的因而构成其唯一真实内容的事物和关系。[63]

海德堡法学家瓦尔特[64]比叔本华目光更为敏锐,他曾将黑格尔与现实的关系描述为:"睁大眼睛,把所有存在者都放在它的位置上。"这样一来,黑格尔的法哲学就包含了许多更早和更晚关于这一主题的作品所缺乏的东西,即与实际现行法的密切关系。很难找到一部比1821年的《法哲学原理》更接近现实的法哲学作品,只要能够克服入门障碍,对那些精通法律的人来说,这本书就会以更深入和更直观的方式对他们言说。这一点更适用于这里所要呈现的甘斯的版本。在这个版本中,黑格尔对现代国家的解释模式被带入了一种形式;在这种形式中,它经常与专业法学阐述的材料相结合。

我们不试图用其他的话复述或批判黑格尔所发展出来的体系学,而是要对黑格尔所遵循的**方法**给出一些提示,他自己称之为**辩证法**,并预设为他的"逻辑学"所阐明了的方法;[65]正是由于这一点,黑格尔的法哲学背负着一个负担,而这很容易被证明是对这种哲学获得一般理解的障碍。专业的黑格尔注释家们所说的,并不总是适合处理这个难题。相反,正是因为如此,法哲学有时面临着

63　叔本华(Schopenhauer):《全集》(*Sämtliche Werke*)(A.许伯谢尔编),第6卷,1947年,第256页。

64　费迪南德·瓦尔特(Ferdinand Walter):《回忆我的生平》(*Aus meinem Leben*),1865年,第98页。

65　黑格尔:《法哲学原理》,第31节。

陷入隐微的、徒劳的讨论深渊。在这种讨论中,对法律人的生活世界来说,法的事情所剩无几。任何想接受黑格尔关于法和国家教导的人都必须找到另一种方式来进入他的思想世界。甘斯的讲座在某些方面也可以作为一个指南有助于此。

(一) 线性和整合性的思维

黑格尔的方法论论述的第一个恼人之处在于,他对科学思维和论证的理解,至少在某种程度上,与通常的习惯不同。与语言的通常用法不同,根据这种用法,"理性"和"知性"这两个词在很大程度上是同义的。黑格尔对这两个词进行了特殊的区分。在他看来,"知性思维"只是一种"形式的"活动;以知性为特征的科学,如实定法学[66],被视为形式的科学。与此相反,理性关注的是实体性内容的发展和阐述。以理性为原则的科学是哲学。

举例来说,黑格尔所说的知性思维可以被定性为**线性**思维,而理性思维可以被定性为**整合性**思维和论证。**线性**思维是以精确测量的个别步骤进行的,目的是建立形式逻辑关系。因此,它依赖于可以作为逻辑运算元素的概念和命题,这些概念和命题本身就是可理解的。因此,所使用的术语必须有准确的定义,命题要有充分的依据。唯有如此,才可以防止那些还没有完全包含在前提中的结论悄悄出现,并且可以以一种大家都能理解的方式从前提中推导出来。

黑格尔认为,整合性思维以一种不同的方式表现出来。理性思维的前提是,所有的概念和命题都不是彼此孤立存在的,而是构成了一个全面的整体的部分,并且只有从这里才能获得其真正的

---

[66] 参见黑格尔:《法哲学原理》,第212节。

意义。在真即是整体的前提下，一切思维都已经暗含在了每一种思想中。为了使其发挥作用，我们只能从其核心开始，在越来越广泛的范围内将其逐步展开。在这个过程中，某东西不是以形式逻辑的方式从思想中**推导出来的**；相反，它在进一步及至终点的思维过程中**得到了丰富**，直到最后展开成知识的体系。只有从这个体系中，它才能充分得到理解。黑格尔自己论述道："首先，应该指出，哲学形成一个圆圈。……它并非是一个悬在空中的序列，并非是一个直接的开端，向外走向无规定的东西，而是静息于自身之内。"[67]各部分首先不是以分析的方式严格地相互分离，以便随后根据形式原则重新组装。就像扔进水里的石头，在这里引起了越来越大的圆圈，即便听任它们追求其目的，它们反而仿佛是根据整体的内在结构本身在安排自己。

根据霍托的笔记，黑格尔在他1822—1823年的法哲学讲座中是这样解释这一做法的：

> 因此，理念必须进一步规定自己，因为它还只是一个抽象的概念。但我们从来没有放弃过第一个概念，它本身只会变得更丰富，而最后的规定是最丰富的。之前仅仅自在的规定已经达到了它们的自由独立性，但如此一来，概念仍然是支撑一切的灵魂。那么，这个推进过程就是对包含在概念中的但还没有被设定为有区别的东西的设定。那么，概念只是进入

---

[67] 黑格尔：《法哲学：1818—1831年讲座》(K.-H. 伊尔廷编)，第4卷，1974年，第97页。

它自己的区别中；而这种规定仍然是内在的，即合乎概念的。这个概念并没有被赋予任何新的东西。最高的规定是最丰富的，并与最初的规定相统一。在它的定在中，概念似乎四分五裂了；但这只是一种假象，而推进过程恰恰是对这种假象的揭示，因此所有这些个别性都重新返回到了概念和普遍物上。[68]

只有在通过创造大量的内容意义关联为其奠定基础时，才能建立起线性的论证链。思维必须从根本上把自身纳入世界之中，然后才会想到把它捆进形式规则的束身衣里。然而在没有清楚地认识到这种关系时，知性思维就会一再地主张自己是唯一配得上这一名称的思维。因此，它试图把所有的**一切**都消解在逻辑关系中，而忽略了它由此就破坏了它自己得以可能存在的基础。在知性思维占主导地位的地方，一切无法准确测量，而只能以意义阐释的方式展现的东西都会陷入止步不前的境地。此外，这一点也适用于法，法的真正意义只有从它与正义的潜在关联中获得，也适用于宗教、道德、艺术、爱，最终还适用于人本身，它们适合于一个形式逻辑被推到极端的甚至没有任何断裂的世界。因此，坚持"理性"的首要地位，无非是坚持精神的意义世界，像自然界一样，必须首先**在此存在**，然后才能开始用圆规和尺子来衡量它。这也更意味着，把所有的思维缩减为形式规则的实施，是一种无望的举动。这样的举动就像明希豪森试图靠自己的头发把自己从沼泽中拉出

---

[68] 黑格尔：《法哲学：1818—1831年讲座》（K.-H.伊尔廷编），第3卷，1974年，第165页以下。

来。和在那里一样,在这里,违反了前提条件,而正是这种前提条件才使得所意图的做法得以可能。因此,黑格尔有时将知性思维描述为破坏性的:在绝对的条件下,它破坏了基本的意义关联,这些关联构成了所有思维的基础。只有理性,不是线性地而是整合性地运作的理性,才知道如何建立这种意义关联。

意义导向的理性和逻辑导向的知性之对立,在法学思维中找到了一个重要的对应物。作为一个国家的公民,法学家努力对社会生活所形成的秩序进行意义重构;同时,作为一个教义学家,他试图为选定的子领域创建演绎系统。因此根据需要,他使用非常不同的方法。在他的讲座中,甘斯也采用了理性和知性之间的区分,并在法的范围之内为思维和论证的这两种形式分配合适的位置。

接续黑格尔,甘斯经常将家庭尤其是婚姻,作为知性思维之界限的一个例子,因为家庭基于爱,即基于在他人那里找到自己的能力。把握这一点超出了知性的能力;后者在其中只看到了与逻辑要求的矛盾,即某物不可能既是**它自己**,同时又是**一个他者**。在试图把握婚姻的本质时,知性不可避免地落到了契约上。据此,婚姻显然不过是在各自的自我利益中发现的并可由两个伙伴随时宣告终止的合意;而除了这个协议之外,他们彼此之间就像销售契约的双方一样,几乎没有任何关系。只有从看似分离之物的内在联系出发的理性,才能概念把握到婚姻自为地展现了一个世界。在这个世界里,夫妻双方以某种方式放弃了自己的个体性,而只是"婚姻的另一半"。

在**国家**那里,知性思维也遇到了类似的界限。在这里,当人们试图通过公民拟制的契约来建立国家时候,也就导致了一种基础性关系的瓦解。由此,公民变成了孤立的原子,而国家则降格为一个可以在任何时候宣告终止的偶然愿望的产物。相反,理性很清楚,没有自由的国家,公民就不会有自由;没有国家的法权秩序,契约就会是一句空话。因此,在这种情况下,理性也是为了把个体与整体的原初联系提升到意识之中,并将在其环节中展开。这种思想的前期工作奠定了基础,而只有在此基础上,对某种特定的国家形式进行合乎知性的筹划才是可能的。而这种从部分阐发出整体的运动,就是黑格尔所说的辩证法。

相比之下,知性思维主要在其他地方找到自己的领域。作为知性思维的范式,甘斯提出了私有财产法,即从经济角度理解的市民社会的法。与家庭或国家相比,市民社会实际上是指市民就如同孤立的原子一般,只有通过契约或不法才能相互建立法权关系。这方面的规则包含在民事财产法中。在甘斯看来,其永恒的范本是罗马法。这就是为什么甘斯几乎过分地将古罗马法学描述为一种在尖锐的对立中运动、无法调解的知性思维形式。由此产生的过分简单化的形象当然不完全符合差异化的标准。[69] 一百多年后,瓦尔特·舍恩菲尔德仍然以非常相似的方式描述了罗马人的法律思维,那么在某种程度上,它并非没有道理:

> 罗马人对这种和解的爱(agape)所知甚少,因为区分、批判性的知性、"分析能力"是他们的力量。借此,以一种无可比拟的毫无顾忌,他们将所有对他们显而易见的区别撕裂为最

---

[69] 见克吕特尔(Knütel)文,载《法律评论》(JR),1983年,第390页以下。

为尖锐的对立,而并不因此陷入深不可测的虚无,他们独一无二的伟大就在于此。[70]

(二) 思想与现实的交织

然而辩证地进行的"理性"与知性不同,不仅在于它努力调和知性所撕裂的对立面,而且在于它寻求弥合**思维与存在之间的鸿沟**。按照黑格尔的说法,理性不仅在人的头脑中,而且在现实中也有它的位置;它不仅是主观的,而且是客观的理性。通过理性的媒介,思想进入现实,现实进入思想。存在与思维相互关联、相互交织在一起。这也是一条被证明对法思维有非同寻常意义的进路。据此,法并**不存在于超越**现实的单纯的思维和渴求的世界中——任何在这里寻求法的人绝不会获得任何可把握的东西,而总是停留在对关系的"改善"的要求上。毋宁说,它是**现实的一部分**,即已**经得到实现的理性**;而法哲学的真正任务在于,认识到这一点,并将现实的内在合理性阐述出来。黑格尔在《法哲学原理》序言中说:"概念把握存在的东西,是哲学的任务,因为存在的东西就是理性。"[71] 与现实结合的理性被黑格尔强调为理念,他将这种理念与"单纯的观念"截然区分开来,因为后者是思维和意见的产物,与现实并不相称;如果像通常那样,

---

[70] W. 舍恩菲尔德(W. Schönfeld):《法学奠基》(*Grundlegung der Rechtswissenschaft*),1951 年,第 180 页。

[71] 黑格尔:《法哲学原理》,序言。

把理念仅仅看作一个理念,即意见中的观念,那么与之相反,哲学就提出了洞见,除了理念以外没有什么东西是现实的。所以最关紧要的是,在有时间性的瞬即消失的假象中,去认识内在的实体和现在事物中的永久东西。[72]

由于理性与现实的这种相互交织,黑格尔在其臭名昭著的同一性命题中几乎将二者设定为同一的:"凡是合乎理性的东西都是现实的;凡是现实的东西都是合乎理性的。"[73]作为一个等式来看,这个命题当然是完全不能成立的,至少如果不把理性的概念本身瓦解到世界之中的理性的话。但它包含了一个从两方面推动实现的方案。[74] 事实上,如果一个法律人片面地将理性与法对立起来,或者反过来说,将法与理性对立起来,那么他就无法完成任务。在第一种情况下,他到达了一个脱离世界的"自然法";在第二种情况下,他到达了一个了无精神的实证主义。为了避免这两种错误,他必须把现行法理解为实现的理性,或者把理性思为在现行法中得到了实现。通过将客观法解释为它寓于其中的理性的表达,他自动为它盖上了理性的标记。黑格尔在1819—1820年的一篇讲座笔记中写道:"目前除了认识现存的东西,从而使它符合思想之外,时代现在没有别的事情可做。"[75]这条格言很好地表达了理性的决

---

[72] 黑格尔:《法哲学原理》,序言。

[73] 同上。

[74] 在由 D. 亨利希编辑出版的 1819—1820 年讲座中(本文注释11)的第51页,黑格尔以不同的方式表述:"合乎理性的东西将是现实的,而现实的东西将是合乎理性的。"然而,出自同一个学期的黑格尔笔记则与出版版本一致(本文注释11),第8页。

[75] 黑格尔:《法哲学:1819—1820年讲座》(D. 亨利希编),1983年,第291页。

定性作用。但是将现行法解释为合乎理性的人,同时也会影响到他自己的主观理性,因为他会要把自己的主观理性与现行法的具体形态相协调。

由上所述,把现实理解为合乎理性,也就是把现实描述为一个体系,其中实在的和观念的环节以互补的方式相互作用。正如自然界是由生态平衡所规定的一样,黑格尔认为,法也是基于一种不同环节的平衡系统,即使是微小的变化也会造成混乱。因此,本文开头所描述的黑格尔和甘斯之间的冲突是甘斯所做的处理造成的。在甘斯看来,这些都是现实早已成熟的变化;而在黑格尔看来,这些构造性的偏移,极大地威胁到了现代国家在现在中苦苦经营的内在平衡。

四 对黑格尔构想的扩展

尽管甘斯在阐述狭义和广义的法哲学时基本遵循了黑格尔《法哲学原理》的准则,但在提供材料的范围方面,他在几个方面偏离了它。他把他的讲座**扩展为三个部分**,这些部分在黑格尔的作品中没有以这种形式出现。首先,他在"狭义的法哲学"前,按照黑格尔的《法哲学原理》,提出了**对迄今为止的自然法思想的哲学史概述**。在"狭义的法哲学"之后,这部分构成了他讲座的第一部分主要内容,然后他提出了一个简短的"**普遍法历史**"作为第二部分。最后,讲座以残篇式的第三部分结束,根据笔记,这部分被称为"**实践法**""**立法的科学**"或"**论法哲学和普遍法历史之间的联系**",但在一些笔记中则完全没有这个部分。

(一) 哲学史概览

首先就**关于迄今为止的自然法思想的历史概述**而言,甘斯遵循了他在其他地方[76]表达过的一种识见:"在此意义上,法的思想绝不能被确立为绝对的,仿佛它本来就已在此存在,单凭历史发展不可能上升到它。从一开始,法的理念就像它在历史中的实现一样并不在此存在。这种法的理念本身有一种与历史平行的进展……"如此预设,表明我们是如何达到现代的法思想就是一项本然的任务:"我们是如何达到这个高度的?有哪些曲折的上升路径?谁是建造者?"[77]即使是这几个问题也勾勒出一个方案,人们可以很容易地用它来充实自己的讲座。在一个导论性概览的框架内,有些东西自然只能略微提及或必须完全省略。这尤其适用于经院哲学,甘斯很快就结束了对经院哲学的讨论,把它仅仅视为为启示的思想"提供一种工具"[78]的尝试。这样一来,整个中世纪就被搁置一边,理由是"对哲学来说它是收益甚微的"[79]。这种评价在19世纪很普遍。甚至在几十年后,鲁道夫·冯·耶林曾经坦率地承认,如果他之前已经知道托马斯·阿奎那所表述的真理,他或许就不会写他那本关于《法的目的》的名著了。[80]

相比之下,甘斯对"近代的法哲学"的阐述,从他所说的"奠基

---

[76] E.甘斯:《杂文集》(*Vermischte Schrifte*),第1卷,1834年,第117(127)页;也可参见氏著:《继承法》(*Erbrecht*),第1卷,1824年,第XXXI页以下。

[77] 本书第9页。

[78] 本书第26页。

[79] 本书第27页。

[80] 鲁道夫·冯·耶林(Rudolf von Jhering):《法的目的》(*Der Zweck im Recht*),第2卷,第2版,1886年,第161页附释。

性的法哲学"开始,更加成熟,仍然富有启发性。被归入这一方向的思想家(笛卡尔、斯宾诺莎、霍布斯、普芬道夫、科克采伊、托马修斯、贡德林、沃尔夫、孟德斯鸠)被赋予了最先想要把握"并在精神上呈现"现代国家的功绩。[81] 它们与"颠覆性"的法哲学形成对比,后者想要"独立于一切历史性的东西,从原则中"创造国家。[82] 卢梭、康德、费希特和西耶斯被归入这一革命方向,他们试图以主体的自律为出发点,在意志的基础上重新建立法的大厦。最后,甘斯将受政治复辟影响的较近时期的思维描述为"返回的"或概念把握的哲学。据他说,这种哲学的目的是"根据历史的结果将国家呈现为理念"[83]。也就是说,不只是作为已经成为或存在的东西,而是作为现实化了的理性。这样一来,返回的哲学同时包含了之前两个阶段的哲学:"法国大革命之前和之后时代的法哲学皆包含其中。因此,它使用了哲学的两个类别,就像生命是新与旧的联合,并将两者融为一体。"[84]在这里,我们发现了一些名字,如博纳尔、迈斯特、亚当·穆勒、弗里德里希·施莱格尔、哈勒,但也有历史法学派、法国信条派、圣西门主义者,最后是黑格尔本人。关于他的作品,据说自亚里士多德以来,没有一本书"为自然法奠定了如此深刻的基础,并且联系了如此广阔的现存的法知识"[85]。

---

81 参见本书第 31 页。
82 同上。
83 同上。
84 本书第 53 页。
85 本书第 65 页。

按照甘斯的说法,在这第三个和最后的阶段,"自然法在这里既不是革命性的,即不考虑一切存在,此种自然法应当说事物必须是怎样的;也不是反革命的,即它不打算把现在描绘成恶劣的并唤起过去"。毋宁说它应当:

> 是法的一般思想,是现存的法制度的思想。它不应当教授国家法律——那是实定法所关心的事情——也不应当说,什么应当作为法律而具有效力,但它应当呈现法的精神,呈现它是如何在欧洲形成自己并在今日存在于此的,呈现法律中的活生生原则,并就此给出一种**内在的**评注。[86]

很难以比这些话更好的方式对黑格尔法哲学的意义进行阐释。因为黑格尔既不是他偶尔被呈现为的反动的普鲁士官方哲学家,也不是一位披着羊皮的革命者。毋宁说,他是一位对法和国家有着惊人认识的思想家,他只是想**概念把握他的时代正在发生什么**。甘斯在其讲座的第一部分主要内容"狭义的法哲学"中,从法学的视野描绘并进一步详述了这一尝试,该部分紧随哲学史的概述之后。

(二) 普遍法历史

与黑格尔的《法哲学原理》有所出入,甘斯为他对"狭义的法哲学"阐述增补了一个精要的普遍法历史,作为第二个主要部分。在甘斯这里,这两部分是彼此密切相关的。

---

[86] 本书第 63 页。

在为黑格尔的《法哲学原理》第二版(1833)所写的序言中,甘斯也称赞这本书"卓越的"甚至是"最重要的价值",即是自然法在这里"不仅在先前的科学中获得一个开端和奠基,而且在后继科学中获得一个流出和汇入"。法和历史的这种交织比其他任何东西都更让甘斯着迷,而他有着非凡的政治头脑:

> 迄今为止的自然法学家忽视了:自然法不仅仅是停止,而是停止于某个东西,正如它从主观精神的基地出发,它也同样落入历史的世界潮流中,而且作为一个间接的和联结的学科,它必定不能仅仅被赋予一个中断性的终点,而是一个自身规定的演进着的终点。但是,这本书的结尾附上的是一幅多么庞大的景观啊!从国家的高度,我们看到各个国家像许多条河流一样跌入历史的世界海洋,对其发展的简要勾勒只是落在这块基地上的更重要关切的预示。[87]

在黑格尔那里,这种关于自然法的世界历史展望还只是简短的。[88] 然而在甘斯那里,这一概述之后是真正意义上的普遍法历史,在第一个主要部分中以体系秩序展开的材料在其历史发展中被再次探讨。甘斯在讲座的导论中已经解说了法历史和法哲学之间的关系:两者依其本质彼此并不分离,只是构成了"一个总体直观的不同方面":

---

[87]　甘斯语,见黑格尔:《全集》,纪念版,第7卷,第4页以下。
[88]　黑格尔:《法哲学原理》,第341—369节。

一切存在的东西都有观念和实在的方面、现象和思想的方面。观念的方面是哲学的,实在的方面是历史的。这两者不是对立的,而是科学之整体得到整合的两个部分。[89]

正如在黑格尔那里[90],现实和理念被比作身体与灵魂一样,甘斯因此将法哲学比作灵魂,将法历史比作法的身体。[91] 这让人想起青年萨维尼在《马堡方法论》中所提出的要求,即立法科学必须"同时具有完全的历史性和哲学性"[92],尽管甘斯的意思完全不一样,其视野要宽广得多。概念和历史发展的同步对规定第二个主要部分构想的选择标准并非没有影响。由于思想的中介联系,普遍法历史不可能毫无例外地涉及每个国家。在法历史上具有重要地位的民族之所以取得其地位,完全是由于法理念发展进程的最高阶段在它们之中得以现实化的结果。因此,一个民族只有在"它处于出自概念的发展阶段时"[93],才能在阐述中得到考虑。在这样的民族衰落之后,法的思想寻求一个新的承载者。而在这个进化过程中,正如黑格尔继席勒之后所表述的那样,世界法庭出现了,各个国家从它那里收到了对它们的判决。正如甘斯在其讲座的第二个主要部分中所发展的那样,普遍法历史的任务就是以一种简明扼要的形式呈现这一波澜壮阔的景象。

---

[89] 本书第 3 页。
[90] 黑格尔:《法哲学:1819—1820 年讲座》(D. 亨利希编),1983 年,第 47 页。
[91] 参见本书第 6 页。
[92] 萨维尼(Savigny):《法律方法论》(*Juristische Methodenlehre*)(维森贝格编),1951 年,第 14 页。
[93] E. 甘斯:《继承法》,第 1 卷,第 XXXI 页。

仔细阅读可以发现，甘斯在其讲座的第二部分的各个章节中遵循了与第一部分不同的建构原则。在"狭义的法哲学"中，作为现代法的真正基础的人格处于开端，思想的发展通过抽象法、道德、家庭和市民社会**上升**到国家；而在普遍法历史中则恰恰相反，它描绘的是"从国家到人格的各个阶段"的**下降过程**。[94] 这个方案并没有像最初宣布的那样得到完全一贯的执行；毋宁说，在普遍法历史个别章节中的阐述往往在抽象法中以私法和刑法之间的区分告终。然而，甘斯想用这种做法表达的是，作为现代法开端的人格自由，是发展的一个晚近成果。从历史上看，人格——用黑格尔的语言来说——最初被嵌入共同体的"伦理实体"中，只是逐渐才获得法权上的承认和独立。这个解放的过程像一条线索一样贯穿了整个普遍法历史，并在现在的立宪国家中达到了顶峰。

总的来说，甘斯绘制的跨越大量国家的曲线与人们熟悉的"从身份到契约"(*from status to contract*)的发展相吻合。在他那里，这个过程中最重要的个别方面如下：早期陈旧的家父长制国家最终被建立在普遍自由基础上的权力分立的立宪国家所取代。原本紧密交织在一起的国家和宗教，获得了各自独立的领域。在职业、贸易和商业自由的襄助下，从静态的农业社会中发展出了现代市民社会。对家庭的结构变化进行了特别深入的阐述：在父权制的团体中，妇女原本是买卖的客体，而孩子则受制于家长的绝对权力。从这种团体中，产生了一个妇女和孩子都拥有自己权利的伙伴性组织；家庭财产变成了个人财产；法定的继承权，其中家庭纽

---

[94] 参见本书第 265 页。

带得以延续,与遗嘱结合在一起,个人根据自己的观念处分其财产。私法摆脱了与刑法的联系,在私人自治的基础上发展成独立的秩序。契约变得具有非形式的约束力,并延伸到越来越广泛的适用领域。简而言之,自由使关系翩翩起舞,"意志"取代了习俗,而人类越来越多地按照自己的观念来构建世界。

甘斯在他的普遍法历史意图中并不孤单。[95] 普遍历史和普遍法历史的倾向在18世纪已经有所崭露(赫尔德、皮特、赖特迈尔)。一旦在启蒙的自然法衰落之后,人们意识到,对世界上所有时代和地区都相同的法是荒谬的,因为不可能为根本不同的情况规定相同的法,兴趣自然也就转向为各自**特定的**情况找到**适合的**法。因此,自然法失去了其抽象的普遍有效性,变成了——用一个恰当而后来流行的术语——一种"具有可变内容的自然法"[96]。甘斯跟随黑格尔说,"在这个意义上,每个时代都有它的自然法,它自己在思想中把握了自然法,就像每个时代都有它的哲学"[97]。这一发展的先驱之一是孟德斯鸠,在其《论法的精神》中,他是最早将法的正确性思想与现实的多样性结合起来的人之一。孟德斯鸠后来不仅被历史学派的追随者所征引,也被"哲学"学派的追随者所援用。前

---

[95] 恩斯特·v.莫勒尔(Ernst v. Moeller)所作的概览,见《德意志和罗马法史的分离》(*Die Trennung der deutschen und der römischen Rechtsgeschichte*),1905年,第46—68页;瓦恩柯尼希(Warnkönig):《外国法学和立法批判杂志》(*Kritische Zeitschrift für Rechtswissenschaft und Gesetzgebung des Auslandes*),第28卷(1856年),第386页以下。

[96] 鲁道夫·施塔姆勒(Rudolf Stammler):《经济与法》(*Wirtschaft und Recht*),第5版,1924年,第174页。

[97] 甘斯:《继承法》,第1卷,1824年,第52页。

者是因为他拒绝了启蒙的理性主义自然法,后者是因为他还是超出了实定的给定物,将目光引向了超实定的法之考察。

尤其是蒂堡《民法论著集》中的一段话已广为人知,[98]蒂堡在其中尖锐地反对历史学派局限于本国法历史的狭隘观点。甘斯挑衅性地选择了这段话作为他《世界历史发展中的继承法》的座右铭,内容如下:

> 因为这不是真正令人振奋的法历史,它以束缚的目光停留在一个民族的历史上,从中狭隘地挑出所有的琐事,其微观学类似于一个伟大的实践者关于云云(et cetera)的博士论文。就像人们应该建议那些想让自己的精神受到强烈触动、其内心最深处得到颠覆的欧洲旅行者,只在欧洲之外尝试他们的救赎一样,那么我们的法历史,为了成为真正实用的,应该包括所有其他古代和近代民族的立法。十场关于波斯人和中国人的法权制度的精彩讲座,会比一百场关于从奥古斯都到优士丁尼的无遗嘱继承所遭受到的可悲的粗制滥造更能唤醒我们学生的真正法律意识。

我们在这里已经不难看出,甘斯后来在与历史法学派的斗争中延续多年使用的一些论据:针对传统科学运作的"微观学"指责,对如德国和罗马法历史中典型的欧洲中心主义方法的拒斥,以及

---

[98] A. F. J. 蒂堡(A. F. J. Thibaut):《民法论著集》(*Civilistische Abhandlungen*),1814年,第433页(《海德堡文学年鉴》,第7年卷,1814年,上半辑,第527页)。

最后对"精神"而不仅仅是对记忆产生影响的要求。

甚至在蒂堡之前,老费尔巴哈(P. J. A. Feuerbach)就提出了一个普遍法历史的方案,他在其中呼吁一种以实现"普遍法学"为目的的包括所有时代和民族的比较法:

> 为什么解剖学家有他的比较解剖学? 而为什么法学家还没有**比较**法学? 在每一门经验科学中,所有发现的最丰富来源是比较和组合。只有通过多方面的对比,对立者才会变得完全清晰;只有通过观察相似性和差异性以及两者的根据,才能详尽地了解每个事物的独特性和内在本质性。正如语言哲学、真正的语言科学,是从语言的比较中产生的;同样,也是从所有时代和国家中最相关的以及最陌生的民族的法律与法律习惯的比较中产生了普遍法学、名副其实的**法律之科学**,然而它只给每一个特别命名的法律科学以真正的活力……对于一个特殊国家的历史学家来说,各民族的普遍历史是什么,对于法学家来说,所有立法的阐述和历史就应该是什么。无可估量的宝藏已经大量堆积在那里;它们只需要一只造型的手来安排和塑造它们,一个能够从特殊中发现普遍并将其总结为一个伟大的有意义的整体的哲学精神。[99]

---

99 费尔巴哈:《展望条顿法学》(*Blick auf die teutsche Rechtswissenschaft*)(《翁特霍尔茨纳法学论丛》[*Unterholzners juristischen Abhandlungen*],前言,1810 年),这里依据 P. J. A. 费尔巴哈:《短篇杂文集》(*Kleine Schriften vermischten Inhalts*),1833 年,第 152 页(第 163 页以下)引用。甘斯在他的《继承法》前言中提到了费尔巴哈,见第 1 卷,1824 年,第 XIX 页。

与蒂堡不同,这对老费尔巴哈来说并未停留于单纯的假设上。众所周知,他为他所计划的"立法的世界史"收集了大量的材料,甚至开始草拟。[100] 其中一些材料后来由他的儿子路德维希·费尔巴哈向公众开放。[101] 尽管老费尔巴哈在晚年早已知道他不会再实现自己设定的目标,但他绝没有放弃对这一对象的兴趣,而是密切关注甘斯在其著述的代表作中如何处理继承法的普遍法历史。尽管两人的哲学背景截然不同,费尔巴哈向这位年轻人出具证明,他已经"有幸掌握了作者的观点":"没有给予后者的东西,可能会在更有利的情况下赐予前者。"[102]

蒂堡和老费尔巴哈只是最著名的例子,但并不是唯一的例子。即使在甘斯之前,普遍法历史思想就已经与本国法历史一道获得了影响。尽管起初并没有人将这个目标作为一个整体来着手解决,然而出现了大量的特别是关于希腊和东方法历史的前期工作,没有这些工作,甘斯或许就很难实现其广博的事业。

然而与这些前辈、先驱和同路人不同,甘斯在其关于普遍法历史的工作中受到了黑格尔历史哲学的决定性影响。这尤其表现在他的阐述完全面向"国家"。按照黑格尔的说法,只有在国家中自由才得以发展。人种学方法(如它在老费尔巴哈那里可供证明)在

---

100 古斯塔夫·拉德布鲁赫(Gustav Radbruch):《保罗·约翰·安瑟尔姆·费尔巴哈:一位法学家的一生》(*Paul Johann Anselm Feuerbach. Ein Juristenleben*),第3版,1969年,第190页以下。

101 《安瑟尔姆·冯·费尔巴哈骑士生平遗稿》(*Anselm Ritter von Feuerbachs Biographischer Nachlaß*)(路德维希·费尔巴哈编),第2版,第2卷,1853年,第378页以下。

102 费尔巴哈:《短篇文集》(本文注释99),第165页附释。

甘斯的工作中没有发挥任何作用。虽然在黑格尔完成他的第一次历史哲学讲座*之前*,甘斯就已经开始了他的《世界历史发展中的继承法》的第一卷。[103] 尽管如此,他的普遍法历史处处都散发着黑格尔的精神。[104] 在历史法学派几乎支配一切的影响下,在很大程度上已经遗忘了当时黑格尔在法律人中有多大的影响力。只有在偶然的情况下,其中的一两件才会崭露出来。[105] 例如,约瑟夫·昂格尔(Joseph Unger)以甘斯的蓝本为基础的婚姻的普遍历史就深受黑格尔的影响;[106]青年耶林在普遍法历史领域的追求亦是如此,对他而言,甘斯也是通往黑格尔的桥梁。[107] 虽然萨维尼主导了历史法学派,但黑格尔显然提供了一个思维模式。在其中,不仅可以展开法哲学,而且同样也可以展开一种普遍法历史。

随着黑格尔去世后不久开始的黑格尔哲学的衰落,对一种全球法考察的兴趣自然而然就受到了挫折,它仅允许将本国法视为

---

[103] 1822—1823 年冬季学期,黑格尔首次进行讲座。甘斯的《继承法》第 1 卷的序言落款是 1823 年 3 月 23 日。

[104] 参见甘斯:《继承法》第 1 卷,第 XXXIX 页:"我曾陷入我的抽象思维和我的科学之间的分裂中,要感谢黑格尔和他的著作让我与后者更充分地和解。尤其是自从《法哲学》出版后,起初于我而言是光明的一天,那时我只自觉到一种黑暗的四处摸索。"

[105] 提到其中这样一个偶然:一本附有 K. W. L. 海泽手写的讲座笔记的黑格尔的《法哲学原理》版本,在 1857 年被后来的民事诉讼法学家奥斯卡·比洛夫获得,他是耶林的密友,直到 1991 年都还在他的遗物中。参见黑格尔:《法哲学》(E. 希尔巴赫编),1999 年,第 XIII 页以下。

[106] J. 昂格尔(J. Unger):《世界历史发展中的婚姻》(*Die Ehe in ihrer welthistorischen Entwicklung*),维也纳,1850 年。

[107] 昆策(Kunze)语,见 H. 莫恩豪普特(H. Mohnhaupt)编:《德意志两国的法史》(*Rechtsgeschichte in den beiden deutschen Staaten*),1991 年,第 151 页以下。

普遍法历史的"环节"。世界法历史的思想尽管并没有被遗忘,[108]但它在历史法学派和随后的法律实证主义的狭隘构想面前退居二线。在 20 世纪初,它才因约瑟夫·科勒[109](他将自己视为黑格尔主义者)的活动而复活,后来又经威廉·西格尔[110]和其他人[111]。对于法律适用者来说,即使在实践中其他事情仍然是首要的,但在一个紧密结合在一起的世界中,不能忽视对超越时代和国家边界的法之考察的需要。法的思想并没有穷尽于现在,而是深深扎根于过去,而它并不局限于某一特定的法秩序,而是延伸到整个人类社会。因此,正是人类的思想自身要求有一部法的世界史,在它们努力适当地规范人际关系的过程中,最多样化的文化可以在其中重新找回自己。拉贝尔正确地指出:"反思法问题的材料必须是整个地球的法,过去和现在,法与土壤、气候和种族的联系,与各民族的

---

[108] 参见 K. Th. 普特尔(K. Th. Pütter):《法学总论》(*Der Inbegriff der Rechtswissenschaft*),1846 年,第 25—204 页;L. A. 瓦恩柯尼希:《法律百科全书》(*Juristische Encyclopädie*),1853 年,第 107 页以下;H. 阿伦斯(H. Ahrens):《法律百科全书》(*Juristische Enzyklopädie*),1855 年,第 143 页以下。

[109] J. 科勒(J. Kohler):《法哲学与普遍法历史》(*Rechtsphilosophie und Universalrechtsgeschichte*),见霍尔岑多夫(Holtzendorf):《法学百科全书》(*Enzyklopädie der Rechtswissenschaft*),第 1 卷,第 7 版,1915 年;J. 科勒(J. Kohler)、L. 温格(L. Wenger):《普遍法历史·上卷:东方法和希腊人的法以及罗马人的法》(*Allgemeine Rechtsgeschichte. Erste Hälfte: Orientalisches Recht und Recht der Griechen und Römer*),1914 年。

[110] W. 西格尔(W. Seagle):《法律的寻求》(*The quest for law*),1941 年,德文版名为:*Weltgeschichte des Rechts*,1951 年。

[111] 帕尔·霍尔法特(Pal Horvath):《比较法历史》(*Vergleicheride Rechtsgeschichte*),1979 年;U. 维瑟尔(U. Wesel):《从早期形式直到现在的法历史》(*Geschichte des Rechts von den Frühformen bis zur Gegenwart*),第 2 版,2001 年。

历史命运……与宗教和伦理观念。"[112]就目前所见,甘斯是第一个为此全面制订出草案的人。

然而,在他讲座的普遍法历史部分,除了一种对普遍法考察的意志之外,还显露出了其他一些东西,即历史的进程遵循其自身目的的信念。在这里,甘斯也证明了他是他老师的忠实弟子。黑格尔仍然深信,不仅当前持存的现实是合乎理性的,而且这种客观理性的发展过程也是合乎理性的。因此黑格尔认为,为了不偏离其对象,哲学必须以"理性主宰世界,因此它也在世界历史中合乎理性地进行"[113]的思想来对待历史。任何在历史中只看到偶然事件之堆积的人,都几乎不会从哲学的"外在显现者的内在化"[114]中有任何收获。历史的精神只启示给那些愿意向它敞开的人:"谁合乎理性地看待世界,**世界**也合乎理性地看待他;两者是交互规定的。"[115]

理性在历史中遇到了它自己的生成,这对理解现在和未来都不无影响。如果人们接受理性和历史是彼此交互关联的,那么只有在对其迄今为止的进程的意义阐释所表明的框架内,进一步的历史发展才被理解为是合乎理性的。因此,对迄今为止历史的解释与它在现在政治行动中所揭示出来的意义的延续不知不觉间相互融合。对过去的思维挪用出其不意地转变成了一种塑造未来的方案,在其中,已经无意识地启动的过程被全然自觉地引向一个终

---

112 拉贝尔(Rabel):《莱茵报》(*RheinZ*,13)(1924年),第279(283)页。

113 黑格尔:《世界历史哲学讲座》(*Vorlesungen über die Philosophie der Weltgeschichte*)(J. 霍夫迈斯特编),第1卷,第5版,1955年,第30页。

114 甘斯如此表述,见黑格尔:《全集》,纪念版,第11卷,第9页。

115 黑格尔著作(本文注释113),第31页。

点。以理性的历史性为中介的过去和未来之间的这种内在联系，构成了甘斯上述言论的背景，[116]即未来大致会带来什么思想，现在已经可以预见到了。

黑格尔本人对作出这种预测则非常克制。根据《法哲学》序言结尾处那句著名的格言，哲学总是出现得太迟，无法教导世界：

> 哲学作为有关世界的思想，要直到现实结束其形成过程并完成其自身之后才会出现。概念所教导的也必然就是历史所启示的。这就是说，直到现实成熟了，理想的东西才会对实在的东西显现出来，并在把握了这同一个实在世界的实体之后，才把它建成为一个理智王国的形态。当灰色绘成灰色，不能使生活形态变得年轻，而只能作为认识的对象……

正如黑格尔在这里所宣称的那样，历史的概念完全是**回溯地**发生的，并且只导致对在其历史发展中已经完成的东西的认识。只有在一个隐蔽的地方出现一个暗示，哲学也可以**先**行于实在的发展，并宣布世界的年轻形态。[117]

甘斯在这方面没有那么克制。他清楚地知道，未来的历史是无法预测的，只能通过预见来塑造，但他还是深信，这种塑造大体上会在历史已经表明的范畴框架内进行。因此，洞察历史背景可

---

116 参见本文第 XXXIV 页。
117 黑格尔：《法哲学原理》，第 138 节附释；也可参见 C. L. 米歇莱：《出自我生命的真理》，1884 年，第 90 页；此外海涅的讨论，见 G. 尼柯林编：《同时代人报告中的黑格尔》，1970 年，第 234（235）页。

以为政治行动开辟道路,这并不像所引用的黑格尔的格言那般如此遥远。尽管,按照甘斯的说法,法的思想"总是只先于现实的法历史几步"。然而与黑格尔不同的是,甘斯公开承认,在比较"一个民族的哲学意识与他们中间主流的思想"时,经常会发现"距离":"18 世纪的观念远远领先于 18 世纪的状况。"由此产生的紧张催促着一种解决:"……现实就会毫不犹豫地要么顺应这些观念,或者证明它们是不真的。"[118]因此,解决不仅可以以现实获得对思想的权力的方式发生,而且可以以思想获得对现实的权力的方式发生。甘斯认为,法国大革命的情况就是后者,它"不像英国那样是状况的结果,而是理论和思想的作品"[119]。

甘斯在这种情况下所说的一些话被公众不分青红皂白地接受了,而不是为了事情的关切而需要的。其中,海因里希·劳伯以半严肃的口吻报告说,在 1830 年代——也就是说,甘斯是柏林黑格尔派的中心时——他曾经的隔壁邻居是一名柏林法律人,这人是一名"黑格尔派",提到"哲学的范畴"会每天告诉他事情必定会如何进展。"我至少经验到了半个世纪后,我们在普鲁士、在德国、在世界会是怎样的状况。"[120]

这些无疑是我们到处都可以找到的夸大其词。很明显,普遍法历史不仅是一项理论事业,也有极其**实践性**的方面。绘制一幅普遍法历史全景图的企图往往伴随着这样一种信念:如果立法者不想错失其历史使命,那么普遍法历史与法哲学就一起构成了**立**

---

[118] E. 甘斯:《杂文集》,第 1 卷,1834 年,第 117 页(128 页以下)。
[119] 同上书第 2 卷,1834 年,第 41(58)页。
[120] 海因里希·劳伯:《全集》,第 1 卷,1875 年,第 316 页。

法者必须从中汲取的资源库。这种联系的一个启发性的范例可以在奥特洛夫的一篇论著[121]中找到。在那里，法的"理性探讨"伴随着"普遍教义学历史"形式的"一种经验阐述"，在一种"直到现在的对历史上出现的学说的发展和追究"之外，还应该包含一种"对国内和外国法的比较"。两者结合起来，"理性"和"经验"的探讨，在奥特洛夫那里导致了"法政策和实践的阐述"：

> 关于这个计划，据说，"在此获得的……材料旨在使立法为法律改革作准备，并协助实践工作；因此，第三部分被称为法政策和实践的阐述。它构成了……工作的最主要的实在效用。这[其他]两部分只是后面的主要部分的预备……"

（三）立法的科学

这直接引领我们进入讲座的第三部分，也是最后一部分，在本版本中被描述为"实践法或立法的科学"[122]。回顾前两个主要部分——法哲学与普遍法历史——甘斯在这里以类似于后来的奥特罗夫的方式继续进行：

> 如果我们把这两方面总括在一起并追问两者的统一，那么这就是**立法**，法哲学和法历史的交汇之处，两者都奔流而入

121　赫尔曼·奥特洛夫（Hermann Ortloff）：《谎言、伪造和欺骗》（*Lüge, Fälschungen und Betrug*），第一和第二部分，1862年，第Ⅵ页以下。

122　关于手稿中不同的命名，参见本文第 XLII 页。

的海洋。法学的最高层次是**立法的科学**，它是那种具体的统一。立法一方面由思想构成，另一方面出自对历史材料的认识，这种材料必须被立法者用思想来渗透。就此而言，他是一个哲学的识见与历史的认识结合在一起的个体……他以哲学为其精神，以历史为其材料。[123]

事实上，在其讲座的第三部分，甘斯试图按照这一方案绘制一份法政策的梗概。他从"我们无论在历史上还是哲学上从这整个讲座中搜集到的立法的理念是什么"[124]这个问题开始，然后以简明扼要的形式重述了第一部分主要内容中已经确立和阐述的国家、市民社会、家庭、刑法和民法的最重要原则。在历史发展进程的认证下，当代法的核心再次显现在这里，其意图显然是为了回想起当前立法所处的普遍发展进程，如果它不想落后于时代精神，就不能背离这一进程。

可能没有任何其他文本如此清晰地表达了19世纪初"历史的"和"哲学的"法学派之间的争执，以及为什么蒂堡如此强烈地不允许使用"非历史的"学派这一"含沙射影的名称"，而这正是萨维尼打算赐给他的对手们的。[125] 正如甘斯在其他地方[126]曾声称的那

---

[123] 本书第373页及以下。

[124] 本书第374页。

[125] 《蒂堡与萨维尼：他们的纲领性作品》(*Thibaut und Savigny. Ihre programmatischen Schriften*)(H.哈腾豪尔编),1973年,第269(270)页,依据《海德堡文学年鉴》(*Heidelbergische Jahrbücher der Literatur*),1815年,第X页以下。

[126] 甘斯致莫里茨·金德(Moritz Kind),1835年,刊印于《哈勒年鉴》(*Hallische Jahrbücher*),1840年,第902行以下。

样，其目的不是要**少**研究而是要**多**研究历史，但不是要在历史中迷失自我，而是要将法历史从其经常沉浸的古董行中解放出来，并赋予其一个方向，不再将自己封闭在作为迄今为止历史发展最后成果的立法中。

尤其是对中世纪的探讨，针对历史学派的日耳曼分支，甘斯曾经明确阐明，考察必须从现在的立场进行：

> 有这样一些人，他们喜欢这个过去的世界本身，他们认为它是至高无上的东西，不仅是对他们自己的时代，而且是对所有的时代……我掌握并理解中世纪的本来面貌以及在其出土的宝藏中呈现给我们的情况，但是从我的时代的立场出发。只有这样，它才能独一无二地出现，并向我们展示其勤奋和持久的发展。[127]

这背后是这样一种识见：思维必须始终在现实中为自己构建一个新的外壳，在这样做的过程中必须始终重新阐释历史。正如甘斯所知道的，由此产生的危险不能通过否定现在的法来避免。

五 一部科学的法百科全书

如果从这一终点看整个讲座，就会产生一种几乎令人摒住呼吸的全景印象。甘斯本人曾恰切地谈到一部"科学的法百科全书"[128]或

---

[127] 甘斯：《世界历史发展中的继承法》，第 4 卷，1835 年，第 X 页以下。
[128] 本书第 65 页。

一部"整个法学的百科全书"[129],由此涉及的是18、19世纪的一种文献和讲座类型,其任务是以简明扼要的形式为所有一年级的学生提供一种他们想要投身的整个学科的概览。这种百科全书存在于哲学(黑格尔的《哲学科学百科全书》就是一个例子)、神学、历史和所有科学中。就法学而言,其名称通常为"法学百科全书和方法论"或类似的名称。[130] 在19世纪末,从中发展出了"法学导论",1933年后暂时更名为"德国法",1945年后又恢复为"法学导论"。随着法学研究"模块化"、教学内容进行调整以适应大型学术活动和有选择性的考试,这种讲座目前已行将告终,已在多地遭到取消,没有替代品。看看在本著中从一些讲座笔记里所重构出来的内容,就知道在此期间失去了什么。以今天的眼光来看,期望一年级学生参加像甘斯的讲座这样高要求的课程,肯定是几乎不可理解的。

当然,并非所有的法百科全书都与这里所呈现的具有相同的水准。通常情况下,它们只涉及对实定法材料的清晰阐述,而甘斯则着眼于阐发"外在事物之内在思想"[131]"在欧洲形成自己并在今日存在于此的"[132]法的精神。对他来说,这才是法学的真正目标,而不是为手艺-实用技能做准备:"谁还能想到,对高级和低级法学

---

[129] 本书第2页。

[130] 关于这种文献的兴起,参见扬·施罗德(Jan Schröder):《科学理论与"实践法学"学说》(*Wissenschaftstheorie und Lehre der „praktischen Jurisprudenz"*),1979年,第36页以下;莫恩豪普特(Mohnhaupt):《现代法史杂志》(*ZNR*),1999年,第85页;瓦恩柯尼希:《法律百科全书》,第1853年,第355页以下。

[131] 本书第7页。

[132] 本书第63页。

不加区分，或者错误地认为，那些永远重复出现的民事论文就可以充作科学，这些论文知道如何在一个小小的创新中把旧的东西百倍生产。"[133]如果将甘斯的《百科全书》算作其中的顶峰，也许并不夸张。毕竟，"法哲学与普遍法历史"讲座要归功于这样一个幸运的偶然：一位具有鲜明的社会关系意识的伟大哲学家和一位多才多艺的法学家发现了彼此，并相互补充。当今的法哲学对黑格尔在他时代对法的理解所取得的成就没有什么可比性。同样，甘斯准备接受这种哲学的挑战，并处理一项其范围很容易令人生畏的任务，这与今天仅以"法学"为名的形式没有什么共同之处，后者沉醉于脚注的极乐。驱使黑格尔和甘斯的反而是某种后现代的法学中很大程度上缺乏的东西，即以简洁的方式深入当今世界的核心，洞悉其历史变化的"自然法"的意志。

以当时的资料状况来看，甘斯所着手进行的计划是非常大胆的。普赫塔与甘斯不同，他不是黑格尔的忠实弟子，而是叛徒。他以轻蔑的口吻反驳了普遍法历史的动机，即"想象事情活生生的发展的尝试，即使它们是……有缺陷的……仍然值得为这个所谓的概念在大地上行走的辩证法付出代价"[134]。甚至兰茨贝格[135]，尽管是针对黑格尔的，也曾经谈到"用未经充分筛选的材料进行临时构建的败坏捷径"。但是这种保留的真正原因，我们今天仍然可以以

133　甘斯：《世界历史发展中的继承法》，第 3 卷，1829 年，第 XI 页以下。

134　普赫塔（Puchta）语，见《整体德意志文学年鉴》（*Jahrbücher der gesamten deutschen Literatur*），第 1 卷（1826 年），第 1(30)页。

135　斯汀辛（Stintzing）、兰茨贝格（Landsberg）：《德意志法学史》（*Geschichte der Deutschen Rechtswissenschaft*），第 3 册，下半卷，文本，1910 年，第 352 页。

类似的方式遇到,可能更多的是在另一个层面:典型的法律人现在并非哲学的头脑,并非文人(homme de lettre),而是一个清醒的勤奋造物,其理智美德仅限于准确性、客观性和对细节的热爱。为了开辟甘斯在其演讲中所涉及的新领域,还需要其他的品质。费尔巴哈自己也曾为类似的目标而努力,他曾经非常具有共情能力地表述了这些品质:

> 想囊括很多东西的人,不能以小错误为耻;在一个整体中通盘考虑的人,不能详细地探究一切,而只能对很多事情略而不谈,把一些事情抛诸脑后,而只能真诚地接受其他事情。但这恰恰与德国人的性情背道而驰,这就是为什么德国著述的某些分支给人以某种狭隘或可怕的小气的感觉,甚至导致我们高贵的伽尔维声称,德国人除了对其精神作品的完善性有某种深知的肤浅性外,什么也不缺。[136]

这些评论尽管不是针对甘斯的,但从实质上看,这些话很适合他。甘斯远不认为历史的或教义学的琐碎工作是法学最重要甚至是唯一的任务。毋宁说,他曾将"法哲学、法历史、教义学和注释"描述为"法学的四个必然组成部分"。[137] 由此可见,法哲学被首先举出当然不是偶然的。此外,甘斯和后来的耶林或科勒一样,是一个激情四溢的人物。朋友也都偶尔证明他"非常轻而易举地介绍

---

[136] 费尔巴哈:《短篇文集》,第166页。
[137] 甘斯:《杂文集》,第1卷,1834年,第117(126)页。

最困难的事情,而且总是以一种有趣的即便不令人满意的方式,用诙谐的措辞大胆地打破常规"[138]。对于那些不太致力于雄心勃勃目标的对手和敌人来说,从中很快就得出了肤浅的判决,而且不乏其他指责。结果,甘斯的形象被片面地扭曲了,他为法所取得的成就被不公正地贬低了。

俄罗斯历史学家格拉诺夫斯基在"历史的"和"哲学的"法学派之间的争执中更像是一个观察者而不是参与者,他给了我们一个更公允的评价,同时也考虑到了每个社会中分配给法学的非常不同的任务。格拉诺夫斯基曾对一位朋友说,人们不应该对甘斯的课程和萨维尼的课程抱有同样的期望,他们的目标和对科学的看法完全不同:

> 与您的邻座交谈,而您会发现甘斯的活动同样也是必要和重要的,就像萨维尼的活动一样。甘斯的很大一部分听众谴责他,说他肤浅,但他们从他的讲座中得到了很多东西,对生活和科学提出了很多新的要求。我根本不属于甘斯的无条件崇拜者之列;……但他的努力有资格获得钦佩和感谢。[139]

但这样一来我们就走到了另一个纯粹的传记领域,这与我们

---

138 摩泽尔(Moser)致沃尔维尔(Wohlwill),1823年4月,刊印于《莱奥·贝克研究所年鉴》(*Year Book of the Leo Baeck Institute*),第XI卷(1966年),第288(290)页。

139 格拉诺夫斯基(Granovskij)致弗罗洛夫(Frolov),1838年6月20日,见斯坦科维奇(Stankevic)编:《T. N. 格拉诺夫斯基的自我与世界》(*T. N. Granovskij i ego perepiska*),第1卷,莫斯科,1897年,第65页以下。

真正的主题相去甚远。这个引论的目的只是为理解甘斯的自然法讲座提供一些线索,并阐明这个讲座在黑格尔的法哲学和历史哲学的影响史中所具有的重要性。如果时间和情况允许,甘斯的传记资料将在其他地方进行阐述。*

---

* 详见约翰·布劳恩编:《爱德华·甘斯书信与档案集》(*Eduard Gans, Briefe und Dokumente*, Morhr Siebeck, 2012),导论,第Ⅶ—ⅩⅩⅩⅦ页。——译者

法哲学与普遍法历史

依据黑格尔

爱德华·甘斯

导　论

自然法与法历史的结合

对自然法与普遍法历史的结合提出了两种反对意见。一种反对意见是，普遍法历史，甚至自然法的范围都太大了，不可能在一门讲座中把这两门学科结合起来。前者包含所有的哲学概念，后者包含所有民族的法的发展，怎么可能把自然法与普遍法历史结合起来呢？按照德国教授的旧习惯，我们将无法完成这个讲座。按照这种观点，这两门学科只有在不负责任地缩减的情况下才能被结合起来。第二种，也是更大的反对意见是，历史和哲学是两个互不承认的对手，两者之间最多只能达成休战协议。

对第一种异议的反驳

第一个反对意见涉及科学的范围，而这个范围足够大。即是说，这里要处理的是一部整个法学的百科全书。然而就范围而言，有着两个方面的观点。一方面，它包括一切外在的、历史性的和琐碎的东西。但是一个事情总有一个内核，而这个内核，真正合乎内容的东西、实体总是很小。因此，如果不从经验的广度来把握普遍法历史，而只从其哲学的内核来考察，那么我们就很容易消除第一个困难。哲学总是只关乎内核，而绝不涉及外壳。然而即便外壳很大，内核也很小。因此，我们抛开外在的细节，那么也有足够的时间关注这个内核。

对第二种异议的反驳

第二个反对意见是所谓的哲学和历史的对立。从经验的、通常的立场来看,这一点是应该承认的。在所有可能的科学中,历史和哲学都处于争执之中。历史是在其广度上的阐述,哲学是在其核心上的总结。这种冲突在自然科学和法学中都有所体现。在后者中,和平永远不会到来,这一点太重要了;在这里,有的是永恒的争斗,最多只会被休战所中断。只有在不谈这个对象的条件下,人们才可能聚在一起。就自然是静止的东西、历史是运动的东西的立场来看,自然科学不会像历史学家那样憎恨哲学。[1]

然而法历史和法哲学在根本上并不是相互分离的,而是相互解释的。就事情而言,哲学和历史都是一个总体直观的两个方面。这一真理不仅关乎法学,而且关乎一切只是可能的科学。

一切存在的东西都有观念和实在的方面、现象和思想的方面。观念的方面是哲学的,实在的方面是历史的。这两者不是对立的,而是科学之整体得到整合的两个部分。一切存在的东西都必须作为现存的东西而被把握,或者在其现存存在中得到领会。

对这一存在者的阐述、记录就是历史。这种阐述越是赤裸裸,历史学家就越是纯粹,越是不偏不倚;因为他的卓越在于赤裸裸的观察。但事实不仅仅**存在**,它基于一种更高的或更深的东西;它还**意味着**什么。存在就包含了意义。当我叙述道,某东西在那里时,一切尚未穷尽。呈现对象的内在意义,这就是哲学的任务。哲学和历史一样,关注的是存在者;在哲学中,**非存在**之为无并不存在,毋宁说哲学必须产生存在,并掌握其内在的根据和意义。它深入事情的内在方面,并试图将指导思想、内在运动和形态清晰可见地呈现出来。就此而言,哲学和历史是不能分离的。

当然,有些人说我们必须止步于单纯的存在,另一些人说我们不能仅仅叙述事实,而必须陈述和寻找对我们有价值的东西。当人们说哲学和历史不矛盾时,这已经是一种有规定的哲学了,并不是每一种哲学都这样主张。哲学曾有过否认存在具有意义的阶段,或者说自然和历史的存在没有被把握,毋宁说尤其是通过唯心论,自然的定在被否认了;唯心论首先返回到了人的内在方面。然而我们认为哲学和历史彼此之间是和解的,一方是对另一方的补充。从我们统一的立场来看,我们必须对两方面进行考察。法哲学在这里不是显现为一个抽象的空洞物,而是作为一种已经现实化自身的思想。与之相反,法历史同样不应当显现为单纯外在的东西,而应当是具有思想的属性、在自身中承载着其精神的东西。由此,这两门学科都得以中介。

关于自然法的通常观点

人们通常对自然法的理解是什么?在这里,我们面临着两种主要的观点。

第一种观点认为,自然法仅仅是对国家、法和法权状态的**单纯推理**,并且自然法着手创造一个理想的国家和一种理想的法。在这个意义上,作为对法和国家的反思,自然法是每个人所特有的。每个人,如果他想进行哲学思考(即推理),就会确立其自己的自然法。

人们想象着一个理想的国家,并试图用最为卓越的内容来描绘它,但这并不能保证这样一个国家现实地存在。它们是人脑中的国家。这就是托马斯·莫尔的乌托邦和17、18世纪的自然法。由于无视历史,康德派,更确切地说,费希特派也建立了这样应当存在的自然法。由于其无害性,这种方式从未受到实定科学的攻击,而是与实定科学一起继续存在。这种自然法甚至很合历史学家的心意;他们让这种自然法学家带着他们的理想一起前行,还保护他们。因为他们只想要**他们**以为的东西,而不是存在,所以他们对这些自然法学家很满意。

然而作为**关于**某东西的思想,理念并不具有真理;因为思想就是事情本身。一切超乎人们要沉思的东西之上的,都会产生一种错误的观点。为了进行正确的沉思,人们必须对事情深入进行思维,即**进入**国家和法进行推理。某人通过关于国家和法的推理会表明,在这两者之间存在着某种东西。也就是说,为了有一个正确的观点,人们不能与事情相一致。这种关于国家和法的推理被称为自然法;每个人都有自己的自然法。

当然,有可能有人对国家制度感到满意,国家已经达到了他的这种自然法理想;但当然最常见的情况是,人们对这些制度不满意,因此构建起自己的国家。

但在这样的自然法中,并不存在普遍的真理;它将永远止步于某种主观的东西,因为在这里它总是停留于应当。这永远意味着:这个国家**本应当**是这样的,这种法权宪法**应当**是这样的——但它却无处可寻。在这里可以马上看出,国家应当出现,又应当不出现。因为如果它曾经存在过,那么应当就结束了。这里有两方面要注意:首先,国家无处可寻;其次,它也不应当出现。因为随着它的定在,自然法将停止了。

作为实定法的哲学的自然法

与此截然不同的是另一种自然法的观点,它被称为实定法的哲学,来自哥廷根的胡果[2]。根据其名称,它是基于某种真实的东西。它描述的是真正意义上——也就是说,呈现的不是**其本来面目**(*wie es ist*),而是依据其真正的内在性——的实定法思维。但在这里,人们把基调放在**实定**上,而完全没有放在哲学上,以至于后者几乎完全消失了,但极端的"实定"却被无限地强调了。然而在这种情况下,除了自在的实定制度之间的联系,别无其他。因此,它往往只是一种叙述。例如,奴隶制存在于罗马,而对这种关系的不法性根本没有给出理由。由此我们可以看出,这种处理方式只是在缰绳上来回打转,完全不能从中发现哲学。在这里,就像在另一个极端一样,没有建立起一个理想;毋宁说只不过是对存在什么进行了列举,而且通常最为久远的东西会被认为是最好的。然而由此某种实定存在的东西,并不就是哲学的。即使是完完全全实定的东西也是偶然的,根本不能成为哲学的对象;因为哲学与内核有关,但完完全全实定的东西(例如贵族拥有纹章的权利)是外壳。

这种实定法的哲学所包含的不过是对现象的呈现。其中没有思想,而只是对实定现存的东西进行纯粹的枚举,对在实定法中发现的名词汇编的一种重复。例如,这些制度因为曾经出现而得到颂扬和辩护。从哲学中借来的只不过是名字。

在这里,我们发现与之前的观点相反。前者凭空创造,不关心现存的东西;因此,它根本不需要用历史现象来衡量。相反,第二种观点不关心思想,而只关心事实,它常常对事实进行敏锐的解释。后一种观点也得到了历史学家们的青睐:这对他们没有任何伤害。

自然法的真观点

相反,我们想在这里确立的**第三种观点**是不同的。这种观点的出发点是思想,法不仅仅包含在历史的外在性和因果关系中;因为外在的实存仅仅是法为自身裹上的外衣。毋宁说,首先,它有某种内在的、神圣的、可敬的东西,它不依赖于它的已然存在(Gewesensein),而是像凤凰一样,永远崭新登场。在法中,有一种永恒的、现实的力量,一种不满足于已然存在的某东西的本性。其次,法不仅仅存在于思想的沉默和发明家的头脑中,而毋宁说是在历史中实践地发展起来的;因为如果它没有成为实践的,就不会成为法。法之存在也要显现,而不显现者亦不会存在。因此,法不仅仅是应当存在的法,也不是单纯的现象,而毋宁说它同时是一个永恒的和现实的显现着的东西。人所加工的思想已经有了现实的实存,它们已经显现并会继续显现。这就是法哲学与普遍法历史之间的联系。因此,我们处理的是肉体和精神的问题。即一方面是从法的必然发展、从法的理性出发的法的理念,另一方面则要表明这种法的理性如何成为法的现实。根据这种观点,这两个讲座要以这样的方式结合起来,使两者成为同一个东西。在其思想上,普遍法历史应被视为哲学的法历史。

法本身就是某种神圣的、永恒的东西。这种神圣的东西是法的永久思想,它在所有的时代里都会自我再生。不存在一个没有法的思想的时代,无论它多么恶劣。"法律和法如同最凶恶的疾病一般被继承"(歌德[3]),这往往确实如此。但法总是存在于此,即使

"公正之事"是祸害。因此,这种神圣性甚至在反对法所采取的形态时也要被承认。它总是以新的肉体出现,并在此期间使自己重新焕发生机。

法之存在已经现实化自身,而且每一天都在现实化自身;单纯的理论法从来都不是法。这就是我们必须从此出发的立场。法的永恒思想在所有民族中都出现了,在一些民族中较为完满,在另一些民族中较不完满。但它已经在所有地方现实化自身。我们可以把宗教拿来作为例证和解说。宗教是自在自为地真且永恒的;但宗教也有其历史。它之所以是真的,不是因为它已经存在,而是因为它包含了确立其神圣性的教义。我们不能仅仅因为宗教还没有发展到理想的程度,就说它尚不存在过,而毋宁说宗教处处存在,并且以恰当的方式于每个阶段现实化自身。

如果法的理念没有实现自身,那么它就是如此软弱。因为不出现在现象中的东西是软弱的,而真正的思想必须显现。因此,如果我们想拥有真正的法学,那么我们就必须把握住理念,不要止步于已然存在的制度,毋宁说我们必须让法从自身发展出来。在这一发展中,我们必须达致国家,作为法的最高果实,一个从许多花朵中产生出来的果实。然后,我们从国家学说过渡到国家彼此之间的学说,即过渡到历史。因此,从法的哲学发展中产生出了历史本身,而我们在哲学上所沉思的东西将表明为我们的生命本身。正如哲学所直观的不过是小小的内核,而历史则有一个巨大的肉体,那就是所有民族的历史。

法的思想展示在法的状态中

因此,法的**思想**将始终与法的**存在**以独特方式相对立,但不是以绝对敌对的形态,而是像灵魂对肉体一样。灵魂在肉体中,但又不同于肉体,在这个肉体消亡后寻求一个新的肉体。那么,自然法无非是指法的思想在法的状态的展示。我们必须发展各种状态中的法的思想,我们必须从这种思想自身中而不是从各种状态中发展。因此,法哲学与现在所呈现的法的内容并无区别,毋宁说法哲学是现在的法的思想,法哲学是对外在事物之内在思想的阐述。

现实的合乎理性与合乎理性的现实

这与一个更有必要讨论的命题有关,因为它受到了中伤和荒谬的指责。当今世界最伟大的哲学家黑格尔在他的自然法中确立了这一命题,其内容如下:

> 凡是合乎理性的东西都是现实的,
> 凡是现实的东西都是合乎理性的。[4]

在这里必须要提防对这一命题的误解。

当这席话第一次被说出来的时候,引起了一场可怕的喧嚣。它与我刚才所说的法的思想有关。但人们认为这是完全错误的,结论如下:"愚蠢的玩意儿是现实的,并因其现实性而是合理的。"人们认为,所有现存的、错误的东西都被宣布为合理的。这种讥讽通常是基于无知和缺乏深度。然而要为这一命题的合乎理性进行辩护,我们需要以下几点:现实不是某种显现的、无所谓的东西,毋宁说现实与显现相对立;显现是偶然的,但现象中的现实的东西是拥有思想的。这里所说的现实的存在者,是指在世界之中获得了坚实性和意义的东西。与一个理念相关联的东西,例如神是现实的；希腊历史是现实的一个阶段。

通过这一命题"合乎理性的东西都是现实的等等"同时也表明，在其显现中具有一种内在意义的东西也是合乎理性的，合乎理性的东西具有实现自身的力量。没有什么合乎理性的东西是不会实存的，就像所有具有现实实存者也都是合乎理性的。具有持存的一切也都是合乎理性的。

这里只是在用"现实的"这个词玩一个游戏。现实的东西是以合乎法的方式显现的东西，是在现象上具有持存的力量的东西，那么现实就是合乎理性的。因此，基督教是合乎理性的。而当人们说合乎理性的东西是现实的，这就意味着理性有为其实存创造一个世界的力量。没有力量的理性，没有支撑的理性，就不是理性。这个命题在亚里士多德哲学中已可发现，在那里区分了显现上的 *kata dynamin*（根据潜能）和在其显现中具有一种意义的 *kat energeian*（根据现实）[5]。

然而，这种对法以及哲学与法历史的统一的看法还没有得到证明；到目前为止，它只能被视为一种断言。我希望我所断言的东西显得如此不证自明，以至于讲座的进展将同时成为其证明。为此，我将介绍一下关于法和国家的观点的历史，或者我们也可以说是自然法的历史，因为我们把历史和哲学统合起来了。因此，本导论将包含从人们开始对法进行哲学思考时至今日的法哲学的历史。而只有在这里才会表明，我们关于法的观点是真的。

自然法作为法的本质

就自然法的表述而言，它被视作一种不确切的表述。有人说自然法不是自然的法，毋宁说是人们如何从自然中形成国家的法。

但自然的表述有两个方面：首先，自然被理解为我们之外的自然；其次，是指事情的本质。如果我们按照自然的第一种意义来看待自然法，那么对于法哲学而言，自然法就是一个糟糕的名称。它不是自然的法，毋宁说是从自然停止的地方开始。因为自然是与法相对立的恶劣的东西，就像生活在自然中的野蛮人还没有进入国家的理念中。如果我们从第二种意义上看自然，那么自然法这个名称就更好。因此，自然法是**法的本质**，因此也是这个对象的一个好名称。

本讲座的对象是自在自为的并依据自身的法的发展，以及就合乎理性的法会在其中发展出来而言的历史的发展。

从古代以来关于自然法的
各种观点的历史发展

科学历史的意义是为识见做准备,并展示我们如何达到一种思想的方式。问题是:我们是如何达到这个高度的?有哪些曲折的上升路径?谁是建造者?

像哲学的所有部分一样,法哲学只与思想有关,而思想又与只有它们才能生长的地基有关:与人的个体性有关。没有自由的个体性就没有思想。思维发端于**自由**发端之处;自由、思维、法、认识和意愿是一致的。奴隶是没有自由思想的能力的。他确实可以热情昂扬和富有见解;但如果他所思维的东西应当以思想的形式呈现,那么自由的个体性是不可或缺的。最初的人类在宗教的、神秘的观念中活动,他们花了很多时间才从这些宗教的和神秘的开端努力达到自由的思维。

因此,哲学从自由所在的地方开始。这是为了思维某种东西所需要的元素,如同为了游泳需要有水,为了生存需要有空气。但自由要求人是一个个体,即他思维自身是自由的。在东方,不存在个体,因为这里的人并不作为无限性的人来认识自己,而是被宗教、神话、前史和迷信束缚在自然的怀抱中。然而宗教思想不是思想,而只是直观。在所有的东方神秘主义和宗教狂热中,真正说来没有法哲学;因为没有国家,而没有国家是因为没有自由。哲学本身就是自由的思想,是无预设的自由思维。东方人自在地仍然全然在存在之中。对他们而言,尚未有任何关于他们的存在的思想出现。他们还没有被撕裂,因此还不是一个双重化的东西;他们是纯粹的孩子。与之相反,我们则是在思维着和表象着我们自己。那些早期时代的民族是做不到这一点的。

人对国家拥有思想,意味着他把自己与国家联系起来,把国家看作他创造的东西,他把国家看作他的理性的作品。在东方,诸神是国家的创造者,法律是神权式的。但是,人们怎么能创造一种违背神之言的法哲学呢?然而我们在欧洲仍然有这样一种教会国家,但这是最恶劣的。

然而法哲学并不是和哲学一起开始的,因为人不会立即对像国家这样复杂的东西进行沉思。在他对自己的造物——国家——进行哲学思考之前,他被吸引到对自然、神的创造物的沉思中。对自然的劳绩是第一位的。很晚之后,人才达到视自己高于自然的理念。这就是为什么哲学最初不是法哲学,而是自然哲学。在对国家进行哲学思考之前,特定的历史国家必须已经形成。一旦神不再赋予法律,而是人自己开始成为立法者,法哲学就开始了。在某种意义上,人说,我也是从神那里获得它的,因为我和穆罕默德及先知一样。就像法是由人制定的一样,法哲学也是如此。

一　希腊哲学

哲学毕竟是从人们获得自由的思想表达的地方开始的。在希腊之前,没有这种意义上的哲学,因为思维还不能从宗教的束缚中解放出来。最早的哲学是爱奥尼亚的自然哲学,它将自然的双重本质视为所有受造物的**总括**(Inbegriff)和事物的**本质**。米利都的泰勒斯[6]被认为是希腊第一位哲学家。他是第一个寻求本原并努力奠定统一的人。他把水命名为万物的根据("万物皆是水,并返回到水"),他认为自我认识是最主要的事情,他的许多箴言(Gnomen)[7]都证明了这一点。他只撰写道德内容的格言,如 *gnothi seauton*!(认识你自己!)[8]以及死亡与生命没有区别。但这些命题不是作为道德命题而是作为箴言写就的。事实上,他对国家所思甚少,这从他仰望星空时掉入井里的逸事中就可以看出。第一个哲学家置身于一切现实之外。爱奥尼亚学派后来的延续者也对国家一无所知。阿那克西曼德[9]把无限作为第一本原,并把它规定为气。他也对国家一无所知,就像所有后来的爱奥尼亚哲学家一样。

在爱奥尼亚学派采取了一个取自自然的物质本原之后,哲学的继续进步在于,物质不再作为本原,而是被瓦解为一个非感性的东西。这发生在毕达哥拉斯[10]的哲学中,它使感性的东西变成了感性之外的东西,并使思想本身得以呈现,而思想存在于每一感性的东西之中。据此,思想不再存在于特定的感性之中,而在于从每一感性中得以净化,因此数被视为万物的本原。然而不难看出,就像国家不能产生于气一样,任何国家也不可能产生于数。然而个别概念得到了解释,例如正义的概念,在这里是一个数,同样的数取其多次仍是同一个数。[11]

在爱奥尼亚学派和毕达哥拉斯学派中,都找不到国家的理念,在第三阶段,即埃利亚学派中亦是如此。埃利亚学派不是把产生和消逝而是把存在作为本原。色诺芬尼[11]说,一即是一切存在。

巴门尼德[12]用著名的话对这个命题做了进一步的阐述："存在存在，而非存在不存在。"第三位阐述这一学说的是麦里梭[13]，他主张如果存在不存在，那也就谈不上有非存在。芝诺[14]证明了整个感官世界的虚无性，并将一切回溯到静止的存在。在所有这些哲学家中，我们还没有看到产生出任何对国家的反思，在后来的哲学家中也没有。恩培多克勒[15]把气和水同时作为万物的本原，而道德世界则是爱与恨。留基波[16]和德谟克利特[17]把存在把握为无限的多，把一无限地设定为多和无限的多，把一设定为虚空。充盈和虚空是本原。但所有这些都同样没有产生出任何关于国家的东西。

关于国家的第一次努力，是在希腊国家已经陷于瓦解的时候。关于国家的哲学不可能从国家的天真本质中产生，而只能在漫长的个别时代后产生。关于国家的思想实际上是对国家的颠覆，这就是为什么这些沉思早先被认为是危险的。凡是状态被思考过的地方，状态都会遭到改变。然而在我们的时代，可以确定，我们的思想可以与制度相容，而不是扰乱和颠覆它们。在奥地利也禁止证明国家君主制的宪制是最好的宪制，因为这种证明的要求会表明，国家和这种属性不再停留在自身，而是停留在哲学的证明上。

第一个似乎把精神作为哲学的原则并把理性确立为事物的根据的希腊哲学家是苏格拉底的老师阿那克萨戈拉[18]。他把 nous（努斯）[19]置于世界之巅，通过这样做，他已经指向了一般的历史。但他还没有说明精神是什么。这一精神的原则只有在智术师们那里得到更进一步的发展。

智术师必须被看作最先引入破坏的人。他们领会阿那克萨戈拉的 nous，理解为这种作为自由目的的理性、主观的反思、自由的思维，并首先开始对国家进行哲学思考。他们中不乏伟大而敏锐的人，如普罗泰戈拉[20]。他主张思维不是抽象的思维，毋宁说思维也能卷入每一事物。他们最重要的命题是"人是万物的尺度"，而尽管这还是人的主体性。

苏格拉底

这一思想的进一步阐述见于苏格拉底和他最伟大的学生柏拉图。由于在智术师那里，人对一切进行反思，所以"人是万物的尺度"的理念真正说来要被看作是对国家的倾覆，因为迄今为止国家一直被看作一个非经反思的对象。

甚至苏格拉底也不顾及国家的客观基础，把它献给思想，让它在思想面前为自己申辩。因此有人主张，苏格拉底和智术师立于同样的基础之上，即主体性之上。这种意见已经被很多人否定了。然而，的确不能否认这两种思维方式之间存在着巨大的差异。但是就国家而言，两者有着相同的原则，即为了动摇它的根基而进行追问；前者以智术的方式怀有不良的意图，后者则是出于他的信念。因此，才会有阿里斯托芬那些反对苏格拉底的句子。在这些句子中，苏格拉底被描绘成智术师般的人。由此我们可见，从希腊人的立场来看，苏格拉底和智术师被认为是同样的。

苏格拉底生活在这一时代，此间，希腊事物已经从其顶峰下降，其精华已经蒸发，而他自己也感受到了希腊生活的衰颓。现在，关于某种事物的哲学总是在它趋近覆灭时才开始；哲学是将事迹转化为思想，而当这发生时，繁荣时代就已然不再，那么新的时代就开始了。当哲学在灰色中涂抹它的灰色时，那么一种生命的形态就已经变老了,在灰色中涂抹它并不能让它变得年轻,而哲学只能认识到它;密涅瓦的猫头鹰只有在黄昏时分才起飞(黑格尔:《法哲学原理》,序言)。

苏格拉底在此与智术师斗争,而关于国家的哲学则始于智术师。这里要提到智术师,是因为他们认为人是万物的尺度,人可以确立和驳斥一切,一切都返回到他的主体性上,因为他首先唤醒了对事物的思想。他们努力从不同的方面来对抗给定物。通过与智术师对峙,苏格拉底想用一种客观的善和真的东西来对抗他们的主体性。诚然,这也是要被人认识的,但它不是从他那里来的,他只是要接近它,使它呈现在自己面前,认识它,**因为它存在**。然而,苏格拉底还没有阐述他的法哲学;他还没有说什么是善和真,只是把它确立为一个原则,其他事物必须从这个原则中得到证明。

柏拉图

创立国家哲学的功绩要归于柏拉图,第一位法哲学家。在我们谈论柏拉图的法哲学之前,让我们先就柏拉图的立场一般地说几句。

每一种哲学都会改变它所涉足的状态。思想是先前的变化,而不仅仅是旧有的复印。因此,一种法哲学只有在状态进展到一种变化是可能时才会产生。柏拉图哲学出现在这样一个时代。当时在希腊,生活状态走向急剧的变化;因为希腊生活在伯罗奔尼撒战争期间正在发展。柏拉图发现,主体性在希腊的状态中发挥了夸张的作用。与公共利益对立的自私感已经兴起,柏拉图的《理想国》应当要对思想进行净化,思想绝不应当偏离普遍物和精神。

柏拉图哲学是在思想还没有完全从神话和历史的立场、从神话和优美的形式中解放出来的时候出现的。柏拉图宣称哲学是最高的音乐,他本人仍然是神秘的、音乐式的,因此还不属于那种在思想基础上发展哲学的形式(只有到了亚里士多德才这样做)。它的发展是**对话**的发展,据此,最终强者战胜了弱者。在更近的时代,人们经常回到对话,并宣布它是最好的。对话是几个人之间进行,从共同的东西开始,提问和回答的技艺允许讨论产生巨大的偏离。因此对话形式适合于柏拉图的方式,但不适合于我们作为思想本身发展的观念。它与偶然的联系过于密切,往往需要一种戏剧的形式,而且不允许体系性的阐述。

柏拉图的哲学包括以下内容:哲学认识是最高的东西。它是对之前状况的回忆,是人从原型中获得的摹本。人的灵魂在个体生命之前就已经存在。灵魂先于肉体,当它进入肉体的时候,就会产生一种回忆。这些即是理念。

柏拉图的法哲学包含在两部作品中:《理想国》和《法义》。人们通常在理想的观念上来理解他的《理想国》。在他的《法义》中,他更多地涉及了希腊的真实状况。然而,《理想国》中包含了柏拉图的真正哲学。

柏拉图的《理想国》

14

与柏拉图的所有对话一样,《理想国》以苏格拉底、格劳孔、阿德曼托斯、克法洛斯、波勒马科斯和特拉叙马霍斯之间的谈话开始。谈话从财富转向正义。克法洛斯,一位有钱人,告诉苏格拉底,由于他的财富,他可以更容易地承受他的衰老。当被问及财富的好处时,他回答说,最大的好处是不用做不正义之事。

现在,被问及的是正义,并以西蒙尼德的定义作答:正义在于说实话和归还我所得到的不属于我的一切。苏格拉底反驳道,这是不正确的。例如,一个人可以通过归还疯子的东西或对自己的敌人说实话来做不正义的事情。所以必须补充一种规定。对此的答复是:助友损敌,这就是公正的。

现在才出现争执。智术师特拉叙马霍斯像一只野兽跳将出来说,正义无非是对强者或统治者有利的东西。这种意见不仅出现在这里,它在哲学存在的所有时代都是可以见到的(因此在霍布斯、斯宾诺莎和哈勒[21]的《国家学的复兴》中)。在特拉叙马霍斯说了这番话之后,苏格拉底站出来反对他,并以一个漂亮的论证表明,强者自己往往不知道什么对他们有利。在此情况下,一个人怎么能说正义是对他有利的呢?特拉叙马霍斯回答说,统治者非常清楚什么对他有利;作为一个统治者,他从不犯错(在更近的时代,也经常有人说当局从来不犯错)。于是,苏格拉底向他证明,对真正的统治者来说,只有对他人有利的东西才是有利的。正义是好的,不正义是坏的。相反,特拉叙马霍斯说,没有人是由于正义而善的;只有因为这对他有利,每个人之所以必须是正义的,乃是因为他是被迫的。苏格拉底接着阐述道,正义的人是好的,不正义的人是坏的,正义的人是幸福的,不正义的人是不幸的。在场的人要求他证明这一点,现在他作为发言人出场。前奏遂就此结束。

国家作为正义的呈现

苏格拉底首先说,如果我们想阅读写在版面上的东西,而如果人们给我们写在大版面上同样的东西,我们会从小版面上脱身出来,因为我们在大版面上可以更好地阅读。他现在想在大版面上展示正义。这个客观的正义的艺术品就是国家。它是法的圣经,不同于人的内心,在其中可以读到大写的正义。这样一来,苏格拉底就过渡到了国家。

但这种立场是否正确,我们是否能够客观地在国家的版面上更好地阅读主观的正义?不,这正是柏拉图的一个错误,他把正义的客观教化与主观的教化设定为完全一致。在国家中,远不止法,在这方面,大版面与小版面并不一致。

根据苏格拉底的说法,一个国家需要许多不同种类的人。他首先列举了农民、手工业者、商人、佣工等。这些人共同构成了最后的、最低的阶级。之后,这些人的体系也会发生冲突,必须有把他们区分开来的人的体系。这是一座紧密的城邦,人们必须保护自己;为此,人们需要战士。因此,在工匠之后是照顾国家需要的人。但战士们自身必须被引导,现在出现的是统治者或监护人,即哲学家。根据柏拉图的说法,哲学家是最高的(在更近的时代,圣西门主义者也是这么说的)。

正如柏拉图把国家看作客观的正义,客观的正义在个人中是主观的,所以国家的等级只是表现为个人禀赋的划分。根据柏拉图的说法,人类灵魂的本质由三种基本力量构成。首先是作为调节者的理性,理性命令一切。与之相对的是欲望。介于两者之间的是血气,它必须捍卫理性,对抗欲望。从理性和血气中产生了人的所有伦理德行;从理性本身产生了**智慧**,从血气中产生了对邪恶的愤慨、**勇敢**或男子气概。两者都是客观的教化,是存在于灵魂中的两种禀赋。智慧和男子气概产生了第三种德行,即适度的和谐或**节制**。最后,这三种德行产生了第四种德行,它包括所有其他德行,即**正义**,所有德行的同一性,由此生命成为一个整体。

在国家中，三种元素对应于人的三种基本力量——理性意志、感性和仆从性的元素，最后是相应于血气的中介性元素。这个中间元素的使命就是捍卫理性，对抗感性。

从这三个元素中产生了社会的三个等级。从第一种灵魂活动产生了**理性的等级**，统治者、守护者和监护人，他们本质上是哲学家。第二个元素（欲望）对应的是**感性的等级**，仆人、追求享乐的大众，这些人是从事生活事业和供养国家的商人。从中介性要素中产生了**战士的等级**，他们保卫统治者，对抗大众，必须对内对外保护国家。统治者对应的是智慧，战士对应的是勇敢，仆人对应的是节制，而正义是所有人的德行。这是柏拉图的理想国，其协调一致是相当令人惊叹和独一无二的。结构的简洁和优美让人赞叹不已。

16　在我们这里，有机组织起来的国家也有三个等级，但这不是柏拉图式国家的等级。统治者在我们这里不构成等级。如果国家被把握为真的，那么国家就呈现在一个唯一者之中。我们根据行业的性质对不同行业的从事者进行区分。农民等级要与手工业者的等级区分开来等等。尽管如此，这种划分对于古代来说是了不起的。

然而对这个国家而言，仍有一些东西需要补充。这个理想国的整体应当与伟大的众神之国相对应；这就是原型。为了使地上之国成为天堂中诸神永恒众神之国的形象，必须驱逐主体性的环节，柏拉图从中看到了国家的巨大腐化。主体性是自己的利益和自己的好处。因此，人应该生活在普遍物中，而不是个体中、自私中。个体的人思及自己的好处会把他从普遍物上引开，使他对普遍物感到憎恶。为了使这两个更高的等级始终保持卓越,它们应当摆脱一切利己主义,即自私自利。但这就是财产和私人婚姻的导向。因此,柏拉图将**私有财产**和**私人婚姻**排除在更高的等级之外。属于上等阶级的人不应该拥有财产。在上等阶级中,即在统治者和战士之间,只应该共有财产;私人财产只应该属于仆从阶级。人民群众应该服从于同样的条件,每个人都应该致力于自己的利益和整体的利益。

此外,不应该再由出生的偶然和生父的任意来决定每个人属于哪个等级。执政者应当检查每个孩子的禀赋,并确定其应属于哪个阶级。因此,教育归属国家的领域。由于这个原因,两个上层阶级的私人婚姻停止了,并且存在着妇女的共同体。此外,这里的一切都要共同使用。这在下层等级是不必要的(个人应该属于国家的思想此后也经常出现。1804年,费希特说孩子不属于家庭,而是属于国家,国家必须决定孩子成为怎样的人。1830年,同样的思想在圣西门主义中被采纳)。同样,柏拉图希望女孩在她们被分配到的阶级中获得自己的教育,对有执政者潜质的女孩进行特殊的教育,对仆从式的女孩进行特殊教育,然后只给她们分配适合其资质的男人。一般来说,**孩子**应该是**国家的财产,而不是他们父母的财产**;任何家庭关系都不能掌握他们,以免他们变得娇弱,偏离国家;他们应该只为国家服务。卓越的孩子要保留,羸弱的要抛弃;因为国家对孩子没有爱,它只需要国家成员。爱只存在于家庭中。

这种思想导致了所有其他人也应该为国家所用,妇女也要上战场(但她们只是充当后方部队)。她们有一种不同的自然,而柏拉图不想改变它。他并非没有认识到自然的界限（然而从今天的立场来看,妇女与男子是平等的,所以不可能再有任何妇女解放的问题。但她们不能超越自己的自然而得到解放,她们不能拥有任何自然不曾给予她们的概念）。

此外,国家不应当因为阴柔的意向而被削弱。这就是为什么尽管柏拉图自己是个伟大的诗人,却希望诗人和艺术家,特别是赫西俄德和荷马遭到驱逐。一位诗人在这里驱逐了其他诗人。他认为诗人伤害了共同体,因为他们讲述了很多关于诸神的不真实的事情,关于他们的争执,他们如何互相追逐等等,为此他引用了《奥德赛》和《伊利亚特》中的段落。当人们看到朱庇特和化装舞会上的众神时,他们应该怎么想,那时**他们**应该怎么做,应该表现什么样的道德。因此,诗人在他的国家没有一席之地。但他并非完全厌恶她们;只是他不想让人们知道这些过分的东西。

关于柏拉图的《理想国》就谈这么多。

对柏拉图《理想国》的批判

《理想国》将永远是一部非常富有教益的作品。我们从中了解到,我们对法的思想已经取得了多大的进步。柏拉图从普遍物出发,看到希腊爆发的堕落;他看到人们从普遍物中退撤出,汲汲于自己的私事,并希望对此采取补救措施。他不能承受主体性构成了其国家的缺陷,然而这种国家是与希腊的生活相协调一致的。然而,主体性的侵入也摧毁了希腊以及罗马国家。柏拉图想把**主观的东西排除在他的国家之外**。他不希望人们追随自己的欲望,毋宁说在与国家的关系中人们应当放弃这些欲望,只应当爱国家。人不应该自为地感觉,而应该完全投入国家中去。因此,柏拉图的国家从未成为实践。

只有人的主体性才能使人在国家中得到提升,并使人经久不衰;因此,主体性必须成为国家的一个组成部分。我们绝不能否决主体性,而必须驯服它。如果我们驱逐它,我们将永远无法摆脱它。曾经在这个世界上具有本质性地位的东西是无法被摆脱的。如果我们驱逐它,它将寻求其他方式和渠道重新出现。在我们的时代,主体性是完全活生生的。我们的国家是,人们尽可能地追求自己的主观原则,并试图继续推进。这对国家有损害吗?不;在我们的情况下,国家的力量在于我们容忍主体性,并引导它为国家服务。这些产业甚至已经成为国家的事情,国家本身扩展到了家庭的领域。在国民经济学中,利益和商业奋斗的成功被认为是国家的长处。我们有一个国家-人,国家本身必须赞扬这种四处奔走,而且它越高,国家就越是稳固。最富有的国家是市民社会最活跃的地方,是个体利用其长处的地方。

柏拉图认为这是一种有害的东西。因为他的理想国驱逐了主体性,所以它缺乏一种引领国家的东西,即激情。没有激情,一个人就无法为普遍物做任何事情。柏拉图的理想国是一个抽象而非具体思维的游戏。国家之中主体性的伟大概念只是在较近的时期才出现,即那种识见,国家是通过个体而丰富的。因此,被柏拉图看作国家伤口的东西,我们却从中受益。但这是基督教的产物,在柏拉图的时代还无法洞见到。

当我们考虑到他**对家庭的憎恨**时,这一点就更加明显了。理想国包括根除家庭,据说家庭对国家有害,因此人要从家庭中脱离出来。这**完全是错误的**;家庭和产业活动一样,是对人的增强;

他从家庭中获得了他在此之外所没有的生活,如果他脱离了家庭,他就无法达到他的最高地位。在近代,出于对情况的无知,这些柏拉图式的思想,例如费希特、法国的圣西门主义者重又出现,但这是对柏拉图哲学的糟糕模仿。人越是追求自己的目的,他就越是追求国家的目的,因为它们同时也是国家的基础。

亚里士多德

柏拉图的继承者亚里士多德,是世界上有史以来最全面的思想家之一。这一精神甚至在经院时代就已经凭借其精华滋养了中世纪的世界。他对所有可称之为科学的东西都有所论述,他的思想被基督教和阿拉伯的哲学家们都借鉴过。亚里士多德是亚历山大大帝的老师,与他有着惊人的相似之处。正如亚历山大率领希腊人从一个尽头到另一个尽头穿越了外部世界一样,亚里士多德也穿越了人类所有的知识领域,进行了哲学上的世界征服。他是第一个对经验进行科学处理的人,是古代哲学伟大的集大成者,而我们不能这样说柏拉图。

亚里士多德思想的出发点是,绝对的存在是双重化的,一方面是一种潜能($dynamis$),另一方面是一种现实($energeia$)。对他来说,绝对是潜能和现实、精神和实在的统一。由此,他产生了形而上学的进步,并表明柏拉图的政治学只是一种可能性的政治学,它缺乏存在的其他本质性条件,也就是现实存在——用我们的话说,"它只是一种理想"(被理解为一种可能性的理念)。通过更加深入现实,亚里士多德强调指出,只有实在才能让根据可能性在此存在的东西得以存在。在柏拉图哲学中,一切都只有可能,理念只是以剪影形式出现的原型的摹本。但在亚里士多德哲学中,可能存在的东西同时具有强加给自己的力量。这两位哲学家都如同存在和本质一样被区分开来。在亚里士多德那里,绝对一方面是思维着的理性、逻辑,另一方面是它的表达、自然。**思想必须自己产生自己**,并将自己付诸行动。在所有被思之物中都有 nous,它既是被思之物又是思维。被思之物转化为思维,正如思维转化为被思之物。并不是说被思之物不比思维高,而毋宁说思维既是对自身的思维,也是对其对象的思维。

伦理学与政治学的分离

在法哲学上,亚里士多德通过分离在柏拉图那里仍属一体的两门学科而取得了进步。他把伦理学和政治学分离开来。对迄今为止联系在一起的事物进行区分,总是一种收获。柏拉图还没有这种区分;在柏拉图那里,伦理学和政治学只有量上的区别(德行和等级)。

在伦理学中,亚里士多德区分了理性和非理性灵魂。德行就是,当非理性灵魂的激情如此表现出来时,它会做理性灵魂所命令的事情。德行是欲望对理性的服从,是冲动和理性的统一。亚里士多德批评苏格拉底把美德变成一门科学,而忽略了实践的部分。美德不仅是一种知识,也是一种意愿,它是**两个极端之间的中项**,例如懦弱和鲁莽的中项就是勇敢。正义在这些德行中也有它的位置,他把它分为改善性正义和组织性正义,但它并不构成国家。

在政治学上,亚里士多德只处理国家。在亚里士多德看来,人类的国家不是从正义中产生的,而是自在自为的至高者。因为共同体要多于个体性,而作为共同体的国家也因此比后者更高。然而为了达致至高者,人们必须从最低者开始。在柏拉图那里,因为更高者存在于此,所以低下者要被扬弃,而亚里士多德在定义国家时,不是从上而是从下、从家庭开始。第一个社群是男人和女人之间的社群,它的目的是家族的繁育。第二个社群是主人和奴隶以两者的维续为目的的社群。这两种关系在不同民族中是以不同方式组织起来的。从这两个社群中产生了一个家室(oikos),然后是家庭。亚里士多德[22]这里援引赫西俄德的诗句:"先营家室,以安其妻,爱畜牡牛,以曳其犁。"从多个家庭产生了一个村坊,然后是一个聚落,最后是一个城市或国家。由此,他从家庭上升到国家。

亚里士多德认为国家是终极者,这是完全正确的。国家在其自身中包含了在其之外的一切——法、财产、契约、家庭、市民社会,所有这些都在国家中运动。国家的第一个目的是自我保存,第二个目的是增进幸福(参见《政治学》,第一章,第一节)。这就是为什么亚里士多德说,市民社会属于自然的作品,人就其自然而言是一个 zoon politikon、一个政治动物,与其本能相符,必须生活在国家中,并在其中有一种不同的自然。生活在国家之外者必定比人更好或更坏。这是起点。并不是像亚里士多德认为的那样,家庭不被国家所改变。虽然它比国家要更早存在,但它在更高的意义上依附于国家,并从国家中衍生出来,因此国家是第一位的,家庭则是第二位的。家庭从自然的方面而言是第一位的,但在精神上是第二位的。因此,我们目前的家庭法总是带有国家的性质。

首先,根据亚里士多德的观点,必须考察家庭的管理,因此他将家庭分为主奴社群、夫妻社群、父母和子女社群。在前一种中,我们可以见到对奴隶制的自觉辩护,这在古代是最了不起的,而且与古代完全符合。亚里士多德说,必须有主人和仆人,统治和被统治是必然的。

他从人的自然中演绎出奴隶制,因为有些人在精神上更高,有些人则在身体上更高。有的人天生就会指挥,有的人天生就会劳动和服从。后者如果不是奴隶就会不幸福,因为他们生来就是奴隶,也被培养成奴隶。这里还没有出现人的思想。然而,亚里士多德对奴隶制的辩护是可以原谅的。如果他生活在基督教之下,知道人不是一个物品,而是某种神圣的东西,就不会有奴隶制的问题了。然而如果在基督教根据其原则废除奴隶制之后,哈勒的胡果[23]和莱奥[24]为奴隶制辩护,并引证亚里士多德,这种援引是荒谬的;因为亚里士多德没有经历过基督教,而基督教把一切置于内在的东西和人之上。

亚里士多德随后谈到了齐家,谈到了财富和财富的获得。在财富方面,他与柏拉图截然不同。他并不拒绝,甚至赞美财富,认为财富是必要的。然而,它应该是节制的。在这个意义上,亚里士多德是第一位国家经济学家,即使他对此事一无所知。他说,丈夫对妻子的统治是一种长官式的统治,而父亲对子女的统治是一种君主制的统治。妻子是唯一的,她与丈夫结婚并与他保持一致,但丈夫是家室的主人,对妻子有权力,因为他比妻子的地位更高。对子女,父亲可以作为统治者出现。

之后,亚里士多德谈到了公民,并试图给出一个定义:公民是在诉讼中和行政管理中参与司法的人。他承认,这种解释只适合于民主政体,但不适合其他政府形式。这是亚里士多德的一个很高的理念,不像柏拉图那样片面,后者只考虑民主政体。亚里士多德还引证,其他人或有不同的定义。例如,在一些国家,风俗是只有那些父母和祖父母是公民的人才被认为是公民。这被智术师高尔吉亚嘲笑了,他说鞋匠做的就是鞋,公民仿佛是来自制造公民者的工厂;任何人都可以成为这样的工匠。

最后,亚里士多德谈到了国家,并研究了国家是否以及何时保持不变。亦即当人和公民的德行保持不变的时候,在这一点上,他与孟德斯鸠一致。亚里士多德还取得了一个巨大的进步,他说,柏拉图所驱逐的对德行的否定,在国家中也必须被容忍。国家也必须有坏的公民和坏的部分;他们对国家的持久性很重要。因此,国家不能只依据德行来建立,还必须按照恶习来建立。亚里士多德完全将道德与法律分离开来。一种纯然的德行国家对他来说不是最好的,他只想要善对恶的统治。与之相反,柏拉图只为德行英雄创建他的国家。

国家政制

具体而言,亚里士多德知道三种国家政制。第一种是君主制,即一人的统治;第二种是贵族制,即几个最优秀者的统治;第三种是政体(Politeia)或共和制。这些形式中的每一种都可以是好的,但最好的是共和制。然而,这些类型中的每一种也都有其变态形式。君主制会退化为专制或僭主制。贵族制的变态形式则在于寡头制,即不以自己的品质而获得特权的富人的统治。作为共和制的一个变态形式,他确立了无政府的民主制。但是,在中道统治的地方,每种宪制都是好的。中道作为与两端相偏离的力量,它克服极端,把一方和另一方牢牢地掌握在自己手中。当我有两个极端的时候,中道就是完全的中间;这是最好的,即中间状态是最好的(当然,在目前的**中庸之道**[*juste milieu*]中是找不到亚里士多德的中道的）。

除了这一宪法学说之外，亚里士多德还写了《政体论》，这是一部关于诸国家的自然史，他在其中描述了希腊以及从其殖民地产生的国家的国家政体，但这一作品已经佚失。

亚里士多德的《政治学》包含一个与柏拉图的直接论战。他认为，柏拉图作品中的苏格拉底只有唯一一个目的，那就是国家应该形成一个统一体；但这是一个什么样的统一体呢？如果我们由一个家庭甚至一个人来构建国家，这样的统一体是最容易实现的；但这样就不再是一个国家了。亚里士多德表明，有两个统一体，一个好的和一个坏的、一个具体的和一个空洞的统一体。如果后者推展得太远，那么只有个别的人才是统一体，国家和家庭会被毁灭，而那种统一体只会是一种恶劣的平等。然而，在国家中必须要有差异性。为了产生出一种统一，一个城邦中的人必然是不平等的。正如人的自然由高贵和不高贵的部分构成一样，一个城邦也必须由财富、品质等方面不同的人组成。但是，假设最大的统一体进行统治，如果所有的公民都有同样的财产，可以把同样的孩子称为自己的孩子，那就不好了。因为如果一件物品被许多人拥有，它就会被看护得很糟糕。如果一件物品被归于所有人，那么就其特殊利益和愿望而言，它真正说来就不属于任何人。这与孩子的情况相同。因为如果每个人都有一千个父亲，而每个父亲都有一千个儿子，那么他也可能是他儿子的父亲，也可能不是。如果孩子们四处游荡，可以把任何一个人当作父亲，就会出现一些毁灭国家的事情。在妇女和子女的共同体中，爱会变得冷淡，没有人能够怀着爱来称呼他的亲属。

柏拉图与亚里士多德的对比

如果我们对比柏拉图和亚里士多德这两个体系,那么就会得出以下结果:柏拉图作为第一个法哲学家,从**抽象的思想**出发,希求某种抽象的东西、某种尚未存在过的东西。他把利己主义看作堕落,要反对它;因此他创造了一个不尊重**主体性**的国家。相比之下,当亚里士多德生活的时候,希腊已经沉沦了,希腊的美被包裹在东方的外壳里。他走上了相反的道路,从**每个国家现实之诸开端**的下端开始,让它从家庭中成长。他从经验上构建它,从哲学上为它奠基。在他看来,柏拉图的统一是错误的;毋宁说必须有若干个个体怀着爱来拥抱对方。亚里士多德还接受了几种国家形式。

亚里士多德不仅站在希腊哲学的终点,而且也还是中世纪的哲学家。因为就像亚历山大离世后,各个王国转交给各个将军一样,亚里士多德的哲学在他死后也瓦解为各个王国,他的学说被划分成不同的部分,交给各个方面。在亚里士多德之后,与亚历山大的将军们相对应的哲学家是斯多葛派、伊壁鸠鲁派和怀疑论者。**斯多葛派**宣称德行是最高的善,并认为理性生活的最高德行在于压制本能。他们把德行放在特殊物的阙如上,从而创造了一种抽象的独断论。另一方面,**伊壁鸠鲁派**恰恰喜欢特殊物,把感觉和感受作为他们哲学的原则,而斯多葛派则反对这样做;他们认为哲学的主要原则在于主体在自身中的至福和宁静,在于不动心。斯多葛派是知性的哲学,伊壁鸠鲁派则是感觉的哲学。两者之间是**怀疑论者**,他们在怀疑中反对知性的真理,反对感觉和感受的独断论,最终把怀疑本身作为一切哲学的基本原理。斯多葛派、伊壁鸠鲁派和怀疑论者都没有产生国家哲学,对自然法也没有产生影响。尽管他们用希腊语写作,他们的哲学也是源自希腊,但他们还是服从于罗马元素。希腊哲学以亚里士多德为终点。

二 罗马人的法哲学

现在的问题是我们是否也有罗马的法哲学?答案是:不。事实上,在罗马根本就没有哲学。罗马国家没有哲学,就像它没有艺术或宗教一样:一切都是模仿希腊人形成的。罗马的历史和它的历史之精神就是**现实**。罗马人要征服整个宇宙;他们的行迹是发动战争,因此他们没有时间像希腊人那样关心绝对。他们的男子气概妨碍他们在哲学和艺术方面取得任何成就(现在的法国人和他们如此相同;他们也没有哲学——除了笛卡尔之外——没有诗歌,只有雄辩)。就像希腊是艺术的国度一样,罗马也是法的世界。罗马人在涉及真正的法哲学的一切方面都很薄弱;他们的解释是如此不足和贫乏,以至于可以完全弃置不理。相形之下,他们在寻找法律要点、条分理析等方面却拥有强大的能力。法的初次阐述发生在这里,但还不能形成对国家的意识。当人类生活的一个方面得到初次处理时,它直接登场,对主体而言它还不是客观的。因此,在对一个对象的初次处理中,对它的意识不可能立即产生。

"法"一词的发明

但是,罗马人有和法哲学一样好的东西:他们发明了"*jus*"(法)一词,这在先前的任何历史状态中都找不到。希腊人只知道正义,却没有客观的、严格的"法"这个词。但发明了"法"这个词的人也为科学作出了贡献,所以在没有自然法的情况下,就此而言,罗马人有最大的功绩。罗马法学家在解说单一案件时非常出色,但他们无法运用哲学工具;他们必须深入细节。

自然法与万民法

在罗马法中,第一次出现了实定法和普遍法之间的对立。罗马人甚至创造了"*jus naturae*"(自然法)这个词,当然,其意义与我们使用的完全不同。罗马人所说的 *jus naturae* 并不是法,毋宁说他们所称的是本能,*quod natura omnia animalia docuit*(自然教导一切生灵的东西)[25]。据此,例如交配是合乎自然法的。但我们可以把它排除在自然法的领域之外,因为在这里关涉的绝非理性存在者本身。我们所说的自然法,罗马人称之为万民法(*jus gentium*)、普遍的人之法,是诸民族权利的真正内在基础(*quod peraeque apud omnes i gentes servatur*[为一切民族所同等遵循的东西])[26]。它的对立面——实定法,是 *jus civium Romanorum*(罗马市民法)[27]。一方面,罗马人以一种实定的市民法(*jus civile*)为出发点,但另一方面,其他民族也有法。随处可见个别的法律制度,如婚姻、父权等。这种存在于人的品质和感知中的普遍法,被他们称为 *jus gentium*(万民法)[28]。任何法官都不能取消这个法;他必须每时每刻都想要得到它。

西塞罗

但我们不能不提到西塞罗[29]。他几乎是唯一的罗马哲学家。西塞罗是一位优雅的斯多葛哲学的复述者,他将其带入罗马的沙龙。在他那里找不到重要的、恼人的东西。他是一个有品位的哲学家,在从事实践活动的时候,他除了阅览希腊书籍,还给出了一些法的定义:*Lex* 是"正确的理性"(*recta ratio*),是一种正确而合乎秩序的关系，普遍存在于人的理性之中，所以 ratio 同时是理性和关系。这种与理性的关联是斯多葛式的。对他来说，从 lex 中产生了 jus，jus 是 lex、recta ratio 适用于个别或事物进入现实的条件（相反，我们说法律来自法，法律是法的设定，尽管不是唯一的设定）。这种现实化的主要基本原理是 aequitas 或 aequalitas，即衡平，它是 recta ratio 的决定性因素。参阅《论法律》(De legibus)第 1 卷第 6 章[30]、《论义务》(De officiis)第 1 卷第 19 章[31]、《论演说家》(De oratore)第 1 卷第 34 章[32]。

法哲学并没有在罗马法作家手里获得进一步发展，但他们通过其实定法产生了最大的影响。

三 中世纪的法哲学

法哲学的转折点是基督教，基督教不仅仅是宗教的转折点，而且是整个世界的转折点，对宗教和艺术，对历史和法皆是如此。特别是对法而言，基督教的意义在于它使人之为人显现出来。他不再是一个罗马人或希腊人，而就是人。在希腊，任何不是希腊人的人都是野蛮人，一个被排斥的人；罗马人有外邦人(gentes)、异邦人(pagani)，犹太人是选民！相反，基督教允许**所有人**通达神性，并将神性置于人自身。因此，这里所考察的是自在自为的人。

然而在中世纪，即从 5 世纪末罗马帝国的衰落直到 15 世纪这段时间里，哲学的情况同样糟糕。中世纪是一个历史时期，在这个时期，必须从基督教的原则，即主体性原则中建立一个世界。然而，中世纪形成的基督教概念是违背法和令人反感的。法被赋予了现实的精神；然而基督教在其开端否定了国家和法的世界，它蔑视它们，最多是容忍它们。只有在它否定了它们之后，它才从自身中创造了一个新的现实，这就是整个中世纪的历史。中世纪的历史由此开始，就像时间的开端，世界似乎返回到了它的童年。然而这是一个**深刻的**时代的开端，必须放弃在古代所达到的精神成就。

教会

在中世纪，普遍物也就是**教会**，与特殊物也就是人的权利之间，存在着斗争。教会拥有精神、思想，简而言之，所有在中世纪称得上是价值的东西；没有教会，中世纪就不会得到教育。在这场与教会的斗争中，国家及其结果的法最终形成了。在开始时，法尚且还是私法，因为一种关于事物的思想只能在真正的教化发生时才会出现；一般而言，思想出现**在事件发生后**。因此在人们对法进行反思之前，必须存在一个国家。然而在中世纪，没有国家实存，因为只有分殊性和特殊性，而没有普遍性；只有君主、教士和贵族的权利是协调一致的。在中世纪，国家似乎是最具压迫性的东西。这就是为什么没有关于它的思辨，没有法哲学。基督教在出现时就与国家发生了争执，以至于为基督教辩护的经院哲学不得不置国家于不顾。整个中世纪的历史就是一场国家与教会的斗争，这同时也是天堂与感性的斗争。国家是不自由的，因此不可能成为哲学的对象。直到宗教改革表明，虽然宗教是彼岸性的，但教会是此岸性的，并服从于国家。因此，最近的时代已经克服了这一障碍，以至于教会不再被视为国家之外的东西，而是被纳入了国家之中。随着现代世界的开始，我们又有了一种国家哲学。在其中，教会和国家的那些极端对立已然瓦解。在晚近的联合时代，要从两个极端出发进行哲学思考，并由此产生了神秘主义和经验主义。

后者以维拉鲁姆的培根为代表,前者则以雅各布·波墨为代表。

经院哲学

中世纪在哲学上的努力一般被称为经院哲学。经院主义是哲学的代名词,它所关注的不是将启示的思想追溯到普遍物,而是为它们提供一种工具。因此,经院哲学其实是一种工具的哲学。经院学家没有产生任何自己的东西;他们的敏锐致力于在启示和亚里士多德哲学上来回穿梭。他们不是通过思想来推动事物,而是根据事物来推动思想。在这样做的时候,人们并未触及信仰和国家所给予的东西,并试图像中世纪的竞赛一样,只把思想作为运动,作为**对**这些东西的玩弄来表现。这不过是个别之处的吹毛求疵而已。因此,经院哲学并没有产生自然法。在中世纪,在这个名称下,人们只关注教会所允许的亚里士多德的思想。因此,我们想 27 把中世纪搁置在一边,因为对哲学来说它是收益甚微的。

四 近代的开端

在15世纪,中世纪被一些表明普遍性的事件所打破,通过这些事件,时代从特殊物中迈入统一。这里应该提到由于君士坦丁堡的毁灭而导致的科学的复兴,宗教改革带来了自己研究事物的思想,美洲的发现以及火药的发明。一般来说,人们将现代史的开始标定为法国国王向意大利进军,因为正是在这里,欧洲的统治者让自己走出中世纪活动的内陆地区。

随着现代世界的出现,必然要考察国家和法;因为现代世界无非是对中世纪特殊性的总结。有了国家,就有了法的**哲学**。然而在哲学以整全的形式出现之前,它是以个人的形式出现的。这些人以孤立的思想出现,没有自己的体系或方向。这些从中世纪中走出来的哲学隐士,也是后来(从笛卡尔开始)整全的思想家的先驱,他们是维鲁拉姆男爵培根、尼科洛·马基雅维里和托马斯·莫尔。他们对国家有不连贯的思考,预示着正在出现的东西。

培根

维鲁拉姆的培根[33],是伊丽莎白时期英国著名的大法官,被认为是经验主义者的代表。他与雅各布·波墨[34]形成对比,他以深刻的思辨为出发点。培根试图观察自然,并将一切值得认识的东西纳入一个外部体系。在其《论诸学科的价值和发展》(*De dignitate et augmentis scientiarum*)一书中,他也将自然法置于科学之中,但他没有带来任何新东西,只是平淡地重复着古代。

马基雅维里

更重要的是尼科洛·马基雅维里[35],一位具有非凡精神的人,一位伟大的政治家和历史学家。他以意大利人的睿智,一方面了解他的国家的历史,另一方面阐述法的发展。他不是那种从体系出发从中推导出思想的人,因此不是真正的哲学家,但却是一位实践的思想家。就像所有的意大利人一样,他的遗产是区分事物的精细的睿智。马基雅维里的唯一意图是捍卫适合于特定状态的东西。他的《论李维》以及他的《君主论》和《佛罗伦萨史》[36]都涉及许多关于法的问题。他说,法和伦理不能绝对地来考虑,而是要在每个国家和民族并且就其各个方面进行不同的处理。因此,他回答法和伦理问题的方式是,适宜每一种情形的就是能够真正解决这个问题的。

《论李维》和《君主论》是完全不同的,但它们都统一在这个个体之中。《论李维》是纯粹罗马共和主义的。在这里，马基雅维里支持共和国，并对古代的深刻建构表示钦佩，他希望为他的祖国保留这些善。他攻击基督教的生活，并表明基督教的观点是一种使世界变得软弱的腐败。另一方面，在《君主论》中，他是佛罗伦萨意义上的君主派，他展示了一个君主必须如何开始统治并保持统治者的地位，他如何能够保存自己并保持自己的地位。因为这些规则并不总是道德的，所以出现了一个可以反复听到的词：马基雅维里主义，即尖刻、狡猾、没有原则和廉耻。然而就其本身而言，这本书没有表现出这些。

《君主论》是对当时条件最纯粹的抽象之杰作，完全按照最好的政治家看待时代的方式来予以谋篇。众所周知，腓特烈大帝在《驳马基雅维里》[37]中与他发生了矛盾。虽然这部作品在君主必须为更高的目标而努力的思想上值得称赞，但它是从一个完全错误的原则出发的。腓特烈忽略了这样一个事实：马基雅维里是他那个时代的意大利政治家，他以热忱的态度努力维护古代之善。他采取绝对的立场来看待这本书，认为它适用**于所有时代**。但马基雅维里根本不希望这样。相反，人们可以从中了解到他那个时代的历史。马基雅维里展示了君主如何抵制教皇的影响，确实他没有在任何地方寻求把宪法高贵化。他从实践之所是出发，从现实出发，不试图美化它，就像一般的意大利人都非常实际，最能说出一个人如何最好地过活的技巧。

马基雅维里在自然法历史上占有一席之地，因为他是一位有思想的政治家。他的《佛罗伦萨史》是一部杰作。

托马斯·莫尔

另一位哲学家是亨利八世的宰相托马斯·莫尔[38]。莫尔是一个可怜人，在1535年被处决。他以一种孤僻的法哲学写了《乌托邦》[39]一书。在这本书中，他根据英国人的观点建立了一个国家的理想，一个不存在也永远不会存在的空中楼阁般的国家理想。其主导思想是，任何人都不应该拥有超过一定程度的财产，商品应该等价，甚至权利和服饰都应该予以规定和固定。莫尔轻视贵金属，他只允许使用皮革的硬币（如费希特的皮革钱[40]）。官府每年都要进行选举，君主则是终身任命。为了避免奢侈，只应允许不可缺少的行业，由官员决定每个人的职业。每个公民都应当是农民。谁要致力于科学，要由官府决定；如果他不合适，就要把他送去当手工艺人。此外，还规定了各城市居民的数量和家庭成员的数量。每个父亲只能有三个孩子，多余的人口必须移居国外。但整个乌托邦的领域都汇入了爱、慷慨和德行的海洋。正如在柏拉图的国家中那样，坏人是不存在的。

博丹

法国人博丹[41]也尝试过一部类似的作品，他更加深入柏拉图的思想中，但仍然创造了一个可计算的乌托邦。单单由于国家法思想的出现，就令这部作品非常有趣，而这属于国家法发展的一个非常重要的时期。那么我们就有了两个英国人、一个法国人和一个意大利人。此外，还有一个荷兰人。

胡果·格劳秀斯

这位与世隔绝的伟人，被称为"自然法之父"，尽管他不是，他就是胡果·格劳秀斯，生于1583年，死于1645年。孕育他的国家是一个从海上掠夺的国家，居民天生就喜好活动、贸易和海洋。一个小民族，充满思想，有科学的教养，工业繁荣并且富裕，但不是一个具有思辨性的民族。荷兰人在17世纪获得自由后，开始崭露头角。荷兰国家以前所未有的速度发展，自由作为一切能力的训练者蓬勃绽放。当时，荷兰拥有巨大的贸易和权力，因此他们推动了海洋自由。与此同时，荷兰正与英国交战，英国想对海洋航行提出异议，认为已经丧失时效。英国人始终赞成 mare clausum（闭海论）[42]。格劳秀斯是一位政治家，他了解当时的所有政治状况，并处于时局的最前沿。他不是一个哲学家，而是一个以使节身份为他的祖国服务的实干家。他写了《海洋自由论》（Mare liberum, 1609）一书，讲述了与英国人的斗争。在这本书中，他证明了海洋的占有不可能只属于任何人，也不可能对任何人丧失时效。

格劳秀斯的主要著作是《战争与和平法》（De jure belli ac pacis）[43]一书，其中确立了他的基本原理。这本书是在他的祖国荷兰与西班牙的战争中写成的，缘起也是这场战争。这本书包含了对自由的一种觉醒之情，为他带来了巨大的声名。它不是我们意义上的真正的自然法，而是对战争与和平中各民族之间关系的一种解说，即更像是一种国际法。但由于这不能不讨论法是什么，所以格老秀斯也被引向对一般的法的考察，这也构成了该书的自然法性质。它包含了无穷无尽的个别敏锐评论，是一部庞大的专业著作，正确的和不正确的引文，但一切都是从古代借来的，因为新的时代从它才开始。其中没有任何思辨的意义，只有经验性的考察和许许多多推理。这本书的影响主要是使它变得奇怪，与它的价值完全不成比例。如果我们将这部作品与它所处的时代相对勘，那么我们就不能否认它的卓越。

五　近代的法哲学

真正的哲学世纪是路易十四时代之后的17世纪。随着这个世纪的到来，现代哲学也随之觉醒。经验性的考察现在被对国家思辨性的考察所取代。"国家"这个词现在获得了一种意义。自从查理八世从法国向意大利进军，[44] 每个国家都开始自为地作为个体出场，而成为一个统一体。在17世纪初，国家的绝对权力展现在国王的主权中，例如在英国革命中。国王变得更加强大，国家也得到加强。人们逐渐开始谈论国家的制度、司法机关、军队和财政。由此，思想也会朝这个方向发展。法哲学与一般哲学以及它所处的现实发生了关系。人们寻求法和国家的原则，撰写国家著作和国家哲学。自在地而言，法哲学仅与思想有关；但由于历史影响着国家，所以历史也应被视为哲学的伴随物。因此，现在我们必须把哲学的思想和时代的思想放在一起考察。

从16世纪末到现在，法哲学的历史分为三个时期：

（1）第一个阶段是**奠基性的法哲学**，即努力寻找法哲学的牢固基础。在德国，一切都要提供根据，有些则要给出理由，可能找到或者也可能没有找到理由。然而在一开始，当国家出现时，每一奠基都是有用的。这种法哲学有很多好的地方。它还不是革命性和毁灭性的，而只是考察历史和现有的东西，想从中找到自然法。斯宾诺莎、霍布斯、普芬道夫、贡德林、托马修斯、克里斯蒂安·沃尔夫和沃尔夫学派都属于这个时期。孟德斯鸠站在奠基性时期的末尾。所有这些人都想把握国家，并在精神上呈现它。

(2) 第二阶段是**颠覆性的法哲学**，即革命性的法哲学。它不只是想深入国家以掌握它，而是为了推翻它，然后重建它。独立于一切历史性的东西，从原则中创造出国家。这种哲学的创始人在法国人那里是卢梭，在德国人那里则是康德，此外还要加上康德派和费希特。另外，革命作家西耶斯和米拉波以及自由和集会的演说家们[45]都属于这个群体，他们都试图重建国家。

(3) 第三个阶段是**返回或进行概念把握的法哲学**，它是从法国大革命的原则中产生出来的，同时考虑到了尚且存在和现实的东西。它寻求根据历史的结果将国家呈现为理念，不是以旧的奠基和瓦解的方式，而是对两者进行把握，由最新的历史和国家的概念来触及。这就是当今世界的法哲学，本系列讲座也属于这种哲学。

（一）奠基性的法哲学阶段

在 17 世纪，一种对知识的渴望被唤醒；人们为精神、为灵魂和为生活其间的国家寻求原则。在 30 年战争确认了中世纪与近代的分离后，哲学的新国家出现了。自从查理八世从法国向意大利进军后，各国形成了一种国家体系，并相互之间取得了联系。欧洲的第一个原则是平衡原则，它将各国设定为机械的，因此平衡原则必须是其联合的第一需要（拿破仑推翻了这一原则；今天，它必须被转化为一个有机的原则）。此外，个别国家也发生了运动；1649 年的英国革命将国王送上法庭并处决了他，这必然会导致对君主制本质的考察。

笛卡尔

与整个近代哲学史一样，奠基性的法哲学也是始于笛卡尔[46]，他可以被视为近代唯心论的创造者,而经院哲学也以他告终。笛卡尔认为,哲学不能有任何预设,不能预设任何内容,毋宁说一切都必须由理念产生。除了思想以外,一切可以被发现的内容都必须被抛弃。因为思想有怀疑它所没有理解的一切的本性。因此,笛卡尔的第一个命题是:*de omnibus dubitandum est*——我们必须怀疑一切。第二个则是:*cogito, ergo sum*——我思故我在。也就是说,哲学没有预设,在通过思维使自己确信其真理之前,我们必须怀疑一切;而通过思维,我们才能达到自己的自我意识。唯有如此,纯粹的我才会被认知到,而事物也会被认知到,存在被置于思维中,并从思想中演绎出来。自我是唯一在自身中无限和稳固的东西;它是一个观念的世界,其中最高的观念是绝对完满的观念,即真理本身。这些观念可以是永恒的,也可以是易逝的,它们可以是纯粹的真理,也可以只是对纯粹真理的直观。凭借自身就实存的并且不需要他者的东西是实体,而这就是神。其他一切都需要神的支撑才能获得其实存。

斯宾诺莎

这种哲学更为一贯的发展是巴鲁赫·斯宾诺莎,他生于1632年,死于1677年。作为一个严格的思想家,斯宾诺莎把哲学带到了一个牢固的立场上,他是一种哲学的创造者,从其立场上看,没有什么可以对此种哲学提出异议;其缺陷只是在后来才表现出来。斯宾诺莎也是第一个在思辨的方向上关注国家问题的人。他思辨性地给出了被沃尔夫学派碾平的东西。

斯宾诺莎的哲学使他部分地遭到贬损、部分地得到崇敬。他的体系往往被认为是无神论,但这是最纯粹的自然神论。在他看来，只有一种实体，那就是神，是**思维**（精神）和**广延**（自然）无差别的统一。除了这种实体之外，一切皆无。它是其自身的原因——**自因**（causa sui），并建立在自身之中。斯宾诺莎把一切都回溯至这一实体，也就是神。因此，他不是无神论者，而是无世界论者（Akosmist），因为他否认世界，只接受神。一切事物中的真相是神、实体性的东西、**自因**。但是，神可以用不同的方式来理解。实体本身不能被把握；知性对它的把握是属性。但是实体可以通过样式，即通过实体之外的其他东西而被理解。实体的这种样式就是人的知性，通过这种样式，人被规定要行动。也就是说，他必须通过活动以精神的方式保存自身。同样的理念是，神按照自己的形象创造了人。只要人是由实体的样式来被规定行动，他就是一个仆人；但只要他是由实体自身来被规定行动，他就是自由的。恶之所以无法实存，乃是因为一切都在神之中，而只有善才能在神之中；恶劣的东西在神之外，因此无法持存。这些是斯宾诺莎的一般基本原理。他还没有上升到人的精神与自然的区别。在他那里，人的精神只是自然性的，人还没有作为精神是自由的。

然而，斯宾诺莎还写了《政治论》（Tractatus politicus）和《神学政治论》（Tractatus theologico-politicus）。[47] 在《政治论》中，他抱怨道，伦理学家和政治家逃遁到乌托邦或诗人的黄金时代，但在实践世界中却没有用处。人们不必去考虑一些新的和闻所未闻的东西，而是必须如其所是地描述国家，而不是可能存在的国家。一般来说，人们既不能嘲笑也不能哀悼，更不能厌恶人事，而是要理解它们，无论好坏。同样地，人们必须了解好的和坏的情感，并追溯至它们的来源。法和国家的自然与外部自然是没有区别的；精神和自然是一体的。在他看来,法的对象,就像自然现象一样,应该根据它们的存在来考察,并通过研究在个别的本质和现象上得到认识。在这个意义上,他说,我只想了解存在的东西,而不是谴责坏的东西,而是把它作为持存着的、必然的东西加以认识。

他的国家思想如下:自然事物的力量,通过它自然得以实存和活动,是神的力量,一切都根据它发生。据此,自然的法是一切事物发生所依据的法则和规定;因此,它无非就是自然的权力。对斯宾诺莎来说,权力和权利是一致的,因为他认为所有的活动都是一个更高权力的流露。因此,每个人的权利只到他的权力所及,即到他能做某事为止。只要一个人处于另一个人的强力之下,他就处于其权利之下;而一旦他能够抑制另一个人的强力,这可能部分是一种生理上的强力,部分是一种心理上的强力,他就拥有自己的权利。然而,每个人所拥有的权利都要比另一更强大者少得多。也就是说,某个人只拥有更强大者准予他的权利。他人对我们的权利,即某人有权制服我们的力量,被称为政府,而那些为普遍的法所限制者就是被管理者。较小的力量有较小的权利,那就是服从的权利。因此,我们在这里有一种对政府的阐述,即赋予他人以其权利的强力和权力。只要权力是权利,共同性就是必然的。这样,一个人的权力就不会成为反对所有人的权利。随后是对君主制、贵族制和民主制的考察。他们的区别是基于一个人、几个人或所有人拥有这种自然力量。

按照斯宾诺莎的说法,人在自然状态下只能对自己犯罪,而在国家中他也会对法犯罪。因此只有在这里,才能考察法和正义。国家的力量越是胜过公民,公民的权利就越少;公民的权利越多,国家在力量上对公民所拥有的优势就越少。当国家给予某人权利和强力时,它就这样放弃了它的权利,并将其分配给了它所转让的人。

但是人们可能会问,权力会不会是不合乎理性的?因为盲目地服从任何强力是不合乎理性的,公民状态会不会是不合乎理性的?斯宾诺莎回答说,理性没有命令任何东西反对自然。最强大的国家同时也是最合乎理性的国家,而最合乎理性的人最自由地服从命令。有法意向的人将正直地命令和服从。因此,斯宾诺莎将理性的根据与权力的权利联系起来。哪里有最大的权力,哪里就有最大的权利,因为最大的权力是由最大的理性所引导的。真正的权力不是不合乎理性的,权力和理性是联合起来的。有人可能会反对:为什么甲要命令,乙要服务?但斯宾诺莎说,理性不会教导任何违背自然的东西。在发布命令的人身上有神圣的火花,可以授予命令。

但他补充说,国家在它没有权力的地方就没有权利。它对人民的感情和良知没有权力。因此,它无权对道德和宗教采取行动。两者都不受制于国家的权力。

此外,斯宾诺莎还处理了国家之间的关系。国家之间并不处于法权状态,而是处于自然状态。因此,不存在国家对国家的权利。所以如果不是发生在结盟国家之间,战争作为建立和展示自己权力的手段是被允许的。一个国家只有在自我毁灭和做某种违背理性的事情时才是有罪的。但它可以对自己的民法采取行动,它可以废除民法。

按照斯宾诺莎的说法,最好的国家宪制是,在其中,人们彼此积极和谐相处,维持协调一致的人们更高的安宁。但这种和谐一定不是教堂墓地的宁静,而是从积极的活力中产生的和谐,是基于对力量和权力的意识。最好的国家是由众多的自由人建立起来的。作为一种理想,斯宾诺莎确立一种君主制,在其中,所有公民都武装起来,国王拥有所有的田地,公民只需为这些田地承担利息。国王的亲属是唯一的贵族,只有他们中有权获得王位的人才能结婚,所以没有那么多王子出生。此外,还将设立一个议会,每个家庭提供一名成员。国王从候选人名单中选出他的大臣,而公民只有通过他们才能接触到国王。国王是灵魂,议会是身体,王位是世袭的。

对斯宾诺莎哲学的批判

当斯宾诺莎说,哪里有权力哪里就有权利时,我们在某种意义上可以接受这一点。但这一定义的最大错误在于缺少修饰语。尽管,权利是一种权力,但不是一种自然的权力,而是一种**伦理的**权力。也就是说,是一种内在的、精神的权力,用这一个词就可以对抗整个思想体系。精神是一种权力,要从它的内在权利进行把握。斯宾诺莎忽略了自然和伦理权力之间的区别。他的权利是自然的权力,所以他把强权变成权利。这就是为什么他的政治学会导致暴政。然而,伦理权力必须克服自然权力;在没有权力的地方,权利也可以存在;反之,没有权利,权力也可以存在。权利的权力是自由的权力,即精神的权力;因此,法受到**精神要求**的约束,也受到这些要求是否得到满足的考察之约束。因此国家不是用来观看的,而是要受到**评判**的。国家在自身内部发生变化,而它的伦理权力本身也受制于变化。因此,单纯的权力和权利的同一性还不是一个标准（Kriterium）[48]；必须证明这种权力也是一种**自由的权力**。斯宾诺莎已经教导了这一点，因为当他说到权力时，他总是指一种合乎理性的权力。他只是没有看到自身变化的权力运动。形成国家的不是纯粹的和谐，而是构成国家历史的运动。斯宾诺莎认为，精神与自然的分离是不可能的，关注的不是伦理权力，而是更多地考虑自然而非精神。但精神是走出自然的。

然而，有一点是肯定的：斯宾诺莎是第一个以思辨的方式把握法并按照他的基本原理一以贯之地贯彻法的人。即使他的自然与伦理的等同性是错误的，但在他这里还是有一种优美的和谐，而他的政治学是一种从伦理上构思的政治学。

霍布斯

除了这种斯宾诺莎主义哲学之外，还有托马斯·霍布斯（1588—1679）的哲学；他出于外部和历史的理由把握了同样的思想。霍布斯与斯宾诺莎的国家哲学之区别在于，对他来说，外部权力并不必然是合乎理性的。他的哲学旨在以绝对君主制和专制主义为原则。在这一点上，他的特点是直白、严格和冷酷，但并不思辨。他的声名建立在《论公民》（1642）和《利维坦》（1651）这两本书上。霍布斯是17世纪的反革命分子之一，从历史的角度来看，也很有兴味。他生活在伊丽莎白、詹姆士一世、查理二世和克伦威尔时期，当时领主的权力正在加强，他经历了英格兰最动荡的生活。作为一位实践的政治家，他卷入了英国内战。他是共和派的敌人、复辟王朝的朋友，也是斯图亚特王朝复辟最热心的推动者之一。这些情况必然解释了其著作中的要害。

霍布斯从一个独特的前提出发，即自然状态中的人并非道德的存在者，而是一个完全不名誉、卑鄙的存在者，无限地恶劣，被囚禁在野蛮的动物性之中。这种状态必须被终结，因为其中有一场所有人反对所有人的战争，人们必须走出这种状态，所有人反对所有人的战争必须停止，*exeundum est e statu naturae*（必须走出自然状态）[49]（一百年后，卢梭的观点则完全相反：*redeundum est ad statum naturae*［我们必须退回到自然状态］[50]）。"国家是一种必然性"这个命题是基本命题。霍布斯并不把国家视为人的伦理化，在这一点上，他是卢梭的对立面。在霍布斯看来，**法无非是强加给人的原初之恶的缓和剂**。原初，人既不恶也不善。在国家建立之前，所有的行为都是中性的；只有在国家中，恶劣的行为才会变成犯罪；只有通过国家法才会产生不法。霍布斯说，人是一种野兽，只有法权状态才能将这种野兽转变为人。

更进一步观之，法是旨在改变这种自然状态和限制人的自由的契约（即使是现在，人们也经常说，法是对自然自由的放弃）。在自然状态下，人对一切都有权利，因此真正说来，人根本没有权利。通过国家契约，自然状态的自由被放弃了。在此，人遵守这个国家契约的保证是恐惧；通过它，人们被推动。客观上造就出来的恐惧、在其机体之中的恐惧即是**国家**。它是持续的恐惧约束者和挥鞭者，以恐惧制服人的心灵。霍布斯说，暴力是国家的基础。因此，国家必须是不受限制的，它不能解体。只有绝对的君主制才是真正的国家，只有在这里，统治者才能灌输恐惧。这种**绝对统治**（*imperium absolutum*）的原则在当时的英国是很常见的。斯图亚特王朝想引进它，只是议会的反抗给**绝对统治**带来了一劳永逸的致命打击。

根据霍布斯的说法，确实有一些情况，人们可以拒绝服从统治者。然而，他们随后可能会将不服从者杀掉。统治者本身不受法律约束（*princeps legibus solutus est*）。如果一个统治者要求的东西与未来的天福相悖，那么臣民唯一能做的就是作为殉道者死去。

霍布斯的原理与斯宾诺莎的原则在概念上并无不同，只是斯宾诺莎以更高贵的方式确立他的命题。但霍布斯是放肆的、粗鲁的和感性的，是一个干巴巴的唯物主义者。据他说，权力是唯一能激发恐惧的东西。斯宾诺莎得出了一个完全不同的命题，即国家对人的内在方面没有权利；而霍布斯则让这一点也归于权力。

霍布斯的体系获得了巨大的幸运；他的书也被大量阅读。首先，大多数人都倾向于使用暴力。其次，他们并未考虑太多；因为实定的东西在这里是一个是非的温度计。大多数人都赞成廉价的观点，即使这些观点与自在自为的精神之本性相矛盾。但精神永远无法被压制。因此，现存的东西必须首先通过其他的权利来确证自己，它必须批判自己并同自己作斗争。

除了这种统一意志理论，更自由的观点在很长一段时间内未曾出现。然而，霍布斯的一个伟大反对者是约翰·米尔顿[51]。他是克伦威尔的秘书、国王的一位藐视者，并为处死查理一世辩护，他的《为英国人民声辩》（*Defensio pro populo Anglicano*）写于1651年。兰格特（即尤尼乌斯·布鲁图斯）[52]的作品《人民有权反对暴君的辩白》（*Vindiciiae contra tyrannos*）（1579）也属此列。

普芬道夫

斯宾诺莎和霍布斯是奠基性的法哲学的第一批代表。紧随其后的是塞缪尔·冯·普芬道夫。他生于1632年，死于1694年，是第一位自然法的官方教师,先是在海德堡,后在瑞典的隆德,同时也是大学自然法的创造人。他的著作有:《法理学基础》(*Elementa jurisprudentiae universalis*,1660)、《论自然法和万民法》(*De jure naturae et gentium*,1672)、《人和公民的义务》(*De officio hominis et civi*,1673)。

普芬道夫首先反驳了霍布斯,并表明人就自然而言并不仅仅是坏的或好的,而是在自然状态中已经混合了自私和友善。这种混合导致了社会性,因此自然法的第一个原则是,人类必须尽其所能地保持一个和平的社会,这是由人类的需要而产生的。人的自然就是,人是**在自然之外的**。也就是说,人是**在社会之中的**。只有在社会中才会有法。在这一点上,普芬道夫是与霍布斯相一致的。然而社会是通过契约产生的,家庭是通过婚姻契约,国家是通过国家契约。这种学说一直延续到今天,仍然传播甚广。据此,国家和婚姻一样,可以通过契约产生;但依据更为正确的观点,契约只是一种形式而不是实体。

普芬道夫认为,国家的目的是安全,在某种意义上,国家是一台安全机器。国王的威严不是来自神,而是基于契约。如果一个统治者疏于治理,敌视臣民,他可以被指控违约并被废黜。这当然与霍布斯的观点截然不同:在这里,革命是可能的。此外,如果国家不陷入解体,这些权力就不应该被分开。当然,这一分权原则恰恰构成了当代宪法的基础。一个国家权力机构无非是国家的一个肢体;每个有机体都有肢体。因此,否认国家的权力,无非是把它变成一群机械的群氓。

普芬道夫的自然法是后来者遵循的知性体系,同时也是霍布斯在德国人那里遭到的第一个异议。

科克采伊父子

奥得河畔法兰克福的法学教授海因里希·冯·科克采伊（1644—1719）和他的儿子塞缪尔·冯·科克采伊（1679—1755）——腓特烈大帝的大法官和司法部长、《普鲁士国家邦法》的先驱——甚至走得更远。这两位科克采伊很重要，因为他们预见到了康德和卢梭的基础。前者写了《格劳秀斯释义》（*Grotius illustratus*）[53]，后者写了《对唯一、真正和公平的自然法原则之讨论》（*Disputatio de principio juris naturalis unico, vero et adaequato*）[54]。两者的主旨都是反对普芬道夫的社会性本质。

我们现在看到自然法已经进入了转折。迄今为止，自然法学家都是从完成的法出发，即从作为法的具体大厦的国家出发。迄今为止，所有人都把国家放在第一位，然后才是法。小科克采伊是第一个追求不同原则的人。他宣布自己反对普芬道夫的社会性契约，不让自然法从国家开始，而是在国家**之前**，在人的内心之中寻求自然法。他在神赋予人的自由和良好地进行行为的 *facultas moralis*（道德能力）[55] 中发现了这一点。人是自由的，可以区分善与恶。据此，法是自由并符合神圣法则行动的能力，这些法则在自然秩序中通过理性而得到认识。这种观点有它的功绩：通过赋予自然法一个新的基础，小科克采伊成为康德的先行者。如果他再往前走一步，谈到**意志**（*voluntas*）而不是"**能力**"（*facultas*），那么他或许已经找到自然法的真正地基。但他的能力仍然是抽象的。

小科克采伊还列举了一些源始权利：在地球上生活的权利，对其产品和动物的权利,对一般社会和使用无主物品的权利,以及对自己的行为和家庭共同体的权利。因此,他的原则是:*suum cuique tribuendum est*(各得其所)[56]。这已成为黑鹰勋章上的格言。他在人的内心中寻求法,并在道德原则中为其奠定基础。在他看来,法只是行使道德的一种手段。我们必须认为道德和法是自在地分离的,但在他这里,道德和法却因此而重合了。

托马修斯

这些原则在17世纪就已经产生了影响,并延续到了18世纪,得到了其他的主要是哈勒的教授们——因为哈勒是一个广泛的、枯燥的学术研究的所在地——的进一步阐述。在这里,克里斯蒂安·托马修斯——生于1655年,死于1728年——首先位列其中。在这里,他值得一提的著作有:《神圣法理学阶梯》(*Institutiones junsprudentiae divinae*,1688)和《自然法与万民法基础》(*Fundamenta juris naturae et gentium*,1705)。托马修斯首次尝试将法与道德分开,而这后来几乎成为自然法考察的唯一对象。在他看来,法是基于外部行动,道德则是基于内部行动。依据托马修斯的说法,人们应该做使生命愉快、幸福和持久的事,不仅为自己,也为他人,而不应该做相反的事。他的三个原则是:*decorum*(礼节)、*honestum*(诚实)和*justum*(正义)[57]。对于 *decorum*,他说,你想让别人对你做什么,你就对他们做什么。他几乎同样如此定义 *honestum*。对于 *justum*,他如此阐述:"你希望别人不对你做什么,那么你就不要对他们做什么。"如果我们遵循了最后一个命题,那么人也就是公正的。——然而,这一切不过是形式主义,并没有推进自然法。

贡德林

凭借《自然法和万民法》(*Jus naturae et gentium*, 1714)一书,托马修斯的学生和继任者贡德林(1671—1729)[58]更为重要一些。按照贡德林的说法,自然法的来源虽然是道德学说,但他将法与之完全分离,并将其视为一种强制手段。不能强迫的是道德,可以强迫的则是法;两者都被呈现为某种特殊的东西。这一原则对法产生了巨大的影响。自然法当时被称为 *jus naturae cogens*(强制自然法)[59],包含强制法权和强制义务的学说;它研究了什么可以被强制,以及强制的程度如何。这种区分在整个18世纪盛行,并延续到今天。虽然它完全有它的价值,但它的错误在于,人们想通过一个后果来认识法,而不是对它本身进行规定。然而在可以进行强迫之前,法必须存在。如果我们仔细地考察事情,被置于一种笨拙的知性原则的霍布斯学说在这里又出现了。因为问题始终是**谁能强制?** 只有作为权力的国家,作为权力,才能采取这一行动;霍布斯的神经,即强制,贯穿整体。诚然,这一理论实际上并不关心国家,而是以法为出发点,似乎与霍布斯的理论并不相似。但是由于只有国家可以强制,所以国家确实就立于顶峰。因此,贡德林实际上只是霍布斯的一个重建者。

克里斯蒂安·沃尔夫

贡德林之后是克里斯蒂安·冯·沃尔夫(1679—1754)。这个人可说是18世纪哲学的一位独裁者、一种全面的精神,但他非常浅薄,把一切都冲淡了。沃尔夫对哲学的所有部分都妄加评论,例如法心理学、自然科学等,但却是以最粗俗的方式,并且对所有对象都进行了一种庸俗的推理。其中,据说,喝酒会使身体变得迟钝等等。他的《自然法》(*Jus naturae*,1740—1749)包括四开本的九卷(在此情况下,最好不要读这部书)。他还出版了一卷《自然法与万民法阶梯》(*Institutiones juris naturae et gentium*,1750)。沃尔夫关于人的社会生活的"理性思想"(1721、1740)[60]涉及与国家、等级和国家经济有关的所有事情。

沃尔夫将法与道德再次拉近。当时自然法的所有差异性都是基于将法和道德拉近或拉远。沃尔夫认为,尽管法与道德是对立的,然而最终与道德还是一体的。根据他的说法,两者的原则都是完满性,在道德的情况下适用于内在方面,在法的情况下适用于外在方面。促进他人完满性的事,我们就应当去做;而不能促进完满性的事,就应该放弃。这是基督教的原则,托马修斯也确立了这一原则。谁违反了它,谁就会遭到强制不得采取此种行动,就此而言,法是从属于道德的。道德是包括法的更进一步的东西,而我们可以在外部的强制中认识到法。为了促进完满性,社会秩序是必要的。沃尔夫是一个折中主义者,某种程度上,他可以说是由托马修斯和贡德林共同组成的。

这一时期是哲学最浅薄的时代,在此期间,拉丁语是浅薄的外衣。国家已经步入了最为强韧的状态,而只有独立的思想家才能进行哲学思考。

孟德斯鸠

现在,我们将离开对德国奠基性的法哲学的考察,为了把一个在自然法方面具有巨大影响的人放在序列的最后,这个人是法国人孟德斯鸠(1689—1755)。他是18世纪最早的思想家之一,他与所有其他思想家势均力敌,每个法律人都对他怀有特别的尊敬。

他的名作《论法的精神》(L'esprit des lois, 1748)是一部无与伦比的杰作，是一部永恒之书，我们没有任何作品可以与之媲美，阅读它是非常有益的。孟德斯鸠在哲学和历史阐述方面同样强大。即使小题大做者在他那里发现了历史上的不准确之处，但他仍对事实有着敏锐的把握。他与德国人的不同之处在于，他不追求绝对的法的原则，而是研究现有法和国家的原则是什么。他并不是**先天地**探索，而是努力**后天地**对历史和法的事实进行整理。因此，他不寻求为法和国家进行奠基，而是把它们作为实存着的东西接受下来，反而寻求渗透到现存法的精神之中。因此，与其说他是一位自然法学家，不如说他是一位哲学史家，并被称为法的历史哲学学派的创始人。他的作品是第一个哲学历史的作品。孟德斯鸠试图在与其更宏大的整体的联系中呈现出法律的精神。他的书旨在表明，法和国家不是孤立的事物，而是与地域、气候、宗教等有关。在这个问题上，孟德斯鸠有马基雅维里而不是亚里士多德的色彩，亚里士多德也试图赋予存在的东西以精神。

孟德斯鸠认为世界上有三种政体，他描述了这三种政体：共和政体、君主政体和专制政体。君主制是根据一定的法律的单独统治，专制政体是根据任意的一人执政。在他看来，共和国可以是民主政体，也可以是贵族政体。实际上，这些分类在今天已不再适用；因为在每个国家当中，都有一个君主制、一个贵族制和一个民主制原则。因此，这种观点已经过时了。此外，人们指责孟德斯鸠，就像安西隆[61]所做的那样，关于这些抽象的国家，他眼前浮现着的是特定的榜样。因此，据说他以英国为君主政体的榜样，以土耳其为专制政体的榜样，以古罗马为共和政体的榜样。但我们不能这样说,因为孟德斯鸠已经完全深入了国家和一般宪法的本质中。

下一步,他问到了这些政体的原则。专制政体的动力是什么?根据孟德斯鸠的观点,**专制政体**是建立在统治者和被统治者之间的不断反应之上的。在专制政体的国家中,君主的命令会迅速得到服从,如果出现骚乱,也会得到从下到上的迅速反应。专制政体的核心是恐惧。好比钢球一击即中,专制君主必须让他的臣属处于恐惧之中。这里的动因是皮鞭。因此孟德斯鸠认为,只有保持恐惧原则,专制政体才能持久;如果恐惧原则减弱,政府就会瓦解,恐惧的缓和会让被统治者得以解脱。对于**君主政体**,孟德斯鸠以英国和法国为榜样,引用了荣誉原则。事实上,路易十四只是通过荣誉将他的臣民团结在自己身边,从而保持自己。荣誉在于,人们希望其自我得到承认,通过君主看到他们的荣誉之反映。下级不能忽视荣誉,必须始终追求荣誉。这有一部分也是真的;孟德斯鸠特别想到了封建君主制,它的特点是对荣誉的反映,如中世纪西班牙和今天英国国王玩弄的操纵杆。在**贵族政体**中,孟德斯鸠发现节制是一种原则。如果有少数尊贵的人统治,他们只能通过自我克制来维持自己。如果统治者不再是有节制的,他们就失败了;他们必须以节制的方式主张卓越。反之,在民主政体中,所有人都参与统治,所有人都必须是有德行的,想要并做正直之事。美德是意志与自身的同一。在所有人都想统治和统治自己的地方,即同时成为治理者和被治理者,与自身的同一是最必要的东西。随着美德的衰落,民主政体也陷入毁灭,荣誉之于君主政体、恐惧之于专制政体皆是如此。因此在法和教育中,一切都必须以这些原则为指导。

这里的错误在于,采取这些属于古代的国家形式,而在其中没有发现比心理学公式更深刻的公式。当然,这在孟德斯鸠的时代并不令人惊讶,然而事实上本应确立一个不同的、更符合逻辑的划分。

按照孟德斯鸠的说法,各个民族受风俗的支配,而法律只是根据这四项原则逐渐形成的。如果人民不遵守法律,那是一个很大的腐化,但如果法律恶劣,腐蚀了人民,那是一个更大的、更无药可救的腐化。这就是孟德斯鸠眼中路易十五时期的情况。在政体原则变态的地方,即使是好的法律也会变得恶劣,而在法律堕落的地方,国家也会堕落。

此外,每个国家都必须有一个与其规模相称的政体。因此共和国应该是小国,君主国应该是适中,而专制国家可能有巨大的规模。

在每一个国家,不分政府形式,孟德斯鸠都将三种权力分开,它们不能掌握在同一个机构手中:立法、行政和司法权力。当然,这种对权力的区分并不完全正确。司法权与行政权的分离,无论多么清晰,都不可能是完全的,因为执行与法律的反映和适用相一致。司法职能并不构成独立的权力,同样,"行政权"这一名称对于其中应该包含的内容来说也是非常有缺陷的。一种执行权似乎是一个单纯的机器,即不是真正的特殊权力。然而孟德斯鸠的深刻观点是,带来人类幸福的不是平等而是差异性。

孟德斯鸠是法国大革命的先驱。今天,**旧制度**(Ancien Régime)的捍卫者和现代的领导人都在援用他。有些人认为他是一个极端分子，有些人认为他是一个自由主义者。他被错误地与卢梭和下一时期其他撼动国家的哲学家放在一起。然而根据他的学说，他是反革命的，是新旧时代之间的一个轴心。

这就是自然法固定体系的终结。奠基性的法哲学认为，国家应该保持其本然面貌，而让作为反思的关于国家的理论在一旁自行其是。因此它的缺陷在于，它是**关于**国家的反思，在国家**之侧**。这种奠基性的法哲学最具思辨性的精神是斯宾诺莎，而之后则更加空虚和浅薄。一般来说，国家并不关心这个问题；因为我们还没达到任何理论。依据它，一个国家仿佛得以形成；这只会在下一个时期发生。

（二）革命性的法哲学阶段

第二类是毁灭性的法哲学。这不再以宁静之眼看待存在，它不再满足于指出存在者的根据，而是深入其错误，寻求击退它，使它在某一天消失。18世纪，怀疑的世纪，怀疑先前时代所确立的一切。知性占据了一切事情；覆盖宗教的虔诚、国王的灵光，不得不在知性的论坛上证明自己。在法国，伏尔泰和卢梭将自由精神提高到一切之上；他们为能够推翻现有的东西而感到高兴。这就像砍掉森林之根。1789年5月5日[62]，随着国民议会的一声令下，整个森林倒下了。这种哲学的基础是，现存的东西是无效的。但思想马上又起来了，从思想中建立一个新的世界。人们寻求时机，重新为法奠定基础。在德国，康德成了这种规划的创造者，怀疑旧的独断论。虽然费希特站在这种哲学的极端顶峰，但它始于康德。这就是哲学基础上的制宪会议。正如法国大革命在实践上摧毁了独断论,康德哲学也撕毁了思想领域的所有独断论哲学。

康德

伊曼努尔·康德,生于1724年,死于1804年,是人类最深刻的思想家之一,是现代哲学的奠基者。根据他的政治观点,他属于较新时期。也有一些句子表明情况正好相反,但这些都不是一贯的。康德在哲学上有与制宪会议所引起的同样的思想;正如制宪会议构成了国家,康德也如此构成了哲学。

他的理论哲学是批判性的,也就是说它并不想认识事物本身的自然,而只是想把握理性能在多大程度上认识事物。这个方向也是相当革命性的。康德的《纯粹理性批判》不是积极的、有建设性的,而是破坏性的、消极的;其原则是怀疑主义。他没有进入物自体,即物自体是不能被理解的。面对事物的客观性,思想只发明了一个普遍的公式,这个公式并不能转译到事物上,也无法就物自体进行考察。一切都停留在二元论中,事物和思想仍然"被一条宽阔的鸿沟分开"(莱辛语)。但康德摧毁了旧的主导性的独断论,这实际上是18世纪、中世纪的残余。由于批判哲学研究的是人能够在什么程度上进行反思,由于批判哲学并不研究人所应当思维的东西,而只停留在知性和排除客观物,因此批判哲学只是一种主观的唯心论。然而,这种哲学代表了巨大的进步;只有通过它才出现了更深刻、更为内容丰富的思维。

首先,可以反驳纯粹理性批判,人们在多大程度上可以认识其思维。此外可以说,如果我们不能把握事物,那么也不能理解国家,我们必须放弃为道德、法律、艺术、宗教等确立原则。但在这里,康德用一个公设来帮助自己,而这些公设是某种他无法证明的东西。他说,人不仅要有知识,而且要有行动;他不仅要问:我可以知道什么,而且要问:我应该做什么?实践不能从无知中产生,而只能从应当的公设中产生。因此实践的出现与他的理论哲学产生了矛盾,而这种二元论是康德哲学的缺陷。康德看到,自己被迫把行动的原则即人的知性所否认的东西作为原则。据此,道德法则是独立于认知的东西,它是由要求所给予的东西。这就是康德的实践理性学说,它与他的理论理性和纯粹理性完全矛盾。

实践理性的意识是,道德法则是一切行动的基础,它摆脱了所有的利己主义,并作为法和道德的最高法则专横地规定了自己。但这个公设是什么呢?他的道德法则的第一条原则与托马修斯的原则一样,取自基督教,内容如下:"要这样行动,使得你的意志的准则任何时候都能同时被看作一个普遍立法的原则。"[63] 也就是说,要与自己保持一致,以你的行为可以被确立为普遍法则的方式行事。凡是自由地履行这一诫命的地方,就有纯粹和善良的意志。当人以这种方式行事时,他的行为是正确的。但这并不足以规定特定的行动;而是某种纯粹形式的东西,一个没有内容的空洞的同一性。行动者事实上应当如何行动,在其中并没有进行深思熟虑。因为如果有人问立法的内容是什么,康德只说我们必须**怎么做**,但他没有说我们应当做**什么**,以及我们如何从这个同一性、从这个形式物上进入内容。因此,它是一个纯粹形式的内容。所以这个准则是贫乏的,也不会有任何结果。然而这一学说的重点是,道德上的善不是什么经验性的东西,而是出于自身并且为了自身的善。

按照康德的说法,道德不是什么现实的客观的东西,而是主观的东西,是一种信念和可能性。但是由于这种道德法则不能在这里得到实现,所以它仍然是一种永恒的应当。但对我们而言,它是在未来生活中实现和神之实存的保证。这样,康德就从道德法则被引向了宗教。然而对他来说,由于道德法则只是一种应当,所以它只是一种假设,并没有什么固定和客观的东西。宗教是以事后添加的方式从道德中产生的,并由此得出结论,神必须被公设。

在没有找到道德的内容之后,康德又回到了古老的自然法:[64]对他来说,与自然法相比,自由的法则被称为**道德**法则。只要它们涉及外部行动及其合法性,它们就被称为**法学**法则;但如果它们也要求法则是行动的内在规定根据,它们就是道德法则。在这里,我们遇到了我们之前遇到过的法和道德的分离。康德没有比贡德林和托马修斯走得更远。法,即法学立法的义务,只能是外在的义务,因为这种立法并不要求作为内部的义务的理念本身成为行动者的任意的规定根据。外部立法只要求外部履行义务。但是道德立法希望人们规定自身,并对这一行动有一个内在的根据。为此,道德义务是进一步的义务,本身就包含法学义务。

如果更深入地研究这些形而上学的初始根据,就会发现,康德真正来说并没有让法权学说超越贡德林的强制学说。与贡德林一样,法是可以进行强制的法学义务。那么就此而言,法权学说没有取得任何进展。尽管如此,康德对自然法的功绩是非常大的。他(与卢梭一起)找到了它必须建立的地基,而这个地基就是**意志**。但意志是自由,是全部法的出发点。这一功劳应归于康德的法哲学,尽管根据进一步的描述,它实际上并没有超越早期的努力而取得进展。康德将道德的原则表述为意志,将意志的原则表述为自由,因此拒绝了普芬道夫和霍布斯的冲动,他走得非常远。因此,现在找到了法的参照点,不再可能在法是什么上犯错了;这在以前是可能的,但现在不再可能了。早期的哲学家们总是把次要原因确立为主要原因。

46　　康德对意志、自由和任意作出了正确的定义;他的缺陷只是,知识和意志没有被认为是一体的,意志被设定为一个公设。他的实践和理论哲学没有任何联系。他的道德原则是形式上的,内容不是从里面出来的,其结论必须先带入原则。但康德奠定了自然法的基础,这种赞美胜过一切指责。

卢梭

因此,康德处于颠覆性哲学的前沿,是一个新时代的奠基人。第二个独立于康德而对法国人说同样的话的人是让-雅克·卢梭,他生于1712年,死于1778年,直到40岁才作为作家登场并构拟他的学说。他在这方面的著作有:《论人类不平等的起源和基础》(1754)、《社会契约论或政治权利原理》(1762)、《爱弥儿或论教育》(1762)。卢梭是18世纪法国最伟大的思想家。他的《社会契约论》在1789年造就了法国大革命。但他实际上更具有一种德国的风格:他来自日内瓦,即来自瑞士法语区,亲近德国精神。

卢梭恰恰是霍布斯的对立面,他从一个全新的思想出发,即自然状态是最好的,社会破坏了人之善:自然之中的一切和出自自然的东西都是好的;一切都在人的手中退化了。在自然状态下,人对一切都完全无动于衷。同情心是人与人之间的唯一纽带,也是人的美德的源泉。这里是平等,但在社会中支配地则是不平等,财产、制度和法律都出现了。按照卢梭的说法,国家总是一种困厄的国家,是为了获得自由而放弃自由。如果人们在任何地方都遵守自然法则,那么人类就会幸福,国家也就从来都不是必要的了。但是,既然自然状态已经被克服,而现在国家已然在此存在,人不能也不应当回到森林中去,而是必须在这里承担生活的重任,履行他的沉重义务。是的,他必须这样做,他是一个**政治动物**(zoon politicon)。因此,国家必须以尽可能的方式造就,使其更接近自然性。

社会契约(contra social)之存在是为了确定人应当做什么,并给出在国家之中应该做什么的学说。它是自然法的剑,是革命。在下面,要:(1)根据它的**理论**之所是,(2)根据它的无限的**实践**后果,对社会契约进行考察。

根据卢梭的观点,自在的自由的人只能通过契约进入奴役状态。然而国家并不是通过契约而产生的,而是通过暴力产生的,而这种暴力在国家中被转化为法。为此,卢梭寻求一种国家形式,在其中,每个人的人格、自由和财产都得到保护和捍卫,然而以至于,虽然人生活在国家中,但仍保留着自然状态的自由,因为每个人与所有人联合在一起,但只为自己而活,像以前一样自由。为此目的,每个人都必须将自己的自由服从于普遍物,但也因此成为普遍物的一部分,有权享有一切并反对一切。**公意**(volonté générale)是国家和人民主权的基础,人民主权自在自为地是正确的,但就其规定而言仍需确定。我们将在下面的自然法中确定这一点。

根据卢梭的说法,国家是一个政治体(corps politique)。就它是主动积极的而言,它被称为主权者(souverain);就被动而言,它被称为国家(état)。主权(Souveraineté)因而只是国家的活动。在卢梭那里,只服从于国家权力的臣民是不存在的;公民是国家的参与者(associés),参与权力中。在单个意志与公意没有差别的情况下，公意可以毫无困难地得到服从。但人民的无条件服从是极其荒谬的，被动服从的学说扬弃了一个国家的政治；因为这样的国家只有统治者和臣民或奴隶。因此一个承诺无条件服从的民族在同一瞬间失去了政治体的特质，并有了一个主子。

根据卢梭的说法，每一个由良好法律治理的国家实际上都是一个共和国。然而如果公民意识被耗尽（ressort civil usé），就会出现动乱和革命。在这种情况下，枷锁一瞬之间就会被打破，但自由却难以恢复。[65]

立法的原则和最高目标是**自由**和**平等**（法国大革命的座右铭即来源于此）。写在每个人心里的，他必须说，就是**公共舆论**。最后，卢梭还谈到了**代议制**。这是彻底败坏和不自然的。只有腐化的人民才会陷入从借贷中产生的代议制的想法；因为主权既不能被转让，也不能被代表。一个民族没有全部批准的东西是不被承认的，也不是法律。这一切无非是1793年的历史。

最后，在《爱弥儿》中，卢梭将教育作为国家的一个必然的组成成分。在这里，他试图阐述某个人是如何以一种自然的方式接受教育的，并让爱弥儿成为一名木匠。然而在这样做时，他预设了一种不存在的关系。结果，所有的自然教育方法都追随卢梭，例如裴斯泰洛齐。然而现在，这种教育方法似乎已经消失了，因为它是不起作用的。教育必须是一种摆脱自然的解放，是对自然的清除；通过游戏来学习是没有用的。每个人一开始都必须不情愿地劳动，而且每个人的天性也是懒惰的。整个《爱弥儿》是建立在一个错误的思想上，就像所有提出新教育的人一样。

然而，卢梭关于法的观点有着巨大的功绩。他和康德一起同时认识到了自由意志是法的推动者（movens）。康德是一般的意志，卢梭是公意（volonté générale），在其最高现实的意志，在这里个体消失了。但这种**严格意义上**的共同意志（不是结合特殊物，因为特殊完全消失了）并未被卢梭所掌握；在他这里，公意还不是作为一般的伦理理念，而是作为众意（volonté de tous）。然而公意不是所有人的意志，而是特殊意志的基质。国家必须有普遍意志的合理性。只有在涉及国家的建立而不是推翻国家方面，人民主权才能得到承认。

法国大革命

除了卢梭，还必须提到一个事件，它也是这样的哲学家，即法国大革命——一个非常一贯的、斩断头颅的哲学家，他在他的书——议会——中戏剧性地阐述了纯粹理性的二律背反。正如基督教属于哲学史一样，法国大革命作为卢梭的一个实践结果，也属于自然法。公意，人民主权的思想，点燃了 18 世纪，渗透到社会的各个阶层；启蒙，即否定性的真理，摧毁了之前的一切。例如在宗教观点方面，启蒙对信仰进行了嘲弄；同样，国家也被启蒙所摧毁，但它并没有代之以任何新的东西。从卢梭的命题中产生出了制宪议会，其目的是推翻过去的一切，并将其转化为应当从纯粹的思想出发的事实。出于"公意"，每个人即是一切，必须参与一切，不能是任何特殊的东西。如果他把自己设定为特殊的东西，那么特殊的东西必须被毁灭，因为一切都必须是一样的。法国大革命特别一贯地遵循了这些原则。政府是一个特殊的东西，所以要离弃它！就这样，整个社会生活终于恐怖和死亡。恐怖和死亡都不是法国大革命的退化，而是思想的最大的必然后果。因为在启蒙推翻政府的地方，就会出现一个新的政府，但这又是实定的东西，只要总的说来还存在一个政府，它也会被启蒙所推翻。这样，他们不仅要推翻有害的条件，而且要否定所有一般的条件，直到他们触及人自身的实存。人的生命也被否定了。恐怖主义产生于对它的否定，但在热月9日作为实定的东西它又被否定了。也就是说，恐怖停止了。错误如下：在我们思维普遍物的地方，我们也必须有特殊物的范畴。

重农学派

但在法国大革命期间也出现了各种自然法学家。首先要提到重农学派，这是一个由路易十五的御医魁奈[66]所创立的国家经济学派别。他们之所以被如此称呼，乃是因为他们仍然回到了自然性的东西。对重农学派来说，个人是至高无上的，国家只是一个保护个人的安全机器而已。他们声称，土地是国家的唯一财富。所有以往的财富来源都被抛弃了，片面地表明国家的财富只在于地产。除地产之外的每项活动都被重农学派否定了。工业和科学未有提及，学者和艺术家被认为是没有创造性的人。根据他们的说法，例如苏格拉底就没有创造性。重农学派把了无精神的东西作为国家的主要原则。除此之外，他们与卢梭走到一起，他们是卢梭的追随者。他们事先形成了这样的想法：国家基于某种相当简单的东西。这种简单性在制宪议会中得到了贯彻：简单的法律，三权分立，一切都被如此确定下来，仿佛它本来就应当完全崭新地出现。

西耶斯

一位真正的天才是西耶斯[67]，他属于神职人员，法国各省的划分要归功于他。在大革命爆发前不久,他写下了《论特权》(*Essai sur les privilèges*)和《第三等级是什么?》(*Qu'est-ce que le Tiers-État ?*)。这两部著作对法国大革命的进程产生了最大的影响。它们展现了第三等级——国民,是国家的首脑,同时也展现了另一面,即对这一等级的冷落和藐视。关于第三等级的著作是点燃国民议会的最后一道火焰。随后,西耶斯还制定了一部宪法。该宪法部分地过渡为执政府宪法,国家的顶端在这里是虚无的。在这里,只能找到纯粹的外部计算,没有任何生命被预设。

米拉波

更重要的是米拉波[68],他在演讲中确立了未来的制宪会议的宪法,参与并创作了这一宪法。他无疑是法国最伟大的演说家,对革命性的自然法也很重要。米拉波出身于贵族,但对贵族却感到愤慨,最后又觉得自己走得太远了,想让国家往回退。他遭到了拒绝,并因此将自己置于民主的前沿。他的演讲很有思想,像闪电一样照亮了对象,但称不上论著。

对于自然法来说,最重要的事情不是由法国大革命写出来的,而是做出来的。因此,谁会阻止我们说,国民议会对自然法的重要性不亚于一本书呢?如果我们总结一下精髓,就是在这里第一次奠定了自然法的新基础。在这个意义上,什么是法,不是来自历史性的东西,而是纯粹演绎自理性。这一点被放在了考察的首位。在这一时期出现了对自然法的理想阐述,它作为图式与现实对立起来了。

康德派

我们现在从法国人来到革命性的德国哲学,在这里可以找到许多与法国大革命的类比；因为德国哲学家大多从事文献工作，在理论上与法国大革命实践上走的是同一条道路。只要康德停留在应当，也就是说只要他与国家对立建立一个他的应当的国家，他就是革命性的。

阐述自革命性的自然法原则的康德派当然是一群独立的人，与康德没有任何关系，而且扮演着相当无聊的角色。正如克鲁格[69]所称，他们是"小康德"，他们都抓住了康德随便一些小原则，加上一点小修改，然后把巨大的结论附会其上。在这个意义上推进法哲学的康德派哲学家有胡菲兰德[70]、霍夫鲍尔[71]、马斯[72]（这三位都任教于哈勒）、海登赖希[73]、莱因霍尔德[74]（重要，但正如黑格尔所说，在预备好之前不要进入哲学）、格罗斯[75]和费尔巴哈[76]。每个人都有自己的观点，处于自然法的最前沿。

费希特

然而作为哲学家，最具革命性的恐怖体系出自约翰·戈特利布·费希特，他生于1762年，死于1814年。费希特有着钢铁一般的干练性格，这对心灵有着无限的影响，是我们大学[*]的骄傲与荣耀，是现代哲学的英雄之一。这样的人物常常陷入矛盾，而这些矛盾以思想的形式出现，变得越发稳固。他的整个一生就是某种矛盾。

费希特最初是作为康德哲学的阐发者登场的，并将其一以贯之地推进。在理论哲学方面，他想摧毁康德留下的东西，即物自体。他认为我们不能允许二元论思维。由于康德哲学无法抵达物

---

[*] 即柏林大学。——译者

自体，所以它对他来说并不存在，他把它设定在自我上。在费希特看来，物自体就是所谓的非我，是由自我产生出来的。对他来说，只有自我是绝对，是唯一确定和真实的东西；他从这一点上抽象出了一切。他把整个外部世界作为意识的限制，并试图证明自我如何来设定一个世界，以及它必须如何在其中运动。这种使哲学回归统一的主观唯心论是非常值得注意的。它的历史地位处于恐怖主义的顶峰和立场。这也是一种唯心论，一切都在它面前低头，为了一个思想而使一切消失。通过费希特，世界由死亡即世界的统治者被扬弃在自我之中。这就是费希特的自我。

费希特无法在实践哲学中找到一个立足点。在他试图从其知识学原则中推导出自然法之后，他在详细阐述法时完全从任意的想法出发。事实上，他只达成了一个道德体系；道德在他那里成为各种哲学部分领域的统治者。因此，费希特在世界性和现实方面一直是非实践的；他没有到达世界和国家的外在性。

费希特写了三部在此具有重要意义的作品：《自然法权基础》（1796—1797）、《锁闭的商业国》（1800）和《国家学说》（1820，由其儿子出版[77]）。在这三本书中，他阐述了他的国家学说。

在其《自然法权基础》中，费希特以知识学为基础，但它无法贯彻，他以自然化的方式进行工作。他的第一个原则是，如果没有其他理性存在者之实存，自我就无法意识到自身。一个纯然的自我不可能自为地以理性的方式持存；它必须首先证明其自我和其他存在者的理性。费希特演证了这些理性存在者之理性，把他们放在一起，——有了国家。在这样做的过程中，他有许多不切实际的想法，并且像西耶斯一样，在无生命的状态下提出了国家。例如，他希望在统治者之上设立一个监察官,就像监督他一样,这是一个具有否决权的节制机构,它要像一个上级参事官一样决定统治者和被统治者之间的相互关系(然而,这一权力在巴西已付诸实施)。但国家是作为自己的控制者。费希特将抑制性的要素置于国家的顶峰,将国家本身提升为否定的东西。他没有考虑治理国家的肯定性的自我。国家总是某种具体的东西,在费希特那里变成了零。然后有关于护照警察的规定、护照上应印有持有人的姓名等等。这些都是不恰当的建议,因此该书对时代没有产生任何影响。

更有趣的是费希特的《锁闭的商业国》,这本书的目的在于国家的最高福利。正如柏拉图的作品一样,国家应该规定那些致力于艺术或贸易的人。所有行业都应当被严格分开,个人自由将被扬弃,因此商人只能从事贸易,不能制造,制造商只能制造,不能从事贸易(与时代的方向完全相反)。商人**必须**把他所调配的商品以一定的价格再卖给每个人。他也只能出售他被雇用来出售的东西。所有商品的价格都是根据粮食的价值来确定的。所有与外国的交往都被禁止,没有任何东西可以从该国出口,生产的剩余物将被销毁或扬弃。简而言之,它是一个锁闭的贸易国。这里比任何地方都更像是一个乌托邦,而费希特在这里显示出他的实践哲学之非常不切实际。

在国家学说中,据说最高统治者应该取自哲学家;最聪明的人也可以统治得最好。所有的人都要接受共同的教育;从中可以非常明了,谁的天赋更强,谁的天赋更弱。因此,教师必须决定每个人的使命。

费希特的《对德意志民族的演讲》更加实际,它们是于1807年至1808年在柏林被发表的。当时普鲁士国家在物理上已经毁灭了,重要的是通过内在的思想力量来对抗这种软弱。自由的科学应当产生一个新的国家。这些演讲产生了轰动的效果,以至于乌托邦式的东西被遗忘了。它们的持久价值在于,它们在1813年引起了如此的热情。在这些文章中,费希特特别提倡儿童的公共教育,他和柏拉图一样,想把儿童教育从父母手中夺过来,交给国家。

最后,费希特在《现时代的根本特点》(1804—1805),列出了五个时代:无辜的时代、恶行开始的时代、恶贯满盈的时代、说理开始的时代、说理完善和圣洁完满的时代。我们应该是在第三个时代!但这种思想更多的是属于历史哲学的范畴,是基于存在着一种无辜状态的观点。

费希特总是包含着许多强有力的、充满精神的东西,但并没有任何费希特主义者将这种哲学继续推进,就像不可能有恐怖分子的继承人一样。站在悬崖边上的人,没有什么可以拴住他们。这种孤立的现象不可能有继承人。恐怖的出现是必然的,但它随后就会消亡。

随着费希特的出现,一种被我们称为颠覆的哲学的立场已经走到了尽头。所有这些哲学家都被这种思想鼓动着灵魂:原有的真相是无效的,必须用新的真相来取代它。颠覆的哲学创造了许多善的东西,并使意志成为自然法的地基,但它还没有在其上贯彻一切。

(三) 返回或概念把握的法哲学阶段

第三个阶段是返回或概念把握的法哲学,我们仍然处于这一阶段,我们对自然法的阐述是其最后一个阶段。在实践生活中,它与复辟相一致,与返回到自然法和国家的基础相一致,并将前两个阶段联合起来。它首先是奠基性的,因为它不让任何在其直接性中的东西发生效力,而是寻求认识和概念把握它,并更深入地渗透到仍然存在的事物基础之内。然而就它也在寻找为什么一些事物要被扬弃的根据,而且就存在必须首先在意识中合法化而言,它也与毁灭性的法哲学相一致。在意识中和现实中得到合法化的东西当然是有根据的,是真实的、没有矛盾的。法国大革命之前和之后时代的法哲学皆包含其中。因此,它使用了哲学的两个类别,就像生命是新与旧的联合,并将两者融为一体。

概念把握的法哲学这一阶段本身也有各个阶段,并根据各国把握它的方式而表现出了法国和德国的风格。在法国,它一直保持着与现实生活的密切联系,并与现实生活共同进步;而在德国人那里,一切都先在脑海中考虑,并长时间来来回回打转。法国人、英国人和德国人是今天唯一为人类站出来的人;相反,意大利人则在近代没有什么突出表现。

返回的法哲学分为三个部分。

1. 返回现实,然而是过去的现实

首先,我们必须区分那些返回到美好旧时代的人和视其为真实存在的人。在法国,这种立场以流亡的形式表现出来,然后是反革命和耶稣会。试图宣扬流亡者旧制度主张的流亡,不过是对新事物的逃离。但后来这个方向表现为反对新事物的行动:这就是反革命。就一些理论想返回到旧事物、耶稣会——被称为回到合法性——而言,这不仅是对事实的革命与思想的革命的拒不承认,而是承认,自50年来发生的一切都必须被当作魔鬼来抹去。据说世界所做的事情就是魔鬼。耶稣会的哲学想要回到虔诚的基础上,它只应当把国家作为神性的流露来呈现,并把神性的法则阐释出来。以此方式,据此,国家就被摧毁了,它只是神圣存在者的一个本质;它没有自身的持存,而只被视为由神所创造,是神性在现实中的表达,而宗教的观点,特别是天主教的观点,必须要作为唯一真的观点而得到保存。正如教会在教阶中具有一种统一,所以国家必须与之平行,同样在合法性中具有一种统一。教会和国家只是同一理念的不同表达。因此,合法性和君主制不是精神的自由产物,而是因为神设置了它们,所以它们要服从于神,服从于神性事物的流露,即教会。神君临教会而非国家。因此,合法性尽管是神圣的,但国家是幼子,而教会作为长子独占长子继承权。因此,国家从属于教会,但国王为此就有了一种圣洁的幻象。因此,只要他们需要国王的保护来巩固教会,他们就会捍卫合法性和君主制。但只要教会牢固地建立起来,他们同样就会容易与君主制为敌。因此我们看到,教会并不反对殖民地对母国的叛乱,并向南美洲派遣神职人员。当国家和教会之间出现冲突和碰撞时,根据耶稣会的教义,国家必须服从教会。它是为了达到目的牺牲一切的辩证法。耶稣会士不惮于任何能达到目的的手段。

博纳尔子爵

就这一学说有学派而言,博纳尔子爵[78]和迈斯特属于此类。前者的两部作品值得一提,即《原始立法,近期通过单纯理性智识所进行的考察》(*Législation primitive considerée dans les derniers temps par les seules lumières de la raison*,三卷本)和

《对社会秩序与权力、社会主体与中介相关的自然法的分析》(*Essai analytique sur les lois naturelles de l'ordre social ou du pouvoir, du ministre et du sujet dans la societé*)。对博纳尔来说，国家、宗教和家庭的基础是三位一体的学说。在**家庭**中是父亲、母亲和孩子，在**教会**中是神、牧师和信徒，在**国家**中是国王、贵族、官员以及人民。在一个国家中存在的所有法律实际上都是得到启示的法律，必须带有宗教的印记。革命所创造的人民主权、"公意"是一个虚无的东西，一个没有现实的抽象概念。在那里，神缺席，而人就是一切（反过来说，就博纳尔现实的国家而言，我们说这里缺席的是人，这要糟糕得多）。当然，他主要是反对宗教改革，因为宗教改革确立了人的权利，从而将一种高度民主的因素引入世界。根据博纳尔的说法，人民主权是与绝对主义的形式相对立的。就像一切都服从于神性一样，在国家中，一切都必须服从于一个意志。在这个意志中，一切都必须重新发见，它是太阳，一切都在其中温暖着自己。此外，他希望宗教和政治统一，教皇是唯一的统治者。在这里，得到天主教会支持的霍布斯和斯宾诺莎显露出来，而我们看到，民主和宗教改革之间没有区别；反对宗教改革和反对民主是同一件事。博纳尔继续说道，自然和道德领域的所有光线都来自正午；就像太阳在南方比在北方更明亮，精神的太阳也是如此。欧洲被智术师威克里夫[79]、胡斯[80]和路德以及现代哲学笼罩在沉重的黑暗中。相反应该说，南方只是古代的实体性，而所有的崭新的光线都来自北方。博纳尔也反对普鲁士。在他看来，普鲁士只是一个军营，甚至不是一个国家；它缺乏一切公共精神。

迈斯特伯爵

这方面的第二个作家是迈斯特[81]。他是派驻彼得堡的撒丁岛使者,写过《论教皇》(*Du pape*, 1819)和《圣彼得堡之夜》(*Les soirées de Saint-Pétersbourg*)。他比博纳尔更深刻、更优雅、更精致。在他看来,基督教的基础是教皇,他在教会和国家中拥有至高无上的权利。教皇在精神事物上是无谬的,只是在世俗事务上才会偶尔犯错。然而由于这些都可以通过各种方式来决断,所以这无关紧要。在天主教会以外,其他教会只是冰冻的尸体,严寒保存了其形态。路德和加尔文乃是 hommes de néant——虚无之人。早些年,德·拉梅内神父[82]加入了他的行列(《论对宗教的冷漠》[*Essai sur l'indifférence en matière de religion*],一本非常尖锐的书)。但后来,当他看到自己的灵性[83]与天主教会的灵性不同时,他在其著作《罗马丑闻》(*Les affaires de Rome*)和《一个信徒的话》(*Paroles d'un croyant*)[84]中完全抛弃了自己的原则,任凭尘世自顾自。

德国法思想家

德国人接续法国人的努力。其中包括:亚当·穆勒[85]的著作《治国术原理》(*Die Elemente der Staaskunst*)和《论全部国家学的神学基础之必然性》(*Von der Notwendigkeit einer theologischen Grundlago der gesamten Staatswissenschaften*),弗里德里希·冯·施莱格尔[86]的《康科迪娅》杂志,冯·哈勒[87]的著名作品《国家学的复兴或自然社会状态理论,反对人造社会的虚构》(*Restauration der staatswissenschaft oder Theorie des natürlich-geselligen Zustandes, der Chimäre des künstlich-bürgerlichen*

^{56} *entgegenge setzt*），以及施塔尔[88]和他的《法哲学》。这些人的观点包含的无非就是国家建立在权力之上的旧学说。哈勒的理论不过是霍布斯的理论，应该被完全拒绝，尽管它有大量的追随者。它的意义是这样的：国家独独建立在权力和弱点之上；两者的结合就是国家。冯·哈勒是一位所有宪法的公开敌人。对他来说，每个贵族都是一个小君主，可以很好地反抗第一贵族（摄政王）。然而在国家中，必须有凝聚力。这个联盟就是天主教会，国家和教会因此是一体的。因此，他直接就想到了天主教的教义，而国家则具有了宗教的色彩。然而，神权国家是最恶劣的；因为国家是理性、精神性和意识的工作。黑格尔用以下的话准确地评价了哈勒的书：这本书不包含两种思想，因为在其中连一种思想也没有。[89]亚当·穆勒稍好一些，而且更为思辨；同样，施莱格尔也不应被藐视。这些学说部分是对法国人的重复，部分是以相当真实的观点为基础，有相当的彻底性。

与德国人的性格相一致，精神向过去的返回呈现为内在性、德意志性和流亡到中世纪。在其他方面，它在现在已经消失的旧德式上衣中找到了表达。对中世纪的爱，不过是对现在的绝望。中世纪仍然值得崇敬，但今天却无法再次召唤出它，它已经消失了，只有诗意的心灵还能沉浸其中。这对绘画来说是好的，但对诗艺来说不是。在"恋曲"的形式中，对中世纪的热爱导致当代艺术尤其是诗歌的高度遭到了忽视。人们不希望荷马，而希望尼伯龙根之歌在学校传颂。旧德国文学应取代古代，但它无法做到这一点，因为它没有建立在普遍物的基础上。在古代，只有普遍物，正如人们从科学的复兴中已经看到的，普遍物把古代提升为必要的施教者。相反，在中世纪这种普遍性并未达到。

历史法学派

这里也包括历史学派的努力，历史法学派反对自然法，并对现在能够产生一部新法的权利提出异议。在科学方面，历史法学派确实做了很多好事，消除了很多害处，但它没有对自在自为的和表现在现在中的法进行考察；毋宁说必须回到过去，现在的法必须从过去、从它的开端来认识。然后，历史学派从习惯法出发。据此，法不应该通过立法产生，而应该从习惯中产生，它应该像语言一样有机地生长。但这里的缺陷是，所有这些都不能适用于我们的时代；因为我们的语言是基于语法法则的，而通过习惯无法形成任何新词汇。意识必定出现在法之中，而法律同样是法的意识。因此，法必然要成为法律。现实必须在现在而不是在过去中寻求；否则，那将是一个软弱和虚无的民族。只有在现在之中，我们才能找到慰藉，而我们也必须只能在现在之中寻求慰藉。

历史学派只着眼于外部事件的因果关系，而不着眼活在每一民族之中的精神。历史法学派的学说是，自在自为地不存在法的理念，即不存出于理念的法的发展，而法只能在几乎不相同的现象和历史发展中得到认识。如果不记载在历史书上，那么它就不存在。在这方面，我们只需要看一个国家的外在表现，而不是看它是如何得以形成的精神。法只存在于不断的生成中，必须在这种生成而不是从它的实体性存在来把握，实体性存在似乎也并不存在。因此，历史学派宣布反对一种出于概念的自然法发展，只想把自然法理解为"实定法的哲学"[90]，但这其实根本不是哲学。然而正确的是，法自在自为地具有一种其神圣性。历史发展只是法的肉体,但历史的灵魂是哲学。对于自然法来说,历史学派只有在否认自然法时才可以被征引。然而由此它的法本身就是自然法,而它与法国反对抽象法哲学的反革命处于同一层次。它尽管更为高尚,但也属于参照过去的层次,因此是非哲学的学派。

2. 在法国大革命的充实之后,返回一种秩序的国家

返回的法哲学的第二个立场是发展君主立宪制形态的政论家们的立场。首先是邦雅曼·贡斯当[91],虽然他没有写过任何关于自然法的著作,但由于他对法国大革命的许多方面进行了论战式的抨击,所以在此也应被提及。罗亚-科拉尔[92]、夏多布里昂[93]、萨凡迪[94]、凯拉特里[95]和蒂梭[96]位列其中,这些法国信条派(*Doctrinaires des Français*)与其说是法哲学家,不如说是通过他们在贵族院的讨论为君主立宪制提供了一种充实。

边沁

在英国人中,只需提及一个人——杰里米·边沁,生于1748年,死于1832年。他实际上只是更新了爱尔维修[97]的哲学,并在英格兰、法国和瑞士形成了一个大派别。边沁自己是一个奇怪的现象,更适合于震撼性的法哲学。他的出发点是,普遍功利是国家的主要目的,是所有立法的基础。美德是一种善,因为它产生快乐,而恶习是一种恶,因为它产生不快。按照他的说法,道德和法律只立于效用的基础上。他的所有建议都是从抽象的立场出发的,忽视历史性的东西,关涉某种相当普遍的东西。边沁根据一个唯一的原则来评判所有民族的法律,并以其特殊的英国性格,为全世界制定了一部宪法。他在英国的实践影响是动摇了特殊性的大厦,并推动了一场改革。他参加了法国大革命,并被国民公会授予

法国公民身份；但他的学说没有留下多少东西就完结了。

圣西门[98]

在这里，我们必须还要提到法国的圣西门主义者。在此要详尽地对这一派别进行考察，因为他们的学说中有一个独特的原则。这个派别不自觉的创始人是亨利·圣西门伯爵[99]，一个思想敏锐之人，出生于法国最古老和最重要的家族之一，籍籍无名中于1825年去世。在他挥霍了他的财产之后，他去了新大陆，从事投机活动，借此赚了很多钱，但他又把这些钱挥霍了。然后，他投身哲学，确立了关于国民经济学的原理。在他生命的最后阶段，他写了一本名为《新基督教》(*Nouveau christianisme*)的书。1829年和1830年，他的信徒越来越多地试图在他的言论基础上建立一个体系，并引起了巨大的轰动。他们原本是一个国民经济学派别，但在贡斯当的建议下，他们把它变成了一个宗教。

圣西门主义者希望自下而上地改革一切。他们认为社会世界已经彻底败坏和腐化了，想要建立一个新社会。他们的指导思想是，整个历史被划分为批判的时代和有机的时代。有机的时代是指创造了某些东西的时代，批判的时代是指那些只是挑战而并未真正建立任何东西的时期。这样的有机时代是希腊时代和中世纪，其有机的本质是由教会附庸制的发展建立起来的。相比之下，我们的时期从宗教改革开始是一个批判的时期；这里没有花费任何精力在建立某种新的东西上，因此我们的时代与古代是不同的。宗教改革以来所发生的一切都具有摧毁的性质。目前的自由主义，只有毁灭的力量，也是一个批判性时期。如果我们考察这个时代，只有有机的时代才有真正的价值，因为只有在这里才会产生某种东西。

这种对两个时代的观点是片面的，当我们这样将它们区分开则是完全抽象的。然而有的时代要更多地进行建设，而其他时代人们则喜欢进行否定。但一个时代从来都不是纯粹有机的或纯粹批判性的；有机的时代都有一种批判性的环节，相反亦是如此。例如，波斯人强烈批判希腊人，而在中世纪也可以找到批判性的环节。因此，它是一种法国式的抽象，处处寻求两种法则。但这些法则并不存在。

就有机的时代而言，圣西门主义者谈到了**宗教的理念**。他们声称，拜物教关涉一个家庭，多神教则是城市，犹太教则是一个民族，而基督教关涉的是人类。然而，基督教过于片面，只把人类指向彼岸的生命，它只关注精神，而把物质置于一旁。然而神不仅仅是纯粹的精神，而是精神和物质的同一，神在天上也在地上。因此，物质也必须得到恢复（*il faul rehabiliter la matière*）。把基督教尘世化的宗教应当是圣西门主义。因此，在一个一切都可以创立、唯有宗教不可以的时代（因为基督教仍有太多的旧有的生命力，一个宗教不能独立于它而建立），让他们有正当理由创立一种新宗教的首先是，基督教只想让物质精神化。

以下是对此的答复：圣西门主义想摆脱教条的束缚，但它仍是在基督教内部活动。自古代以来，世界上发生的一切都在基督教内部活动，即使是教会分裂也是基督教的一部分，也是其自身的环节。但当圣西门主义说基督教不关心物质时，人们可以回答说，现代的优势恰恰在于世俗性是依据基督教形成的。那么，基督教就并非是纯粹的精神；它已经进入了世界，渗透到了人之中。因此，圣西门主义者的论争是乏味的。

圣西门主义者现在想把我们的批判性的时代变成一个有机的时代,要按照他们的学说构筑一个新的国家。他们相信他们可以通过说服力实现某些东西,这在我们这个有数百种意见的时代是不可能的,一个党派的意见面对其他党派的喧嚣逐渐式微。他们认为**旧国家的错误**在以下方面:基督教废除了奴隶制,但没有废除佣工制;然而佣工制是把人当作物来处理。大部分人是被另一部分人剥削的机器。战争和对立支配着世界。在市民社会中,一方追逐另一方,为了获得某些东西,每个人都试图竭尽所能——人人为己(sauve qui peut)。一方落,另一方起,不幸者灭亡,幸运儿跃升。但战争是荒谬的;不言而喻,它必须既要在市民社会的物质方面也要在其观念方面中被根除。用于军队的钱要用来修建铁路。如果自1830年以来军队所花费的一切都用于铁路,那么现在贯穿全欧洲的铁路都已建成,而当前这些铁路只存在于思想中。总的来说,圣西门主义者认为,迄今为止只被视为次要事项、一种手段的工业,是最终目的,并将整个国家建立在此之上。

如果要停止剥削,就必须通过和平的服从来结束战争,而且必须从上到下对人民进行划分。这种划分不能建立在保证的基础上,因为对自由的保证只能显示出对国家各部分的不信任。因此,国家必须自上而下予以重塑。这里唯一可以作为出发点的原则是劳动。在劳动中,人呈现其所是,而所从事的劳动职业构成了他的意义。这种职业不能出自他自身,而必须由国家决定。没有人知道他要以什么为职业,只有国家领袖知道,他根据每个人的能力来任命。各尽所能是圣西门主义者的原则。必须引入一种秩序,根据这种秩序,每个人都被安排在他所适合的位置上。

根据圣西门主义者的观点,就像在柏拉图那里,市民社会应该有三个等级:首先,教士的等级,即感情、爱和同情心的等级。教士联合人民,他们的劳动是同情心,他们的才能是爱。第二个等级是通过伟大的才能达到的,是科学和学术的等级,即那些具有思想并交流思想的那些人。第三个等级是工业的等级,在这个等级中将不再有竞争。但他们补充道,世界已然如此有序,人们可以根据其自然属性对各民族进行划分。就法国人而言,同情心的因素占主导地位,因此他们必须处于人类的首位,是教士的民族。德国人是有识见和科学的民族,英国人是工业和劳动的民族。迄今为止,工业一直被错误理解。即是说,它是一切人对一切人的斗争,然而现在它将是和谐的,竞争应当过渡为普遍的伦理化。例如,应该有一个德国的首席鞋匠,所有的德国鞋匠都向他交付劳动,并由他来分配劳动;他自己应该服从于世界鞋匠。

对市民社会的描绘是完全真实的,因为社会是反思的状态,而每一种反思都是一场战争。但这种反思是必然的;如果避免这种反思,人们就无法更幸福。斗争是某种净化和提升的东西。在生命的劳动中,许多人必须死去。但是所有人的竞争带来了进步,它提升了技艺,淘汰了落后的东西。认为战争的环节可以被扬弃的思想是错误的;没有人可以被许诺得到永恒的东西。如果圣西门主义者要给每个人分配他的职业,那么就会发生错误。

圣西门主义者还想改变**婚姻**和**道德**,在此返回到柏拉图式的原则。他们的新家庭法在于废除感情的纽带。家庭的权利及其义务将停止,因为个体不再属于这个狭窄的圈子,而只属于国家的共同体。

他们说，婚姻是完全非伦理的东西，因此也应该被扬弃。圣西门主义者声称，妇女在当今时代是不自由的。她被迫与一个她不想要的男人结合，她是一个奴隶，不能担当国家公职，不能在男人们的议会中发表意见，必须为孩子们牺牲自己。但她们和男人一样优秀，必须得到解放。必须给予她一种不同的自由。由于她在爱的原则中拥有更多的份额，所以她属于第一等级。在人们最初提倡一夫一妻制之后，安凡丹[100]先生发现滥交更令人满意，于是一种变化的婚姻——姘居——由此产生了。随后，圣西门主义者四处寻找自由的妇女，甚至到埃及去寻找她们。道德要建立在这种家庭法的基础上，但这是行不通的。在为了一位美女而产生的争端中，他们分崩离析，自我瓦解了。

圣西门主义者在此并不想承认自然，其界限是不能被跨越的。女人所能做的总是涉及较低的精神领域。她更像是为家室、为家庭而造的。所有的权利都应该属于她，但她不应当干预世界生活的关系。

根据圣西门主义者的观点，**财产**同样必须被扬弃。它属于国家，个体只应管理它。劳动工具不应当属于任何人，毋宁说他应该只拥有他用它获得的东西，即物品本身，而工具则归国家所有。他们确立了公有财产的理念，据此，每个人根据自己的能力，占有对这一普遍物的一部分的享受。如果他失去了这种能力，那么享受也就失去了。他们把这比作一个上校如何占有他的军团。在这里，人没有被设想为是在财产中实现自身的某人，而财产只是由国家所给予的。将此视为财产是完全错误的。

我们会看到，财产是某种产生于人格的东西，并且财产是人格性的实现。每一个人都已经实现在他的身体中，他**拥有自己**，并且他可以剥夺自己来杀死自己；因此他有财产，而动物只是**存在**。人同时是客体又是主体。就此而言，我们不能把财产看作是偶然的。相反，它与人格有着必然的联系。即使是奴隶也有特有产（*peculium*）；占有的思想也与他们有联系。

现在，一个重要的后果就是，根据圣西门主义者的说法，不存在**继承权**（*Erbrecht*）*，否则物就必须属于立遗嘱人。继承权是一种不公正地给予的特权，只要我们不摧毁这种特权，我们实际上就根本什么都没扬弃。因为继承权产生了闲人：有人劳动了一辈子，留下了财产；孩子们不需要挣就得到了财产。这种观点并不新鲜；继承权非常频繁地遭到攻击。例如，根据费希特的观点，财产在立遗嘱人死后就成为无主的；人们只推定近亲属的占有。但是，这是由一种混乱的平等概念所产生的思想。继承权不过是财产的道德化；其中包含的是家庭在共同利益中的份额。因此，在继承法中，财产成为伦理的，而除此之外，它只是抽象的。如果没有继承权，如果某人只是自为地获取，那么获取就没有吸引力。只有在我们为他人劳动的时候，道德的品质才会在其中。圣西门主义者用抽象的、空洞的东西来代替继承权。但是愚蠢的人可以为他的愚蠢做什么呢？如果他通过继承权的可能性获得了一笔财富，那么这就是一种补偿。

这个体系必然出自法国人的头脑；那些严密辩护的、不关心现

---

* "Erbrecht"一词既可以译为继承法，也可以译为继承权，这是甘斯的核心贡献之一。在本书中，我们依语境不同择其译法。——译者

实的抽象,应当立即在第二天早上付诸实践,只能由法国人以这般狂妄来确立。这里基本的错误是,圣西门主义没有看到财产和继承是人的修饰语,在任何时候都不能被扬弃。继承权尽管在过去曾多次被改变,但没有人想过要废除它。第二,家庭在其特定的基础上被完全误解了。诚然,我们不仅属于家庭也属于国家,但任何国家都不可能通过扬弃家庭而持存;毋宁说它必须使家庭利益成为它自己的利益。市民社会的理解同样是错误的。圣西门主义者忽视了市民社会的竞争对于进步是必然的。它的和谐会破坏所有的反思、活动和个人自由,工业就此也就完全无法持存。

另一方面,还有一些情况是真实的:如果我们认为奴隶制已经完全被废除了,我们就是在自欺欺人;事实上,奴隶制依然存在,只是在现象上有所改变。正如圣西门所言,在社会中不断有一层外壳在被剥去,被人们称之为贱民或无产者,这些人不知道应当靠什么赖以为生,每天都被抛诸偶然和污垢之中。在古代是奴隶,在中世纪是领主和附庸,今天则是主人和仆从。主人们像使用器具一样使用个人。在奴隶制和佣工制之间没有太大的区别。尽管佣工们可以离开并去试试他们的运气,但他们随后将毁灭。难道国家没有责任消除那种不存在于乡村而存在于城市的社会疮痂或渣滓以及消灭贱民吗?这或许是不可能的;它是一种无法扬弃的沉淀物,但可以使其减少。国家可以建立劳动机构,让每个人都能工作。这是圣西门主义者的一粒金子,可以引导这种社会疾病的痊愈。

这段自然法的历史应当表明,在所有时代,在人是自由的地方,从苏格拉底到今天,都要对国家进行哲学思考。尽管有彼此对立的一切，还是要对国家进行哲学思考，这就是时代和一般事物进程的特征。思想总是指向事物，每个时代都有思维的天职，并将其思想置于国家。

3. 以对法与国家之存在进行概念把握的方式返回

我们现在进入返回的自然法哲学的第三个阶段，即以对法与国家之存在进行概念把握的方式返回。自然法在这里既不是革命性的，即不考虑一切存在，此种自然法应当说事物必须是怎样的；也不是反革命的，即它不打算把现在描绘成恶劣的并唤起过去；过去的定谳在于，它已经灭亡。如此设想的自然法，应当是法的一般思想，是现存的法制度的思想。它不应当教授国家法律——那是实定法所关心的事情——也不应当说，什么应当作为法律而具有效力，但它应当呈现法的精神，呈现它是如何在欧洲形成自己并在今日存在于此的，呈现法律中的活生生原则，并就此给出一种**内在的**评注。

因此，在某种程度上说，我们面对的是整体的灵魂，是在世界之中发现的根本核心。自然法是取出现象之内在东西的尝试。这就是为什么有必要对其进行历史性的解说。理解这一点的最好方法是将自然法与自然哲学相比较，自然哲学是对显现在自然中的思想的阐述。在这里，自然的各个部分被拆开了；人们想进入世界的各种现象，从它们身上榨取思想的油。因此，在法的理念中也是如此；除了存在之外，我们不想创制任何法。然而尽管自然常驻，但精神却在不断进步。今天的精神不是前天的精神；我们已经生活在一种不同的精神振动中；无论立法如何不同，财产、契约和国家的普遍学说处处都在复现。

究竟为什么在法哲学中出现了一种进行确立的应当的要求呢？每个人都认为自己是个天生的哲学家，自己有法的尺度。因此，按照通常意识，在存在和应当之间就产生了一种矛盾，而在自然中则完全不同。因此，就出现了一种自在现存着的法和一种应当存在的法之间的对立。没有人能够如此轻易地从自己身上根除这种意识。但是思辨的本性、哲学的任务是把矛盾联合起来，并表明存在即是应当，应当亦即是存在。哲学结合了自由与必然性。它们显现为对立，然而并不是如此；自由是必然的，反之亦然。主体性进入事物中，而事物也进入主体性中，也就意味着，客体是主观的，反之亦然。而这表明，摇摆不定是任意思想的结果，而它本身是没有任何现实的。一切合乎理性的东西都获得了实在性，而真正具有现实的也是合乎理性的。在世界中，任意的凭空臆想从未是现实的。我们可以要求的东西同时也在存在之中；其他一切都是偶然的。这就是法哲学的困难所在。在古代，主体和客体也是一致的，但在伦常中，主观的需要与普遍物的一种统一起着支配作用。

法的基地是自由；没有自由，任何法都是不可设想的。一种没有自由的法像是一棵没有根的树。就法是现实化了的自由而言，法和自由是一致的。许多法在语言的词源中也被称为自由。自由仅仅在人的内心是不够的，它还必须成为客观的，并在外部现实化自身。那么这就是法，所以自由是一座法的大厦。人只有在国家中才会自由，因为只有在国家中，法的大厦和自由的大厦才会随之产生。

我们不作任何进一步的导论，因为它总是某种预期性的东西，而并非是证明性的东西。整个对自然法的论述将由三部分组成。

（1）**从自由与意志的概念中建立法与国家的世界，或狭义的法哲学**。在这里，我们从法的基地开始并表明，自由和法是同一的。其他一切都将从自由中发展出来，而国家也显现为大教堂的穹顶，将所有的差异性纳入其统一性。

（2）**展示这座哲学大厦是如何在法历史中逐渐实现自身的或哲学的法历史**。在自由的概念通过内在的辩证法提升到国家之后，必须澄清，理性或国家如何在历史中彰显出来。历史只是哲学的肉体，以至于所有的民族都只不过是法哲学之阐述的证明。

（3）**表明实践法如何就是哲学观点和历史立场的统一**。立法不过是历史和哲学。立法者必须将两个方面纳入自身。因此，两个方面的同一性是最后的要点。

在某种程度上，我们可以把这个讲座称为一部科学的法百科全书。第一部分是基于黑格尔的《法哲学原理》，即使这里我们在许多方面与之有出入。亚里士多德以来，不曾出版过任何一本书，为自然法奠定了如此深刻的基础，并且联系了如此广阔的现存的法知识。1833 年，本人对 1821 年出版的《自然法》第一版[*]进行了修订，并附之以从黑格尔的讲座中摘取的补充，从而使该书获得了清晰性。

---

[*] 本人，即甘斯。1821 年出版的《自然法》第一版即《法哲学原理》第一版。——译者

第一部分　狭义的法哲学

论法的基地

法哲学是哲学的一部分，因此与其他哲学学说有关：与纯粹思想（逻辑学）、在其外在性之中的思想（自然哲学）和主观精神（心理学）的学说有关。如果我们想确立法哲学的真理，就必须返回到所有哲学的开端。然而这是不可能的，因此我们必须先从先于法哲学的那个学说开始，法哲学是建立在这个学说之上的。但这是心理学，是对主观精神的认识。法正是在此基础上成长起来的。法哲学真正说来无非就是**脱离了主观精神的客观精神学说**。客观精神是自由、法和国家。但是，法所发端之点是**自由意志**，根据其性质，自由意志属于心理学，而我们在此必须研究其本性。

（一）意志的形式

什么是自由意志？在过去，人们是通过意识的各种现象和感觉来解释意志自由的，如悔恨或罪责。如果一个人有这些，就表明其背后存在一个自由意志。后来，人们宣称它是一种意识事实；但由此我们什么也没有解释。因此，我们必须首先研究自由意志由什么构成。具有意志这是一件自己的事情。当人们谈到自由意志时，这是一个同义反复。因为就意志的形式而言，它自在地已经是自由的；没有一个不自由的意志，自由是它的本性。因而它出于自身就是自由意志，意志和自由是一体的，就像重量等于物质，人们不应该说"有重量的物质"。

如果我们不把意志和自由看作某种彼岸性的东西，那么问题就来了，意志与认知之间的关系如何。认知在本质上也是自由的。一般而言，意志与认知是有区别的。人们说，我可以不意求而知，反之亦然。认知是理论性的，而意志是实践性的；单纯的认知使事物保持原样，而意愿则改变它们，使之成为它的东西。如果我们意愿，我们就会规定自己于一个特殊物中，与一切他者相对立；相反，在认知中，规定性要予以扬弃，并为此设定一种普遍性。然而这是错误的。意志的人也必须知道，而思维和知道的人，不意愿就无法做到这一点。认知只能通过意愿发生；为了认知，我必须意愿认知。深入一个事物，进行表象，恰恰属于人们想要加以排除的那种意愿。我们也不能说意愿中没有认知。意愿以认知为前提。指责"他不知道自己想要什么"，表达了如果没有意志的意识，那就是意志的缺陷。那么这表明，认知和意愿都是同一件事情的两种形式，在意愿中不可能缺乏认知，而在认知中也不可能缺乏意愿。在认识中，也存在着决定性的活动；当我理解某种东西时，我排除了我不认识的一切，就像在意愿中我排除了我不意愿的一切。知道和意愿是一种精神的活动；在知道中我必须意愿，在意愿中我必须知道。尽管如此，知道和意愿之间也存在区别。意志是思想在实践方面的表达，知识是在理论方面的表达。然而两者都是粉碎人所面对的对象的方式，普遍性属于两者。一个是活动的，另一个是较不活动的。

意志的环节

意志分为三个环节，其中最后一个环节是前两个环节的统一。

1. 纯粹无规定性

意志首先是——这是第一个环节——某种完全普遍的东西，即从作为内容而出现的一切被规定物中抽象出来。人有能力从一切中抽象出来，把自己从一切中扯出来，什么都不意愿。这一意志环节，即抽象的意志，是一种纯粹的、单纯的思想。与动物相区别，人可以从一切中抽象出来，他可以返回自身，以至于一切都变得空虚，并纯粹地与自我等于自我相同一。动物只是在特殊物中，它从未在它所处的规定性之外。相反，人可以摒绝一切被规定的东西。这是**纯粹无规定性**，因为它根本不让自己卷入任何东西，避免一切特殊的东西，因此也不知道任何特殊的东西。抽象的无限性，把自己设定为普遍的。因此，它的规定性是无规定。在这里，同时表现了意志和思想的统一。一个印度婆罗门摒绝了一切，无所意愿，不断地说着"唵！唵！"，他就处于意志的这个层次。他已经抛弃了所有的规定性。

在国家和历史中，这种能力产生了狂热主义、自身中的纯粹静观。狂热主义是什么？狂热主义是对我们之外的一切外在事物进行镇压，是为一种普遍观念牺牲特殊性。任何为一个唯一的思想牺牲一切的人都是狂热的。因此，穆斯林脑子里只有安拉，并把一切都归结为安拉；因此，英国清教徒也把一切都归结为《圣经》中的文字，或者像法国大革命那样把一切都归结为自由和平等。对特殊物的爱在这里停止了，意志撤出了。

偶尔这种思想也会进入哲学，而费希特的哲学就处于这种意志立场上。费希特把一切都与自我相对立；特殊物只是自我的现象。这个意志或自由的阶段是无界限的；因为对狂热主义来说，世界是一个界限，它必须不停地破坏。然而在这里，人表明了自己是人，但处于一个低级的地位。因为纯粹无规定性不让自己卷入任何东西，避免一切特殊的东西，因此不知道任何特殊的东西，它的规定性是无规定。由于每个意志都要求有一个规定性，这种无规定性就是它的规定性。然而，这种形式的意志并不是人所拥有的唯一意志形式。因为如果他只处于这种意志中，那么就不会有世界，也不会有任何东西产生。人不会建造，他既不会使自己进步，也不会使他者进步，而是破坏现有的东西。

由于意志必然要求一种规定性，而空虚性不是一种规定性，而是无规定性，所以意志的这一方面表现为其自身的矛盾。因此否定的环节还不是意志，而只是意志的一个方面。

2．特殊性与规定性

意志的第二个环节是特殊性与规定性，意志之限制于某种被规定的东西，深入个别性和对特殊性的掌握。意志有能力意愿某种被规定的东西。通过希求某种被规定的东西，我因此排除了我不希求的一切。我有能力把自己确立在一种特殊性中，而又进入另一个特殊性中去。这种意志的形式，呈现为第一个环节的对立面，我们可以称为动物的意志，如果我们可以把意志归于动物的话。动物在各种对象上来回运动，从一种特异性到另一种。个别事物仿佛吸引着动物，它被这种特殊的意志所支配，并消失于这种特殊性中。它吞食吞食它的东西，它碰撞碰撞它的东西。但这纯然是动物的本能。

一般来说，当我们观察人的通常生活时，我们发现，他们对第一种意志的形式抱有极大的尊重，但对第二种却并不如此。他们崇尚能从所有对象中抽身出自己的人，而鄙视那些沉浸在对象中的人。在放弃所有个别事物的狂热方向上，人们认识到一种被他们推崇备至的人的力量；这种空虚性被称为伟大的或重要的意志，而某种力量确实不能否认。相反，在第二个环节，他们只看到个别的东西，只是被对象所吸引。诚然，前者是人性的，后者是动物性的。一个只希求这种被规定的东西的人将是一个什么都不希求的人，因为他被他的本能拖曳到这个和那个中。因此，第一种立场比第二种立场要崇高得多。

然而，两个方面都同样不真。第一个方面是不真的，因为它根本没有特殊化，因为一个人如果什么都不希求，也就没有意志。狂热者为了希求虚无而希求虚无。他的意志是什么都不希求，自身不与个别性相同一。这就是为什么这种意志形式是空洞的，狂热主义是无用的，因为世界必须意愿。但是，只存在于特殊性中，只看重特异性，从一个涌向另一个，也是无。这两个环节中的每一个都是不真的和片面的，而真理只在于两者的统一。

3. 意志的真正本性

意志的最高层次见于第三个环节。这个环节在于：我，在第一环节从一切中抽象出来，在第二环节纯然在我之外，在第三环节有能力把两者结合起来，并且在我自己之外的同时，与我自己在一起。当我希求某东西时，那么我就不会失去我的自我。真正的意志毋宁是这样，希求某东西，但又不消融于对这种规定性的意愿，不被规定性所束缚，而是始终保持自己，保留从某东西过渡到另一个东西的可能性。例如,在阅读中,意志是有限的,但在这种被规定物中,存在一种普遍性;因为阅读的规定性可以被扬弃。意志的真正思想是,在每一对特殊物的意愿中,不仅特殊物被意愿,而且同时普遍的意愿保持在其中。每个人都只以这种方式拥有他的意志;他拥有两者:从一切中抽象出来并上升到特殊物的能力,但同时仍有能力在其中保留普遍性。因此,当说一个人不沉陷于个别物的时候,这是赞美。受过教化的人的本质是永远不把自己交托给特殊性;他让自己免除特殊性,保留普遍性,不让自己被个别性所掌控。

人的意志是意志的这两方面的同一性。这样的意志是真正的自由。也就是说,不是沉浸在所意愿的东西中,而是拥有从其中提升的力量。

如果我们问人的意志与动物的意志有何区别,那就是:动物不能有普遍性,因此它不能说话。说话是在特殊性中坚持普遍性。通过翻译为一个词语,对象被转置于普遍物。动物也能发出声音,但它们不能坚持普遍物。词语就是普遍物;一个言说从来都不是所讲的对象,而是对事物的一种普遍化,通过把它提升为一种普遍性,对它进行一种破坏。

这三个环节构成了意志,然而它仍然没有内容。心理学和精神现象学仅仅与这种作为现象的意志有关,正如它作为自我意识出现。然而,意志面对的是一个由现象所构成的客观世界。这种规定性是在我之外的,如果我想让我保持在我之中,那么它必须在我之中。客观的现象本身应当是意志的作品和行为。意志被敦促将客观世界设定为意志的行为,否则它就会在客观世界中有一种界限。如果客观世界不是作为某种无法触及的东西与他对抗,那么它必须成为它意志的作品和行为。在这方面,整个精神世界是一种意志的行为,而国家是客观意志的最高教化。

(二) 意志的内容

什么应当被希求,还尚未确定;我们只谈到了意志的**形式**。我们所说的适用于每一个人的意志;这是普遍的形式。但在这里,我们涉及的是意志,只要它进入法;因此,我们不仅要考察形式,还要考察意志的内容,它与形式有很大的区别。意志必须有一个内容,而建立一个法的客观世界就是它的内容。关于意志的对象和内容,我们也要区分两个环节。这是:(1)单纯自在存在着的意志,单纯自在的自由;(2)内容是自由意志的意志,即自在自为自由的意志。

1. 自在的自由意志

每个意志自在地都是自由的,因为一个不自由的意志是不可能的。每个意志都是自在地自由的意志,其对象不是由意志本身所产生的,而是在意志之外的。意志通过它所希求的东西希求,它所要希求的东西是一个漠不相关的东西;所要希求的东西的内容没有被权衡,而只是被看作某种外在的东西。然而这样一来,我所希求的并不是正确之事;因为在这种意志的内容中,我是被我所希求的客体所引导。每一对象都可以呈现为我意志的对象。自在的自由意志只是在形式上是自由的,因为每一变幻无常的情绪和激情以及每一个倾向都违背我的意志而强加于我。我自己并没有承担我所希求的净化。这样的意志,不是规定它的对象,而是被对象所驱使,被称为冲动和激情。在激情中,对象引导着我,我因这个对象而痛苦。在这个世界上,有许多驱使意志的对象。对象可以占上风,而人可以受苦,并通过他希求,服从他的激情。在冲动中,我被驱使去做某些我没有规定自己的事情;在激情中,当我在做某些事情时,我是被动的。

人希求什么的问题,完全不同于人如何希求的问题。到目前为止,我们只考虑了第二个问题。一个被其激情所驱使的人,做时日推动他的事情,与也希求合乎理性东西的人一样,在形式上如此合乎理性地希求;意志是同样的。但是,逃离一件事情的人,不是一件事情的主人,他还不是真正的自由。只有成为一件事情的主人,不被它规定而规定自己的人才是自由的。在这种意志形式中,人们被对象所规定,被激情所驱使,人们通过做一件对象所推动的事情,与理性意志相对立,可以称为**自在的自由意志**或自然意志。这种意志在形式上是合乎理性的,但在实质上并不合乎理性。它确实是为我的我的意志,但就其本身而言,它是一个有限的意志。这种形式上的意志把许许多多冲动作为其内容;它有时到这里,有时到那里,有时决定这个,有时决定那个。一个孩子本身并没有精神的受教化进程来对某种被规定的东西作出决断。

这种自在地自由的或形式的或自然的意志也被称为任意。任意是指对象不来自于意志的意志,这种意志只是形式的,对所要希求的东西的内容并不关心。因此,任意是对内在或外在给定的质料的依赖性。人们通常把意志和任意混为一谈,并说如果某人可以做他想做的事情,他就是自由的。通常自由被理解为每个人都有权做他想做的事,即有权希求任何、包括坏的内容。在这里,人们在无约束中寻求自由。但这恰恰是不自由的意志,如果人们说没有不自由的意志,这只涉及形式。任意的自由不是内容上的自由。为不法之事的人并没有自由地行为,因为他是恶的奴隶,被他的激情所困。当我希求我应当希求的东西时,那么我才有自由意志。自由人虽然也只做他所希求之事,但从不希求他不应当希求之事。任意已经在语言中表达了某种恶的东西、某种人们所谴责的东西。任意并不是最高的自由。真正的自由只在于,所希求东西是合乎意志的形式的;然而由此,任意被扬弃了。任意就是,相信自己是以合乎意志的方式行动,然而却是被对象所驱使。这里应该指出的是,康德哲学没有让自由和法超出形式的意志,即没有超出任意的概念,因为它只考虑意志的形式而不是客体。

这包括人就其本性而言是善还是恶的问题,围绕着它产生了许多争论。在某种意义上,人们可以说两者兼有;人同时是善和恶的。只要自然自由是一种肯定的东西,并且作为一种实存的东西是善的,那么人就其本性而言就是善的。但人也是恶的,因此担负着原罪,因为他要抛弃自然,并以精神取而代之。因此,人的本性既不是善的也不是恶的,而是自然性的。自然性的人要被抛弃,要与自在存在着的意志对抗。只要任意是自然性的,人们就不能说它是恶的;这种说法只适用于自由。但人们也不能说它是善的。当人把他的自然转变为某种精神上的东西时,他也必须从任意中脱离出来。

任意与无限数量的对象有关,其中一个驱使另一个并使其灭亡,而在其中没有发现一种思想。它是一个依赖性的网络。人可以因此被引向最高的堕落。因此,人们要求人应该把任意转化为自在自为存在着的意志,他应该净化他的冲动,即把它们的偶然性和自然性转化为自发性。冲动的净化意味着,冲动自在自为地并非是坏的,冲动有能力被高贵化并转化为善。法是冲动之提升为普遍物,而法哲学则是要呈现将人的冲动从单纯的自然激情中予以净化。

2. 自在自为存在着的意志

如果意志的形式相应于它的内容,那么就出现了自在自为的意志,即与主观意志相适合的客体。这是法哲学中最为困难的一点。这种意志区别于之前的意志内容,因为人所希求的东西是与意志的内容有关的。这种理性的意志也是自然法学家通常所说的冲动的净化。这意味着人们不再直接进行处理,而是在冲动中加入了理性,人们把自然提升为理性。自在自为存在着的意志,如同是意志的内容自身给予它的意志,以至于这里的意志不仅在形式上,而且在内容上也是合乎理性的。这里的意志不是感性的意志,因为普遍性的产生只有通过思维才能实现。如果有人希求正确的内容,他就必须思维,而自在自为存在着的意志就是思维着的意志。尽管人在行任意时也会思维,但在任意中他被外在物的推动所引导。然而在意志之所在都要被思维的东西,意愿和思想是一致的。在这里,真正的意愿是现存的。

这种自在自为的意志不是单纯的禀赋,也不是单纯的能力,而是现实地无限的,因为它以自身为对象;对象既不是一个他者,也不是它的界限,而是说它的内容是来自自身中并为其自身所创造的。它是现实的无限,因为概念的定在及其客观的外在性是它的对象。在这里,自由意志具有现在和现实性;它以自身为对象,希

第一部分 狭义的法哲学

求自由的对象,因此是完全客观的。简而言之,自在自为存在着的意志是希求自由意志的自由意志,它是法,而法是作为理念的自由。

人们相信,自由可以如此定义,自由是做自己想做的事情的能力。由此,它的对象将变得完全不合乎理性;因为这样的自由,它所希求的东西,是一种偶然的东西,理性在这里是缺失的。我任意行动,而这里只存在习惯,而不是意愿的真理。只有当我不只是做我想做的事情而是做自在自为必然之事时,意志的真理才会出现。这就是自在自为存在着的意志,希求**理性东西**或者说希求意志的意志。人不仅应当自由地希求,而且应当希求自由。

随后则是对自由和必然性之间关系的考察。自由意志是希求必然东西的意志。如果我们假设,某人只希求正确的、有序的、适当的事情发生,而不希求任何其他之事,因此他所希求的是必然的东西、自在自为地合乎理性的东西,这个人就没有自由意志吗?相反,在此,他希求正确之事,他表明他的意志是自在自为存在着的意志,其内容与形式是同一的。自由即是把自在自为合乎理性的东西作为意志的内容。相反,在任意中,我所希求的东西是偶然的和陌生的。如果我所希求的东西与普遍意志不相一致,那么这就叫作主观意志或任意。在康德、卢梭甚至现在,都可以见到这样的观点:"最高的东西是任意","法是这样产生的,人放弃了其任意的一部分,以拯救另一部分"。因此,法只在于限制,人在一部分中失去的东西会通过另一部分重新获得并取代。这是一种消极的呈现法的方式,并非任意,而是法和自由居于此。对于任意的内容是什么,在此存在一种困境,而我们可以追问道德的客体。如果我们把法作为对任意的描述，我们就不能得出它积极的、具体的特征。据此，法与不法只能如此区分，法是一种较小的不法。但法是不法的对立面。法根本不是任意，而是某种完全不同的东西，即自我规定并与任意做斗争的意志。它不仅仅是放弃任意的一部分，而且是与不合乎理性的东西相对立的**意志合乎理性的内容**。在这里，所要希求的是必须和应当希求的东西。这种意志不仅仅是某种消极的东西，而且也是某种积极的东西。如果这个自在自为存在着的意志希求一个定在，那么它就是法。法不能仅仅被看作界限，而是自身建立起来的自由。因此，我们离开了心理学的领域，进入了法的领域。法是自在自为存在着的意志的定在。这就是法的思辨基础。

法、意志和自由是同一的。**意志**是一种心理学形式的法；**法**是意志之走出而进入其定在；**自由**是法为自己建立的世界。所有三个概念只是根据不同的情况而有所区分，但基本上是同一的。如果我们要给**法**下定义，那它就是**作为理念的意志或自由**。

法在世界之中是有差异的。这些差异性是否具有成为法的同等主张？起初，我们发现法是父权制的；然后，它进入了启示的伦理；再然后，它进入了今天的形态，过渡到了显然不再囿于家庭伦理的法。所有这些方面都有成为法的一种权利吗？当然。正如历史到处都是自由的发展一样，那么法也现存于法的所有发展中。即使在历史的开端，也已经存在自由；同样，所有形态的法也是合乎理性的。世界上没有任何法的形式是不合乎理性的，或者说过去曾是不合乎理性。当我们攻击封建制度时，那么它在它的时代还是合乎理性的，就像东方的专制主义一样；只要我们不拿一种单一的、片面的东西来反对整个世界,不把一种法当作过去的法来拒绝就行了。

法的划分

本讲座的对象是法本身。这不是某种简单的东西,意志一下子就希求到它。毋宁说,作为一种有机的、合乎理性的东西,它有着不同的阶段,而这些阶段源于它的本性。它是哲学的一个方面,位于心理学和历史之间,这是它的地理位置。因此,我们必须从抽象的东西开始,进入法在历史中的历程。法的各个阶段既是自为的部分,也是一个整体。每个阶段都可以扬弃其他阶段的神圣性。低级的阶段,即使是神圣的,也会失去对更高阶段的权利。例如,道德可以高于抽象法。如我不按法律逼迫债务人,而是宽厚地对待他;而国家之中包含着某种道德之上的东西。鉴于这些矛盾,人们谈到了法的形式主义。神圣的法在这里以其不神圣的方式显现,而原理在此即是 *Fiat justitia, pereat mundus*[101]。但正义维续着世界,而正义也会随着世界的毁灭而毁灭。因此,毋宁必须说:*Fiat justitia et servitus mundus*[102]。在外在的考察看来,这一系列阶段也可以称为权利的碰撞。但事情的本质是,个别部分并没有发生碰撞;它们的碰撞是国家的一种病态。

法的阶段如下:意志首先表现为**抽象法**。它在其直接性中表明了自己是人格;这个人格表明自己在所有权中得到了实现,在契约中被确立和中介;从契约中出现了不法、诈欺、犯罪及其刑罚。在这里,抽象或形式上的意志结束了,自由意志的定在返回到了人格自身的内在性;现在是内在的世界。因此,我们来到了自然法的第二部分,也就是**道德**。它描述了意志在人的内在之中的定在,在内在之中的行动的设定。然而它表明,这个内在之物本身是不够的,它必须给自己一个外在的肉体,而这种道德的外部定在或道德与法的统一就是**伦理**,即自然法的第三部分。在伦理之中,我们现在已经进入了道德和法学要素得以出现的地基;在这里,人的内在本质也有意义。伦理本身分为三个部分:(1)分为爱和感觉的直接的、真挚的情感伦理(家庭);(2)分为市民社会的撕裂的、走出自身的伦理;(3)分为自觉的精神的最高的、返回到自身的伦理(国家)。然而,在国家这个法的最后立场上,所有先行的阶段都将被包含其中。在它里面,一切的法都消融其中;但在它里面,法的现实没有被设定,而是其最高的肯定性和提升。

考察的辩证形式

这导致了概念规定性内在进步的方法论,导致了我们从一个事物进入另一个事物的**形式**。可以肯定的是,在法的个别方面之间存在着必然的**联系**。这种联系已经无法通过制作标题(章节)来揭示。由此表明的不过是,当一个人从一件事推导出另一件事时所面临的绝望。如果有一种联系的话,那么它毋宁说一定是这样的,进一步的东西总是已经包含在之前的东西中,我们在第一章*中已经发现了进一步阶段的开端。在开端中,我们必须从胚胎中找到之后应当发展出来的东西。因此,我们必须从之前的东西中诱导出以下的东西。这种方法被称为**辩证**方法,它真正来说不过是**运动的方法**。辩证法有双重含义。通常人们把辩证法称为最不重要的东西,即当人们**自己**在事物周围运动而事物本身保持原样

---

* 这里的第一章即指《法哲学原理》的第一章。——译者

时。但这种主观理性的运动，即外在或经院辩证法，是一种诡辩。内在的辩证法是事情本身的辩证法，即对每一种形态如何在历程中发展为另一种形态的识见。因为在这里作为概念出现的一切都有一个形态，在它过渡到另一个形态时是有限的，在它保持不变时是无限的。我们把对事情自身如何运动的呈现称为客观辩证法。我们所要处理的就是这种辩证法。在哲学思考中，人们必须让事物运动起来，聚精会神旁观，并跟随它们的运动。就像树已经在胚芽中，或者就像一个胚胎已经是完全的精神上的人，所以一个东西包含另一个东西，从人格到国家。在最低的阶段，已经有了全部法的发展，而人们不能怀疑运动的本性。

第一篇　抽象法

我们不是像柏拉图一样从作为意志之最高完成的国家出发；毋宁说从意志自身到国家的意志自然进程必须被追寻。开端总是最抽象的东西。这里的意志仍然是纯粹直接的意志，纯粹抽象的意志。它从它的第一个环节开始，在纯然自身相关之中。它有一个与之相对的世界，它从这个世界中抽象出来，并通过只与自身相关而否定了这个世界。但它有能力转换到这个世界上，紧紧抓住特殊的东西，并把它带回自身之内。意志，当它开始时，是一个必须把一切应当产生出来的东西包含在自身的意志。在其最初的形态中，它必须包含一切的可能性和虚无的现实。现在这种形态会是什么呢？它不会是一个包含多种多样东西的具体形态，例如不是习俗；它只有在经过它的发展后才是这种形态。我们只能从简单的东西开始，从尚未实现的东西开始，从**可能性**开始，而不是从现实开始；人们必须首先达到这一点。针对对立世界的丰富，针对它的实在性，这个开端必然是**否定性的**。而只有在与这个世界的斗争中，通过与它的接触，自在自为存在着的意志的这种可能性才会得到满足。

人格

因此，意志的第一种形态是空无内容和自身自觉的自我相关，而这种关系我们称之为人格。人格是意志的开端。因此,自然法从作为权利主体、作为能够接受权利的人格开始。人格通常被定义为能够拥有权利的主体,而这个定义之所以是正确的,乃是因为只有在人格中权利才是可能的;如果没有人格,就没有权利。但人格就此而言是片面的,因为权利和人格根本就不能分开思维。人格的首要权利是成为人。人格是作为主体的权利自身。人格是一切的基础。没有它,就没有法,没有家庭,没有国家,没有历史。所有伟大的大厦都是以人格性为基础的。

是否一直都存在人格,或者每个人都是一个人格?人一般而言是一个人格;人格性的特征也与人性有关。然而许多个世纪过去了,才发现人格的概念。罗马法所发现的 *persona* 概念还不在其普遍性中,而在其排他性中: *persona* 是真正有权的人。还未能获得承认的奴隶被称为 *homo*,他只有在成为公民后才是人格。只有基督教才把人格性的概念和人性的概念结合起来,人和人格现在是同一的概念。而只有哲学才发现,人格是自在自为的意志在其最初的直接性中。现在每个人都是一个人格;因为每个人都有一种意志,而意志的第一个表达就是人格性。基督教要为废除奴隶制而斗争多长时间啊!而人格的概念还没有完全贯彻。但人的物性关系应该而且必须停止。

适合于一切,这包含在人格这种与自身的同一性中。它在于:(1)我可以关联自身,并从一切中抽象出来;(2)我可以深入每一个对象中;(3)我在这种特殊物中守在我之中。人格是一切也不是一切的可能性,既优秀又恶劣;作为人格而存在,既是荣誉也是耻辱。因此,这没有什么积极的东西,人格只是一种主张其人格性的权能。通过"人格"概念，人们表达了最高的东西，因为在人格之外没有法；然而由此，人们所表达的也是最卑微的东西，因为人格只是法最初的开端。作为人格，如果我们从人格能够存在的东西中抽象出来，那么我们自在自为地就是虚无。因此，如果我们在人格中考察最高的东西，那么其中也有某种恶劣的东西。"这是一个人格"，当人们想表达一个人只不过是一个人格时，就会这么说。这样一来，一切抽象的东西都可以被颠倒为最高的东西和低贱的东西，两者彼此并存。人格是最高的东西，人类为了它发起了所有的斗争，但它什么都不包含，也被当作最低的东西。"*Homo*"的意思是人和奴隶；除了人以外什么都不是的人，仍然完全是虚无。

那么，人格是一个高贵的东西和低贱的东西，如同所有的开端，两者都是同时存在的。然而另一方面，这要用这种方式来表达：人格只是一种单纯的可能性。在人格中，包含着存在和非存在的同一性。在人格中，包含着全部法的胚胎，但还没有提高到它在之后阶段所包含的高度。抽象法，由于它首先是人格性的法，就它还不是必然的而言，就是**单纯可能的法**。人格可能拥有所有权、签订契约等，但不是必然的。抽象法与其说是一种现实，不如说是一**种许可性**，一种抓住实在的可能性。相反，道德并不是一种可能性。善是一种在道德本身中被赋予的和必然的东西。

就人格是现存的而言，其中不仅包含了自为地有效的法，而且也包含了对人格之效力的主张，即他人作为人格之效力的主张。

法权能力

人格包含**法权能力**，在这方面，它构成了抽象的、形式的法之基础。作为法权能力，人格不仅是单方的法权能力，也是他人的、对立者的。通过尊重我自己为人格，我也必须尊重他人为人格。因此，这里产生的法权命令是：**你是一个人格，并且尊重他人为人格**。在这里，意志的表达仍然是偶然的，尽管谈到了自在自为存在着的意志；人格与对立世界的关系只是一种纯粹的可能性。因此，唯一必然的东西是人格性不受侵犯。在这个基地和这种抽象中还没有任何法权命令，而只有法权禁令。

人格现在与一个自然相对立，一个在它之外、它并不是的某东西，这个东西人们以另一种方式也称之为物，某个没有任何意志，因此也是无法的、被人格把握为不自由的东西。人们称物为与自由精神直接区分的东西。对自由精神而言，它仍然是外在的东西，自为地不自由的、无人格性的、无法的。意志不能把自己置于另一个人格，人们在其中赋予自己实在性的东西是一个不自由而且无法的物。这也可以是 *res sese moventesm*（自行运动的物）[103]，它们尽管包含一个灵魂，但没有意志。奴隶不是一个物，因为他有一个意志。人格有权利把每一件物作为无法的东西，变成自己的。如果人格把其意志放入里面，物是不能反对的。因此，所有的外部事物都只有相关的、属于我的特征。

如果我们现在有两种事物，人格和物，即(a)某种自身相关的东西和(b)某种不自身相关的东西，那么问题就来了：为什么人格必须与物相关？它必须与事物相关，或者它可以停留在这种关联之外吗？**它必须关联**。作为无限的人格，它不仅有能力而且有必然性在这个外部世界中赋予自己一个实在。人格必须给自己一个其自由的外部领域，就这一点而言，它赋予自己的实在，仍然是与它区分开的。人格性和意志皆在于，人格性也设定了意志。与人格相对立，自然是一种限制，而人格之此在即是为了克服它，在自然中赋予自己一个实在性。根本而言，人格性即在于：它是一切，它超越了自身，把握住了一般的自然。如果这个人格不走到自然中去，意志就根本无法得到实现。因此，人格必须越过自然的限制，在事物中赋予自己实在性。它必须赋予自己一个自由的外部领域，以便作为理念而存在。

这里出现了一个实践法律人所要面对的问题：权利通常被分为人格权、物权和诉权。这一点载于《法学阶梯》，并被多次盲目地重复。人们还谈到了物的权利或物权。物权是对某一事物的权利。但谁有这个权利？人格。物有一种权利吗？不，一个物不能有任何权利。物权是对某一物所具有的人格权；我们必须说"财产权"等等，全部权利是人格权。一个物只有在它成为权利的对象时才属于权利。因而这种划分是荒谬的。罗马法的划分其实无非是分为家庭法和直接的人格法。

第一章 所有权

通过在一个事物中赋予自己实在性，人格并没有把这个物提升为某种具有自我意识的东西；事物仍然是事物。但这个人格把事物提升到其意志的领域，人格扩大了它的意志，并把它推入不同的物中。对事物而言，意志在其中实现自己并使之成为自己的东西，是一种荣誉。就事物的命运是成为我的而言，人格有权把他的意志投入每一个不自由的事物中，并使之成为它的东西。这是**人对一切事物据为己有的绝对权利**。在这个意义上，所有外部事物都只有相关的、属于我的特征。

占有

人格在一个事物中的首次实现被称为占有,这是实定法和自然法中最有趣的对象之一。人格接近事物,接触它并使之成为它自己的东西。这种人格与事物的首次接触就是占有;我通过直接的接触把我的意志置于一个事物中,从而获得对它的占有权。因此在开始时,占有和所有权是一致的,而占有的权利只涉及为占有而进行的接触。当所有权转移到一个人格时,而另一个人格仅仅占有同一事物时,就会出现所有权和占有之间的争斗。

萨维尼的取得占有

在我谈及占有的真正本性之前,有必要在此探讨萨维尼[104]的观点,他在其关于占有权的书[105]中也提出了一个我们无法苟同的哲学理论,应当在此予以反驳。[106] 在哲学法的理论中,探究问题的根据总是很有趣。萨维尼先生对占有是如此规定的:占有只是某种事实性的东西,与之相对应,所有权则是作为某种合法的东西。所有权是法律关系,占有则作为一种事实关系与之相对应。据此,人们不得不说,所有者拥有进行占有的权利,而其他人没有这种权利,而是事实上占有。

这一事实的提出已经变得非常受欢迎。人们还说,像哥廷根的哈瑟先生一样,婚姻是一个事实,仅此而已。[107]**"事实"**(*factum*)这个词是危险的,因为法律关系的思想与这个词无法兼容。一个事实处于法之外。法把握这些事实(*facta*),只是为了将它们据为己用。人们当然可以把每一法律行为称为一个事实,但只是在它是一种法律事实的范围内。但**事实**永远不能与**法**(*jus*)相对立地被提及。

据此，占有者根本无权占有。尽管如此，赋予单纯的占有者权利：每个占有者都可以从小偷手中夺取占有，或以占有之诉追究他。通过长期占有，人们可以自己获得所有权。因此，占有是有权利的。一个占有者如何获得一种权利，我们如何进入 *juribus possessionis*（合法占有）[108]？萨维尼先生现在说，占有是一个事实，但在实定法中，权利是作为条件附加在它上面的。问题是，这种权利的根据是什么？萨维尼接着说，占有本身并不是一种权利，但任何来抢夺我的占有的人都是在为不法。他把占有者驱逐走，就是对他行使了一种暴力。必须允许占有者击退这种暴力。因此，占有是这样获得其权利的，即对它使用暴力，这就是占有权的基础。整个推理以这样一个链条进行：只有所有权人才有占有的权利，而其他非所有权人则没有占有的权利；然而占有之所以受到保护，乃是因为攻击者本身就因暴力而犯下了一个不法的行为。

这一理论的基础本质上是错误的。如果占有在本质上不是权利，那么就不能通过攻击占有来侵犯任何权利。通过不法的方式，纯粹的事实不能被构成为权利。只有当一项权利在**先于**所有暴力而**现存**时，它才会被侵犯。是的，不可能对一种非权利使用暴力。针对这种反对意见，有一些模糊不清的说法，然而没有任何独立的权利遭到侵犯，这种暴力是对人格实施的，在人格的状态中发生了某种对其不利的变化。但针对人格的暴力是另一回事。在这里，针对**人格**的暴力与针对**占有**的暴力被混淆了。暴力只能被认为是针对已经现存的权利，而不能被认为是针对本身没有合法基础的事实。如果占有者的权利是通过暴力确立的，那么之前没有权利的占有者就必须感谢暴力实施者帮助他获得了权利！这种暴力会给他带来权利。换句话说,根据这一理论,占有是通过一条弯路而构成的,即通过不法的弯路。在贡德林那里同样如此,他想从强制中认识权利。权利可以被强迫,但强制不是权利。不法到底是什么意思？不法的意思不过是对权利的否定。但对权利的否定是以一种权利为前提的;如果没有权利,就不能否定权利。某东西是与权利相对的事实,就每一法律关系,我们可以说,每一法律关系本身也具有事实的本性。只不过法的事实因其本性而同时提升为法律关系,是采取法的形态的事实。既然这种正当化不可能通过不法的方式实现,那么占有就必须自在自为地是一种权利。占有者必须已经拥有一项权利,因为他想拥有,因为他把他的意志置于一个事物中。在人的本性中,他必须拥有一种占有的权利。

萨维尼在他的占有权的第六版中放弃的另一个假设是,占有是一种临时的和推定的所有权,即在占有者看来是一种财产权;占有者认为占有是他的财产权,因此他是一个所有权人。但这种观点也是站不住脚的。对一种占有的意见并不构成占有。盗贼至少是根据自然法进行占有的;但对他来说,不能推定他"是所有权人"。

占有作为开端的财产

所以,什么是占有？**占有本质上是一种权利**,更确切地说是占有**本身**,撇开一切财产权不谈。人,正如他在表达其意志并在某一事物中实现其意志时,必须在其意志的这种表达和实现上得到保护。我拥有一个事物是一种权利。在开端,在野蛮的初始时代,占有与所有权相一致。只有在一个被占有的事物中允许两个人的情况下，所有权和占有才会出现分歧。在这里，意志的特殊性与意志的普遍性相分离。占有是尚未进入流通的**开端的财产**，即意志转向所有权拥有的第一种方式。或者说如果它与所有权相对立，那么它是**按照特殊意志方面的所有权**。即例如，按照盗贼的特殊意志，占有对他来说是所有权，而不是按照普遍的、真正的意志的方面。这意味着什么呢？它意味着：每个占有者都想成为所有权人，没有不想成为所有权人的占有者，而在这一点上，所有权就是某人想按照他的特殊意志成为所有权人。因此，**本身不具备** animus rem sibi habendi（对物进行支配的意志）[109]者，是无法进行占有的。这就是特殊的意志。罗马法要求有"物"（corpus）和"意思"（animus）。这就是为什么人们称之为对事物的 tenere（单纯的持有）[110]和握有（detentio），还不是占有。寄存者不是占有者，尽管他握有；一旦他成为盗贼，他就会成为占有者。他意志的力量能够帮助他走向权利的开端。因此占有的学说不仅是一种实定的学说，而且是精神或意志的本性所固有的学说。

与之相关就产生了这样一个问题：为什么占有是按照特殊意志方面的所有权？它的作用是什么？某人想占有一个事物，也拥有它（如果他现实地占有它），那么其中具有何种权利呢？这恰恰正是人格的意志控制事物的出发点，而对一个事物进行绝对控制的意愿是一种权利。把其意志置于一件事物的人就有权利。在法之后的阶段，法可能是不法，这样一来占有反对所有权，所有权反对契约，契约反对伦理，一个阶段反对另一个阶段。那么如果我们要确立为什么占有会赋予一项权利，那就是它是我的特殊意志方面的所有权，而这已经确立了我的一项权利。

占有与所有权

只要一个事物已经被认为是占有的,就会出现占有和所有权之间的区分。占有与所有权的关系如何?所有权是拥有一种占有的权利;它不仅是按照我的特殊意志,而且按照普遍意志对一个事物的占有,以至于我的意志得到了普遍的承认,而占有现在作为不合法的或偶然的东西与之相对立。那么所有权人就是意愿进行占有,也相信要占有,并且被他人承认为合法占有者的人。因此,占有和所有权的关系就如同占有的开端和发展一样。但是因为占有是特殊意志方面的所有权,而且因为它关系到一种如此神圣的意志,所以它要得到一种保护。如果我们按照意志的特殊方面把这种所有权称为一种事实,那就没有什么好异议的;人们只需解说,该事实包含什么权利的矿石。这包括人在其中占有一项权利。这就是为什么占有者拥有禁令的原因。当有下位者攻击他时,他就会受到保护。当然,他对所有权人没有任何禁令,但对任何权利较小的人则有禁令。这就是为什么占有是获得所有权的可能性。当特殊意志上升为普遍意志时,那么占有就变成了所有权,即通过取得时效($Usukapion$)[111] 的方式,特殊意志可以进一步成为普遍意志。萨维尼的功绩是将占有的效果回溯至禁令和取得时效。否则,就会有大约七十种效果的假设,然而它们都会消失,以便过渡到这两种。[112]

如果我们想把所有权与占有区分开来,那就在于特殊意志也变成了一种普遍意志,即所有权也在于对他人意志的承认。所有权人是那些在这方面被他人所承认的人。所有权与占有的区分只是通过交往,通过财产的可改变性。在物的开端,所有权和占有是完全一致的；但是一旦通过契约，事物以一种以交往为条件的方式过渡，就可能出现一项所有权和一个对它进行占有的人，这里就会出现上述的差别。

所有权

现在，什么是所有权？所有权是**人格在一个事物中所希求的实现**，对此不再有任何怀疑。走出自身并在某一事物中实现自己的人格便获得了所有权。它是将人格性引申到一个不独立的事物中，一种对引申的承认。

就一个人格必须在事物中实现自己而言，它必须拥有所有权。不存在没有所有权的人格；每个人格都在某些东西中实现自己，而这个某东西也只是**它自己**。作为人格，我首先拥有自己，我的生命、我的身体本身和作为我的自由意志。因为作为人，我可以随心所欲地残害自己的身体等；而动物则不能这样做，它缺乏实施一个行为的意识。人有自己，动物只是存在。每个人都是一个存在者和一个自己的拥有者。即使有人赤身裸体地四处游荡，他仍然拥有他自己，仅此二元论就已经确立了所有权。那么一个人格通过它是人格就已经是一个所有权人了，没有必要再附加上一个事物，所有权已经在人格中了。这表达了人格已经拥有了一个事物。没有这个拥有，就无法设想任何人格。

另一个问题是，一个人格必须拥有**多少**，在所有权学说中是否也必须包括所有权平等的观点。这种平等在历史上经常出现，但总是很快又销声匿迹。例如，斯巴达人成为最贪钱的人。曾经有立法想规范人们应该拥有多少；但这是一种非常多余的担心。因为一个人格必须按照其本来面貌实现自身，有意义并具有价值。

在人类中，存在着自然、能力等方面的差异性。所有权人在自然上存在差异，因此这些自然的实现也不可能相同。一个人拥有多少并不属于所有权的概念，在哲学上是完全无所谓的。因为所有的人都是有差异的，所以平等是不可能的。在平等的时刻，不平等会立即重新开始；在历史的每一步，都会有流动性。

如果所有权是人格在事物中的实在，问题是它必须具有怎样的性质，它必须是**私人所有权**还是**普遍所有权**。就历史上对此的不同观点而言，这个问题很有意思。罗马法只把私人所有权作为人格的实现；它不知道一种集体的所有权。后来，当伦理的概念进入其中时，人们就减少了私人所有权的概念；德国的所有权仍然含有伦理所有权的实体。在更近的时代，有人声称所有权必须是**国家所有权**，个人应该一无所有。这就是所有权出自人格的思想。因此疑问就在于，什么是适合于概念的东西。所有权是人格的实现，因此私人所有权与这一概念最为符合。所有权不能被否定，而是要得到保存，把所有权视为对国家的威胁，是柏拉图和圣西门主义者的错误观点。事实表明，在更近的时期，所有权的伦理纽带已经被打破，私人所有权正在到处出现。人们回到了正确的所有权概念——并不是说某些伦理目的不能同时要求所有权的一种伦理构成；因为人们绝对不能宣布自己反对家庭制度，这些制度仍然存在于信托遗赠中，并使所有权在家庭中有了立足点。但是，它们必须始终出于政治理由作为例外而得到辩护。所有权必须是形式的，绝不能像基督教、中世纪的法所做的那样，仅仅被理解为伦理化的。今天，所有权又回到了罗马法已经为它索回的自由中。

对自己的所有权

但是,如果一个人格由于拥有自己就已经是所有权人了,这就表达了,即由于他拥有自己,他就不能被他人拥有。在这里,对奴隶制符合理性的拒斥就立即凸显出来了。如果我对自己的身体有一项权利,他人也有义务尊重我的权利。我拥有我自己,因此不能被他人所占有。我的身体是自由的,因为它被我的精神所占有,绝不能贬低为驮畜。如果我有一个**东西**,而它从我这里被剥夺了,这就是盗窃,因为我的意志被从这个东西上剥夺了。如果某人想把一个完整的人格剥夺,让它为自己服务,他就会对一个人的肉体犯下盗窃罪。亚里士多德为奴隶制辩护,因为他当时还没有把人作为人格来把握。他从强壮、虚弱和患病的个体自然必然性中得出这一点。然而因为人是人格,所以他不能成为一个奴隶。

因为精神始终是自由的,所以一些吹毛求疵的道德家认为人永远不会被占有,因此人可以是内在自由的,而外在上是奴隶。奴隶也可以退回到自身之中,主人不能命令观念。然而,这是完全错误的。身体是我的,因此不能成为他人的。我自由的定在与我的自由本身一样神圣;在它的定在中或与它的定在一起,它本身就被毁灭了,因此我的定在必须得到尊重。如果自由的定在覆灭了,自由也会失去。如果肉体受到侵害,灵魂也不会保持自由。因此,伤害是一种比所谓的所有权侵害更严重的侵害。然而根据这一概念,*actio injuriarumm*(伤害之诉)[113]与 *condictio furtiva*(要求返还赃物之诉)[114]是一样的。

虽然所有权本质上是人格的,而且本质上具有私人所有权的特征,但私人所有权有一段漫长的发展过程。历史是概念所要求的缓慢的完成者;一般来说,人们不应当与概念相对而诉诸事态。是基督教首先确立了人格的概念,从而直截了当地废除了奴隶制。基督教还会废除很多东西。尽管奴隶制依然存在,但概念却始终是概念;人格拥有自己,不能被拥有;身体是自由的,因为精神是自由的。为奴隶制辩护的人犯了违背事情之本性的罪,因为它不允许奴隶制。

所有权分为三个环节:(1)取得占有;(2)使用;(3)转让。

一 取得占有

某人拥有所有权,**必须外在地予以实现**。一个人格不能仅仅希求成为所有权人,还必须表明它是所有权人。意志只能作为显现出来的、表明出来的意志发生效力,因为所有权要求得到一种普遍承认。对于所有权来说,取得占有是必然的,通过这种方式,我外在地让我的意志对一个事物发生作用。孩子认为,认知足以获得。但这种联系只在于把握;我想拥有的观念并不足以拥有一个东西。因此,只有在取得占有是可能的地方,才可能存在所有权。我们不能取得太阳、月亮等,所以它们永远不可能成为所有权。然而,我把我的意志投入其中的质料是漠不相关的。只要有可能取得占有,我就可以把每件东西都作为我的予以占有。

取得占有可以有三个方面:(1)直接的取得占有;(2)对材料的塑形或定形;(3)对取得占有物的标志。

(一) 身体把握

一个人在一个事物中实现自己的第一种方式是,他把握它。

这种粗糙的把握有两个方面：

(1) 我把握事物的方面(*occupatio*[占据])；

(2) 该事物走向我,并把握我的方面(*accessio*[添附])。

阐述其对一事物之意志最简单、最直接但也是最粗糙的方式是占据(Okkupation)；因为占据是通过我对事物的外在接触而产生的。人的手是一种独特的东西：只有人才有手,只有他能占据,就像只有他能说话一样。手是完全属人的,是把握东西或让它被手把握的可能性。意志的彰显就是所有权；但直接的取得占有也可以以这样的方式发生,即我没有把握该物,但它成为我的所有权(添附)。那么在添附中,就有一个颠倒的过程：一个事物来到我的事物,接近它,并被我获得,因为它逾越而入了我的领域。这里属于有机地发展的东西,如 *insula nata*(新生岛屿)[115],或通过冲积地(*alluvio*)将一块土地冲入我的土地,或我的母牛给我带来一头小牛。在这里,所有权的发起来自事物。我们在这里只需注意：人能够直接占据的东西是微不足道的。他占有的东西比他所能占据的多,即他总是能通过一个事物把握另一个事物,并让它被把握。因此,占有把握只相当于一种已经占据的可能性。

然而,以占据和添附为形式的取得占有本身仍有缺陷。这就是,这种获取方式使事物和人格都保持原样。事物和个人仍然是相对立的,存在着二元论；把握的人还没有把自己与事物相同一,还没有在其中表现出其人格性。这仍然是一种外在的关系,我没有把我的精神置于这个事物之中。因此,更进一步和更高的环节将是,我把自己置于事物中,我仿佛在事物中与我同一,从而使它成为我的,不让事物保持其本来的面目,而是把它取出,成为一个由我制造的事物。

（二）定形

这种用人的精神对事物的把握被称为**定形**（在实定法中即为加工）。在占有和添附中，事物仍然是独立的事物，而我是独立的我。相反，如果我定形一个事物，我不仅用我的手，而且用我的精神抓住它，把我的意志印记在物质上。定形者改变了事物，例如当他用一块大理石制作雕像或在一块画布上画画时，他给这个事物穿上了一件精神的外衣。人格由此进入了与事物的新关系，一块精神进入了它。定形是一种更高贵、更美的获取方式，因为事物不再是外在的，而是变成内在的；精神的印记被打在它上面。形成也包括播种，这通常在实定法中仅仅被视为添附。

形成也是人如何**占有自身**的方式。人在任何情况下都拥有自己，但是如何呢？如果他只是占有自己，那么他只是自在地自由的。就像一个人占有自己，他也可以占有他人。以更高的方式，他通过形成，通过教育、训练，提升为某种更高和更伟大的东西，他通过使自己成为某东西和呈现特征而拥有自己。人有使自己成为其所是的任务，这就是他的尊严。他必须通过形成的方式获得对自己的所有权，由此又得出奴隶制的不可能性。因为在这里，人使自己成为他的意志所希求的东西，他通过形成获得自己，因此必须摆脱奴役。同样，他必须让每一个他人按照他所希求的那样形成自己。因此我们可以说，人在本性上是一个奴隶，但在形成上他不容忍奴隶制。他通过对自己进行定形，奴隶制作为某种悖谬的东西被排除在外。

形成（或加工）是一种更高的获取方式；在哲学意义上，它属于中介的获取方式。然而形成本身虽然总是高于占有和添附，但本身仍有不足之处。在对一个事物进行定形时，人并没有彻底征服它，他并没有否定它，而是以积极的方式将自己置于其中。然而现在，在所有权中则存在这一点，人必须把自己提高到事物之上，毁灭它，扬弃它。那么，第三种形式是，人不仅对事物进行定形，而且通过给它加上标志，把它作为一个外部事物予以占有。

（三）标志

标志是对世界最理念性的占有取得；因为其中蕴含着该事物是一个纯粹的外部事物。人的权力即在其中，仅仅通过一个暗示，通过一个示意、一个意志的符号，就能获得对事物的权力。这种获取方式可被视为是最高的，因为它完全依赖于意志，而意志是以符号的方式表现出来的。在我所希求的东西中，语言包含着普遍的中介和定形者。人之优越于动物，语词是一切在这种普遍关系中的一个标志。迄今为止的两个环节，即取得占有的环节和形成的环节，在这里被彼此联系起来。当我通过标志的方式获得某东西时，其中就包含了取得占有的环节，此外也包含了形成的环节。然而，通过标志取得的情况在国际法中比在私法中更多。例如，环游世界者在他们发现的土地上插上祖国的旗帜，从而对这些土地取得占有；或者在发现沙漠岛屿时，用一根柱子来标志它，并取得所有权。这种获得的标志还在于徽章，通过它，人们被认为是民族的一部分，但同时也占有民族性的一部分。

在实定法中，还存在着其他的获得方式：*traditio*（交付）[116]、

adiudicatio（确权判决）[117]，*in iure cessio*（法庭让与）[118]* 等等。然而，这些间接取得的方式已经属于契约的形式，只是如何通过契约取得的方式。如果我交付一个东西，那是赠与或购买。这些只是支撑一种契约的手段。

如果我们把这三种获取方式放在一起，就会发现，我们在取得占有中已经从特别的东西进入普遍的东西了。一开始，我们处于粗糙的直接触摸。然后是普遍物；我不停留在外部，而是把自己置于事物中，用我的精神获得它，我把精神的印记打在上面，使物质充盈灵魂。然而这里也有一个缺陷，即物质得到了承认，而不是被否定。但在所有权中，我必须鄙视物质，视其为虚无，这就在于标志。正是在标志中，作为最理想性的获取方式，表明了所有权的意义。它之存在是为了被否定。否定的意思是扬弃、毁灭，或者翻译成所有权的语言：所有权之存在是为了被使用。所有权的本性在于使用，它产生于最后一种获取方式。

二 物的使用

真正只表达物的是使用。因为每一事物之存在就是为了被使用。也就是说，所有权不应当是作为一个定定的东西与我相对立，而是被我的精神所渗透，以至于它只是消极地对待我。对一个物的使用在于，将之扬弃来为我所用，把它看作要被否定的，从它那里获取应该获取的东西。有些物因使用而被消耗或减损。地产不会被消耗，但衣服会被撕破，食物会被消耗掉。真正的使用在于，

---

* 以上三词的内容详见后文注释中的解释。——译者

将物完全扬弃。最完美的否定是消耗或消费。这一点最清楚地体现在孩子身上,他把所有东西都放进嘴里,想通过吃东西把所有东西都完全占有;他以这种方式表达了物之虚无。这就是儿童的哲学意识,认为使用是所有权的主要内容。使用是所有权的本质,如果我不能使用一件东西,我就不能拥有它的所有权。

这里属于所谓的死的所有权,它等同于没有所有权,因为我不使用它。它就像根本不存在一样,就像不吃或不能吃的食物。自由所有权学说禁止某人拥有所有权的全部使用权,而另一人行所有者的名义。所有权只能部分或暂时转让,但是不能以我仍是所有权人的方式转让所有权的全部使用。如果一个物应当成为所有权,那么使用必须重复。罗马人已经察觉到了这一点:一个 *semper absente usufructu*(永久被排除了使用之可能性的所有权)[119] 不是所有权。因此,他们给了我们 *usus fructus*(用益权)[120],但绝不是终生的。旧罗马法确实有这样一种赤裸裸的所有权,但在优士丁尼时期被废除了,*nudum ins Quiritium*[121],是一个幽灵。而执政官上的所有权(bonitarische Eigentum)[122] 是真正的所有权。

当然,使用可以有不同种类的使用,而这种差异性造就了罗马法和德国法中出现的那些实定法上的所有权划分。实定法把 *iura in re*(物权)[123] 作为脱离所有权的孤立的所有权权利。我可以仅仅享有一项所有权(*usus fructus*[用益物权]);同样,我也可以在所有权人之外使用一项所有权(Realservitut[地役权])。担保也可以从所有权中分离出来作为质押权;在这里,另一个人对我的所有权具有确定性。所有这些划分仅仅在于使用的不同。德国法中的封建关系同样如此,存在着 *dominus directus*(直接所有者)和

utilis（用益权人）[124]*，它们有着不同的主张。

在使用中，作为所有权的灵魂，甚至还有一种获取的方式，这就是时效取得、长期取得时效（*praescriptio longi temporis*）或取得时效（Akquisitivverjährung）[125]。在这里，取得时效之产生是通过一个意志从一个物中撤出，从而为另一个意志腾出空间。人们通常说，它的存在是为了定分止争。但这是外在的。原因在于某人对一物的使用，以及之前的所有权人对使用的让步，先前所有权人的推定意志，在使用中随之而来又有新所有权人的意志。我使用一个物，一般来说就是我想拥有它的标志。时效取得者可以从所有权人的不使用中得出结论，他已经使该物无主。

价值

就物被使用而言，它与它的实体相对立，而正是使用构成了它的灵魂。然而在使用中，该物与其他使用中的物有一种关系。一物不是专门使用的，我们可以为一个目的而使用多个物。在此，一物普遍的更好或更坏的效用要被考虑在内，并据此决定它的**价值**，它对另一可用于相同目的的物的优越之处。使用是某种质的东西，但在一个质与另一个质的关系上，质同样要有**一种**等同物。我将一种使用的价值与另一种使用的价值进行比较。使用的质是不同的；但不同的质有一个标准，而这必须是量。质消融为量。后者是普遍物、价值；它是一物的使用与另一物的使用相关的普遍物。如果我们想说所有权究竟是什么，那么就是它的价值，而价值是所有权的普遍表达。我们只有通过另一方才能拥有这一方。

---

* 具体内容详见后文注释中的解释。——译者

货币

货币无非是对事物普遍价值的表达和标志，也就是普遍的符号，由此每一个别性和特殊性都被扬弃了。它是价值的外在东西，将一个物的内在价值外在化。货币最完整地表达了价值，因为它是以量而不是以质给予的。质在货币中被量扬弃了；货币是被计数的。5塔勒就是5塔勒，银的、纸的、半块的等等，都是一样的。作为普遍的价值尺度，货币是有历史的；它属于已经有教养的状态，野蛮人是没有的。野蛮人只用粮食来交换，在其他价值被发明之前，粮食一直是尺度。初民必须要称重，但很快他们就会计数。人们越是进入普遍性，货币也越为普遍，而这种普遍性表现在货币得以铸造上。质的东西消失为量的形式是货币的目的。在近代国家，价值也是基于每个人对国家的信用。

货币常被称为 *nervus rerum*（万物的神经）[126]，即使万物运动起来的普遍性。没有什么东西是不被估价的，而且必须被估价。英国人甚至对人有这样的表达——"**他值一百英镑**"，等等。一般而言，货币是普遍物；它的本性是一种最具有思辨性的物。它是由贵金属制成的，因为这些贵金属很难磨损、很稀有，因此很有价值。纸币是信用货币，但它有一个金属的基础。但货币本身又可以成为一种商品、一种特别的东西；它有它的行情和价值（如金腓特烈），而在我们这里，货币的尺度是银。

财富

这个普遍的尺度将所有权转化为另一个概念，转化为**财富**。财富是一个人的所有权全部被归为价值、所有权的价值规定。这样一来，迄今为止不可移动的所有权就变为一种可移动的东西，它被调动起来,进入流通领域,并从一只手流动到另一只手。这种运动在我们的时代特别常见。不动产不再像动产那样有效了。不动产已通过抵押债券的方式动起来了,这就是资产立足的方式。

一般所有权的流动性是通过价值产生的,其中包含了所有权的第三个环节,即所有权的**转让**。这里出现的是所有权学说最重要的要点之一。

三 所有权的转让

正如一个人必须拥有所有权一样,他也必须能够转让自己的所有权,因为所有权的根据是意志,而意志可以改变。转让意味着,个人可以从所有权中退回,也可以进入所有权。所有权属于所有权人本身的处分能力。在这种情况下,如果没有转让的可能性,实际上就不存在所有权。由于这个原因,所有权本质上是自由的。构成所有权的我的意志也必须能够放弃它;如果我不能做到这一点,那么物仿佛就拥有了我,我仿佛就成了物的所有权,而对它没有权力。在取得时效时,我默示退出了物,但这是不够的。成为所有权的主人,在最高意义上意味着能够在完全自觉的情况下转让自己的财产。这种能力将人的人格与动物区分开来。守财奴不是他所有权的主人,他无法摆脱所有权,所有权支配着他。

那么,只拥有使用权而不同时掌握所有权价值的主人,不能为其价值而放弃所有权的主人,就不是一个完整的所有权人。因此,必须将约束性所有权理论从所有权学说中驱逐出去。封地、长子继承权、信托遗赠可以在家庭法和政治法的基础上存在,但不能在自由财产的地基上。

我可以放弃或转让所有权。抛弃所有权是对我的东西的一种转让，而对谁应当拥有它则无需特殊的意识。例如，如果我把钱扔出窗外，谁会找到它则在所不问。在放弃的情形下，得到被放弃东西的个人，作为某种牢固的东西与放弃者的意志相对。

转让出自外部。现在的问题是哪种所有权可以被转让？我可以转让一切于我而言外在的东西。

自杀

首先，这里涉及**自杀**的学说。一个人是否可以自杀？在生理上他有这个可能性，然而自杀在法权上是否允许？从古代的立场来看，自杀并没有什么；同样，近来的道德家也不怎么反对；每个人都应当能够放弃自己。但我之存在的总体性并不受制于我，以至于我高于它。它并不在我之下，它与我相等同。我只能消灭在我之下的东西，但不能否定与我相等同的东西、与我相同一的东西和我存在的总体性。人对他的全部定在拥有一种权利，但没有权利消灭它。这需要某种比人格更高的东西。当然，自杀不是犯罪，但它属于道德的领域，是某种道德上恶劣的东西。因此，像拿破仑这样的伟大精神，即使在最大的不幸中也没有自杀。人只能死于比自己更高的理念，例如在战争中，他可以死于对国家的义务。

自我转让

人可以转让自己吗？我可以转让我之外的一切，但不能转让外在的内在性，即我自己的人格、我自己。我能够转让的东西必须具有一种与我相分离的实存；但我与我的生命结合为一体。因为我不把我自己作为一个外在的东西而对立起来，我也不能转让自己。我尽管是我自己的一个客体，但这是我的全部总体。在这方面,我并不像一个物一般守在我自己那里,我不能否定自己。我或许可以,但我不被允许,因为我所拥有的不仅仅是一个物,而是我自己。人格所拥有的东西在这里和拥有它的人一样多。我的生命和他人的身体一样不能转让。每个人都有权放弃自己的一部分,而这一部分是他的外在东西;但让自己成为奴隶就是放弃总体,把自己当成一个物,是不可能的(与生俱来的权利学说)。某人不能让自己的内在受制于他人,如宗教的意志自由。耳语忏悔与之相悖,即某人把他的内在外在地交托给他人,仰仗他人而自己不作出决断。它将宗教虔诚重新打上了外在东西的烙印。

我能否将我的技能、我的知识和能力转让?只要这种技能呈现为某种分离出来的东西、某种外在的东西,我们就必须赞成。我不能转让我生产的力量,但我可以转让产品。画画的人可以转让他技能的外在东西,即画。

知识产权

这里涉及作家对其**知识产权**的权利。一个人也可以对其精神拥有所有权,这是一个新的思想。罗马法不承认这种作为精神之产品的所有权。罗马人并不仰仗对知识产权进行考察。实定法学家也长期否认它,并教导说只存在有体物的所有权,知识产权与有体物一起转移。这里的一个问题是:存在一种知识产权吗?另一个问题则是:一个人可以出让自己的知识产权吗?很难说不存在知识产权。人在精神上拥有的东西属于他,他可以处置它。如果有任何所有权,那么精神上的所有权是最纯粹的。但另一个问题是:这种知识产权是否受制于与有体物的所有权相同的规则?既然它出现在外部世界,那么规则必须是何种?

翻印

这里涉及翻印的学说。有人为其辩护说,如果我占有一本书,我可以对它做任何事情,撕毁它等等,因此我也可以翻印它。这个"因此"是错误的;因为为了翻印它,我不需要占有它。如果我占有它,我只占有这本特殊的书,而不是 2000 册书中的思想。人们在这里没有把复制书籍的普遍物与对一册书的所有权之特殊物区分开来。当某人购买一本书、一幅画、一张乐谱的样本时,他所购买的只是个别性,而不是在这种个别性中所呈现的精神,并且只获得了对这一个别性的一项所有权。他可以对它做任何事情,但他并没有获得复制这一个别性的权利。翻印被认为是一门被授予专利的、诚实的产业,这是我们这个时代的一个轻率之举。反对的主要理由是:我甚至不需要占有一本书就可以翻印一本书;我对个别性的所有权只是翻印的一个机会,但并不是权利。因此,翻印是对知识产权的侵犯。当然,这个问题变得错综复杂,因为这不仅涉及翻印,也涉及对出版作品的表演,或者在公众面前对出版作品进行朗读等,这些都是不允许的。

据说应该允许人们翻印,以使书籍的价格更加低廉;这将对科学有巨大的帮助。但那样的话,就没有人再写书了,科学精神就会枯竭。翻印应像其他盗窃一样受到惩罚,因为它是更恼火的盗窃。原因在于除了侵犯我的所有权外,它还侵犯了我内心最深处的荣誉。因此,我们期望能在德国制定一部关于翻印的一般法律。如果模仿本身有一种艺术技巧,例如当一个人翻译一本书的时候,那么这就是另一回事了。在这里,它与作者所做的事情已经不同了。歌剧的钢琴改编曲和副本也是如此。

剽窃

与此相区别的是所谓的学术盗窃或剽窃。这不是对相同词语的盗窃,而是对观念和思想的盗窃。如果一个人从另一个人那里获得了一种思想,并在稍作修改后加以复述,就像我们的许多汇编一样,这并不算是一桩盗窃。如果某人抄袭另一个人而不指名道姓,这就叫剽窃,现在已经很容易涉足其中了。在大量的书籍交流和丰富的文献的情况下,剽窃比比皆是。一个人不指出前人之名,却僭取了他们的知识产权,这是一个名誉问题;这只是一个道德问题,而不是法学上的不法。这种汇编必须为科学共和国所不齿。

从所有权过渡到契约

所有权是主体对一外在事物的支配。这一外在事物由此成为所有权,乃是通过一个人格的意志置于其中。那么,所有权是一个人格与一个事物的简单关系。在转让中,我失去了事物,要么我通过放弃它,即从事物中退出,要么以出让的形式,通过把它交给另一个人并从他那里获得其他东西作为回报。当我放弃所有权时,即使是在所有权放弃的情况下,也要顾及他人。因此在出让中,存在着另一个意志的延请。只有当我不仅通过自己,而且通过他人拥有所有权时,我才拥有真正的所有权,因为他人同时拥有他通过我的意志获得的东西(参照占有和所有权的区分)。通过另一个意志的中介而获得所有权就是**契约**。契约就是所有权,作为其定在,不仅有一个意志,而且有多个人格的意志。在其中,作为特殊物的所有权就这样过渡到了作为普遍物的所有权。

第二章　契约

每一意志都必须进步和丰富。它通过所有权获得契约的形式做到这一点。所有权的改变是向契约的过渡。人们所称的契约，在于赠与和获得。在契约中，每个人都不再是所有权人，但仍然是所有权人，并成为所有权人。通过契约，我仿佛不仅占有事物本身，而且还占有对它的另一个意志。在提升到契约的所有权中，在于某人通过对方的意志成为所有权人，这就是为什么所谓的依据契约的中介性的获得方式，如交付等，被视作更高和更重要的。契约是比所有权本身还要更高的东西。它是多个意志为了一个特定的客体而走到一起所达成的形式性一致。

形式之处在于，契约出自每个人的任意，而且仿佛是多个任意的共同性。每一个意志，即使它在契约中与另一个意志结合在一起，也始终保持自身的独立性。契约中的普遍物是单纯的共同性。有一种恶劣的普遍性和一种建立在自身之上的、真正的普遍性。在契约中，只有一种形式性的普遍性。由于这个原因，契约应与所有具有一种伦理基础的关系在本质上区分开来。人们常常断言，契约是婚姻和国家的真正本质；形式的众人无法说服自己相信某种别的东西。然而作为形式的东西，契约却不同于那些包含伦理的实体性关系；它还没有转向伦理。为了到达它，我们必须首先，至少是转瞬即逝地，在道德中徘徊。然而在这里，我们还完全没有进入伦理的领域，而只是在更高的形式领域。导致我们宣称婚姻和国家是契约的原因是契约会在这些情况下出现：契约是它们缔结的形式。这在婚姻中是不可否认的。但婚姻不仅仅是一种契约，国家也同样如此。国家也可以通过契约缔结，但它也是以另一种方式产生的。国家不是形式的，而是伦理本身的高度。在契约中，每个意志即使与另一个意志结合在一起，也总是自为地保持独立，仍然处于共同物之中。然而在婚姻中，男人和女人构成一个单一体，而不是两个独立的一半。因此，婚姻不是一种契约关系，在更高的理论中，国家也并非契约关系。契约可以根据双方的意志终止，但国家和婚姻不能。存在伦理实体之处，契约或许可以是起点，但不是这些实体性关系的终点。伦理的东西不能用形式的东西来表达。

作为成为共同的两个意志的同一性，契约可以被称为神圣的。但这种神圣性是道德上的而非法学上的。不遵守契约还不是犯罪，其中并不包含一种内在的伦理。

由于契约中的意志是一个共同的意志，它必须有一个定在，它必须外在地表现出共同性，并且可以通过某些标志来识别。它首先以合意、约定为前提，然后在履行中具有更进一步的方面，即契约的条件也现实地发生。协议往往不被视作契约的本质，而在费希特和其他人看来，是履约使得契约完成。但那样就没有多少契约会达成。然而，履行只能被视为契约的结果。契约是一个任意向另一个任意的承诺。就此而言，它在本质上仍然依赖于这种任意，而实现还并不在其中。这里属于要物契约的学说，在这种学说中，契约从履行才开始。然而在我们这里，其他契约是以承诺、合意开始的。

契约关系适于被知性认为是最高的东西，知性不知道有什么更高的东西，但契约出自每个人的任意。任何人都不能被强迫签订契约；在对契约的条件进行承诺时，每个人都是自由的。两个意志只是凑到了一起，因此表达为**协议**（conventio）。他们的对象是一个外在的事物，因此只有内在之事是无法产生契约关系的。但由于所有权是在缔约双方之间进行中介的，因此在契约中要讨论的就是事物的价值，即 *id quod interest*（利益）[127]。例如，如果我就给付给我的物起诉卖方，我不是为事物起诉，而是为相关事物的利益（*in id, quod interest*）。在这方面，契约只由事物的价值决定，据此估计缔结契约者的相互义务。如果我没有取得事物的一半价值，我可以认为契约无效（因价格不公而毁约[*laesio enormis*]）。根据其价值来看待事物是每一契约的主要法则。

由此，契约在本质上与所有权区分开来，不仅仅有一个契约，而且是将契约分解成**多个契约**。两个意志的关系可以不同，这是契约所固有的。因此，很自然地就可以得出，存在着不同的契约。所有权是**一**个，而这就是自由所有权；它的不同方面只不过是幽灵。但是，契约涉及的是所有权的所有方面，这些方面赋予了契约一种不同的定在、一种不同的内容。契约是普遍物，而多个契约是个别的种。

一 契约的分类

人们总是试图对契约进行分类，而这种划分是需要时刻牢记的。法学家所做的惯常分类是可笑的。康德在1797年给出了唯一正确的分类，[128] 黑格尔又接受了这一分法。[129] 但人们也给出了其他的分类，特别是分为单边和双边，即分为双务债务（*obligationes ultro citroque*），债务在一边和另一边是一样强的。其他的分类是根据协议的内容：给付、作为或履行（*dare*，*facere*，*praestare*）。一个主要的分类是《法学阶梯》的分类，根据契约的开始分为要物契约、口头契约、文字契约和诺成契约，这取决于契约是以给予某物还是以其他方式开始。这种划分的缺陷是，例如契约如何开始，它只取决于外在的偶然性，取决于外在于契约的东西。

这里给出的分类将以其清晰性而表明自己是正确的。给出分类规则的理由在本质上是内容，其他一切都是外在的和偶然的。在每一件事情上，人们必须着眼于内容。如果契约是基于多个意志的所有权中介，关键就要看，契约是属于只有缔约一方获得而另一方放弃的那种，还是在每一个缔约方中所有权都是有进有出的。也就是说，契约是形式的还是实在的、是赠与还是交换契约。这是两种可能的情况。在这方面，所有的契约都是——（1）**赠与契约**或（2）**交换契约**或哲学上的：**形式的**或**实在的**契约。

（一）赠与契约

就物而言，有三种东西可以被赠与或交换：一个物、一种使用和一种劳务。契约也相应进行调整。

可以被赠与的是：

（1）**物**。这是简单意义上的赠与，即赠与物（*donatio*）。人们错误地将这些契约称为单方契约。然而每个契约都是双方的，因为它预设两个意志所达成的一个合意；每个意志都有一个缔约方。但在赠与契约中，是一方放弃，另一方获得。

（2）**对物的使用**。在这里出现了不同的契约。首先，涉及的是对一个特种物的使用之赠与，使用 *commodatum*（借贷）[130]、

precarium（可随时要求返还的财物借用）[131]。*Commodatum* 是指在一定时期内无偿提供对某一特种物的使用。它与 *precarium* 的区别在于,后者缺乏时间和要进行的交易的明确性,它不是为了一个具体的目的而给付的。无利息的贷款(*mutuum*[消费借贷])是对普遍东西的使用的赠与。

（3）**劳务**。这包括两种契约,即特定劳务的赠与 *depositum*（寄存契约）[132] 和一般劳务的赠与 *mandatumm*（无偿保管契约）[133]。如果寄存是免费的,就不能否认保管人对寄存人所做的是一种赠与:他赠与的是特定的保管劳务。委任也同样如此。这是无偿为他人承担的交易;*merces*（劳务报酬）[134] 在这里被排除在外。诚然,罗马法后来允许收取酬金。这也可以作为一个独立的赠与在事后给付,因此这不是 *merces*,而委任是无偿的。

（二）交换契约

同样的分类也发生在交换契约上。交换作为一种实在的契约,可以是：

（1）**以物易物**。即要么是一个特种物与一个特种物的互易,真正的交换（*permutatio*[物物交换]）或以特种物换其价值（*emtio-venditio*[买卖契约][135]）。购买,与其他契约经常一起出现,是最重要的契约。买方和卖方各自给付和受领,*altro citroque obligatio*,即一种给予双方的义务关系。这里也属于希望交换,以未来的事物交换未来的事物,以希望交换希望,还有赌博和下注。在赌博中,我用我赢钱的期望值换取另一个赌徒的期望值。（让·保罗："赌徒们像白沙岛的农民一样面对面而坐;他们祈求老天保佑对方翘辫子。）下注是指赌徒不参与的赌博，但赌徒之外的偶然在之后起决定作用。打赌、下注是赌博。请求权也可以与请求权进行交换：*transactio*、*compromissum*，即和解（*Vergleich*）。

（2）**以使用交换其价值**。这里包括 *locatio conductio rerum*，即物的租赁。租金是契约，据此使用某一特种物要支付租金，其中使用被转化为价值。第二类交换也包括利息贷款，即用100塔勒的免费使用权交换5塔勒的存款。

（3）**以劳务交换其价值**（*locatio conductio operarum*［劳务租赁］）。这包括所有聘请一个人从事劳务并支付报酬（*meres*）的契约。这些契约，劳务租赁、物的租赁甚至购买，在一些方面可能是一致的，以至于根本无法区分眼前的情况。这属于 *locatio conductio operis*（劳务租赁）[136]，其中购买和租金是一致的。罗马人把它们更多用于租金，但也有购买。如果提供者给付材料（*marchand tailleur*［裁缝］），那就是 *locatio conductio operis*；如果他不给付，那就是 *locatio conductio operarum*。

在这里，这些契约按照内容以一种易于理解的方式被组织起来，这是一种易于记忆的分类。但还有一些契约，将在第三节中加以考察。我们已经说过，契约是两个不同意志的共同性；两个任意走到一起，达成一致并结合起来。这就是依据缔结方面的契约。但是，共同意志中还不包括共同意志会得到**履行**。这只是一种可能性；因为当契约订立后，它还没有得到履行。在契约中，有一个假定的承诺，即契约应当被履行。单纯的承诺还不是契约，因为双方的意志必须一致。然而承诺的履行是一种应当，因此是未来的。因此契约必须有可能存在，在这些契约中，履行已经作为担保包括在契约的缔结中,而且契约在缔结时已经包含了履行。如果履行的环节同时也包括在契约中,那么契约就得以完善了,因为开始和履行是一致的。这就是康德所说的——

(三) 担保契约

担保契约最好被称为**补全契约**。契约的补全可以具有两方面的性质,即:

(1) 契约的**主体**对自己进行补全;

(2) 契约的**客体**被补全。

契约主体本身的补全就是**合伙**。如果我们考虑到这一点,就不能否认它其实只是补全了契约的主观方面,即缔约人的方面。合伙契约的内容不能被限制,关于一切可能的东西都可以缔结为这种契约,并且只能联系契约而进一步进行规定。

契约的客体可以通过两种方式来补全。一种方式是该客体是人格性的。这种契约被称为**人的担保**,其中人格作为物质押出现,为某东西提供主客观担保的契约。这是一个客观的保证金,但这个保证金是一个人格。这里也包括人身质契约。或者它可以是一种纯粹的客观担保,而这要么在于一种现实的担保——**质押契约**,要么在于一种可能的担保——**担保金**。

由于契约本质上是两个不同意志所达成的合意,它的本质也在于这种共同性。因此,它有别于单纯的承诺,后者只有单方面的意志。合意对契约来说是足够的,但实定的立法在一般情况下为此确立了形式,而这些形式并不是它的本质,这就是罗马法中契约(*contractus*)和简约(*pactum*)之间的区别。在较早的法中,如果形式不当,契约是无效的,因此形式被认为高于契约中的意志。人们进行庄严的要式买卖行为,如誓约(*sponsiones*)和要式口约(*stipulationes*)等,但这是在契约的性质之外,因此属于实定立法而不是自然法。这就是关于契约,所要说的就是这些。

二 从契约过渡到不法

在契约中,意志不应视为普遍意志,而只是共同意志。然而在共同性中,特殊意志仍然被保留下来,它仍然是为自己的。相反,在国家中,没有人以个别的方式出现,但只有在其总体中,人才成为国家。这种对特殊人格的保留显示了双方人格的特殊意志之任意。因此,每个契约都是某种任意的东西,每个人都可以任意地签订契约,一个人永远不可能被强迫签订契约;相反,一个人必须属于一个国家。在共同意志的同一性中,仍然**不存在任何实体**。即便他们已经走到一起,但他们走到一起是完全偶然的;他们也可以再次分开。契约和履约无需同一。特殊意志可以做共同意志,即契约所规定的事情;但由于它是特殊意志或任意,它也可以违抗它。因此在契约中,存在着其他关系中没有的缺陷。这就是形式的性质,它可以再次被扬弃。在契约中,当特殊意志脱离共同意志并违背契约规定行事的环节,就是**不法**。

第三章 不法

我们在这里处于一个新的法的领域。为什么不法在这里才登场?不法是对一个意志的侵犯。不法的位置只在两个意志相互对立的地方。在所有权方面，只有人格与物相对立；只有在契约方面，人格与人格是对立的。在契约中，有着某种双重化的东西：共同意志和还没有被扬弃的每个缔约方的特殊意志。如果特殊意志在其中反抗共同物并主张自己，那么这就是矛盾，这就是不法。因此，不法只有契约中才出现，因为只有在契约中，所有权才会成为一个普遍的所有权，不法才能从中分离出来。这里要描述的就是这种不法本身。

不法是对法的否定。这就是道德世界中的罪恶和物理世界中的疾病。不法是任意之自身特殊化对抗普遍物，是侵犯普遍意志的私人意志。就此而言，不法的学说就是以特殊意志来否定普遍意志。只有在法现存的情况下，不法才是可以设想的；没有法，就没有不法可以设想。在这方面，不法是与个别事物相关的任意。在这里，它仍然是一种没有区分的普遍的不法，但其环节以完全不同的方式登场。

一　无犯意的不法

不法首先可以是**无犯意的**或**民事不法**。这在于，在任何情况下，特殊意志只有在主张自身是普遍意志时，才会设定自身与普遍法对立起来。应当首先探明自在的正当的东西，而每一特殊的意志都主张自身是正当的。这种对不法的否定同时也是对法的一种**主张**，即一种意见，进行否定的特殊意志是法，而被否定的普遍意志是不法。这种不法每天都在出现；人们让自己被控告，并信赖法官。所有权和契约都是某些普遍的东西，但还无法由此得出，这个所有权属于谁，这个契约应当适用于谁。就此而言，民事程序是每一方都断言自己是正当的。它仍然是抽象的，不是具体的法。在民事诉讼的两造中，各有对错。特定案件中的特定法还不存在，而是有待于裁决。

然而这种无犯意的不法随即具有了法的映象，它还没有被意识到，并作为权原出现。这导致了纠纷和权原的摇摆不定，并导致了法的冲突。针对双方的这种映象，法现在应当被确定，而判决是对自在自为的法的确立。法官必须说这两者中哪一方是正当的，并将其从法的映象中解放出来。由于在这种映象中法遭到了否定，就承认了法官有权否定我的不法，并通过对这种否定的否定，法得以被恢复。在国家中，有上级针对这种无犯意的不法之状态。无犯意的不法只有在法官作出判决后才会成为真正的不法；在此之前，它仍然是法的映象，不正当的一方并不相信它。

诉讼原则

现在的问题是什么是最好的民事诉讼形式。伽特纳在一篇文章中很好地论述了这一点。[137] 在德国，民事诉讼有两个原则：普通法（也包括法国法）的辩论主义和普鲁士法的职权审理主义或职权调查主义。

辩论主义

辩论主义认为，在民事诉讼中，受到侵犯的不是法本身，而只是法是什么的问题。这种形式的思想基础是，只有当法官宣判时，不法才会成为不法，司法机关必须独立于诉讼当事人的琐碎喧嚣。法官不处理事实调查，而是由当事人自行处理。他只是一个负责判决的法官。这就是为什么这里的原则是，只有当有人起诉时，诉讼才会产生：没有原告的地方，就没有法官。同样地，我可以在任何时候撤回诉讼;法官不会有任何反对意见。根据这一原则,只有当事人提出的内容才应在审判中得到考虑和审议,只有案卷中所提出的内容才应服务于法官的裁决。一个人只有通过他体现于其中的意志才能拥有一个物。如果存在一项权利,那么意志就在于对其权原的执行。如果这些权原是恶劣的,他就不会得到此物。他是否能为自己带来其他的权原并没有什么区别;如果他不知道这些权原,那么他在物上就只有一个缺陷的意志。民事不法不是犯罪;因此,国家不关心现实的状况,只关心根据案卷呈现给它的情况。

刑事诉讼和民事诉讼的区别在于,前者和所有刑事案件一样,在法权上属于国家,但民事案件仍属于个体,国家并不关心它们。在民事案件中无法设想国家方面的积极作为,就像一个人必须起诉一样,他也可以在诉讼的后期阶段随意行事。在民事诉讼中,如果法官要干预案件的进行,不法就会以偏袒的形式出现。

职权调查主义

普鲁士法所确立的职权调查主义思想是完全不同的。它与其他诉讼程序完全不同。尽管在这里,是否提起诉讼也是由双方当事人的任意所决定的;但一旦案件被提交给法官,那么一切都取决于对直接真相的揭示。这意味着不能再任由当事人为所欲为,而是法官必须关心真相,操心重要情况(*punctum saliens*),就像刑事法官必须关心所有情况一样。他必须注意一切,以利于事实的揭示。这就是所谓的职权审理。在民事案件中,也会指定一名审问者,他必须 *status causae et controversiae*(确定事实和争议点)[138]。这里的法官不仅是一个宣判的法官,而且是一个进行指导的法官。他没有与案件分离,而是一开始就进行干预。他不应当只关心向

第一篇　抽象法

他提交的东西,而是应该进入争端的起源,应该调查、指导并找出争端得以显露的原因,就像在刑事诉讼中一样。是的,他应该是双方的顾问,告知他们如果他们忘记了什么,应当怎么做。在普鲁士的诉讼中,法官作为第三方帮助双方当事人。他应该左右帮忙,处处给出建议;他的业务是走钢丝!

职权调查主义是相当不切实际的,依据双方都无法执行。一个人不能被认为是两方之间漠不相关的机器。只要法官发出指示,他就会作出有利于一方的裁决,然后将他的意图纳入他的指示,以及之后在侵蚀中立性后提交给作出裁决的法官。[139] 然而在案件中,错误在于人们没有将无犯意的不法与有犯意的不法分离开,对前者的性质产生了错误认识。职权调查主义认为每一不法都是涉及国家的不法。然而民事程序处理的是无犯意的不法,这只有通过判决宣判才会成为有犯意的不法。然后,国家才会有利益涉及其中。国家只应在刑事诉讼中进行职权调查,因为揭露犯罪符合其自身利益。而民法中的情况并非如此。由于这个原因,民事诉讼中的法官必须超越于案件之上,他们必须完全独立地进行,他不应剥夺案件的无犯意性。此外,职权审理主义不可能是一贯的,必须立即自我毁灭;因为如果它是一贯的,它就必须关注一个人和另一个人的生活的所有情况,从而成为一场真正的审问。然而,主要的不一贯在于:in contumaciam(缺席审判)[140]。

因此在普鲁士,人们近来一直在推行破坏职权审理主义的做法。在实践中,人们通过口头陈述在个别诉讼领域取得了突破,人们已经扩大了这些突破,[141] 因此职权审理主义只存在于大约四分之三的案件中。这表明,即使通过诡辩在理论上一时站得住脚,它在实践中也是站不住脚的。民事案件中的真相是呈现在法官面前的真相。如果法官在案件发生时关注它们，他也必须在案件开始前关注它们，以免它们变成虚假的。这就导致了违背一切法之性质的职权审理主义。

无犯意的不法，因为它对什么是法有疑问，其本身也具有这样一种性质，即诉讼一般而言是一种恶。民事不法，是以法的映象来反对法，是一种恶，然而它永远无法被操控，因为它在事情的本性中（腓特烈二世想要操控它，命令所有的案件在一年内分三级进行裁决，废除"掠食鸟"一般的律师）。

那么，无犯意的不法要这样表达：它是被当作法的不法，它是与本质相分离的映象，并在它之侧独自进行，以至于直到映象和本质被判断汇集起来，一个人才有本质和映象。当然，在这个过程中，作为本质和映象的东西可能会被转变；有些东西可能被改革。但这正是无犯意的不法之性质，将两者都带入自身。

二　欺诈

从不法的第一个阶段中必须区分出第二个阶段，即不法者很清楚他是不法的，但没有公开侵犯法，而是依据假象承认它，并向与他协商的主体假装他的行为是合法的。这种不法的形式，从无犯意的不法过渡到犯罪，就是欺诈。在无犯意的不法中，主体也会用假象欺骗自己。然而，欺骗者并不为自己制造任何不法的假象。他很清楚自己是不法的，也不会在法庭上被证明是合法的。然而他使自己显得是一个合法的人，他还没有以不法的形式来设定不法；内容和形式是分裂的。他假装合法行事，而实际上却在行不法。因此在形式上，他是一个合法的、有德行的人。法学世界的欺诈就好比道德世界的伪善。伪善者是指在别人面前假装自己是一个特别虔诚的人；他维护美德，并为自己的目的和伎俩使用美德。以同样的方式，欺骗者使法的内容不复存在。

由此可见，欺诈是发生在民法和刑法中的事项之一。在实定法中，它被部分归于民法，部分归于刑法。民法上的欺诈是在契约中的；撇开契约不谈，它是恶意（dolus）；而根据刑法，它是一种犯罪（过失犯罪实际上并不存在）。dolus 的这个位置提供了证据，证明它是两个极端之间的中间点。欺诈中的民法是形式，刑法是内容。无犯意的不法根本不能真正称为不法；任何察觉到哪怕是法的幽灵的人都可以提起诉讼，试着上庭。但是如果有人在知道另一个人是合法的情况下缩减其内容，想根据形式来合法，那么就出现了向犯罪方面的过渡。

三　犯罪

不法的第三个立场是，有人以不法的形式为不法，他在为不法时，没有自为的法的假象，也没有给对方法的假象。也就是说，他明知某事是不法的，却在意识到这种不法的情况下做了。这就是所谓的**强制**和**犯罪**。犯罪的含义是，有人知道法，并想侵犯法本身。每一犯罪都是一种强制。它是以一个特殊意志反对普遍意志，而且是以这种特殊性应当有效的形式。强制是指胁迫意志放弃它所体现于其中的东西。强制可以是身体和心理上的。谋杀、盗窃——所有被称为犯罪的东西都是强制。

只有意志的外在方面可以被强迫，而不是内在的、道德的方面。在这方面，人们可以说，人是不能被强迫的。然而这个外在的方面是人精神的定在，因此这个定在不能被侵犯。强制是一种意志的表达，它扬弃另一种意志的表达。在这方面，它没有法权上的、内在的定在。因此强制是不法，所以可以通过强制再次被摧毁。这第二个强制是允许的，因为它是否定之否定，即对法的恢复。第一个强制是犯罪，第二个强制是刑罚。

偶尔，第一种强制似乎也被允许。例如，父亲对孩子的责罚，这被看作某种合乎自然的事情。孩子必须被强制，所以教育上的强制是允许的。一个罪犯是强制一个自由意志的人；反之，一个孩子还不知道自己在做什么。一般来说，在伦理对立于自然物的情况下，第一种强制是允许的。这里属于所谓的英雄的法，世界仍处于自然状态，而人、英雄则征服了它，例如当赫拉克勒斯勒死安泰俄斯时，英雄所驯服的是自然，它没有权利被视为自由。破坏构成真正的自由的定在，才是一种犯罪。

关于强制的情形，这里应该提到以下几点：如果我们把抽象法定义为强制法，那么我们指的是第二种强制；在这里，人们通过不法、强制的特征来把握法，并想在其否定中认识它。由于在第一种强制中，法之为法已经遭到了侵犯，那么这第一种侵犯已经是虚无的；因为犯罪实存于自然方面，而非伦理方面。它只是在此被扬弃。为了使第一种强制、犯罪是虚无，必须增加第二种强制，即刑罚。在犯罪之虚无存在中，恢复了自在自为存在着的法。犯罪和刑罚的学说是最重要的学说之一；但在这些学说中，人们也往往误入歧途。如果我们不是从犯罪的本性来推导它，那么它必然会导致最荒谬的理论。

只有一种犯罪还是多种罪行？经常会出现这样的情况，犯罪的思想被设定为一种神圣的思想。将所有的犯罪视为平等以及只承认**一种**惩罚，这是粗暴思想的本性。我们已经有了立法，比如说严厉的立法，对所有的犯罪都处以死刑。这是一个粗野的、没有教养的观念。意志和自由的定在是不同的；它可以在生活、国家和家庭中呈现出来。就此而言，侵犯也可以是不同的，整个定在的无限性被侵犯还是只有一部分被侵犯，这是有区别的。正如当涉及不同的意志方向时契约是不同的，在犯罪的情况下也必须说，对意志的侵犯也会有很大的不同。因此，谋杀比盗窃要受到更多的惩罚。但人们可以很容易地模糊这些层次。在意志集中和狂热的时代，人们很容易只认识到**一种**犯罪和**一种**刑罚。因此，在法国大革命中，所有的各种犯罪都被送上了断头台，因为在这种危机或精神收缩的情况下，细微的差别消失了，只着眼于应付，只出现一种犯罪。在别的时代，犯罪本身将得以缓和。

研究在什么程度上犯罪可以在特定时代不再是犯罪是非常有趣的。过去常常被惩罚的犯罪不再受到惩罚，或者受到非常轻微的惩罚。在我们这个时代，肉欲犯罪尤是如此。它们在质上下降了，现在也不再**大惊小怪**了。这与一般的犯罪是双重化的有关。犯罪一方面是建立在人之自然的伦理上的，而一般而言，对这种伦理的否定永远、在任何时代都是一样的。永远不会有一个时代，谋杀会被认为比现在更严重；现在的谋杀将受到比古代更严厉的惩罚。反之，盗窃等罪行现在只被看作是低下的。另一方面，有各种不同的犯罪，部分与国家有关，部分与家庭的不同概念有关。现在，谋反犯很少被处以死刑；国家已经获得了一定的安全，谋反不再有过去的恐怖景象。基佐在1831年写道,要废除对政治性犯罪的死刑,所以在近代,当它们未与其他犯罪竞合时,要克制死刑。同样,家庭的团结已经更加牢固,因此针对家庭的犯罪不应仍然受到如此严厉的惩罚。

犯罪的分类

在我们讨论刑罚之前,有必要对犯罪进行分类。犯罪是一种对法的否定。因此,犯罪是根据它们所否定的权利来分类的。在这里,我们发现以下情况:

(1)存在一般的**人格性**之权利,其被犯罪所否定。在最低的阶段,这就是侮辱,是对人格性之荣誉的否定,是对其投影的否认。对人格性的进一步侵犯是对自由的侵犯、伤害和对肉体的攻击,最后是对人格全体之取消——各种形式的谋杀和故意杀人。

(2)进一步的犯罪是攻击人格实现自身于其中的**物**,其所有权,也是其契约上的表达:盗窃、抢劫、伪造、一般的欺诈。

(3)继而犯罪就可以针对**家庭伦理**:通奸和其他肉欲犯罪。

(4)然后是对市民社会的犯罪:*crimen vis*(暴行罪)[142]、*dardanariat*(非法提高生活必需商品的价格)[143]、释放囚犯。

(5)最后,针对**国家**,分三类范畴:

① 针对国家的个别行为——伪造钱币、逾越官职权能的犯罪及其他;

② 针对国家假想的人格性的犯罪,即 *crimen laesae majestatis*(伤害君主罪)[144];

③ 反对国家之全体——叛国罪。

犯罪是以不法的意识对法进行侵犯。是否也有过失

(Kulpos)[145]犯罪？从自然法的立场来看，人们必须宣布**反对它**。犯罪必须是在不法的意识下发生的。一个过失的行为不是犯罪。

刑罚

但犯罪预设了某种其他的东西，而这就是刑罚。为什么在无犯意的不法和欺诈的情况下，我是否要刑罚取决于我的任意，而在犯罪的情况下却不是如此？在无犯意的不法中，只是法的外部定在自在地遭到侵犯，而不是后者本身。因此，侵犯没有肯定的实存。也就是说，它并不作为被意愿的不法本身而实存。但在侵犯中，对法的要求自在地已经出现在我自身、侵犯者之中。在欺诈中，侵犯者在其行动中也同样自在地有对法的要求，然而在这里，这只是一种假象。在犯罪中，根据行为人的特殊意志，行动具有一种肯定的实存，而这种特殊意志就否定了自在的法，否定了人格的普遍法权能力，因此所有自由意志的总体——正义——与之相对立而出现，因为否则肯定的实存不仅对行为人，而且对所有的人格都是在此存在的。在无犯意的不法中，只有特殊的意志被否定；然后，是否承认这种否定，取决于其任意。在欺诈中，这也取决于被侵犯者的任意，他是否想把他所敬重的特殊意志与被侵犯的法自在地视为一致。

当人们说，作为对法的单纯否定，犯罪没有肯定的实存，并不是说犯罪不会出现。我们完全允许侵犯实存。我们所说的不实存的是这种犯罪的法权基础。在一种法权的质上观之，它并不实存。犯罪是对一种法权主张之侵害的纯粹否定行为。如果犯罪是一种否定的行为，它又必须被否定；因为单纯的否决不具有任何实存。否定必须被否定，以使两者再次成为肯定的，而这种对法的否定的否定就是**刑罚**。这就是我们的刑罚学说的理论。有很多人在与之斗争。如果我们外在地看待刑罚,它是由于犯罪而添加上的一种恶。但它只是自为地看是一种恶;与犯罪一起考察,它就不再是一种恶,而是犯罪的另一半。从坏的立场看,它是不能得到辩护的,但与其他部分相联系,它并不是一种恶。

自17世纪末和18世纪初以来,人们一直在要求为刑罚提供正当理由。困难的是如何为一个恶提供正当化。因此就其本性而言,它本身是无法得到正当化的。如果犯罪已经是一种恶,那么为什么还要增加第二种恶即刑罚呢?这个问题每天都被提出。从刑罚是一种恶的考察出发,产生了大量的相对理论,它们试图为刑罚是一种恶进行辩护。由于一种恶不能依据自身而得到正当化,这种正当化必须从其他遥远的根据中获取。然而,这个其他的东西恰恰构成了刑法的相对理论;绝对理论是对刑罚本身的正当化。很容易指出这些知性理论的笨拙;它们是完全无效的,因为刑罚只能由其本性来正当化。

威慑论

这些理论中的第一个是所谓的威慑论,它认为,刑罚的存在是为了阻止人们犯罪。因此,罪犯不是因为犯罪而受到惩罚,而是为了威慑其他人今后犯罪。他们被教导说,被惩罚的人做了这样那样的事:*ne peccetur*,*non quoniam peccatum est*(为了不再犯罪,而不是因为犯罪)[146]。这种威慑论并不把刑罚与已经发生的犯罪联系起来,而是与未来尚未发生的犯罪联系起来;刑罚之必须存在,是为了使人们在进行一种犯罪时感到恐惧;只有通过刑罚、处决等,才能在人民心中维护法的理念。这一理论是由克莱因施罗德[147]所创立的,可以简要回应:如果给予一种刑罚是为了让人在某些情况下得到威慑,那么并不必然要有犯罪行为发生。人们可以把无辜的人斩尽杀绝,把他们定性为窃贼等,并把他们关进监狱或处决,以示威慑。这将给人民留下同样的印象。在这个理论中,无罪则并不重要;它只关注未来的威慑。是的,这是不公正的。他们说,因为他们什么都没做。所以我回答说,一个人做了什么是必要的,然而刑罚是为了正义,因为它必须是一个有罪者的犯罪的结果。我不能因为未来的可能性而进行惩罚。

在威慑理论中,刑罚并非是法学上的东西,而只是出于某种政治考量。在这里,刑罚的目的与刑罚的权利被混淆了。然而我必须处决一个罪犯,因为他犯了罪,而不是因为这将阻止其他人在未来犯罪。威慑论是最不值得一提的刑罚理由,现在已被所有犯罪学家放弃。刑罚确实应当发挥威慑作用,然而这种威慑只是附带目的,而不是刑罚的思想和本性。

更重要的是,整个威慑论只是一种幻想,因为刑罚根本就没有威慑力。已经威慑了多长时间,但犯罪仍然在发生!这只是一个威慑的幻影。正如我们从历史中学习到的一样,罪犯根本就不会被刑罚所威慑到。人们不要考虑,现在的状况会给人带来一种不同于腐朽过去的东西。现在是自在的,而不是一种已在东西的摹写。这个理论所说的东西根本就没有发生。然而它也产生了许多法典,例如普鲁士刑法[148]。

预防论

接下来是第二种理论,危险性较小,但同样是错误的,即所谓的预防论。它已经由斯图贝尔[149]提出,并由前基森大学教授格洛尔曼[150]进一步详述,但它真正说来首先出现在塞涅卡的《论愤怒》(De ira)——为了不再犯罪而被惩罚。这一理论认为,在罪犯之中要受刑罚的不是犯罪,而是通过犯罪表现出来的恶劣的道德意志。如果某人曾经犯过罪,他就记录下了恶的意志,并表现出未来会进一步犯罪的一种倾向。我们必须阻止他再次表现出这种恶的意志。刑罚只是为了这个目的而存在;然而,它的根据则是旧有的犯罪。这个理论比前一个理论要好,然而也是错误的。它至少考察了罪犯,而威慑论根本不考虑他;不是因为他犯了罪,而是因为他可能再次犯罪。事实上,刑罚的根据不是犯罪,而是担心会有新的犯罪发生。这个理论也关涉它所预言的状况。它希望像阻止有害的动物一样阻止有害的个人。如果人们确信罪犯未来不会再犯罪,就不会对他进行惩罚。因此,他或许根本不会因为他所犯的罪行而受到惩罚。

该理论的错误在于,该观点是指向主体的未来行为,而不是他过去的行为。刑罚不能出于未来的一种可能性,而是必须出于现在的正义而施加。法权的行动是一种必然性,而不是法权的意志。不能要求某人有善良意志。什么也没做的人可以意愿他所希求的东西。如果恶的意志没有变成恶的行动,那么人就是无罪责的,不能受到惩罚。根据这一理论,死刑也将被省去,因为罪犯可以通过其他手段阻止其犯下新的罪行。例如在路易斯安那,根据这一理论已经废除了死刑。

威吓论

另一个常见的理论是缓和了的威慑理论,即费尔巴哈的**威吓论**[151]。它不谈威慑,而是给它披上了一层外衣(往往改了名字就能得到人们的青睐)。这个理论的观点如下:法有责任提供安全;这只有通过阻止犯罪才能实现。但是只有当一个人知道他正在为一件不法时,才能阻止犯罪,而只有国家已经给出了一个刑法,这种知识才会产生。由此,每个人都被告知:如果你犯了罪,你将受到这样或那样的威吓。只有法律所禁止的,才是不允许做的;同时,法律也附加上了对越轨行为的刑罚。因此罪犯根本不能抱怨他所遭到的刑罚,因为如果他触犯了那条法律,他就会受到威吓。从威吓中,国家获得了进行刑罚的权利。

根据这一理论,一切都可以成为犯罪;不存在自然的犯罪,它们只在国家中产生。没有法律的地方就没有刑罚:"法无明文者不为罪"(*sine lege nulla poena*)。这种理论破坏了人的整个伦理品质,使受到棍棒威胁的人变成了狗。刑罚的根据是其威吓,目的是不再有犯罪。如果发生了一桩犯罪,整个理论就会垮掉,因为那时它不再知道为什么它应当进行刑罚。根据其本性,它将不得不回答这个问题:谁给了国家一种威胁的权利?国家本身并没有这个权利,它只是因为犯罪而拥有这个权利。刑罚在于人,实存于所有法律之前。

但就刑罚的方式而言,这一理论是从一条心理学原理出发的。在进行犯罪的心理冲动较低的地方,必须对犯罪的人进行较少的惩罚,而在心理冲动最大的地方,要用最大的惩罚。如果我们想一贯化地坚持这一理论,就必须以最小的刑罚来惩治最大的罪行。人们对弑父的冲动最少,对小偷小摸的冲动最多;因此,后者应该比前者受到更多惩罚。但刑罚的尺度必须在于犯罪。

所有这些理论都经受不住这一命题:谁给了国家一个权利,让它拿着棍子站在那里？对此,不可能有答案。

矫正论

第四种理论是**矫正论**,它的根据并不更好,而是它的后果、它的实践。亨克[152](以前在伯尔尼,现在在沃尔芬布特尔)和其他人都为这一理论进行了辩护。根据这一理论,刑罚被视作对人的一种矫正。因此它涉及的是某种未来的东西,是为了通过社会的矫正来恢复因犯罪而脱离社会的人。因此其目的是使罪犯摆脱其低级和恶劣的意图,并使其成为一个更好的人。在这里,罪犯被当作一个病人来对待。这是最好的知性理论,因为它比其他理论更多考虑到了刑罚与犯罪的关系。如果歪曲的理论是善意的,并希望有某些用处,人们就会原谅它。但它仍然是有缺陷的,因为它更多的是关注罪犯,而不是关注事情、关注犯罪。因为刑罚与罪犯无关——尽管后者常常因为惩罚而得到矫正——而是与事情本身有关。

矫正论只适用于免于死刑的行为人。但它有处理监狱问题的优势(其最终会变得太好),除此之外,这是近代以来的努力,通过这种努力,罪犯与他们的犯罪分离;人们让他们在沉默中、在监督下劳动。

然而作为一项刑罚原则,这一理论并不比其他理论好。人们无权为了让某人变得更好而监禁他。罪犯可以禁止对自己进行这种矫正。矫正不能成为刑罚的根据。否则,我们不得不将不可矫正的罪犯放走,而不得不将较轻的罪犯监禁起来。但刑罚的**根据**与刑罚的**目的**是不同的。刑罚的根据是刑罚所具有的内在本性,即其与犯罪的关系。刑罚的目的可以有几百种;但刑罚的根据是犯罪应当受到惩罚。

契约论

此外,还有契约论(卢梭、费希特),其出发点是公民与国家本身之间的虚构契约。据此,如果国家不想用罚金来代替驱逐,那么国家就承担了驱逐每个罪犯的权利,而为了抵偿其未遭驱逐,罪犯就被判处罚金。这种理论是毫无根据的、粗糙的,根本没有尺度可言。

报应论

所有这些知性理论都是基于,刑罚自为地仅仅被视为一种恶,而且人们要寻找根据来为刑罚进行辩护。所有这些理论都没有把刑罚的目的和权利分开。他们都谈到了刑罚的目的,即它应当进行威慑、矫正等,但没有谈到它的权利。如果人们要深入刑罚的根据,就绝不能把它视为某种孤立的东西、视为单纯的恶。刑罚根本不是什么绝对的东西,它不是一个整体,而是与犯罪相关。对刑罚的正确解释是,它是一个前提的后果,或者说是犯罪本身的结果。正像一个球体的反面,它与犯罪是如此不可分离。它是前面一个前提的结果,一个"因为":因为犯罪了,所以必须施加刑罚。全部刑法理论就在于这个"因为":如果没有犯罪,也就没有刑罚。

犯罪否定法、损害法,这里首先出现的问题是,犯罪是否具有实存。人们必须区分显现的东西和存在。如果有人说犯罪不存在,那么这意味着作为法、作为理性,它不具有实存,它在法权上是不合乎理性的。但是由于这里只有法权和合乎理性的实存才会显露,那么否定的东西就不具有法权上的实存,即使它在现象上实存。既然犯罪并不实存于法和理性之中,那么它也不能容于现象;

因为它的一种合理性也会随之而来。因为现在犯罪否定法，但它的否定不能被容许，那么由此得出，它本身就必须被再次否定，作为否定的否定，肯定物即法必须被恢复。因此，刑罚是对法的否定之否定。也就是说，它的存在是因为发生了犯罪。这就是它的全部意义所在。它之所以在此存在，只是因为包含于其自身之内的根据，而因为犯罪是对法权状态的否决，必须再次被扬弃。因此，人们也可以说，刑罚是所犯罪行的彰显。一旦犯罪被付诸行动，就必须有针对它的反应；由于犯罪产生了一种恶，所以它就会唤起另一种把它彰显出来的恶。在这个意义上，刑罚不被视为某种偶然的、任意的和有用的东西，而是被承认为必然的。在这个意义上，它是**对犯罪的报应**。报应意味着，我受到与我所犯罪行相同的惩罚；刑罚是整个犯罪的结论。

复仇

再报应毫无例外地存在于所有人和民族的意识中。这就是为什么没有一个刑法不是从再报应论中产生的。在历史上，报复表现为所有刑罚的开端。这是粗野民族那里不适当的、粗野的报应和刑罚。它作为血亲复仇而出现，受侵害者的整个种族对侵害方进行复仇，是刑罚的第一个基础。复仇是针对一桩犯罪的正确反应之感情。被侮辱者的感受是什么？复仇！我内心被激怒，我感到震动，奋起反抗犯罪。复仇是对侵害的报应。但在复仇中存在着对有限侵害的无限反应。在复仇中，一个人做得越过分越好。这就是为什么它太过分了。复仇不是在其尺度上的刑罚，而是在粗野的任意上，以至于它又成为犯罪，刑罚必定随之而来。因此，复仇本身就是不法和刑罚的对象。因为它是超验的，即因为它超越了自己及其目的,所以它必须被缓和,而在它的缓和中就有它的真正内容。第二种历史性的立场是和解或赔命价金制度,转化为金钱的血债。最后,净化的复仇是报应,是国家的刑罚正义。它是没有偏袒的复仇。历史上只有罗马人,即法的民族才会有报应。在此之前,在东方、在希腊,血亲复仇是被允许的。

同态复仇

针对报应,人们总是提出纯粹的比例——只有当包含在犯罪中的行为也包含在刑罚时,才会得到报应——以牙还牙,以肢还肢。这种同态复仇,就像一般的理性,经常遭人嘲讽。人们把通奸作为一个例子,并说通奸者要由此受到惩罚,为了让其遭受损害,又要再次发生一桩通奸。这是完全错误的;因为不应当以同样的损害,而是只根据价值来进行惩罚和报应。我们在这里说的报应是一种尺度,也是要用其他硬币来支付的。在报应中,重要的不是所要报应的东西的质;依据纯粹的理念,报应是量上的,破坏了真正的质。在其中,犯罪和刑罚的直接性已经消失,两者自身是等同的。

每个人都被如此看待,而这是他的荣誉,他不仅仅是做某些特殊物,而是在每一特殊物中做某些普遍物。因此,每一种犯罪也被设定为一种普遍物。当某人犯罪时,他希求发生效力的是这桩犯罪,而不是普遍物。当我杀人时,我仿佛在说,我认为杀人是合法的。通过一种特定的不法,我把普遍的不法确立为法。在这个意义上,刑罚是一种可以消除犯罪的赎罪。

刑罚作为罪犯的权利

甚至古人也将刑罚设定为罪犯自己的权利,特别是在柏拉图的《高尔吉亚》篇中。他似乎有各种理论,但他的真正理论是关于刑罚所说过的最深刻的东西之一:"刑罚是罪犯的权利,罪犯如果没有得到他的权利就是不幸的。"人是一个合乎理性的东西,而他本身就有权利把他的行为伪装为一贯。当他犯下一桩罪行的时候,他表明了他的行为的方向。他当作是法的东西必须发生在他身上。刑罚是他在神和人面前所应得的。刑罚对罪犯来说不是恶,而是他的权利,他要求这种权利是为了使自己与人类和解。这往往也是罪犯的感受。许多的罪犯,尤其是比较好的、比较深刻的罪犯,把自己交给了司法,然后才变得平静。他们常常拒绝仁慈。他们感到:我们必须得到我们的权利(参照希茨格[153]的斯莫林刑事案件)。

刑罚的方式

如果我把刑罚把握为公正的报应,那么这还没有说它应当是何种刑罚;它只说了一个对犯罪来说足够的刑罚。刑罚的方式本身并不意味着反对或支持报应论,而是不仅取决于犯罪,也取决于当时的观点。哲学与刑罚措施的探究毫无关系;这由知性的裁量决定,并取决于现有的实定法。但是全部的无限性,一个人格的全部实存,是被侵犯了还是只被侵犯了一部分,是有人杀了某人还是偷了他的东西,是我的人格还是仅仅是我的财产,还是两者同时被侵犯,这都是有区别的。刑罚的方式必须取决于犯罪的度。

但刑罚整体上的大阶段有哪些呢?哪些是可能和必然的?有些时候,由于文明程度的提高,某些刑罚手段会失效。我们驱除了在最为内在方面攻击主体的残害和体罚。仍有以下几个阶段:最低的阶段是罚金,是对作为人格的外部定在的所有权的刑罚;第二个阶段是对一个主体荣誉的减损；第三个阶段是对人格性自身的刑罚，如监禁或驱逐；刑罚的最后阶段是人格性自身被扬弃——死刑。

死刑

近来，出现了死刑是不公正的博爱观点。18世纪，意大利人贝卡里亚[154]（他对刑法确实有许多功绩）写了《论犯罪与刑罚》。在其中，他拒绝死刑。他认为，罪犯必须同意接受刑罚，这也是费希特确立的原则。但现在没有人会同意放弃他的生命。因此，不可能允许死刑。这一点很吸引人，而索南菲尔斯[155]借此在维也纳登上舞台。约瑟夫二世在他的国家废除了死刑，将所有刑事罪犯释放到橹舰上做苦役。[156]然而自此，欧洲的任何国家都没有颁布废除死刑的法令。1830年，当查理十世的法国部长们被审判时，有一个党派反对处决他们。然而为了不仅让部长们从法律上免受制裁，还出现了与一般废除死刑相关的学说。部长们最终没有被判处死刑，从那一刻起，没有人再谈论废除死刑的问题。

这里提出了一个问题：死刑是允许的吗？当然。它还没有被废除，也不可能被完全废除。这是刑罚刻度表中的一个阶段，而在犯罪刻度表中，另一个阶段则与之相对应。如果我们必须让犯罪刻度表存在，我们就不能拆除前者。谋杀仍然存在，如果没有死刑，就没有尺度来衡量它，也没有刑罚来扑灭它。根据国家基于契约的知性理论，必须谴责死刑，但报应论则不然。谋杀者把谋杀确立为他的法。因此无论如何侈谈博爱，对于最高的罪行，仍然要有最高的刑罚，这一点始终是真实的。废除死刑的理由往往非常肤浅，例如被告可能是无辜的。他们说，死刑判决是不可撤销的，但人的判决是可疑的,而依据这样一项判决,我们不能结束生命。然而所有的刑罚都是不可撤销的,人们不能由于司法上的错误而废除刑罚,因为法院不应当犯错。有时基督教的观点对此加以反对。夏多布里昂曾说,救世主为人的罪孽而死,因此不应该有死刑。好吧,我回应他,如果救世主**这样**为我们而死,那么死亡就必须一般地停止,没有人必须再死(尽管精神上的死亡已经停止了)。但刑罚不是孤立的东西,不是发明出来的东西;它与犯罪密切相关。这就是为什么我们总是发现,这些反对死刑的哀叹是无稽之谈。这方面的所有尝试都失败了,如1830年在法国和托斯卡纳。死刑的理由还在于,人的生命在国家之内。死于战争的人比死在100个断头台的人还要多。

但是,死刑不应被滥用。只有在罪行与之相当、需要将罪犯处死的情况下,才可以适用死刑。最后,它应限于罪犯有杀人意图的情况。只有谋杀案与刑罚的顶端相吻合,不管它是出于什么原因。一个被监禁的杀人犯并不能满足人们或他自己。从人们的心里,他没有受到他必须受到的刑罚。所有其他的犯罪都不应判处死亡,必须用较轻的刑罚来惩罚。这包括所有的政治犯罪。即使是叛国罪,也没有理由判处死刑;因为只要它失败了,那么这就只是一种犯罪;如果成功了,就是历史性的。其他政治罪也不能用死刑来惩罚。盗窃、没有人死亡的纵火和伪造也都不应判处死刑。

然而,另一个问题是:到目前为止,一直被判处死刑的谋杀以外的罪行将如何惩罚?这里表明了一个很大的缓和。在许多本来会判处死刑的案件中(硬币伪造、故意杀人),死刑消失了。只有对谋杀案,才会有死亡作为刑罚。

身体刑

除了死刑之外，身体刑也随之出现。这（即使是在诉讼中）是野蛮的，应该被废除。价值更低的是残害性的刑罚（例如拜占庭的刑罚，这使他们的历史最令人厌恶）。这些刑罚是相当不公正的，可以作为恶劣的来摒弃，还有加重的死刑（轮刑、死前残害、四马分尸）。这是不公正的，因为死亡作为最为严重的刑罚，不应进一步加重。与此相比，断头台过于机械。人应该被自由人杀死。[157]

名誉刑

名誉刑可以包括剥夺特权或普遍权利。然而，这也是一种刑罚的手段。

财产刑

罚金是被允许的，但不能没收其全部财产作为罚金；没收是要被排除在外的。新的法律已经废除了它，而废除它有很深的意义。没收切断了人的投影、某些他的人性。剥夺人的利益意味着剥夺他实现的能力、他的自由。

自由刑

剩下的是自由刑。在古代，人们众所周知的是**流放**，而且本身被认为是死亡的代名词。在自然法的论坛上，放逐的刑罚和之前的刑罚一样是不被承认的，因为它们是把一个人从属于他的、其生存的本质空间的国家中废弃。与之相比，自由刑本身始终是最好的，尽管是在一段时间内，而不是终身监禁。必须注意确保监狱服刑不会导致完全堕落的状态，而是为了改善人的状况。因此，人们努力将监狱安排成这样：沉默和劳动应当有助于使罪犯回归自己。此外，人们不得因某种有辱人格的事情而使得剥夺自由变得更加严重。橹舰劳役和烙印（Marke）[158]是非伦理、低级和可耻的东西。这就是为什么烙印现在在法国已经被废除了，而它之前曾存在于此。

因此，指示犯罪刻度表的刑罚刻度表就此得到了详细阐述。然而，刑罚的方式不能直接从其原则中得到规定；民族的文化阶段也要得到考虑。法官必须有一个最低限度和最高限度；但刑罚本身不能依据理性来衡量。

未遂

只有在犯罪使其有必要，并且已经发生了与之等同的犯罪时，才可以进行刑罚。侵害本身也导致它不仅存在于人的内在，而且也存在于外在。因此，犯罪必须有一种实行，单纯的思想是不充分的。这将我们引向犯罪的未遂和完成。

已完成的未遂通常以与已完成的犯罪受到相同的惩罚，例如根据法国和巴伐利亚法典。然而，意志的整个方面已经全然体现在了未遂中；只是侵害本身也必须被考虑到。刑罚不仅仅是对意志的刑罚，也是对侵害的补偿。对未遂和犯罪进行同等惩罚的学说忽略了一些本质性的东西，因为未遂中实行犯罪的自由意志和犯罪中的侵害本身必须通过邪恶的意志来考察。邪恶的意志在侵犯中得到了体现。它要从完成中推断出来，完成对此给出了尺度。做坏事的单纯思想是不会受到惩罚的；它必须有一种表达。未遂尽管有一种表现，但是刑法是对犯罪的补偿，同时也是对侵害的补偿。因此就其自身而言，仅仅有邪恶的意志不应受到如此严厉的惩罚，只有当它在侵害中、通过在犯罪中的实行表现出来时，才能惩罚它。因此，未遂应当受到较少的惩罚，因为它只是行为的邪恶意志，因此有着一种较少的利益。应当受到严惩的全部犯罪，包括恶意的袭击、恶意的意图和犯罪本身的意志实行。

关于刑罚，必须注意以下几点：在犯罪中，重要的不仅是它**已然**发生了（犯罪事实[*corpus delicti*]），还有它是**如何**发生的，以及哪些心理原因在此发挥作用。这就是伟大的**归责**学说，即在多大程度上必须将已发生的犯罪视为由一个个人所为。

如果侵害仅是外部的，则它被视为是民事损害。民事赔偿是对损害的扬弃或按照一物的价值进行赔偿。民事损害赔偿往往与刑法相联系，例如在法国法中。在英国和罗马法中谈到的私犯（*delictis privatis*）学说就属于此。在希腊，任何盗窃等都是私事。在东方，犯罪仍然是 *delicta privata*；但这是这些权利的一种粗野状态。犯罪在这里只是对人格本身的侵害。与之相比，对我们来说，犯罪是对普遍的法的侵害。对人格的侮辱、盗窃、抢劫等是国家的一种普遍事情。刑罚本身被纳入国家，并由国家给予，因为法自在自为地遭到侵害，国家由刑罚来维持。因此，不存在任何私刑（*poena privata*）。如果我被盗了，我是否要起诉小偷并不取决于我，而是由国家来控告他。私刑也还有一些复仇的成分。

控告式与纠问式诉讼

这也包括控告式与纠问式诉讼之间的区别。在英国依然存在的控告式诉讼中，刑罚取决于受害方自己出庭并控告罪犯。每个人都有权利自力控告他的冒犯者。但他也可以不告诉；这只取决于受害方。然而，这是程序的不足之处；因为国家受到了犯罪的侵害。在这方面，纠问式诉讼是更为正确的。因为在这里，国家作为遭到冒犯者出庭。纠问式诉讼的原则是，审判机关同时也是控告机关。它接受指控，调查犯罪，追踪其线索，然后作出裁决。每一项犯罪都被认为是对国家犯下的。因此，纠问式审判证实了国家的更多教化和国家制度的更大完善。在法国，由陪审团进行的诉讼也是纠问式的，尽管在那里它带有控告的假象，但只有形式是控告式的。

过渡到道德

刑法向道德的过渡是非常困难的。在犯罪中，法在其外部定在中遭到侵犯。通过刑罚，它被重建和恢复，但不是在它的外部定在中，而是在它的理念性中，即在它的思想和内在性中。法的外部实存可以被扬弃，但法自身则不能。这是通过刑罚内在地被恢复的。通过回到自身，它具有一个与外在本性不同的内在本性。通过刑罚，法因此从外部定在被带入内在性。基地不再是外部的，而是内在的；我不再在外在的基地上拥有法，而是在我自身之中，而我自己之中的这种法就是道德。在所有权中，意志显现为抽象的我的，在契约中显现为由意志所中介的、只是一种共同意见的东西。在不法中，意志被设定为通过自身偶然意志的偶然性；相反，在道德中，这种偶然性在自身之内反思，无限的在自身之内存在着的意志自身之偶然性，即主体性。

第二篇　道德

　　什么是道德，它与法如何区分？在法中，意志有一个外在的定在：所有权、契约、不法和刑罚；在道德中，意志在主体性自身中有定在。法的基地是外在世界，道德的基地则是内在世界，而就此而言，道德是从外在世界退回到内在世界。在某种程度上，犯罪有某种有益之处；外在实存并不是法的最高任务。在道德中，它在其自身中拥有其实存。道德比抽象法更晚；因为在人能够退回到自身之前，他必须先在外在世界存在过。例如，隐士站在道德的立场上；他已经退出了外在物。但要成为一个真正的隐士，他必须了解这个世界，然后才退出这个世界；他甚至必须在之前享受过这个世界。即便单纯的道德立场比抽象法立场要更高，但如果不发展为伦理，它还是非常片面的。道德是通过自然法达到伦理法的路径。

　　现在，道德在多大程度上与法相关？道德本身是法的一部分。人们试图将这两者分开（康德就是如此），即把它们放在不同的领域。然而这是错误的，因为人们只有通过法才能达到道德；道德无非就是已经成为内在的法，不需要外在性的法，与我们自身的同一。（见卡尔·路德维希·米歇莱[159]：《哲学的道德体系》[*System der Philosophischen Moral*]，柏林，1828）。法在于，意志是在自身之外的，即它也把自己置于外部客体中，渗透它们并占据它们；在道德中，意志在主体性自身中有其定在。在主观自由中，起初无非就是，人不再承认周围的世界是他自由的定在，而是把它视作虚无的，只按照内在的尺度来衡量它。也就是说，只在意志的客体位于主体的知识和意愿中时才承认它。我在我自身之中拥有我的意志。

道德有三个部分：

（1）外在的行动只有通过主体内在方面发生的事情才能获得意义。只有从他那里发起的，他所做的、所设定的、所希求的和所知道的，人才承认是他自由的真正表达。那么道德的第一部分将包含**归责**的学说，即我们在多大程度上可以把一个行为归责为一个人格自己的行为。

（2）人之所以行为是为了实现他的自由，把他的内在意志规定转化为定在，他之所以行为是为了通过一个由他所做的行为来满足他，并且实现他的目的。主体的目的被赋予一种普遍性的形式，形成了**幸福**的学说。

（3）第三，最后是人在其中满足自己的各种目的，相互碰撞、相互斗争，然后从这种斗争中必须寻求一个最高的目的——**至善**的学说。

这就是道德的三个部分。所有较早的体系通常只坚持其中的一个部分；它们是片面的，除了亚里士多德，他是最不片面的道德家。

第一章　论行为的归责

归责的学说在法学上具有非常重要的意义，但它的真正位置是道德，因为归责预设了主观自由。关于一个行为，依其本性有两件事要考察:(1)行动的**外在实行**;(2)属于这一实行的**内在意愿**。因此在每一行为中,都有主体性和客体性。

一　责任

当我们问:一个行为是由某人外在地发生的吗？这不过意味着,这是一个由他所引起的结果吗？人们把这种学说称为责任学说。它在这里相当于原因(causa)而非过失(culpa)。

责任学说分为三个部分:某些东西要么出自人,要么不出自人,要么两者都存在。因此,所有的行为要么是自愿的,要么是非自愿的,要么是混合的行为。**自愿的行为**也可以出自那些不能被归责的人,例如也可以出自儿童。因此我们也可以说,动物参与了自愿的行为。主观自由在于,我规定外在客体,对外在客体的规定是出自我的内在方面。但是,如果一种并非实在地出自行为者的自然力量产生了行为,例如如果飓风袭击了我们的东西,它因此被摧毁,那么行为就是**非自愿的**。在非自愿的行为中,我们并没有进行规定,而是被规定。作为第二种非自愿行为,亚里士多德称之为错误的行为。[160] 他认为,第三种非自愿行为是产生错误的自然暴力。对此,它包括那些人在其中无力的自然状态,例如醉酒和中风。**混合的行为**在于,我知道自己在做什么,但不是通过自由任意,而是通过另一个人的任意来达到我所做的。强制的学说属于这里。真正说来,任何一个人都不应该被强迫做某坏事。然而,由于每个行为都是部分由我们自己和部分由状况产生的,我们的行为真正说来都可以被称为混合的行为。例如,一个醉汉所采取的行为就是混合的。

二 故意

在责任学说中,还没有表达出一个行为是从人的内在方面产生的,而只是说行为是外在地从它产生的。但仅是人有责或无责是不够的;行为应当不仅仅是由他外在地发起的,而他应当内在地对之加以权衡,行为自身必须在他之中得到发展,并在此拥有完满的定在。这种向纯粹内在性的转移就是**故意**的学说。而尽管与责任的学说相对立,后者只是谈到行为是否已经外在地实施,但只要一说到行为的思想,故意就来了。故意就把所有应当发生的事情都纳入了自己。儿童在其自我中没有这种反思,这就是为什么它可以自愿行为,但绝不是故意行为。

故意学说分为三个部分:**真正的故意**行为(罗马法中的 dolus)是指行为被置于人之内在方面,从而产生的行为。因此,主观道德首先涉及:人是否现实地是 libera causa facti sui(其行为的自由原因)[161],他是否不仅是原因,而且也希求成为原因。但是,意志和客体也可以分开,从而产生一个不存在于我内心的行为,而只是由一种外在的规定、**偶然物**所产生的行为。与之相反,同时混合了故意(dolus)和偶然(casus)的行为是过失行为(Kulpose Handlung)[162]。过失(culpa),**过失**是故意和偶然的结合之处,仿佛就是 dolus 和 casus 的中项。这是一种行为,在这种行为中,行为者本应该预见到可能成为一种偶然的事情。

(一)恶意[*]

故意是这样的,一个人在自身中构思一个他想实行的行为,然

---

[*] 原文为"Dolus",该词有很明显的道德和认知否定的意义,就是"坏的故意"或恶意,或者说"导致别人产生一个错误认知的故意"。——译者

后仿佛在精神的居所中召唤出它来。故意把 dolus 把握在自身中。dolus 是可归责的，故意行为总是可归责的。一些法学家对 dolus 的重视超过了对故意的重视；他们还错误地将故意与之联系起来，而故意本身就包含了行为的非法性。但这种违法性完全不是必然的。

故意只有在它已经部分产生的情况下才被视作故意，仅仅是 cogitatio（思虑）[163] 还不是犯罪。这属于**未遂的学说**。这是未遂做某事，即故意和故意之实行的开始。已经开始的故意还不能与已经完成的罪行受到同等惩罚。一个已经开始的故意还不如其完成的实行强烈；这里的意志还不如后者那样强烈。单纯的故意根本不能受到惩罚，因为缺乏实行也就是缺乏犯罪意图。Dolus 本身既属于民法也属于刑法，所有立法都必须把它放到两者。

故意与自愿非常不同。在自愿中，只有自在存在的方面被把握；与之相反，在故意中，则是内在存在的方面被把握，情况被作为被表象的行为纳入意识。在 dolus 中，外在世界要与内在世界相符合。因此，每个故意的行为都是一个自愿的行为，但不是每个自愿的行为都是故意的。这就是为什么亚里士多德已经说过[164]，儿童和动物参与了自愿，但没有参与故意。故意关涉地从来不是目的而是手段。

间接故意

犯罪学家们经常谈到间接故意（dolus indirectus）或 culpa dolo determinata（由故意所规定的过失）[165]，即当某人想实施一种行为却实施另一种行为时。例如当我想侮辱某人却杀了他。这种行为的故意并不构成它的过失，而对此有过失反过来也不是故意；

所以不存在间接故意。[166]整个命名是错误的。*Dolus* 本身始终是直接的东西。

(二) 偶然

在故意中同时存在着外在东西和内在东西的分离，这在责任中还没有出现。由于在情况中一种外在的原则在共同作用，故意的实行取决于不可预见的偶然（*Casus*）。在这种情况下，外在东西可以以这样一种方式战胜内在东西，即行动按照外在性的规律进行。由此就产生了一种**偶然**。它表达了内在东西对外在行为的不恰当，与责任中的非自愿相同。如果某件事情是偶然发生的，这意味着它是在我的意志之外从外部发生的。那么在这里，外在的行动比内在的意志更有优势。偶然可以是这样的，即故意完全被阻止，而发生了某种完全不同的事情；偶然也可以是这样的，即只有故意行动的后果被改变，因此，例如我想杀人却造成伤害。偶然与非自愿相对应，如果它完全是偶然的，那么它的不可归责就来自这种偶然性。没有人会对偶然负责，除非之前必须有一项犯罪。*Casum sentit dominus*，意即它只是被归责为事情的主人。

(三) 过失

Dolus 和 *casus* 是故意学说的两个极端。在这两者之间是过失（*Culpa*），即偶然和故意行为的同一性。在偶然中，行动的意识和由实行所产生出来的客体是相互矛盾的。但是，行为者往往必须知道某件事情将如何发展，而由此在过失中，在 *dolus* 和 *casus* 之间出现了一个中介，它包含这两者。过失是指行为者本应预见到可能成为一种偶然的行为。例如，这就是一个过失：我作为保管

人，把放东西的柜子打开，东西被偷了，我说我不知道小偷会来偷一个打开的东西（"不知道所有其他人都知道的事情"）。因此，这里面既有某种过失，即未能把握到外在情况，也有偶然，即后来加入了外在的、不取决于我的行为。如果我们考察 *culpa*，在其必然性中，它将处于 *dolus* 和 *casus* 之间，因为它是两者的同一性。过失不像 *casus* 那样完全不可归责，而是部分地完全可以归责。

过失学说在民法中一直非常重要，因为过失在人类生活中随时都会出现。自多内鲁斯[167]以来，*culpa* 就被近代的法学家们把握为三个程度：*culpa lata*（严重过失）、*culpa levis*（较轻过失）、*culpa levissima*（最轻过失）。从量上看，人们可以随意假定有多少种程度；因为有多少种过失是不存在的！如果有三种，那么也有三十种、上百种、数百万种。如果人们想把握过失的所有可能性，它们可以延续下去以至无穷。然而，这些程度必须是采取质而非量的形式。从质上看，只有两个程度：*culpa* 位于 *dolus* 和 *casus* 中间，所以它只能是一个更接近 *dolus* 或一个更接近 *casus*。这是唯一可能的质上的差别。它们对应于一种部分是 *diligentia major*（较大注意），部分是 *diligentia minorus*（较小注意）。[168] 这也是罗马法的分类。罗马人说 *culpa lata* 是 *dolo proxim*（接近故意）[169]（如果一个人忽略了每个人都知道的东西，就是一个很大的过失），而其他所有的 *culpa* 都是 *casui proxima*（接近遇然）[170]。不能期望一个人调查所有可能的情况；这就是 *culpa levis*，它本身不包含那种确定的疏忽，只是一个较轻的过失。但是关于 *culpa*，质在于量，反之亦然。因此在哲学上，不能假设任何程度。

因为在过失的情况下，道德上的恶性较少，所以也较少可以归责;但如果看透了事情的关联,仍然如此行为,那么就会成为 *dolus*。

犯罪学家有时将 *culpa* 和 *dolus* 区分开来,认为 *dolus* 是意志的错误, *culpa* 是认知的错误。但认知和意志根本不能区分。在 *culpa* 中,既有意志的错误,也有 *dolus*,只是在后者中,偶然对行为有影响。过失的人也意愿,当然只是不完全。

Culpa 本身是故意学说的第三部分。我们现在已经处理了责任和故意的问题。

三 意图

归责的第三大学说是决心的实行,这就是意图的学说。意图是,当应当被实现出来的东西同时处于故意中、当关键的客体一同也被把握时,为此,我希求实行故意。故意是指打算做某事,意图也意味着同时知道我想做什么。例如我有意去某个地方,意图在那里做某事。意图是最后的东西,是目的,是故意的结果。有许多故意者,也会有许多意图。在意图中,客体和主体并不像在故意中那样分开,而是说它是故意和被故意者的同一性。因此,可以有一个疯狂的故意,但没有一个疯狂的意图,例如爬到月亮上的故意,但外部的东西仍然原封不动,意图不能是疯狂的。亚里士多德[171]已经说过,即使是疯子也有故意,但没有意图;因为意图要求行动与故意相符合。

现在,意图自身可以是这样的,所要达到的目的与人所要做的事情相一致。这就是**直接的意图**。它是外在世界和内在世界进入的第一个同一性。但是意图也包含了分离,即我并不直接希求这个东西，而是为了另一个东西而希求某东西之时。这是**间接的**意图。在其中，故意和意图分别出现。当我并不因为做某事而做某事，而是为了别的东西，这里便属于间接故意（*dolus indirectus*）。但是，当意图的现实内容在其所有直接和间接意图的目的中被把握为一体时，我来到了**物质的**意图。物质的意图是我所希求的全部内容，所以我们已经走出了归责学说，进入了关于行为内容的学说。例如，如果我送东西给某人，我的意图是让他高兴，而物质的意图是为自己交朋友。不同种类的意图可以进入一个无限的进展中。意图可以建立在意图之上，即一个意图成为对其他东西的意图，而这就是人的目的和最终目的本身的学说——幸福。这些目的已被视为许多道德体系。

第二章 论目的

归责还没有表明行为的内容，而只是表明形式。然而人不仅仅是想行为，而且还要有一个行为的目的；这就是行为的内容。正是有了这些目的，道德才真正开始。人的首要目标是在他的行为中产生一种普遍的和谐，完全为一个目的而努力，这就把我们引向了幸福的学说。

一 幸福

（1）幸福的第一个原则是，人在他所做的事情中找到自己，他在那里是为了满足自己的**利益**。利益真正说来意味着我对某件事情感兴趣。这就在于人行使他的目的。许多道德哲学家都停留在这个立场上。在上个世纪*的时候,爱尔维修[172]和杰里米·边沁把利益视为道德的甚至国家的最高原则。他们说,人必须为善,因为它令人愉快并且有利益。人应该在他所从事的事情中遇见自己,应该在他的行为中重新找到自己。他们遭到了席勒的反对,席勒思想的出发点是人应该为善,因为它是一件不愉快之事。

据此,人做任何事情都是因为利益。爱尔维修最终将利益追溯到某种完全感性的东西上,并将其主要设定在性冲动中。然而他还声称,德行将产生于各种利益即自己的利益和公众的利益的和谐。在所有人都关切的事情中,每个人都必须找到自己的利益。那么德行就不是出于私人利益的行为,而是出于对普遍利益的考虑,为了普遍的福利而为。最后他得出结论,普遍利益也是最高的私人利益。

这种学说必须作为物质性的予以拒绝。对于利益,还没有说出什么,它还没有任何客观的东西,还没有任何善:利益是什么,取决于历史和生活的环节,而没有给出体系。

(2) 如此一来,第一个目的是利益。但只要我存在于其间,我也希求在其中良好自处,我的利益必定让我愉快。它注定要如此活动,寻求快乐,避免不愉快。它应当只在一定的和谐中为一个目的而努力,致力于它的实现。利益的满足,其最终的目的是**福利**,是享福,这是幸福的第二个目的。为了让我享福,一个愉快的印象应当停留在我这里。如此便产生了快乐和不快乐之间的斗争。快乐应该始终是结果,而我通过在现在满足我的快乐,愉悦就产生

---

* 即 18 世纪。——译者

了。就现在而言,愉悦是快乐,痛苦是不快乐;就过去而言,欢乐是快乐,悲伤是不快乐;就未来而言,希望是快乐,恐惧是不快乐。古代哲学家中的许多派别(享乐主义者、伊壁鸠鲁派、犬儒学派)都站在愉悦的立场上,法国的百科全书式派,如孔狄亚克[173],也是如此。

(3) 当这种在福利中仍然外在的愉悦变成内在的愉悦、当感性的愉悦被追溯到**道德感**时,幸福的第三个阶段就产生了。道德感是对利益和快乐的净化。这一原则对许多哲学家来说也是最高的,例如苏格兰人哈奇森[174]就这样认为。

到目前为止,我们还没有谈及人的**有规定的**目的。但在道德感中,已经有了向实践目的的过渡。

二 实践目的

(1) 第一个实践的目的是人与自身相关,不要沉沦于一切的快乐变换中;他必须保存自己,爱自己。**自爱**是把关切集中于自己,是一切善恶的源头,所有的德行和所有的恶习都在这里有根基。有德行的人往往必须为了善的缘故寻求保存自己。但自爱会导致人们对自己形成一种意见、一种投影,而如此一来,其最高和最后的东西便是荣誉。由此,我们也希求得到他人的承认。这导致——

(2) 为了**社会性**的目的。社会性目的的学说,即特发性和同情性冲动的统一,是沙夫茨伯里[175]的哲学。他将道德置于自爱和社会性的同一性之中。这里涌现出好意和友谊的德行。普芬道夫的自然法也属于此。

(3) 自爱和社会性的斗争,即**法和福利的斗争**,是实践目的的第三个阶段。这个环节在正当自卫、紧急权利和必要谎言的学说中体现得最为明显。当我的生存受到来自定在方面的攻击时，自爱是否应当取得胜利？问题是，人的自爱是否强烈到他可以通过犯罪来保护自己。这一点必须得到肯定。每个人都有权利在与外在法的斗争中保存自己。

但这些实践目的还不是最后的目的。在其中，人仍然要与外在世界的条件作斗争，而这些只有在合乎理性的目的中得到平衡。

三 理论目的

（1）第一个合乎理性目的是**知识的目的**。真正说来，知识属于实践目的，因为它是一种冲动；但它不是单纯的好奇心或对知识的渴望，而是在知识中融合了人的所有目的。它上升为我们所有行为的普遍原则，因为人的最终目的是他知道他在做什么。知识最终吸收了行为，把它们变成已知的东西，变成思想。认知首先是自私的：主体通过把一切转变成思想来消耗一切。

斯宾诺莎将知识提升为道德的原则；对他来说，知识就是德行本身。知道的人是善和幸运的。在他那里，知识和行为被认为是一样的，即使行为要与冷静的认知区分开。根据他的说法，我们通过对情动的清晰和明确的识见而自由行为，这与宇宙的认知融为一体。这种识见产生了对神的理智之爱，这既是幸福也是德行，两者相辅相成。斯宾诺莎在德行方面取得的最终成果就是这一命题：我们不是因为有德行而幸运，毋宁说我们有德行是因为我们幸运。他把他的书、他的整个哲学称为伦理学。支配其情动并通过它们渗透到对实体之直观的人是真正自由的。这种知识显现为某

第二篇 道德

种比早期阶段更纯粹的东西;在这里,道德有一个完全不同的立场。

(2)然而伦理学不仅仅是纯粹知识,也是行为。人不应该仅仅了解他的情动,知识不应当仅仅是静止的、把行为纳入自身之中的,而是说他应当依据认识采取行为。因此,每一行为本身都是真的表达;对情动的认知本身就包含了**真理**。这就是英国人沃拉斯顿[176]的哲学。每一行为都必须包含一个真理;一个真的行为是善的,一个不真的行为是恶劣的。让一个人成为奴隶是非伦理的,因为它是不真的,因为其中所包含的原则乃是人是不合乎理性的,而这是不真的。这一原则包含了崇高的真理,即每一行为都出自我们的认知,而善与真则是联合起来的。但什么是真的呢?这个问题将我们引向完善性的目的。

(3)完善性是莱布尼茨-沃尔夫道德哲学的立场。完善的行动意味着通过一系列的行动达到一种内在的和谐。这与幸福的体系完全不同。在那里,我们只关注外在冲动的和谐;但在这里,我们要以幸福为代价变得完善,也就是达到内在冲动的和谐。幸福在于外在冲动的满足,完善性则在于内在的和谐。这里首先包括知识。没有知识就没有人能够成为完善之人。完满性的立场要求我也要依据认识而行动。在它里面,所有实践和理论目的的环节都融合在一起。它命令:做使你完善的事,即达到最高可能的完善性。而在这方面,完善性是一种接近。因此道德的原则在于永恒地接近最高者,而并非不可能达致。没有人可以达到完全完善的存在。这种对完善性理想的接近表现在苏格兰人弗格森[177]的道德哲学中。

但是由于完善性仅仅是一个人去接近的最高者,那么它并非是完成者。毋宁说完成者必须是自在自为的真,而这个自在自为的真就是善。也就是说,真正的道德原则是善或至善。

第三章 论至善

把至善确立为道德的原则是苏格拉底、柏拉图和亚里士多德的功绩。然而,苏格拉底和柏拉图还没有详述什么是善。亚里士多德才把它确立为幸福的冲动与理性的和谐,或者说是理性对冲动的规定。在善的行动中,形式和内容是一致的。善是道德的真正原则,但本身仍有不同的层次。

一 德行论

善,作为**德行**,规定自身为冲动的和谐与冲动的理性化。如此一来,冲动不能被摧毁,而是要被理性意识所渗透。在这里,它们被提升为理性,但它们构成了行动的肯定内容。幸福的目的被降格为一种手段,通过这种手段来检验德行的力量。在古代世界,德行占主导地位,但在现代世界则是义务。德行是肯定性的;它在于,理性地渗透幸福的冲动,因此真正说来它仍然具有感性的性质。因为幸福的冲动不会被毁灭,而这才出现在义务中。

亚里士多德的伦理学是一种完善的德行论。他把德行称为两个极端之间的中道,并认为有三种德行:生理的、伦理的和逻辑的。我们不再认为生理上的德行是德行,因为我们已经到了义务的思想(例如,健康被认为是一种命运)。德行的分类从自然上升到精神。

(1) 在亚里士多德看来,自然冲动首先赋予了**生理的**德行,而生理德行只是达到其他德行的一种手段。这些是健康(mens sana in corpore sanom[178])、饮食学、体操。

(2) 然后是**伦理的**德行,这些德行已经进入精神,例如勇敢、节制。根据亚里士多德的观点,德行总是处于两个极端之间的中道——亚里士多德的中道,即德行必须是与两端等距离的东西。勇敢位于懦弱和鲁莽的中间,节制是介于不节制和麻木之间的德行,慷慨位于贪婪和奢侈之间,热爱荣誉位于野心和缺乏野心之间,慷慨位于胆小和浮夸之间,羞耻位于腼腆和厚颜之间等等。

(3) 逻辑的德行是那些不再以冲动,而是以精神的纯粹活动为其内容的德行,因此其实体在理性之中。这属于邪恶和单纯之间的明智。最高的逻辑德行是智慧,它同时产生真正的幸福。摆脱了冲动的逻辑德行,成了斯多葛哲学的对象。

德行仍然有感性的形态,它们有还不完全是精神的冲动。在德行论中,冲动仍然与理性处于和谐之中。因此,德行具有肯定的、生动的、平静的内容:德行不能彼此相互碰撞,它们平静地彼此兼容。因为在它们那里,冲动被视作某种善的东西,所以奥古斯丁(《上帝之城》,19,25)说,古人的美德无非就是光辉的恶行。这里面有许多真相。因为德行论根本上还是承认冲动的,所以善的进步必须以根除和拒绝冲动的方式进行。这种理性与冲动的斗争就是义务论。

二 义务论

德行在于承认冲动,义务在于对抗冲动。它是否定的,表达的是对冲动的否定。德行和义务的不同之处在于:在义务中,冲动应当被摧毁；而在德行中，它只是被净化。德行是一种对冲动的合乎理性存在的意向，与之相反，义务则是一种应当，而这就是基督教道德的立场。基督教团体真正的善不在于德行而在于义务。古人承认冲动为某种自然的、善的东西。因此，包含义务论的基督教宣布自己反对古人的德行。基督徒摧毁了现实的世界，并通过义务将冲动拔除。古人的德行只是节制；但基督教要求人完全消灭这种冲动，它的德行是禁食。义务是一种论战性的东西；在它那里总是出现一场斗争。各种义务之间进行碰撞并且依照其本性是好战的。

正如义务论是基督教的道德一样，它也是康德和费希特的道德体系。康德[179]是第一个正确地反对亚里士多德定义的人。根据该定义，德行是对立的恶行的中项，因为那样的话，德行就永远只是一个恶行：根据亚里士多德，德行和恶行的区别只是量上的，而不是质上的，德行与恶行的区别只是程度上的少数。在古代，人的自然冲动是善的，因此根据亚里士多德的说法，冲动的中道是德行。然而根据基督教的观点，人的本性是恶的，感性是某种恶劣的东西，所以有义务根除这种感性冲动，这就是为什么感性的克制常常被视为德行。绝对命令的立场是义务本身，即理性的自律：人不应该让自己被冲动所规定，而应该自我规定，他应当在自身中产生善，而这必须自律地而非通过冲动他律地发生。精神应当设定自身与自身相同一，人应当做他也希求别人做的事：你要这样行动，就好像你的行为可以成为所有人的一个准则。然而并没有得出任何东西。如果我们问康德：**什么是义务？**人现在应当做**什么**，**义务**在质料上是什么？那么他给不出任何答案，毋宁说这整个义务的原则完全在于绝对命令。为了从这种自律进入外在行动,康德觉得不得不从外部引入另一个原则,从而返回到沃尔夫哲学的他律。他把义务学说从幸福和完善性中剥离出来,而在内容上又返回到了他律。必须据此处理行动的内容,使其引导人走向幸福。这恰恰是康德式道德的缺陷,即行动不是由内在理性规定的。从这种绝对命令中产生不出任何内在的义务论。

为了使这种哲学更加一贯,并发展出一套内在的义务学说,费希特[180]将外在世界完全归入内在方面,并将自我规定作为主要原则。他认为,义务也必须从理性的自律中得到规定。理智必须赋予自己自我活动的绝对法则,其内容无非是由某种自我以外的东西的自我的不可被规定性。但如果没有非我,自我根本无法被思维;通过设定自我,我已经与一个非我相对立。这个非我是自我的障碍。现在,义务论在于自我克服了自然冲动,战胜了非我。因此,所有的义务只是履行绝对义务和实现我的自我活动的手段。如此一来,道德是对义务论的一种无限接近,而义务是战胜非我的手段。这种绝对的义务论不是一种内在的义务论,这是费希特式道德的缺陷,也是它与康德式道德的他律的一致之处。个体的义务只是作为绝对义务之目的的手段而存在。

费希特将义务本身分为三个部分:

(1) 人对自己的义务(自我保存的义务,对自杀的谴责);

(2) 人对他人的义务(正义、博爱);

(3) 人对神的义务。

在这个义务体系中,义务论已经变成了肯定性的,并回到了它所推翻的东西,即存在着个别义务。

决疑论

然而义务会发生碰撞，由此区别于德行。但在碰撞中，哪项义务优先？由此我们来到了决疑论，即经院和中世纪的道德。在这种道德中，一项义务通过知性克服了另一项义务，并使之成为不必要的，这种科学在个案（*casus*）中考察哪种义务在个案中（*in casu*）比其他义务更可取，以及人在个别情况下要怎么做。例如，如果两个人在海上有一块木板，它只能承载一个人。这里的关键在于，对自己、对他人或对神的义务是否有优先权。一个人有时偏向那个义务，有时偏向这个义务。决疑论没有任何绝对的东西，它不知道任何更突出的义务。因此在义务的碰撞中，法不能被裁决，善不能被保存。

禁欲主义

人从这种义务的拉锯中撤回到他的内心，并把整个义务世界转移到自身，这种回归就是**禁欲**（*Askesis*）或禁欲主义。在禁欲主义中，人对向外努力和合乎义务行动感到绝望，因此退缩到自己的内心。它的发生是为了逃避行动的矛盾，避免义务的冲突。其真正的核心是祈祷。这也包括人们所谓的纯粹退出世界的僧侣的道德。人们摒弃了世界的外在方面，在与神的唯一联系中关联自身。放弃世界，退回到内心也是虔敬主义的道德。当然，虔诚的人不只是清心寡欲，禁欲主义常常以狂热主义重新出现在世人面前；但也有这样的虔诚心灵。但是善的最终立场在于，人必须出于自己的内心作出最后的决断。

三　良知

良知是对自身拥有善的确定性的意识。善的最内在的来源是良知无愧。从他的良知出发，人可以作出善和恶的行为，而良知是提醒他一个行为是这样还是那样的尺度。我们说到良知的谴责、说到良知无愧或良知歉疚。如果人有意识地反对善，那就是良知歉疚。在良知中，行动不仅仅是作为一个要被归责的行动在内心扎根，它是作为行动本身在内心扎根；行动已经返回到了心的立场，即最终的道德决断。也就是说，人可以用知识和意愿来反对善，也可以听命于善。良知是通过禁欲主义从义务的碰撞中返回主体的善，在它里面，德行论和义务论是统一的。它既可以转化为善，也可以转化为恶。

在近代，人们把良知视作是最高的。坚信道德的立场是最高的。雅各比[181]的道德哲学站在良知的立场上。在雅各比看来，外在的行为只能依据良知来判断。但是从这种把信念作为善恶的决断者并把出于信念的行动确立为最高者的哲学中，也产生了那些现在已经扎下可怕根基的弊端。其中包括耶稣会士的道德哲学和为科茨布之死辩护的学说，德维特为桑德辩护道，他是按照自己的内心信念行事的。[182]

在良知中，善与恶都可以自由地行使。恶的情况如下：由于行动可以部分产生于人，部分不产生于人，因此如果行动不是由我的自我规定产生的，那么行动就没有与我的同一性。在这种情况下，它是恶的。与之相反，善是我在内心和外在都能找到的东西。就此而言，恶是善的阴影面。这从来都不是一种道德的立场，毋宁说是良知的立场，即恶应当被善所克服，而这在于基督教的**救赎**学说中。对恶的克服产生了若干道德立场，例如对**优美灵魂的渴慕**。据此，善和优美依自身而实存，人只需将其纳入自身。我们在施莱格尔的《露辛德》中找到了这种学说。这使施莱格尔进一步谈到了**神圣懒惰**的原则。然而优美灵魂的立场与人的活动相矛盾,因为人应该通过活动来征服懒惰,从而使自己变成恶的。

良知处在道德的顶端,但不是在世界的顶端。这对人来说是决断性的东西,但对世界来说并不是决断性的东西。这个世界是建立在其他事物上的,建立在牢固的、客观的伦理上,建立在永恒的善恶规则上。如果良知在道德上是最高的立场,那么它对伦理客观物来说并不是规则。根本上,世界并没有为人的主体性而锁闭。当然,这已经引入了国家和宗教,甚至是作为反讽形式的艺术。人们认为它是一种艺术现象,即观察者自身被追问,作者乐于误导并将此作为客体。反讽将人格纯粹主观地确立给观众,而不是客观地呈现他。这是 19 世纪初艺术的疯狂情调。在弗里德里希·施莱格尔[183]的《露辛德》中,伦理被嘲弄,因为要按照信念行事,就像在蒂克[184]的《穿靴子的猫》中那样。在艺术中,良知被确立为有校准的。但这些对象是伦理性质的。

让我们来问问:良知是万能的吗?那么我们必须说:**在道德上是的**,在道德上它是最高的。但是一旦它走出自己,它就会卷入外在世界的状况。对世界来说,道德不是最高的。这就是所谓的历史的道德观点。近代以来,人们确实在历史上变得愈发道德化。例如施罗瑟尔[185],他带着小市民的思想去考察历史,发现拿破仑在道德上是很糟糕的。但历史上的伟大精神不能用通常的道德标准来评判。道德必须为历史让路。面对具有客观性质的事物,面对宗教、伦理和艺术,它消失了。

第三篇 伦理

"伦理"这个词选得很不幸。道德的含义其实和伦理几乎一样；但我们没有其他的词，因此必须对道德和伦理采取不同的理解。两者之间的区别很快就会表现出来。伦理有各种含义。首先，伦理意味着习俗。习俗是许多人做的事情，许多人习以为常的事情，是已经从客体中发展出来的事情。但习俗也意味着善的行为。依循习俗行动的人是按照一种自己以外的尺度行动。因此在伦理中，有着法和道德的统一，而道德只是抽象的善，人格之内在方面的善。法是外在的东西，道德是内在的东西，而伦理是由内在东西形成的外在东西。因此，伦理要高于法。道德只能达到良知。但这种良知也必须从我之中形成客观世界，而这同样导向伦理。伦理是已经成为法、重新达到法的立场的道德，是道德向更高的东西的过渡。人们已经把道德关联于一切它并不属于的可能之物；甚至宗教也应当只为道德而存在。然而这是18世纪启蒙的浅薄观点。基督教的道德，实际上也超越了道德的界限，必须被抑制；基督教必须再次将伦理视为一种特殊的东西，而不是消融于道德中。道德的立场不足以达到主体性的大厦，而伦理就是这座大厦。当道德在获得客观形态时，它便在其中表达自己。

在制定《法国民法典》时，拿破仑曾来参会。一些人提出了收养是一种契约的主张;但在已经听了一刻钟后,拿破仑问道:难道收养没有什么道德可言?他们无法否认这一点。因此,我们继续追问:婚姻和与之相关的东西是否也只是契约性的东西或道德性的东西?在所有的伦理行为和形态中,有两种:(1)法;(2)道德。这可以在家庭和国家中表现出来。就习俗是道德的定在而言,它更接近于法,因为它本身具有一些自然和外部的东西。这就是为什么我们说"习俗是人的第二自然",尽管它是一个更高的自然,我们如坚持某种自身之外的东西一般坚持它。我们把自然思维为外在的东西;没有道德的东西我们称之为自然。习俗是道德的自然、道德的肉体,在其中,德行又获得了它的权利。它是真正的伦理立场。德行是在其精神实存中对感性冲动加以保存。伦理是对道德的感性化,它把内在东西提升为外在东西,而德行则把外在东西提升为内在东西。只有在这里才会产生真正的、内在的义务论。正直是一般的伦理德行。正直意味着在正当中发现、掌管和实现自身。在伦理中,义务和权利是一致的。在这里,人有权利就有义务,有义务就有权利。我们可以说,伦理就是达到客观性的道德。

作为现实地实存着的权力被提升到个体形态,习俗主要在古代进行统治。与之相反,在当今时代,道德则占据主导地位,而在下个世纪,伦理很可能会再次崭露头角。

伦理分为三个部分:

(1)一般来说,习俗在其直接性中是通过爱和感觉的人的联结,而这就是**家庭**。它是第一个无反思的、最初天真的伦理。

(2)伦理的第二个环节是,这种感觉性的爱进入反思,并被撕碎。这种伦理中的斗争，在家庭中本来是一体的东西的分裂，就是**市民社会**。

（3）但这种撕裂的伦理必须重新上升到统一，统一产生了斗争者，即家庭和市民社会的和谐，而这个伦理的第三个和最高阶段就是**国家**。

第一个环节是直接的，第二个是反思的环节，第三个是思辨的环节。

第一章 家庭

家庭在这里被设定为第一种伦理形态，作为在其直接性中的伦理精神。它是感觉形式的伦理，由几个个体组成的整体。在家庭中存在，在其中找到自己，将永远被视为某种属于感觉的东西。然而，起联结作用的是**爱**，家庭无非就是通过爱形成的伦理共同体。这是最为思辨的东西。它是在一个他者那里存在，但同时又停留在自己这里，或在这个他者那里拥有自己。知性无法把握这些环节的关联；因为它只把握一些片面的东西，即某人在自己那里，这就是为什么知性向来是爱的敌人。根据亚里士多德的说法，家庭是国家的开端。其中包括：①一种对自己个体性的意识，但也包括②对这种个体性的一种放弃，以进入与他者的共同体。因此在家庭中，人真正说来是依赖性的，但他仍然保存着自己的个体性。在家庭中，在于某人在自己之外也拥有某东西，而这正是伦理的本质。

一 婚姻

家庭始于婚姻,并以婚姻为出发点。

婚姻的概念

什么是婚姻,有着最为不同的观点。最粗俗的观点是,婚姻只是两个性别的不同个体聚在一起。人们把婚姻设定在**交配**的事实上,并构想为某种并未高于动物的东西。但婚姻不仅仅是交配,毋宁说这只是自然性的基础,在婚姻中要被提升为两性的伦理共同体。婚姻是某种伦理的东西,是应当补充另一方的缺失。因此它产生于异质性的东西,而它出自两性乃是必然的。尽管性冲动构成了婚姻的自然性基础,但它不是唯一的,而只是生理性的东西;它不是目的,而只是达到伦理共同体目的的手段。因此,婚姻的主观起点必须是两个不同性别的人发现自己并进入婚姻状态。

契约论

另一些人把婚姻仅仅设定在当事人的意愿上,在两个人聚在一起的**契约**上。康德[186]这样解释婚姻:谁把自己委身于一个他者,谁就会把自己贬低为物;这必须由他者的委身来弥补,性器官交换使婚姻成为某种更高的东西。然而婚姻中的人格应当形成一个伦理整体,每个人都是一半。伦理就在于意识到夫妻双方的统一是实体性的目的:在爱中,在信任中,在整个个体实存的共同性中。罗马人很好地将婚姻描述为 *individua vitae consuetudo*(不可分割的生活共同体)[187]。因此,契约不能构成婚姻的本质。诚然,婚姻是通过契约缔结的,并且始于契约;没有合意就没有婚姻。但这里的契约只是手段,而不是应当通过手段要达到的事情。婚姻绝非契约，而是某种更深刻的东西，而任何契约都不能赋予其中的伦理。针对婚姻是一种契约的观点，必须记住关系的实体性和契约的非实体性。契约只是形式性的，两个意志互相联结；内容并非伦理的东西。然而婚姻拥有一个实体，而这一点特别表现在婚姻不能以缔结的方式那样被解除。因此，即使婚姻是通过契约进入的，也不能通过合意而解除。仅仅因为它是通过契约产生的，并不能使它成为一个契约，就像国家并非一个契约一样，尽管它可以通过契约产生。婚姻和国家的本质是一个伦理的东西。这总归有别于契约的形式，它要高于契约；因为在契约中，只有意志的结合，但在婚姻中，人们放弃了自己的独立性。因此，它是某种内在的东西。

第三种意见是，因为婚姻是**无限的爱**，所以无限的爱也必须创立和维持婚姻，无需任何进一步的批准（弗里德里希·施莱格尔在《露辛德》中如是说——这是一部不再被人阅读的小说）。针对这一点，必须表明以下观点：尽管婚姻是爱，只要家庭本身仅仅是这样的爱，由法律确认的、由形式和形态所固定的爱，而不是 *venus vulgivaga*（浪荡之爱）[188]。

婚姻本身可以有两个出发点，这与两个伟大的思想有关：古代和基督教。有人可以从关系的客观性出发，即认为不管是和谁，结婚就是正确的。因此，他为了这一客观的必然性而寻找异性的一个人格。第二种是，人们从作为主体性的爱出发，在其迷恋和主体性中找到一切，并把一切都托付在它上面。没有某个人，人就根本无法活下去。这种迷恋形态的爱是每一目的的驱动力。这是一项现代发明。如果有人要写爱的历史，他会发现古人对此一无所知。

迷恋属于主体性，是对其最本己自然的高扬。古人没有这种最为内在的珍视，他们沉浸在国家中，不属于自己，也不那么重视其主体性。古代的爱是安提戈涅的爱，是虔敬。与之相反，在现代，爱就是一切。除此之外，爱需要对女性进行一定的训练，使其获得独立性，而这在中世纪才出现。在东方，妇女是奴隶，因此不可能发生爱；因为爱只有两个自由人格才能结合。现代的爱产生于中世纪的十字军东征，当时阿拉伯人和基督教骑士互相争斗，在基督教和穆罕默德教元素的中介中，他们为"神和女人"、为无限和有限而战。然而如今，爱已经退化为调情和迷恋，构成了例如我们所有戏剧作品的核心，至少是插曲。人们对没有风流韵事的戏剧望而却步。这就是为什么近来的戏剧要比古代的戏剧卑微得多。

现在，什么更可取：婚姻是从客观的还是从主观的立场出发？由于婚姻是主体性和客观性、主观方面和客观方面的结合，它可以是两者。这些人格应当在主观上与客观关系相联系，彼此相爱。如果一个人带着爱踏入婚姻，婚姻或许会比一个人期望从婚姻中得到经常缺席的爱更为持久。然而，婚姻如何开始并不重要。

圣礼

如果婚姻不是以契约为基础，那么人们就很容易陷入另一个极端，即婚姻是一种圣礼。天主教会就认为它是这样的。这个问题必须从婚姻的概念来解说。婚姻既不是单纯的契约，也不是圣礼，因为它的定在有可能与它的概念不相符。然后它就可以被解体了。一段糟糕的婚姻应当可以离婚，这样才能保持伦理的东西，不至于堕落。诚然，婚姻是一种神圣的关系（*matrimonium est sacrum*［婚姻是神圣的］），因为它是一种伦理关系，而在这个意义上它是神圣的。但它是内在的,不是外在的,毋宁说它在外在方面并非神圣。婚姻对进入婚姻的人来说应当是神圣的。但天主教会将圣礼与外在的东西、与纽带联系起来,并说婚姻 *quoad vinculum*（依据纽带）[189] 是神圣的。因此对天主教会来说,丈夫殴打妻子的婚姻也是神圣的。在婚姻解体的可能性中,这一点还会被讨论。

作为伦理关系,婚姻同时也有其感性的方面,而问题是在多大程度上感性必须被压制。如果婚姻是伦理的,那么交配的冲动就会被伦理所净化,并持存于这种净化之中。但是像柏拉图式的爱那样,整个拒绝它,婚姻应当在拒绝一切感性的情况下进行,是完全错误的;因为伦理的婚姻是建立在感性关系的基础之上的。

婚姻的缔结

作为伦理关系,婚姻是如何缔结的呢？仅仅是民事缔结就够了,还是教会仍然必须祝福它？根据基督教的概念,可以肯定的是,它不应当仅仅通过同意来缔结,而应该在教会祝福的辅助下缔结。在法国,人们已经拒绝了这一做法,人们已经满足于市长面前的**口述记录**（*procès verbal*）。然而在德国和英国,宗教祝福是必要的。教会的祝福是可取的,以外在地赋予婚姻它所具有的内在神圣性质,并使婚姻与教会的联结更加庄严。但这并不必然出自事情的概念;在市民团体前宣布结婚是一个充分的伦理权威。然而,婚姻很容易因单纯的民事合同而沦为姘居。根据天主教教会法、特利腾大公会议（dem Tridentinischen Konzil）[190],在两名证人和牧师面前保证,婚姻才能获准,*benedictio nuptialism*（婚姻的教会祝福）[191] 被认为没有必要。新教徒已经宣布它是必要的。我们唯一可以反对教会祝福的是神职人员和教会之间的关系，他们经常拒绝为两个不同信仰的人的婚姻提供祝福，这就是为什么往往似乎必须在不遵循这种宗教庄严性的情况下缔结婚姻。

一夫一妻制

如果婚姻本身是爱的伦理关系，那么依其本质，它就必然是**一夫一妻制**。为了使婚姻中的每个人都能成为婚姻的一半，为了使其中有一个真正的男人和女人的共同体，其中只允许有男女各一个人，而且一个人必须只对另一个人产生影响。因此丈夫只能有一个妻子，妻子只能有一个丈夫。人格性的全身心投入也希望有另一方的全身心投入：这就是一夫一妻制的本质。在一夫多妻制和一妻多夫制中，丈夫和妻子不被看作是独立的，而是一个物。在这里，对一个部分的蔑视是不可避免的。

一夫一妻制往往被证明是非常外在和粗暴的。康德说，一夫一妻制来自配偶双方都把对方作为物，他们互相补偿；但如果一个人有几个配偶，如此一来他们就不会互相补偿了。但一夫一妻制是不同的，更容易得到呈现。一夫多妻制的本质在于，女人是一个单纯的物。这里的重点不在女性身上，妻子没有被表述为与丈夫相平等，而是显现为依附性的，因为她是被购买的，是财产。婚姻作为感觉意识的统一体，只有在女性发展为人格性时才能产生；女性绝不能是物一般的东西。如果有几个妻子，妻子的人格就会被消灭。然而在真正的婚姻中，两性在他们本来所拥有的地位上必须是平等的。妻子没有和丈夫一样的地位，但就她的能力而言，她们应当和丈夫平等。因此唯一的婚姻是一夫一妻制，从事情的概念中发现的东西也可以在历史上得到证明。只有在一夫一妻制登场的地方才会出现历史。所有一夫多妻制的民族都没有在取得任何重大成就的意义上成为历史民族。东方的一夫多妻制要归咎于这些民族一直保持着一千年前的状态。亚洲相当于自然；这里没有任何引领各民族走向新转折的历史气息。在一夫多妻制中，男人变得没有生气、无历史性。它是整个大洲缺乏活动的原因。与之相反，在欧洲，自由的思想出现了。奴隶制尽管还被容忍，但个人是自由的，女人是自由的；在希腊她是一个妻子，在罗马她是一个已经以个体性的方式登场的主妇。一夫多妻制在这里愈发式微，尽管在北方现在和过去也曾出现。

禁婚令

一夫一妻制关系预设，婚姻是一般的爱的纽带。在个人具有差别的情况下，爱是最强烈的。只有差异性才能构成爱，这种存在于另一个他者并在其中赢得自己的思辨关系。婚姻是两个不同性别的人的结合，是不同个人的伦理统一，由此可见，他们也应当出自差异的、不相同的血统。这就是禁止血亲之间结婚的伦理根据。遥远的、没有相同血缘的关系构成了婚姻的真正结合。堂表兄弟姐妹以及叔伯侄女之间的婚姻也不合适，因为陌生的配偶有必要形成一个具体的统一体。乱伦、与近亲结婚，有悖于婚姻的性质。到处都在谴责直系血亲之间的婚姻，但不谴责旁系之间（*Kollateralen*）[192]的婚姻。很难找到一条分界线，因为血亲之间的婚姻本身并非有害（它们在国王中很常见）。在一些民族中，血亲之间的婚姻不仅是允许的，甚至是必须的，例如在《赞德书》（*Zendbüchern*）的帕西人中。原因在于，波斯人的婚姻应当是纯洁的，是没有感性的。而近亲之间的婚姻也确实如此；这里更多的是柏拉图式的爱，较少的感性。因此近亲之间的婚姻必定显得是最高尚的。然而这些亲属间的婚姻也出现在希腊。在阿提卡,兄弟可以与他的 *consanguinea*(同父异母的姐妹)[193]结婚;在斯巴达,可以娶他的 *uterina*(异父姐妹)[194]。这可以用维续家庭的原则来解释。在阿提卡,重要的是要维续 *splendor familiae*(家庭的声望)[195],这比其他方面跃升的感情更优先。在这里,自然性的原则也占了上风。但是当完全不同的个体结合在一起时,爱总是更强大。我们可以认为波旁和哈布斯堡家族之所以衰落和迟缓虚弱,就是因为他们在家族内通婚,从而变得萎靡不振。在我们的时代,我们又回到了摩西律法中所确立的东西,这就是其中的终极远处(*non plus ultra*)。

如果我们现在问:婚姻的目的是什么?人们常常说:生育孩子。但婚姻的目的不是单一的,而是婚姻的概念本身,是婚姻之整体。婚姻,像一切伦理的东西一样,以其自身为目的。

丈夫与妻子的领域

我们仍然要考察构成婚姻的两个配偶的地位。丈夫和妻子的不同领域是什么?在德语中,我们有"婚姻的一半"(*Ehehälfte*)的说法。它表达了,丈夫和妻子都表明自己作为一个大的整体,即婚姻的一半;每个人都作为一半来构成它。但这些一半是质的一半,其中每一方都有一种不同的有效性,而不是量的。他们有各自不同的活动领域,但应努力争取某种统一。这使我们考察婚姻中的两个角色,即丈夫和妻子。人们要求解放妇女:妇女还必须获得一些东西,参与国家事务,掌握世界,可以从男人身上带来这么多益处。但男人和女人之间存在着意志和思想无法克服的差别。这种差别,尽管它很纯粹,但是如下:男人与女人的关系就像动物与植物的关系。他不仅仅是吸收,而是在所有方面上都是积极主动和富有创造力的。因此在婚姻中,他是活动的原则,是家庭的主人,应该向外工作和创造。与男人相对,女人在她的领域里**只**是婚姻的成员,更多地表象感觉、感情;她应当向内工作。在男人身上可以而且应当有感情,但它被锤炼为积极的行动。他肩负着世界的重担及其荣誉,他必须四处操持和斗争,他走出来,呈现着家庭与世界的联系。妇女被限制在家庭的圈子里,是照顾孩子、丈夫和家庭的一个要素。像植物一样,她不能挪动自己的位置,男人超出了她所处的领域,但**她**不能也不应当超出这些她所拥有的领域。在这种关系中也有例外。妇女可以在精神上工作,并因为她们的感情而取得很多成就,但她们有一样东西被剥夺了:哲学思维。这不像梦游一般;这是一种男性的思维,因为它涉及从感情中挣脱出来。一个女人从来都不是哲学家;因为哲学的前提是思想与思维的精力。与之相反,妇女可以在任何有感情的地方出类拔萃,作为诗人,作为小说家。但她们从未作为伟大的艺术家出现过。她们不适合做任何需要精力旺盛的意志的事情。

这就引起了在多大程度上妇女可以进行统治的问题。曾有过伟大的女性统治者。但是统治是一种生产。因此女性统治力(如伊丽莎白和凯瑟琳)的前提是,她们超越了自己的性别,取消了女性角色。在她的区域内,妇女不能生产。在女性统治者身上出现了她自然的一种颠覆。如果伊丽莎白等并不处在她是外行的领域,她就会更符合她的自然那般行事。自然的界限是不能逾越的。妇女根据她们的精神自然拥有她们可以拥有的东西,她们是自由的,拥有来自家庭的权利和义务。她们不能再被进一步解放了。

婚内财产关系

上述观点可以在**婚内财产**中表明。作为丈夫的平等方,妻子也必须在物中占有这种自由的可能实现。一开始,在妻子还未自由的东方,为了获得报酬,她就像一件物品一样被取得和占有,什么都没有,也带不来什么。这就是为什么在东方实际上没有 dos(嫁妆)[196];因为 dos 会是对妇女自由的一个证明。一旦她在希腊和罗马是自由的,她就必须在物上拥有独立性,并带着一份 dos。一个什么都不带来的女人、一位无嫁资之妻(*mulier indotata*),是一件可鄙的物。她们在罗马找到丈夫的困难程度不亚于现在。在资料中,无嫁资(*indotata*)这个说法经常以不太令人愉快的东西出现。一种没有财富的自由是空洞的自由;自由必须在财富中得到实现。

基督教和由它产生的更近的历史以不同的方式塑造了这一点。婚姻在这里表现为爱。一个被爱的妻子不需要有什么了。她在丈夫的爱中是自由的,并在其中赢得自由的基础。这就是为什么在丈夫给妻子一份彩礼(dos)的基督教和日耳曼法中关系是颠倒过来的。男人给女人彩礼,塔西佗已经说得很深刻了。作为一个实践的、目光深刻的人,他已经注意到德国人和罗马人在这方面的区别。如果女人在爱中结合,即使没有钱,她也是自由的;她不需要钱就能独立。对我们来说,dos 被转化为女人通过爱向男人的慷慨所提出的要求,并被称为寡妇嫁妆(*dotalitium*)。这是为妇女自己准备的嫁妆,以防丈夫去世,而不是为亲属准备的。日耳曼语的 dos,也就是妻子所得的遗产,与东方的晨礼有关,是丈夫给予妻子的一切。希腊人说是用处女的正义（dike tes parthenias）来支付的。但对晨礼而言，支付是某种外在东西。妻子所得遗产是在爱的地基上产生的。妻子通过爱的关系是自由的，并且在丈夫死后被认为仍然如此。由于这个原因，罗马人的嫁妆关系在真正的日耳曼民族中已不复存在。在日耳曼国家，婚约是很罕见的东西，但罗马人仍信守罗马法；最底层的法国人没有契约和 dos 就不会结婚。

由婚姻所创造出来的真正财产关系是共同财产。它是对生命共同体、对个体间交互关系（individua consuetudo）的外在表达，而婚姻真正说来就是如此。在外在世界中，共同财产是已经包含在婚姻的内在世界中的东西。这就是为什么共同财产在所有日耳曼民族中占有一席之地。这是婚姻真挚的形式。

婚姻的解体

婚姻的最后环节是其解体。这必须从哲学上和立法上加以考虑，是立法最重要的问题。它必须遵循哪些原则？

教会法并不想知道任何关于一种圣礼完全解体的事情，vinculum（纽带）[197] 是不能解除的，它具有**永久的**性质。与之相反，**福音书**允许以通奸和恶意遗弃这两个理由解除婚姻关系，而新教的立法也采纳了这一点，往往不限于福音书的理由。婚姻是可以解体的吗？教会法从外在纽带的思想出发，认为这种纽带是永恒的，并规定如果双方不能生活在一起，就应当宣布一种单纯的 separatio a thoro et mensa（不共寝食）[198]。这使婚姻成为某种牢固的东西。但婚姻还不是不可瓦解的伦理阶段；它只是伦理的概念而不是理念。概念是伦理的应当存在，它还没有与其实在成为一体，即伦理，实在可以与之有别。它的理念，即概念和实在的统一,就是国家。因此,国家是不可解体的,只有撞上世界历史的更高理念才会碎裂。这里的概念与实在相符合。然而婚姻有其自身之外的实在,在其概念和实在之间可能存在冲突。它在自身中包含着伦理的要求,但它也可以是与伦理有别的东西。婚姻的概念是珍惜爱和信任,在永恒的统一中生活,但实在是彼此的殴打。国家只会被世界历史击碎,但婚姻却会自行破裂。天主教会的要求无视实在。婚姻可以随心所欲,它之后一直得以维续。即使是非伦理的行为也仍然被认为是一种圣礼。圣礼使婚姻成为一种枷锁,并扬弃它。因此没有什么地方夫妻关系比在神圣的地方,即在天主教徒中更不神圣的了。他们的矛盾表现在,在实在是神圣的地方,这种实在恰恰是最可憎的。

在我们看来,神圣之处是,婚姻**应当**是永恒的。当实在脱离了它的应当,当永恒的东西没有被置于时间之中,并在其中发现了矛盾,婚姻就会解体,而法官只需要宣布这一点。天主教会的谬误在于,它只在外在的缔结中、在同意中发现圣礼所在。

但如果婚姻也可以解除,那么问题是以什么理由和方式解除。这个思想是,它是为整个一生的时间所缔结的,这是它的计划,它的意图。因此,人们必须像对待契约一样,反对废除。然而,如果婚姻不符合这种结合的概念,那么就可以解除它,由此它仍然是伦理的东西,不会堕落。福音书中的两个理由,即通奸和恶意遗弃,应当是离婚的理由,而且在许多立法中都没有超出这两个理由。但是只要情况的性质表明婚姻已经解体,如果双方或一方做了破坏婚姻性质的事情,就必须允许离婚。但在制定离婚法时,很难做到既不忽视实在也不忽视概念。很难让离婚变得更困难或更容易。立法必须着眼于婚姻仍然是神圣的。我们的普鲁士法在这方面过于宽松。

二 家庭的持存

(一) 孩子

通过婚姻产生了家庭。家庭的持存要在孩子那里寻找。丈夫和妻子的统一在孩子的外在统一实存中才表现出来,在孩子的人格性中,两者都被包含在内。它是母亲和父亲反映在一个对象上的主体。在孩子身上,父母爱着他们的爱,孩子是爱的担保。倘若没有孩子,这个家庭就只是抽象的。没有孩子的人是没有达到客观直观的主体。因此没有孩子的婚姻是一桩糟糕的、不幸的婚姻,它将始终被这种抽象的枷锁所折磨。

教育

教育孩子是家庭的一个本质组成部分。他们有权利在家庭中得到抚养和教育。既然孩子是爱的客观性,他就必须被爱,而对他的教育之意图就在于,通过倾向进行抚育,并根据他的特殊性把他引向他能达到的地方。孩子的教育和发展不仅属于父亲,也属于母亲。在罗马法中,只有父亲进行教育,母亲的关系是次要的;而在我们这里,父母双方都参与教育。父亲和母亲各自承担着教育的特殊一面。在其动物性的开始,孩子被引导到母亲那里。直到六七岁,母亲照料孩子的早期生活,并有任务抚育他们感觉的意识。在教育变得有活力并需要一个体系的地方,它属于父亲;因为他是婚姻中精神的环节,妻子是自然性的环节,是植物性的质。因此,他必须引导更为完满的教育。在这一点上,他也有权利获得孩子们的服务，并可以利用他们来进行他的工作，但他没有权利获得奴役性的服务。不能永远剥夺孩子为自己获得财富的可能性。一切都必须为孩子应当长大做好准备。父权和父母关系的历史与婚姻本身的历史一样重要。

父亲有教育的权利，也有**惩罚**的权利。惩罚只具有主观和道德的性质，其目的是引导儿童的自然走向伦理。这里不是对违法犯罪的报应，因为没有什么可以归责于孩子，而是对未来的一种威慑。孩子处于纯然的自然性，而这就要求在这里进行威慑。因此，惩罚只是责罚，由此是一种矫正的手段，而刑事刑罚是一种权利。然而孩子们不是物，不属于父母，毋宁说他们自在地是自由的，尽管还不是自为的；他们只有通过教育才成为自由的。在罗马，孩子就像是父亲的财产，而这种孩子的绝对无权状态是某种非伦理的东西。奴隶和孩子的关系只有轻微的、细微的差别。在 *patria potestas*（父权）[199]的关系中，孩子是没有独立性的。然而这是错误的，因为孩子从来都不是父母的财产。只有在孩子必须得到教育的范围内，父母才有一种权力，而且权力不能超出这种管教的范围。基督教压制了严酷的父权，并将这种关系回复到它必须存在的状态。教育的目的是让孩子达到对自身的意识。也就是说，人应当不再是孩子，而应当达到独立性。教育在孩子成年后结束，只有在孩子还没有能力教育和保护自己的时候，才应当接受教育。德国法的立场，即独立的经济摆脱了权力，包含了纯粹的真理、解放的原则。因为孩子只有在是孩子的时候才应当是孩子；只有在需要这种依赖的时候才应该是依赖的，只有把自然从他那里痛打出来，自由、意识才会被打入他之中（由此可见，用不用痛打是不同的、无所谓的）。除了这种教育之外，父亲没有任何权利。因此，最近的立法正确地将成年年龄定为家父权的终结。在成年的时候，一个新的家庭将自己与一个旧的家庭对立起来。

教学法

教育的必然性不仅仅是外在的，而且还建立于孩子自身。每个孩子都有受教育和成长的需要；它有比年龄所决定的更进一步的冲动，并希求走出幼稚的意识。游戏也让人希求自己比实际年长。因此，孩子必须学习一些东西，不是以幼稚的方式，而是以学习的形式。在近代，游戏的教学法传播开来，首先是卢梭在他的《爱弥儿》[200]中，然后由裴斯泰洛齐在瑞士继续推广。所谓的裴斯泰洛齐[201]方法在于，通过游戏教孩子，通过游戏把他带到他应当成为的样子。不应该催促孩子学习，人们不要给他造成精神上、学习上的劳累，但他应该在偶然的情况下获得知识。也有人说，必须教给孩子有一种特殊倾向的东西，他的职业会引导他做什么（例如数字或音乐）。然而，这在哲学上是没有道理的；因为它把孩子的学习降为游戏，把游戏变成了某种严肃的东西，把幼稚的东西变成了实体性的东西，变成了重要的和应当保持的东西，把实体性的东西、学习的成长环节变成了幼稚的东西。游戏式教学法是错误的，教育应该是从自然走向自由。总体而言，它是把人从自然提升到自由。这种提升从来都不是毫无痛苦的，而是根本上本身就具有痛苦和劳动的意识。幼稚是要在学习中粉碎和瓦解的。一个人不会对不劳而获的东西感到快乐。只有在征服了学习之后，学习才会给人带来愉悦；因此，学习应该艰辛地并且带着汗水进行。无论如何，人不会通过游戏来学习真正的深刻对象。更糟糕的是，在其中总是要提出理性教育的理由。必须通过系统性教育、规训的方式来驱除自然,直到人出于自身的意识完成他以前被迫做的事情。

如果父母和孩子之间关系的目的是教育,那么这种关系的性质是不言而喻的:它是爱的关系。当然,父母爱孩子比孩子爱父母更多。父母在孩子身上赢得了一个客体、一个未来。对过去的爱永远比不上对未来的爱。

(二)家庭所有权

通过孩子婚姻获得了一种扩展,而为此必须有一种**所有权**。在所有家庭之前都是抽象的所有权,在家庭中变成了某种伦理的东西,这一点常常被误解,所有权(*dominium*)变成了可继承所有权(*patrimonium*)。寻求获得财产的不再是贪婪。对财富的获得和处置的操劳归属丈夫。他为家庭提供食物和定在。妻子只需要在爱的领域照顾丈夫的事业。她应当照顾经济,并为家分配所获得的东西。家庭的财富是共同所有权,在家庭分离之前一直是共同所有权。这就产生了普遍的继承权。

孩子本身也是所有权人吗?是的,孩子也可以有所有权,否则他就不可能是自由的。遗产的原则是,整个家庭都参与其中。在日耳曼财产法中,占主导地位的思想是,家庭的整体所有权拥有一切。最后,通过特有产(*Peculien*)[202],罗马法再次赋予孩子以财产权,就像被解放的人获得家庭权利一样。

(三)佣仆

家庭中还有一个环节经常被遗忘,尽管它是根本性的:**佣仆**的关系,即那些为家服务的人(家仆[domestici]),他们不仅仅是自为的,而是参与到家。这一点如此有趣,以至于必须加以处理。在古代,没有佣仆,只有奴隶,根据罗马法,奴隶在家庭之中。人们把家庭(familia)理解为 familia servorum(奴隶之家)[203]。但是,奴隶制被基督教废除了,根据基督教,奴隶制不能再继续存在,或者至少只能以它真正说来不应继续存在的方式存在。佣仆代替了奴隶,进入了我们的生活。为工资而工作的人在古代也是有的,但不是长期任职的佣仆,工资并不能为领受者打上家庭成员的烙印。一种向佣仆的过渡是农奴制,在很长一段时间内,农奴制充当的是佣仆的地位。然而,骑士与他的随扈已经形成了一种与奴隶制不同的关系;随扈是具有独立性的奴隶,他们有人格性,但仍然服从。自从农奴制被打破后,就出现了将自己交给某些主人领取工资的自由人格关系,而这就构成了佣仆关系。

佣仆关系是单纯的契约还是别的什么?然而,有一份契约。许多人时时刻刻都在更换佣仆。那么这里就是一个纯粹的契约,没有真挚之情、没有联系。但这种关系的性质揭示了某些伦理的东西。佣仆是家庭中的服务阶层,但就所要提供的服务而言,他们已经达到了一种实体性和如家庭一般的信念,并在本质上属于家庭。没有什么比佣仆在家庭的领域之外更糟糕的了。然而,关系的实体性不能限制自由,毋宁说恰恰在于自由的服务和顺从。一个正派的佣仆是与东家像家庭一般地联系在一起的,他以正派的方式长期服务于东家,并感到与家庭融为一体的必然性。那些长期服务于东家的人应该得到奖赏(praemium),以表明佣仆关系是一种真挚的和家庭一般的伦理关系,这种制度是非常美好的。长期拥有佣仆的东家也应该有一种报酬。它是某种两方面的东西，就像婚姻由两部分组成一样。在这里，以一种忠诚的信念、对东家的忠实为基础，反之亦然。至少应该是这样的。在德国北部，这个环节已经成为一个非常次要的环节。在南方民族中，例如法国人，这种关系要亲密得多。佣仆们自己也感受到这种关系的亲密。因此，单纯的契约是不够的，因为在所有的家庭关系中，除了建立关系之外，这是完全无关紧要的。

三 家庭的解体

家庭的解体不能说是自然性的，而是一种伦理的解体，它在于孩子们长大了、成年了，过渡到其他家庭。新的家庭形成，而旧的家庭则退去。家庭的这种扩展使其解体。

(一) 监护

家庭解体的第一阶段仍然是一种对家庭的坚持。当一个家庭自身解体、仍有未受教育的人格留存时，就会产生监护的原则，即照顾那些不能独立的人。一个没有 *pater familias*（家父）[204] 的孤儿在自然上是独立的，但在精神上却不是。因此，监护部分属于家庭，部分属于更高的领域，属于国家。在没有家庭监护人的情况下，国家监护就出现了。所以在紧急情况下，国家必须为那些仍然需要家庭养育的人组成家庭，因此是一种对自然的模仿（*imitatio naturae*）。监护人对受监护者有一种权力，扮演父亲的角色，即使他们不是父亲。这仿佛是市民社会模仿自然而发明的一种权利。因此，我们在国家法中也已经论述了监护。然而从本质上讲，它是一种家庭关系，因为它是家庭所要求的。它位于家庭的终点和国家事务的起点。

监护人关系不同于父权关系。这里没有感受与爱，只有一种外在的监督；因此，它更多的是一种外在的、更自由的关系。在罗马法中，*tutela*（监护）[205] 和 *cura*（保佐）[206]* 是区分开来的，这完全是偶然和历史性的。后来，两者趋于一致，较新的法律没有区别，而如此一来，监护在我们这里就成了唯一的。在**罗马法**的**监护**（*tutela*）中，所有权关系几乎就是父权关系。监护人既没有义务，也没有权利。尤其是 *legitimi tutores*（法定监护）[207] 一直将监护（*tutela*）视为一种权利，特别是在妇女应该防止挥霍金钱的情况下。在我们这里，监护不是权利，而是一种纯粹的义务，首先和根本上出自国家。在法国，仍然有一个家庭委员会（*conseil de famille*）；与之相反，我们则有 Pupillenkollegia（监护法庭）[208]。监护的性质已被取消，监护已成为一种公共义务。这里面包含了对教育、财产、对儿童感兴趣的一切的关心。但由于父亲的自然性关系并不在于此，所以它较为宽松。

（二）继承法

因死亡导致的家庭解体在继承法学说中有其最终的方面，即家庭在财产领域的解体。继承法是各路哲学家和专家以各种方式思考过的制度。它经常被当作是物权法中的一种获取方式。然而，这是完全错误的；因为在一种获取中，如此大量的细节是不可能的。在继承法中，家庭法的环节明显比抽象所有权的环节更为重要。

---

* 此二词的注解详见后文注释内容。——译者

至于继承法的哲学方面,它经常遭到否认。有一种意见认为,所有的继承法都是不法,根本不存在什么继承权(按照圣西门主义者的说法)。一些自然法学家,如托马修斯,断言在人死后,他的财产将成为无主的(无主物[res nullius]),因为立遗嘱人的意志已经离弃了他;因此任何人都可以占据财产。但由于亲属们围坐在死者的床边,他们总是最先占有。这是一个完全空洞的虚构,它永远不可能引起继承权的产生。巧妙之处就在于平乏无聊。

在继承权中所包含的无非就是进入财产的共同体。因此应该这样解释,即如果人格消灭,但他与家庭共同拥有的所有权(可继承所有权[patrimonium])却不会消灭,而且血缘关系中最近的亲属将代表家庭并占有财产。如果所有权是可继承所有权(patrimonium),那么理所当然家庭就拥有财产份额。这种遗嘱人死后瓦解的可继承所有权(patrimonium),根据重力法则、可继承所有权自身的法则落入近亲属手中。孩子们直接就拥有份额。因此,继承权的基础是家庭的共同性,这属于伦理所有权的学说。在其中可以找到所有权唯一的伦理东西;因为正是对亲属的爱构成了继承权。认为继承权真正说来是法的毁灭者,因为它加强了怠惰,这种观点没有真理性,面对其中的伦理东西,这种观点趋于消失了。因为如果我们废除继承权,所有权将始终是抽象的,不会变成家庭式的和伦理的。

遗嘱继承与无遗嘱继承

依据其性质,继承权可以是双重的,因为所有权也可以是双重的。一方面,它是抽象的所有权,它属于获得它的人,不属于其他人;另一方面,它是一种伦理的所有权,属于围绕这个获得者的家庭成员。如果它属于获得者，那么他就可以处置它；如果它属于他周围的人，那么他就不能处置它。因此，从所有权的两个范畴中产生了两种继承权方式：从所有权的抽象范畴中产生了遗嘱学说，而从所有权的伦理范畴中产生了无遗嘱继承学说。两者相互对立，就像我的任意与伦理必然性对立，就像仅以我为基础的东西与普遍伦理物的对立。总的来说，我们必须说，家庭继承顺序是伦理物，遗嘱继承是非伦理的、任意的东西。因此根据伦理概念，继承权是家庭继承权。

据此，遗嘱似乎与伦理原则相矛盾。根据罗马法，财产不是可继承所有权（*patrimonium*）而是所有权（*dominium*），这正是罗马法的非伦理之处，即财产只属于家父而不是整个家庭。然而对于遗嘱而言，获得财产的遗嘱人的人格也必须要得到考虑，它不会消失在家庭必然性的统一之中。个体性必须得到保存。因此，像罗马人这样受过教化的民族非常尊重遗嘱，他们把意志作为自由的一部分来敬重。个人也必须保留自己的权利，而且这种权利必须根据家庭基础的更大距离而扩展。伦理上真正的继承权只在《拿破仑法典》中得到表述；根据该法典，"可处分的数量"（*quantité disponible*）根据亲属的距离而增加。

继承法的历史

所有时代和所有民族**继承法的历史**，无非是遗嘱与无遗嘱继承的关系。就像整个历史不过是主体与国家的关系一样，继承法也是如此。在古代，在东方，没有遗嘱；因为遗嘱是基于自由和个体性的概念，或抽象的我的所有权。人们曾试图在中国以及犹太法和穆斯林法中找到遗嘱。当然，全部历史就在种族的摇篮里。

遗嘱也以胚胎的形式存在于东方,但没有得到发展;因为它需要自由,而这只有凭借哲学才能得到。抽象所有权的概念在东方还没有出现。最多,这是临终父亲给儿子的建议。

与之相反,在希腊,遗嘱(diatheke)伴随着人最初的自由成长。但它仍然与无遗嘱继承有关,因为遗嘱中指定的继承人同时也成为养子女。每一份遗嘱同时是一个收养。有孩子的人不能立遗嘱,它只是没有孩子的遗嘱人的替代品和自由的替身,取代了家庭的必然性,但仍与家庭有关。

第二个环节是罗马。在这里,遗嘱和无遗嘱继承的立场截然对立,像两座山,两个没有接触的东西。遗嘱是第一位的,"*uti quis legaverit, ita jus esto*（当某人已经立遗嘱时,那么它应当具有法律效力）[209]",家庭的主张与此做斗争是徒劳的。只有在没有遗嘱的情况下,家庭才会出面。因此,家庭继承人是"无遗嘱继承人"（彭波尼[Pomponius][210] 说,"*Earumque rerum naturaliter inter se pugna est, testatus et intestatus*"[211]）。由于遗嘱和无遗嘱继承存在冲突,在两者之间进行中介是有必要的,这真正说来是整个罗马继承法的历史。首先,中介就是希望自己的遗嘱被顺利执行之人必须剥夺其子女的继承权。但他必须给出一个标志,表明他已经想到了他们,否则遗嘱就无效。之后的环节是,他必须给他们指定一部分,如果他什么都不给他们,他们就宣布遗嘱是有悖伦理的（*inofficios*）:"我们的父亲是没有爱的",这是作为 *sponsio de insania** 处理的。再后到了第三个环节:立遗嘱人必须给他的

---

* 即精神失常情况下所作出的承诺。——译者

亲属留下法定份额(*legitima*)。最后作为第四个环节,他必须把它作为遗嘱继承权留下。通过新律第 115 号,在无遗嘱继承和遗嘱之间进行了一种比较。但这并不是真正的哲学立场。

这种法定份额的空出,由此家庭以迂回的方式得到补偿,已经转移到近来的继承权中。除了法典之外,近来的学说和法律只知道遗嘱和无遗嘱继承的偶然斗争。在日耳曼法中,实际上根本不存在无遗嘱继承。然而罗马法的原则在这里也悄然而至,我们已经有了一个遗嘱继承权、一个无遗嘱的继承权,以及在它们之上的一个桥梁,即法定份额继承人权。正是因为这个桥梁,罗马的继承权才得以研究。

继承权的准则

继承权的规则必须是以下内容:原则上,继承权必须是无遗嘱继承。这就是《法国民法典》值得称赞的原因,因为它只承认无遗嘱继承。然而除此之外,还必须有一个私人要素的权利,而这就是遗嘱。每个人都必须有权处分其财产的一部分,这种处分权根据血缘关系的距离而增加;因为我的所有权中伦理越少,即我的亲属越远,自行处分所有权的权力就越大。可继承所有权(*patrimonium*)属于家庭,但它本身包含更近和更远的程度,只有这些程度才有权决定与可继承所有权(*patrimonium*)的联系。如果我有孩子、父母或兄弟姐妹,亲属对我越是陌生,处分我的财产的权利就越大,而对立的伦理的力量就越小。有一个程度,血缘关系不再是一个有权限的环节。在这里,我可以处分我的全部财产。例如,在有子女的情况下,我只得就我全部财产的六分之一立遗嘱,父母是三分之一,兄弟姐妹是三分之二,更远的亲属则是全部(数字在这里无关紧要)。然而在这种情况下,我们处理的不再是法定份额继承人或一种合法人格的法定份额,毋宁说法定份额此后是遗嘱人的法定份额。遗嘱人的自由不能在家庭中丧失。如果家庭要继续,遗嘱人的权利也必须提高。通过承认所有权的伦理和私人形态,由此所有权的两方面之真相得以结合起来。

此外,家庭越是不配得到不得不给予它的东西,个人的权利就必定会越发增长。不配得扬弃血缘的纽带;逃避精神的人也逃避了人的自然。这里是**剥夺继承权**的原因,它只能基于真正的精神理由。

与子女有关的继承权的不平等是不公正的。必须特别反对与子女性别有关的继承权的差异。儿子和女儿必须有平等的继承权。在东方,女儿根本没有继承权;在希腊法中,只有在没有儿子的情况下,女儿才可以继承。在那里,她们只得到一份嫁妆。在罗马法中,如果妻子是血亲(Agnatin)[212],那么妻子和丈夫之间的差异就会被消解;在 *cognatio*(宗亲)[213] 的情况下,女儿则处于劣势。根据德国私法,儿子取得一些东西,其他则给女儿。除此之外,德国私法只承认封建法的这种差别。

这就是继承权本质上的哲学性质。

家庭过渡到市民社会

在继承权中,家庭被分解成多个家庭;每个家庭都形成一个自己的家庭。他们之间仍有纽带,但不再是爱的实体性东西。当人们有了分裂,就会比其他情况下更加疏远。随着家庭的解体,随着每个人都希求拥有特殊物,每个人都想走并且正在走自己的路,**市民社会**就产生了。世界的进程是,一种统一被摧毁,以便一个新的、更高的统一能够产生。

第二章　市民社会

在市民社会,伦理迈出了自身,表面上它似乎已经消失了。家庭似乎是伦理的,而市民社会却是非伦理的。在这里,我们发现利己主义占了上风,一个家庭试图将自己与另一个家庭孤立开来并保存自己。在这场斗争中,每个人都希望通过尽可能多的手段来实现目标。因此在市民社会中,有一场对属于生命的一切的永恒搏斗和怒吼。为了自我保护,自私自利在其中便起了支配作用。一方被另一方搞垮(圣西门主义者说,人人为己[sauve qui peut])。因此,市民社会是一个永恒的依赖性体系;每个人都必须彼此适应。因为市民社会似乎是非伦理的、没有概念的,因为在这里要讲依赖性、利益、奢侈、贫困等等,所以它表面上不能依据概念来阐述。

在家庭中,爱的环节是占主导地位的。一旦家庭破碎,首先出现的是对自己家庭的关心。孤立的家庭不再有共同感,各个个体相互对立,失去了他们还在一起时的真挚,而是必然的对立。因此在市民社会中本质是斗争,市民社会是在其反思中被撕裂的伦理。思维必须处理三个东西:观念、反思和理念。伦理的三个组成环节与此相对应:家庭、市民社会和国家。反思是知性的作品,是对特殊性的纳入和抛弃。然而家庭的第一个感觉的伦理被扬弃了,但这是一个进步。在历史中,就像在法中一样,直接的东西会进入其各部分的差别中,而在各部分的差别中可以看到进步。即使在其中,伦理必须退出。市民社会也是如此。但当我们看到国家走出这场斗争而出现时,那么在我们看来市民社会必定高于家庭。

市民社会的两个环节

在家庭中只有**一个**环节,即爱;而在市民社会中,首先出现的是两个环节,而这两个环节对市民社会的认识来说是本质性的。因为市民社会包括:

(1) 一个**自私的**环节。每个人,作为市民社会的孩子,都必须在其中贯彻自己的意图。也就是说,必须为自己的福利、为自己的面包而斗争,并确保他能过活下去,无论谁会倒在他旁边。一个人费尽九牛二虎之力才能活下来。在市民社会中,人格出现了,而其本质是人格的满足,甚至以牺牲其他人格性为代价。充斥的是过活下去的利己主义原则,交互依赖、整体的单一的体系。市民社会是毫无怜悯地孤立的、个别的和自我的。以北美的合众国为例:它与其说是一个国家,不如说是一个市民社会;没有任何地方的利己主义是如此高涨的。

(2) 尽管有这种孤立的立场,但在这个市民社会中还是有一种普遍的东西,而这就是这里每个人都有赖于他者的依赖性。当市民社会斗争和瓦解时,这种瓦解只发生在假象上。真理是其中包含了普遍的原则,据此,每个人都在努力奋斗,而一种秩序的环节、团结的环节就在其中。我想专注于自己而不尊重他者,那么我就(这就是市民社会的辩证法)被引导来尊重他们、接近他们。在市民社会中,个人只试图照顾自己,走遍世界。但最终,在他身上却发展出某种普遍的东西。因为当他需要市民社会时,市民社会反过来也需要他。其中的每一项劳动也是一项为普遍物所做的劳动；通过成为富人，某人也通过给他们提供工作来关怀他者。只有在普遍物得以维续的情况下，我才能得以维续，在这方面，市民社会的特别性就会瓦解为一种普遍性。在特殊性中发现这些普遍原则的科学是**国民经济学**，这是一门自柯尔贝尔[214]以来在较近时期才发现的科学。它表明，这种表面上的混乱如何是某种普遍的东西，以及特殊的利益对普遍的东西如何有用。国民经济学是一门基于一国之历史的知性科学，这就是为什么不能为所有国家构想出普遍的国民经济学。它的基础是，财富是某种令人向往的东西。因此按照卢梭的说法，它是一门无用的科学。

市民社会与国家

人们往往把市民社会理解为国家。大多数人所说的国家，不过是市民社会。整个所谓的安全学说不过是把国家降格为市民社会。国家法学家和政治家们犯下的大错就是将两者混为一谈。哲学家们很少洞悉到，国家是一个理念。它是市民社会在其中活动并在其所有的混乱中保持自己的高贵大厦。市民社会只是外在的国家、困厄的国家和知性的国家，其中个人的活动构成了国家。有一些国家首先站在这个立场上，自在自为地具有相当的市民社会特征，如北美的自由州。在那里，利益只围绕着贸易和财富。国家的原则在那里还不够古老和发达，真正说来只是为市民社会所支撑。美国的争端不是政治争端，而是市民社会问题。银行问题不是政治问题。

财富与苦难

通过让每个人从事其活动，产生了一种相互依赖的关系：我依赖于国家，国家依赖于我；普遍物依赖于特殊物，特殊物依赖于普遍物。然而这只是一种知性的依赖,知性将特殊物与普遍物分离开来。因此,市民社会是受偶然或任意支配的。一个人是贫穷还是富有,都是偶然的。这种偶然产生了富足和匮乏的两个极端。因此在市民社会中,一方面要产生财富,另一方面要产生苦难,这是必然的结果。这就是现代世界的财富,这两个极端可以并存而不至于使国家灭亡。古代无法承受这种骇人的特殊性、这种骇人的主体性。根据吕库古[215]的立法,财产平等必须占据主导地位。在希腊和罗马,市民社会不是国家的一部分,而是留给一个特定的阶层,即奴隶。一个罗马人同时是商人、铁匠等,是很不光彩的。这种糟糕的偏见在我们这里仍然普遍存在。与之相反,在英国,学者往往也是商人,人们已经克服了这一困难。英国是最强大的国家,因为市民社会在那里最为繁荣。

市民社会只属于近代;它只是从主体性的概念中出现的。将主体性概念发展到如此程度的基督教,真正说来已经产生了真正的市民社会。根据基督教的原则,普遍利益的核心在于对特殊利益的追求。在古代,市民社会是由奴隶形成的,而公民是在他简单的家庭和国家中,我们把市民社会把握为国家的财富和真正力量。它是国家的一个必然环节。

因此,市民社会是在斗争、战争和破坏中分崩离析的伦理,然而由于这种分崩离析,它又过渡到了一个更高、更牢固、更完善的安全。市民社会本身分为三个部分:

(1) **需要的体系**。作为市民,个人是以其利益为目的的私人。在这里要考察富足世界和自然状态的极端,以及个人通过其劳动和所有其他人的劳动得到的满足——国民经济学,在这里要把它

(2) 国民财富如何保存并成为现实的学说——关于**司法**的学说,它必须保护财富。这首先构成财富的真理并扬弃偶然性、单纯的可能性。

(3) 对偶然性的防患于未然。尽管有司法,但一切仍然显现为偶然的、可能损害普遍物的东西,都被重新引回到普遍物。这就是**警察**和**同业公会**的学说。同业公会无非是将非伦理的东西伦理化,将家庭式的原则重新引回到市民社会,然后在同业公会中形成向国家的过渡。

一 需要的体系

国民经济学寻求按照合乎理性的原理来确定市民社会的活动。它可以分为:(1)主观需要的学说;(2)我满足这些需要的物的学说;以及(3)中介需要和外在的物的劳动的学说。

(一) 论主观需要

与市民社会相关的第一件事是需要。市民社会是一个需要的世界、一个主观活动的世界。需要是一个人为了在世界中生活和进步所需要的东西。它是一个双重化的东西。有一种自然性的需要,动物也有这种需要。动物的需要没有超过它所能满足的范围。然而人的需要不仅仅是自然性的,而且是观念性的。他的需要被他的思想所支配,而这些思想的实现本身又是需要。

所有这些被人们称为需要的东西真的是必要的吗?我们难道不是在一个充满不必要需要的世界里吗?无欲无求难道不是卓尔

不群的吗？要这么来提这个问题：需要是一种幸运还是一种不幸（一道著名的高中生习题）？许多人认为这是一种不幸，认为最幸运的人是需要最少的人，因为他的依赖性最小。然而没有需要就意味着缩小了生命的范围，迫使它从其有教养的进程中退回到野蛮的、动物性的进程中。一个没有需要的人是一个没有思想的家伙，他从未思考过他的所作所为。第欧根尼[216]的方式是犬一般的东西。有许多需要是教养的一个标志。人的需要越多，他就站得越高。然而有许许多多需要却无法满足的人是不幸的，因为他的理念没有得到实现。但就需要本身而言，教养的不同之处在于，野蛮人根本没有需要，而受过教化的人则有很多需要。如果一个人抵抗需要的满足，那么他就会更加如奴隶一般。因此我们说，有许多需要并能满足它们是幸运的，因为需要少就是死亡。生命和活动在于需要的繁复和为满足这些需要而努力。因此，需要的缺失绝非幸运。

然而，需要自在地就是一种恶劣的无限性。需要的数量自行增长，一个产生另一个，而这永远不会结束。一个所有需要都被尝试过的时代永远不会到来，这个链条会走向无限。但人类作为一个整体，没有什么需要是其不能满足的。一个受过教化的人根据世界的形式和种类来安排他的需要。

然而需要要求满足的手段，而这些手段是国民经济学的第二个方面，即外在的物。

(二) 论外在的物

需要创造了满足它的手段，正如手段创造了需要一样。两者交互作用。但一种客观的社会关系产生于特殊的需要。需要部分是某种固定的东西，部分是某种变幻无常的东西——就有一些规范而言是固定的，人们无法摆脱这些规范；但这一切的模式已经落入变幻无常的东西、落入需要之手，而这种模式就是时尚。

时尚

时尚是社会的客观关系，而这种社会客观关系产生于特异的需要，是需要在每一瞬间采取的形式，是需要演奏出来的曲调。时尚不仅存在于服装中，而且可以在一切可能的东西中找到。时尚是按照别人的方式行事的方式。它本质上在于变换，它自身发生改变，在它的改变中，除了它自己，没有任何规律。时尚的根据在于它是时尚，它是没有根据的时尚。然而通过时尚，某种习俗出于需要而进入世界：一种特异的需要变成一种普遍的需要。每个循规蹈矩的人都必须服从于时尚；对立面则是一种矛盾的自为行动。一个合乎理性的人坚持客观物和普遍物，并按习俗来穿着。这正是需要得以产生之处，即每个人都想按照时尚行动，同时也想自己创造一种时尚。一个人想成为某种普遍的东西，同时又想独立存在。需要的满足成为社会性的，这本身又是一种需要；人必须服从社会。

奢侈

所有这些共同导致了另一个更重要的问题，即奢侈问题。奢侈是什么？它是必然的吗？它是一种幸运还是一种不幸？奢侈是多种需要的融合，是这些需要琐碎细微差别化的倾向，是在需要和满足的手段的光辉中使自己与众不同。需要的永恒变换的根据在于奢侈。这就是受过教化的世界的独特之处。它是有害的还是有用的？可以说两者都有，因为这只是一个需要已经得到提升并且通常的大众生活已经告终的标志。然而许多人说，它是一种奴役和国家的衰亡。但这是错误的，因为奢侈恰恰是对自然的排斥，是对自然性奴役的解放。奢侈之人仰仗他的突发奇想和意见，所以是自由的。因此，对此加以控诉是因为困厄和匮乏的另一方面总是出现。只要这种自由没有任何内在的意义，而是纯粹形式的，并允许任意的出现，它的反面就会导致另一个极端，即困厄。如果反面不同时发展，那就没有什么奢侈了。恰恰最奢侈的地方也是最困厄的地方。其特殊性在于，凡是财富增加的地方也必定会出现贫困，就像善不能没有恶、光不能没有影。例如，在英国，困厄和奢侈已经上升到极致，并肩存在。不想要困厄和依赖的人将不得不走到他也想避免奢侈的地步。在柏拉图式的国家中就是这样；但市民社会在那里也被扬弃了。如果我们允许市民社会存在，那么奢侈和贫穷也会出现。这一点绝不会被完全扬弃。

然而奢侈并非一个恶劣的东西，因为它有利于劳动，社会由此得以维续，迈出步伐的理念照顾了劳动者。

（三）论劳动

直接性的要求非常少。一个人可以用很少的手段来自我保存。然而关于需要的有趣之处在于，人必须为自己创造一切，而且所有的手段都必须通过劳动来获得。所有的需要都是以劳动为中介的，而国民经济学的本质部分是劳动。这就在于，把需要交到手段手中。需要要求劳动，而劳动成为需要。动物能找到一切；与之相反，人则什么都找不到，他必须在使用一切之前，把一切都进行加工和定形,他只能消耗人的东西。他在他享用的东西上打上他自己的印记,他必须把所有的东西都煎熟,只有他饮用的水是生的。而一切都获得一种人的特征这一点,使需要成为某种属人的东西。人只存在于人的活动中。

教化

只要劳动是不同的,它就会导致一个民族的教化。由于教化本身是某种被肢解的东西,所以它包含了一种规定的财富,往往表明人的文化状态。一个人应当在精神上、整个本质和行为上进行自我教化。实践的教化在本质上在于,能够做许多事情,而无教化则是从劳动中解脱出来,只为自己保留劳动的享受。例如,在古代,主人享受奴隶的劳动。教化的一个标志是对物进行加工,而不是让它们保持原样,从而仿佛是被事物所操纵。作为劳动的结果,在教化中有勤奋的必然性,自我教导、学习善和有用东西的必然性以及教导的必然性。受过教化的人是勤奋的,野蛮人是懒惰的,躺在熊皮上。土耳其人之所以无法崛起,乃是因为他们是没有受过教化的,也就是懒惰的。

教化尤其表现在容易掌握事物上。一个受过教化的人察看并考察一切,没有什么能影响到他,毋宁说他会按事物的本来面目看待它。他做的事情之间没有任何关联。他也很容易从一件事转移到另一件事,事物之间的差别不会妨碍他从一件事转移到另一件事。这也发生在艺术和科学领域。一个受过教化的艺术家是没有风格的人,因为他只掌握了普遍物。有教化者只把事物看作他所玩弄的数字。因此,无教化者的特点是他的脑子里总是只有同一个东西。无教化在于大张开嘴,像宅子里的乡下荣克一样惊讶。

然而教化也包括规训,即限制,这只发生在受过教化的社会。出于对这种限制的自我意识而自我限制是教化的一个标志。如果一个人想囊括一切,那是无教化的。通过凭借自我意识来限制自己,一个人表现了他的教养。

劳动分工

在一个受过教化的世界里,劳动必须进行分工,而在这里我们要谈到**劳动分工**的巨大功绩,世界就是通过劳动分工而取得进步的。如果一个人必须做所有事情,劳动就不会达到任何客观性。通过这种劳动的分担,产生了一种交互关联和依赖的关系,但如此一来,所有的人就都具有了教化世界的力量。劳动越是被划分为不同的部门,它就越是会进步,变得越是会普遍,而这种划分必定会达到如此程度,即劳动的最低部分是由单纯的手工操作完成的;它必须被驱使到极致,成为完全机械的。然而当人开始从事这些低级的职业时,他的人的声和他的人的力量就与之相抗拒,而一些不再是人的但是肇始于人的东西——机器——就取代了他。这里要讨论的是机器的哲学根据。

人的劳动应该是某种精神性的东西。人不应该只是机械地劳动,毋宁说他应当带着精神劳动。但是劳动的最高教化在于,它被还原为机械性的。劳动分工可以达到如此地步,这个地步是如此的机械,以至于它不再适合人的活动,这个不再愿意降低到这种外在性、降低到这种动物性的职业。人的畜性就是成为一个单纯的机器。但是当人已经沉沦于如此外在物,以至于精神被放逐时,他就可以远离它,把机械的东西留给机器。机器来实现对一种琐碎和动物性职业的奴役。机器适合从事机械性的东西,并将劳动从人转移到某种机械的东西上。对于蒸汽机来说,情况尤其如此。这恰恰是我们这个时代的优势之一,即有蒸汽机可用。因为在机器劳动的地方,人是多余的,人可以专注于某种更好的东西。机器是最大的善举,因为机械是听任他们的,所以未来的世代将转向其他方向,在精神上寻求他们的职业。

20年前,当机器出现的时候,全世界都在呼喊,说这是一种真正的残酷。今天呢?事实证明,如果没有这些机器,英国的穷人会多出五倍。随着产量的增加,销售量也在增加,因此今天甚至出现了机器短缺的情况,人们处处都在需要机器。然而这种困厄可能会因机器的引进而瞬息间变得更大,而这可能是不骤然而只是逐步引进的原因。但它们的引进是必要的。

国民财富

劳动的普遍性,即个人对整体的依赖和整体对个人的依赖,产生财富。这种财富不仅仅是个人的财富,而是普遍的财富、**国民财富**:所有劳动的总和就是国家的财富。国家财富的原则是什么?国民经济学作为一门科学,从18世纪后半叶就已经存在了。古代和中世纪并不知道它。直到在路易十四时期,劳动才受到国家的监督,从而使国民经济学成为一门科学。它的前提是,有一个国家,它关注它的财政内容并着眼于它的进步、它的财富和整体。这里有三个体系:(1)柯尔贝尔的所谓重商体系;(2)魁奈的重农体系;(3)亚当·斯密的工业体系。

重商体系

第一个体系,不再是理论上的,但往往仍然是实践的,是路易十四的大臣柯尔贝尔[217]的重商主义体系。重商体系把每个国家都视作锁闭的,并以这种观点为基础,即一个国家的财富在于它通过出口获得的货币多于它通过进口支付的货币。根据这一体系,一个国家如果出口多于进口,就可以被认为是富有的,因为这样它进入口袋的钱就多于花出去的钱,所以贸易收支就更富有。

这个体系似乎简单而正确;然而它是错误的,尽管不是绝对的而是相对的。对初创国家来说,这是一种市民社会的教育方法;对先进国家来说,这是错误的。因为它是建立在赋予货币一个绝对价值的思想上的,但货币并不具有这种价值,它把货币看作某种唯一的东西,然而它并不是。然而事实证明,货币是某种完全相对的东西。因为即使货币是一切特殊物都被吸收其中的普遍物,它本身及其价值也与被制成货币的东西有关。因此如果一种东西很少,它们就会很昂贵。在这方面,进口货币多于出口货币的事实还不能作为衡量一个国家财富的标准。如果人们想象一个所有东西都出口而没有进口的国家,就会积累巨量的货币。这样一来,货币就会变得更便宜,因为某种东西积累到一定程度,就会变得很便宜,而产品则会变得极其昂贵。当人们在自己的国家购买昂贵的东西时,必然会产生把货币送出去、在国外购买便宜的东西的要求。这些货币就会流向其他国家,而在那里货币则昂贵,而这些国家必定会把他们的产品送到这个国家;相反,他们的产品很昂贵。这样一来,钱就会再次流走,收支平衡就会得到恢复。

重商体系孤立化贸易,不把它视作每个国家都能发挥其力量的共同事物。在受过教化的国家中,每个国家只劳动它可以劳动的事,即符合它自然的事。因此,如果人们强迫一个国家制造一切东西，就会有利于那些它不应该有的工厂，而对那些它应该有的工厂设置障碍。法国人在理论上追随马尔萨斯[218]、斯密[219]、李嘉图[220]，但在实践中却是重商主义者，没有任何说服力。他们保护他们不应该保护的工厂，并对商品征收税款，使它们无法进入。因此，他们的体系处于最大的衰败状态。

然而事实证明，国家间的自由流通大大增加了它们的财富。因此在近来，人们对重商体系予以了很大程度上的限制。通过更活跃的流通，它同样会是片面的。尽管流向英国的货币比流出英国的多。但这就是为什么货币在英国比在我们这里有更少的价值。首先，德意志各邦的关税同盟[221]表现出了一种全新的国民经济学转向，即各邦正在扬弃个别利益而迈向共同生活。

重农体系

重商体系让位于第二种体系，即重农体系，它通过极大的简单性来宣布自己。它的发明者是路易十五的御医魁奈[222]，他在18世纪中期的法国属于当时被称为经济学家的那一派哲学家。他声称国民财富不在于运动、不在于贸易，而在于静息、在于土地。所有劳动的原则是纯粹的土地收益，其他一切都与此有关，一切都取决于土地产品的价格。因此，重农主义者只想承认土地税，这根本上是源于他们。除了国民财富之外，他们还关注政治学。作为一个安全机器的国家理念与他们的体系有关。

重农主义比重商体系简单得多，而且一直以来都只是停留在理论上。这种体系的缺陷在于，土地而不是活生生的加工被视为国民财富的基础。它对教化不抱任何期望，轻视精神、自由的作品，让一切都建立在自然的肥沃或贫瘠之上。工业应当被归结为地产。但是一个懒惰的民族也会把一块好的土地耕坏。虽然农业是国家的一个重要环节,但它不是唯一的。

这种反驳在我们这个时代尤其明显,因为粮食几乎一文不值,货物负债累累,财富在于国库券,也就是动产。现在没有人是重农主义者。现在土地带来的收益率为 2%;相反,如果看一下其他工业,就不会再有人想到把土地当作财富。

工业体系

主导当今世界的第三个体系是工业体系,其发明者是爱丁堡的亚当·斯密。后来,英国人李嘉图和法国人萨伊[223],以及加利、劳[224]、马尔休斯[225]和内贝尼乌斯[226]都对它进行了阐述。这个体系是唯一真实的体系,因为它不仅考察了基础,而且还考察了中介,并将财富分配给中介活动。它表明,能够使国家繁荣昌盛的,既不是金钱也不是土地,而是人的**劳动**;它表明,国家的财富是普遍的资本,每个人根据自己的特殊资本及其技能参与其中。不仅仅死的资本,而且根本上工业、一般的劳动,在一个民族内部产生的所有活动的意义上,无论是农业、产业或贸易工业,都是国民财富。

这一体系导致人们不再将民族的与世隔绝视为财富的本质,人们不再认为出口多于进口要更好。它不允许国家只与自己有关,而是要求与其他国家建立贸易等方面的联系。如果要在其中找出一种缺陷,那么就必须说,这个体系没有注意到精神活动。据此,精神之人是无用的,苏格拉底是无用的。尽管如此,在其关系中,它是正确的。而在这里,我们将把它作为我们阐述国民经济学的出发点。

这就是三个国民经济学体系。重商体系正在逐渐走下坡路,重农体系已经让位于工业体系,而工业体系能够无限地完善。它还创造了国民经济学的术语。特殊财富要么是基础(资本财富),要么是运作这种资本财富的技能,并通过活动使其增值。由此我们进入了不平等,而这是市民社会的一个本质条件。对平等的要求完全是愚蠢的和懒惰使然。所有要求平等的人——圣西门主义者的所作所为——都忽视了基础。然而这是错误的;因为市民社会是斗争,是一切人反对一切人的战争,它是一个差异的体系。在这个体系中,偶然的、应得的和不应得的东西都会获得声誉,而这就是它的生命。

(四) 等级

劳动和财产不是一体的,毋宁说劳动本身以及财产因此划分为不同的范畴。这种劳动划分为差异的体系导致了**等级**,而这是市民社会最重要的一点。市民社会的等级是表示一般劳动差异的范畴。世界上有一些等级不是由精神设定的,而是由出生设定的(印度的种姓是由神所制定和设定)。这些不是我们所要谈的等级。它们也不是自上而下规定的(如在柏拉图式的国家中,部族[phyle]决定每个人的地位)。但这已经是某种更高的东西了,因为这些等级本身已经有了被制造出来的东西的必然性,因此是更好的。一切被制造出来的东西都比只是生出来的东西要好;它是由精神力量、由人的内在活动所生发出来的。等级的第三种性质是,个人必须自己选择他想属于哪个市民社会的等级。

这些是自由的等级,即在市民社会的各种固定职业中具有其运动和差异性的等级,而个人并没有被给定和预先规定他要选择的等级。我们的情况也是如此。每个人，无论他的出生如何，都可以选择他将属于哪个等级；每个人都根据他的职业选择他的等级。它是每个人都可以转向的范畴。职业自由的前提是，每一个等级都是为每个人的。那么，也就不再有等级资格的问题了，毋宁说由于每个人都可以凭借自己的能力进入这个或那个等级，他们本身在本质上就具有平等，尽管出生和环境也有很大的影响。这就是时代所达到的高度。这里不像印度人那样，婆罗门是半神。在中世纪，尽管没有种姓，但儿子通常追随父亲的等级。这种行会体系并不是内在自由的环节。人不太仰仗出生，而是仰仗习惯。尽管如此，这个体系中还是有一种缓解措施。这就是教会，它减轻了传统，对所有人都开放。这是对传统的一种干预。

每个人都要属于一个等级吗？根据通常的自由概念，人应当让自己摆脱它。但是在18世纪末，在"露辛德"的时代，认为自己凌驾于所有等级之上，不想属于任何等级，这是很肤浅的事情。没有人能够逃脱他所从属的等级。即使是纨绔子弟也属于有闲等级。可以要求某人选择任何一个阶级；只有这样，他才有可能在市民社会中生存。没有等级的人就是一个流浪汉。等级才将个人提升到单纯的一个人的实存之上。人们立即问道：他是什么？等级荣誉与单纯的荣誉是不同的。如果某人的等级受到攻击、他的等级荣誉受到侵犯，就会发生严重的伤害。

如果每个人都必须属于一个等级、一个活动范畴，那么问题来了，哪些是市民社会中产生国民财富的等级。它们的划分是完全合乎逻辑的，划分只能是逻辑的概念。逻辑的范畴是**直接**、**反思**和**思辨**。据此，有三个等级，我们将用同样的名字称呼它们：第一种等级是**直接的**或实体性的等级,即农业等级;第二种等级是**反思的或形式的**等级,即产业等级;第三种是**普遍**等级,它与第一种或第二种都无关。市民社会将会始终分解为这三个等级,这就是三种最后的范畴。

1. 直接的等级

直接的等级被理解为是那些与第一种、原始的、与自然产品的生产、至多与自然产品的销售有关的等级,即农民和耕作者的等级。"农民"这个词是极好的,它表示一个自己耕种的人。然而他不是一个 *glebae adscriptus*(农奴),而是一个命运与土地相连的人。所谓地主,稍稍高于土地,把土地留给农民耕种,把土地得来的钱花在其他用途上,不属于这个等级;因为他们与自然的朴素无关,他们反思、支配土地,而属于普遍等级。

无论是在历史上还是在国家中,直接的等级通常都是最先的等级。它一直具有巨大的神圣性,对它的评价再高也不为过。农业是国家的基础,因为所有国家都是从农业开始的;游牧民族还没有形成国家。这就是为什么这个等级也被称为实体性的等级。从农业中产生出家乡、对家乡的爱、祖国和宗教。家乡是国家的开端。在赢得家乡之感的地方,农业的宗教首先出现。在早期国家,农业被认为是文化的最高形式。在中国,皇帝通过每年犁一块地来对农业表示敬重。

实体性的等级是仍与自然最常联系的等级。在其中有一种直接的伦理。尽管农民是自由的,但他的行动范围和观点是有限的。在这个等级中,有着对神和未来的信赖,这种信赖不会因为反思而削弱。新的一天到来,一种新的希望萌发。农民对反思一无所知,他完全脱离了反思。他收割、取他的钱,是一个简单的、自然性的存在者。然而在近来,这个等级也已经远远超出自身。它本身已经被产业活动所腐蚀,产业活动无处不在。人们种植的东西少了,但使用的果实多了。反思,思想的嗡嗡声,也进入了第一等级,也许会有一个时代,产业活动将更多地介入。这表明,这些等级彼此交织融会,我们不能把它们用墙区隔开。通过产业的高贵化,它们相互交融,由此,贸易等级通过对其财政的影响而成为国家的一个积极成员。然而我们不能认为实体性等级已经失去了它的重要性,它仍然在其自然性状的简单性中。在一些国家,它已经获得了相当大的财富。

2. 反思或产业的等级

反思的等级以对自然的加工为对象,因此这个等级是中介的。它对自然产品进行改造,将其精神印记印在上面。从事产业活动意味着将自然产品转化为另一种产品。在这里,一个人只做直接必要的事情是不够的,重要的是一个人是精巧的,要发挥自己的知性。然而这无非意味着反思。一个人必须进步,精力充沛地站立起来,动弹自己。因此,这个等级不断地指向知性的劳动,本身就包含了全部反思。它以实体性等级的基础开始,以普遍等级结束。

产业等级的第一个部分**手工业等级**,他们根据个别需要和订单加工自然产品。手工业者与个别性打交道,他为单个个体工作,因此最接近农民等级。在我们的时代,这个等级也变得更加普遍化,从而扬弃了所谓等级的鲜明区别。最低的层次,例如在村里,几乎没有反思。但是如果一个人从村里的裁缝只需稍稍上升到城市里的手工业者,原来的天真性就消失了。在城市里,已经有了大量的活动,普遍物便会进入其中;大多数裁缝自己购买布料,同时也是商人。

手工业等级的第二个下属等级是**工业等级**。工业生产者与手工业者的差别是,他为普遍性而不是为个别需要劳动。他不是专门为某位甲先生或乙先生劳动,而是制造一种工业产品,即某种应供人类或城市等使用的东西。通过为所有个人工作,而不依附于个人,他把手工业普遍化了。在出口等方面,他已经在要求国家照顾。但是由于工业生产者进行生产,他自己仍然以手工业为内容;他必须劳动或让人劳动。工业等级尤其被认为是构成一个民族财富的等级,例如在英国,人们认为它比贸易更能构成国民财富。

更为普遍的是**商业等级**,他们自己不再从事生产,而是购买和销售实物或制成品。它从事商业活动,交换工业生产者提供的货物,并寻求通过购买和销售获得利润。直到近代,这一等级才达到了它较高的层次,因为在古代和中世纪,这种水平的商业是不存在的。直到路易十四统治时期,商业才被纳入国家。然而就其自然而言,商业等级又被分为两部分,这两部分同样是一个从特殊到普遍的过程。这就是真正的商人等级和银行家等级。前者指向某一种或多种商品;这些商品是他事业的基础。相反,银行家对中介进行中介,并交易所有这些物中最后的普遍物,他交易货币、货币的交换关系。在过去,商人总是必定是某种非常有限的东西。但一项发明和发现使商人获得了解放。使其成为一个普遍物的发明是汇票。其次是美洲的发现,由此交换成为日常化的。是的,从这里开始,商业获得了一种政治意义。在所有的产业人士中,银行家居于顶端,因为他与产业的普遍物打交道。近来,这最后一个等级对国家关系的影响是没有人会否认的。商行已经上升到王朝的地位，与现实的王朝谈判，银行家是法国的部长。这是如何可能的呢？银行家与普遍物、与货币打交道，这在任何地方都是如此。他可以获得一种即便国家也无法获得的权力。货币不仅仅是某种个别的东西，而且是普遍的东西，由此，国家与商业等级就建立了更加密切的关系。以前商行不得不受到政府的庇护，现在他们是政府的庇护者。国家可以向贸易公司寻求信贷。

过去，产业等级一般被视作一种低下的等级，如今这种偏见正在消解，而产业正占据着他们真正应有的地位。它与其他等级处于平等地位。这也是完全正确的；学习应该是属于全世界的。即使是一个商人也必须学习和知道。这种情况很快就会发生在我们这里，就像在英国长期以来的情况一样。

3. 普遍等级

市民社会的第三种和普遍等级是既不存在直接性也不存在反思的等级。一个等级，它在意识中拥有实体性等级在自然性中、第二种等级在斗争和劳动中所具有的东西。在其中，这种劳动上升为一种明确的认识和知识。它关怀的不是需要和手段的生产，而是普遍利益。人们可以把这一等级称为精神等级。在其中，就如同在实体性等级中一样，一个行会和同业公会既没有必要也不可能。在市民社会中，普遍等级没有在国家中那么重要。工业家们往往根本不把它当作一个等级，而且由于它不生产任何东西，所以人们常常把它算作无用的阶级之一。但这是错误的，因为它是科学的等级、教化的等级，也同样是必要的。它连接着市民社会和国家，只有在这里才能寻找市民社会的保护和力量。在古代，这个等级真正说来是主要的和唯一的等级,柏拉图的战士和护卫者的等级。

普遍等级首先是一个学者和艺术家的等级,他们与手工业者分开,因为引导他们的是为实现其创造性思想而奋斗。它还包括公务员等级,因为他们受过科学教化,为普遍物提供服务,而且一般来说,每一个人都寻求获得科学教化。此外,它还包括消耗他们实体性所获的地主、富有的私人、有年金收入者、不工作而依靠其财富的闲人,以及把娱乐作为其职业内容的丹蒂(Dandies)[*]。这样的人负责处理监护和其他与普遍物有关的事务。

需要和等级的体系直到现在才得以可能,但不能保证这种可能性会得以确保。谁能保障需要和劳动在其中拥有其权限?没有人会因为对方的攻击而受到伤害吗?如果社会的财产不包含对财产的保护,那么它就是不受保护的、非现实的。这种对财产的保障就是司法。

二 司法

在形式的法中,所有的具体关系还是被抽象掉了,但这个过程以一个市民社会作为其前提。司法在市民社会中占有一席之地,因为法正是在这里获得其实存的。没有司法的保障,就不可能有文明的状况。

今天的整个欧洲意识都与**法律面前人人平等**的最高原则紧密

---

[*] 18世纪60年代在欧洲兴起的男性群体。他们出身于中产阶级家庭,受过良好的教育,极为重视外表,公共场合表现从容,喜怒不形于色,并且十分自恋。——译者

联系在一起。在数千年的努力之后,这一原则在所有文明国家都有效。在任何国家,任何人在法律面前都是平等的,这是真正的普世主义。然而,这一原则绝不是在所有地方都得到了贯彻。例如,知识产权还完全没有得到保护,只应在其祖国的边界之内有效,因此我们可以翻印所有法文和英文书籍。在过去,有一些特权,据此,每个人获得权利,而法律并非什么普遍的东西。如今,这个原则常常被理解为仿佛等级被废除了。但情况并非如此。在法国,据说贵族是法律面前人人平等原则的一个例外。但任何等级都不应当在法上有优先权。因此,对不同等级的不同 *fora primlegata*（特权受理法院）[227]是对上述原则的一个矛盾。他们也许会在二十年后在我们这里取消。这些受理法院（*fora*）本身就显示出对司法机关的藐视。对不同考试的不同任命也表明了这一点。任何要求更低的地方,这都是对司法机关的一种贬低。高级法官和下级法官拥有同样的制裁措施,所以必须有同样的要求。我们不能把一个出身低微的人送到一个被认为糟糕的下级法官那里去。

（一）法之为法律

在与市民社会的关系中,法不应当仅仅自在地定在,而应当作为普遍物被**知道**,并且必须在这种意识中找到其效力。效力是以知识为条件的。只有通过法被设定,即是被思维为普遍物,它才会获得其真正的意义和规定性。它只能是作为已知的有效。因此,法律必须被公布。法,走出自身,呈现为外在的东西,就是**法律**。实定法一般是指将法提升到法律。

习惯法

近代以来,法与法律之间的关系常常遭到误解。法是某种内

第三篇 伦理

部的东西,不需要外在的存在。通过从自身走出、被思维到,它就是法律。被思维到的、被宣示出来的、被公布出来的、被自觉到的法就是法律。但这种观点绝不是普遍的;有一些法律的轻视者。有人断言,把法仅仅当作法律是错误的,毋宁说法**先于**一切法律,它在习俗和习惯中获得了更大的表达,并在其中比在法律中无限地更加鲜活。在习俗中持存恰恰是它更深刻的、有机的自然。谁把法当作法律,谁就忽视了这种位于习惯中的自然。尤其是历史学派主张习惯法的主导地位。

当然,习惯和风俗是法的渊源,在较早的时代,它也是这样呈现的,但只是在缺乏教化、缺乏思维的时代。习惯是法的无意识形式,是尚且没有进步到向意识推进的法之形式。在古代,当法刚刚开始时,人出于习惯而制定法。父辈们怎么做,孩子们也怎么做。在这里,我们将谈到习惯法。与之相反,在所有的文明国家,这种形式在减少,因为法是要被思维的。在受到教化的世界里,正如在我们这里一样,法是通过法律的方式形成的。当我通过法律来规定法时,那么我已经通过思维掌握了它。习俗随之式微,而被思考的东西则上升到普遍性的领域。法律与思想有关,而习俗与感觉有关。只有那些习惯它们的人才知道它们。它并不比法律更有生命力,因为法律活动于所有人的头脑中。在罗马法中,没有太多关于 *consuetudo*(习惯)[228] 的说法。立法要来削弱它,而在优士丁尼的立法中,关于 *consuetudo* 的章节非常简短。然而在日耳曼时代的开端,一切都是习惯。但是在普遍物已经渗透到一切的情况下,怎么可能现在从特殊的运用中产生出一个普遍物呢?法应当如何通过习俗在我们这里产生?难道要由一个村庄的农民以特殊方式订立合同和婚姻吗？在英国，没有法律，而一切都是习惯；因此那里的私法是如此不确定。认为习惯比法律更有生命力，是认为现象比思想更有生命力的诗性错误。

历史学家已经指出，法与语言有着亲缘关系。正如语言起源于习惯，法也主要产生于习惯。但即使是语言，也不是靠习惯形成的。一旦它被驱赶出它的原始形式，那么它就会被加工和清理，不再处于幼稚状态。这与法的情况是一样的。扬弃旧有东西的渴望表明，法律已经渗透到了法之中。立法是每个民族一项神圣的、不可侵犯的权利。通过成为实定法，法在法律中具有其有效性，而它之所以有效并不是因为它是法，而是因为它是法律。法律意味着法的思维。

立法的使命

是否有一个没有立法使命的时代？萨维尼在1814年断言了这一点。[229] 由此，我们的时代遭到了一个巨大的指控；它被描绘成被阉割的、无能的和不够格的。如果我们要否定时代的这种使命，就好比我们要否定它的一切一般。每个时代都在做他所能做的事，并且在最大程度上。奇怪的是，虽然我们的时代被剥夺了这个使命，但从来没有像今天这样制定过这么多的法律。现在，新的刑法和民法在德国各地如雨后春笋般涌现。各地的法律活动都在蠢蠢欲动。据说，这是由于厚厚数卷新律的侵袭。没有使命是因为时代总是会要求新的法律和修订。但这些指责是完全错误的；这正是时代的财富；我们会经历更多。历史开启之处，新的法典也必须产生。随着历史情况的改变，随着一种崭新的历史进程，人们也必须有崭新的法典。

法律与法的矛盾

由此出发,我们必须说,真正说来,在任何实定法中只包含合法的东西。即是说不是什么是法,毋宁说什么应当作为法而有效。这可能会与什么是法陷入矛盾。在法的内容和形式之间出现矛盾的情况下,这涉及不法的法律。合法的东西是有效的,必须遵守;但合法的东西是否也是法,则是另一个问题。这就是法律与法之间的冲突,而这就是立法的整个历史。立法可以完全表达它的时代,但很快就会表现出一种不完善的感觉。人们永远不可能制定出一部完善的法律。立法总是只适用于今天;明天它可能就会有缺陷。商法典[230]在开始时是无与伦比的,但由于商业的变化,已经变得毫无价值。因此,法必须面对合法的东西。如果法律想跟上文化的步伐,那么它就必须作出让步。

判例

法律不可能囊括一切:它不可能纳入所有的案例。想对一切进行言说的法律很快就会经验到,它们还没有接触到很多材料。案例是无法穷尽的,因为一张脸看起来并不像另一张脸。因此,必须继续推动一部法典。存在一个环节,它致力于制定一部法典,纠正了错误,填补了空白。这就是法院的判例。司法权的本质在于适用活动。然而法官不应拘泥于文字,而必须将法典作为一面明镜摆在他面前,然后以它的精神行事。现在,实践的习惯是法院惯例。诚然,这些意见并不像法律那样清晰,而法律应当对个案进行分类和归纳。

法律解释

这就导致了所有立法中必定存在的东西:法律的解释和所谓

的类比。解释在于将意义和表达呈现为同一的。一部法律的内容并不总是明确的。然后,必须把形式带回内容,或把内容带回形式,这就叫解释。这可以被看作是法律的治愈。一部模糊不清的法律是一部病态的法律。就其被治愈而言,它被引向一个新的意义:当人们解释与表达相关的内容时,通过逻辑解释;当人们解释与内容相关的表达时,通过语法解释。相反,类比是将法律延伸到一个未具名提及的案例。

每部法律都必须发展出一种所谓的法学。普鲁士邦法希望通过穷尽来斩断法学。在这里,法律人被视为讼棍,律师被视为吸血鬼;这个族类不应超出法律条文("不应考虑先例",《普鲁士国家邦法典》[ALR]导论第 6 条[231])。然而,生活滚滚向前,法律则原地踏步,停滞不前,并且变得不敷使用。但如果有判例,法学家们仍有回旋的余地。法学将致力于立法,并让它与时代保持一致。法官必须根据表述出来的案件标准来处理市民社会中出现的、与法典中的案件有相似之处的案件。他必须以类比的力量、以类比的知性把法典扩展到其他点上。因此,随着每一项立法,它的继续发展也被赋予了。但只要法律未被改变,就必须被视为是持存的。立法理由(ratio legis)的变化对法律没有影响。

(二) 法律的定在

法律必须自在自为地是众所周知的,因此必须以那些应将其作为法律来遵守的人熟知和熟悉的语言,即以民族语言颁布。在多大程度上可以容忍一项使用外语的立法?对古人来说,法是一种神秘的东西,但对我们来说,它是一种人人都应该知道的共同财富。出于这个原因,人们普遍禁止在法律中使用死的语言;只有在匈牙利,拉丁语仍然盛行。这推翻了罗马法,而且不得不这样做;它具有一种完全不同的精神,只是一种学者的法。罗马法只留给一个等级,这里没有任何的权利救济;法学家们可以从中制造出任何东西。在德国的大部分地区仍然是这种情况,那里适用普通民法。因此,当近来的立法者制定了以民族语言书写的立法时,这才是一个真正的善举,而腓特烈和拿破仑的最大功绩之一就是开启了一个本国立法的时代。

但是,法律不应是凭空臆想出来的,而是要贴合民族的教化并考虑到现有的法律。刑法将不得不更严格或更温和,这取决于其他法律是否更严格或更温和。例如,在英国和法国,刑法过于严格;相反,普鲁士的刑法则过于宽松。刑罚和犯罪取决于市民社会的状况,因为整个市民社会都被犯罪所侮辱和侵害。现在,在所有国家都发现了一种普遍的欧洲利益,在这里形成了一种更大的平等。

原则与案例列举

如何制定法律?它们是否必须仅仅包括像《法国民法典》那样的原则,或者也像《普鲁士国家邦法典》包含那样的案例列举(奥地利法典居中)?法典必须建立在能够并且应当指导法官处理所有案件的原则之上。纳入大量的案例列举就会导致对清晰性的抛弃。腓特烈大帝的计划,一切都由《普鲁士国家邦法典》说了算,被证明是错误的;案例是无限的。我们只能给出一般的案件($casus$),这些案件又必须被视为一般规则。在罗马法中,列出了众多十分鲜活的案例;两种人格伴随着他们的历史出现,一种有形的案件。相反,在《普鲁士国家邦法典》中,这种案例不会出现,而只有抽象,以至于案件又过渡为普遍性。但这造成了混乱。每一部法典只应从原则中演绎出直接必要的案件。但它必须包含如此之多的内容,以使司法权不至于变得专断,而是始终服从于法律。

形式主义

在法上有两种事物:质料和形式。法,为了存在,需要其实存的某些形式。这种形式是必然的,还是说它必须屈服于质料?历史表明,古代的权利具有形式上最大的应然性和差别,而这些差别后来都消失了,屈服于法的内容。这其中的原因是什么?正如词源学所表明的那样,不断进步的语言会失去其多种形式;法典也是如此。时代抗拒烦琐的形式;然而完全没有手续、期限、界限和形式,任何法都不可能持存。在任何法典中,都有一些形式是不能逾越或忽略的。但这些形式不能成为法的本质,不能破坏法的内容。更中道的是最好的。普鲁士法院条例对 *restitutiones*(程序重开)[232] 根本就没有期限。这是错误的;某些立场必定出现在任何立法中。诚然,例如,罗马法对起诉名称的严格要求是没有必要的。我们不再有起诉的等级,毋宁说所有起诉都是普遍的。然而,任何法典都不能完全由法官决定。

但是由于法在一特定时代总是成为形式的,因此自在自为**正当的**东西和自在自为**合法的**东西之间的差别就引起注意。内容可以变得如此拘泥形式,以至于它只是流于形式。如果某件事存在于形式和法律的外壳中,那么它就是合法的东西。然而,立法不能因此而受到阻碍。

有些人之所以愈发反对立法，因为未来总是更好。好的最大敌人是更好，也就是说那些想要更好的人从来不想要好。人们总是想等待，这是要考虑的，是值得怀疑的。但他们没有考虑到，明天不会更好。因此，人们绝不能拒绝好的东西。尽管伴随着所有我们现在无法摆脱的缺点，但我们也要满足于好，而不是抱着会有更好东西的希望而放弃好。

一般而言，这就是关于法律所要谈的东西。

（三）法院

但是，单凭法律还不能保护市民社会；它必须发展成为一个现实的存在，为了它的现实化，需要一个使它产生的机构。这就是**法院**；没有法院，法律就是无效的。这一学说如此重要，以至于有人说，在本质上，程序规则要比任何其他类型的立法重要得多。因此，人们必须首先从程序规则开始，从破产程序开始，然后才是其他立法，立法远没有那么重要。只要法院规则糟糕，再高尚的法也是无法消受的。没有法院，法在某种程度上可以说是没有支撑的。法院是法律的定在。

1. 法院的一般组织

作为法律的定在，法院是通过一种公正无私的权力对法的现实化。在这样的法院里，有着司法的真正本质。法不能采取自助的形式。唯有法院的使命是伸张正义。因此自助应是被谴责的，因为它是由一种有利益关切的权力即由当事人直接地建立法。但是，法要由一个无关者建立：由法院建立。国家是否有义务建立法院？当然，这并非主权者的恩惠或恩典，就像冯·哈勒说的那样，而是他的义务。法院的存在必然来自于市民社会的性质。一个没有独立法院的国家会是一个非常恶劣的国家，在其中，需要的体系的唯一保护神付之阙如。不能把法院看作对自由的压制；相反，真正的、具体的自由是可以在其中找到的。

法官独立

在家长制的时代，国王同时也是法官。但在所有的文明国家中，司法权是与行政权相分离的、独立的。在法院，法的独立性是有条件的；因此，法院本身必须是独立的。法院本身不能成为权力的持有者，而是必须独立于权力。他们本身并非权力，毋宁说各民族的幸运就在于他们独立于权力。法官不可被撤职（Inamovibilität）[233]的学说属于这里。法官与其他官职无关。他们的权力是无私的、公正的。政府可以随意解除任何官员的职务，但法官只能通过判决和法来解除职务；他不应依赖于情势。他是个体化的法律，而法律所有的神圣性必须转移给他。

法院的义务

在法庭面前人人平等，人的声望不起作用。因为法院属于每个人，那么每个人都必须有权利站在法院面前（*jus in judicio standi*）。但每个人也有义务出庭（*in jus vocari*）。这是每个人都应承担的普遍公民义务。根据市民社会的性质，这里不可能有特权。在古代，当法律的思想尚未渗透时，有一些人凌驾于所有法院之上：封建领主。在我们这里，我可以起诉国王、国库。罗马人的定理是，在存疑的情况下（*in dubio*），应对国库作出不利裁决。

举证责任

因为权利在法庭面前是有争议的，所以它必须加以证明。每个原告都必须受法院手续的约束,并证明他对被告的权利。证据理论同样也是法的中介,也是诉讼的一个主要理论。一种法的教化程度越高,证据理论就越发达。因为法庭的公正性要求形式主义,一个拥有最大正义的人,如果缺乏证据,仍然可以遭受不公正的待遇、遭受处罚。由于法律程序因此是达到目的的手段,而证明就在正义和判决之间,所以程序本身就会成为一种不法的渊薮,成为与正义作对的武器。即使通过律师等,这个程序也会成为正义的扭曲和不法。这就是为什么拥有正当程序和清理法律程序是如此重要。

上诉

司法裁判不应限于一个审级。其他人说,一个审级就够了。然而确实不能依赖于一种个别的特殊性来作出法律裁决,而必须有多重程序。只要你有审级,你就必须有三级,而不是两级,因为两个往往是矛盾的。最高上诉法院作为三审法院,要对前两审的矛盾进行裁决,对判决进行撤销,同时对案件再作出它的判决。

仲裁

法律程序、诉讼是一种恶,因为在权利和判决之间有这种证明的中介。那些能够调解的人不希望有诉讼。因此,又有了减少这种罪恶的手段。此外人们还认为,审级也败坏了诉讼,并不是每一诉讼都会被送交这种审级的手续。出于这个原因,人们试图寻找其他的诉讼方法。为了避免法律程序,人们愿意回归仲裁员机构或和治安法院,让权利由一人判决来决断,并迅速解决详尽的调查。治安法院的目的是简便地解决简单的情况,而不是将其提交法庭,这些治安法院已引入法国,在英国也得到了充分应用。因此,仅仅是侮辱的指控就应该如此简便地当场解决(在这里,如果有一位负责对小摊小贩侮辱的裁判官是有好处的)。在普鲁士,和解机构与其他国家的治安法院是一样的。我们还为东普鲁士建立了一个治安法院机构,该机构应该会继续良好发展。此外,所谓的仲裁员[234]也属于此。

这与衡平法院不同,衡平法院产生于市民社会的性质,例如商事法院,在有商业的地方都是非常期盼的。就商业而言,最重要的是尽可能地简化法律程序,并建立商事法院,尤其商业是流动性极大的东西,而法律人并不熟悉这些变化的情况。因此,了解商业技巧的商人必须与律师一起在商事法庭出庭。然后,商事法庭(在汉堡由两名商人和一名律师组成,他们立即作出判决)可以继续上诉。

2. 公开性与口头性

如果说诉讼程序中历来有什么缺陷,而且这种缺陷在17世纪变得非常明显,那么这并不是法官的拖延或腐败,诉讼的缺陷在于它是秘密的。这种秘密性是完全错误和歪曲的事情。基于一个非常简单、符合逻辑的理由,**法庭审判必须是公开的**:法律只是法院的一个前提,因此,公开性也必须在法庭上得到承认,否则适用就会与法律分离。法庭的公开性要从法律的公开性中得到辩护。如果法律必须是公开的才能作为法律有效,那么通过法院所作出的任何法律行为也必须公布出来才能有效。法律的性质也是法院的性质。因此,法院的秘密性不外乎是法律的秘密性。法律的每一步骤都应当是公开的,而且是以这样的方式,公开介绍程序情况,公开宣布法官的裁决以及理由。然而在人们权衡支持和反对的理

第三篇　伦理

由时,情况就不同了。案件审理的公开性并不预设诉讼审议的公开性。人们没有必要知道每个法官的意见。法官要审议的内容不一定要公开;但宣判和案件审理必须公开。相反,在我们的法官中,卷宗保密仍然盛行:没有任何一方当事人知道卷宗是什么,一种王室法庭的回响。

有人说,法律程序的公开性对唤醒人民的政治意识很重要;因此,在自由的政治制度中,它是必要的。这或许是事实;但它与更高的东西、与法律的性质有关。司法的公开性无非是法律公开性的结果;它产生于法律的一般性质。这就是内在的理由。

那些反对一切开启新时代之事的庸人,大多宣布反对这样做:法庭程序的公开性是对法的最大损害。在民事诉讼中,没有人对私人之间发生的事情感兴趣。事实上,如果他们的事务被公之于众,每个人都知道甲欠钱,这对人们来说是危险的。就刑事诉讼而言,公开性会教授人们,特别是罪犯狡猾的伎俩。人们注意到,在陪审法庭中,流氓们会观察和学习如何行事;通过公布其他流氓的愚蠢行为而变得聪明狡猾。相反,如果法庭是秘密的,就不存在这种危险。然而除此之外,人们把它看作对法律人等级的一种干预,而法律人等级只需要对自己负责;人们由此破坏了它的特殊性。

这些都是一些纯粹庸俗的反对意见,即使撇开哲学上的理由不谈,也可以通过一种经验上的反驳来驳斥。所引述的缺点根本不是缺点。无论是从统计学上还是其他方面,都无法证明,在刑事诉讼中会由于公开性而出现更多的犯罪行为。它同样可以对人们产生一种有益的印象,恰恰是在进行公开性的国家,犯罪已经减少了。这可能还有其他原因,比如文明程度的提高。但有一点是肯定的,公开性是一种必不可少的保障。要向人民表明,法不仅载于邦法,而且它也要得以实现。人们对秘密的法学不可能有任何信任。然而信任共同构成法院的一部分,否则在法院中,法律就会失去它的兴趣,并出现一种冷漠的状况。但是,当有人说个体可能因公开性而受到伤害时,我们必须说,每个人的生活都是公开的、秘密的公开。每个人都可以知道我的情况,而这是我们不应有的一种耻辱。不公开并不能阻止诽谤,但公开的纯粹空气却能驱散它。当然,在某些情况下,法院必须是秘密的,如在法国,但在一般情况下不能这样说。

然而公开性既不是基于这些经验性的理由,也不是基于反对的理由,而是基于一个哲学原则。法律是普遍物,必须颁布出来,显露出来、公开。法庭审理无非是根据法律进行审理,法律之成为现实。因此,如果法律必须颁布才是有效的,那么它在适用行为上也必须是公开的。它的所有阶段都必须是公开的,并始终具有这种性质。

公开性的政治理由

撇开问题的法律方面,要注意到,如果同时存在一种宪法关系,一部自由宪法、新闻自由及其附属品时,公开性会获得一种完全不同的支持。在这里,公开性还有一种政治上的理由并且不可或缺。在那些有政治和立宪宪法的国家,公开性成为必然的;因为每个人都可以主张,定罪的理由是公开承认的。在英国,一切都是公开的,[235] 法院不应这样吗?所有反对的理由都是外在的,正如知性可以对抗一切,因为一切都有多个方面。然后,公开性会为自己开辟道路。即使在我们的立法修订中,人们终于走到了即使不接受陌生人，至少也要接受当事人本人参加他们庭审的地步。人们称之为德国的公开性。但这是不够的。

口头性

另一个问题则涉及审理的口头性。它的敌人要比公开性少。公开和口头程序通常是结合在一起的，但这并非绝对必要。书面性是在16和17世纪出现的，以至于厚厚的卷宗是每场诉讼的部分负担，这些卷宗需要很长的时间，即便如此还是不彻底。我们德国人不擅演讲，这是个很大的缺点。相反，口头性则使事情变得更简短、更果断。这就导致了口头性是否值得优先采用的问题。在我们这里，口头性是被憎恶的，因为律师们觉得自己在言辞上太过薄弱。律师们遭到攻击，因为人们在演讲的时候可能不会冗长，但他们在搬弄文字的时候却可以极其冗长。某人写下的东西可能相当出色，但通常来说不会如此。大多数律师的文字都很糟糕。如果某人必须努力通过简明扼要的演讲来赢得法官的意见，那情况就不同了。雄辩也在于他与之对话的人。

我们自己的诉讼规则是最突出的例子。自1833年以来，在普鲁士引入了一些口头性。[236] 无法独立出庭的旧司法专员也恐惧地对此表示反对。其他人抓住了事情，人们发现演讲的天赋比想象中的要多。对口头性的热爱已经出现，现在四分之三的诉讼是口头审理的。

法律修辞

没有比德国更忽视演讲艺术的地方了，这是因为我们没有参与公共生活。演说术是与公开性相伴随的。我们可能很快就会有一门关于法律修辞的讲座。德语是最雄辩的语言，但它还没有得到完善，无论是法庭演讲、布道还是讲台演讲。对口头性的憎恨只是源于一种恐惧、一种习惯、一种畏惧。很快人们就会发现，演讲远比演绎重要。在演讲时，一个人不能太无聊。渐渐地，律师与演说家和那些关注公共生活的人又会重合。到目前为止，他们都是私人律师。有了公开性，律师等级将获得完全不同的尊严，律师将不再是讼棍，而是会尽力做好该做的事。然而，世界上没有什么东西是知性无法找到瑕疵的。

3. 陪审法庭[237]

在任何法律程序中，都要考虑到两方面，即案件的特殊方面和法律的普遍方面。说某人被杀与在发生这种情况时说什么是合法的是不同的。这就导致了将特殊方面涵摄到普遍方面之下被视为两种不同的功能，并将它们分配给两个不同的法官。陪审法庭问题的重要性不亚于前两个问题。

问题是，陪审法庭到底好不好？主要是对刑法而言，这需要进一步阐述。在民事诉讼中，许多人认为陪审法庭（与英国不同）是不可接受的；因为在民事诉讼中，客观上确定的规则而非归责是最重要的事情。在民事诉讼中，普遍方面和特殊方面并不分离。案件的具体方面没有任何可以让它与普遍方面区分开来的内在性；为了在民法中作出裁决，只需要法律知识。刑法中的情况则是不同的；在这里，是否发生了某事的问题与对发生之事的判断是不同的。在刑事诉讼中，案件的特殊方面并不与单纯的构成要件相关，而且还与个人曾在场、这是他的行为相关。关键是归责，在这里，主观的关系开始出现。在这里，事实与普遍方面在根本上是分开的。因此，对某人是否犯罪这一问题的回答更多取决于普遍的人和心理学知识与理由，而不是法律知识与理由。然而，对案件的调查直到裁决的要点（指示）是一项法官事务。那么问题是由谁来作出判断。关于是否犯罪的问题的裁决是法律人的事还是人民的事？这就是问题所在：到底应不应该有陪审法庭？这要从历史和哲学的角度来考察。

在英国和瑞典，自中世纪以来，陪审团一直是本土固有的。在法国，它们自法国大革命以来就一直存在。在拿破仑治下，德国的诸侯们也引入了陪审法庭：在马格德堡、汉诺威、威斯特法伦，但它们又消失了。

如同所有问题一样，这个问题是外在进行的。陪审法庭既有反对者也有朋友，但很少从客观性的立场进行一番探讨。辩护人说，陪审法庭在政治上很重要，因为必须有公正的法官，而只有公民才能做到公正。它是防止政府允许自己进行干预的唯一保障。有晋升前景的受薪法官总是依赖于政府，无法激发人们的信赖；只有拥有平等权利的公民才能做到这一点。这个由费尔巴哈[238]宣扬的理由被驱赶到了极其肤浅的地步。这种通常的辩护方式是错误的，因为政府也可以说，我不信任公民。在不信任的原则下，没有什么不能得到辩护。如果你看一下反对者，他们如是说，陪审员作为普通公民，对法一无所知。他们需要只有通过研习才能获得的知识。把关于法的事情交给没有受过教育的人，就是错误的行为。看不出为什么法官不能同样好地、更好地解决诉讼。此外，据说陪审法庭将所有要审理的事项带到人们面前，刑事诉讼会成为公开的。

陪审法庭的性质

抛开所有这些理由，我们问：陪审法庭的性质是什么？无非是刑法本身的绝对一贯性。刑罚是对犯罪的否定，是对法的恢复；但它也是罪犯自身的法。我们看到，罪犯有要求、有权利获得他的惩罚。由此可见，刑罚绝不能仅仅是一个**事实**，一种从上而下施加给罪犯的恶，而是这种权利必须在罪犯的内心，他必须供认罪行。这就是为什么他必须在场并参与对他的刑罚的判决，也就是说他必须首先对他的罪行供认不讳。因此，只有对罪行的供认才能确定刑罚。但是这样的供认完全是主观的，将由罪犯来决定他是否应当受到惩罚。因此，必须使供认的这种主观性变得客观，必须在主观供认不重要的情况下，找到一种如何让罪犯供认的方式。因此他必须被代表，也就是说必须由其他人供认罪行，而那些窥视罪犯的良知并将罪行的供认客观化的人就是陪审员。因此，他们是罪犯的代表和律师，而不是客观的法官。这种陪审法庭的概念是必要的。如果没有陪审员的引入，刑事诉讼会变得像我们这里一样陷入可怕的荒谬和如此这般非正义的集合体。

一个人民的代表大会是由人民派遣代表所组成的；它并非人民自己。人民从他们中间选出代表他们的人。这种代表也发生在刑事诉讼中——通过陪审员宣布被告自己的判决。这里的陪审员是被告的相同者（同伴），而不是法官的相同者。

陪审法庭的历史

现在我们将一般地讨论这一法庭的历史。陪审法庭是一个现代制度，古人对它一无所知。罗马人和希腊人知道民众法官，但**民众法官并不是陪审员**，而是十分普通的法官。裁判官任命**承审**

员（judices）。但这些人不是陪审员，他们是像他一样的法官，而他们也被称为承审员（judices）。陪审员是私人而非法官。在法国和英国，被告有权拒绝陪审员。相反，他的法官则不能被撤职。古代没有陪审员的思想，因为那里没有内在东西、良知的思想。因此，陪审法庭只属于现时代。它的主要基础是基督教和我们对代表的政治观点，因此与近代的代议制君主制有关。通过基督教，罪犯确信他犯罪了，这才是本质之事。也不能 *ex fato*（命中注定）[239]，只有 *confessus vel convictus*（坦白和被定罪者）[240] 才能被判决。有些人从德国法中的参审员（scahini）推导出陪审员。但是，几乎只存在于德国的参审员也只是民众法官。在德国，直到17世纪都存在参审员，但陪审员并不是从我们这里起源的。

相反，它的起源可以用不同的方式来表明。人们希望在发生犯罪时也有一项证据。在古代，如果某人没有犯罪，就必须洗脱罪名。在中世纪，存在着 *Oralien*（神明裁判）。这些并不是出自法官合议庭，而是有着更高的要求。为了洗清罪行，罪犯必须做一些闻所未闻的事情；必须发生奇迹，以使他宣布无罪。神明审判（捞沸水、火刑验罪等）是对人之自然难以抗拒的严峻考验。这是向神发出的一个追问。他应该扬弃自然，以保护一个无辜的人。如果凌驾于自然之上的神让试炼通过，当事人就是无辜的。指控已经很严重了，以至于没有必要作出判决。这种神明裁判的错误在于，预设神会帮助一个无辜的人，作出非同寻常的事情，他将不辞辛劳地寻找每一个案的真相，参与每一起刑事案件中。因此，神明裁判几乎总是宣布有罪。这是在日耳曼尼亚形成的最粗糙的开端。孟德斯鸠以古日耳曼人的皮厚来解释神明裁判。然后神明裁判的依据是相信被告已经犯罪。如果他能通过,那么他就赢了。

但有一种神明审判,其中有向一种更好的程序的过渡。这就是**决斗**,决斗自在自为地是一种低级的神明裁判。[241] 它是将神放回自己的活动中:我的力量、我的技艺应当解放我。这已经是对真正的神明裁判的一种进步。今天,唯一包含在决斗中的是,荣誉只能由自己来承载,没有任何客观标准。通过对生命的蔑视,我必须表明我有荣誉。在决斗中,最重要的是斗士的勇敢。决斗完全等于表明一个人不是一个无赖,因此不能被废除。一个人作为男人登场,就宣告了他不是下三烂,但当他跑到法庭上的时候,就不一样了!这就是决斗从中得到辩护的理由。作为对抗神明裁判的证据,它的意义在于它包含了宣告自己无罪的可能性。因此,虽然它更人性化,但更不可靠,因为除了真理,还有其他力量参与其中。手臂的蛮力并不能证明真理和内心的信念。也有人让自己被雇佣去决斗。由于有人能够获胜却不必是无辜的,它仍然是荒谬的。

因此人们更进一步,把决断放在良知、在人之中的神上。因此**雪冤誓言**(*juramentum purgatorium*)作为有罪或无罪的证明出现,用庄严的话语呼唤神,并主张自己是无辜的。那些发誓说自己没有犯罪的人是自由的。雪冤誓言把神明裁判放在被告的良知上,让人自己作为其命运的法官。但是,在誓言中只包含了被告的保证,即他是无辜的。但是如果我发了假誓,再加上伪证罪,对裁决的法官来说就没有把握了。雪冤誓言只是主观的,因为在这里,被告已经能够决定他的刑罚。但让某人选择自己作为他的法官是很危险的。这种主观性被誓言保证人(*concuratores*)引向了客观性,他们几乎存在于中世纪的所有法庭。任何必须宣誓的人都必须找到七个或十二个对他有信心的人,相信他能正派地宣誓,并与他一起宣誓。如果这样做了,那么他就自由了,如果没有,他就有罪。欧洲各国的誓言保证人的任务是在自我涤罪者的思想和灵魂中察知到,他的誓言是正确的,帮助他完成誓言,并赋予誓言客观性。陪审员就是从中产生;因为陪审员其实就是誓言保证人。

在13世纪的英国,*homines de vicineto*(邻人)[242]甚至很快就成了那些察人心者。如果他们宣誓,他们就宣布他自由;如果他们不宣誓,他就被判刑。陪审员其实是被告的代表、他的辩护人和保护人。如果他们想宣布被告有罪,他们就从他那里往后退,说他不是无辜的,其中自然就包含着他有罪的意思。陪审员必须是意见一致的(*unanim*)[243],因为十二个人必须有相同的意见,这只能用誓言保证人的性质来解释。如果他们是法官,那么多数票就会作出裁决。在英国,陪审员们被关起来,直到他们达成一致的决议。在法国,陪审法庭的方式是很糟糕的。陪审员必须达成一致,但法国人在摆弄数字。在这里,陪审团可以是七对五。因此,陪审团会是一个法官合议庭。[244]然而根据事情的性质,陪审团的一致意见被证明是唯一正确的事情。

但陪审员究竟是什么?裁判者出自宣誓的誓言保证人。弗莱塔[245]和布拉克顿[246]非常简明地称陪审员为 *attornati*(律师[*attorneys*]),也就是 *advocate*,即由被告叫来的人、被告的律师。它们只与察知被告的内心和灵魂有关,看看是否可以从中看到使他有罪的东西。他们不是法官,而是被告可以信赖的人;他们是他的同类、他的亲人和他的邻居。今天,他们是陪审员(*juratores*),因此是法官,因为只有他们才会宣誓。因此,他们失去了律师

(*attornati*)的性质。

陪审法庭的意义在于,在对犯罪进行评判时,通过某些人使主观的方面成为客观的。例如,如果把定罪纯粹放在主观性、放在涤罪的誓言上,这里就会任意肆虐,没有任何客观的尺度。因此主观性必须以客观的形式显现,而且没有其他手段可以满足这种渴望。在被告没有在场和参与的情况下,不应作出刑事判决。但供认是任意的;一个无赖是不会供认的。由于供认是由他人提供的,良知被客观化了。陪审员尽管可能犯错,但他们并不一定会犯错;甚至地方法院的法官也可能犯错。他们是非常宽和的,这一点是不容否定的。他们意味着对几乎无法被呈现的东西的呈现;因为一个人所说的东西几乎根本无法以任何其他方式确实无疑地予以呈现。他们只是心灵的观察者、被告和市民社会的律师。

嫌疑刑罚

陪审法庭的问题非常重要,在 50 年之内,它将在处处得到认可,因为现在我们的刑事诉讼正处于如此混乱之中,刑事诉讼必须以此为基础。在我们这里,人们会在没有供词的情况下求助于一种**非常规的刑罚**。它不表明被指控的犯罪,但也不表明无罪;它是**无稽之谈**,根本没有表明任何东西。你被卡在一个糟糕的中间,因为你不能去找陪审法庭。诚然,在缺乏政治教化的国家,可以说有很多反对意见,特别当法律是为现在而不是为更好的时代而制定时。在我们这里,人们还没有接纳,但他们会接纳的。50 年内,这样一种如此根深蒂固会表明,陪审法庭将不再能够被夺走。无论在哪里,它都不能被剥夺(甚至在莱茵省也不能,尽管有 1828 年的计划)。陪审法庭在法律上不会有争议,它是对主观东西的保障。

刑讯

在纠问式诉讼的国家,陪审法庭当然不能出现。因为它是公开的,但只有辩论式诉讼才是公开的,所以它不可能在这里、在国家进行指控的地方实存。纠问式诉讼在于,国家掌管正义并表明自己是受到侵害的。因此比起在辩论式诉讼中,被告的自由更受限制。但被告的招供被视作是必要的。因此如果无法获得供词,就会通过刑讯逼供。被告必须招供,即使是通过严刑拷打。刑讯是纠问式诉讼的陪审法庭。在德国,它和其他地方的陪审法庭是一样的。在这里,就像所有的恶劣一样,也包含着一种精神,其中就包含着没有人应当在没有供认的情况下被定罪。刑讯无非就是一种隐秘的神明裁判,因为如果被告是无辜的,他将承受住痛苦。如果他经受得住酷刑并且不供认,那么他必须被释放,他挺过了一场神明裁判。刑讯中包含一些合乎理性的东西,即供认不是显而易见的,不是由供认者的任意来处置的。当然,这种手段是残酷的,会产生虚假的供词。因此近来各地都废除了刑讯,最近的一次是在汉诺威。

在刑讯中蕴含着罪犯必须供认的思想。这种思想在我们的刑事诉讼中已不复存在。但是如果刑讯已经过时,那么**没有任何东西**、纯粹**没有任何东西**来代替它的位置。随着刑讯的废除,我们的刑事诉讼已经变得完全没有了精神。如果某人今天不认罪,那么我们还不会宣告他无罪;他会被判处非常规的刑罚,好比一台永动机:甲被指控的犯罪没有被证实,那么甲应该被宣告无罪;但甲的无罪也没有被证实,那么他要受到惩罚。人们称之为非常规刑罚,即两难的刑罚。这是基于这样一个事实,即客观的证据并不总是可以得到,尽管如此,我们还是不能宣告罪犯无罪。因此,我们采取了一个量的但遗憾地并非质的中间。我们给予一种少于相应犯罪的刑罚。我们很容易就可以想象出这会造成怎样的结果。因此随着刑讯的废除，德国的刑事诉讼已经失去了一些本质的东西。当刑讯停止时，陪审法庭必须来临，否则赤裸裸的供词就在那里，并让整个事情操控在被告的手中。诚然，有一些诱导供词的手段，但它们不能被承认，也不能载于法典（海德堡的警察局长普菲斯特尔在18年前因爱上一名女被告而自首）。因此，我们希望各地都能引入陪审法庭。

过渡到警察与同业公会

这样，我们就结束了司法。它是对财产的保护，但只是一种事后的保护，而不是一种防患于未然和救济。在没有诉诸法律保护的情况下，很多东西会化为乌有。法官不关心市民社会的福利。这种事后的保护不可能是唯一的。在需要出现之前，需要就必须已经预先并且在其出现之中得到保护。必须有一种普遍的预防措施，即市民社会的事务要求助于某些方向，而这就是构成市民社会的第三个环节。

三　警察与同业公会

警察与同业公会的学说是市民社会最后的纽结和支撑。

（一）警察

警察的普遍特征

警察关注的是福利和防患于未然。它将司法与需要联系起来，是国民经济学与法的统一。警察有着一种雌雄同体的形态，而且仿佛是一种两栖动物。因为首先，警察官员是司法官员，其次他们属于军队，士兵和法官就像圣殿骑士一样。大多数人被煽动反对警察，并称他们为一种祸害，因为并没有做什么坏事时他们也在那里，由此可见他们期望有某种坏事发生。如果发生了一件不法，那么总是有时间来弥补它。许多人其实根本不想赋予警察任何权限，并认为警察不好的国家比警察好的国家更好。这种仇恨并非产生于警察的本性，而是**越限**警察。人们指责警察滋扰他人。这在政治事务上是真的。他们挑起了他们本应避免的犯罪。在法国，警察表现得很糟糕；"特务挑衅者"（agens provocateurs）使警察受到极大的蔑视。但这不能针对警察一般的性质，它的滥用并不能扬弃它。

事物的本质是，警察不能只听任偶然。一起伤害是否发生是偶然的。只要警察掌控监督，它的任务就是阻止伤害。只有在一个非常小的国家才可以没有警察，因为那里不存在阴谋和迫害的问题；或者在一个大的国家，那里的法感非常强烈，那么就可以不需要警察。

警察的历史

在这里，应当首先发展警察的**历史**。警察只有在有组织的客观的国家中才能出现。例如，在罗马和希腊有监督秩序的官员，但在中世纪没有。这里只有地方行政长官，但这些地方行政长官还不是国家的原则。在雅典有市场管理人（Agoranomen）、Interphylaken*等，在罗马有市政官（Ädile）。然而，这些部门在本质上不同于我

---

* 原手稿中即如此表述，疑误。Interphylaken 似为 Philakitai，是指古埃及的一种准军事性质的警察，他们的职责是维持和执行法老的法律。此处或指代希腊罗马化在埃及的情况。——译者

们的警察；他们是客观的警务人员、市政人员，他们对人口中的各个阶层进行监督。相反，我们的警察不能单纯客观地行事；在我们的世界里，主观的东西占主导地位，所以警察必须下降到主观性，偷听、保密。这给他们带来了坏名声：一名警察并不受到敬重。现代警察其实是在17世纪在威尼斯出现的，并从那时起成为一个常设制度。随后，它传给了路易十四时期的法国，现在又通过罗伯特·皮尔[247]传给了英国。警察应在多大程度上从中斡旋，取决于各个国家的习俗。在文化气氛浓厚的地方，警察会有一个次要的地位。例如在英国、在乡下，人们仍然恳求警察不要打扰他们。

在其当今的形态下，警察是国家的眼睛，以便获得一种对自己直观的手段。它的缺陷在于，它必须降到一个主观的立场并成为秘密的。秘密警察的思想经常受到攻击；然而，正派进行的保密行动是可以得到辩护的。诚然，它可以被滥用，使警察成为一种折磨而不是一项善举。但它必须是秘密的。[248]警察是第二家庭，取代了家庭的关怀，而这种关怀在市民社会已经找不到了。在市民社会中，一切都被撕碎了，每个人都想活下去，所以在这里也必须找到一个包含预防措施的中心点。但警察有不同的方面，我们必须从市民社会的性质来考察这些方面。

治安警察

警察首先要对治安采取预防措施，确保人们在任何时候都能自由行动，确保个人不受任何攻击，不管是掠夺性的还是其他方面的攻击，确保不发生任何可能扰乱公民安宁的事情（治安警察）。在这样做的时候，他们必须不关注个人而是关注公众。它必须确保在一个城市或国家做好准备，防止危险的发生。在较大的城市，要确保每个人都能安全地行走是比较困难的。警察必须抵御偶然的阻碍,维护外部秩序。因此,他们可以把那些自在自为地在法上是允许的,但可能会造成不幸或混乱的事情称为违警罪。对由此造成的损害的识见归治安警察所有。治安警察是最不滋扰的。

产业警察

然后,人们有需要,必须生活。他们需要一定的生计,这必须得到保障。**产业警察**(也包括市场警察)对产业进行监督,但**丝毫不妨碍它们**。他们必须确保始终有食物供应,并确保需要和满足需要的手段是平衡的。通常情况下,不会出现短缺。如果没有歉收等,那么产品就在那里。但它们可能会缺乏,会出现价格上涨。在这里警察就是必要的。在古代,储存被认为是一个智慧的环节。现在,个人都是自己照顾自己。警察的唯一业务可以是缓和价格。他们也会注意,确定某些价格,并且让一种条件在流通范围内得以发生。此外,还有一种面包警察。

产业自由

产业自由的问题与此有关。产业自由的朋友们从需要的体系出发,不给产业从事者们的无限市场活动设置任何障碍。还有人说,产业自由并非好事。如果市民社会不想毁灭,那么产业就必须与某些我们可以依赖的个人联系在一起,因此不能有普遍的竞争。

在古代,当需要不多、辅助手段也同样不多时,人们也可以限制产业。产业是行会的。行会是反对产业自由的一种障碍。像所有其他自由一样,产业自由产生于国家的新思想。它表明自己是处于上升期的产业的一个必然环节,它无法容忍任何的阻碍。在近期,当竞争造就产业而手段由竞争提供时,人们发现,不需要某人证明其能力,就可以建立产业自由。如果人们认为必须学会一门手艺,那么这个行业的自由就会丧失。在科学领域情况则不同,只有有能力的人才能得以准入。然而在产业中,重要的不是个人而是普遍物。它不在于甲、乙、丙等提供了好东西,而在于好东西被一般地提供,但这是通过竞争实现的。在产业中,劳动作为结果是合理的,而我们在产业自由的情况下有最好的结果。在普鲁士,它从1811年起就存在了。在这里,任何人都可以申请专利并从事一种产业。[249] 一项新的法律应当限制它,但它不能被废除。

产业自由,像所有的自由一样,有它的敌人。但它的事业必须得到辩护;因为禁止任何人从事某一特定产业是一种不法,而这种不法不能以任何一种效用为理由。当然,通过将其限制在个别个人身上,可以产生更好的劳动。但在每个人都有产业自由的地方,每个人都会勤奋劳动,从而更加有用。当然,在这么短的时间内,产业自由会造成一些冲击;一些人将因为无法竞争而失败。但这就是一般市民社会的缺点,它是一场真正的战争。许多人沦落,许多人跃升。正是在行业中,一个人所取得的成就推起了成就者,并毁灭了懒惰者。相反,有人指出,产业自由会导致独立的幻觉,产生不幸的结果。因为让他们有可能成为工匠,所以许多人认为他们事实上也已经是工匠了,相应地调整自己,然后看到的是他们认为可能的但还没有成为客观的幻觉。不可否认,个人的不幸实存着,就像机器一样,但这将逐渐自行消失。职业将分散开来,每个人都将知道他应当进入什么,而个人的不幸将停止。产业自由是基于这样一个事实,即产业通过销路的顺利或不足来奖励或惩罚自己。

人们引述来反对产业自由的论点是庸俗的环节,而这是知性始终确立起来的:由此会造成许多的不幸。每一项革新以及每一件事情都有它的损害,而投入世界的最有用的东西不可能没有损害。铁路会毁了马车夫。这并不是普遍的产业自由造成的,而只是因为从事产业者无力保存自己。通过产业自由产业得到改善了吗?这就是关键问题。在市民社会中,自在的最有能力之处是产业得以提升,而生产通过冲突得到改善。在所有国家,产业自由都取得了巨大的上升势头,并扫除了旧的闲散者。手工业者必须努力为今天已经建立起来的社会劳动。所有的抱怨都是纯粹知性的抱怨,正如它们无处不在的那样。在新的条件下,所有的麻烦都必须不可避免地承受,但作为回报,一切都会取得进步。

贸易自由

贸易自由与产业自由相联系,这个主题超越了简单的市民社会,与产业自由的不同之处在于,它仍然具有国家性质。那么这就表现在要考虑一个国家从中是得还是失。各个国家好比是一个个个体并且在进行实验。贸易自由是在没有巨大关税和壁垒情况下将各国的产品进行彼此交换的可能性。这种壁垒可能是绝对的,以至于一切外国的东西都是禁运品,或者是相对的,以至于外国的东西只能在某些关税下进口。从民族利益的角度来看,必须要求贸易自由,因为排斥和壁垒不仅是针对外国的,而且也是针对自己的。我们没有必要通过征收巨额关税来保护国内的坏东西不受国外生产的好东西的影响,因为坏东西不值得这样做。如果某样东西在另一个国家生产得很便宜,就必须让外国的东西进来。通过贸易自由,国家的自然财富得以保存。这样,每个国家都会出口它能出口的东西,进口它必须进口的东西;因为没有一个国家能以这样的方式封闭自己,只进口而不出口。

1816年,普鲁士确信,为了国内商品的利益而对外国商品征税是没有用的,而且由于边界的长度和国家在几个地方上很薄弱的事实,它会与禁运品展开一场徒劳的战争。因此它进行了尝试,并根据货物的标准引入了一种关税;急需的货物取得的关税比非急需的货物低。它还吸引了德国大部分的邦国加入了关税同盟(Zollverein)[250]。对于贸易来说,一个完全不同的时代已经建立起来了。这种贸易自由在财政上已经证明自己是正确的。即使一开始财政上有赤字,这也会逐渐消失,并且人们会取得大得多的好处。英国人也做过尝试,但他们仍然坚持重商主义体系。法国人完全停留在拿破仑时期的糟糕财政制度上。例如,法国自1805年以来就不再从德国进口铁;但其后果是,法国一半的葡萄酒也没有出口到德国,就像1805年之前的情况一样。一个民族永远不可能做的比它能做的更多。某些行业可以通过壁垒的方式维持一段时间,但如果没有壁垒就无法继续下去,那么这些壁垒就毫无用处。一百年后,所有的阻碍都会消失。

教育警察

但警察还有其他事情要做。它还必须照顾那些在家庭的爱中被剥夺了最亲密保护和保护伞的人。一个没有家庭的人必须在市民社会找到保护。因此,市民社会的存在也是为了以人为的方式照顾家庭;警察成为另一个家庭。这就是**教育警察**。它必须确保那些没有受过教育而四处游荡的个体受到教育。这包括以下内容。

它必须首先确保一个孩子有一个家,并确保那些原本没有家的人找到一个家。不能由父母抚养的孩子必须由市民社会来抚养。这是通过所谓的**育婴堂**来实现的(不幸的是,普鲁士没有育婴堂)。它是一个缺乏家庭抚爱的孩子的替代品。这样一来,我们就把恶习和犯罪切断了。到处都应模仿这种制度。很明显,杀婴罪将因此变得不那么频繁。除此以外,警察还被授权照顾那些并非原本没有家庭,但由于环境原因而丧失家庭的人。它必须照顾**孤儿院**的孤儿,并为那些父母不关心的人充当教育者。

那么警察也必须确保父母恰当地教育他们的孩子,把他们送到学校。每个人都必须接受教育才能在市民社会中生存。家庭有依据任意进行教育的权利,但市民社会要求其每个成员都接受了教育。它要注意让一个孩子上学,因此国家强迫父母把他们的孩子送到学校。警察要关心课程吗?还是这只是家庭和自由意志的问题?近来,有人声称,课程必须是完全自由的,无知的自由甚嚣尘上。在法国,父母往往并不关心他们的孩子是否学到了什么;但市民社会必须确保这一点。没有人可以剥夺国家的这项权利。大学和中学必须来自国家。初级教育必须受到国家的监督,但不是由国家制定的。国家的监督不能过多地干涉臣民的自由。强制从来没有练就科学;必须有监督,但绝对不能破坏自由。我们也有儿童工作学校,孩子们至少学会了安静就座,这非常好。法国人用贝尔-兰卡斯特学校[251]制造了大量喧嚣。它并不坏,但也不太值当。法国人只想借此反对耶稣会教育,而耶稣会的教育在法国受到青睐。

教育警察还包括对未成年人、精神病患者和挥霍者的**监护**,这通常呈现在私法中，但属于市民社会。由于家庭可能因父亲的死亡而过早分离，因此监护人有必要引导尚未成年的孩子，直到他们独立。这是对家庭关系的一种替代。

济贫警察

更重要的是所谓的**济贫警察**。一名市民社会的成员可能由于不幸和罪责而变得贫穷。尽管对一般的人采取了所有的预防措施，但在任何市民社会中都会沉淀某一层人民的疮痂，这些渣滓不知道第二天要何以为生，沉迷恶事、酗酒、各种营生，他们什么都做但又什么都受制于人。因此，由警察维持秩序的市民社会必然会达到这样一种组织，即把自己分成市民的两个大阶级，即分成必须生活的富人阶级和一无所有、没有意识能够通过自己的活动保障其生存的阶级。这个阶级就是**贱民**。贱民不过是国家的残渣、渣滓，每个国家都会出现。因为奢侈带来贫穷，伟大的教化沾染了贱民的疮痂。有最富有的人的地方，也有最贫穷的人（例如在英国）。在我们这里，这群贱民还没有被组织起来，但在伦敦却组织起来了。拉扎罗尼人是一群有特权的贱民。任何不在某一行当谋生，而是过一天算一天的人都属于贱民。一个手工艺人不属于贱民，即使他属于下层市民等级。贱民其实只存在于城市中，因为农业给了个人所需的东西。

贱民是必然的吗？它必须保持吗？在贱民中包含着必然性，而这种必然性存在于否定物之中。国家无法让人民没有邪恶的情感。但它必须确保勤劳的精神得到传播，那些想要劳动的人能够找到工作。必须在观念上将贱民清除。圣西门主义者想把这些无产者提升到社会中的一个环节。但在人类社会中，否定物是必然的。[252]

穷人可以听任偶然性,也就是接受施舍。但是在大多数城市,乞讨施舍是被禁止的,这也是正确的。但如果禁止乞讨,那么问题是应当如何照顾穷人。一个原则是,警察应该从事慈善事业,或确保穷人得到工作。有许多种安排可以做到这一点。人们可以建立济贫院,让穷人在那里劳动,而照顾穷人是国家的义务,这是最好的手段。这种劳动的目的是,贫穷并没有被去道德化。另一个原则是济贫税,是对富人直接征收的济贫税,此时慈善不是偶然的,而是一种普遍的征税,每个人都必须按照每个教区现有的穷人的比例缴纳。在英国,这种穷人征税已经变得非常麻烦,因为那里的贫困实在太大,但在巨大的财富和贫困的情况下,这种罪恶是无法用其他方式补救的。这里的济贫税是富人向该地区的穷人定期缴纳的,所以英国的穷人并不是真正的穷人,他们喝茶、吃他们的牛肉。英国的一个穷人想过好日子;他每天或许能得到四先令。[253]对这种税收的唯一反对意见是,他们没有同时帮助穷人自己谋生。通过劳动消除贫困的原则比济贫税更可取,因为那是一个真正的伦理馈赠,是我挣来的。支付比赠与更好,后者有一些可恨之处,因为贱民只有通过劳动才能重新投入流通。因此,在一个组织良好的社会中,每个人都可以劳动,而且必须得到指导才能劳动。只有病人才应该得到免费的帮扶。

殖民

对穷人的救济是一个无法解决的难题,因为贫困是财富的阴影。财富的极端将产生贫困的极端。市民社会永远不会富裕到可以完全废除穷人。尽管它在某些时候和某些情况下对穷人采取了种种照顾，但它还不够富裕，无法养活无限的贫困。如果人口增长，不开辟贸易路线，不出现战争损失，那么市民社会就会被淹没，并超越自身。因此，各国将被迫不时地将其人口送走，并将其倾吐到其他国家。大海是带走过剩成员的元素。移民是市民社会的症状，它不再足以满足居民，为他们寻求另一个渠道。这就是**殖民**。尽管有所有的警察，它还是会发生，因此属于警察的终结。

殖民首先只能在现实地受过教化的民族中进行，在那里富人和穷人已经组织起来，也就是在古人和我们这里。中世纪没有殖民地，除了腓尼基人之外，很少有亚洲国家有殖民地。在 15、16 和 17 世纪美洲大陆才被发现并为此做了准备。北欧移民到北方，南欧移民到南方。在爱尔兰，移民到美国是最常见的，此外在瑞士，特别是在黑森林，移民到巴西则是最常见的。原住民已经逐渐消失了。由此，就为永久移民找到了一块地基。

在古代，殖民与我们是不同的。在这里，殖民地是祖国、母城的扩展。科林斯就是这样建立叙拉古的。迫使这样做的并不是缺乏。在新世界则不同，新世界的需要迫使人们移民。在古代，殖民地只是母城的一个孩子，但在近代，它就像母城的一个奴隶。殖民的原则在近期已被宣布为不适用，因为人们不能再以殖民地依赖祖国的方式进行殖民。只有美洲的西印度群岛仍作为殖民地臣服于英国人。

殖民是：

（1）一种**零星的**、偶然的殖民。单个人离开他们的亲戚，聚在一起，去不莱梅、北美或南美，为了在陌生的大陆寻求一个更好的归宿。他们也可能会回来；但往往也会从中产生好的结果。那些愿意并能够劳动的人是幸运的。如果移民带走了太多的人，那就不是好事。但这种情况很少发生。各国政府只是非常随意地反对，而且对此无能为力。这种殖民并不发生在古代。

(2) **体系性的**，这不是由单个人完成的，而是由国家自身完成的，当国家派遣大量的人口，让他们移居并建立一个殖民地。这在古代是家常便饭。推罗建立了迦太基，科林斯建立了叙拉古，雅典建立了小亚细亚诸城邦。家神被带过去，圣火也被一同带去。美洲就是欧洲的这样一个殖民地。这些岛屿被各个大国殖民。在这里，零星的殖民中所包含的东西汇集在一起。泛滥的部分必须消退。这种殖民与零星的殖民不同，有时会是必然的。一般而言，大海是疾病的治愈。在大海的彼岸，还有历史空间。许多人没有找到他们的食物，但那些劳动的人找到了。

殖民是我们时代的命运。各国已部分破产。那些作为移民者离开一个国家的人都在宣布国家没有能力保存其臣民。所有的移民都是国家的债权人和不满者。在克伦威尔时代，移民是被禁止的。查理一世禁止了这一做法，这对他很不利。然而现在，人们更加宽松了。

过渡到同业公会

我们在国民经济学、司法和警察上对市民社会进行了探讨。但是警察只是一种外在的预防措施，它并不能使社会伦理化。然而对产业的预防措施不能仅仅是外在的，它还必须是内在的。也就是说，一种出自产业自身环节的预防措施。产业自身就必须保持它的内在性，而这样一来，我们到达了市民社会的扭结，从中我们过渡到国家。这个第二家庭，市民社会在其斗争中找到了一个立足点，那就是**同业公会**。它是市民社会个体力量的社会化，而市民社会原本是被撕裂的。但在其中有一些圈子，它们必须在撕裂的社会中塑造自身为一个社会。这就是市民社会从瓦解到伦理的回归。

(二) 同业公会

人们对同业公会有一种很大的偏见。人们认为，没有它，市民社会会更好，因为它们似乎反对产业自由。近来，随着产业自由的引入，人们把行会描绘成一种自由的障碍，因此要被摧毁。但是，同业公会不应被理解为一个僵化的同业公会、行会。中世纪的行会是恶劣的；在那里，无论他们想不想要人，师傅们都可以行使暴政。最初，行会是一个同业公会，一门技艺在其中得到庇护。但渐渐地，它成了外在的、冷酷的和暴虐的。因此，它被打碎了。每个自由人都必须反抗这种行会。这已经注定了，产业不能再是行会式的，个人是否跃升必须取决于其才能。同业公会是自由的行会，从不必要的障碍中解放出来。任何人都可以劳动，而不是被迫加入它。但是如果他想加入，同业公会应当以他在其同伴的共同体中应有的权利来保护他。行会制度可以将某人排除在产业之外。没有一个帮工会说，我想独自建立自己。然而与此完全不同的是自由的同业公会，它传达了在一个产业内拥有一种伦理联结的感情，其中有一种统一、一种扶助、一份参与和友好。即使在有完全自由的地方，也能感受到同业公会的必然性。在法国，手工业协会(*compagnonages*)已经涌现出来；技工们必须团结起来，才能不至于灭亡，并通过这种方式加强自己。这些社团在法国已经被完全废除，因为人们已经把政治倾向延伸到主要事项。但这是非伦理的，因为这些社团为卓越的同业公会精神提供了基础。在自由中，产业主动回归到一种同业公会关系中；这不是行会的关系，而是伦理的关系，它最终在市民社会中汇聚在一起，并一次次地出现。

有人反对同业公会，认为它是对自由的限制，它压制了产业和竞争的自由。但人们只需问一下，国家是否也同样限制；国家也使人们不能做任何事情，尽管它使自由得以现存。与同业公会相对立的自由是自然性的自由、任意，大多数人都没有超越这种自由。人们很少设想一种必然的自由，一种意志希求自身的意志。但自由的真相是，必然性扬弃自身，而如此一来，同业公会就与自由的真相相符合。在家庭中，一种强制性的环节也存在于感觉的要素中；同样，在所有实体性的关系中，甚至在国家中也是如此。人在这里所失去的是孩子的自由、牲畜的自由，它们也应当失去。这正是自由的提高，自身从自然性自由撤回。如果我们想要否认这一点，那这就是对国家自身的一种反对。然而，国家是对我个人任意的破坏；它迫使我在它之中拥有一个规定我的规范的规范。但我们必须区分对自然性自由和精神自由的限制。精神本身就是自然的一种限制。精神的自由本身就有一种界限。动物不受精神的阻碍，与之相反，同业公会在它里面有一个更高的本质。在同业公会中，人们获得了等级荣誉，而这是人们除此之外不再能赋予自己的。

行业组织

同业公会是市民社会中复归的伦理原则。那么，哪些等级必须拥有同业公会？关于第一种实体性的等级，似乎本来没有必要让一种同业公会关系出现在这里；因为这一等级反正生活在一种自然性的伦理中。与自然打交道不需要任何伦理化，争取比他所拥有的更多的东西，农民还没有通过反思和激情到达这一程度。他在神那里有他的同业公会，神赐予他祝福。这一等级是目光狭隘的幸运等级。普遍等级也不需要一个同业公会；因为这个等级把一种普遍物、人类、国家作为对象，它引导它超出恶劣的和颠倒的东西。科学通过它的客体给了我充足的东西；它在根本上已经是伦理的东西。因此，对同业公会来说，只剩下第二种等级、产业等级，因为它是非伦理的、撕裂的和自私的。工商业者必须渴望摆脱他所反思的环境的混乱，进入一个整体的伦理统一。他被私人活动撕裂了。如果他要争取一种关系，那么他的同伴们必须向他提供这种关系。因此，我们有合作社、公会等。这就是工商业者与短工的不同之处。短工每天为自己生活，没有同业公会，因为他没有有规定的实存。

手工业分为不同的分支，每个分支都有其独特之处，这就产生了合作社，这绝不能摒弃，是完全符合事情的本性的。如果不存在同业公会的伦理，行业会陷入自私的境地。同业公会有权利在国家的监督下决议自己的事务。

伙计、帮工与行家

同业公会在其自身内部有差别、荣誉的层次，完全就像在任何国家一样；因为一个同业公会仿佛也是一国家。开始从事、踏入一个行业并形成初步的实体性基础的人，被称为**伙计**——一个恰当的表达，学生也被这样称呼。即使在中世纪，这些取自产业的表达也被用来指代科学的对象。一名伙计仍然处在产业的可能性中。当他做了一段时间后，那么他就成了一位参与者，一名与人同坐、属于其中、参与劳动的**帮工**，一名 *assessor*（助手）。帮工已经更多的是同伴（*commilitone*）或朋友（*socius*）。他加入了行家的劳动，并寻求实施它。在古代，有一种帮工的习俗。帮工四处游历，在这里和那里劳动，带着充实的知识回家。他在小客栈中寻找廉价住宿的习俗，现在已经或多或少地消失了。因为行会被摧毁了，这种帮工的生活也被废除了。任何真正进入这个行业并被视为有投票资格的同业公会成员之人都被称为**行家**（来自 *magister*[教师]），这是一个极好的词。行家是指一个人在任何技艺或行业中所能达到的最高级别。成为诗词等方面的一名行家等，是取自产业的一种说法。行家是指没有人在他之上，他与其他行家是一个级别的。在法国，律师以被称为行家（*maître Dupin*[著名律师迪潘]）而感到荣幸。令人遗憾的是，这个词已经在许多荣誉关系中消失了；我们只有 *Kapellmeister*（合唱团指挥）和 *Generalpostmeister*（邮政总局局长）的称呼。在产业自由的情况下，这三个说法是否能够继续存在？是的，因为很明显，人们不会因为产业自由而马上成为行家。

医生与律师

另一个问题是，这些同业公会关系应当扩展到什么程度，以及它们是否可以扩展到工商业之外的情况。如果医生和律师都在同业公会就好了，因为这里在科学方面没有他们所从事的行业那么伟大。例如，在汉堡，医生甚至更加产业化，在年底送上他的账单。在法国，有一个律师协会，他们每年都会选出一位 *bâtonnier*（律师协会主席）[254]，不会像我们这里一样迷失方向。他们讨论重要的法律事务，使自己变得更有能力。辞职或破产的情况不会发生。对我们来说，律师是职业化的，而在这种同业公会的情况下，他们不可能是产业化的。医生处于一个同业公会的背景下，这个等级的负责人是在这里选出来的，这是非常好的事情。这样，医生的过度要求就不会发生。在英国，医生们组成了一个同业集体。这给这个行业带来了原本没有的一种等级荣誉。等级荣誉是属于一个普遍物的意识，从而获得某种原本没有的东西。学校教师的等级亦是如此，在这一等级中，科学或多或少地过渡为一种同业公会式的产业。如果把这些都聚集在一起，形成一个等级，那么琐碎的、产业的东西就会被提高到一个更高的水平。

同时，同业公会的优势在于，一个人在其中有一个位置，已经成了行家，由此同时依靠自己拥有自己的生计。一个行家不需要忧心他的生计，他的等级会协助他获得生计。专利行家和行会行家之间的区别在于：后者更有效，行会要求更多，而专利行家通过一项专利就具备了劳动能力。商人也必须是同业公会的一员；证券交易所构成了这些同业公会。

公社

公社是更高的同业公会，它更属于国家。然而由于它是从同业公会到国家的过渡，所以必须在这里讲到它。公社关系对国家是有利的；公社关系越好，国家就能越幸福、越安宁。公社是市民社会和国家的中心。问题是公社成员应当来自国王还是市民，也就是说公社制度应当来自国家还是同业公会。来自市民，公社制度更合乎目的。

过渡到国家

我们以同业公会结束了市民社会。同业公会中包含着国家的伦理根源，就像家庭中包含了同业公会的根源一样。同业公会被限定于某些行业。它不关心普遍利益;这一点它与家庭有共同之处。但在同业公会中,市民社会又被引向了某种普遍物。在它里面包含了对任意、战争的消除,包含了思想是普遍的思想。在其中可以找到社会的小成员,这些小成员组合起来就构成了国家。市民社会在自身中已经拥有了这种以同业公会元素为形式的小国家。同业公会所过渡的国家,是一个普遍物,它不是指向一种单一的活动,而是所有等级和产业运行的地方,它是我们迄今所考察的所有特殊性的统一性:市民社会、家庭、法等等。国家是普遍的同业公会,是伟大的、普遍的家庭。但由于它比家庭更接近于同业公会,所以我们最好说它是伟大的、普遍的同业公会。

第三章 国家

国家是我们所达到的顶峰。但它也是首位的,许多哲学家从国家出发,例如柏拉图。国家通过被称为国中之国的东西即同业公会与市民社会相联系,它是分歧力量的一种聚集,是国家的一种显露。古人把国家看作一个宗教整体;在古代,国家和宗教还没有分离。但国家是自由的顶峰。它在实践上越是提升,人们就越少试图在理论上把它构建为其真正所是。国家是一种理念,而理念只能通过理性而非知性来把握。理念就是一切理性的东西。然而,错误在于大多数人是用知性来把握这些概念。单单设定自身的知性,甚至会达到最非知性的地步。一旦知性来设计宪法理论,它就会一事无成。这些理论可以分类如下。

关于国家的不同观点

根据一种广为传播的观点，国家无非就是**市民社会**，是人的忙忙碌碌，是这个全体的存在，而大多数国家法学家不知道如何把自己沉湎其中的特殊物与国家分开。但是，市民社会与国家的区别正如同特殊物与普遍物的区别。国家伴随着市民社会，必须照顾它，共同引领它，在市民社会中保护它的目的。尽管如此，市民社会还不是一个国家。北美的美国，与其说是国家，不如说是一个市民社会；宪制在这里还没有渗透到市民社会之中。尚未出现的东西导致市民社会独自渡过难关。市民社会是这里最重要的事情。

随之而来的另一种观点是，国家其实只是为了个人的保护和安全而存在，除此之外没有任何其他目的。国家是一种必要的恶。自然状态是最好的，然而人是如此不道德，以至于每个人都必须牺牲一部分自由来挽救另一部分。这种观点使国家成为一个**安全国家**，而这就是康德和重农学派的国家理论，可以在许多国家法著作中找到。但这意味着让个别的人登上宝座，把国家当作臣民。那么国家就得不到武器来保护自己。毋宁说，每个人都必须牺牲自己来维护国家的福利。国家提供安全，但它不是安全，它是某种观念的东西。这种观点还忽略了远非要对国家予以限制，毋宁说国家是自由的最高扩展和得以可能，在国家之外就没有自由。国家提升、赋能并因此给予自由。这通常被视作任意；但这是一种可悲的自由。必然的东西必须是自由的。因此，国家才是自由的真正所在。如果国家是形式的东西，那么它将不再是法的大厦。

近代的另一种理论是，国家不过是一纸**契约**，是一种统治者行使其至上的任意而被统治者服从其自由的联合体。这种理论是完全错误的，因为契约与伦理无关，而只是与意志的共同性有关。通常情况下，战争和历史产生国家。然而它也可以通过契约来实现，尽管这非常罕见；但由于这个原因，国家还不是契约，而是某种无限之高的东西。因此，把它驱逐到如此低级的东西上是荒谬的。契约只是外在而非内在地建立了国家。婚姻已经表明，一种实体性的关系不能建立在契约之上。契约是一种单纯的形式，它没有任何实体，只是两个意志的彼此约束；意志的不一致或 contraria voluntas（意志的对立）[255] 会使它解体。然而，国家本身具有一种与契约相悖的质。因此如果人们把契约设定为国家的实体，那么国家的本质就被毁灭了。国家的成员不能脱离国家，国家不存在这样一种解体。没有人可以说，他希求在国家之外存在。国家是一种实体，它在自身中有其实在性，是一种理念；它既不能通过契约被解体，也不能通过契约被实体化。说国家的实体是由它的缔结构成的，这是一种混淆，类似于混淆了城门和城市。因此这种理论只是一种知性的理论。知性并不能理解爱，因为没有什么比爱更非知性的了。在这里，人应当在另一个人身上放弃自己。只有理性才能把握住这种联系、结合。

与这种契约思想不同的思想是，国家是通过**暴力**产生的。它的基础是强者战胜弱者，从而产生了国家。这种观点是古老的，无法根除。在柏拉图的《理想国》中，智术师特拉叙马霍斯在这个意义上登场，他说正义就是暴力。在这种暴力理论中，国家无非权力而已（斯宾诺莎）。这一理论在霍布斯那里得到了更感性、更糟糕的阐述，后由哈勒等得到了进一步阐述。如果有人在这里问什么是国家，那么他得不到任何答案，但应当**就**从国家之所是来解释国家。国家的建立并非是理念，而是其实存的事实。冯·哈勒先生说，没有一个国家不是通过暴力而产生的，而这就是它的真正根据。然而在法国人博纳尔、迈斯特和拉梅内看来，教会的存在是为了让暴力有某种东西做支撑，国家依赖于它。这就是国家的神学基础。这种学说与契约论一样是错误的。暴力建立了大多数国家，但我们不能说暴力是它们的实体。错误在于，暴力不是作为自由的暴力而是作为没有自由的暴力而被表达出来的。但在伦理世界里，我只认识到一种伦理暴力。国家是一个伦理世界，即一个按照自由法则运行的王国。自由支配着它，因此它也可以灭亡，而自然却依然长存。即使这些国家也往往有卓越的政府。

当**历史学派**谈到国家时，它的理论是，我们通过感受国家是如何生成而来的，国家才能得到解释；因此，撇开它的历史不谈，就没有任何国家可以得到演证。国家被视作一个非存在（non ens）、某种根本不存在的东西。人们想说的是统治或帝国，但不是国家。关于国家的历史观点其实相当于没有观点；因为每一个概念都必须是一个内在的、哲学的概念。一个个别的国家可能这样或那样产生。但是把国家完全建立在历史观点的基础上，就是把某种十分粗糙的东西作为起点，模糊了一切。只有对一个特定的国家才有一种历史的观点。

与我们最接近的最后一种观点是神权政治的观点。根据这一观点，国家是一件神圣的作品，神在地上的直观。客观性本身就应该被尊重，即使它是恶劣的；因为它是由神所建立的，所以它也是神圣的。这种观点希求让国家免于革命。它把一种神圣性奠定在国家的基础上，它是有真东西的；然而它没有看到，国家不是终极的,而是消散在历史的精神、某种更高的东西中。国家并不是坚不可摧的东西。国家是具有较长生命的个体,但它们最终也必定会殒命,在世界历史的斗争中灭亡。它们是涌入历史之海、现实世界之最后目标的一条条河流。因为国家是个体,所以它也会不断变换。即便如此,创造新国家的自由也不会消亡。

国家作为自由的现实

现在,国家是什么?国家是**自由的现实**,即作为伦理理念的自由。自由,它本身包含了所有的权利,它使一切都变得自由,即是自由的理念。(理念并不仅仅是抽象的概念,而是与概念同时具有生命的;理念具有生命。它是在自身中拥有其实在性的东西。)国家将习俗与家庭作为其生长和繁荣的直接土壤,而在市民社会中,它为其客体找到了主体。正是在这个国家中,每个人都有其真正的自由和真正的处所。它是大厦,是一般自由的有机体,是纯粹自我创造的自由机关。它是思维和知道自身的意志,并完成它所思维和知道的。没有国家,自由就只是一种自然性的自由,只有在国家中,人才能获得他真正的规定。因此国家不是自由的限制者,而恰恰是自由的赋予者,没有它,每个人都会不自由。在自然法中,换句话说,国家是不带激情的,它只在于识见中,并出于对什么是善和至善的识见而采取行动。国家只有在作为一个个体与其他国家陷入冲突时,才会在世界历史上变得充满激情。

已经有过许许多多国家,但只有在几千年后,国家才发展到它现在的高度。既然国家是自由的大厦,那么也就有了一种必然性,国家要包含在法及其范围内出现的一切,无论是作为一种保存的还是作为一种被扬弃的环节。一切都在其中找到了其权限,没有任何东西会丢失：人格、所有权和占有、契约、犯罪和刑罚、道德、家庭、市民社会。在高度文明的国家，必须有全部的主体性权利。然而国家不仅仅是这些元素的总和，不仅仅是保存这些死的元素的箱子，而同时也是赋予这些元素意义的东西。它使它们得以孕育并提升它们。在国家中，法达到了实存。

作为自由的理念，国家必须知道自己是自由。家庭只是感觉；国家是意识到自身的自由理念。其实，它是在近代才以这种方式被重新发现的。国家是什么，只有在一个受过教化的世界里才能识见到，而这就是为什么只有两种国家：古代国家和从17世纪的国家中产生的代议制国家。在17世纪，国家是从意志、从主体中产生的。如果我们考察一下今天的国家，我们会发现它是由个别公民组成的。每个人都在自己身上找到国家的一种成分，而这就是政治德行。国家同时被置于主体之中。它同时是普遍性和特殊性。在国家中是客观的东西，在个人中是主观的。在古代，个体是国家的一部分，依据国家来衡量，家神表达家庭与国家的联系。没有主体性，没有个体存在，而个体是国家的一小块，并不自觉地与之相关联。在古代的国家，有虔敬，也就是客观性。古人没有任何主观意向，他们不认为人是独立的，也不像我们一样根据自己的判断返回国家。相反，在近代国家中，爱国主义更盛。也就是说，我们把国家看作某种不同的东西。我们感到，我们倾向于以我们的主观意向把我们的奉献和注意力献给普遍的本质，为它服务，每个人都或多或少地怀揣着国家。没有一个古人是爱国者。爱国的人也可以不爱国，但有虔敬的人不能背离虔诚的客体。古人把国家呈现成一种神性，而事实上，国家是某种神圣的东西。我们也仍然称它为神圣的,因此它的统治者被称为"陛下"。

如果我们确立了国家的思想,那么我们就必须首先转向其组织。现有国家的组织以及对其肢体关系的呈现就是宪制。今天,我们对立宪国家和非立宪国家进行了区分。这指的是,前者有一种代议制宪制。但每个国家都有一种宪制,就像一个人有肢体一样。

国家或国家法分为三个部分:

(1)国家首先是直接的现实,在其内部关系中关联自身的国家,肢体之间如何或应当如何对待——宪制或所谓的**内部国家法**(*jus publicum*[公法])的学说。

(2)作为个体,国家与其他个体发生关系,而国家只是大国家链条中的一环。这种关系赋予了权利和义务,它们构成了**外部国家法**或所谓的自然国际法(*jus gentium*[万民法])。

(3)最后,我们必须考察这些个体之间的斗争,在这种斗争中,一些灭亡,另一些崛起,而从这种斗争中产生了普遍物。这块竞技场就是**历史**,因为它把国家看作一种更高的世界精神或世界法庭的机关,而如此一来自然法就过渡到了历史。

一 内部国家法

内部国家法必然是在国家的各个环节基础之上的宪制。然而国家首先建立在家庭和市民社会之上,必须尊重它们。如果国家不这样做,就会出现暴政。在这种承认中包含着一种国家法的可能性。一个国家必须由个人组成,他们不仅应当被统治,而且应当参与到政府本身中。个人在国家中得到其承认,而国家在个人中得到其承认。

个人真正的自由在国家中,国家并非对个人的限制。通过将国家中的个人提高为国家的个人,国家必须维护他们的自由。重要的是国家和个人之间关系的正确性,在这里必须考虑到最大可能的自由。能够允许和容忍一切利益,是国家的财富。在国家中,个人作为国家的个人,其关系成为义务和权利的一种共同体。他的义务所在亦是他的权利所在。

相对于市民社会的众人,国家必须被视为一个统一体。市民社会是一个没有宪制的众人。众人是市民社会活着的范畴。由于国家是一个统一体,它必须有一个相对于众人的宪制。

(一)内部宪制本身

现在有很多关于宪制的讨论,人们正在把自己组织到其宪制之中。那么,宪制本身是什么呢?一种**宪制**是一种有机的状态,而每个有机的个体也必须拥有这种有机的状态。每个人都有一套宪制(Verfassung)*、一种构成,因为他有一副躯体。因此,当人们谈到合宪(立宪)和不合宪的国家时,那么其中就有一种对本质很大的无知。没有宪制就没有国家。即使是那些似乎根本没有宪制的国家,这些国家已经纯粹地融入了绝对主义,但仍然有一种宪制,就像所有低下的人也有一种宪制。这里的区别在根本上是基于立宪国家拥有或应该拥有一种现代意义上和现代方式的宪制,即一部书面的或以其他方式实施的代议制宪法。如果一个国家没有这种宪法,如果代议制处在较低的层次上,或者根本不存在,那么我

---

* "Verfassung"一词既有宪法之意,也有结构、状态之意。——译者

们就说,它并非合宪的国家。但这种表述是错误的,因为每个国家都有一种宪制。因此,最好将受过教化的国家和未受教化的国家区分开来。

现在,什么是宪制呢?人们通常把它描述为保证、一种界限或否定。君主,国家的自我,将由此在他的行动中遭到否定。但应当进行限制的不是宪法,而是国家的肢体、国家的有机体自身。宪制应当是国家之所是的表达。它的任务是把零碎的东西综合为制度、把无机的东西转变为一种有机的东西。宪制必须适合国家的全部内容,也就是说国家本身所具有的东西必须在宪制中表达出来;那么它将是一个真正的国家。正如健康的人是这样的人,其健康与力量跟他在精神和身体上所吸收的东西相适应,宪制也必须与国家的精神相适应。一个民族拥有的东西,依据其内容,另一个民族则不能拥有。制度符合这一内容的地方,制度本身就有一种保障。只有这些制度才能唤醒每个公民的政治意向(爱国主义)。爱国主义是公民的意识,即他把国家作为他的实体、作为他的财产来拥有,他可以而且必须用肉体和生命来捍卫它。人们通常把爱国主义理解为为祖国作出牺牲。但思乡也是爱国主义。这已经包含在对家乡的爱之中,而不仅仅是为祖国作出牺牲。

宪制必须是历史上生长起来的,人们这样说并且非常以此为荣,纸上的宪法毫无用处。然而即使这些宪制都是历史性的,诚然,在有许多历史意见的地方并不那么容易改变。对纸上的宪法的指责是无效的。没有什么纸上的东西,一切都在思想中有其实存的权限,而思想是有一种历史根源的。

宗教

既然国家必须凭借宪制来提升市民社会和家庭，那么就很容易出现这样的问题：国家是否也必须关注生命之彼岸的利益，即天福。因此，在我们将国家分解开来之前，我们必须回答它与那些因其地位而似乎是更高权力的绝对权力之间的关系问题。宗教属于一个不是这个现实的世界，一个更高表象的世界，它的位置在人的心灵中、在人的信仰中。人在世界的规定性中没有得到满足。伸向彼岸的宗教是国家不需要操心的事情。信仰的内容是自由的。但是由于这本身是一个重要的、对公民的教化来说必然的内容，所以国家必须确保这种宗教感情的产生。它必须确保每个人都有一个宗教；哪种宗教对它来说并不重要。然而由于宗教以神为其内容、以人为神的仆人，那么宗教就与人有一种关系，而这很容易成为与这个世界的关系。宗教关注的是，一个个体要有一个国家，反之亦然。国家对宗教和宗教对国家的频繁攻击来自两者的接触。就宗教在国家中而言，国家必须确保宗教的世俗方面与之相容，并在尘世上从属于它。宗教不能作为国家的统治者出现。国家不承认宗教、宗教也不承认国家是独立自主的环节，这种关系被称为不宽容。

神权国家

在古代，宗教往往是国家的基础。如果国家还不自由，那么它就把自己放在宗教羽翼和庇护之下。宗教呈现了国家、法和道德的特征。在东方，我们发现这样的**神权国家**。伊斯兰教国家是以宗教为基础的。根据天主教的观点，国家并非在自身中拥有宗教，而是一个由宗教设定和组织起来的整体。在中世纪，国家是教会的一种教义。教会首先建立自己的国家,即教皇国,然后它建立了国家。在这个意义上,国家本不过是教会的一个附属品。随着国家的进步,它将自己从宗教中解放出来,并把教会纳入自身。根据近来的观点,国家是独立的,教会应被视作是由国家产生的。然而,人们并不想承认这一点,而是让教会与国家并立。这就是拉美内(Lamennais)雄辩地提出的高卢主义教会的观点。今天的天主教会是值得同情的,因为它无法贯彻其主张,让自己支配国家的欲望发挥作用。在欧洲,我们仍然有一个神权国家,即教皇国。这是最恶劣的,随时都可能崩溃。

国教

宗教与国家关系的第二种立场是,宗教尽管不建立国家,但乐意作为**国教**支配它。这种观点只是说,这个特定的国家有一种宗教,国家不能与之分离。西班牙和葡萄牙就是这样的宪制。天主教会的整个历史都属于这个环节。各国都获得了其独立的成长,但教会寻求保留权力,并且也在一段时间实现了这一点。它做了更高者所能做的事,尽管它不是国家。这种观点有一个错误,仿佛国家有一个宗教。然而,它与任何宗教都没有关系。个别国家的成员确实有一个宗教,而且他们的宗教依其主体性而不同。凡是建立国教的地方,人们其实就扬弃了真正的宗教。国教所产生的后果可以在历史上看到。国教让各国为宗教挺身而出,并为它们陌生的事物辩护。但是,东方的神权国家与中世纪神权国家的区别是巨大的。在前者中,没有教会就没有国家;但在后者中,两者已经在互相争斗,没有教会,国家也可存在。

当国家有一种宗教时,本质上就形成了一种国家教会。国家的元首必然也是教会的主宰，否则教会就是国中之国。这就是关于国家最高主教职位的大问题。根据新教的概念，君主必须是 *summus episcopus*（教会首脑）[256]，并拥有其权利。但另一方面，宗教是属于良知的，它在这个领域受到庇护，与外在的命令无关。在这里，宗教感很容易进行反抗，而我们必须把这留给它。由于国家已经作为最高的主教出现，宗教将自己与国家分离，并宣布它与国家没有任何共同之处（分离派［Separatisten］[257]、不信仰国教者［Dissenters］[258]、反三一论者［Unitarier］[259]）。

宗教越是强大，它就越是与主体相关。就此而言，国教的性质与主体相矛盾。这也是为什么人们让国教几乎在所有地方销声匿迹。1830年，当宪章在法国重新出现时，根据该宪章，罗马天主教使徒宗教应当是国教，但所有其他基督教宗教都将被容忍。但人们现在只说天主教是大多数法国人的宗教，这表明国教无法维持。在德国，国教已被废除，根据《威斯特伐利亚条约》的指引，基督教被认为是可以允许的。

宗教自由

第三条正确的原则是，**国家**完全**脱离教会**，独立存在。而且由于它是独立存在的，那么问题就出现了：教会应当如何与之发生关系？认识自己并成为自觉的国家应当如何对待宗教？因为国教是不可能的，另一种形式则是可能的，即国家说："我是现实的最高者，可以命令和照管与现实有关的一切。然而良知是自由的，无论一个人信奉什么宗教，所有人都是平等的。"在这里，国家和宗教处于保护者与一个必然受到保护者的关系中。作为现实的最高权力，国家有一种关切，最高的绝对权力居于它之中。国家必须给予宗教所有其可以要求的保护，只要它还是宗教。宗教与此岸无关。诚然，虔信派和天主教徒已经将宗教与世俗混为一谈，国家必须扬弃违背伦理和法的东西，但就本质上属于人的东西而言，人必须是自由的。

要考察这个立场中的差异性。

(1) 有些人只想容忍某些特定的宗教，他们有责任保护这些宗教（例如，1830年前法国的天主教会、英国的圣公会）。如果国家这样做，那么它原本就会使自己处于评判宗教的位置，并使其服从于国家的论坛。然后，国家就使自己成为神权国家；它没有这个权利。它必须容忍和保护在其内部出现的**所有**宗教，但必须确保宗教保持在宗教内部而不会攻击国家。可以确定的是，国家越是变得稳固和世俗就越是要把宗教元素视为受保护的。只有这样，才有可能不会对它造成危险。这种现代的立场，其实是新教的立场，但在天主教国家也得到了认可，它遭到了多次攻讦，尤其是在其最后阶段。例如，在北美，有太多不为国家所接受的教派。然而国家可以容忍所有不违背道德客观要求的教派（哥尼斯堡的伪君子们就是这样[260]）。但除此之外，如果一个教派还有离经叛道的思想和崇拜方式，那么必须说，这不是驱逐这样一个教派的理由。北美的原则，即所有个别的教派都被容忍，是正确的原则。因为在伦理、法和道德所要求的一切事物中，国家都必须有它自己的、由其自身所建立起来的制度。当人们考察教会对并不纯洁的国家有何种有害影响时，就必须得出这个结论。虔信派是最狂热的力量。国家不应包含宗教在其内部，而只是保护它。然而这样做的后果是，宗教以其最主观的形式和假意的虔诚，作为虔信主义出现。这也是对的,因为这虽然是一种道德上的放荡行为,但只能由它自己来摧毁自己,而这正在发生。一个强大的国家可以让这一小撮人离开,了结他们。

(2)宗教应当在一切与宗教相关的事物上都得到保护。但是,只有当宗教和国家有不同的界限时,它们才能和谐。一旦宗教希求国家的东西,统一就会废止;一旦宗教干涉世俗,宗教狂热、狂热主义和神职人员对国家政府的干预就会轻易出现。如果宗教的主张过于强烈,我们就可以用它自己的武器打败它,并告知它,它并不适合这个世界。诚然,宗教仍有波澜,但它不能动摇国家的根基。我们不再有一个会对各国造成危险的狂热主义时代。

这些宗教自由的原则现在在各国居于统治地位。渐渐地,一个人属于哪种宗教的问题变成了一个微不足道和无足轻重的问题。每种宗教都有一种表达和崇拜方式,它正是通过这种崇拜方式出现在国家中。这个崇拜方式必须是自由的,国家必须保护它。我们这个时代的许多解放行动都指向这一点。在西班牙,新教不得在公共寺庙中传授,只能在私人小教堂中传授,这是应受到谴责的。

科学与艺术

国家与科学和艺术还有着同样的关系,它们与宗教一样都是绝对的对象。就科学而言,它甚至比宗教更受精神自由的约束。国家对科学的立场是什么?它对其成员不是无知的比他们不是没有宗教信仰的更感兴趣。因此它必须提供学校和教学、提供机构和教师,但它不能限制一般的精神自由,这就是为什么一部好的教学法律是如此困难的任务。在法国,出现了是否应该适用教学自由的问题；相反，在德国，国家的这一面得到了更好的处理。高等科学机构要由国家建立，也就是说大学必须由国家建立，这样的私立企业是多么的不幸，伦敦大学就说明了这一点，它建立在不再获得其利益的股票上，很快就会倒闭。国家维持学院和大学，但不干预它们的领域，而是让它们自行发展。科学的内容是什么、它的某种学说是什么，不关国家的事；它必须容忍和促进一种自由的学说。就像它在这里不进行干涉一样，它也不应该干涉宗教，而应该让这个精神的最内在元素自行发展。

各项国家权力

内部国家法是按照理性划分的国家组织形式，是对其机关体系的解释。如果任何宪制包含了在国家中有效的所有环节的总体在自身之内，那么它就是合乎理性的。许多宪制过去、现在和将来都是合乎理性的。**一种**绝对的宪制是无稽之谈。任何符合时代教化的宪制，都是合乎理性的。当我们现在谈论宪制时，那么就会谈到许多关于情感的话题，但宪制是客观的，与感伤即主观的东西根本没有任何关系。宪制的学说通常被称为权力（*pouvoirs*）学说。这是一个不恰当的表述，就像美学和自然法一样。因为建立国家肢体的不仅仅是权力，还有内在性。权力其实表示的是统治者和被统治者之间的一种关系。然而，当我们谈论宪制时，不仅是在谈论统治者的权力，而且也是在谈论被统治者的权力。更好的表述是肢体、阶段、环节等。对古代而言，国家的肢体本身就是国家。亚里士多德将贵族制和民主制区分为个别的国家。"权力"这一表述来自孟德斯鸠，而自此，权力一般被说成是国家的必然肢体。人们通常把肢体理解为彼此相互排斥，处于一种相互不信任和彼此抑制的状态。每一方都必须确保其边界得到尊重,每一方都嫉妒另一方。但一个国家的肢体不可能比另一个有机体的肢体更有这种嫉妒心。国家绝非机械装置、绝非机械的艺术作品(就像在督政府的时代[261],一切都要简单得多)。整体必须有机地把握。然而我们坚持使用传统的名称,即使它是一个糟糕的名称(对已经流行的名称进行抨击是没有意义的)。

大多数人这样理解国家法的这一方面,有三种权力:立法权、行政权和司法权。近来的国家法学家试图引入第四种更深层次的权力,邦雅曼·贡斯当称之为节制权(*pouvoir moderateur*),并将行政权分为执行权和节制权。这种节制权进入了巴西佩德罗一世的宪法中[262]。在这些权力中,我们将只留下立法权。这种划分首先受到执行权与立法权对立的错误影响。在任何时候,政府的核心都是在执行权。"执行权"这一名称就有某种自相反对的东西,因为在国家中,任何权力都不能仅仅是执行。这是一种外在的、机械的东西,是对一种无精神地来把握的事物的无精神地执行。但这根本没有表达出这种权力中的"执行",因为否则的话,由谁来执行就是完全无关紧要的。另一方面,行政权包含了整个政府:任命公务员、关心国家的福利、对内部情况进行安排。因此,机械的执行根本不在其中。因此,人们必须寻找另一个名称。"司法权"这一名称同样是错误的。法官只有权适用法律,这也是所有其他官员所要做的。人们的意思往往是,法官是不可免职的,因此是独立的;这就有机会创造一种独立的司法权。不可免职是必要的,但它还不能构成司法权。这三种划分适合所有的宪制,但由此恰恰也不适合任何宪制。但我们用哪些权力来代替它们呢?

行政权和节制权重合在一种权力中,即政府权力。我们用这个名称来描述所谓的行政权。第三种,司法权,它之所以被称为权力,是因为人们一直认为法官是不可免职的,所有文明国家都是如此。但司法权只是政府权力的一个分支。所以,现在我们有了立法权和政府权力。第三种是两者的结合,它本身呈现了国家理念的个人;这就是国家权力(王权)。由于并非所有的国家都是君主制国家,所以我们必须对王权进行概括。因此,有三种权力范畴,与三个逻辑概念相对应:**立法权**是普遍权力,**政府**是特殊权力,而**国家权力**是个别性。

首先必须有个别性。此外,特殊性必须得到应有的重视。市民社会必须作为特殊性被提升为到普遍性,然后特殊性和个别性一起构成国家的普遍性。

1. 国家权力

国家权力要求一个人处于国家的顶峰并代表国家。正如人们常说的,国家是一个个体;因此,它必须由一个个体来代表。这就是个人的本质,它以个人的方式显现。一个国家如果在其高层有多个代表,是不可能长久的。在所有国家都有这种代表。在共和国中,某些事物被指派给合议委员会,但个人总是起决定性作用,他来代表。这种国家权力被黑格尔称为"在Ⅰ上御笔一点"。它在任何国家都可以找到,在我们这里,既可以找到王权的特质,也可以找到共和的特质。无论我们说的是王权还是共和权,都归结为同一件事。两者的本质是一样的。因此,国家权力被划分为王权和共和权。

王权

让我们首先研究王权。君主展现国家，但这并不意味着国家属于他。君主是土地的所有者，臣民的财产只是作为封地（*rex Franciae*［法兰西的王］和 *rex Angliae*［英格兰的王］[263]），这种观点是中世纪的看法。在我们这里，君主是民族的呈现者。因此，腓特烈称自己为 *Rex Borussorum*（普鲁士人的国王）[264]，而国王路易·菲利普如今被称为法兰西人的国王（*roi des Frangais*）。国家的形象被转移到国王身上。在民族仍然是野蛮人的时代，可能会出现一个伟大的个人，如彼得大帝或腓特烈二世[265]，可以把他的精神烙印在国家上。在国家已经形成秩序的地方，国家会做大部分的工作，而伟大的国王不再出现。土地上的居民也不是国家的臣民。"臣民"，也就是"*Subjectus*"这个词，是中世纪的一个词，因此它必须消失。我们最多可以把居民称为国家的成员，就像巴登大公在1832年自愿做的那样。

这就是封建君主制和君主立宪制的巨大区别。在封建君主制中，中世纪的思想作为思想和形式被一直保留了下来，而它是由历史所创造的。在所有的封建君主国中，英格兰和匈牙利对中世纪保持了最忠实的态度。相反，君主立宪制只是由思想而非历史创造的。它表现在"朕即国家"（*l'état, c'est moi*）这句一个国王最深刻的话语中。他的意思是，国家除了他之外什么都不是；但他借此说出，国家必须有一个自我。旧的和现在的君主制之间的区别在于，封建君主制中，不是个人，而是每一个有权的人、每一个封臣、每一个公民都在统治。每个人都有所有权，在这里没有人可以对他说三道四。可继承所有权（*patrimonium*）是个体的财产

(dominium)，一个人居于其中。个体的这些堡垒必须被打破，这样，思想、意识和知识的国家才会出现。封建君主制也有它的时代，并且产生了符合时代要求的好事；它像哥特式大教堂一样值得钦佩。但是，这些诗意的喜悦绝不能与现在的思想混为一谈。对大教堂的模仿(仅在柏林)和对封建君主制的模仿一样没有什么用处。封建君主制与现实君主制的不同之处在于，各个部分都是孤立和独立存在的肢体。在封建国家，一切都是私法性质的，而一切都以财产的形式出现。司法系统是土地所有者的私有财产——这些恰恰是领主法院(它们在我们这里仍然存在。尽管国王在1808年的一项内阁命令中废除了它们，但当时的部长把这份命令落在了公文包里，忘记了它，因此它一直沉睡到现在)。各个肢体的独自保存、依据各自的法权分立，也就是说把有机体的部分独立地建立起来，把部分与国家的整个躯体隔绝开来。就此而言，在今天是一种疾病，是一种不正常的现象。就像身体的疾病是身体的一个肢体把自己分离开来的结果一样，英国的议会上院虽然承认《改革法案》[266]的真实性和必要性，但还是反对它。以税收的形式开出了一个缓解措施。但这并不是一个根本性的治疗方法；倒退是很有可能的。

国家必须由一个人代表。就像今天各国一样，这个人叫什么是无关紧要的。如果我们更进一步观察此事，我们会发现君主和总统之间没有任何分别。后者也有作为君主的权利。如今，无法设想任何国家，在其中，抽象的普遍性在没有君主的情况下进行统治。

共和权[267]

共和权乃是非君主的国家元首的权力,它是总统的权力。"国家元首"一词已经是 18 世纪的一种抽象理论。在《普鲁士国家邦法典》第二篇第十三章中,始终使用"国家元首"一词,而从未使用"国王"一词。一个非君主的元首在北美自由州的总统那里得到了最明确的呈现。就权力而言,他其实就是国家的君主,只是这种权力为期四年。四年后,他可以连任,但担任国家元首的时间不得超过八年。在这里,中世纪已经完全被忘却了,因此中世纪国家的框架也消失了,甚至连君主也不复存在。中世纪的所有传统都不像欧洲那样还存在。在欧洲,君主制思想已经深入人心、习俗和传统。因此在欧洲,现在只有君主制国家可以存在,但之后,当那些传统消失时,从这个概念中产生的国家也可以在欧洲出现,而美国宪法也可以在这里适用。

人民主权

关于主权是在君主还是在人民,人们已经有很多讨论。人民主权的思想充斥着当今时代。这里的问题是:什么是人民主权?主权其实是呈现为个体的国家的力量;这就是为什么人们称古代的君主为主权者。之后,这一概念被应用到人民身上,并说在自我、王权中没有主权,国家的所有权力都以人民为基础,人民是最根本的和最终的,是所有权力、政府和命令的基础,这就是为什么一切都必须以他们的名义进行。这种思想有正确和错误的方面。它有正确的方面,就此而言,人民的精神也将是其政府的精神,以至于没有任何人民与政府是不同的。它询问人民,人民的思想应当并且将会存在。但这种思想有恶的方面,它总是推翻国家的权力。据此，人民就可以在任何时候推翻他们所希求的东西。这将导致国家重新陷入无政府状态，并将废除和摧毁四肢。但是如果认为任何制度都可以在任何时候被人民的意志所推翻，唯有人民不受制度的约束，那就错了。这就是恐怖主义的思想，但并非理性国家的思想。人民主权必须服从于制度，尽管人民是国家的最终基础。人民即是群众，在其形式之外，一般而言不知道他们任何时候都在做什么。国家的形式是人为的；国家有一种意识，而正如它必须通过人民的意识使之更加丰富，那么它不能仅仅在于此。

如果人民的宪制对它来说是合适的，如果宪制完全不同于人民，那么人民就会丢弃它，自行发生蜕变，这些就是历史的彻底危机——革命。历史将永恒地与法处于矛盾之中；历史不会在三段论里漫步。在君主制国家，人民的主权在君主身上，因为他是国家的代表。

神的恩典

君主们往往把他们的权利建立在所谓的神圣权利（*droit divin*）之上，并从神的指派中衍生出君主制。因此问题在于，这种神圣权利是什么。它第一次作为奉承出现在罗马皇帝那里：*divus*（神圣的）奥古斯都、*divus*（神圣的）优士丁尼[268]。*Divus* 只是中世纪并不常用的一种赞美。直到17世纪，伊丽莎白的后裔詹姆斯一世才再次自称受神的恩典，而随后路易十四也采取了这样的做法。神圣权利思想基于君主的稳定性，它衍生自国家的神圣性。"**合法性**"这个词从1813年起才出现，意思无非如此。神圣的恩典意在表达，君主不是国家的代表，而是国家由以开端的首位者。因此，国家是由君主所建立的东西，而非建立君主的东西。这就是复辟时期的争议：路易十八[269]和查理十世[270]说他们颁布了宪法、建立了国家，也可以把宪法收回。

然而人们现在已经取消了这种神圣权利，因为人们已经看到，对于君主来说，成为国家理念的代表要比仅仅想成为某种神圣的东西重要得多。教皇国是最神圣的国家，但也是最糟糕的。君主的这种神圣权力将国家与它之外的东西联系在一起，正如希腊神谕的情况一样。

世袭君主制与选举君主制

问题是，君主应具有怎样的性质。选举君主制或世袭君主制哪个更可取？代表国家的东西即威严，绝不能仰仗偶然。国家的首脑必须建立在自身之内，它必须是一个必然的东西，而这只有通过出生才能实现。只有这样，国家才会保持安宁，国家的首脑不再每时每刻依赖它得以产生的根据。**一次性的**选举是可以设想的；但一再重新进行选举将导致使国家遭到质疑的运动。因此，选举君主制比世袭君主制得到的支持更少。合法性的存在不是为了让王朝的利益占上风，而是为了让国家固定在其顶峰上（国王已死，国王万岁［Le roi est mort, vive le roi］）。历史上也证明，选举君主制是糟糕的，例如在德意志帝国和波兰的选举君主制。教皇权力的弱点在很大程度上要归之于选举。在选举君主制中，因世袭性而被剥夺了力量的派别得以保留。在一个选举制的王国里，选举契约通常也是必要的。也就是说，君主的意志向人民的意志屈服。当选的君主会屈服。他必须屈服于选举人的意志，而缺乏自我的表现。

在选举君主制中，还包含着这样的矛盾：另一方面，由人民所建立者并不属于人民。共和国的情况则不同,因为共和国的总统并没有停止成为人民的一员。但在君主制国家,必须捍卫合法性的利益。

国家权力的各项个别权利

这个首脑必须能够做什么? 从中可以一贯地得出各种推导。

(1) 它必须出现在国家以个人的形式出现的地方,并抽象地(*in abstracto*)拥有**与其他国家签订条约、宣战与媾和**的权利。因为国家作为一个个体有这种权利,所以这种权利必须源自国家的代表。其实,这种抽象的权利是一种可能性的权利,但不是现实性的权利。战争需要经费,也就是拨款,而这样一来,这项权利就成了那些有钱人的权利。同样的,国王必须获得人民的批准。因此,权利始终是间接的东西。制宪会议犯了一个错误,就是让国民议会也决定战争问题。一个议院只能拥有对经费的批准等等。

(2) 另一项权利是**对法律的制止权**。这使得国家权力成为立法权力的一部分。这种否决权将被授予国王,因为在任何国家都必须构成一个能够抵御分裂的否定东西。罗马人有保民官(*tribuni plebis*),拥有现在的共和国总统的权力。中止性的否决权始终只是一种阻碍、一个圈套。

(3) 王权还有权**雇佣官员和任命政府**。这必须源自首脑,如果由立法权来做这个,那就糟糕了。然而有些职位是可以通过选举产生的,比如说市政职位,因为那里涉及共同的事业。然而政府不应仰仗选举,而应在其统一性和规定性上保持稳固。如果国家的有机体应当是一个真正的有机体,那么君主必须能够指派这些职位。这种权利也只是一种可能的权利;实际上,任命取决于议院的气氛;因为一位君主应该是倾听人民的声音,看到今天的精神气氛是什么。各议院和人民向君主表达了他们希望谁被任命为政府首脑的愿望。

一个好君主制的要求包括,官员是可撤换的(amovibel)[271],政府是可以改变的。在官员完全固定的地方,他们很容易篡夺政府,贵族制随之产生。然而法官必须是不可撤换的,因为他们与固定的、不可改变的东西——法律——打交道。法官本身没有权力,他只是法律的一个机关。

(4) 君主的另一项权利是**赦免权**,这源于他的主权。他必须有可能剥夺其受害者的权利,并在必要的情况下予以赦免。赦免是君主最美的权利。知性反对赦免,因为它违背了法。然而,君主是国家的首脑,他有义务遵守整体的法律;他不能专制地废除或改变这些法律。如果他破坏这种法,这就叫内阁司法;这是不法的。相反,不能将赦免权视为对法的自我免除、法的废除。虽然法有着不可改变的进程,但在威严中包含着和解的权利,因此人们可以让有罪的人在得到他的权利后免除刑罚。

赦免的哲学性质是,虽然法是现实中的最终者,但现实本身并不是最终者,毋宁说是与绝对、与神的恩典相关的。在代表国家的有限的人身上,出现了神圣恩典的映象,而他应当改变不变的法律。赦免是对法的扬弃,是将法深入根据,在这个根据中,法自身只是一部分。法是现实的秩序,它面对神的全能、面对绝对消失了。比法更高的是爱、宗教和神圣的真理。因此赦免是对法的贬损,同时也是对法的承认。它绝不能与理由相关,因为只要给出了理由,一项权利就被证明了。赦免应当是最终者;而在正当化的情况下，理由才是最终者。但是，赦免不能行使到一个荒谬的程度。因为它有悖于法，所以君主要对他的赦免负责。赦免仍然应当有正义的东西，虽然它是在法之上的。

赦免权的历史

赦免是随着基督教才出现的。赦免权在古代是没有的。人们经常有相反的说法：大卫王赦免了他的儿子押沙龙以及其他事情。但这是停止，与赦免权有别；因为在这里，君主作为法官行事，要求停止一件事。但即使在古代，也已经不乏发现赦免在其中出现的形式。在古代，当一个人被判刑时，他可以逃跑，而这就是赦免。也就是说，留机会让他解脱。大门向苏格拉底敞开，让他试试他是否能逃脱。在东方，还有希腊，我们都能找到保护罪犯的庇护所。这可以说是赦免。然而这种庇护所不是以一种法权的明确表述形式存在，而是以偶然的形式。然后在希腊和罗马的古代，赦免以自愿流亡的形式出现。这是以犯罪发生在本国之内的思想为基础的。在古代，这种允许离开其祖国的赦免是一种非常重的，我们甚至可以说是最重的刑罚。最早的赦免仪式出现在霍诺留皇帝[272]统治时期，而且它们在复活节进行。就此而言，这是从法转向赦免的转折点。在《狄奥多西法典》（*Codex Theodosianus*）[273]中，我们已经发现了一条关于赦免权的条款，基督教将其归于统治者的威严。

赦免并不限于君主；总统也可以发布赦免。赦免的出发点是国家的个体性，而这在君主制和共和制中都存在。因此，赦免权可以在两者中行使。

国家权力的责任

国家权力本身是否受制于另一种权力,它是否要承担责任?必须承担责任意味着,必须在另一个论坛上为自己的行为辩护。国家权力是神圣不可侵犯的吗?近来,法学家们对这种神圣不可侵犯性提出了质疑,认为它是基于宪法的虚构;因为国王确实在行动,他不可能把责任推给他的仆从。荷兰国王也承认这是事实,在他的宪制中,大臣们没有被设定为负责的。国家,也就是王权,应当为其行为负责吗?国王的不负责任并不包含在国家的性质中,但它源于王权的性质,因为君主不应被卷入影响其他公民的运动中。国家首脑的神圣不可侵犯必须存在,因为如果首脑负责的话,他将立即停止代表国家。国家将以另一个人为其首脑,而君主也必须向他负责。缺乏神圣不可侵犯性,使君主是国家元首的理论出现了矛盾。必须在国家中找到某个首脑、一个出发点。这必须是纯粹的、清晰的。责任落在仆从身上,即大臣、官员、政府权力。雷霆暴雨向他们倾泻,尽管首脑任命了官员,但他不承担任何过错。君主任命的不是所发生的事情,而只是做这件事的人。因此行为并不直接来自他,而只是通过官员的任命间接地来自他。如果君主对他们的行为负责,这样一来,政府权力就会与王权相同一,而不是与它分开。君主的神圣不可侵犯的教义要从大臣们的责任中获取。国王无过。这是君主的最大荣誉和高度。因此,国王凌驾于所有的革命之上;这些革命真正说来并不影响他,充其量只是间接地影响到他的国家政府、他的国家。从历史上看,在英国,"狮心王"理查[274] 的大臣们是最早负责的。

与此有关的一句名言:国王统而不治(*le roi regne, mais il ne*

gouverne pas）。没有人可以治而无需负责。我插手事情，那么我就玷污了自己；因为这样就不会有光环围绕着我。国王必须被视为统治者；下层的范围不能属于他。在英国，国王拥有最大的荣誉，但他不能说，他想要这样那样的政策、这样那样的大臣，而是要受到议会的限制。在与一切自我坚执保持距离中包含着他的尊贵。

人们经常说，在决定性的时刻，神圣不可侵犯没有任何帮助。路易十六被处决，查理十世被驱逐。但神圣不可侵犯指的是宪法范围内的行动。只要国王不侵犯宪法，他就是不可侵犯的；在宪法上，他享有其不可侵犯的条文。查理十世是神圣不可侵犯的，但他撕毁了宪法，用他的神圣不可侵犯把自己置于宪法之外。谁撕毁了宪法法案，谁就把自己置于了任人宰割的地步。他已经撕毁了对他的安全和不可侵犯的担保，现在要被打发走了。

一般来说，神圣不可侵犯并不对历史提供担保。历史往往与法不同，它不会把法记在心上。如此，卡洛斯将依法成为西班牙国王，斐迪南不能废除萨利克法；在一份国家法鉴定意见中，卡洛斯是对的。[275] 但历史并不关心，历史违法最多，因为历史是更高的法庭。法权上的理由在这里没有任何分量。历史单纯地遵循它的思想；而世界法庭则从一个不同的基地进行裁判。

国王的神圣不可侵犯是某种自在自为地有正当理由的东西，并非要废弃的东西，即使历史并不理睬它。在宪法内，首脑是不负责的。

2. 政府权力

立宪国家的第二个环节是**政府权力**或特殊性的权力。政府是负责的权力。它不需要制定法律，但要执行和适用法律，并将特殊的东西归入普遍的东西。这必然包括司法权。这两种形式的政府权力在过去总是联系在一起的，但在1806年人们把司法机关和行政机关分离开，而这种分离是合乎理性的。司法权本身不是一种权力，它是政府权力的一部分，是对法律的适用。但它与行政部门的不同之处在于，法官是不可撤职的，因为他们本身必须就是法律之所是。法律是永恒的，至少根据它的普遍性质，法官必须同样稳靠和牢固地出现在人民面前。作为法律的个体，他必须拥有法律的力量和意义。因此，人们只能对那些不可撤职的法官有信心。

相反，至于其他公务员，根据其性质，他们是可以被撤职的，反面则是一种积弊。行政部门关注的是偶然性即国家的福利，而不是法，因此往往有必要对公务员进行更换。当然，不应草率地开除公务员。不应有像法国那样变幻无常的做法，而只是对此存在可能性。在我们这里，公务员界非常稳定，公务员很少被撤职，这也是"供养"这一说法出现的原因。但这也表明：公职是为公务员而存在的；公务员是由公职供养的，而不是公职要由公务员担任。皮特[276]曾经说过，国王打发走了一个人，理由是不喜欢他的鼻子。也就是说，就此而言，这不关任何人的事。

另一个问题是，公务员是在契约中确立其地位，还是在所有契约之外的法中确立其地位。杰克逊[277]并不想给予政府官员任何稳定性，而是通过契约在明确的任期内雇佣他们，就像演员或仆役一样。这种观点是缺乏尊重的。国家的本质是一个实体性的本质。国家作为普遍物，完全可以与个人签订契约，但我们必须承认，公务员和国家处于一种伦理关系，因此契约关系会贬低公务员的地位。公务员是否可以撤职是另一个问题。但由于他们的身份,他们有一个完全不同的地位,在这方面,契约并不存在。为从事国家公职而进行的教化反对契约;如果契约已经被推广到国家职位,那么一种迅速的转变将是非常不利的。因此除了法官之外,公务员并不是不可被撤职的,可以由于特定的理由被赶走。但他们高于雇佣关系。

222

机关组织

按照一定的原则处理政府权力,是一件独立的事情。政府应当如何组织起来?在过去,公务员界是按照传统来运行的,而在近代,人们是按照原则来运行的。最合乎理性的是,**单个人**在顶部和底部负责,而在中间则由委员会来治理国家。没有比普鲁士的公务员管理更好的了。法国人有一个完全不同的政府体制。在法国,官僚制宪制比合议制宪制更受青睐。在这里,所有的事情都是从部长到镇长的一蹴而就。这向上造成的结果就是更迅捷的决策。与之相反,在中央,官僚制而非合议制宪制是非常不恰当的,总是会堕落成专制。在德国情况则不同:部长致函政府,政府可以提出异议。

根据这样的概念,应当如此:个别人(县长、警察等)必须处于下层,简单地处理下层的需要不归任何机关管理。现在需要的是执行的迅捷和一视同仁。但事情越往上靠拢,就必须机关出面。因此,我们有政府委员会,它们比单个人的管理更有优势。通过政府委员会来治理一个省,比通过省长来治理更好。完全任意的东西无法从单个人的决定中被排除。但是,行政机关总是要一直到最高层;各部必定要由以部长即个人来担当。

各部的划分

各部门如何划分则更为困难。直到1806年,在国家按照其概念建立之前,除了外交部,我们只有省一级的部委。每个省都有自己的部长,由国王身边的总执行局任命,当时的部长是真正的省长。直到法国大革命,当国家从中世纪的地位转到一种概念的地位时,才出现了事务部或实务部,这些部必须根据概念即国家的职能来划分。出现了以下划分:

(1) 作为个体,国家首先与他者处于关系之中。这就有了一个**外交部**,它代表国家处理与其他国家的关系。再则,国家会与其他国家发生冲突。由此产生了**战争部**,它同样处理对外关系,必须确保战斗能够进行。这通常被称为军队部,但这个名称是糟糕的。(2)国家的第二个部门是内政方面。国家对自身进行反思,而这就产生了**内政部**。然而,内政本身任意组合或放弃其部分,必然有三个部分:内政部本身、**司法部**和**财政部**。财政部负责处理国家的债务、支出和收入。两者都需要专门的知识。因此,我们有五个部。在更近的时期,人们把内务继续拆分,成立了商务部,甚至还有一个负责工商业事务的部。之后教育部也被取代(自1818年以来,我们有一个精神、教育和医疗事务部)。此外,我们还有公共建筑部、海军部、警察部和王室事务部也被分开。然而这些部门是随意的,取决于人格性的需要。只有外交部和内政部是必要的。

官僚体制

每个公民都必须有进入国家官员的普遍等级的自由。这一点在各处也都得到了承认,尽管在实践中并不如此。在普鲁士,这一原理得到了最好的执行。但在一个立宪国家,很难完全实现这种自由。

一般而言，最重要的一个环节是公务员的教化。通过学校和大学以及晋升制度，没有任何地方比普鲁士组织得更好。人们要让公务员成为更高的东西，同时让他们始终与人民保持密切的关系，而公务员界其实是处于人民之中的。对这种教化的监督必须来自国家。君主及其臣民的安全系于公务员的干练。在他们身上必须包含对人民的教化，因为他们是君主和市民之间的中介。一般而言，公务员界不能对公民采取一种与世隔绝的贵族同业公会的立场，而必须与人民保持密切的联系，这在我们这里也是尤其要称赞的。公务员等级是我们在自由中享有的东西，无论是在权力的行使方面，还是在与公民的关系方面。法国人认为公务员（le pouvoir，Beamten）与人民是隔绝开来的。相反，在我们这里，公务员被认为是构成了君主和臣民的至善。

公务员等级应当具有某种冷静，在大而广的国家通常会出现这种情况，而在较小的国家则相反。一个政府越是抛弃所有的激情就会越有效率。在冷静中包含着政府的真理。政府本身就是主权的一部分，机关也有主权的一部分。在以前，人们也可以从外观上看出来这一点，因为每个政府都会署上"腓特烈·威廉等"。同样，写给政府的信也是："致国王陛下"。

公务员界的正派与之相关。它取决于，公务员代表的是作为一个有机存在的国家，合乎理性的差别已经取代了历史的差别。这一观念引起了腓特烈大帝对"磨坊主阿诺德案"（Müller Arnold'schen Sache）中贿赂行为的愤怒，并由此产生了《普鲁士国家邦法典》。在具体案件上，他是错误的，但并未一般性地有悖于当时的状况。

政府应在人民和君主之间进行中介,因此对普通人而言,它不应是不可理解的。法律应以本国语言表述。可是在匈牙利,拉丁语在这方面仍占优势。

3. 立法权

内部国家最重要的部分是**立法权**。它涉及普遍的法律,因此也可以称为普遍权力。一部法律即是对所有人具有同等约束力的一种普遍物。只要它适用于并应当适用于每个个体,它也必须被每个人共同承认为他自己的。它不能是命运,而是必须将特殊性的精神纳入其中。普遍物必须是真正普遍的。

诸等级的功能

等级宪法是法律的自为存在。法律不仅必须自在地是法律,而且对个体来说也是法律。如果法律源自个别性、源自君主,这就叫绝对主义或专制主义。法律作为普遍物,应当适用于所有的人,因此它必须出自所有人。某些东西为他而存在,他也必须存在于为他而存在的东西中。因此,人民必须在立法方面进行竞争。这就是诸等级的学说,它往往遭到国家法学家的误解。人们通常非常肤浅地说,等级是一种保障,即抵御君主之政府的安全。也就是说,一种并非国家的一部分,而是一种国家之否定的界限。然而,在国家的受限状态中寻找其优势将会是一个巨大的错误。诸等级应是有机国家的一个充满活力的肯定肢体,就像人的肢体不是否定和限制而是对这个有机体的发展。也不能以使人民更好地理解它们的方式为等级辩护——通常,人民什么也不理解,必须首先接受教导,因此必须强调主体性的环节。也不能预设政府的恶意,因为一个绝对政府可能比一个等级政府更好。然而一项法律不仅要被赋予，而且必须被承认，不仅源自**一个人**，而且必须也被其他人所接受。既然法律应当适用于每个人，那么每个人也必须赞成法律，并被吸引来确立法律。如果人民应当承认一项法律为法律，他们必须在法律被颁布时在场，这样它不仅是**自在地**被赋予，而且也是**为**人民所颁布的。这与陪审员的原则是一样的。如果一项法律未经其所适用之人的同意而颁布，它就会作为一项命令、作为一项敕令、作为一个命运的作品来约束和限制我。我将受到它的影响，但我不会被倾听。因此一部宪法，包括形成这样的制度，即在每一部法律中，每个人都出席，或由议员代表。诸等级应审核法律，确认法律，提出异议，这不应是高于它们的一项法律，它们应该共同构建法律。尽管它们并不颁布法律，但它们构成了参与投票者，这就是为什么它们也被称为参与投票权。

等级制与代议制

现在可以在两种意义上把握这一等级原则，即中世纪的意义和代议的意义。中世纪的等级并不代表国家的思想，而是代表他们的行业；他们不受普遍之法的召唤，而是为自己的权利而来。相反，近代的等级代表国家而不是自己。这也解决了这样的等级必须如何安放的问题。他们是国家首脑和底层之间的中项，亦即人民和国家权力之间的中间部分。

议会制

但等级必须是怎样的？是两院制还是一院制更好？这是一个非常重要的问题。

在中世纪，当等级不是以选举的方式而是凭本身的权利（*suo*

jure）自为地出现时，**高级贵族**必须独立地构成一个自己的阶级，这就是为什么他为自己组建了一个议院。起初，他独自在那里，平民也逐渐发展壮大自己，然而他与平民分离。在英国，13世纪时，平民进入了贵族议会，但它很快又分离成上院和下院。然而在近代，在宪制已经从思想中产生之后，人们想要从思想中推导出贵族院议员，就像过去从历史中推导出来一样，人们说在国家中要有两个环节被代表，即家庭和市民社会。贵族院议员是家庭的代表，而众议院是市民社会的代表。但如果要在贵族院中构成家庭，那么每个家庭都必须派出代表。但贵族院议员的家庭性质应该是世袭的；否则，他们应由国王任命。我们说，贵族院议员与所有当今的国家观念相抵触，国家权力的世袭性是一种中世纪的思想。但如果我们停留在贵族院议员上，那么它也必须是世袭的。否则，它就是一个根本不受尊重的部长级议员。法国人通过他们选举产生的贵族院议员废除了原来的贵族院议员，而贵族院议员在这里不过是部委的代表而已。

两院

如果贵族院议员产生于中世纪，那么是否应当只有一个议院？我们做了一个区分：不可否认的是，在小国，例如在安哈尔特-伯恩堡，不能很好地建立两院。可是，较小的国家只是不能满足国家的条件、国家的概念的例外国家。在较大的国家中，两院是必要的，因为在制定法律时所要触及的各种国家要素不是同一个性质和种类，因为在法律的审议中会出现不同的方向，而且因为废止旧法和制定新法必然带有两种东西——朝着新事物运动和保留旧事物，因此必须有一个平静和深思熟虑的议院以及另一个敏捷与快速决议的议院。这包含在构成国家的各种要素的性质和法律的性质之中。诸等级处于君主和市民社会之间的中项位置,因此它们属于两者。它们必须同时顾及君主和市民社会的安全。因此,它们通常会宣誓保卫王位并保护民众,所以他们是两者之间的黏合剂。

议院的组织

两院要如何组织起来？在欧洲有两种制度。一种是**等级**制。在一些国家中,等级制与代议制混合在一起,第一院基于工商业,另一院则是基于地产和类似家庭的关系。这样的国家有:(1)市民社会的代表;(2)大地产和家庭的代表,因此有一个代表院或众议院和一个贵族院(下院和上院)。一个议院必须靠近御座,另一个议院必须靠近市民社会。贵族院(在英国是真正的贵族院)应该由来自旧家庭的人组成。它是一个以他们的名义、以他们的权利行事的议院。贵族议员们将他们的爵位遗赠给他们的继承人,这是一个王朝的原则。对此,引发了一场巨大的争论:没有人可以通过世袭在立法机构中发挥作用。在法国和其他国家反对它的言论是错误的。事实证明,法国1832年的法律,即贵族议员只能终身任命,是一个糟糕的法律。贵族议员根本不是独立的,而只是如同一名国务委员会的成员。因此,贵族议员并没有得到人民的认可。给中世纪的名称点缀上这样一个偶然的基础是短视的。贵族院必须是世袭的。如果它是不变的而不是世袭的,它就不会是稳固的。人们已经剥夺了这个议院的土壤及其世袭。其实,贵族议员是唯一实用的贵族。在英国和法国存在一种下级贵族,他们不是贵族院成员。他们只是一种名义上的贵族,没有任何特权,而真正的贵族是贵族议员。只有君主才有权任命贵族议员。把他们选出来,这是一个任意的制度。人们经常谈到这种任命的滥用问题。必须适可而止(在有杰出人才的情况下,每年可以有几次)。

如果我们从**代议制**出发,那么我们也可以在这里问一问,两院应有什么不同。一院从更年长、更审慎、更冷静的人中选出,以便通过对旧事物的态度来重视对新事物的审核。众议院的议员代表贸易、商业、工业、学术等,总之代表市民社会的所有生活。两院在这里不仅是基于行业和家庭的区别,而且是基于对法律投票之斟酌的思想。事情在一院或经过两院审议是有区别的。

共和国也有两院,即参议院和众议院。这产生了一种更稳固的判断。然而,(1)两院必然从选举中产生。在代议制中,贵族院的世袭性质是站不住脚的。(2)第一院(长者委员会、参议院)的选举时间较长,这本身就包含了稳定性的思想。在古代,我们在"senes"("元老院")[278]有这样一个制度,一个顽固的议院,新的法律必定会在这里遭到挫败。因此选举必须是不同的,选举持续更长时间。如果一名众议员的任期为5年,那么参议员的选任期限可以长达10年。

选举

众议院——市民社会和商业的议院,应当按照同业公会来选举,还是以原子化的方式按照人口、划分为空间区域来选举? 在以前,人们认为,一个鞋匠合作社只能由一名鞋匠代表、商人协会只能由一名商人代表等等。赞成同业公会的人说,从同业公会中选出来的人始终以他的认识代表同业公会。然而如果按人数选择,那么等级就不会有代表。但目前,在市民社会中占有一席之地的同业公会正在解体,并成为国家的各个部分。作为国家公民,人不再是市民社会的成员；在国家中，他是国家公民，他在市民社会中的关系不再显露出来。在国家中，市民社会尽管得以保存，但也被推到一边。在国家的世界里，市民社会的等级已经消失，因为在那里每个人（裁缝、商人等）都是公民，所以选举不能从人民的等级中进行。如果等级要得到尊重，那么人民自己必须为这次选举而竞争。源自同业公会的选举是中世纪的，而不是代议制意义上的选举。

但是，要进行间接选举还是直接选举？间接选举是错误的，因为它给出的结果最终根本不是一个结果，而只是算术题；它并非通过委托人的选举。

选举原则

但是，应该根据哪些原则来选举？三个原则进行竞争：（1）人口原则；（2）收入原则；（3）税收原则。人口原则必须被拒绝，因为它没有任何内容。因为这将意味着人民应当参与选举，因为他们是人民。但人口没有任何内容，它可以是贫乏的、贫瘠的。这个原则是抽象的，从中无法得出任何东西。第二条收入原则是几个国家已经遵循的原则，它有一种具体的内容。它采取的是由一定收入决定的数字。然而，这种收入有些过于抽象、过于主观。我们把直接税作为选举的主要原则。这已被证明是真实的，因为在税收中，人口组织和呈现为国家。[279] 如果我们降低议院，以至全体人民参与选举，这将不符合自由的利益。另一方面，将 *suffragii*（选举权）[280] 极大地限制在高额纳税者的人民成员中，会造成选举贵族制，这就像允许实行民主制一样危险。法国目前的选举法毫无用处，只有17万人参与选举，只有那些交了200法郎税的人参与选举,科学并不赋予优先权。在英国,人们做了正确的事情,即大量以前不能参加选举的雇农通过改革法案获得了选举的权利。任何每年支付70塔勒租金的人都可以投票。在英国有100万选民,在法国有17万。

但这是一个绝对的环节吗?不能出现附带的环节吗?难道没有某些能力可以取代税收吗?这在法国已经讨论过很多次了。能力和教育,也就是对自己的加工,必须具有一种税收的价值,正是这一点必须加入税收中。有人说,一个有学问的人,或者有名望的人,凭着他的身份、凭着他的知识,就有权参加选举;这包含在他的绝对自然中。在法国,这还没有实现。这样的人应该在这里支付100法郎,而其他人则支付200法郎。

还要调查议员是否应得到其选民的特定委托。当选者可以被认为是特定地区利益的代表。但这些特殊的利益必定不能存在,而代表们必须以一种普遍利益为指导。一名议员必须能够作为一个自由人为其选民的利益而行动。

被选举的资格是否应该是有条件的,也就是说被选举的人是否应该与选民的条件相同,这一点非常重要。在荷兰和比利时,每个人都有被选举的资格,因为选民给了当选者保障。这是非常正确的,因为从某种意义上说,他们代表着当选者,因为他们只应选举那些有能力和有才干之人。每个人,也就是每个公民,都有被选举的资格。只要有可能,这些议员应从社会的所有等级中被选出,因为市民社会的所有方面在等级会议中都有代表是令人向往的。[281]

津贴

另一个问题是,这些议员是否应为他们在等级会议的工作获得报酬和津贴。在法国,议员们过去是有报酬的,后来就没有了。在英国,他们有特殊的权利,比如 *Porto franco*（免付邮费）[282]。在人口众多的大国,代表是许多人向往的一种荣誉,它不需要获得报酬。在这里,展示立法权的权利应该只应落在那些在这种荣誉和意义中找到报酬的人身上。但在小国,选举是一个巨大的负担,那里没有巨大的财富,以至于个人可以长期没有报酬地从他的职业中抽身出来,这种负担必须有一个等价物。在德国,各地都采用了津贴制度。这取决于具体情况。

另一个需要考虑的问题是,等级应该是协商性的还是决定性的。如果存在公开性和利益,两者之间就没有区别；否则,原则上要作出有利于决定者的决断。等级应当赋予法律自为存在的环节。未经同意,这是不可能的。说同意的人也必须能够说不同意。

提案权

最后,问题是：是等级还是君主拥有提案？他们说,提案必须来自国家权力、来自君主。这种观点是错误的。国王的权力在激情和斗争的领域之外。在英国,法律的开始来自议会,即使是那些由部长们提出的法律。在法国,自1830年以来,提案权被分配给了所有三种权力。如果国王拥有提案,他就处于一个错误的位置。由于国家元首永远不会犯罪,所以他也不应该犯错。他不应该卷入意见之争,而应该留在幕后,因为他要避免因建议失败而蒙受耻辱。君主的提案有一个很大的缺点,真正说来,他的法律不能被不屑一顾地退回给一位君主。如果君主拥有提案权,当法律被拒绝时,那么他的权力就会受到质疑。人喜欢看到他的孩子、他的思想获得成功。法律源自首脑,这仍然具有绝对政府的性质,而国王也因此失去了敬重。但如果国王没有这种权力,而只有大臣们才有,那就与国王和他云端上的御座无关了。法律来自政府,它懂得行政。但它不能以国王的名义提案,而是以议会成员的名义。各地都认为,税收法案要首先在众议院提出,因为众议院代表市民社会和纳税人。上议院只需批准或不批准税收法案。

各议院是否也有权利获得政府权力?不,等级与政府、与国家的管理无关,它们只能关心普遍物、法律和税收。英国议会仍与中世纪有关,因此拥有一些政府权利。但议院只能通过请愿书与政府发生联系。

反对派[283]

等级与政府发生了矛盾,那么这就是一个糟糕的国家。等级不是政府的对立,而是国家有机体的肢体。然而,这种等级和国家的和谐不应排除所谓的对立、**反对派**。在等级中,往往不仅有一个维护国家利益的政党,而且还有一个反对国家即反对各部委的政党,这就是反对派。这在众议院中最为常见。大多数人对此有着最荒谬的想法。所谓的反对派,是不必然的还是偶然的?它是一种可控的还是偶然的权力?反对派是一种敌意、是一种仇恨,在国家中是要被鄙视还是要得到宽容?

在每一种思维中,都包含一些否定的东西,它通过这些东西取得进步。否定并非激情,而是人类思想所特有的一种性质。在它之中包含思想的支柱。只有对否定的否定才能产生真正的肯定。一个从未经验过矛盾的人会变成无:*anthropos me dareis u paideuetai*（一个未曾遭受打击的人,不会受到教育）[284],他必须遭受折磨。在一个妥善划分的家庭中,必须有对立面,必须有否定和反对派。国家中的反对派是否定的东西,通过它,人总是被劝导哪里是他不应当去的地方。它并非仅出现在英国或某个国家,而是出现在所有地方,因为它并非单纯偶然的东西,而是与每个国家的利益相一致的。

国家内部的反对派努力在国家的建议中找出否定的方面。只有通过反对派,一部法律、一项原则才能牢固地确定,并获得稳定性和意义。在没有反对派的地方,人们恐惧它;可是它在任何地方都是一个正常的国家机构所必需的,是政府利益所必需的。国家应该尊重高尚的、客观的反对派。曾经有一段时间,英国的反对派似乎已经停止了。皮特[285]在没有反对派的政治会议中无法呼吸。他做了什么?他给自己收买了一个反对派,因为他认为这对国家是必要的。对立是真正的否定,它必须把肯定的东西包含在自身之中。只有通过否定,宣示出来的东西才能获得其真正的力量和真正的价值,而只有在对否定的征服中才有真理。这就是为什么应该到处寻找、呵护和培养反对派。如果国家意识到它的力量,那么它就会欣然接受反对派;但如果它摧毁了所有反对派,它就只会承认自己的虚弱。(当坎宁在1827年成为财政部长[286]时,反对派成为了部长级,一位演讲者称其为**陛下的反对派**。)

问题是:反对必须是体系性的吗?人们说了很多反对体系性反对派的话;但偶然的反对派要危险得多。如果部委知道它有一个反对派,它可以制订一个作战计划。如果反对派没有被打败,就有必要进行修正;如果反对派胜利了,部委就得辞职。正如否定的东西是一种持存、一个体系,而不是一个偶然的东西,包含在思想的本性中,所以对政府的反对也必须是体系性的。因此,反对派必须始终与政府的宣示相矛盾和否定。只有当它涉及每个人的心都必须赞同的对象时，它才能停止，就像英国的天主教解放问题。

在任何有秩序的、牢固的宪制的国家，都希望有一个反对派。如果政府不关心任何反对派，那么它就很容易退化为停滞不前，变得腐化、堕落（Faulheit）*。因此，反对派在每个文明国家都是必要的。对立甚至必须让它快乐。

协商的公开性

诸等级是国家主观自由的环节。由于它们表达的是对事物的知情，因此这些等级必然会被扩展到所有人，并且延伸到全体人民。这就将我们引向了已在大国推行的等级会议的公开性。等级必须公开地协商，而且会议必须予以公告。这样，公共事务就为国民所了解，也只有通过这种方式才能获得政治性质。封闭的等级最容易被政府利用，在自由的名义下，实行最卑劣的专制主义；拿破仑时期就是这样。在波兰，亚历山大几年前就废除了公开性，这只会造成国家的腐化。公开性不仅是有用的、好的，甚至是必然的。它让人民获得公共至善的识见，并使他们能够了解国家的情况。因此，秘密的等级会议本身就是一个矛盾。

公共舆论

没有某种滋养和维持它们的东西，诸等级就无法实存；如果没有围绕它们的公共舆论空气，诸等级就无法存在。这种交流被封闭的等级是被阉割的等级，丧失了力量。如果没有公众舆论的清

---

* 作为一位戏剧演出的爱好者，甘斯常把戏剧语言运用到讲座中，该词在这里的意思是腐化、堕落。——译者

新空气，那么舆论就不会得到加强。因此，等级会议的公开性与处处可见的公共舆论有关。公共舆论只不过是等级会议扩展的公开性，但同时它也是现在最高和最有权力的法庭。除此之外，现在不是单独一个国家的公共舆论，而是整个欧洲世界的公共舆论。这要归功于拿破仑，通过各民族的彼此摩擦，他最有力地推动了世界主义的思想。

公共舆论是人民对政治事务和国家领导的看法。通常情况下，公共舆论是要被非难的，它是坏的，有多少坏的东西得到了辩护等等。确实有一种坏的公共舆论，但也有一种好的公共舆论。在公共领域，好的舆论和坏的舆论会相互冲突。最终，好的一方会获胜。如果好的舆论经不起斗争，那么人们就不能知道它是好的；它必定已经抵抗了坏的舆论。公共舆论在其自身中就有其救济，即自由。不公开的等级协商绝非等级。只有在公共舆论中，它们才能呼吸。一个人的门被打开了，他的心灵和精神就扩展了。这并非虚骄，每个人都必须有他的空气，然后精神才会升华。

新闻自由

等级的公开性扩展而来的公共舆论，要有一个机关和一种表达，而这就是自由报刊。倘若新闻自由得不到保障，民众领袖的自由也会受到威胁。新闻自由是我们这个时代的一个普遍讨论的话题。这是一个如此重要的问题、如此有趣的问题，我们必须加以处理，必须考虑其中的哲学原则。事情不在于支持和反对的言论，而在于内核，它远离激情，而理性必须抓住它。

报刊是表达和传播意见的一种可能性。作为可能性，它可能是危险的，作为现实，它可能是要受到惩罚的。正如公共舆论可以包含真理和谬误一样，公众舆论的机关，即报刊，也可以有真有假。但它是否因此就是危险的，以至于必须用预防性的法律和审查制度来压制或抵制它？公共舆论要有一个机关。只要公共舆论得到承认，其机关也必须被允许。对自由报刊的反驳是，它不可能是自由的，因为人们不知道它给出了什么。虽然其他一切都由警察来推定，但在自由报刊中邪恶是无法阻止的。这种可能性是否如此危险，以至于国家必须充当思想的阻碍？邪恶根本无法防止，人们必须把嘴巴缝上（infibulieren）[287]，或者把手砍掉，如果我想的话，我随时都可以用它来杀人。尽管我们有审查制度，但它是无用的；因为尽管它阻止了当地的出版物，但我们享有所有其他国家的新闻自由。[288] 它在这里所禁止的，在其他地方也会被容许。然而新闻自由有这样的优势，那就是它对人的思想有一种敬重。总的来说，自由报刊中包含了与邪恶并驾齐驱的疗愈。即使它也有缺点，出现了一些不应出现的东西，但它在自身中就有纠正的东西，而这是少有的，它本身就有它的宪法。恶劣的书会自己压制自己，这就是公共舆论。疗愈在于人民的善良感情。邪恶从来无法保持活力，奥尔穆兹德（Ormuzd）保留了上风，可鄙的文学和恶劣的原则暴露无遗。最安静的报刊在最自由的国家，在美国。北美根本就没有新闻法。

报刊的敌人是那些经不起任何攻击的人。在英国，人们对向报刊提起的诉讼没有任何恐惧。自由报刊只能存在于对文字的敏感性已经变得迟钝的地方。在德国，它只能在未来产生。在这里，每个人都认为他必须被赞美；我们还没有客观感。作为自由的否定，审查制度必须被扬弃。尽管在 17 和 18 世纪，当中世纪的自由要被粉碎的时候，审查制度是必要的；但现在必须在所有文明国家推行新闻自由。通过自由报刊，政府获得了更大的稳固性；因为通过它，政府屹立于公共舆论的土壤中，这是一个更有力的基础。这就是政府独立于舆论时的力量。一个不容忍自由报刊的国家就不能容忍公共舆论本身，从而只能证明自己的无能。

有不道德的人，为什么不应该刊印不道德的东西？不道德的书会让世界疯狂吗？不会的，管它是叫瓦莉（Wally）[289]还是别的什么。这就是为什么每个人都应该说他想说的话。向作者发号施令就是一种贬低。只有通过报刊，一种公共舆论才有可能。一旦它缺失了这个机关，它就不可能了。印刷术是对世界产生最大影响的事件。由此，精神可以来到每个人身边，世界被完全革新了。自由报刊给印刷术带来了新的推动力。一百年后，这一原则将在所有地方取得胜利。

（二）对外主权

这就是国家的国家法性质。然而除了它有各个部分之外，国家还是一个与其他国家相对立的个体，它们有一个与之相对的人格性和个体性。因此，国家具有人格的性质，而正如人的最高荣誉是他是一个人格一样，一个国家的最高荣誉也是成为一个独立的个体。国家的这种定在在国家之间的关系中表现得最为明显。就国家是一个个体而言，它与其他国家的关系就像一个人格与另一个人格的关系。它走出了它单纯的内在性，参与到一个总体中，而个体必须把保持在这个总体中作为一个原则。

论战争

作为一个个体,国家与其他国家具有一种否定的关系,会与他们发生斗争。可能发生的情况是,它的个体性受到攻击。

人们常常把战争经常描绘成非伦理的东西,而永久和平是最高的幸福。战争遭到知性和心灵的抨击。知性说,何故要杀害相互之间没有敌意的人呢?它的愿望是永久和平,战争只会带来伤害,并花费金钱。心灵以鲜艳的色彩将战争描绘成最可怕的样子。相反,理性却说战争是不可磨灭的东西。战争是国家彼此之间最终的带电接触;在带电物质只能通过战争释放的地方,必定有战争——*ultima ratio regum*(国王的最后论据)[290]。最终的决定权是战争。如果没有战争,那么充斥着的将是墓地般的宁静。只有战争才是历史的运动和国家的生命。如果一个国家在20年内没有发生过战争,那么它就会懈怠;人会变得软弱,没有活力。永久和平就像一个永远躺在床上的人。因此它是一个虚幻的东西,是没有对立的宁静。但对立必须存在,否则一切都会松懈。只有在战争中才有历史运动的可能性。

但战争有什么功用呢?三十年战争、七年战争、最近的战争?战争一直被看作是形成民族的东西。战争的本质是各民族的水泥和黏合剂;战争使他们团结起来。1792至1815年的战争有一个好处,那就是凝聚力从未像这些战争之后那样强大。我们现在期待着一切,就像它是一个与我们有关的事件;我们身处其间。这就是拿破仑所引起的结果。当成见消失后,人们将承认他的主要工作是将各国团结起来。最后一场战争的成果是各民族精神的相互渗透。这就是那个点火器的价值。那么,战争不仅仅是一件坏事;

因为当战争的创伤被治愈后,更好的状况就会到来。现在大人们都觉得已经有了这么长时间的歇息。

战争的原因

战争有不同的原因;有三个种类:征服战争、防御战争和思想战争。

今天,一场**征服战争**似乎比以往任何时候更不可能。仅仅出于对另一领主土地的欲望,现在不会再发生战争了。各国的边界太大,如果一国还有这样的想法,那么就无法与其他国家和谐相处。在各个国家已经构成一段时间后,人们可以说,征服战争虽然不是不可能,但不会轻易再发生。甚至拿破仑也说,他是被迫进行征服的。

防御战争与之前的战争有关。

今天之所以难以发动战争,主要是由于战争过去是出于利益,而现在则是出于**思想**。物质上的好处和不利比思想更容易产生。然而,利益的战争已经停止了;现在很难因为一块公爵领地而发生一场战争,而只是因为思想。这些东西比较冷静,不容易变得热烈,而世界正处于和平进步的道路上。

有两种思想战争:①宗教战争;②政治战争。宗教战争在今天也是不可能的。灵魂已经进入人的内心,去了它应该去的地方。宗教不再有过去的狂热,今天的人们也不再在外在上那么虔诚和狂热。上一次宗教战争是三十年战争。相反,可以发动政治战争,其中可以夹杂一种隐秘的征服欲。只有这些才是真正危险的,因为现在的战争也已进步。思想战争也是1815年以来最后的战争:法国人对西班牙制宪者发动的战争,对阿尔及尔的战争,以赢得议院的多数席位,同样还有对阿尔及尔的要塞发动的战争。现在我们没有战争,因为没有出现人们认为有必要发动战争的思想。我们思索良久,才达到了这一步。

勇敢的等级

战争由一个自己进行战争的等级为前提。这就是勇敢的等级、军事等级,它其实立于国家的内部和外部之间。士兵没有家乡。他总是在移动,是国家的向外运动。军事等级最初可以源自一般的国家,即公民。在古代,每个公民都是士兵。与此相反,在中世纪,军队源自诸侯的人格性;在这里,每个诸侯都会根据其人格关系带着士兵去打仗。17世纪,常备军再次出现;人们赋予了其一种自己的观念,这使他们与公民有了区别。这种差异首先在于制服,然后在于军阶的严格服从。在近代,当国家获得了更普遍的稳固性时,人们又返回到了古代的思想,即每个公民都是士兵。国家的所有个人都有义务服兵役,而且都是平等的。但除此以外,仍还是有一支常备军。当国家的实存受到威胁时,那么内部的一切都会沉默下来,每个属于国家的人都有义务保卫国家。但是每个公民都只能被召集来进行一场防御战争,而不是一场征服战争。这由常备军承担。

勇敢的等级必然是一个荣誉的等级。没有任何地方比这里更能证实外在的荣誉,没有任何地方比这里荣誉必须更加无可指摘。勇敢和荣誉在这里是同义词。但它必然也是一个服从的等级。勇敢是一种生理的、形式上的德行,也就是说它本身没有独立存在的根据,而是为了某种别的东西,因此处于服从地位。服从和顺从是主要原则。勇敢需要命令,命令需要顺从,顺从需要服从。因此,领导者的精神必须决定要做什么，而不是每个士兵的精神。因此，勇敢的德行在于放弃自己的意志，在于顺从和自我服从。我们顺从而不争辩，这乃是军事德行的原则。士兵自己不应该思维，他只应该履行他的上司的命令。这就是为什么他也必须与那些没有对他造成任何伤害的人战斗。这种军事精神在火药发明后才得以实现。从此，勇敢已经从殊异性转变为一种普遍性。战争已经来到了枪炮的机械上，不是个人与个人之间的战斗，而是纵队与纵队之间的战斗，现在比个人勇敢更重要的是将军们对军事集群的领导，这正是拿破仑的卓越之处。士兵们是纯粹的机器，不允许个人的勇敢。我们安插外国的、被俘虏的士兵到军队中，而最好的士兵却因为糟糕的领导而变得毫无用处。这在中世纪是不可能的。

这种向普遍性的转变也带来了制服。制服意味着普遍化、孤立的特殊性的一致化。一个士兵被列为其他人中的一个人，并被量化。在三十年战争之前，士兵们还没有穿上制服。每个人都是个体的人。通过制服，人们变得普遍，就像通过燕尾服，世界得以普遍化。

服从关系是无条件的，还是有一天必须停止？然而，士兵是一个公民、一个人。即使他有一些感情的缺失，那么这种缺失也不能是排他性的。既然他来自人民，那么他也共属于人民。但士兵不能讨论，否则他的主要方面、他的服从就会停止。

命令这个等级的权利、宣战和媾和的权利，只能属于国家权力。国家元首是国家的个体，因此在国家作为个体显现时也必须出现。诸等级的判断只是间接的。

二 外部国家法或国际法

我们现在必须考察各国之间彼此如何运动。外部国家法是指各国作为主权者彼此之间的关系。在与另一个国家的关系中,国家希求被视作个体。由于它是独立的,它有权利被他者承认为独立的,就像人被人承认一样,而它的荣誉就包含在承认之中。当然,只有在存在国际体系的情况下,这种承认才是可能的。古代只有一个国家。在近代,承认的理论变得非常重要,因为有些国家还没有得到承认,例如北美的国家。

关于这种承认,有两种观点:①我们必须只承认一种法权上实存着的国家;②我们也必须承认一种事实上实存着的国家。后者是北美和英国的观点。在英国议会,大臣坎宁说,他承认所有事实上实存着的国家。是否承认一个国家之为事实上(*de facto*)的存在,要根据国家是某种事实上的东西来决定;国家是一个历史的机关,一个历史之完成的个体。在它之中,历史的元素比法律的元素更强。当它事实上存在时,它会为其最大程度上的实存而战斗到底。当事实上存在的国家本身取得稳固时,它们也拥有一种被承认的权利,只要它们没有被再次推翻的可能性;因为在国家中,事实和法总是一致的。在《坎波福米奥和约》[291]缔结之前,拿破仑对只想在某些条件下承认法兰西共和国的奥地利人说,你们看到太阳了吗?如果你们没有看到它,你们就是瞎子。此外,要求超乎实存的合法性,只是一种国家所没有的抽象。一个国家唯一重要的事情就是它存在。现在,这种事实上的承认并不总是能构成国家。没有它,一个国家还是能生存,尽管承认属于其本质。普鲁士国家在1786年才被教皇承认；马耳他在其即将不复存在时才被承认。

干涉

如果国家之间存在相互承认的关系，那么问题在于，这是否也赋予了一种干预另一个国家内部事务的权利。这就是干预的重要问题，这个问题是直到近代才产生的，在较早的自然法学者中并没有出现。当奥地利人于1821年前往意大利、法国人于1823年前往西班牙时，卡斯特里赫勋爵[292]拒绝了干预的原则，认为英国议会不允许这样做。这种自私的观点被称为不干预。后来，英国人还是干预了葡萄牙的政治。

根据正确的原则，人们必须这样说：干预意味着关心他人。如果一个人不关心他人，那是最荒谬的事情；因为关心他人的生命，这就是生命。一个活跃的国家也会进行干预。断言人类个体不应干预，即我不应该关心别人（迪潘[293]：各行其是［Chacun chez sui］。法国的血属于法国），这是一个唯利是图、反社会的原则。国家所处的情况还与个人不同。不干涉理论是国家的自私封闭、国际体系的废除和同胞国家概念的废除的理论。不对他者进行干预就意味着自私地把邻国只看作一个别国，而不是一个同胞国家，并且不承认整个欧洲国际体系。国家之间的冷漠将意味着国际体系的废除和死亡。国际体系高于国家的自私封闭理论。历史元素是一个更高的元素，各国只是其中的一部分。每个国家都介入其中，至少抱着信念。不干预只是假象，其背后一直隐藏着干预的欲望。凡是重视欧洲普遍性的地方，都必须进行干预。

此外还必须说，在这种普遍性的情况下，是否应该进行干预的问题问得并不对。人们必须问:这种或那种干预是否正确,我们是否可以在这种情况下进行干预,在这个或那个时刻干预是否有益?这才是人们可以问的方式。但是一个国家究竟是否可以进行干预是一个愚蠢的问题,这差不多意味着:一个国家是一个国家,还是不是?国家总是在他们认为好的时候进行干预。何时应当干预的问题只能由历史来回答,由干预的善意或恶意来回答。只要国际体系存在,权力就会到处干预。一个国家往往出于其立场、明智这样做。只要它认为有必要,它就有权利这样做。

小心眼在干预中发明了分级。有些人想用一些股份、几滴血来介入干预。他投入的是塔勒。这就是所谓的**合作**,即不是真正的干预,却又被认为是干预(就像我们有不是战争的战争一样),不是用所有的力量或用一定的军队或用一个国家的某些补贴进行干预,而是用一半的手段,用一个派遣的军团,派一个自顾自的志愿军,或让大批臣民到外国去服役(一个外国军团,由对方国家发饷)等等,——这种干预没有勇气,它没有勇气说:我就是干预。不干涉原则是错误的、空洞的。

条约

与干预学说相关的是联盟学说。国家作为个体,彼此之间平等相待,不受制于任何更高的东西。作为独立国家,一个国家不受另一个国家法院管辖。出于某些目的,国家也可以建立联系,缔结条约或国家契约。这些契约与普通契约不同;如果这些契约没有得到履行,我们不能向地方法院起诉。通常情况下,道德的历史观所带来的后果是,国家的行为是根据它们是否道德来考虑的。但国家是不承认有任何高于自己权力的权力。它们可能处于与其他国家的关系中,但它们并不把这种关系视作高于自己的权力。就人格之间的契约而言,法是要求履行契约的更高权力,因为在缔结合同时,每个人都已经承认了高于自己的司法权力。国家之间的条约不受对其宣判的法庭的约束,它们必须建立在它们的内在神圣性上。究竟一个国家想在哪里起诉另一个国家呢？国家之间的条约涉及国家的福利,而如果契约似乎不再适合于福利,那么国家就有权利打破它。国家是远高于通过契约实存的东西,它可以遵守契约,也可以不遵守。永久的和平契约总是被破坏。通过法律手段是不可能解决的;最终的(in definitivo)解决是战争,最后的理由是大炮。

邦联国家

这引导我们进入对邦联国家、帝国法院、Amphiktyonen(邻邦同盟)[294],也就是高于国家的概念的考察。亚历山大、罗马人、查理大帝和拿破仑都曾尝试过普遍君主制的形式。另一种形式是国家联盟,通常旨在防止战争。然而必须指出的是,非自然相关的个体性之结合产生了某种异质性的东西,无法阻止斗争。人们经常设想应该由一名法官来对各国作出裁决,如希腊的邻邦同盟法院。这样一种各国的更高上级机构其实是没有必要的,也没有多大作用。自古以来,小国都会联合起来,但一个邦联并非个体,而是某种抽象的东西,因此这种高于国家的权力的裁决无法得到实际执行。因此,这种邦联是某种虚无的东西,因为他们想对本身已经是最终审级的国家作出裁决。那些像德国一样的各个国家,它们以自然的方式联系在一起,更有可能建立邦联。但是,联邦议院对德意志各邦的政府并没有什么贡献;它任由事情发生,而没有一个邦真正向它求助。而北美合众国的情况则是不同的，因为各个州没有外部国家法。

帝国法院

解决德国各邦之间争端的法院被称为帝国法院，即它们应该解决与其他邦国之间的争端。只要它们遵守，那就相当不错。但这些上级机构不具备执行力，那些不愿意这样做的人不必求助于它们。正如荣誉法庭不能恢复一切并保障荣誉一样，国家也不能通过国家联盟来约束，而是说国家要求个体性。神圣同盟（Die heilige Allianz）[295]其实上只是一个维持各国之间的和平与防止纷争的联盟。但是，这一同盟的普遍利益现在在俄罗斯和英国那里已经退化为特殊利益。它们在没有得到神圣联盟其他国家的同意、援助和利益的情况下发动战争。

使节

但是由于国家之间处于持续的关系中，它们有必要不断地相互交往，并亲自表达这种交往。只要它们彼此和平相处，就应该由使节来代表它们。它们以这种方式证明了相互承认。倘若一个国家不被承认，我们就不会向其派遣使节。使馆所包含的是，在一个国家发生的事情对其他国家来说部分是有用的，部分是有利益的，所有的国家都有一种 *sensorium commune*（感觉中枢）[296]，而它由使节代表。各国必须了解在其他国家所发生的事情。

因为国家是神圣的，所以使馆权也是神圣的。使节不受普通司法管辖，即使在战争期间也不会被监禁。有人认为，使节的处所即是使节所代表的国家；奥地利使节的处所就是奥地利。使节是治外法权，他们身处国家之外的国家中，由自己的国家审判，他们的仆人也是如此。国家的性质、普遍关系的表达表现在使节的性质中。因此，它们只属于近代。

古人只在有必要的情况下派遣使节；在中世纪也是如此。常设使馆只在17世纪欧洲相互关联起来后才出现；它们在18世纪初才形成。使节代表一个国家，直到战争爆发，然后他们离开使馆。

战争国际法

如果契约被破坏，国家间的交往就只能在战争中进行。但战争本身是受过教化的民族之间的战争，而正因如此，所以战争本身也有法律和权利。国家可以要求它的敌人给予它所有民族即使在敌对状态下也能够和必须给予对方的东西。甚至罗马人也有这样的原则：*servi*, *quoniam servati*（他们是奴隶，因此他们免遭死亡）[297]。在有伦理的民族之中，战争之前总是要先宣战。但战争本身并不重要，然而战争应该在自身中包含和平，并带来和平，这才是在战争中所包含的更高的东西。战争本质上是一种暂时的东西。因为其中还有和平的前景，所以战争期间还有国际法。也就是说，战争必须按照权利和法律进行。议员和使节受到尊重，俘虏要得到体面的待遇和交换，公民的私有财产要受到尊重。因为战争不是终结，和平的希望存在于其中，所以在战争中必须保持有序的状态。

过渡到世界历史

国际法或外部国家法终结于此。在战争中，各国相互对峙、相互摩擦，转换它们的力量和他们特有的东西，从而将单纯的民族性提升为一种普遍物和历史性。如此一来，各个国家成为各个历史民族；因为它们的运动不过是它们的历史。现在要予以考虑的不再是国家的个别利益，而是历史的利益，是国家之间的辩证法（运动），其中有一个永恒的内核在发展，而这就是**世界精神**。世界历史就是世界法庭，也就是各个国家必须期待他们判决的地方（人们说，世界历史将就此作出裁决）。在世界历史中，国家不再如在国家内部一样是绝对的、主权的、独立的东西。所有国家都必须从历史接受权利，在那里主权消失，而所有国家都只是封臣，只是或大或小的封土受让人，他们必须把历史当作他们的领主。使国家成为主权者的一切都在历史的沉思中消失了。历史希望各国灭亡，就像希望它们保存自己一样。在历史的运动中，国家显示出它们的有限性；如果它们永远持续下去，那就不会有历史。

三　世界历史

在法权上，没有比国家更高的东西。但国家也是一个个体，它不仅有一个氛围，也有一个终点；它终止了。同样地，国家的生命也是短暂的。在早期，我们总是在国家终止的环节终结法。但为了完善地完成法，我们必须让法消融于它的他者之中。在国家之间相互搏斗时，在这种国家之间彼此的消失中包含了一种更高的东西，亦即世界海洋，国家像河流一样汇入其中。它们是历史的各个环节，而**历史**作为一种更高的东西踞于它们之上。历史与法的不同之处在于，历史是永恒的，但不是固定和持续的，而法不是永恒的，但却是固定的。因为法是一种基于自身的粗糙实体，为了改变它，必须彻底扬弃它。但它也在历史中和通过历史发生变化；历史本身就是变化。就此而言，人们很难说历史的推进是合乎法权的。它有另一种它所服从的精神(spiritus)。这就是世界精神,它按照理性的原则发展;历史是它的机关、它的手段。

世界历史要被视为现实的最高权力。它是世界法庭,这确实如此。历史不会消失,世界精神不会停止;它是冷酷无情的,不关心国家的消失,继续它的行程。一切有生命、有意义的东西都将落入历史。如果一个人生活在历史中,那么他也要落入历史的法庭。作为一个个个体,各民族都有一个目标,如果这个目标实现了,就会引起个体的死亡,也就是说国家的衰亡。将这种精神的运动呈现在其必然性中,就是历史。已经成为历史的东西,我们可以予以评判。世界精神是理性、神、自在的真相。历史总是包含着真相,而在评判历史时,不能以单个人的评判立场为出发点。我们不能依据历史上这个或那个英雄的环节来看,因为这里有完全不同的考虑。历史的伦理超乎单个人的道德。

但历史不仅仅是一种外在的权力,它也有一种关于自身的意识。它与精神现实的内在性和外在性有关。历史可以直接讲述,就像回忆录一样,也可以从哲学上切入,记录事迹的缘由。这两种方式都是同样高深的环节。在直接的历史和哲学的历史之间,存在反思的历史,即从非亲身经历和感知来接受与加工直接的事实。

关于历史的不同观点

关于历史的通常观点如下:

(1) 历史通常被看作一个大的**范例汇编**,人们可以从中学习如何去做事:我们写下所发生的事情,并模仿它。还有人说,历史必须给我们提供如何不应做某事的范例。然而,历史从来不能当作范例。历史上没有任何事迹是另一个人可以效仿的,这是不可能的。如果一个人完全按照历史告诉他的去做，那么事情就会很糟糕，因为总是存在其他情况。不存在一个人可以求教于另一个人的情况。

更值得一提的是：

(2) **目的论的观点**。根据这种观点，历史是一件作品、神的一个指示，与自然一样，是神圣意志活生生的表达。这种观点中包含了许多真相，即发生的事情是由神所设定和权衡的。但错误之处是，历史在这里只是神圣目的的一种手段，而不是它自己的目的。那么尽管这种观点已经承认了历史的内在意义，但它的缺陷是它只说出了这种意义，而不想进一步揭示历史的性质和理性，因为追寻这个神圣的目的自身是狂妄。于是，这种观点过渡到了一种虚无。这些观点可称为道德的观点，主要的错误在于它们是有偏见的。然而在历史学家那里，一切主观的东西必须消失。

(3) 真的历史观是，历史是其本己的目的。这把历史提升为一种尊严和高度。历史不仅包含合乎理性的东西，而且我们还必须能够看到这种合乎理性的东西。历史必须把事迹变成言说。人的事迹是要被解释的文本。

但是，历史包括：①它的客体、它的内容；②由此被驱动的个人。所发生的一切似乎都是为了个人的利益而发生的；但他们在追求他们的私人目的时，普遍的目的就形成了，世界精神从中制作出了另一种织体。每一个世界历史之人都在其自身中包含着毁灭他的悲剧。那么世界历史就与主体、手段、机关有关，与人不做也不想做的其他事情有关；因为人是普遍物的承载者，而并非独立于普遍物，个体是世界精神的仆从。历史囊括了这两方面；历史就是这样,把个人和客观性的分崩离析维系在一起。这就是历史之中的思辨东西;二者应当被结合起来。这造就了真正的历史学家。

人类的可完善性

历史的对象本质上是人类的可完善性和教育。历史不可能使一个人成为天使,让其完全没有激情。然而人是可完善的,而他们也可以使历史变得更好。我们必须考察这种可完善性;但我们也必须知道人类是如何完善自己的。法语中的"*progrès*"(进步)一词只意味着一种外在的运动。历史的进步是缓慢的,像鼹鼠一样;在一百年后人们会看到一种进步,但在两年后不会。历史不为一代人劳作。当然对许多人来说,它前进得太慢了,因为他们想体验一切情有可原的东西。

世界历史民族与传记民族

还应注意的是,各民族的情况是怎样的。然而,各国都有一种关于自己的意识。他们了解并知道自己。但如果他们了解自己,那么他们还不知道其抽象的意义;我们知道罗马人意味着什么,他们自己却不知道。只有当一个民族作为历史的环节被锁闭时,才能对之作出一个判断。各民族的个体性显现并消失。从18世纪起,人们才对历史的精神有所知(波舒哀[298]、维柯[299])。在世界历史中,在任何时候,总是只有一个国家是其原则的代表。一会是希腊人,一会是罗马人,一会是日耳曼人。现在,代表世界历史原则的是欧洲的国际体系,而不是一个单一民族。世界上有许多民族,但只有少数的民族是世界历史性的,正如我们必须区分世界历史性的和传记的个人一样。立于民族顶峰的个人是世界历史性的,他们放弃了其人格性,因此也不应考察他们的人格性;他们不能从道德的角度进行评判。例如,迦太基人只是作为罗马人的脚凳登场,不是作为自我行动的,而只是作为受难的登场。因此,迦太基要传记性地、个别地单独把握,但罗马不能这样。罗马要就其在世界历史上的地位来概念把握。这样一个民族始终只拥有一次最高的意义;在脱离了最高的意义之后,它以后只能跟随和咆哮,而世界历史的原则就已经停止了。

黄金时代与铜铁时代

在所有历史之前,有一个没有历史的时代,即所谓的纯真的**黄金时代**,那里只有爱、安宁和和平。但这不是一个历史时代,天堂里没有历史,只有在吃了知识之树的果实后才有历史。这段历史的开端经常作为一种极乐的生活被提及。但是,黄金时代(其实只是一个美化的时代)是最沉闷、最无趣的时代。在那里,人只像动物一样去追求他的食物,各民族都是游牧民,过着一种外在的生活,而不思虑一种内在的生活,农业、婚姻、国家和明确的家乡都是未知的概念。然而,国家和历史的基础在于婚姻与农业。这只能开端于**铜铁时代**,开端于劳动和运动的时代。民族只有走出才会成为历史性的,然后半神话式的英雄才登场,他们将人们从自然中撕扯出来。但世界精神穿过所有这些民族,所有的活动、所有的激情和元素都受世界精神的引导。

历史的考察必须是一种纯粹的客观考察。我们不能仅仅根据英雄的幸运或不幸、德行或恶习来把握他们,而是要就其所是来把握他们。我们不应谈论传记,不应谈论历史的仆从,而应谈论一般的历史。

历史的各个时期

历史是可变的,而自然始终是自身等同的。历史是国家的兴衰起伏。它分为各个时代和时期,分为一个个历史停留于间的高峰。这些通常是各个民族的阶段,并非什么任意的东西,而是属于历史的本质。我们如何认识到一个时代已经过去?那么我们如何称谓一个时代?当一个民族将其状况提升为思想时,一个时代总是现存的。只有当以前的时代不再有直接影响,并向其他事物过渡时,然后它才会出现。如果我们从历史的立场来看,那么在整个世界中出现了四个王国。按照人的一生,首先是童年和青春的王国,即**东方王国**。在那里,自由仍然依偎在自然的怀抱中。第二个立场是历史的青年时代、自由和真理的日出——**希腊王国**。第三个是成年和老年时代,这个时代持续的时间很长,因为全部最初的人类把成年和老年结合在一起——**罗马王国**,自由与自然的斗争,主观与客观、无限与有限的对立。斗争者终于变得疲惫,各方被拉平而丧失精神,贵族和平民变得平等。外在世界没有什么可寻求的了,所以人就退缩到内在世界。这就是古代的衰落。但由于历史是一种演进,老年时代包含着另一个青年时代。人凭借自己得以孕育,形成一个新的时代,基督教的、主观的、人之完成的**日耳曼**时代。历史在这四个框架内是可以设想的。

(一)东方世界

东方世界是世界历史的母亲;一切都可以追溯到它的怀抱。所有的语言和所有的宗教、所有的传说、所有的哲学和思想都是从东方产生的。就像在孩子身上,成人的所有品质都现存于胚胎中,感性和精神性仍然交织在一起,但也已经包含了未来岁月的力量。所以在东方,人所拥有的一切仍然存在于清澈的统一中。宗教、诗歌、法和道德还没有分开,还没有发展。因此宗教就是法,法就是宗教,道德只是一种外在的规章,并未被个体内在地认识到。在所有这一切中,有一个占据主导地位的东西即宗教,它是一切的背景。当人们还没有受过教育,他们就不得不求助于宗教。即使东方国家以宗教为基础,但中国除外,它是以家庭原则为基础的,散文式的,家庭原则还要**先于**宗教。因此,世俗政府是神权式的,国王是大祭司,原则是臣民在盲目的服从中依赖。除此之外,国家形式是专制,自由宪制无从谈起。但独裁者在那里不被视为压迫者,而被视为一位神人。整体给人的印象是辉煌的。我们的世界没有东方世界那么赢弱,因为在我们这里,每个人都是一个独立的个体。相反,每一个东方人都是一块石头,为普遍的荣光作出贡献。

在东方,其实根本就没有任何历史。在东方内部几乎没有什么变化,它变得更加枯萎,颜色变得有些暗淡,但除此之外,它的一切都保持不变,它保持了它的本性不变。它的历史就像一般的自然历史,它是历史的自然史。如同雷雨和地震、自然的奇迹,那么一切也都可以在东方毁灭,但这些革命在各民族的生活中没有改变任何东西。许多人因此而死亡,但民族的本质依然如故,一个新的状态并未出现。历史是一个广阔的、永久不变的差别,就像在自然中所有的差别都是永久的。在东方,各个国家也已消亡,但同样的国家总是一而再地崛起。在其精神追求中,最高和最终者是伊斯兰教。

在东方历史的等级中,存在着种姓制度,而这些种姓在其效力上是固定的、不可改变的和永久的。种姓无非是同一个类上被固化的种。东方民族的生活其实是一种私人生活，人的自由在这里没有位置。今天的东方是一位年老的母亲，她生育了许多孩子，因此变得更虚弱；然而在其他方面，她仍然是一样的。

在东方历史上，可以区分出三个环节，也可以在地理上命名：后亚细亚、中亚细亚和前亚细亚。

（1）后亚细亚的历史是真正的直接形态的东方。

（2）中亚细亚的历史，通过达赖喇嘛的宗教和佛教，构成了向前亚细亚的过渡，净化了前者的物质。

（3）在前亚细亚，净化的东方生活出现在与欧洲的联系中。

1. 后亚细亚

后亚细亚以两种形式显现：以完全外在性（中国）的形式和完全内在性而没有外在性的形态（印度）。

（1）**中国人**是一个人数众多、外表看起来有教养的民族。他们构成了东方生活中的一个令人惊奇的部分。在中国，一切都与家庭有关。在那里，这是国家和其他一切事情的基础。皇帝是家庭的第一个父亲。国家的概念是家庭，它渗透到国家之中，因此失去了家庭的概念。这就是为什么人们一直认为中国是一个非常先进的国家。这确实如此，但这并非有机的国家，而是一种机械的国家、原始的野蛮国家；因为中国人完全缺乏精神。一切在我们这里内在的东西，在那里都是机械的。皇帝被视为国家的唯一主体；他所表达的一切，在我们这里都是由单个人表达的。他发号施令，一切都必须服从他。即使是宗教，在东方，宗教是富有生机和孕育的东西，也为这种外在性服务，而这也是为国家服务。人们想在中国发现科学，但他们并不擅长这个。中国人只知道个别的实用性，他们对体系性的科学一无所知。中国历史的座右铭是无聊；所有的发明在那里都没有发挥作用，尽管它们比我们要早。缺乏内在性，但精神必须推动感官。中国是纯粹的散文之国。

（2）第二种形态是诗意的、与散文式的相对立的——**印度**。在印度，人们发现了永恒的内在性、热情和对其幻想的自我沉迷。这是梦的国度，它的神话学是一个无限的幻梦。印度不是一个王国，而是瓦解为许多宗教意向、规则、等级、种姓。等级的划分，即便它是自然性的，但也是一种进步；因为平等的原初实体深藏不露。这些种姓是由宗教设定的形态。由此，某种诗、狂热和哲学进入了世界。然而，这里的自由和中国一样少；主体还没有诞生，它是由上级所引导的。在这里，专制主义有更多的宗教色彩。在印度，诗中有一种永恒的热情、一种永恒的幻想之梦。但这并不是一种美的诗，而是幻想、奇妙和怪诞的诗。在印度，美只追求量，而堕落为幻想。一切都被归结为数字，而如此一来这种美并不美，因为它不是适度的，而是无度、过度的。在印度人那里，一百万条腿是美的，而在我们这里只有两条腿才是美的。有人说，印度的诗会把荷马赶出学校；可是，在这种诗中并没有真正的人的形态。在印度，一切都在寻找某种神圣的东西，一切都被置于彼岸，虚无才是现实的。等级是神所生育的种姓。印度的泛神论剥夺了一切神圣的形态；由于一切都是神圣的，所以没有什么是神圣的。因此在印度，根本不存在像样的大国；因为一切都停留在幻想般的形象、梵天诞生的推导上等等。

2. 中亚细亚

从这个原则中得到净化,在其中,一切都寓居在一起,法、宗教、道德、诗和艺术,是在中亚细亚、在伊朗的高地上,由波斯人完成的。波斯人部分属于后亚细亚,部分望向了前亚细亚。由于波斯的产生与消亡,所以它是第一个有历史的民族:中国的历史是一场没有兴味的斗争,然而波斯人已经拥有了命运。波斯将后亚细亚的自然性实体加工为一种纯粹的实体。人们可以称它为东方的罗马。中国是直接的东方,印度是东方的希腊,而犹太人则构成了东方民族中的现代世界。波斯以纯洁为其原则,以光为象征。这种立场是,自然尽管不应被否决,但只有纯粹的自然才应被保留,即光,它是自然中最纯粹和最高的东西。宗教变得清晰而周全。世界观的原则是光;获得光的手段是劳动和净化。在光中已经包含了人不再漫步于自然中,它是自然向精神的过渡。因此,这里的种姓较少是与生俱来的和自然性的种姓,它们更多的是通过立法所确立的,更多的是源于自然性的事务。在波斯,产生了二元化的生活。波斯宗教本身就是一种二元论:最高的本质是创造者;善的精神和恶的精神统治世界。这是一个善与恶斗争着的活跃的世界。在这里,二元论占统治地位,精神与自然、善与恶、纯洁与不纯洁的斗争,奥尔穆兹德(Ormuzd)与阿赫里曼(Ahriman)的斗争。在琐罗亚斯德的世界里,光是预备好的,而印度世界的问题在这里被加工成纯粹的和光一般纯粹的东西。

3. 前亚细亚

在前亚细亚,有一些民族已经将进步的精神担负在自身之中。

在波斯，从自然的直观中得到净化的东西，在前亚细亚就变成了精神性的统一，犹太人和穆斯林代表神的统一。

（1）伊朗的光还不是思想，它仍然是一种外在的东西，受自然之物的影响。实体在**犹太教**中才成为思想。在这里，东方生命的统一变成了神的统一，他不需要任何形象的东西，而只存在于一的思想中。在犹太人中，出现了对自然的完全排斥。自然是由神所创造的，听命于它自己，因此历史的狰狞在这里停止了。这种简单性要如此思维，精神摆脱了自然，神采纳了一种抽象的形态；他是独一的神，与世界相对立。由于神是作为统一而存在的，他特别地彰显自己在一个民族中、在犹太人中，他们称自己是一个神的民族，他们的历史是一段神的历史。在其外在性上，犹太民族是一个小国，因此它对亚洲、东方没有什么直接的影响。从世俗的立场来看，犹太民族的历史是无足轻重的；然而必须从《圣经》的角度来看待它，所以它是世界历史。在西方，基督教从其中发芽，而就此而言，世界在这里诞生了。但这一原则不是为亚洲的，而是为欧洲、为一个遥远的时代的。犹太人的历史具有较少的东方特性，而且比起东方人，犹太人更接近我们。神在这里不再在人中间行走，而是他已经是一个彼岸者。

（2）东方的最高教化——**伊斯兰教**，应与犹太教相比较。伊斯兰教无非是犹太教的一个结果和普遍化。对亚洲来说，犹太人的原则成为穆斯林的原则。伊斯兰教和犹太教一样，都是发端于神的统一，但它更加脱离了一切世俗的东西，因为它把一切都从神那里抽象出来。伊斯兰教和犹太教的区别在于，伊斯兰教有皈依的原则，而犹太教中完全没有。犹太人并不希求任何皈依。相反，伊斯兰教是完全自由的,并在各民族间传播,这使它区别于犹太教,使它成为亚洲生活的最高形式。伊斯兰教的原则是进行征服,从而同时使人们皈依伊斯兰教。它必须用剑来捍卫作为狂热统一的犹太人的统一。犹太教并不是通过皈依来征服,而是它想把一切都吸收到它的历史中、吸收到它自己中。这就是为什么伊斯兰教取得了优势,而曾经有一段时间,欧洲不得不逊色于伊斯兰教的东方。即使在中世纪,伊斯兰教也优于基督教。但它无法与基督教竞争。然而在亚洲,它达到了最高的发展水平,并使所有国家都成为神权式的。

随着伊斯兰教,亚洲的教化就告终了;这就是亚洲所达到的高度。它是精神性的统一与自然性的统一相结合。就这样,亚洲的教化被锁闭了;它不能再前进了。我们不能再从亚洲造就任何东西,从开端之中造就不出完成。独立的自由还没有出现在任何东方国家。没有一个地方个人靠自己的双脚挺立。它感觉不到自己,不希求自己,它希求整体,也许也希求作为一个整体的法、一种命运,它在法律的重压下蜷缩地活着。

(二)希腊世界

首先,自由在欧洲的土地上、在希腊崛起。在这片美的天空下,在这个小国,白昼出现了,自由诞生了,个人出场了。它是从自然的基础上产生的,在这里出场的第一个东西便是美、精神与自然的统一。人显现为诗性的;人在宗教中被塑造成一个美的形态。阿波罗是希腊艺术的类型。在这里,自由诞生了,可以说它仍然以东方的传说和神谕为背景。东方让自己变得可以辨认,并且仍然不时出现；人还没有完全摆脱它。希腊通过埃及与东方相连，因为东方是它的摇篮，而希腊则是从其实体中形成的。埃及是蛹，在其中，希腊的蝴蝶从东方的毛毛虫中产生；它是东方为了成为希腊而给自己披上的面纱。多利安人仍有东方的基础，真正的希腊教化是爱奥尼亚希腊的。就像青年仍然被童年的传统所束缚，就像他在这个背景的襻带上行走一样，希腊人也仍然被站在众神之上的命运所牵制。迷信正是相信，背景仍然意味着某种东西，一种无法自我规定的背景。一个青年仍然视他背后的东西是必然的。

自由的第一种形态就是美。它是自然中、感性中自由的想象。这就是为什么美在希腊以其最高程度出现。艺术家和诗人出现了，甚至希腊的哲学也是一种艺术。因此，进入纯粹思维的亚里士多德其实并不是希腊哲学家。

在希腊，也有真正历史的第一块土壤。在东方，还没有任何历史，因为神仍然在那里牵着人民的襻带，引导着他们所有的脚步。在希腊，诸神只是作为国家的创始人出现在背景中，而人自己（吕库古和梭伦）颁布了国家的法律，并作为自由的个体出现。在东方，摩西、琐罗亚斯德等也颁布法律，但只是从诸神中抽象出来的宗教法律，而在这种束缚、依赖的地位下，东方没有历史。但在希腊仍存在一些东西，他们向神寻求建议：在终极的权威中，当人民不再能够为自己提供建议时，就会询问神谕。

希腊并不像东方世界那样是一个单一的国家；它分成若干个国家，这些国家更多的是靠其内部的教化来统治和伟大的，而不是由其外在的力量。作为小国中希腊的代表，我们发现一个主要的国家，即雅典，希腊的教化集中在那里。雅典的演说家才能和作家在今天仍然存留在人们的记忆中。只要雅典在艺术和科学上对希腊行使独立和支配权,希腊世界本身就会持续下去,随着一方消失,另一方也会告终。伯里克利的时代是希腊时代的花朵。

这个世界遭到波斯人的侵犯。然而希腊人虽小,却在抵抗,因为世界精神在他们之中。当一个民族通过世界精神获得它的力量之时,它就可以进行抵抗。但希腊王国本身是昙花一现,它的青春和美日渐消逝,它没有任何不可动摇的形态。在其全盛时期,它只持续了80年,直到马其顿的菲利普。在马拉松战役之前,希腊仍处于形成过程中,而在伯罗奔尼撒战争之后,它已经分崩离析。但在它毁灭之前,它必须振作起来,它必须在毁灭时对波斯人进行报复。亚历山大被召来做这件事,这是希腊精神在一个半希腊人手中的聚集。虽然亚历山大接受的是希腊式的教化,但他仍然是半个希腊人;在他的本质中,仍然有马其顿的野蛮。通过征服波斯帝国,亚历山大摧毁了希腊。它的毁灭是要超越它的本质。当青春努力超越它的本质,它就不再是青春和美了。希腊在它小国的温暖里,无法超越自己。将希腊的科学、艺术等带入一个更大的范围便是它的坟墓;那是希腊-东方世界的开端。亚历山大想使亚洲希腊化,但他并没有达到他的目的,而是自己变成了东方人。他的继任者摧毁了希腊精神,希腊变成了亚洲。由此,真正的希腊生活停止了,世界精神已经过渡为第三个和进一步的原则,即**罗马的原则**。

(三) 罗马世界

这是一个人以其自由脱离了自然的原则。希腊人仍然与自然保持着简单的、美的关系。罗马又返回到了绝对自由和自然必然性的二元论中。这里随处可见如此多的对立,除了波斯人,其他地方都没有。自由与自然之间的斗争是罗马历史的精神。这种二元论在这里表现在各种形态和本质之中,表现在法和构成罗马历史的贵族与平民的斗争中。正如中世纪是国家与教会之间的斗争一样,那么在罗马则是自觉到自己的自由的人类反对贵族制及其特权的斗争。但凡有斗争的地方,也有男子气概的原则。罗马并不是像希腊那样仍旧紧紧抓住奶妈的青年。罗马人已经从这个奶妈那里挣脱出来,以男人的坚定、男人的力量出现。男子气概和力量构成了罗马的生活。正如希腊是青年的历史,罗马也是悠久的老年历史,是在威严和颓废中斗争的老年历史。罗马历史与希腊历史有本质上的不同,希腊的历史崛起了,人们不知道是怎么崛起的,而很快就消逝了,人们可以数着年头,但罗马却逐渐崛起,努力奋斗,长期斗争。这不是一个年轻的思想的劳作,但这里的斗争不是毁灭,而是王国自身的内容,甚至罗马的建立本身就是一场斗争(罗慕路斯和雷穆斯)。

从这场斗争中产生的后果是,罗马的历史有**各个时期**。有人说,罗马不是一天建成的,*tantae molis erat Romanam condere gentem*(蕴含了如此巨大的艰险的,是罗马民族的建立)[300]。希腊其实只有产生和消亡的历史。相反,罗马的兴起有一个很长的时间。罗马历史的各个时期构成了其本性和本质。

(1)罗马历史的第一个时期,对立仍处于沉睡之中,被更高的原则的力量维系在一起,这就是王政时期,即 *jus fetiale*(神法)[301] 的时代。在祭司和贵族的统治中,还没有出现斗争所产生的对立。

这里的对立发生在个人和实体之间;罗马的个人已经强大到足以反对实体了。

（2）第二个时期是共和国时期,对立凸显,而贵族和平民的斗争爆发了。这是一场债务人和债权人对财产、荣誉、职务与尊严的斗争,对执政官和裁判官的斗争,是一场在法自身之内对土地法的斗争,对与婚姻有关的卡努莱亚法[302]的斗争。罗马帝国的形象是有两个头的雅努斯（Janus）:被设定的二元论。战争与和平交替进行,构成了罗马的概念。如果对外是和平,那么战争就在内部。此时,斗争的结束不是一个结果,而是当事人的疲惫和向私人生活的过渡。

（3）第三个时期是皇帝统治时期。在这里,皇帝与那些因斗争而变得疲惫的私人相对立。斗争过渡为罗马世界拉平的平等。现在只有一个公民阶层;贵族只是一种装饰,一种没有意义的贵族。在这之后,皇帝的专制主义兴起,这是一个公共激情沉寂、私法出现的时代。这就是私法的全盛时期。这是一个奴隶制的时期,是对罗马专制主义的服从,这种专制主义是从自由的毁灭中产生的。

在这三个时期内,罗马历史的持续时间非常长,甚至进入了一个不再属于它的时代。它来到了庞然大物的垂死挣扎中,它本身持续了一千年。在那里,肢体瓦解,私人元素取代了一切。

(四) 基督教

但在最后一个时期,显然眼前的整个世界已经完成,不会再有任何进步,它已经结束了。早在4世纪就出现了罗马世界已经结束的感觉。在君士坦丁堡,古代的三个阶段(东方、希腊和罗马)再次出现并相互交融。人们不知道该把拜占庭人称为罗马人还是希腊人。语言是希腊的,习俗也是如此。但它其实是东方主义和希腊、罗马形式的混合体。随着罗马帝国的衰亡,古代告终了,而从这种死亡中产生了**新世界**,即对外在东西的否定。古代的特点是外在性原则,新世界则是内在性原则。基督教可以说是一个转折点。它的原则是,人在本性上是神性的,而在人的本性之外,神性并不那么显而易见地包含于外在东西中。基督教在其中发挥作用,近代的世界是由内在东西所引导的。

基督教进入罗马世界,不是为了提升它,而是为了摧毁它。这是一剂暗中的毒药,侵害了这副古老的躯体。基督教首先寻求在人的心灵中、在人的心中找到其实存。它不追求外在的辉煌,而是攫取人的内在,无论他来自哪里,都要返回到内在性的世界之中。基督教不关心任何特定的民族,不关心任何特定的外在性。它的原则是,神已经成为人,遭受一个人的历程,并已经作为人而死。

起初,基督教被鄙视。它最初只是一个非常小的现象,罗马人并不关心。他们把它与其他教派混为一谈,犹太人和基督徒对他们来说是一体的。因为基督教对国家、婚姻和市民社会漠不关心,所以从古代的角度来看,第一批试图脱离普遍物的基督徒几乎是可笑的。但尽管有这种分离,古代的毁灭还是从基督教的深处出现了。世界历史就在其中,因为它摒弃了所有尘世,将神性置于人自身中。人被设定为普遍的,并被提升到神的地位,而不考虑民族性。人的这种提升可以是也被认为是骄傲的。但在4世纪,罗马皇帝成为一名基督徒,君士坦丁将基督教定为国教[303],这证明了一种思想可以获得权力。

这个内在的世界必须建立起一个外在的世界；必须为基督教找到一个积极的民族，罗马民族太羸弱了，而这就是日耳曼民族，他们以其健康的力量发展了基督教。民族迁徙是对罗马帝国在外在方面的毁灭，正如基督教构成其内部方面的毁灭一样。基督教提供了被抛回到自己身上的安慰。较新发展的地基是心灵，历史世界被鄙视。因此，随着民族迁徙，历史重新开始。它有两个方面：(1)古代的外在毁灭；(2)从中产生的崭新历史。这是一种完全的死亡，新的生命从中诞生。通过外在性的力量，野蛮人取得了胜利。在他们迁徙之后，各民族接受所呈现给他们的东西——土地、习俗、宗教。他们轻而易举地接受基督教，即使是无思想地、无意识地接受，把它作为纯粹的外在性。他们在其中发现了一个他们所不理解的深刻本质，并外在地为之争论不休。艺术和科学对他们来说仍然是可鄙的。基督教对罗马团体是毒药，对野蛮人是难以消化的食物。但它就在那里，并创造了一个新的世界，这个世界又有它的各个时期。在查理大帝之前，欧洲处于一个沉闷的时代，这是一个无序和征服的世界，它只允许各民族安定下来。这些民族起初是粗野的，还不符合基督教，因为它们仍然是某种别的东西。但他们面对的是受过教化、学识渊博的教会，它沉浸在古代的科学中。基督教的内在性和各民族的外在性构成了一种对立，而这种状态是中世纪的开端。

基督教随后又分为三种形态。第一种是教会外在性的基督教。基督教会是内在基督教的外在建筑。随着各国的成长，教会发现其实存变得前景暗淡；形成了一股反对教会的力量。教会与世俗的斗争就是**中世纪**。国家的精神性越是提升,教会就越是下沉。因此,第二个时期是 16 和 17 世纪**世俗对教会的胜利**。第三个时期是法国大革命中**国家的解放和精神化**。

1. 教会与国家的斗争

在中世纪,出现了两个伟大的权力:教会和国家。教会是指基督教想要摧毁各民族的外在性,而国家则是外在东西的主张者。教会对日耳曼民族的教化一直持续到 9 世纪。在 9 世纪,发生了一个引人注目的行为:查理大帝赠给教会世俗的土地,而作为回报,教会为他加冕。迄今为止,历史是一段比古代更先进的文化史,即使没有那么文雅。当各民族形成后,教会和国家之间出现了冲突。教会想保留统治权,想保留它作为教师、作为主人的身份。这仍然是它的非分要求;天主教会靠政治施舍生活,却想囊括一切。在中世纪,它用武力做到了这一点,并公开与各民族对抗。在这场斗争中,教会染上了对外在性的贪婪,而国家则摆脱了野蛮,成为一个内在的东西。

教会建立在对个别部分的从属地位上,即建立在等级制度上;这是它的基础。在国家中,原则是封建制度,即从属地位是从属者自己感受到的,服从包括忠诚和交出独立性。封建主义的自由与古代的自由不同,因为它不是基于个人的单纯独立,而是基于我的自由同时也是他人的自由。依赖性被设定在服从和忠诚、爱和荣誉之上。封建领主和附庸之间的关系是一种束缚和服从的感觉,这种感觉将他们双方结合起来。等级制度和封建制度必定陷入冲突,而这就是中世纪的历史。教会的思想进入国家,国家的思想进入教会;两者都混淆了它们的剑。这场斗争以这样的方式告终,在其中，国家在精神上变得更强大，然而教会却由于追逐外在性而变得衰弱。教会对各民族的束缚松动了，它们变得独立，出现了个别国家。教廷在很长一段时间内继续提出要求，这是很自然的。

封建主义催生了骑士精神，其实精神一方面是基于独立性，另一方面是基于荣誉、爱情等。在古代和现代世界，都没有骑士等级。骑士精神产生于摩尔人闯入欧洲、基督徒筑起堤坝抵御他们的时候，而在宗教改革时期，当国家牢固建立起来的时候，骑士精神就停止了。在此之前，世界的劳作仍被指派给个人的劳作。表达封建关系基础的骑士精神同时也属于错误的、丰沛的骑士精神。就此而言，中世纪的历史不仅不包含任何国家的内在发展，而且在11至14世纪的十字军东征中，它向外发挥作用，本身就是一段错误的历史。救世主的坟墓是基督教世界所发展出来的最外在东西。这是唯一的肯定性之点，而不信者和野蛮人必须被赶出那里。在基督教的内在性变得越来越凸显出来的地方，对圣墓的外在占有就成了某种无所谓的东西。15世纪为重新征服圣墓所做的努力必定失败，因为已经没有这样的骑士了。

摩尔人和基督教国家在欧洲的斗争是东方历史最后的力量体现。在伊斯兰教中，东方主义已经达到了最高的纯粹。在其开端，基督教有一段野蛮的历史；与之相反，伊斯兰教则原本就是有教养的。就此而言，基督教在这场斗争中处于劣势，而这也解释了伊斯兰教徒的迅速进步。

2. 文艺复兴与宗教改革

在这些普遍的斗争结束后，各个国家的争端开始了；特殊的国家关系分离出来，从而形成各自的家园。但各个国家之间的关系仍然相当粗野。在内部,领主们不得不忙于与他们的封臣打交道。这里不存在普遍的欧洲历史。现代欧洲史只是被一个普遍事件所推动,即被当时处于荒废状态的科学的复兴所推动。这种复兴赋予各个民族一个普遍的精神方向。它发生在人们把希腊的习俗和学术(如优士丁尼的法律汇编)带到欧洲国家的时候。在此之前,教会独自对一切精神和科学进行研习。通过引导回到对古代的研究,科学的复兴对教会来说同时就变得危险了。对自由精神与教会和宗教的关系的考察便开始了,而宗教改革也随之而来。这是近代历史的转折点。它的原则在于探究宗教自身,不给予宗教以盲目的权威,而只是在仔细审查之后才给予宗教权威。

通过发明和发现,国家越来越强大,为科学开辟了一个领域,思想变得自由。国家自身开始拥有了一种意识,一个国家之间的体系出现了,而教会并未参与其中。自印刷术发明以来,精神一直作为精神保持着独立。精神的解放是中世纪的结束。因此,最终从这些羁绊中解脱出来,精神进而逐渐把握自己。这就是新时代的精神。宗教已经与教会格格不入,而教会毕竟是一个宗教机构。平信徒并不属于宗教,只是依赖于宗教;他们不应该思考宗教问题。然后,宗教改革的到来,将欧洲世界的三分之一从教会中解放出来。然而,保留天主教的世界也变得更加自由;教会被动摇了。在此基础上,形成了各个国家。它们把自己从中世纪的纠葛中解放出来,废除了许多东西。封建制度在于各自依附于对方,并在这种依附关系中拥有一份财产。这就是新时代正在摧毁的东西。即使封建制度是中世纪管理世界的一个卓越机制,它也永远不可能再出现。

在改革宗的外表下，宗教改革不能同时呈现整个欧洲的教化。我们必须对北欧和南欧进行区分。在宗教改革之前，罗曼语民族在艺术、科学和精神教化方面的教化程度更高。在意大利、西班牙和葡萄牙，我们发现了诗人，而此时我们和一般的北欧民族还没有想到他们。随着宗教改革的进行，一切都改变了。在思想自由出现的时刻，科学教化也在北方开始。早在17世纪，北欧民族的教化程度就远远高于罗曼语民族。

就像十字军东征是欧洲人向彼岸所寻求的一种庇护一样，那么现在，在宗教改革与天主教相对抗之后，这个时刻到来了，它也被带到了一个陌生的世界。罗曼语民族感受到了他们灭亡的临近；毕竟在路德之前，胡斯信徒、印刷术以及由此产生的科学自由就已经存在了。因此，人们寻求新的大陆作为避难所。在传教的托词下，欧洲被引向亚洲和美洲。然而，美洲的发现产生了与预期相反的后果：就像南方变成了罗曼语的和天主教的一样，北方也像欧洲一样，变成了新教的。早在17世纪，北美人就开始与南美人对峙。欧洲的教化不断发展壮大。在美国，殖民地产生，而它在其北部变得很重要。

通过宗教改革，自由精神进入世界，而在欧洲出现了三种差别：罗曼语民族、日耳曼民族和斯拉夫民族。

罗曼语民族——葡萄牙人、西班牙人和意大利人都包括其中——是那些沉浸在罗马式古代实体中的人。在语言、伦常和风俗方面，他们仍然生活在古代。天主教构成了他们的教化，他们并没有超越它。15世纪，罗曼语民族在艺术方面取得了最高的成就，特别是在绘画方面，因为他们更重视感性。法国人在这里不被算作罗曼语民族,他们更像是日耳曼人。法国只是一个半罗曼语国家。因此,出现了法国南部和北部、法国南部天主教的奴性严苛和法国北部的自由之间的对立。

日耳曼民族是那些没有在古代的土壤上成长起来的人,他们是通过斗争被带到基督教的,他们从未像罗曼语民族的感性禀赋那样分享过感性。他们从自己、从思想、从精神的力量中汲取一切。斯堪的纳维亚民族属于其中,德国也是如此,尽管在德国南部新教外衣上仍有一条天主教的镶边。英国是新教和天主教之间的断裂之国。它与德国同时接受新教,但却是通过亨利八世的专制主义。这里的新教仍然沾染着天主教的气息。在法国,重点是天主教;但在英国,重点是新教。

斯拉夫民族同时包含了罗曼语和日耳曼的原则。他们具有东方人的实体,构成了东方民族和欧洲民族之间的联系。他们仍然过着游牧的、家父长式的生活,但并不是从一个受过教化的世界来到这种宁静,而是仍然处于初级阶段(哥萨克)。在波西米亚等地有天主教会,而在俄罗斯有希腊天主教形式的新教教会。在与欧洲世界接触的波兰,欧洲的教化表现在语言和文学方面。与之不同,更接近东方的俄罗斯人还没有完全受到教化。

罗曼语民族具有一种封闭的、牢固的教化;他们是怎样的,那么他们就仍然是怎样的。日耳曼民族代表内在的教化,斯拉夫民族代表外在的可教化性;他们有能力吸收教化,但没有能力消化它。

绝对主义

自宗教改革以来,这些国家作为天主教或改革派国家出现,而自17世纪以来,当封建主义不再占主导地位时,尤其是作为君主制国家出现。晚近时代,从国家的角度来看,必须首先联合起来并把握到,特殊性必须被打破。这是通过三十年战争发生的。国家在其有机体中出现,并在君主的自我中强化为一个统一体。这些时代的代表是路易十四,因为他就是国家,国家的特殊性必须服从他。路易十四的绝对国家在所有欧洲国家都得到了更新。在德国,皇权衰落,各邦的主权上升;在丹麦,人民把他们的权利放在弗雷德里克三世的脚下;甚至在英国也出现了绝对权力。反对它是对历史精神的一种罪过;绝对权力和封建制度一样有很多益处。这种集中使国家得到了划分。

3．法国大革命

绝对主义一直持续到法国大革命,法国大革命打破了它。国家希求有一种合乎理性的组织,但却是一种内在的组织。法国大革命时期,国家开始在内部合乎理性地组织起来。因此,它构成了历史的最后一页。在我们今天所处的位置,国家是这样的:它在大多数国家作为内在肢体所拥有的,就是封建制度作为外在的东西所拥有的东西。绝对主义吞噬了这些外在的肢体,把它们置于内部。

在绝对主义时期,形成了一种欧洲国家之间的普遍关系,并表现为**势力均衡**。这一点被拿破仑的征服体系所破坏,而各国重新回到了其个体性中。因此,在拿破仑时期通过征服形成了一种国家之间的关系,然后通过宪法秩序的思想形成了一种关系,这就是晚近世界国家之间的历史中所表明的。

由于历史是法的结果,历史从法中产生出来,历史赋予了法以历史的色彩。它产生于国家形成的概念。但是既然历史显现为特定的历史,法也作为一种与之相关的特定的历史出现。

本讲座的第一部分自然法到此结束,现在我们来到第二部分,即普遍法历史。

第二部分　普遍法历史

自然法向我们展示了国家在其所有部分的现实的和合乎理性的组织。从国家出发，我们来到世界历史。在达到历史之后，历史自身又成了产生法的基础和地基，并且在逐渐的释放中，在历史中产生出我们在抽象的自然法地基上所发现的东西。一个民族的法与它的历史有关，而普遍法历史是与自然法相对应的另一个方面。我们不会处理普遍法历史的所有细节，在这里只能从哲学上考察它，并强调重要的东西。

第一篇　东方法

第一章　东方法的概念

当我们把自己的状况与他人相比较时，会更好地理解我们自己的状况。常常有人断言，在东方要么根本就没有法，要么就有一种非常完整和卓越的法。这两种观点都有其代表。

孟德斯鸠与安格迪尔·迪佩龙

在《论法的精神》一书中，孟德斯鸠认为，东方法的本质就像专制主义的本质一样，在于暴力和由此产生的恐惧。这种暴力无非是被统治者严苛地受统治者束缚。如果君主不再灌输恐惧，他的统治就会土崩瓦解；如果他放开帝国的缰绳，一切都会瓦解，因为这里不存在任何活生生的、有机的东西。只有往下，在没有恐惧出现的地方才或许有自由。因此，在东方，没有任何法自在自为地实存着，因为它是建立在法的承认和神圣性的基础上的。需要的法律很少，法的特征也不多，法的执行只在于收紧政府的缰绳。因此，根本不可能出现一种详尽的法。根据孟德斯鸠的说法，法所具有的效果，如同一颗钢球击向另一颗钢球。

第一篇　东方法

在上个世纪*最后三分之一的时间里将《赞德·阿维斯塔》带到欧洲的安格迪尔·迪佩龙，在他的《东方立法》[304]一书中针锋相对地声称，最伟大和最美的法权状态存在于东方。那里有着大量的法律，人们只需看看庞大的书籍，例如63卷大开本的《塔木德》。然后有着廉洁的法官，通过自然的指示作出他们的判决。人们非常遵守契约等。法也会非常严格地适用；而孟德斯鸠对此一无所知。

一方是孟德斯鸠，他从精神上把握事情，另一方则是对象性地把握事情。孟德斯鸠并不会说东方没有法律，但他会说这些法律在于某种自身以外的东西，除了事情中固有的神圣性之外，还有另一种力量保护着它们。在东方，法取决于某种其他的东西，而这决定了孟德斯鸠会说这里根本没有法。而与之相反，迪佩龙则根据简单的外在对象来考察事情。那么，两者所遵循的是不同的情况。

当安格迪尔·迪佩龙通过他的旅行列举了一些例子时，这些例子表明东方存在着最伟大和最美的法权状态，他是正确的。但这只是外在的，不是内在的；他没有把外在的父权制与内在的父权制进行比较。在外在方面，父权制往往与受过教化的国家相吻合。但在这些状态下缺乏思想的内在性，而这就是重要的区别。当孟德斯鸠断言原则是恐惧时，他总体上是正确的；当他认为这里所需要的法律很少时，他就错了。没有任何一个国家像东方、中国和印度那样有如此详尽的法律，之所以如此，是因为这些国家没有那么多的灵魂，因此必须从外部获取一切。正因为它们中没有内在性，所以外在性是无限的。在东方，法还不是独立的，而是一个绝对普

---

* 指18世纪。——译者

遍物的一部分，我们称之为宗教。关于人应该如何行为的命令，就像宗教所颁布的那样，是同样经过编订的。当孟德斯鸠说，在东方，暴力造就法，他是对的，倘若暴力是神所设立的，那么暴力才实存。在东方，王权来自神；每种状态都是神所建立的、神圣的。

法与宗教的统一

因此，人们既可以说东方有一套广泛的法，即有财产、契约、家庭、犯罪和刑罚、市民社会和国家，但又可以说东方没有任何法，因为人格是不神圣的，人是不被尊重的，所有人都是奴隶般的。如果有人问财产等的外在规定是否也能提供内在的保障，那么我们就得说国家把它们都吸收了，它们都融入了国家。在欧洲，国家是证明者、保障者，而东方的国家是吸收者，不进行任何保护。财产属于君主，契约是神圣的，但不是不可更改的，家庭是父权制的，不是自由的。家庭、婚姻、财富，一切都被扬弃在了国家之中。面对君主没有任何权利，它消隐在这个更高的范围里。如果我们把法当作单纯的外部规定，那么就有一种东方的、实定的法；如果我们假定这些状况必须有一种内在的保障，那么就没有任何法，因为缺乏法的概念。所谓的世俗法在东方并不实存。在东方，只有一个东西能赋予法律稳定性，那就是宗教。它是国家和法的保障。因此，东方法与宗教是一体的。但这是它的缺陷；它的安全和它的辉煌是从宗教借取来的。

为了使法成为法，它必须：①不是在宗教中具有神圣性，而是作为法本身具有神圣性。在东方，主观的法感情不在人之中（任何没有主观理由的宪法都不实存）。②然而这样一来，法还没有脱离其他绝对事物，没有脱离宗教和道德；它还没有自为而存在，而是仍然被更高的绝对领域所笼罩。这两个命题表明,就内在方面而言,孟德斯鸠在本质上是正确的。他认识到,法不能在东方寓居和活动,那里没有法的世界。就像树已经包含在胚芽中一样,在东方,各种实存还没有分离开来;它们是自在的、在可能性中,但还没有自在自为地存在。

法发展的各个层次

所有东方法都以宗教为支撑和杠杆,被宗教所把持,而且倾向于陷入单个人的任意。但东方各地的情况并不一样,而这些法的规定并不以同样的方式存在。法和宗教在所有东方国家都是一体的,但根据法植根于宗教还是宗教植根于法的状况,观点是不同的。东方是有不同层次的。在**后亚细亚**,法完全是宗教性的,神寓居于每一法的规定中,**他**在法中受到侵犯。在**中亚细亚**,法部分分离开来。而在**前亚细亚**,宗教是法定的,即它具有固定和明确的外在形态。在中亚细亚,宗教支配着法;而在前亚细亚,法支配着宗教。

在中国,宗教没有真正的实存,它只是被容忍而现存。中国是东方国家中唯一一个法并非是宗教性的国家。法并非借取自宗教而是道德。与此相反,最初的外在性、家庭,以其最发达的姿态出现了。法表现为家庭的实体,国家是家庭,中国法是家庭法。法被吸收到宗教中的国家,即法权状态诉诸宗教的国家,是印度。在这里,刑罚往往是由神所施加的。它们是人所无法施加的刑罚。例如,一个叛逆的女人死后会从豺狼的子宫里生出来。根据《摩奴法典》,偷灯者会全瞎,失明是作为神的惩罚施加在他身上。法在这里被抛弃了,这些是纯粹彼岸的国家。在中亚细亚,宗教在波斯人中以更大的纯粹性出现。它也更深入地在法中发挥作用;但人们不会把某种神圣的东西与每一行动联系起来。谁想成为纯洁的人,生活在奥尔穆兹德的光明世界里,当然必须做很多事情。即使在前亚细亚,宗教仍然是法的实体,但一切的出发点是法自身。它通过启示而拥有其力量,但它仍有法的特征。在犹太教中,行动是主要之事。宗教在这里具有固定和明确的区别的特征;它不包含在信仰中,而是在行动中。因此它本身成为合法的和法定的,并要求事实。从犹太人那里,我们可以把法转向两个方面,即一方面转向埃及法,即谜的法、黑暗的法,法本身就是黑暗的;另一方面转向穆斯林法,即宗教狂热主义和宗教征服的法。穆斯林各民族寻求使他们的宗教融入生活中,使他们的神成为地球上唯一的神。

第二章 中国法

一 资料来源

既然现在的对象是历史性的,那么我们现在就来引用一下资料来源。

最原始的来源是中国人自己丰富的文献。这些书包括他们的典籍《书经》[305]和《易经》[306],其中包含了他们的宗教观和哲学、哲学家孔子和老子的著作以及法律书籍。乔治·斯丹东爵士将中国的刑法典《大清律例》翻译成了英文。[307]此外,还有一些小说,如阿贝尔·雷慕沙翻译的《玉娇梨》[308]。

这里还包括耶稣会士的著作,在17世纪耶稣会士们被允许留在中国。法国人让我们对中国最为熟悉,即法国传教士的著作。

最重要的是杜赫德神父的四卷本《中华帝国全志》[309]，其中有很多是正确的。格鲁贤的两卷本《中国概述》[310]，汇编了杜赫德神父和其他人的作品。

然后是游记。从最古老的马可波罗到19世纪，我们都有关于中国的个别报道。马戛尔尼勋爵在1793年对中国进行了一次特使旅行，他带着斯丹东[311]和巴罗[312]，他们描述了这次旅行。1816年，一位新的特使阿默斯勋爵去到那里，但他在路途中丢失了他的著作。

总体而言，中国是一个封闭的国家。

二 中国法和国家的特征

因为我们在这里停留在国家中，所以在对普遍法历史进行探讨时，我们描述从国家到人格的各个阶段的下降过程。

中国法和国家的特征不是宗教性的，也不是诗性的，而是最抽象的、外在的开端，它常常看起来像终点，所以常常对中国人作出错误的判断。当欧洲人闯入中国时，他们钦佩这个国家异常精密的组织、精密的官员等级制度。但这种制度仅仅是外在的，而不具有任何内在性。它们是家庭制度，没有像我们的制度一样被一种思想所充实灵魂，所有这些都立于内在世界的地基上；这只是一种机械化。中国法的原则是，所有的法权状态的关系都植根于家庭思想，而尽管以这种方式，真正的家庭本身在其中消失了。没有任何地方比中国的家庭及其思想更绝对地设定，一个没有心的家庭，完全是外在的。家庭出现在所有的法权对象中，它像脉络一样贯穿所有法的规定。国家的基本原则是父权制家庭。

皇帝

皇帝、家庭原则的化身作为最崇高者居于国家的顶峰。他是其臣民至高无上的父亲；然而心、爱在这种父爱中没有任何作用。他是一个不受任何约束的统治者，作为一位自由的暴君统治着他的人民，就像统治着一个奴隶一样。尧帝说："如果百姓饿了，就是我的过错；如果百姓获罪，那么就是我的罪责。"这与"朕即国家"还是有很大区别的。但这还是停留于道德，而伦理则是缺失的。孔子说，皇帝应该像管理他自己的家庭一样管理国家。然而如果真的发生这种情况，这对国家是不利的。受过教化的国家必须远远高于家庭。在中国的意义上，不仅领导，而且一切内在的东西都集中在皇帝身上。因此，国家出于不受限制的权力。限制只有在这种情况下才是可以设想的，即个体的思想是自由的、被解放的。然而在这里，人民根本不存在。只有皇帝有权颁布法律，因此这些法律是完完全全仅以他的名义颁布的，这表示他的权力不受限制。在皇帝和国家最底层的个人之间，没有任何人。皇位继承权传给第一个妻子的长子，因为长子继承权在亚洲很普遍。这就是整个国家法。

行政

但是要治理这么大的一个国家，我们必须考察一下**行政**。没有等级或其他特权，但一切都受制于皇帝，皇帝把彻彻底底平等的人都当作他的臣民。在中国，什么都不取决于出生，关键的纯粹是机巧；所有其他的区别都被消灭了。这通常获得了非常高的赞誉，特别是来自法国人的赞誉。但它是如此了无精神，以至于我们不能把这些规定视为有教化的。有三种这样的拉平：(1)在中国；(2)在卡拉卡拉统治下的罗马皇帝时代；(3)在17世纪绝对权力崛起时。在中国行使权力的官员被称为曼达林（*Mandarine*）。每一个政府官员都是曼达林。在上个世纪，曼达林的智慧和庞大的博学总是受到最高赞扬；但他们只是外在地而不是在精神上有教养。他们必须通过所有有用性科学的最严格考试，才能达到最高的进士（Tsin-se）头衔，即博士头衔，而这表明他们缺乏个体性。重要的只是对知识的一种外在衡量，而不是自己的精神性和独立性。在中国受到非常重视的考试中，外在的东西是最重要的。考试是一种真正的中国习俗。它具有一种价值，因为它们表明一个人已经达到了多大的程度，但它们可能导致巨大的弊端。愈少强加材料，精神就越振奋。因此，它们导致了无精神和平庸。

有两种类型的官员，文官和武官。战争官员从来没有像和平官员那样受到推崇，正是因为战争在中国并不频繁。80万名士兵，有1万名武官。[313] 官员们经常被传唤到宫廷，并被派往各个城市，他们在那里行使司法权，就像在那里代表皇帝一样。北京与所有其他城市保持着密切的联系。然而这并非一种有机组织，而是一种机械体制。这样一种机械体制体现在官职的等级制度上，他们被分为八个品级。从最高级官员中选出的人组成皇帝的委员会。这个委员会在特殊情况下召集，由部长和法院法官组成。

最高法院

北京是全国六个最高法院的所在地。它们总的名称是六部（Leou-pou）。

第一个法院被称为吏部（Hy-pou）。它对所有官员进行秘密监督，必须向皇帝报告他们的行为（一种对所有国家官员的纠问式控制，一种普遍的国家官员警察）。它也是考试委员会，负责处理官员的任命。

第二个法院被称为户部（Hou-pou）。它是财政法院，全面监督国家的所有财政，并负责所有支出。它支付官员的工资，即大米，因为这些官员的工资主要是由实物组成的。它还负责国库，监督关税，因此保存着全国所有 1000 万个家庭的名单。

第三个法院——礼部（Ly-pou），负责处理宗教仪式、丧葬安排，然后是科学和艺术。它还负责监督寺庙、宴会和公共仪式。丧葬在中国非常重要；它在这里也是一门科学。

第四个法院，即兵部（Pin-pou），战争法院，处理军队和军火库。它必须照管士兵、武器和战争法庭必须照管的其他一切。它还负责监督战争官员。

第五个法院被称为刑部（Hin-pou），刑事法院。

第六个法院，即工部（Con-pou），必须监督公共工程和建筑，但寺庙除外。

这就是六个部，当然是按照对象来安排的，但没有概念。

这些法院的成员部分是汉人，部分是鞑靼人（Tartaren）。鞑靼人有很多特权。例如，中国的皇帝是从鞑靼贵族中选出来的。作为特权，鞑靼人被处以鞭刑，而汉人则被处以笞杖。每个法庭都有一个监察员，他观察一切，并向皇帝报告他认为有问题的地方。这些监察员被称为科道（cotao），其实只是皇帝的间谍和爪牙。针对法庭的监察员的主张一定始终是正确的。这是中国宪法的一项原则，他们所报道的一切是绝对真实的，无需调查。这些监察员是唯一被允许向皇帝提出建议的人，如果他错了，他们有权向皇帝提出申述，因为只要皇帝每犯下一个错误，整个国家就出错了。但他们对皇帝没有权力，皇帝可以让他们粉身碎骨。不允许监察员将他向皇帝秘密告发的事情告诉他的同事；公众也不会察觉到这些事情。这些监察员构成了绝对主义的一种界限,否则就没有界限。在他们的权利中,有一种沉睡在国家中的权利的预兆。即使在一个专制国家,自由也必须向某些东西敞开。监察员们自己构成了一个团体,即监察院(jianchayuan),作为最高的警察当局,监督整个国家。

此外还有一个王子法庭,王室的每个成员都在那里登记;还有一个学者法庭,负责教育王子和撰写帝国的历史。中国人非常重视历史。王子们是唯一佩戴勋章的人。这包括一条黄色腰带以及他们被记载在一本黄皮书上。这是唯一的贵族元素。

平等与专制主义

在中国,人们常常赞不绝口地说,没有贵族,没有种姓,没有任何等级特权。然而欧洲国家的贵族制度虽然常常是对自由的限制,但它本身也可以被看作一种自由。因为这种区分一方面产生限制,另一方面产生自由,并能防止专制主义。哪里充斥着平等,哪里就有最大的专制主义;哪里有区别,哪里就有有机体;哪里区分被拉平,哪里就有专制主义。罗马共和国之后就是如此,当时贵族和平民已经战斗完毕。法国大革命之后也是如此;当一切都被铲平之后,拿破仑来了。因此,中国缺乏贵族是应该受到谴责的。然而,这里有追授给死者的贵族头衔:如果一个人建立了功勋,他的父亲,即使已经去世,也会被赋予贵族的地位。在中国,对逝者进行褒奖是习俗;否则,一切都会被拉平,没有区别。国家是按照最大的秩序来管理的,就像一个平面。

三 市民社会

就市民社会而言,它完全局限于自身,与外部世界没有任何关系。中国是一个锁闭的商业国,并建立在它不仅是治理最好的国家而且是天朝上国的想法上。因此,中国人的虚荣心使他们中断了所有的交流。他们建起了他们的围墙,他们不在他们的海上航行;他们不想认识我们,他们也不想让别人认识他们。旧秩序是主要原则,一切新事物都被驱逐,以至于历史在中国是停滞的。中国人是最古老的有教养的民族,但他们仍然是从前的样子。他们的教化在今天和一千年前是一样的。在历史没有向前发展而停留在现状(*status quo*)的地方,到处都有一个中国,即使它应当在欧洲。现代的中国是奥地利。

中国人有他们引以为豪的、不可否认的发明。印刷术、火药、历法等,但他们不知道如何使用它们。他们不知道历法中的数学原理。这就是为什么欧洲人通常会参与其中,因为数学需要创造力。唯有精神才从质料中形成了独特的东西。

每年,这个庞大的帝国都会进行一次人口普查,一方面统计所有人口,另一方面统计所有 16 至 60 岁的男性。同样地,所有土地都被精确记录,尽管没有完整的土地登记册。这样的普查因其机制而受到钦佩,但在我们这里却因了无精神而不可能。

人口是庞大的。中国的人口密度与欧洲人口最多的地区(英国、比利时、意大利伦巴第)相比,还是完全不同。因此,饥荒是一个持续的威胁。但市民社会得到了照顾,国家精心修建了粮仓,以维持穷人的生活,在困厄的情况下也有预防措施。市民社会不能自由运动,它的一切都要受到命令。在中国,每个性别、年龄和季节都有相应的着装要求。这些过去也存在于欧洲,但它们是某种外在的东西。公民必须能够随心所欲地穿着。

农民等级

最受尊重的等级是农民等级。这与世界的开端有关。在所有早期社会中，农民等级都是第一位的。不忘却世界的非反思的东西必定显得非常优秀。这个等级的优势在于，皇帝每年都会亲自开垦一块田地，以对这个等级表示尊敬。据说最早的皇帝之一神农教授了中国人农耕。农民等级也被认为是最有教养的，因为它是起点和终点重合的等级，而非学者等级、官员等级；相反，对我们来说，它是最没有教养的。根据雍正皇帝1732年的一项命令[314]，各省必须每年上报一位在农耕上表现最突出的农民的名字。这个农民有权不经考试而成为八品官，有权与本省的巡抚喝茶。

对报纸与官员的控制

内部交流由报纸*维系。北京的报纸载有所有的法令和条例，并由皇帝亲自审查，60至70家省级报纸完全照搬。除了从上面下达的东西，没有什么可以公布。如果省级报纸做了补充，那么编辑们将被处以死刑。各省都聘请了官员来调查报纸是否有偏差。省的警察监督权属于总督（Thonton），一位一品官员，他的随从必须有100人。他必须保留一份犯罪与刑罚的清单，向皇帝报送关于官员的报告，还要处理官员的堕落问题；这是一种非常严密的控制。同样，每三年，每个官员都必须向皇帝不受拘束地忏悔他的过失，然后所有这些都会进入北京的报纸，这些报纸在所有省份发行。如果疏于监督，按情况，他们将受到死刑的惩罚。

---

* 此处的报纸或指邸报。——译者

贸易与产业

在贸易方面,市民社会非常活跃。技艺和手工艺正在蓬勃发展。特别是中国人细致入微和精益求精的能力尤其值得一提。玻璃、瓷器、人造花、中国纸、茶叶、火药和南京布*构成了主要贸易。中国人是一个勤劳的民族,劳动所需时间比欧洲人要短。然而在所有这些劳动中,所有艺术感和精神的缺失是显而易见的。艺术家渗透材料;中国人却做不到这一点。一切都极不适合被欣赏。然而他们的机械熟巧极其令人钦佩,这是一种外在的对称。在劳动方面,我们无法胜过中国人,因为我们更有精神性,而且我们远离机械。

他们的贸易是一种排他性的贸易。他们确实用茶叶等换取外国商品,但有些人,特别是重商主义者,担心中国人会拿走所有的钱。但这是错误的,钱又会出来的。

四 家庭

因为国家本身就是一个家庭,中国的家庭似乎有卓越的养成。但正是因为这个家庭的铁片要经历国家的锤打,它正变得越来越单薄。家庭是完全外在的。

(一) 婚姻

中国的婚姻被剥夺了一切可以赋予其真正的婚姻所具有的内在性和本质性特征。这是最粗糙语词意义上的买卖婚(*coemtio*),

---

* 南京布,即南京紫衣布。泛指以南京为中心的南直隶广大地区生产的一种棉布,曾于18至19世纪风靡于欧洲上流社会。——译者

这也是亚洲一般的习俗，没有任何圣化，不仅是作为一种象征。父母为他们的孩子获得了一笔购买金。女人在这里不是一个主体，而是一个可以像其他东西一样被购买的对象。这表明妇女的状况是最悲惨、最卑微的；她们像奴隶一样屈从于男人。在缔结婚姻之前，父母应该说他们的孩子是亲生的还是收养的。他们还应该说明他们的健康状况和年龄。如果他们没有提供这些准确的信息，他们将被处以刑事而不是民事处罚，然后是笞杖。之后就购买价格进行谈判。如果该男子退出，就会像任何购买一样，规定的违约金便为笞杖（好比一台永动机）。女子的买卖是由父亲完成的，不会去问她；她也不在乎找的是谁，因为主体性是缺失的。在婚姻方面，有一种绝对的强制，而没有爱，这是基督教的一项现代发明。

婚姻的障碍

然而，有一些婚姻的障碍是与自然的感情有关的。首先由于亲属关系的密切，在亚洲，自世界之初乱伦就遭到禁止，并被视为犯罪。这些法律永远不能改变；摩西的规定仍然适用于我们。婚姻的另一个障碍是丧葬。如果有人在死亡或监禁的服丧期内结婚，则婚姻无效，应处以笞杖刑。丧葬期结束后，就可以举行婚礼了。非本省籍的官员不得与本省籍的省民结婚。这是很恰当的事情：当一个伟大的君主制建立起来后，不能容忍省级官员进入一种特殊性，从而远离中央。祭司根本不允许结婚。这与罗马皇帝的总督不应该在省内结婚，以及罗马教会的独身主义是出于一样的担忧（现在独身主义已经不复存在；为了自己的利益教会应该放弃它）。此外，奴隶不得与自由人结婚；同样，禁止与犯罪的妇女结婚。

一夫多妻制

中国的婚姻是一夫多妻制,原因在于妻子是个物,而一个人所拥有的物当然是越多越好。如果一个人有钱,他就可以买许许多多东西。然而,一夫多妻制中也有一夫一妻制的因素。这就是大老婆即正妻的特权,她要求所有的尊敬都归于自己。她的孩子是嫡子女,她也被认为是其他妻子所生孩子的母亲。只有当她在50年内没有自己的孩子时,这种尊严才会转给二老婆。丈夫不能更偏爱正妻之外的任何其他妻子。冷落正妻而偏向他人者将受到惩罚。然而,所有妻子的子女都能够继承遗产,正妻的特权对他们没有影响。然而,在中国也有小妾;特别是扬州城大量从事这种二等妻子的买卖,中国人买了很多这样的女人,以便不给正妻这种特权。和在一般的东方一样,中国的妇女被贬低,不得不从事粗重的家务劳动。她们从不做男人的事,也因为一夫多妻制而得不到尊重,因为只有一夫一妻制才能得到尊重。

离婚

引人注目的是,在中国是有离婚的理由的。允许这样做的理由有七种:(1)不生育;(2)妻子的放荡;(3)不尊重丈夫的亲属;(4)搬弄是非;(5)盗窃的倾向;(6)嫉妒多疑的性情;(7)无法克服的仇恨和厌恶。《普鲁士国家邦法典》在最后的理由上是一致的。在婚姻破裂的情况下,离婚是必要的。寡妇被当作财产对待。二等妻子在丈夫去世后会被继续卖掉。作为主妇,正妻有不能强迫她再婚的特权(这本来是亲属的利益),但其他人可以被强迫再婚。妇女没有财产,这是由于她是个物;凡是在人被买卖的地方,人都是一样的,但也是什么都没有的。

(二) 父权

在中国,家庭关系的基础是父权。孩子对父母的关系是完全的服从和敬畏,而不是爱的关系,甚至连父母的爱都不必要。而在我们这里,父母总是爱孩子胜过孩子爱父母。然而在中国,只有对上级的依赖。中国的父权比任何其他国家都更严厉。孩子对父亲有一切义务,但父亲对孩子却没有任何义务。他可以卖掉他们,也可以杀了他们,但他也要为他们所有的错误行为负责。如果儿子犯了罪,父亲要承担责任。他是家庭中唯一负责任的人;因此他被赋予这种父权的权力。对亲属的犯罪只会往上升格,往下则任何事情都可以做。同样地,得到尊奉的是祖辈先人而非子孙后代。

在中国,收养非常受限,而且不受欢迎。在没有亲生后代的情况下,只有同姓的人才能被收养。只有在孩子还未满三岁的情况下才可以交给他人收养。被收养者不得获得解放,如将其送回生身父母那里,则处 100 笞杖的刑罚。只有当养父拥有亲生继承者而被收养孩子的原生家庭希望将其送回时,收养才能被撤销。

哀悼

哀悼与之相关,哀悼在中国人无穷无尽的外在性和无聊中得到了最高度的发展。总的来说,哀悼不是什么形式上的东西,而是一种中国伦理所固有的本质。对我们来说,哀悼的外在标志是任意的。但在根本没有心灵的地方,哀悼必须趋于外在性、外在的仪式。它成为一门困难的科学。当一个中国人哀悼其父亲、祖父或曾祖父的死亡时,他必须在几年内放弃所有的事业。一个收到近亲死亡消息的官员可以回乡哀悼。哀悼的人立即解除其与国家的关系。整体并不比家庭更重要；一切都在**一条**线上。只有在第60个年头哀悼才会有所减少。与哀悼相关，每年在祖先的厅堂里集合，那里挂着祖先的画像，人们在那里唤起对他们父辈的记忆。在中国，扫墓是人生活的主要职责。

亲属关系

如同在印度，亲属关系有两种划分。人们区分了近亲和远亲。近亲属关系能达到教会法计算的四等亲，只有到了这一等才会被哀悼。超过这个四等，就没有亲属关系的义务了。在我们这里，较远的亲等一般被称为堂表兄弟姐妹。

（三）继承法

许多在中国学习法和语言的法国耶稣会士想给我们出示一份中国的**遗嘱**：一家之父有权立下一份遗嘱。但在整个亚洲都没有任何遗嘱。最重要的是，遗嘱是自由意志的表达。如果缺乏自由意志，就不可能有遗嘱。只有在人是自由的地方、在有个人的地方，即在希腊人那里，才存在遗嘱。在亚洲，人们所谓的遗嘱是父亲对其家庭的一种一般性的家父长式的劝诫，家人们通常会遵守，这是一种与中国人意义上的良好教诲的友好对话。然而，如果父亲任何时候在所谓的遗嘱中违背了法定继承的规定，他就会挨笞杖的惩罚，这表明遗嘱必须始终规定法律已经规定的内容。因此，它是完全多余的。

在中国，无遗嘱继承是建立在家庭应该尽可能长地共同生活的原则之上的。这是一位名叫**曾**的智者所建议的。家庭的分裂被认为是堕落的东西。自然尽管常常驱使家庭分裂，但未经许可的分裂会受到殴打的惩罚。正妻的长子代替了父亲的位置，他是真正的继承人,即使其他人有同等的份额,他们更多的是受遗赠人,长子必须将遗产分给他们。如果父亲有法权上的尊位,则传给长子。如果正妻已经50岁了,而且一直没有孩子,就可以认为她不会再有孩子;只有这样,二房的孩子才能成为继承人。女儿们没有继承权;兄弟们必须抚养她们,直到他们把她们嫁出去,即卖掉她们,这是能获利的。

代表权也发生在中国。如果一个近亲不在了,那么就会出现如下情况:如果儿子死了,孙子会代替他继承。然而,这种继承权从四等亲以上和四等亲以下就不再有效了。在四等亲之后,遗嘱人可以自由选择任何其他亲属,只是这个亲属必须有相同的姓氏。如果在遗嘱人去世之后还有儿子出生,那么这个儿子与被指定者共享。如果遗嘱人与最近的有权继承人有公开的敌意,他应该不选择他的这个最近亲属作为继承人。

中国的家庭显得相当清醒、冷酷和平乏,因为财产法无处不在。父权是纯粹的专制。继承权也是按照这些规则规定的;没有自由的痕迹,没有爱,没有感情;只谈得上外在的法规。在继承法中,已经出现了长子的权利,即长子的权利最大,但长子继承权在欧洲更为突出,因为那里重视血统的延续。

五　道德

就道德而言,中国人在孔子的著作和其他典籍中拥有大量的道德箴言与命题,这些箴言和命题来自对外在事物的经验观察。但是,中国的道德和中国的家庭是一样的;因为道德被扩展到了一切,因此道德根本就什么都不是。主观自由,道德只能建立在其上,也是完全缺乏的。真正的道德只表现在人的主体性上;因为它以内在的东西为前提,它是从外在的东西撤回到内在的东西。在没有这种个人基础的地方,就不可能有道德。对于中国人来说,道德只是一种外在的命令,只是强制;道德戒律,就像法律戒律一样,完全是外在的,内部根本没有任何东西。他们有一本道德的问答手册,他们必须将之熟记于心,由此才会有畏惧。

六 刑法与民法

刑法和民法在我们这里是分离的,在中国人那里仍然是一体的,刑法是起主导作用的。例如,不还钱的债务人不是被勒令还钱,而是受到殴打的惩罚。刑法与民法的分离点在罗马才出现,这里也是通过私犯(delicta privata)将两者联系起来,然而这里实现了分离。这种情况不会提前发生;即使在雅典,民事和刑事诉讼仍有联系。在中国,所有的法都是刑法,因为那里所有的法律都是诫命,每违反一条戒律都会受到惩罚,因为它们只有量上的区分,而没有质上的区分。全部的不法就包含在法之不为。中国人不区分一种犯罪的不法和误认为自己是正确的不法,不区分有犯意的不法和无犯意的不法。对他们来说,任何不法都是犯罪。他们没有注意到归责和精神状态。

诉讼程序是一种非常缓慢的程序。有五至六个法庭,这些法庭自主复核(如普通程序)。中国人有办法注意到程序中出现的错误。在此期间,囚犯被妥善羁押。

刑罚的阶梯如下:

(1) 最低的刑罚是笞杖,对鞑靼人来说是鞭子,最少是20下。

在这个数字之内,这些算作父亲的责罚。任何一个官员都可以下令20下笞杖。法律上的争议是,是否可以用竹子的粗面或细面进行打击。打完后,被打的人必须跪下(像孩子一样),并且表示感谢。一方面,其中包含某种奴性的东西,但另一方面也有某种真实的东西,因为刑罚是罪犯的权利。中国人不知荣誉。

(2) 然后是枷具,这样做的方式是把人锁在一个方框里,而且必须随身携带它。这种刑罚是比较严重的。

(3) 第三个阶段是扇耳光,人为地用一个尖锐的工具来进行。

(4) 第四种刑罚是被终身放逐到鞑靼,那里有广阔的沙漠。紧随其后的是拉船,为期三年。通常情况下,不是放逐,而是在脸颊上打上烙印。

(5) 最高的刑罚是死刑。适用死刑的方式是一种对文明程度的极大证明。作为终结,死亡必须是简单的。因此如果在其中加入酷刑,那么就会误判其性质,好像这样做就施加了某种死亡之外的东西。人应当被有意愿的人、被刽子手杀死。因此,车轮和断头台要受到谴责,第一是因为车轮太折磨人了,第二是因为断头台太机械了。断头台过于机械。在中国,有各种死刑,都是勒死和斩首,其中斩首更为严重。最漫长和最残酷的惩罚是叛逆罪。犯这种罪的人毁掉了自己和他的整个家庭,而这个家庭也和他一起遭到处决。然而,60岁以上的亲属只有在与叛逆者生活在同一屋檐下时才会被一同处决。如果偷窃皇帝的诏书,将被处以死刑,否则将被流放或打笞杖。侵犯墓碑和谋杀将被处以简单的死刑(勒死),谋杀者的共犯将被处以放逐或死刑。被抓到的通奸者可以当场杀死,这在文明人中也是很常见的情况。

在亚洲,刑法似乎并不像人们对这一开端所期望的那样残酷;文明的中间地带则要严酷得多。

在中国没有纯粹的**民法**,因为实际上没有不受刑事处罚保护的民事法律。整部法典是一部基于道德强制的刑法典。不按时还款的债务人、夺取父亲头衔的小儿子、给二房妻子以正妻地位和头衔的丈夫,都会被施以笞杖,仿佛他们犯了罪一样。与刑法唯一不同的是,在民事违法的情况下,这些刑罚可以出钱买下来,对于这些刑罚有一个完整的表格和估价。同样,对违反道德戒律的行为也有惩罚措施。这是**单一的**不受任何主体性干扰的实体。

在中国,所有的官员都应该知道法律,并且每年都要接受法律的考试。不合格的高级官员会失去一个月的工资,低级官员会被处以四十笞杖。与家庭分离的人被处以一百大板;年轻的人把共同继承的家产用于自己的利益,被处以四十大板;不交税、进行虚假购买或不征求地方官的意见就抵押东西的人被处以四十大板;不帮扶贫穷的寡妇、孤儿和老人的地方官被处以六十大板;未经所有权人许可擅自耕种他人田地者被处以三十大板。一个农民如果犯了罪,事后知道法律对其的规定,就会因为这种知道而被宣告无罪。所有的法都是一种家庭法,据此,道德还没有与法区分开来。

第三章 印度法

一 资料来源

首先,这里应该提到印度人自己的法典,即《摩奴法典》。威廉·琼斯将其翻译成英文,胡特纳于 1797 年将其翻译成德文。[315]

第一篇 东方法

科尔布鲁克将一位印度法学家的著作翻译成英文,其中涉及印度的潘德克顿(契约和继承法)[316]。

《印度律则》(Code of Gentoo Laws),伦敦,1776年。

《继承法论》(Daya-krama-sangraha*),一部给出印度继承法理论的作品。

此外,由穆斯林所编辑的印度法修订,如阿耶恩·阿克伯格(Ayeen Akberg)(一位苏丹,作品的名字就取自他)。

一个非常重要的来源是印度戏剧。威尔逊1827年版的印度戏剧(Indischen Theaters)已被翻译成德文,非常重要。[317]

两部著名的印度诗集《罗摩衍那》和《摩诃婆罗多》。

《薄伽梵歌》,由威尔金斯译成英文,由施莱格尔译成拉丁文。[318]

《益世嘉言》(Hitopadesa),即印度的伊索,是印度人的寓言书,重要的是它对婚姻法的许多解释。

还有宗教典籍,《吠陀》和《奥义书》。此外,还有 Uz-Nedal**。

最后,应使用所有关于印度的游记和历史作品。最好的是密尔的《印度史》[319]。一个非常模糊的来源是希腊作家。

因此总的来说,来源是非常丰富的。

二 法和国家的普遍特征

从一个散文和绝对无聊的国度——材料本身是无聊的,并非

---

* 今写作 Daya Krama Samgraha。——译者
** 原手稿即为如此表述,疑误。——译者

精神——从这个人类的原始散文中,我们来到了一个与之前完全不同的国度。我们进入了一个幻想的世界、意见的狰狞、诗意的表象。在那里,内在性首先兴起,在其胜利的漫无边际中全然狂野。我们发现的不是无聊,而是一种怪诞的、繁盛的诗,并非官僚和国家关系,而是一种混乱。印度法的普遍特征要完全归结为宗教。如果说中国法的基础是家庭,那么在印度,基础是宗教。法从现实的基地中抽象出来,进入天国、超尘世的领域。诚然,它在那里并不兴盛。因此,印度法的第一个学说是宇宙起源论,即创世的历史,因为所有的关系都是源自它的。撰写法律的立法者摩奴,是约公元前1200年降世的梵天的儿子或孙子。据说,梵天本人曾在法律方面指导过他。他传达了这个指示,这就是为什么《摩奴法典》是神圣的。一切都与一种启示有关,就像摩西从神那里得到的律法一样。

  法始于对世界的创造;现实世界和法是神的作品。法典的开篇是这样的:梵,普遍的精神,一种混沌,在水中投入种子。这就成了一个蛋,从这个世界之蛋中产生了梵天。他是世界的开端,一个从抽象中感性显现的形态。梵没有实存;他是普遍者,我们称之为抽象的神。梵天自己继续创造。从他的嘴里出来的是**婆罗门**(祭司),从他的手臂出来的是**刹帝利**(战士),从他的髋部出来的是**吠舍**(商人),从他的脚下出来的是最低的**首陀罗**(仆人)。这里我们有四个种姓,它们是永恒不可改变的。整个印度法就包含在这种种姓的划分中。这些区分是自然的或神所生的,而不是一开始就造就的。这是一个与中国截然不同的世界,一首区分中的诗。

种姓的区分

种姓的区分如下:前三个是再生种姓,这意味着人没有任何自然性的东西,根据宗教,他会在精神上再生,这是深刻的(其实是基督教的洗礼思想,自然性的东西被从人身上剥离,他被提升为一种精神的存在)。这三个种姓应当在印度河和恒河之间的圣地有永久的居所。首陀罗只生一次,他可以去他想去的地方,根据自己的能力去任何地方,他没有确定的家园。这似乎是一种自由,但在东方这却是一种耻辱。在印度,首陀罗是一个流浪汉。

摩奴的法律非常关注这些阶层的外在性。名字、行动和生活方式都是外在的,规定到最细微的地方。据说婆罗门的复合名中的第一部分是表示神圣性,刹帝利是表示权力,吠舍是表示财富,首陀罗则是表示蔑视。这些是各阶层的普遍特征。名字的第二部分表达了他们的实践领域:据说在婆罗门的情况下意味着拯救,刹帝利意味着自我保存,吠舍意味着滋养,首陀罗意味着谦卑的等待。这是一种法律原则。

名字之后是教育,它也必须以种姓为准。再生是由一个人在某些年岁接受其种姓的区分标志而完成的。伽耶特黎(Gayatri)是确认,即进入种姓。父亲要在第八年为婆罗门、第十年为刹帝利、第十二年为吠舍做此事。这里的青春期比我们要早。在这三个等级,第十六、第二十和第二十四年后不能进行伽耶特黎,否则相关人员就会成为贱民或被抛弃的人。首陀罗人没有区分标志。

就着装而言,对不同种姓详细规定了区分标志,此外还有手杖。在婆罗门的情况下,祭绳必须分为三端。他必须带着 Biloa 或 Balsa 木的手杖,战士带着 Bata 或 Kadira 木,商人带着 Wana 或

Usambara 木。* 首陀罗可以随心所欲地携带。手杖必须笔直,整个外皮要漂亮,不能被火烧坏,最重要的是,不能让人感到惊慌。一位婆罗门必须在每堂课开始时念出"唵"这个音,否则一切都会离他而去。如果他远离众人重复这个词 1000 次,他就将像蛇蜕皮一样从所有的罪中解脱出来。这是一种赦免。未经老师允许而获得《吠陀》知识的人(前三个等级可以阅读)是犯了偷窃圣典的罪,将堕入痛苦的境界(任何平信徒都不应该阅读《圣经》,它要消除任何任意的解释,只有神职人员才被要求这样做)。

就婆罗门及其与其他种姓的关系而言,他们为自己安排了各种各样的优势。婆罗门必须被所有种姓甚至是国王抱以最大的敬意。一个 100 岁的婆罗门要被一个 100 岁的刹帝利如同父亲般尊崇。当一个婆罗门坐在扶手椅上时,扶手椅应该是神圣的,其他人不应该坐在上面。印度人说,一个婆罗门应当是有学问的;一个没有学问的婆罗门是一头木头大象或一只皮革的羚羊。但他即使没有学问,也是神圣的。每个再生的种姓都应该学习《吠陀》。不这样做的人其实就如同一个首陀罗。

人有三次出生:第一次是通过母亲的自然出生,第二次是通过系伽耶特黎腰带发生的,第三次是通过适当观察祭祀。在这些再生之前,人在精神上其实就像一个首陀罗,他永远无法摆脱自然性。

这四个种姓是由梵天之言赋予的。现在有 70 个种姓可寻。

---

* 此句中的 Biloa,疑为 Biloba,或为 Ginko Biloba 的简写,即为银杏树;Balsa,即为轻木;Bata、Kadira、Wana 疑误;Usambara,即为乌桑巴拉木。——译者

从一个战士和一个首陀罗女人的混合体中产生了优俱罗,一个半好战和半奴役的混合体。首陀罗中最低级的是旃陀罗,他们现在通常被称为贱民。旃陀罗是由一个首陀罗和一个高等种姓的妇女所组成的混合种姓。他们是纯粹的被抛弃者,根本没有任何权利。不允许任何旃陀罗、猪、狗、月经期的女人、被阉割的男人看到一位婆罗门用膳。如果有一个旃陀罗看着,那么用膳对婆罗门毫无助益,他不会有胃口,他不会吃饱。旃陀罗的住所必须在城外,而且他们只能使用破旧的餐具。他们的财富包括狗和驴子,他们是不可被触碰之人。给旃陀罗食物的人是不可以用手的;因为他们是凡人中最坏的,他们充当刽子手,抬那些死去无亲者的尸体,这是一种极大的耻辱。因此,一个首陀罗如果与更高的种姓联系在一起,就会生出一个与他自己不同的儿子。

国家法

印度国家是由欧洲人和穆斯林建立起来的,印度人自己无法形成国家。国王在这里不像在中国那样是绝对的,他必须在10岁的婆罗门面前卑躬屈膝。印度人的国家法显现为派生于并依赖于宗教。一位国王的首要义务是尊重《吠陀》,因为他是为了维护世界、公民和宗教制度而存在的。摩奴的法律说,如果世界上没有国王,那么它就会颤抖。因此,宇宙的统治者创造了一个国王来保护宗教。他将奖励善人、惩罚恶人,永不违背正义。他是一个人形的强大神灵。然而真正的摄政王,即四个等级的真正管理者和保证者,其实是刑罚。在中国是笞杖,在印度是地狱的彼岸刑罚。为国王规定的第一种德行是对婆罗门的温顺和对其激情的克制。由此,他获得了婆罗门的尊严——这是一个种姓向另一个种姓开放的唯一例子。国王应该向婆罗门学习《吠陀》,向其他种姓学习实用技艺。他必须避免的 18 种恶习:狩猎、赌博、白天睡觉、指责情敌、太过沉湎女色、醉酒、唱歌、器乐、跳舞、无用的旅行、吹嘘、暴力、奸诈伤人、嫉妒、诽谤、不公正的典当、侮辱和公开的攻击。所有这些都不是基于法;这里还没有法。国王应该保留七八个大臣,但他最重要的秘密不应该告诉大臣们,而应该告诉婆罗门。他应该有一个总司令和大使,住在山后的一个堡垒里。他应从自己的种姓中选择一位妻子,并且他即使饿死也绝不向婆罗门征收税赋。他应该如何用膳、如何与妻子们享乐,一切都有规定。这些就是国家法的制度。

三 市民社会

市民社会可以追溯到种姓。吠舍应该与他的种姓结婚,并注意他的职业事务、耕作、贸易和畜牧业。他必须知道珍珠和宝石的价格,绝不可以说他不养牛;因为上主把牛交给了吠舍,而把人交给了婆罗门。首陀罗种姓是佣工、印度生活的仆人和奴隶。首陀罗的最高义务是对婆罗门的奴性服侍,如果他相当勤奋地从事这项服务,就会使他获得最高的幸福。在八代中,一个首陀罗可以上升为婆罗门。

四 家庭

最重要的部分是家庭法。家庭不是吸收一切的东西,但它是一种神圣的行为。谈不上本身的家庭意向,而是说家庭具有一种宗教所掺杂的味道。

(一) 婚姻

婚姻与中国的婚姻有明显不同。后者是一种纯粹的、非象征性的买卖。与之相反,在印度,婚姻已经获得了神圣的特征,它被从公民生活中剥离出来,而如此一来对妇女的购买就成为最恶劣的和最低贱的。印度有八种婚姻:(1)第一种是梵式(*Brahma*)。父亲把女儿裹在一件长袍中,无偿将她送给吠陀学者。(2)天神式(*Daiva*)。当父亲将佩戴大量饰品的女儿嫁给一个祭司时。(3)仙人式(*Arsha*)。当新郎为了女儿给父亲两头牛时,这已经是某种购买,牛在印度被认为是神圣的。(4)阿修罗式(*Asura*)。当新郎从他的财富中拿出尽可能多的钱给新娘的父亲时。(5)乾达婆式(*Gandharva*)是因倾向和爱而产生的婚姻。(6)生主式(*Prajapatya*)。当父亲亲自为婚姻祝福时。(7)罗刹式(*Racshasa*)。当妻子在战争中被俘时。(8)毕舍遮式(*Paisacha*)。当某人罪恶地拥抱他的心上人,然后与她结婚时。其中梵式、天神式、仙人式和生主式是幸福、圣洁与有福的婚姻,能带来优秀的孩子。好的婚姻在于它的环节是神圣的,父亲亲自宣布祝福,女儿被交给祭司,或者没有付出巨大的代价。其他的都是被诅咒的、不神圣的婚姻,其中产生的孩子是无足轻重的,不能被允许阅读《吠陀》。然而,这并不是一种刑罚。所有种姓都可以缔结后六种婚姻,但不包括两种婆罗门的婚姻。

这里的禁婚令并无实际意义,更多的是善意的建议。比如说,不应该与来自身上有浓密毛发的家庭结婚,也不应该与红头发或眼睛发炎的处女结婚。婆罗门应该娶一个女人,她的端庄步态像一头年轻的大象,头发和牙齿的厚度适中。她不应该有痔疮。对于一个再生人来说,禁止与六亲等以下的女性结婚。每个种姓其实只应该与自身相结合。尽管如此,来自三个再生种姓的任何男子,一旦他与自己的种姓和前一个种姓的人结婚,就可以有一个来自另一种姓的妻子。因此如果婆罗门娶了一个婆罗门,他可以再娶一个刹帝利;如果他已经有一个刹帝利的妻子,他可以再娶一个吠舍;如果他有一个吠舍的妻子,他可以再娶一个首陀罗。女方的结婚年龄是 8 岁;对于优秀的少年,女孩的结婚年龄甚至可以更早。

在典籍中,妇女们受到了很多殷勤的对待,她们不用从事粗重的劳动。至少有尊重和个体性的外表,即使这背后没有什么真实的东西。这里对妇女的态度和其他地方一样,都是当作物。有关妇女的法律是苛刻和严格的,尽管没有中国那么严格。一个女人其实被视为完全从属的东西。这里的一夫多妻制甚至没有如同在中国所掺杂的那种一夫一妻制的味道,而是在最广泛的意义上盛行。丈夫死后,他们把妻子烧死,而这表明妇女的一种更大的物性,但同时也说明她属于男人,她不是一个纯粹的物,否则她会被继续卖掉。因此,女人身上出现了一种个体性。一夫一妻制的原则体现在,只有在与丈夫同属一个阶层的情况下,妻子才可以从事丈夫的宗教行为。然而除此之外,有着最少的限制,因为多、自然的杂多性、无限制的东西是印度人的原则。

离婚在印度并不受欢迎,特别是在四种神圣的婚姻中。这是因为婚姻被看作某种神圣的东西。四种罪恶的婚姻很容易分开。

(二) 父权

父亲与子女的关系是严格的父权主义。对父亲和亲属的崇敬有着特殊的规定。在父母之后,长子是最受尊敬的亲属,其地位不亚于其他任何亲属。每个人都必须有一个儿子,因为只有这样才能偿付对他祖先的欠付。除了父亲和儿子之间的自然亲属关系之外,还有另一种关系。一个儿子有着一种自己的使命,他不是为了他自己的缘故而存在的,因为他必须把父亲从地狱中(Put)拯救出来。当父亲来到天堂的宝座上时,那么他必须出示证书,证明他有一个儿子会带来祖灵祭仪(Sraddha)的牺牲。如果他没有儿子,他将被拖入地狱,只有儿子能解救他出来。因此在印度的风俗中,任何不能生育的人都会委托一个近亲(Sapinda)与他的妻子为他生一个儿子。这个儿子代替了自己的儿子,把父亲从地狱中拯救出来。这使得人们有理由诉诸极端措施,通过一个亲戚让他的妻子为他生一个孩子。这是东方的普遍做法,也见于摩西法的利未婚。但现在在铜铁时代,这在印度已经不实际了,甚至被禁止了,因为现在的世界更恶劣,人们不再纯洁到可以进行这种生育。在最近的时代,这是以这样一种方式进行的,即父亲委托他的已婚女儿生一个儿子。如果这个儿子出生了,孙子就被安置在祖父那里,并获得儿子的所有权利。此外,印度人还知道收养。它是后来才出现的,但它也已经是久远的了。养子也可以为死者献上牺牲(Sraddha)。收养的观念对自然性的民族来说其实什么都不是,它太观念化了,它们只是后来才出现。

(三) 亲属关系

印度人区分了两种亲属关系。近亲是前三亲等的亲属,他们一起吃尸饼,并要互相献上祖灵祭仪的牺牲;远亲(Samanodakas)是第四亲等到第六亲等的亲属,他们吃水饼,并进行共同的水祭祀。亲属们不是为了他们自己而存在的,而是为了进行祭祀。所有近亲都必须每月进行一次祖灵祭仪。这个比献给神灵的牺牲更重要的牺牲,是献给父亲、祖父和曾祖父的。如果父亲还活着,则加上曾祖父的父亲。这是每个人都必须向其亲属偿付的三笔大债。亲属关系的原则并非是爱。

在印度法中,老师被等同于神即梵,而父亲只等同于梵天。在东方,教师在处处都被视作一位亲属,甚至比后者更高。他是精神上的父亲;身体上的父亲只赋予了生命。

(四) 继承法

印度的继承法缺乏任何真正的基础。它所遵循的精神是一种与它相异的精神。那些最接近进行祖灵祭仪的也是最接近继承的人。这种继承法所依据的原则本质上是法定继承,而且人们并不知道真正的遗嘱。如同在中国,家庭必须尽可能长时间地共同生活。风俗上,只要母亲还活着,父亲死后人们就不分家;这具有一种父权制的环节,在整个亚洲都可见到这种环节。长兄取得占有,其他人在他之下。如果家庭分离,那么长兄有一种特权,这是一种长子的痕迹:作为 *praecipium*(特权)[320],他预先拿走遗产的二十等分。如果他很博学、很有德行,他还可以为自己要求最好的东西,而这与日耳曼法中的好家畜使用权(Besthaupt)有着类似的情况。在委托中生育的女儿的儿子,或者如果委托仍未成功,女儿和她的丈夫也有同样的权利。在后来的印度法中,近亲所生的儿子不再有这种权利。当二十等分被预先拿走,就会出现遗产的一种普遍分割。

继承法的基础是牺牲,而不是亲属关系。因此继承从牺牲开始的地方开始,在牺牲结束的地方结束。后裔不会像我们这里一样无限地继续下去,而是在第三亲等中断。因为只有儿子、孙子和曾孙必须带来祖灵祭仪,而不是曾曾孙。如果儿子、孙子和曾孙不在了,那么就轮到父亲、祖父和曾祖父了,遗嘱人自己要把祖灵祭仪带给他们。如果这三个长辈也不在,那么继承权就又中断了,并且又从后裔的第四亲等开始,一直到第六亲等,即献上水祭祀的后裔,轮到他们。如果这些后裔也不在了,那么就轮到长辈们的第四到第六亲等。继承权并不无限地延续下去的原因是,它是对祖灵祭仪的继承权。因此,继承权的调节器是牺牲的施与。如果我没有给我施与牺牲的人,那么就会传给那些我必须给予牺牲的人。首先是要向遗嘱人献祭祖灵祭仪的人,这就是三个第一亲等。然后轮到那些遗嘱人必须向其献祭尸饼的人。之后是立遗嘱者必须向其献水祭的人。最后是立遗嘱者必须向其献水饼的人。妇女不像男人那样有权利,但在没有男人的情况下,也会轮到她们。所以她们并没有被绝对排除在外。在继承问题上,先是儿子,然后是女儿,先是父亲,然后是母亲。

这种继承法是如此精细和有趣,以至于近来罗马枢密教皇的使节顾问本森在其所著的《雅典法》(1813)[321]中认为,雅典的继承法不是来自梭伦的法,而是来自印度法。然而这种说法是没有根据的,因为在雅典法中后裔无限地往下延续。

如果直到曾孙的曾孙和直到曾祖父的曾祖父都没有人在了,那么人们可以指定任何亲属作为继承人,而这就是印度继承法的遗嘱内容。如果根本没有亲属,那么财产就归国家所有,但婆罗门的情况除外。在这里,它先是给已经给予伽耶特黎的婆罗门同胞,然后是给弟子同侪,再然后是给博学的婆罗门,最后是给没有学问的婆罗门。

此外,印度的继承法还承认一些非常规的继承。如果遗嘱人没有生育孩子的希望,他可以分配已获得的财产。继承的财产不能被触碰(如日耳曼法)。

印度的家庭与中国的家庭不同,就像诗与散文之不同。

五 道德

这里的道德是缺失的,在亚洲到处皆是如此,因为道德是基于自我、基于内在的自我规定。在没有主体的地方,就不可能谈得上有道德。与中国一样,印度的道德是一种道德强制。基于宗教的内在道德并不存在。

六 私法与刑法

就印度教的私法和刑法而言,第一条原则是两者的混淆。根据摩奴法律,法被分为18个部分(18这个数字对他们来说似乎很重要):(1)为日常需要而借贷的学说($mutuum$[贷款]);(2)为保管或使用而给予的物($depositum$[寄存]和$commodatum$[使用借贷]);(3)没有财产权的出售;(4)行为的同伴($sociis$);(5)要求债务的归还(repetitio debiti);(6)关于不支付工资;(7)不履行契约;(8)买卖的废除;(9)主仆纠纷;(10)边界纠纷;(11)关于袭击;(12)诽谤;(13)盗窃;(14)抢劫;(15)通奸;(16)夫妻争吵;(17)继承权;(18)关于用骰子和其他活的造物赌博。我们可以从中看出,这是一种完全偶然出现的法律规定,没有被一个原则所渗透。没有体系,刑法和民法就会混杂在一起。诚然,私法不再是刑法,但这两者是混淆的。民法和刑法之间的区分只出现在漫长的历史进程中。

诉讼程序

法官是国王。如果他不能亲自坐镇审判,那么他必须委派一名婆罗门。然后他选择另外三个婆罗门,而这就是有三个面孔的梵天的法庭。印度法中有非常美的句子:如果被罪恶所伤害的正义来到法庭,而法官没有拔出所中之箭,那么他们自己也会被罪恶所伤害。正义是一头公牛(frisha),谁杀了它就会被看作是 frishala,即屠牛者(公牛是最高的动物)[322]。如果受到不公正的判决,那么四分之一的不公正落在原告身上,四分之一落在证人身上,四分之一落在法官身上,四分之一落在国王身上。找不到所有权人的货物必须被保管三年,如果仍然没有人申领,国王就会得到它们。如果婆罗门发现了一笔宝藏,那么他独自保留;如果其他人发现了宝藏,那么国王得到一半,婆罗门得到另一半。

证人可以是已婚的户主、生过男孩的父亲、除婆罗门外同一地区相互之间的居民,但不包括被传唤者的朋友和敌人、仆人、做过伪证者、危险的病人和罪犯,没有国王、没有厨师、没有舞者以及歌手。妇女应该只为妇女做证,一个种姓只为该种姓的人做证。一则谚语是:一个证人,他的证词是真实的,那么他将在光明的国度里得到一个高位;而一个假证人将被驯蛇师瓦玛斯(Varmas)绑在水底。如果一个人没有证人,可以进行宣誓。它在东方比在我们这里更庄重、更重要,因此在摩西律法中的惩罚力度很大。不必要的誓言应该在今生和来世受到惩罚(我们只惩罚虚假的誓言)。假证人如果是贪图利益而为,应支付 1000 帕拉;如果是出于消遣,应支付 250 帕拉;如果是出于恐惧,应支付 150 帕拉;如果是出于友谊而为,应支付的就很少。

个别规则

利率相当高,一年是 15%;这是由神圣的婆私吒(Vasishta)所规定的。如果无抵押借款,那么必须给 24%。但如果有风险,婆罗门必须每月给 2%,武士 3%,商人 4%,首陀罗 5%。盗窃 50 帕拉的行为,法律会处以砍手的惩罚,较轻的盗窃行为会受到较简单的惩罚。然而根据对象,也有严重的盗窃。如果有人盗窃钻石或红宝石,那么他将失去生命(*furtum magnum*[大盗])。谁要是偷了婆罗门一头牛,谁就会被砍掉半只脚。任何受到攻击的人都可以行使正当防卫,如果没有其他办法自救,可以杀死对方,甚至是婆罗门。如果一个婆罗门举办宴会,但没有邀请他临近的其他学者,他应向婆罗门国库支付与宴会费用相同的款项。有三种没有财产的人:已婚妇女、儿子和奴隶。如果一个婆罗门陷入困厄,他可以夺取首陀罗的财产。在《摩奴法典》的结尾指出,只有保持这一切的国王才是走在正义的道路上。

作为法,这部法典根本没有价值,但从历史上看它很重要。这里是法的诗性形态。关于法的诗歌已经多有论述,例如雅各布·

格林在萨维尼的《历史法学杂志》中所写的。[323] 在印度，一切都被纳入宗教的怀抱中，宗教渗透到一切。凡是在法规的宗教中出现的，都为法提供了根据；法还完全不是独立的。在印度没有真正的国家，真正的统治者是婆罗门；国王其实上只是他们的仆人。因此印度法是一种实践的法，它被归入宗教和幻想中。但幻想的法随后被净化，而其向自然性的回归发生在波斯法中。

第四章　波斯法

一　资料来源

关于古帕西人的法的资料非常少。最重要的是神圣的《赞德书》，这些书在上个世纪由安格迪尔·迪佩龙以"赞德·阿维斯塔"为名带到了欧洲，后来由安格迪尔和基尔的克洛伊克尔教授翻译。[324] 它们包含了琐罗亚斯德的神圣法律。

希腊历史学家也是一个来源，尽管他们对有关波斯的规定有些希腊化，主要是希罗多德、修昔底德、斯特拉波、泡萨尼亚斯、西西里岛的迪奥多罗和阿里安。

《圣经》中也有关于波斯的各种内容。琐罗亚斯德的宗教是巴比伦的魔术师的宗教。

然后是穆罕默德的著作和诗歌。

《法令》(*Desatir*, 1818)，一部翻译成英文的阿拉伯作品。[325]

最后是夏尔丹在波斯的行记。[326]

二　宗教与法的普遍性质

波斯与中国和印度的不同之处在于,它是一个历史性的国度。在居鲁士[327]的统治下,小小波斯山区的山地民族成为一个统治范围远至印度、巴克特里亚和麦地那的国家。波斯也是亚历山大灭亡后安息王朝和萨珊王朝建立的帝国,它在很多方面与罗马人有接触。波斯也是什叶派伊斯兰国家的名称,即今天的波斯。然而这与我们无关;我们要考察的波斯的真正所在地是居鲁士和琐罗亚斯德时期的波斯。

这里必须首先确定宗教的性质,因为法是建立在宗教之上的。波斯法比中国法和印度法更人性化。它是一个从宗教的太阳中接受光明的月亮;它不是太阳本身,就像在印度一样。**伊朗**(即光明)的世界是波斯在宗教方面的名称。波斯法是宗教纯洁性的反光;它不再是将法提升到宗教的彼岸。并不是说它仿佛没有被宗教所**设定**;然而,它摆脱了宗教这种明确的每时每刻的影响。区别在于此:之前的立法是由神自己制定的,他是法律关系的创造者;与之相反,在这里,一位**先知**第一次登场,他本身就是一个**人**。在有先知的地方,宗教更有人性。因此,犹太教和伊斯兰教比印度法更有人性。诚然,所发生的一切在没有泛神论的情况下都可以追溯到神,但人的所作所为比一种直接来自神的启示更适合于世界。立法越是设定在神之中,它就越是糟糕;此岸性质的立法是最好的。

当琐罗亚斯德的立法出现时,波斯已经是一个充分发展的帝国。据说,琐罗亚斯德在当时的古施塔斯普国王[328]的友谊推动和支持下,传播了他的教义。这种教义是以最高的自然事物即光为基础。然而，光明有黑暗与之对立。因此，有光明之神奥尔穆兹德和黑暗之神阿赫里曼。奥尔姆兹德被天使和善灵所包围，阿赫里曼则是被德弗（魔鬼）所包围。奥尔穆兹德的礼拜是纯洁和光明的礼拜。但光明和纯洁是来自这个世界的；因此，一切都已经更加人性化、更加清晰、更加透明，并且更加纯粹。得到净化的法产生于这种宗教。因此它更加人性化、更加自然，并且也更能摆脱狰狞的诸神。

种姓

波斯人也有种姓。甚至在琐罗亚斯德之前，波斯有一位国王叫贾姆希德[329]，他建立了四个种姓：祭司、战士、农民和工匠。祭司是第一种姓，然后是战士，再然后是农民，最后是工匠。印度人中的首陀罗是缺失的，这里没有阿赫里曼的人，没有人是自在自为地遭谴的，所有的人自在地都是纯洁的，只是由于自己才变得恶劣。在波斯，这些种姓是由国王根据人的需要和目的建立的，因此比较自由；在印度，自然是创立者。这里第一次出现了农业与工业的实体性分离。此外在波斯，各种姓是在宗教方面平等的等级，只在业务上有区别。所有的人都是诚实的，而最终这些等级可以相互融合，即便这很罕见，就像在任何特殊的文明中一样。

有两种类型的祭司。海尔巴（*Herbed*）是下层祭司，麻别（*Moveti*）是上层祭司，相当于神父和大主教。麻别祭司（*Destur-Mobed*）、最高祭司（*pontifex maximus*）居于顶端。祭司们的肉体和精神都应当是健康的，洁净是他们的第一美德（整个波斯法的原则都是基于此考虑的，它是一个以洁净为原则的世界）。呈现内在纯洁的高尚和科学，应该使他们与众不同。他们是法律和圣言的解释者，尤其应当从事法律研究。因此，这里不再像印度那样如此关注着装和举止的外在要求。如果一个祭司是这样的，他在今生就会成为奥尔穆兹德和琐罗亚斯德的形象。在印度法中，一切都归于神的赐予，而在这里则是一种颠倒的秩序。希腊人把祭司称为 *hoi magoi*，即巫师。他们没有像婆罗门那样的影响力。他们受到尊敬，但并非绝对不受惩罚，并非在儿童时期就已经是巫师。

战士们应当是强壮、勇敢、纯洁和高尚的。在亚洲各部族中，波斯战士也是最优秀的，表现出了闻名遐迩的勇敢。田间劳动者应当不知疲倦，辛勤劳动。工匠们拥有所有技艺和工艺的许可，包括药物学，而他们中的每一个人都应该很了解自己的业务。这是他们的基本美德。

整个世界都应该是奥尔穆兹德神性世界的一个摹写。在天国里，每个造物都有其至高无上者。奥尔穆兹德是伴随其灵魂（Feruess）[330]的首领。因此这世界上每一个阶层的人也必须有其首脑，每一个城市、每一个种姓亦是如此。整个国家的思想是一切都必须有一个首脑。政府和服从必须无处不在，但不应该退化为奴役和暴政。这是某种非常深刻的东西，后亚细亚的无思想性正在消散，我们已经来到了一个承认精神的世界。处于所有等级之巅的不是国王，而是麻别大祭司（首席祭司），他是首领之首领，众祭司之祭司（*Desturandestur*）。然而他必须是脱离所有罪恶的，否则任何无可指摘的人都可以惩罚他。无可指摘的人应该能够惩罚最高的祭司，普通的帕西人能够惩罚众祭司之祭司，就像后者能够惩罚前者一样。所以不存在种姓的区别。我们在这里正在进入一个归责和人性的世界。

这种首领体系发生在所有的关系中,包括家庭和市民社会以及国家。每个家都应该有一个家主,每个城市都应该有一个长官,每个省都应该有一个总督,而国王是所有人的首脑。这就是总督的原则,他们是独立的;因为波斯帝国被分为各个省,这些省由总督领导,而最高监督者是国王。在波斯,这一点最先出现,因为这里最先有彼此分开的各个身份。拥有一位睿智的执政首脑是最大的幸运。甚至女人也有首领。《赞德·阿维斯塔》大谈对国王的敬畏之情:只有他一个人是天生的,其他人都是靠着他们的卓越来维持他们的地位。据此可以揣测,优秀灵魂的纯洁性和能力常常使种姓的障碍得以跨越。由于国王统治着大量不相干的土地,而这些土地必须由总督把持,所以他不是绝对的。他应该始终坚持奥尔穆兹德的教诲,绝不可以成为阿赫里曼的仆人。整个国家得以奠基的圣言之解释在祭司们手中。在所有重要的事情上,国王都要向众祭司之祭司、最高祭司征求意见。他是国王的神谕。

三 市民社会

国家的原则是纯洁和光明,因此非常重视纯洁的职业。然而,最纯粹的是农业。它的习俗、它的精神是纯洁的,因此它被尊为第一事业,高于产业。婚姻、家庭等都是根据它来塑造自己的。目的是增加人口,使奥尔穆兹德的居民繁多。工业还没有深入发展。尽管有庞大的建筑和工业项目;巴比伦和腓尼基属于波斯。但真正的原则不是工业。我们不能更深入地考察波斯的市民社会,因为国家尚未与其分离。

四　家庭

（一）婚姻

在中国，婚姻是一桩买卖；在印度，它被归入宗教形式。在波斯，婚姻被非常独特地理解为纯洁自身，它是通往纯洁的过渡点和手段。纯洁应当通过感性的缺席来实现；婚姻不应当是理念性，而是对感性环节的否定。血亲之间的婚姻是最没有感性倾向的。因此在波斯人中不仅允许乱伦，而且最近亲的人之间的婚姻在这里被认为是最幸福的。在 *Kethudas* 中，即在与一位近血亲的婚姻中，生活是最为神所悦意的，而这样的人会进入天堂。因此家庭在自己内部结婚，而如此一来乱伦就已经成为了原则。在自然原则占上风的地方，它是不被允许的；在一个从自然性中净化自身的民族中、在波斯人和希腊人中，它出现了。在波斯人中，它的辩护是基于纯洁性，基于对感性的消除。在非亲属的情况下，感性是由血缘的差异性所给予的；在血缘等同的情况下，则没有了感性的刺激。与陌生人的婚姻是允许的，但不如 *kethuda* 即近亲通婚；它是最有福的、最神圣的关系。对我们来说这是乱伦，因为在婚姻中应当结合在一起的是不同类的东西，而不是同类的东西。然而，近亲之间不存在的感性应当将他们结合起来；否则，可能会发生一个人与自己结婚，就像鱼一样。

婚姻有五种形式：（1）与沙阿妻（*Schahzan*）即与女王的婚姻，是女孩第一次结婚时的名称。（2）与独生女妻（*Jogzan*）的婚姻是指第一个孩子归于女方的父亲或她的兄弟，或者男方的父亲或兄弟,类似于印度法中为一位近亲生育一个孩子的委托。在东方,人们对孩子的必然性有一种持续的观点。当第一个孩子长到15岁时,婚姻就会再次缔结,然后被称为与沙阿妻的婚姻(一种银婚)。(3)与养女妻(Saterzan)的婚姻,即一个已故的青年被赋予一个妻子(一种利未婚)。当然,必须由其他人来实际履行婚姻,但孩子是归死者的。孩子出生后,与独生女妻缔结婚姻;孩子15岁时,与沙阿妻缔结婚姻。因此,女子必须经过与独生女妻和沙阿妻的婚姻,才能嫁给第三个人。(4)仆人妻(Cheguerzan)是一个寡妇的婚姻。(5)自作主张妻(Khodeschraezan),即当一个处女按照自己的意愿结婚时(印度人的乾达婆式[Gandharva])。后两者是不神圣的婚姻。[292]

在所有这些婚姻中,都有一个婚生子女(Nekah),通常在其之前有一种订婚(Namzad)。这并非绝对必要的。在订婚被接受的地方,这就是一个巨大的进步,因为它是一种中介,通过它,伦理进入了婚姻。人们希望相识一段,为婚姻做准备;订婚礼物是某种高尚的东西。严格意义上的一夫一妻制在这里并未出现,但与其他亚洲民族相比,这里的婚姻更加一夫一妻制。因为如果一个人与他的妻子有了孩子,那么他就不能再结婚,因为他已经达到了婚姻的目的,不应该沉溺于无用婚姻的感性中。相反,如果妻子不能生育,他就可以结婚,直到生出孩子。所以在这里,我们首先看到的是一种有条件的一夫一妻制。

在波斯,妇女的待遇也比早先亚洲状况要好,哪怕只是因为她同时也是血亲。与中世纪一样,妇女通常佩戴护身符(Taavids),以顺从男人或获得他的爱。这表明男人和女人之间一种更亲密的关系。在爱的余晖充盈的地方,人们必定已经知道爱的感觉。那么在这里就已经有了一种嫁妆(Dos，Nediz),不是一种单纯的晨礼,而是女方要为男方带点东西的习俗。这已经表达了妇女的独立性,因为她可以拥有财产并具有个体的特征。与中国和印度的婚姻相比,波斯的婚姻已经取得了很大的进步。

(二) 父权

这里的父权是纯粹的父权主义,但却是一种宗教性的父权主义。波斯人的教育是非常严厉的,我们从《居鲁士的教育》(Kyropädie)中就可以看出来。但后来,民族性格被被征服民族的习俗所软化,而通过帝国的扩张,阴柔气息也随之进入。那些没有孩子的人情况就很糟,因为他们不被允许穿过通往奥尔穆兹德王国的钦瓦特(Tschinevad)之桥。因此,生儿子或生女儿也是一种宗教的必然性。父权主义是精神上的,这体现在老师要高于父亲。老师和学生有70条友谊纽带相联,丈夫和妻子则只有60条。此外,波斯人不满足于少子,《赞德书》中说:"你要做十个孩子的父亲,而你的孩子就是荣耀的孩子。"

(三) 继承法

在波斯,盛行的是纯粹的法定继承。儿子和女儿平均继承,而妻子也有一份子女的份额,这是正确的规定。

五 道德

道德戒律关涉的是灵魂,它的感受和欲望;关涉的是思想、语言和行为的纯洁性。在宗教的纯洁性中已经包含了对一种更纯洁的道德的要求。它是通向个体性的过渡点，即使个体的自我规定原则仍然缺失。

六　刑法与民法

有一大批非常严厉的刑罚措施，它们现在已经不再使用了：钉死在十字架上、烧死、埋入地下、用石头砸死（有人被从山上扔下来，而如果他没有死，就用石头砸死）。残害刑罚是经常性的：割掉鼻子、致盲、阉割。在波斯最先出现阉人。荣誉刑罚也会发生；它们包括丧失公民权，或者某人从国王那里得到的荣誉项链因某些罪行而再次被褫夺。

我们对民法知之甚少。然而，契约和一般的文字一样必须被最严格地遵守。

第五章　埃及法

一　资料来源

我们对埃及人的了解大多是来自托勒密时期；但此时仍然可以找到古埃及的遗迹。

主要来源是希罗多德，然后是经常与他相矛盾的斯特拉波和西西里的迪奥多罗。有些也可以在柏拉图那里找到。这些资料来源尽管是可信的，但它们更多的是从希腊人的角度出发来看待一切，正如希腊人关于外国的所有报告一样。

此外，《摩西五经》和《旧约》中的其他卷。

在最近，年轻的商博良[331]已着手破译象形文字（罗塞塔铭文）。但在这种努力中，法不会变得更加清晰。埃及无法被破译，而对象形文字的了解并不能增进对埃及生活的了解。

都灵的佩隆先生[332]编辑了一本埃及诉讼的著作。

二　国家与法

埃及的特点是它是一个秘一般的国度，不仅对我们，而且对它自己。它是客观的谜；因为埃及是亚洲原则向希腊原则的过渡。它是希腊原型的来源。埃及生活的形象是斯芬克斯，即半兽半人的存在者。她是由俄狄浦斯在希腊解开的谜。埃及法也是谜和神秘的法。我们所知的一切都给了我们一些去猜测的空间。在埃及，一种非同寻常的教化被揭示出来，但却是一种象形文字的教化、一种谜一般的教化。面纱构成了埃及生活的本质。

在埃及，时代的差异性是本质性的；它有被记录在建筑中的各个时期。第一个时期是直到塞索斯特利斯（Sesostris）[333]之后的法老，第二个时期是冈比西斯[334]征服后的波斯统治，之后是亚历山大之后的托勒密王朝的统治，再之后是罗马人的统治，最后是穆斯林的统治。埃及法与波斯法有关，因为埃及曾长期被波斯所征服。埃及的基础在冈比西斯之前，因此以一种非常不同的方式呈现。

埃及国王的专制主义在《旧约》中是非常清楚的。这种专制主义与其他东方专制主义的不同之处在于，统治是交给一个大臣（大领导）。庞大的劳动赋予专制主义以一种自己的形态；在埃及，专制主义具有一种宗教和效用的特点。祭司们对此发挥着主导作用。但是他们并不具备婆罗门的全能，而只是拥有某些权限。

种姓

埃及国家也是一个种姓国家。但种姓既不像印度那样是纯粹自然性的,也不像波斯那样是纯粹精神性的,而是一种自然性和精神性存在的混合体。希腊人中对种姓的数量有争议。根据迪奥多罗[335]的说法,有五个种姓:祭司、战士、农民、商人和牧民。斯特拉波[336]只提到三个种姓:祭司、战士和农民。希罗多德[337]和柏拉图所知道的种姓还要多于五个:在牧民种姓中有放牛人和猪倌两个阶层,在商人中有船夫和工匠。这种数字的波动表明,种姓不是法定的。其中有交融,有从一个种姓到另一个种姓的跃升。这些种姓的自然之处在于,它们是在各民族的差异性中产生的。祭司和战士来自埃塞俄比亚,被称为卡比勒人的农民和商人是柏柏尔人,而牧民和船夫似乎是由今天的阿散蒂人的祖先产生的。

埃及的**祭司**们所拥有的地位可以称为统治精神的影响,而不是自然神性的影响。他们总是对政府产生明确无误的影响,修正政府并带来历史性的变化。从第二个时期开始,祭司种姓只在下埃及定居。祭司们管理国家官职、教育国民,正如全亚洲那样。每个祭司都必须属于一个特定的寺庙,就像在教会法中真正的主教必须在他的教区拥有住所一样。祭司长是这些寺庙的一家之父。主祭司团在底比斯、赛易斯、赫利奥波利斯和孟菲斯。每个寺庙都有自己的财产,祭司们的财富就源于此。这种制度对天主教的教阶制度产生了影响。祭司有三个层次:(1)先知(Propheten);(2)狂欢祭司(Komasten);(3)歌舞祭司(Zuccoren)。在国王的选举中,一个先知有100票,一个狂欢祭司有20票,一个歌舞祭司有10票。祭司长与国王平起平坐,但他没有高出国王。他的肖像如同国王的肖像一样挂在孟菲斯的神庙里。神谕和僧侣体制产生于埃及。我们在这里首先发现神谕，在谜一样的宣谕中的预言。

战士种姓分为两部分，本质上是基于民族差异，即赫莫提比人和卡拉西里人，前者16万人，后者24万人。在战士种姓中，世袭占了上风，但更多的是整体上而不是个别上；其他种姓可能不是世袭性的。一开始，战士们被排除在政府之外，而直到第二和第三时期，他们才参与到国王的选举中。他们不被允许从事手工业，但他们有农庄，囚犯不属于他们，而是属于祭司。所有土地财产都属于国王、祭司和战士。土地在整个埃及被出租，而佃农必须按照国王、祭司和战士在土地上的份额向他们支付钱财。这里没有奴隶；土地农民是自由的世袭佃农，但他们并不参与到政府中。

关于**其他等级**可以说的要少一些。就商人和工匠而言，行会制度首先出现在这里，而且很可能是基于世袭的。当埃及开始拥有一支舰队时（直到后来才如此），尼罗河的船夫和渔民就变得特别重要。牧民种姓被鄙视，但放牛的牧民比猪倌更少受到鄙视，尽管每家每户都要用猪来祭祀。也许这就是摩西宗教中排除猪肉的原因。一个特殊的种姓是通译，即希腊的外国人。

王位

王位是一切持存者的保证。它是世袭的，而妇女也戴着王冠。只有国王被允许与他的妹妹结婚。此外，乱伦似乎并不存在。当统治家族灭亡后，人们就着手举行一次国王选举，只有士兵和祭司可以投票。一位先知，即一位祭司长，拥有百倍于战士的票数。国王们首先在底比斯，然后在孟菲斯被祝圣。国王要么来自祭司种姓，要么来自战士种姓。如果他是来自后者，他就会主动改投前者。国王的尊严不可以与祭司的尊严一起出现在一个人身上。唯一的例外是大祭司塞通(Sethon)[338]。然而在他手下,冈比西斯也征服了埃及。

国王所应做的一切都由法律来规定。奴隶、外国人和低种姓的人都不允许出现在他的周围,只有祭司和他们的孩子才可获准。如同在印度,有一种精确的宫廷仪式。欧洲的礼仪来自拜占庭,而这种礼仪来自埃及,在那里一切都规定好了。由于没有其他税收,国王必须从地产的收入中支付所有的政府开支。他必须阅读所有的报告,每天沐浴和献祭,而大祭司赞美美德、诅咒恶习。

至于政府,那么它是君主制的,但恰好政府与司法部门是分开的。如果国王的判决与法律并不一致,大臣们就不允许执行它。在法官大会上,国王不得不脱下他的王袍,从而使自己处于与法官相同的地位。当他死后,会举行一个葬礼法庭,而祭司发表一个演讲,在演讲中他可以不受限制地赞美和谴责。这会得到非常严格的执行,仿佛是历史的判决,他们在生前非常畏惧这种判决。

三 家庭

我们所掌握的相关消息非常少,而大部分都是从希罗多德和《旧约》中得知的。

(一) 婚姻

妇女是有彩礼的。例如,我们从《圣经》中得知,所罗门娶了一位埃及公主,她得到了一整座城市作为彩礼(*dos*)。在犹太人中也有一种利未婚的制度,根据这种制度,如果一个男人死后没有孩子,他的兄弟就会和寡妇一起给他添上一个孩子,这样就可以延续血脉。婚姻是一夫多妻制,但也出现了一夫一妻制关系的开端。关于这一点,有两个矛盾的消息。根据迪奥多罗[339]的说法,只有祭司是一夫一妻制。与之相反,希罗多德则告诉我们,埃及沼泽地区的居民实行一夫一妻制,其他地区则实行一夫多妻制。迪奥多罗的信息从常理而言更有可能,他的区分比希罗多德的更可以设想。在摩西法中,也有一种一夫一妻制与祭司有关。为什么只有沼泽地居民才是一夫一妻制?一夫一妻制首先从埃及传入希腊。与波斯一样,乱伦也发生在埃及,尽管程度较轻。

妇女总体上受到尊重,这一点从奥西里斯[340]的故事中可以看出。奥西里斯和伊希斯给人以最好婚姻的形象。奥西里斯被鳄鱼撕碎,他的妻子伊希斯寻找尸体,但没有找到阴茎,并为此悲叹。这表明男人和女人之间有一种同样的关系。对妇女的尊重还表现在有女王进行过统治。因此,人们必须认为,妇女受到了尊重。伊希斯的懿行、一个妇女的环节得到了强调了。是伊希斯将埃及提升到了它之所是。奥西里斯实其实是伊希斯的下属;伊希斯是永久的。

(二) 父权

父权似乎已经走到了最极端。父亲甚至能够强迫他的女儿卖淫。也有收养的一丝痕迹。通常会说,法老的女儿收养了摩西;但对于整个学说来说,这样的文献是有风险的。从这一个例子中,我们不能得出收养,这只出现在希腊法中。希罗多德告诉我们,子女必须赡养他们的父母,但只有女儿被迫这样做,而不是儿子,也许是因为儿子离开了家。

四　道德

埃及人的道德并不比波斯人的高，毋宁说它几乎还要更低。因为它们是晦暗的说辞，不能发展出道德情感。在这里，从自然生活到精神生活的过渡出现了。

五　刑法

在刑事处罚中，对弑父的刑罚尤其值得注意。人们把儿子绑在他父亲的遗体上，然后杀了他。杀害某些神圣的动物会受到死亡的惩罚。迪奥多罗告诉我们，在饥荒期间，人们宁愿吃人，而不是吃母牛或公牛等神圣的动物。在法庭上做伪证和撒谎也可被判处死刑。任何性侵自由妇女的人都会被阉掉。根据迪奥多罗[341]和格利乌斯的说法，拦路抢劫者必须自己在名单上登记，如果他们被抓到，那么他们可以保留四分之一，而只需退还他们所抢劫东西的四分之三。他们想加强对盗贼的监督：被盗者也要为盗窃负责。在斯巴达也有类似的奇特之处，因为人们在盗窃中注意到了一种狡猾和奸诈。*Falsa*（伪造品）[342]会受到非常严厉的惩罚。罚金刑只发生在有人因粗心大意而杀害神圣的动物时。埃及人与印度人的共同点是，他们相信每一项犯罪都有一个复仇的精神，为其复仇。犯罪是一种必须根除的罪恶。它是一种否定的实存。

六　民法

美尼斯[343]是埃及人归功于其成文法律的第一位国王。之后的国王制定了诸神崇拜、几何学、天文学、祭司种姓的培养、土地、租约金额和历法的法律。塞索斯特利斯扩大了战士种姓的权限,波克霍利斯[344]颁布了关于王权和债务的法律。债权人收到的利息 alterum tantum(一样多)[345],不应控制债务人的人格,因为人格属于国家。不应在没有证书和没有借据的情况下对债务人进行起诉。如果有人在没有笔迹的情况下收到借款,他可以发誓,从而被释放。奇特的是,某人可以典当和质押他父亲的木乃伊。然后债务人会被告知,他得支付。如果他不支付,债权人就会成为整个葬礼的主人。

每个神庙都设立了一个祭司仲裁法庭,这已经表明了自由,因为它是一个自愿的审级。在塞索斯特利斯治下,一个由三十名祭司组成的上诉法庭在全国范围内成立,这些祭司来自赫利奥波利斯、孟菲斯和底比斯的三个祭司团。每个祭司团各派十名成员。这三十人选出主席,他的脖子上戴着一条有真理形象的金链。审判结束后,获胜者将链子挂在脖子上片刻。当选主席的祭司团为此派出一名替代者作为补充。

在这种法中,我们看到了一环文明的、有序的状态。国家的全部力量都用于设定某种它自己不理解的东西;它是一个蛹。埃及法一般地形成了一个双重的起点:一方面,希腊世界从它那里产生,另一方面则是犹太人。埃及是摩西世界的基础。

第六章 摩西法

一 资料来源

摩西法对我们非常重要,因为它今天仍然可以在某种程度上适用,而且在许多方面是教会法的基础(关于乱伦、婚姻等)。资料来源非常丰富,与以往不同,因为它们不是陌生的,而是真实的。

主要来源是《旧约》,不仅是《摩西五经》,还有它所包含的所有卷。

此外,真正的来源还有自2世纪以来的《塔木德》。其中有一些规定应是摩西法的一种结论,但却是对它的遮蔽。它们显示了摩西的法是如何被执行和理解的。《塔木德》由《密释纳》和《革马拉》组成。《密释纳》是没有争议的简单注释,而《革马拉》则是有争议的著作。有两部《革马拉》:耶路撒冷版本和巴比伦人版本,后者是最重要的。

塔木德法的进一步阐述,即拉比法,是一种更大的残缺。希腊人和罗马人对它所说的完全没有用。

18世纪中叶,哥廷根的米夏埃利斯教授写了一本六卷本的《摩西法》,这是一本颇有见解、博学的作品。[346]虽然它已经过时了,而且受制于时代的弱点,即包括许多不属于法学著作的东西(关于童真的生理学观点,关于犹太人对迦南[Kanaan][347]的要求),但它在核心上是一本优秀的书,写得很好,作者十分精通他的材料。这是迄今为止最值得推荐的。

萨尔瓦多关于《制度》等著作,它们尚未知晓米夏埃利斯的作品。[348]

二 法与国家

摩西法与之前的法有很大不同。像所有亚洲法一样,它仍然与宗教相关。宗教典籍也是法典;因此在这里,宗教更多的是法,而不是法是宗教的。它自身更多地包含在行动和外在的宗教关系中。因此对于摩西法,我们可以第一次达成理解;它没有给我们提供任何荒谬的东西。这是一种现实的、任意的法。

神权政体

犹太人的法与以往所有法的不同之处在于,它是一个神权政体,其中不可见的神本身是国王。不是像印度人的梵天那样,而是在一种现实的统治意义上,它不需要任何其他领袖,它领导、惩罚和维续世界;因此,它是一种在场的神权政体。"神权政体"这个词有不同的解释。从最广泛的意义上讲,当祭司对国家政府有影响时,就可称为神权政体;但这其实不是神权政体。真正的神权政体国家是犹太国家。神,作为唯一者、普遍者、抽象者,甚至是嫉妒者,位于宗教之巅,是一个现实的国王。亚洲所具有的自然性的东西被集中到神的唯一思想中;它是一种神的统一,然而它不再居于自然之中,而是一种没有形象的单纯思想。就此而言,自然和历史获得了自由,在创世之后,尘世听凭自己。由此可见——

(1)偶像崇拜等于叛逆。在亚洲,偶像崇拜首次成为犯罪。偶像崇拜不仅仅是一种道德上的罪,而是像叛国罪一样被追究,因为在这里只有神的抽象思想在统治,神不容许任何其他的东西在他之侧。违背神之人就是违背支撑一切的原则。叛国罪不是对摩西根本不想要的国王的叛国罪,而是对神的叛国罪。

(2)通过保留这一思想,犹太人称自己是选民。最初,国家是一种共和国,神其实并不喜欢有国王,所以摩西建议他们不要选举国王。然而当他们在撒母耳时代选出一个国王时,撒母耳却说:"你们厌弃了引你们出埃及的神,而选择了一个国王来取代他。"[349]神是国王的思想体现在他也是所有土地的所有者。犹太人只是佃户,即神在一定时间内授予他们土地的人。但神自己仍然是所有者。

在这种神权政体的思想中,神的现象是可以出现的,但这是罕见的。他在西奈现身,但此后就不再现身。祭司来自这个世界,属于人民的一分子,不能代表神。所以一定有某种呈现神的隐微的东西。这种神秘就是乌陵和土明,它们只有祭司长才能对它们予以沉思。它们是圣殿至圣所中的奥秘,对此我们一无所知。这些神秘的神谕在紧急情况下被问询,表明彼岸的神不间断地现在于世界之中。这是神与他的子民相连的纽带。

选民

神让犹太人配得上做他们的王,他们就是选民,而这种思想在犹太教中具有真理,并非骄傲的思想。就东方而言,名称并不令人惊讶。因为神只想成为他的子民的王和神,与他们结合在一起,而不是还成为其他民族的王,所以犹太人被禁止与其他民族融合。因此,犹太人并没有改变信仰。禁止与外来民族通婚完全属于选民的性格特征。子民不应该与其他民族融合在一起,因为一旦子民与邻近的民族发生关系,神在小民族中的思想就会被熄灭。当然,当时有很多外来的小妾,但民族必须通过法律的禁令而被隔绝起来;如果融合在一起,他们就会湮灭在东方民族的茫茫人海中。如果它要为一种更好的发展做好预备,那么它就不能通婚。这一与外来民族结婚的禁令经常被国王们所违反。

作为没有世俗历史的民族,犹太民族的意义在于它所承载的精神环节,直到它炸裂。基督教主宰世界的原则就是从它之中产生的。

国家的组织

在国王之前,国家是由人民的首领组成的集会,他们有时会反叛摩西。在这里,我们第一次在东方发现了一种共和宪制。这些家庭又有了他们的首领。各个部落独立管理自己,并经常相互争斗,类似于近代世界的邦联制国家。由于摩西不可能是唯一的法官,他任命了法官,而十个人总是有一名法官(这让人想起盎格鲁-撒克逊法中的十人团[Zehnten]或 freeborgs*)。然后有一个由七十人组成的公会法庭,他们构成了更高的权威。

在这种国家法宪制中,要强调利未部落,它是民族的贵族。利未人有自己的权能和职业。他们不是祭司,但他们是祭司种姓所产生的世系。此外,他们是文字和博学的安静守护者,是这种自由宪制下的一种贵族。在这里,这种贵族不是天生的,而是造就出来的。和其他所有人一样,利未是雅各的一个儿子,他们同样也可能是贵族的创立者。利未人是博学的闲人,他们不需要做任何事,不需要通过劳动谋生,而是由其他人来养活。他们的等级比其他部落高。祭司是犹太地区唯一的种姓。商人、战士等并不构成一个独立的种姓。那些来自犹大和便雅悯部落的人有某些特权,但祭司们总是加以抵制。这与东方其他地区的种姓相比如何呢?在其

---

* 这里的 Zehnten 并非指什一税,而是指一种组织单位,十个居民为一组。甘斯在这里的用法可能来自他的朋友格奥尔格·菲利普斯(George Phillips)1825 年的著作《试对盎格鲁-撒克逊法进行阐述》(*Versch einer Darstellung der Geschichte des Angelsächsischen Rechts*)。其中格奥尔格·菲利普斯指出,"盎格鲁-撒克逊人的行政区体制可以追溯到的单位是 friborg(freeborg,……),由十个自由人组成的团体(……),在其首领(freeborgesheoford)的领导下,目的是相互作保……"(见该书第 98 页以下)。——译者

他国家有种姓,但在犹太人中没有,祭司产生的部落更优秀、更自由。由此,以前的种姓划分已经被废除了。

摩西本人似乎并不希望有国王。他想在这片土地上建立共和国的形式,以使本民族与其他民族区别开来。但在东方,国王的权力是如此令人向往的东西,以至于国王们也在这里为自己创造出了空间。当摩西看到最终不得不选举国王时,他为犹太人规定了不应选举外国人的条件。在政府就任时,人们很可能就为他呈上一份投降书。从一些蛛丝马迹可以得知,似乎对他们附加了条件,但他们仍然是专制者,就像其他东方国王一样。

犹太人的国家法是纯粹宗教性的和神圣的,从未产生过任何影响,因为一切都取决于宗教。脱离于宗教,他们的历史就是虚无。

三 市民社会

如果我们考察一下市民社会,那么它完全基于农业。艺术、商业和贸易在古代根本找不到,因为人们还根本不渴望有贸易和艺术的勤奋。犹太人虽然是一个内陆民族,但只是一个农耕民族。艺术家们不得不从其他地方拉来。在建造圣殿的过程中,一切都来自外国。诗似乎也很糟糕。晚期的犹太国家是一个不懂任何艺术和科学的农耕国,所以它根本得不到重视。例如,亚历山大就把它当作不存在的东西。

四 家庭

(一)婚姻

犹太人的婚姻并不像波斯法中那样纯洁。除了买卖,没有其他结合的方式,完全以后亚细亚的粗鲁方式进行。雅各为娶拉班的女儿们服务了14年;何西阿为他的妻子支付了50舍客勒,一半是现金,一半是大麦。买卖没有任何神圣的装饰。但是如果婚姻是买卖,那么它也是最放荡的那种一夫多妻制。一夫一妻制的痕迹只出现在祭司长身上:他不应该娶寡妇或被驱逐者,而只娶少量的妻子。这起源于埃及。但国王们其实都被禁止拥有许多妻子(与穆斯林法完全不同),但这并不妨碍国王们保留许多妻子;然而,他们其实被禁止这样做。有趣的是,除了正妻之外,还存在小妾。这是给门当户对的已婚妇女做婢女的女人。在她出现时,一个正妻可以对她行使权利。她有别于主人可以随意购置的婢女。亚伯拉罕除了他的妻子撒拉之外,已经有了夏甲作为他的小妾。婢女的孩子通常归于主妇。然而就两者的子女而言,并没有任何区别,他们拥有同样的权利。女儿们可以任意被许配,只有父亲才能对此作出决定。因此,他们在这种关系中没有任何意志。爱和主观的倾向在东方还不存在。

利未婚

在婚姻事务上,还须记住利未婚,这与许多东方的制度有关,但比这些制度更有伦理。它是基于这样一个事实:婚姻的伦理要求已婚男子的血统得到延续;不留下一个能够保存父亲记忆的儿子是一个男人的耻辱(这已经是一种人的惩罚了。过去是出于宗教原因,人不能上天堂)。因此,如果一个人死后没有孩子,死者的兄弟应该与留下的寡妇结婚,而这段婚姻中的第一个儿子归于死者,并应使用他的名字,这样他的血统和名字就会得以延续。这好比是一种收养。利未婚不是绝对必然的;兄弟可以拒绝结婚,但随后必须接受脱鞋(*chaliza*)的侮辱性仪式[350](其实想不通为什么这种仪式会具有侮辱性)。这个规定后来转变为了相反的方面。当所有的一夫多妻制关系在12世纪消失时,不得不制定另一项法律。现在,没有人被允许娶其已故兄弟的妻子,而人们不可避免地要忍受侮辱性的脱鞋。因此仪式被颠倒了,侮辱转而成了常态。

禁婚令

禁止与外来民族通婚的规定其实针对的是周围紧邻的民族:不应与迦南女人结婚(与其他民族通婚就不那么禁止)。此外,还有著名的禁婚令(Eheverbote)[351],这些禁婚令今天仍然有效,是一种智慧的典范,它使渗透一种质料成为其事务。并非所有的亲属都可以排除在外。不能与姑姑结婚,这是由于 respectus parentelae(姑姑和侄子或叔叔和侄女之间的关系)[352],她有权力,但叔叔或许可以。这条乱伦的法律并没有在教会法上被免除。

离婚

和任何男人可以外在地获得女人的地方一样,自然而然地,他也可以把她打发走。女人不能打发她自己走;她也不能逃跑,而必须等待,直到她被驱逐。离婚的男人应该给女人写一封休书(libellus divortii),而这是某种全新的东西。最崇高的规定是,被抢来然后结婚的妇女不能被卖掉,因为她完全依赖于这个男人。一个人要离开她,至少要把她送回到她家人身边。最后,还有关于如果他的妻子不是处女,男人应该如何做的规定。关于童贞的法律没有任何地方像犹太人那样严格,我们可以说是如此残酷地遵守。如果妇女是 adulterina(女性通奸者)[353],或者已经表明她不再拥有贞操,那么她必须喝苦水(其中很可能是毒药)。如果她能逃过一劫,她就被宣布为纯洁的。所以这是一种中世纪般迂腐的神明裁判。此外,还有关于婚书和女性不忠的法律,从中出现了女性的荣誉和独立——这些痕迹让人感到吃惊。

(二)父权

父权是严格的。摩西将生与死的权利交给父亲。然而已经有了一个法庭,因为这个忤逆的儿子必须由城里的长老来审判。不允许父亲自己单独进行判决,他把儿子带到法官面前,由其他人来执行。[354]

在儿子们中,长子有优先权。他得到的是其他所有儿子所得到的双倍。如果长子也是母亲的第一颗果实,他就有更多的优先权和尊重。

亲属关系的学说与禁婚令的学说有关,而这些规则确实非常好。例如尽管叔叔可以娶侄女,但侄子不能娶姑姑,而这就指出了一个非常细致的、真正程度上的区分。

(三)继承法

继承法是十分简单的。如果有人死了,他的儿子可以继承,而女儿则不可以;长子可以得到双倍的遗产份额。如果没有儿子,则由女儿们继承。如果没有儿子和女儿,兄弟和兄弟的孩子继承。如果这些人也不在,那么接下来是叔叔和他的血脉,在这些人之后是最近亲。因此,继承分为三重:(1)第一批有权继承者是男方至于无穷的后代。(2)如果一个人没有后代,那么就按父亲的血脉来,其最近的是兄弟。(3)继而最近的长辈的子女是第三顺位,其中最近的是祖父的儿子,即叔叔。犹太法中不存在一种祖辈继承,因为重要的是保留血脉。根据古代的习惯,女儿们原本什么都不继承。但西罗非哈的女儿没有兄弟,就哭着来见摩西;于是摩西就把她们定为可继承的女儿(Epikteren),但吩咐她们在本族内结婚。[355]

除了这些规定之外,米夏埃利斯[356]假设也有一种遗嘱,但这是不正确的,与亚洲生活的原则完全相悖。任何人都不应该出于爱而把长子应有的东西给别人。唯一的任意出现在雅各,他将长子中应属于流便的部分给了约瑟。摩西通过法律明确禁止这样做。[357]这说明了米夏埃利斯所看到的遗嘱是怎样的:在摩西法中根本没有遗嘱。米夏埃利斯把父亲生前在子女之间的遗产分割当成了遗嘱,但遗产分割还不是遗嘱。人们把"他吩咐他的家人然后死亡"这句话也看作一种遗嘱。然而这里面没有什么遗嘱的内容,只是父辈在临终前对子女的召唤和对他们的告诫。这种父权制的意志是所有东方法所特有的。《摩西五经》还指出,法定继承应作为一个永久的准则。直到在《塔木德》中,遗嘱才以 Diatiki 的名称出现。

五 道德

在摩西法中,第一次出现了归责的思想,因此在这里可以找到道德的第一个立场。这是一个进步,即使是在最粗略的意义上把握的归责:动物也是可以归责的,例如一头踢人的公牛要被杀掉。父母不应为子女而死,反之亦然。[358]也就是说,每个人都应该为自己的所作所为负责,罪行不应该由他人来承担。这就是归责的伟大原则,不应发生任何不公正的死亡。诚然,据说神为父亲的罪孽向子女报仇,直到第三代和第四代,[359]但这只是神所说的,意味着父亲的堕落在子女身上表现出来。这里所谈论的不是世俗的刑罚,而是在一个家庭中构成罪的东西超越了家庭的界限。人要对自己的一切归责;有罪和无罪在这里第一次被分开。但是,有责和赎罪的献祭既指过失也指故意。因此故意和过失只是程度上的不同,并非实质上的不同,而这正是摩西法的缺陷。

六 刑法

刑法中表现了许多人性的东西。最主要的生命刑是剑刑和石刑。然而剑刑并不意味着斩首,而是某种更复杂的东西。石刑是从一座山上扔下来,然后让人向一个人扔石头。绞死和吊死也有发生,还有死后的侮辱,因此摩西律法中所提到的焚烧,只有在处决后才会发生。继生命刑之后的是流放和剪除(Kacah)。后者是摩西法中的丧失名誉;人们允许犯罪者活着,人们相信神会作为犯罪的复仇者出现,以一种奇迹的方式剪灭他。没有出现监禁刑罚,由于它必须先有对自由的珍视,因此它预设了太多的教化。监禁刑罚只能出现在自由具有一种价值的地方,所以它是有教化民族的一种刑罚。即使在《卡洛林那刑法典》[360]中,也很少有监禁。其他刑罚包括用牛鞭抽打、罚金、赎罪祭和赎罪祭品。惩罚的原则是最普通意义[361]上的 poena talionis(同态复仇)[362]。在之前的国家中并没有罚金,但在这里教化所达到的层次是显而易见的。

最严重的罪行是偶像崇拜。犹太人完全禁止偶像崇拜。[363]因此塑造外来神的形象,并在他们面前跪拜他们,乃是禁忌。这是要遭乱石头砸死的刑罚。因为并未完全排除与外来民族的交往,所

第一篇 东方法

以向外来神灵献祭同样也是一种犯罪。禁止活人祭。迦南人向摩洛赫献了人祭。任何这样做的人,都可被任何一个人在未经指控的情况下用乱石砸死。第三种罪行是违反仪式性的律法,例如安息日,根据违反的种类,惩罚或大或小。第四项罪行是渎神,即错误或不必要地念出"耶和华"这个词。实际上,没有人应该念出神的名字,因为他的真名正如他自己一样在尘世之外。主要的刑罚是假呼神之名,即做伪证。但刑罚是留给神的。假预言会受到死亡的惩罚。鸡奸和通奸被处以死刑,而乱伦部分被处以死刑,部分被除籍。在淫乱行为的情况下,引诱者必须与被引诱者结婚。强奸没有受到进一步的惩罚。*stuprum violentum*(强奸)[364]只会按照 *stupri*(猥亵)[365]惩罚,即 *Stuprator*(引诱者)[366]必须与被引诱者结婚。[367]有趣的是,第一次出现了谋杀和杀人之间的区别。谋杀是由故意所导致的杀害,杀人是在一种心理活动下所发生的杀害。在杀人的情况下,杀人者并不想杀人,但谋杀者却想杀人。谋杀是可以被判处死刑的。仅仅是杀人,罪犯就有权逃到避难所以逃避血亲复仇。他一直待在那里,直到大祭司去世,然后他的罪行就得以救赎。[368]摩西完全禁止接受谋杀的赎金,而对杀人则是允许的。米夏埃利斯[369]想在摩西法中找到赦免权,因为大卫的儿子押沙龙被无罪释放。但这是作为最高法官(*summus judex*)的撤销和确认,而不是赦免的情况。

犹太人中也存在血亲复仇。亲属们可以为一个人的死复仇。在许多情况下,凶手只能任由血亲复仇者们处置。盗窃罪可判处双倍或三倍赔偿。如果窃贼无力支付,他就会被卖为仆人。作为一种特殊的罪行,提到了不成器的儿子、酒鬼或牛皮大王的情形。这些人在犹太人中会受到严厉惩罚。

在这种刑法中,有着大量的教化和进步。刑罚是适当的,而犯罪和惩罚之间有着一种尺度。

七 私法

犹太民法是全亚洲最重要的民法,非常有趣,远胜于伊斯兰教的民法,伊斯兰教不适于发展私法状态,而是狂热地漫游、征服和沉湎于诗。

买卖和其他契约都是在门——作为所有人进出的法院所在地——签订的。脱鞋作为所有权转让的象征而出现。

在任何民族中,农奴制都不像这里这样温和与宽松。罗马法对奴隶的严苛在犹太人中并不存在。希伯来人的仆人与其说是奴隶,不如说是家仆。关于农奴制,它可以通过购买或战争来形成。农奴或仆人可以拥有财产。主人可以责罚他们。如果他没有把他们杀死,他就被宣告无罪;如果仆人死在主人的手下,那么他就会受到惩罚。但如果主人打掉了仆人的一只眼睛或一颗牙齿,或伤其某一肢体,那么他必须给他自由。[370] 外来仆人和希伯来仆人之间是有区别的。希伯来仆人其实只是一个临时的仆人,一个雇佣的仆人,在第七年之后必须被释放。[371] 与之相反,人们可以终身保留非希伯来的仆人。以下规定也很好:日工应在日落前得到他一天的工资(这是一个更道德的规定);打谷的牛不应被口套套住,[372]它可以自由地吃,这表明了对非神圣动物的宽善。

一个奇怪的制度是五十年节:如果有人把他的财产卖给另

个人,那么财产应该只在购买者那里保留49年,并在第50年归还给原所有权人的法定继承人。[373] 这就如同长子继承权的捐赠一样。土地的原占有者不应该有无限的处置权,他们不应被允许送出任何东西。这应该是一种保护部落继承财产的制度。因为土地是神所赐予的,而它的各部分是永恒而神圣的东西,是神分配给各个部落和家庭的;因此,它不应该通过买卖而与各部落分离。所以在英国仍是如此,在那里买卖期限只能是99年或更短的时间。

摩西法中非常有特点的是禁止利息,这一点已经传到了教会法中。对利息的禁止表达得很简单。[374] 然而摩西几乎不想禁止所有的利息,只是禁止紧急利息,而不是使用资本的交易利息。紧急利息是指有人立即使用这笔钱,例如用于偿还债务,而不能再使用它。摩西甚至不知道交易利息;在那个时候,贸易还不是很发达。摩西法中的债法是严格的,债务人甚至可以被卖掉。

在使用他人的财产、捡到的物品和对待动物方面,都有非常适宜的规定。对他人田地的破坏受到强烈谴责,但允许每个人吃个别的麦穗或葡萄,但不能把它们带走。就捡到的物品而言,要查明其所有权人;这预示着所有权的思想是很强的。第一次出现关于动物的人道立法。杀害和伤害动物被视作一种犯罪。每个地方都在努力以人道方式对待一切。在这里,法律内容和宗教之间首次出现差别,即使法律仍然要从宗教获得支持。但法律的内容是属人的。

摩西法是唯一的东方法,我们可以像对待全部《旧约》一样赋予其温和的特征;它是第一部人性的法,真正希求一种欧洲式的发展,而伊斯兰教则将其亚洲化。它对欧洲意义重大,因为它已被纳入基督教。教会法已经掌控了摩西法。对于亚洲来说，它只对穆斯林法有意义，而穆斯林法普遍囊括了亚洲法。

第七章　穆斯林法

从历史来看，伊斯兰教应与中世纪法同时考察。但是由于它构成了东方法生活的终点，所以现在我们可以更好地考察穆斯林法；它是东方生活的花朵和最高的养成。

一　资料来源

穆斯林法的基础是《古兰经》(*Alcoran*)，即读物。摩西法是在一个唯一的民族中发展起来的，历史和宗教在这里联合在一起，神仍然作为民族神呈现在一个单一民族面前。与之相反，在伊斯兰教中，神之抽象和统一性的思想得到了阐述；它从一个民族中抽象出来，为所有民族而存在。穆斯林的原则是把先知的旗帜打遍任何地方，让所有人都皈依他们的神。因此，伊斯兰教是犹太教的颠倒，在它之中体现了一种对犹太教原则的深化。然而由于穆斯林的原则历史性不强，并且也不依附于一个单一民族，所以它更贫乏、更抽象。这一点在《古兰经》中立刻就表现出来，它是所实存的最贫乏的外在立法之一。"神是一，一就是神"，这样就叫永恒。独一神的思想在这里被重复之至。其中的立法是相当普遍的，无法适用。为数不多的法的形式取自古代的阿拉伯法律。因此，必须作出其他努力。

事实上，穆斯林法是最详尽和最吹毛求疵的法之一。任何法都没有得到如此精细的执行。早在希吉拉之后的第二个世纪，就有了另一部详尽的法典——《圣训》（与密释纳是同一个词），但只有一部分穆斯林认为它是真的。它只在土耳其人中有效。这导致了以波斯人为代表的什叶派和以土耳其人为代表的逊尼派之间的分裂。如果我们把伊斯兰教的这两方面与基督宗教相比较，那么逊尼派相当于天主教徒，什叶派相当于比较自由的新教徒。什叶派不相信艾布·伯克尔、奥马尔和奥斯曼是穆罕默德的继承人，而是让穆罕默德由其女婿阿里继承，认为其他三人是篡位者和坏哈里发。他们也不相信萨哈巴（Sahabahs），即穆罕默德的同伴和依附者，他们同样不是阿里的同伴，也不相信《六大圣训集》（Siha i Sitta），即逊尼派认为有约束力的六卷书。这种分裂与其说是宗教性的，不如说是历史性的，就像一切与其说是信仰，还不如说是行动所推动的。逊尼派和什叶派都有自己的法律汇编，而只有《古兰经》是普遍的权威。伊斯兰法有最多的典籍和最多的解释者。

什叶派有四个法律汇编：《教法修正》（Tazihb）、《圣训辨异》（Istibsar）、《宗教学大全》（Jama i Kafi）和《教法自通》（Munla-Jazurb-ul-fukih）。与此相反，逊尼派遵循的是公议（Idschmaas［先知的第一批弟子的意见］）和所谓的类比（格亚斯［Kiyas］）。随后，形成了四大法学流派：马利克派、沙菲仪派、罕百里派和阿布·哈尼法学派。土耳其人把他们所有的法官都交付给了最后一个学派。从其中产生了许多作品，包括《穆赫特索尔》（Mochtassar）（部分翻译）、《黑达耶》（Hedajet）、《伟嘎耶》（Wikajet）、《索德尔舍勒尔特》（Sadresch scheriat）、《堪足戴尕尔伊格》（Kensod dakaik）

和现在有效的《穆尔特卡》(*Multeka*)。* 根据后者的说法,一切都在土耳其裁决。此外,还有穆夫提的说法(法律意见[*Fetwas*])。主要的统治者仍然是神职人员。他们公布简单的公文,这也是法令。各个国家的四个特殊渊源是:(1)卡农(*Kanun*)(国家基本法);

---

* 《穆赫特索尔》:关于该书在甘斯时代德语世界的传播,可参见据埃米尔·金德(Emil Kind)在《外国法学与立法批判杂志》(*Kritische Zeitschrift für Rechtswissenschaft und Gesetzgebung des Auslandes*)1984年第6卷第135页上的书评:"哈尼法学派最古老的穆斯林法学简编是科杜里的《穆赫特索尔》……这部汇编的标题是 Mochtassar el Koduri si firmil hanefije,即哈尼法法学分支中的科杜里汇编,即使现在也有其声誉和效力,甚至被赋予了神奇的力量,在雷雨和瘟疫中建议对之加以阅读。"

《黑达耶》:作者为中亚教法学家布尔哈弄丁·阿里·本·艾布拜克尔·麦尔海纳尼,是对《比达耶》(《初学入门》)的经书的注释。

《伟嘎耶》:意思是"对黑达耶教法问题中传述的保护",与《黑达耶》有着很深的渊源,作者是中亚布哈拉著名哈尼法学派教法学家马ហ茂德·本·艾布迈德·本·欧拜顿拉。这三本著作中,《黑达耶》最早,但文字表述过于简略,此基础上才有了《伟嘎耶》,这本著作问世解决好多疑难问题,但苦于不能全部背记,因而才有了《穆赫特索尔》。

《索德尔舍勒尔特》:意为《法律首席》,关于该书在甘斯时代德语世界的传播,可参见汉默-普尔格施塔尔(Hammer-Purgstall)所著《奥斯曼帝国的国家宪制和国家行政》(*Des osmanischen Reichs Staatsverfassung und Staatsverwaltung*),1815年,第8页:"本着同样的精神和意义,第三部同样有名的作品是 Wikajetor-riwajet fi meßailol-hedajet,即《关于真正指导之路的传统的保存》,是由伊玛目马哈穆德·本·索德尔舍勒尔特一世·欧拜多拉·马乔里所写。他是为他女儿的儿子所写的,他被称为 Sadresch-scheriat eß-ßani,即法律的荣誉之座二世,就像他的外曾祖父被称为 Sadresch-scheriat el-ewwel,即法律的荣誉之座一世。为了阅读它,就像阅读《黑达耶》,创立了许多讲坛,而且有不少评论家对它进行了评注,其中最著名的是他自己的外孙、法律的荣誉之座二世所撰写的评注。这部评注获得了作者的名字,被称为经典作品中的第四部,名字是 Sadresheriat 或法律的荣誉之座。"

《堪足戴尔伊格》:即《礼苑精华》,作者为中亚教法学家艾布·拜尔卡特·阿布顿拉·本·艾哈迈德。

《穆尔特卡》:作者为宗教学者易卜拉欣·伊本·穆罕默德·伊本·易卜拉欣·哈拉比,意为"众多海洋的汇合之处",海洋指以往的哈尼法法学,是对以往哈尼法法学的汇编和总结,该书后来成为了奥斯曼帝国哈尼法学派的标准手册。——译者

(2)沙里亚(Schery)(一般法律);(3)阿达特(Aadet)(传统);(4)乌尔夫(Urf)(任意)。

由于伊斯兰教各个国家的差异性,几乎不可能举出一种穆罕默德的法。因此作为一种穆斯林法的形象,我们挑出离我们最近的奥斯曼帝国,它建立在基督徒曾经生活的领域。然而,奥斯曼帝国的法已经被拜占庭式的制度和一种封建制度所遮蔽。

冯·哈默尔的《奥斯曼帝国的国家宪制》[375]。

二 国家与法

奥斯曼帝国直到希吉拉7世纪即14世纪初才在塞尔柱帝国的废墟上,按照哈里发[376]的模式崛起。奥斯曼帝国有独特的制度,其中一些是从拜占庭借来的,哈里发采用了拜占庭的服装。西方世界的这些制度中也可以算上封建法的引入,这种思想来自基督教,对伊斯兰教来说是陌生的,是偷渡到穆斯林法中的一种法律。土耳其是唯一一个令这种封建制度发达的东方国家。封建法形成于9、10和11世纪。不可能立刻统治那些打着先知旗号的国家,所以它们被作为封地征服了。诸侯们被赋予了封地,但伊斯兰统治权得以保留,以及每周五在清真寺为君主进行公共祈祷。为了表示对哈里发(现在的苏丹)的依赖,诸侯们都戴着马尾巴。封建领主有权任命伊玛目和法官、建造清真寺和铸造钱币。哈里发的所有权利都传给了苏丹。

奥斯曼贝伊的儿子奥尔汗[377],据说首先引入了大维齐尔(Großwesirs)[378]的尊位,他统一了所有的军事和民事权力。这个尊位还被增加了一个贝勒贝伊(Beglerbeg)[379]的尊位。他的继承人穆拉德[380]颁布了 Kanuns 或法律原则。穆罕默德三世[381]确立了位阶(苏莱曼[382]进一步完善了这一位阶);在立法方面,他处于穆拉德和苏莱曼之间。此后没有任何变化,只是现任苏丹改变了军队。

帝国的四根支柱

除苏丹外,还有帝国的四根支柱或主要官职:(1)维齐尔;(2)大法官(Kasiaskere)或军事法官;(3)司库(Defterdare)或财政部长;(4)掌玺大臣(Nischantschis)或国务秘书。就像中世纪封建国家的四个宫廷官职一样。帝国的这四根支柱组成了迪万(Diwan)——财务机关、国务委员会,没有它们,一切都无法决断。虽然他自己选任了它们,但没有帝国的四根支柱,任何苏丹都不能统治。现在,这已经腐化,在土耳其有一些荣誉职位(耶尼切里军团的阿加),他们不是迪万的成员,但拥有自己的地位(热衷头衔是发放一种人们当成现金的纸币)。在塞利姆二世[383]之前很少有法令。从那时起,Hatisherifs 即苏丹的手谕才出现。因此,苏丹的绝对权力开始了,他现在无需经过构成迪万的四个支柱批准就可发布法令。今天仍然有人咨询穆夫提(Mufti)[384]。苏丹后来建立了许多制度。但是引入另一种原则会破坏伊斯兰教,它必须为之赴死。土耳其人是自由和东方专制主义的混合体,土耳其人在其腐化中找到了他们的自由。他们不属于欧洲,在这里只能被宽容。

大法官(Kasiaskere)是乌理玛(Ulemas),即法官的首脑,他们有一个完善的组织,他们的首脑是穆夫提,是可以发布命令和法律意见(Fetwas)的最高宗教人士。维齐尔之首是大维齐尔,是除穆夫提之外的最高世俗国家官员,而穆夫提又是大法官的领导。在他之后是霍贾、苏丹的老师；但主角是大维齐尔。他有权在不征求苏丹的意见下授予封地，这些封地的收入可以达到5999个阿斯珀。6000阿斯珀封地的授予由苏丹负责。大维齐尔是所有军事和民事事务的首脑，是苏丹的可见形象，一切都向他的威望低头。他拥有帝国的玺印，而迪万每周在他的宫殿里开五次会，这个宫殿被称为高门。这个称谓也被赋予整个帝国。一旦大维齐尔放弃了他的职位，他就被驱逐出宫廷和首都，这在野蛮人的国家总是如此；这样一个人不能再作为私人生活。

大维齐尔手下有三位部长：基亚贝伊（Kiaja-Bey，即内政部长）、文书长（Reis Effendi，即外交部长）和乔什帕夏（Taschaus Pascha，即议院或司法部长）。这三位大臣构成了全部权力，并在大维齐尔的领导下团结一致。他们无权成为迪万的成员，因为他们不属于帝国的四根支柱，而只是大维齐尔权力的执行者。但在近代，最后两者被接纳为出席会议的咨议，但没有投票权，因此他们被称为贝伊（Bey）和埃芬迪（Effendi）。

迪万

什么是迪万？"Diwan"这个词是波斯语，意思是魔鬼（Diaboli）。这个名称的由来是，当哈里发的顾问们第一次坐在一起时，那些经过的人说 Inan diwan end——这些人是真正的魔鬼，这些人是可以做到任何事情的巫师（Diwan 在我们这里也有"长沙发"和"诗集"的意思）。在迪万会议日，大臣们在破晓时分聚集在一起祈祷。在迪万的厅堂里，维齐尔们先坐下；在他们的左边有一个留给大维齐尔的位置。在大维齐尔的左边坐着大法官，然后是一边的掌玺大臣[385]和另一边的司库[386]。在所有人肃静下来之后,大维齐尔才会进入。文书长亲吻他的衣服下摆,并将报告的信夹放在他的左侧。然后,文员即国务秘书和记录员进入。使者们穿过迪万被领到苏丹面前。这些会议非常庄重,就像奥斯曼帝国的其他事情一样。所有国家仪式中最重要的是肃静。大型仪式,特别是在接待外国使节方面,取自拜占庭帝国。"财富在印度斯坦,知性在法兰克斯坦,但威严只在奥斯曼的儿子们这里。"这是奥斯曼的一句谚语。然而国家的这些华丽只是假象,背后没有任何东西实存。

如果迪万觉得自己不够强大,无法单独进行审议,就会召集知名人士一起讨论。迪万只是苏丹的咨议;他可以打发迪万的个别成员离开,但他必须始终拥有他们的四根支柱与之相对。

三 市民社会

市民社会的特点是懒惰和诚实。奥斯曼人什么都不做,但非常诚实,欺诈和盗窃完全不存在。市民社会其实已经完全解体,黎凡特的贸易已经落入欧洲列强手中。

每个土耳其人都是一名士兵。他们也有封地军队,但他们只需要在夏天打仗。

四 家庭

(一) 婚姻

婚姻是完全的一夫多妻制,但在这里我们第一次发现了一种数量上的限制。一个普通的穆斯林男子只能有四个妻子

($kadishas^{387}$)。但是苏丹可以有七个合法的妻子,因为他是穆罕默德的后裔,他通过自己从天堂获得的讯息得到了天使加百列的许可,可以有七个妻子。一个穆斯林男子可以随心所欲地拥有许多小妾。婚姻在《古兰经》中其实并不是新确立的,而是由古代阿拉伯习俗所预设的。在贵贱通婚中,所有的婚姻都是通过买卖达成的。在奥斯曼帝国,婚姻通常是在父母所属的清真寺的伊玛目面前订立契约。他们单独缔结婚姻,他们单独举行活动。与之相反,波斯人在这里行动更加自由,即使没有父母的同意,婚姻在这里也是有效的。在波斯什叶派中,也有一种附有可解除条件的租赁婚姻($Kabin^{388}$),这种婚姻也存在于中世纪的穆斯林西班牙人中(*casado de media carta*)以及《普鲁士国家邦法典》中,即未成年人缔结的婚姻,他之后可以将其解除。[389]

所有的穆斯林都有晨礼。这已经是标志着女人自由的东西了,因为晨礼不过是婚礼后第二天早晨给牺牲的贞操的礼物,由此表明女人有权享有她的自由。但这并不是女人收到的晨礼,而是对父亲的报酬。如果一个女人从一个非信徒那里跑到一个信徒那里,那么后者必须赔偿购买金。

在《古兰经》的法中,出现了与摩西法相同的禁婚令,而且似乎是以摩西法为模板,只是穆斯林关于禁婚令的规定还要更加严格:叔叔不得与他的侄女结婚。鉴于嫉妒之心,一个人不能连续或同时娶两姐妹。同样,人们不允许与偶像崇拜者结婚,但可以与犹太人和基督徒结婚。

妇女的地位

在《古兰经》中,妇女被视作完全不同的东西。在所有其他东方法中，妇女都是一个客体，没有独立性。这种蔑视在穆斯林法中是没有的。在这里，妇女尽管不是自由的，是被关在内宅之中的，但在这里她有权利和要求。在闭居时，她会受到非常高尚和温和的对待。这种温柔的关系如何能与一夫多妻制相协调呢？在穆斯林法中，妇女个人受到尊敬和尊重，只有作为集体概念的女性性别才从属于男性性别。女人的真正归宿是内宅的端庄幽静，在那里她的荣誉受到阉人的保护。尽管她不见天日，不被允许抛头露面，但作为一个个体、作为这个女人，她被爱和被尊重。当然，由于阿拉伯人在欧洲的存在，这种内宅已经被大大软化了。它已经变得更加开放，妇女也变得更加自由。因为正是在西班牙、在骑士与穆斯林的战斗中，现代的爱才得以发展。西班牙的摩尔人被认为是殷勤的典范，至今仍被称为对妇女彬彬有礼的人。然而伊斯兰民族正在衰落，男女之间的这种美好关系也没有保持纯洁和不受腐化。

离婚由男人的喜好决定，但《古兰经》称轻率的分离是不虔诚的，这已经是一个进步。如果一个人休了他的妻子，他说："你对我来说就像我母亲的背一样。"离婚后，他不能收回晨礼；一般来说，按照习俗，必须给妻子留下体面的东西。然而，他可以再次与被休妻结婚。如果他第三次休妻，他就不能再娶她，直到她此前有了另一个丈夫。

（二）父权

父权并不是很严厉，而是有着一种家长式的宽松。儿子在内宅中与母亲待在一起，直到他们的性冲动觉醒。长子在穆斯林中不是很突出。一般来说，家庭关系只是次要的，因为民族的性格倾向于脱离家庭,以便进行征服。然而战争是自身与家庭决裂,而家庭则希望坚守家园。长子只有在家庭中才能拥有特权。

(三)继承法

继承法非常复杂,参看拙作《继承法》第1卷,第205—232页。在东方,在这里第一次出现了遗嘱式的处置。每个穆斯林都可以处置自己三分之一的财产。原因是穆斯林被指示在世界漫游,处处传播神,让人们知晓他的实存。对这样的战士来说,世俗并不算什么,只应当是进一步推动狂热主义的手段。正如在罗马和其他好战民族中一样,一个士兵在立遗嘱方面有许多特权。穆斯林是一个自由人,比其他亚洲人有更多的独立性。他可以脱离他的家庭,独立处置自己的财富。因此,在这里,我们首次发现了双重继承权。法定继承权涉及亲属关系,但亲属关系并不是有序的,因此是任意的。重要的不是亲属关系的密切程度,而是教育以及普遍亲密关系的密切程度。有两种类型的法定继承人:(1)参与者,他们预期部分继承;(2)剩余继承人,他们拿走不属于其他人的东西。

五 刑法

在我们探讨完法官问题之前,在这里还不能考察刑法。帝国里的所有法官都被称为乌理玛,构成一个等级。他们是宗教和法的仆人,包括处理宗教的人(伊玛目)和处理法的人(卡迪),然后是所谓的埃米尔,即先知的血亲,以及德尔维希,即穆斯林生活的僧侣。一个埃米尔就是一个以先知的名字命名的人,德尔维希是由埃及传来的僧侣。奥斯曼帝国的乌理玛和教皇之首是穆夫提。他处于整个乌理玛机构的顶端,因此其中拥有最高的权力。穆夫提只是奥斯曼帝国的一种制度,是可以被废黜的。在哈里发治下,头等国家法官卡迪·库达特是乌理玛的首脑。在宪法问题上要征求穆夫提的意见,并且要对与乌理玛的争议作出裁决。下级法官是大毛拉和小毛拉、穆费提,奥斯曼帝国有210名穆费提,他们所有人都联合在阿布·哈尼法的学派里,最后最低的是卡迪。

奥斯曼帝国的刑法典主要由苏丹苏莱曼的法律所确定。金钱几乎是死刑之后的唯一刑罚。监狱不存在,但存在流放。另一种取自拜占庭帝国的刑罚是阉割。刑罚并不总是与罪行相称。淫乱将被处以30—1000阿斯珀的罚款,这取决于妇女的等级。凡亲吻别人的妻子或女儿的人,都要付1阿斯珀。绑架者会被阉割。斗殴会受到严厉的惩罚;如果一条腿(Bein)[390]被打断,侵害方必须支付100阿斯珀。盗窃罪的处罚是双倍、三倍或五倍;任何偷马、骡子、驴子或水牛的人都必须支付200阿斯珀,否则就砍掉他的手。

生命的价值较低。占据优势的乃是命运;他们不相信人是自己幸福的设计师。死刑适用于很多事情,而且非常容易得到这种判决。这是一种倒退。谋杀可被判处死刑,醉酒后的杀人可被判处死刑,叛国罪可被判处死刑,犯罪预备也可被判处死刑。通常情况下,苏丹会给犯罪者送去一根丝绳,这是一种荣誉,而犯罪者则会自愿上吊自杀。

六 民法

奥斯曼帝国是一个封建帝国。创始人跛子帖木儿[391]建立了大型军事封地(Siamet)和同样的小型封地(Timar)。受封者在男系中继承其权利。他们自己必须交钱,并提供一定数量的武装人员,有些受封者提供步兵,有些提供骑兵。根据《古兰经》,所有土地都属于苏丹,因为他是哈里发的后代。他是所有土地财产的封建领主。没有任何土地是真正的非封地(如在英国,一切都是封地[*fee*])。土地分为什一税地和税地,前者在被征服时落入穆斯林手中,后者则是留给非穆斯林臣民以征税。

这些契约与道德有关。它们是神圣的,并以最严格的方式加以解释。众所周知,奥斯曼人在遵守契约方面是多么的死板。这来自它们的抽象性。这个词的神圣性具有一种宗教意义。*Graeca fides*(希腊人的忠实)[392]往往与这种忠实相对立。

回顾东方法

在任何东方国家,都没有一种真正的国家法。国家是建立在宗教磐石上的,人们只是对法进行了评论。就此而言,我们只是在处理法的对象,而不是一种稳固的、从立法中产生的法。在中国,进行统治的是家庭,在印度是婆罗门,在波斯是祭司,在犹太人那里则是神自身。对穆斯林来说,国家不是持存的东西,因为他们不是一个固定的民族,而是一个进行战争的、狂热的民族。在东方也没有真正的家庭法;只有在犹太人中,家庭似乎变得更加伦理,即使婚姻是一场买卖。东方的民法和刑法的缺陷在于,它缺乏所有的明确性和规定性。渗透的知性无法将这些犯罪分离开,因为那里的法始终是与宗教相联系的。道德的缺点是没有归责。

土耳其人和希腊人之间相距并不遥远。土耳其人是东方生活的最高养成,而希腊人是欧洲生活的开端。

第二篇　希腊法

一　资料来源

有许多资料来源。从法学上讲，主要是演说家们。这些演说家是真正的法学家（我们的法学家应当从卷宗的凌乱中抽身出来重新成为法学家）。在这些演说家中，以下是对私法有影响的人：德摩斯梯尼[393]，全雅典最伟大的演说家，他为我们留下了阿提卡法的大部分残余。

国家法方面不及他，私法上或许达到他的水平的是伊赛优斯[394]，他是这方面的大专家，也是家庭和继承法的主要资料来源。

紧随演说家之后的是历史学家，希罗多德[395]在某些事情上给了我们启示，然后还有修昔底德[396]，特别是色诺芬[397]。

紧随他们之后，哲学著作取得了更大的成功。在柏拉图的对话和他的《法义》中，包含了许多属于阿提卡宪制的内容，或者至少大部分与之有关，即使不是从字面上取材于此。在《法义》中，柏拉图更坚持现实有效的法，因此可以被认为是一位历史学家。亚里士多德也有可以使用的注释。

此外，还有大量后来的编纂者、历史学家、地理学家、演说家和逸事家，从他们那里可以用到很多东西。

对阿提卡法开展了活跃的研究。这里仍要提到一些前期工作：

伯克：《雅典人的国政》[398]；

普拉特纳（Platner）：《阿提卡法知识论稿》(*Beiträge zur Kenntnis des attischen Rechts*)，马堡1820年；

迈尔：《阿提卡诉讼程序》[399]；

赫夫特（Heffter）：《雅典法院组织》(*Die athenäische Gerichtverfassung*)，科隆1822年；

甘斯：《阿提卡继承法》(*Attisches Erbrecht*)[400]。

二 一般导论

在希腊，我们面对的不是一个单一的大国，而是许多小国，它们因共同的语言而结合在一起，但又因政府形式和法的无限分歧而有很大差异。这一点必定会在东方的群众中引起注意。但精神的本质是在内容上。如果说在东方出现的是群众，那么希腊则产生了人的形式。

在希腊，主要有两种不同的原则，一种是多利亚原则，一种是爱奥尼亚原则，其中多利亚人更多地具有实体性的特征，爱奥尼亚人则更多地具有精致和尖锐的特征。多利亚人与东方的原则脱离得最少。在他们那里，东方的观念仍不时出现。而在爱奥尼亚人那里，这些观念已经被驱逐了。奥特弗里德·穆勒[401]认为多利亚人是真正的希腊人。但纯粹的希腊本质并不是从多利亚原则中产生的；雅典是爱奥尼亚式的。在更近的时期，对希腊的本质产生了一场争论，尤其是在海德堡的沃斯[402]和克罗采尔[403]之间。沃斯的观点是，希腊只能从自身和它曾经现存的差别中得到解释，而不能从它的起源和开端来得到解释。与之相反，克罗采尔只看到了东方人在其中所取得的发展。他追溯了斯基泰人的东方背景，想把希腊重新返回到它的开端，不让它被视为是独立的，而是把它往后推。如果我们想找到希腊本质的起源，这是正确的；然而，希腊本身建立在它与东方的区别之上。另一种观点则陷入希腊区别的庸俗，把希腊从东方的开端中扣除，没有看到东方与希腊如何相联系。任何观点都不应该忽视什么是开端、什么是区别。中道的观点可能是正确的，它把希腊从过去和自身中引申出来，并说希腊生活起源于其他地方，有其东方从前的记忆，但它改变了这种东方的本质，并从中形成了一种崭新的、精神的和希腊的创造。

希腊是从东方出现的第一个自由的原则，第一个仍由东方背景所支撑的尚且微小的形态。在其中可以观察到两个环节：(1)生成的环节。希腊无法摆脱东方精神，即使它也不能受制于东方精神。(2)它是作为美的自由，自由的青春期。

我们从公开资料中对多利亚法的了解并不充分，因为主要的资料来源是演说家，他们只出现在雅典，即在爱奥尼亚国家。与之相反，阿提卡法，我们知道并希望分享它。我们有这么多来自雅典的丰碑，而没有这么多来自其他地方的丰碑，这或许可以视作一种偶然，演说家、哲学家等都在这里，人们可以为其他国家没有留下这么多东西而感到遗憾。然而，这并非什么偶然。雅典立于希腊诸国之巅，乃是希腊教化的典范。正是因为这些伟人在这里，才给我们留下了如此之多的东西。只有雅典人呈现了希腊生活；其他的国家只有一种对雅典教化的微薄补充。

法与宗教的分离

阿提卡法的原则是什么？纯粹的希腊法原则与东方法的区别是最为明显的。就内容而言，东方其实根本没有法，只是就其对象而言，因为这些对象（家庭等）出现了。如果法具有一种法的内容，那么它就不会有宗教的内容。它是一种非独立的法，内容来自其他地方。与之相对，在希腊，法的独立性也伴随着自由而登场。法与宗教是分离开来的，并从宗教中解放出来了。希腊法尽管也来自神，但它只是**来自神**，它只是**通过神**，而不是**神的**。也就是说，神播种下法，而人必须看护着它，种子才能发芽。英雄们建立了诸国，但随后他们就撤退了。在后亚细亚世界的保护之下，**唯有**神才能制定法律；在前亚细亚，**先知们**随着教化而来，但他们只宣扬据说是神性赐予给他们的东西。在希腊人中，颁布法律的不再是先知。在这里，第一次出现了人的立法者，他们从自己的、人的教化中来确定什么是合法的，他们是向人民提供咨询的等级。梭伦[404]、吕库古[405]、扎琉科斯[406]、卡伦达斯[407]并非先知，而是人。他们说，我们是人，我们的法律必须改进；我们在一个人类的疆域之上，在一个显而易见的历史世界之中。因此，希腊真正的人比先知们的伪人更可取。

但如果法律从此与宗教完全分离，那么宗教与法之间是否不再有任何联系？在希腊，法仍然与宗教有关，但宗教退居幕后。国家是由诸神和英雄建立的，但一经建立，诸神就不再为人做任何事情，立法者就是一个 *paradios nomothetes*（出自神的立法者）[408]。同样，虽然王权是宙斯的女儿，但随后诸神就把国家交给了人。希腊人的宗教是拟人化的，让人主张自己的地位；诸神自己以人的形态显现,与他们一起战斗,为他们战斗。他们所做的并没有什么神奇之处,只是比人所能做的更大,而不是什么不可理解的、不可思议之事。

法的国家法性质

但是,如果法是由立法者所赋予的,它与我们所说的法有什么不同呢?希腊法是一种我们意义上的法吗?希腊法是一种世俗法、一种人的法,但它还没有内在地作为法而形成。它与宗教有区别,但本身还没有区别。它还没有完全摆脱东方的束缚;它仍然有一种世俗的束缚,即国家。近代以来根据法的各个部分所作的区别和细分在雅典并不存在。私法和国家法还没有分开。个人还不是一个私人,因此在希腊其实没有私法。柏拉图希望看到所有私法的东西都被摧毁,国家的 *Phylakes*(护卫者)[409] 应当领导一切。国家仍有一种压倒性的权力,以至于它不能放弃法的某一方面。

演说家

这种国家法性质特别体现在,法不是由法学家而是由演说家来阐明的,在他们那里可以观察到一种非法学的说服方式。人们要求的是某种由人民的投票所产生的东西。只有当法与国家分离时,一种真正的法学家才是可以设想的。这就是为什么法学家只在罗马人的私人生活中出现。因此,在希腊中也没有法律原则,甚至连一种客观法的词汇都还不为人所知,而罗马人则有 *jus* 的表述。因此,一般法学的概念仍然缺失。法还不具有真正的法学性质。只要人们有一个词来表述一门学科,人们就对事情本身有了一点概念。所谓的阿提卡法,在我们的意义上其实和东方法一样并不算法。正如东方法与宗教相关,那么它也完全与国家相关。

国家的概念仍然是法本身的包裹。因此所有的诉讼的处理和裁决都不是以法律为依据，而是与国家和公共生活有关。在我们这里，法也与国家有关；然而，法学家是某种独立的东西。希腊人没有法律人等级，因为没有私法；他们的法学家是演说家。在罗马，直到共和国末期，也只有演说家。西塞罗[410]以轻蔑的语气提及非演说家的法学家；但在演说之后，法学家就来了。演说家也是人民的法学家。他们把自己的敏锐洞察投入法律中，由演说家们来扩充解释这些法律。当今时代的趋势是人们希望使法学家再次成为演说家。这在一些国家已经实现了（英国的大律师[barrister]必须能言善辩）。随着言辞的法庭组织取得优势，这在我们这里也显而易见了。我们将回到古人更好的立场上，而这样一来，法将再次踏入被法律人等级僭夺的人民之中。

缺乏内部差别化

阿提卡法是一种国家法，其中尚未形成法的个别方面。刑法和民法之间区分的思想没有像在我们这里一样得到表达，对它们的处理没有分离开来。在民法本身，所有权和契约之间、人法和物法之间还没有进行区分，而罗马法以其巨大的抽象形成了这种区分。此外，家庭法和继承法尽管是我们最为熟悉的，因为这里的资料比较详细，然而我们对其他部分就没有这样的了解。

一般而言，阿提卡法是诉讼，即在于诉讼形式。阿提卡法的作家们探讨的大多是诉讼，并借诉讼来探讨法。在法的地位上，诉讼是与私法完全分开的。在罗马法中，其所有的规定都是基于诉讼的；而在阿提卡法中，则完全没有区分。一般来说，在较早的宪制时代，诉讼形式不仅是主要的，而且就是唯一的法。在罗马历史上,法和程式起初是一体的;罗马的诉讼体系对法律体系产生了主要的影响。在英国,诉讼形式是主要事项,并支撑着法。在我们这里,诉讼与法是分开的。但在阿提卡法中,前者包含后者;因此法和程序是一体的,即阿提卡的法在于诉讼的形式中。

三 雅典的国家法

与东方完全不同,民主制在这里第一次出现:雅典是民主的。诚然,所有的希腊国家都是发端于君主制,而斯巴达也一直是君主制。但在大多数希腊国家,自从它们在历史上出现之后,就失去了君主制的因素。国王之后是民主制,还不完全是纯粹的,但其中贵族的因素仍然占主导地位。通过贵族制,大多数国家都过渡到了民主制。国王并不是我们这里意义上的君主制,而是说国王是首席市政长官。这些国王大约在同一时间在希腊各地消失了,不是通过固执的革命,而是像他们自己主动而为一般,他们像一个自然的东西一样消失了。没有对他们的仇恨,他们的家庭继续生活在国家中。

梭伦之前的国家组织

就民主制而言,必须对梭伦之前和之后的时代进行区分。在梭伦之前,行政事务掌握在三个执政官手中,他们有相当大的权力;在梭伦之后,他们只有名誉上的权力。有九个执政官,然而只有前三个由于授予他们的职位是重要的。第一个执政官被称为名年执政官(*eponymos*),有罗马执政官的权力。他负责监督家庭事务,照顾寡妇和孤儿,负责婚姻的解除以及了结父母与子女之间的诉讼。家庭纠纷在他面前进行,而他的名字也被用来纪年。第二位执政官,即王者执政官(Basileus)(王者祭司),负责神的事务、祭祀和宗教仪式。王权并没有和国王一起完全停止,王权得以继续,就像在罗马一样,而它还表现为一种 rex sacrorum(圣王)[411]。王者执政官必须处理与教会有关的一切事务,他主持节日和游行活动。在以前,他必须负责祭酒(Libationen)[412]。第三位是军事执政官(polemarchos)。他是一个必须指挥右翼的军事领袖,如马拉松战役。后来,这一尊位与军队完全分离,军事执政官任职于民众集会。将军(strategoi)取代了他的位置。其余六个执政官是司法执政官(Thesmotheten),他们颁布法律,主持法庭和公共节日。

执政官是在一年的最后几天,从那些缴纳最高税的人中抽签选出的(在波斯战争之后,克里斯提尼[413]和阿里斯提德[414]的立法允许所有公民参加选举。然而所有穷人都避免接受这样的职位,因为这会让他花费很多,却什么也没带来)。一般来说,职位越高,它们的花费就越高,反之亦然。很可能要求一定的年龄。公职候选人必须证明他们上溯直系至三亲等乃是真正的雅典血统。此外,他们还必须宣誓,他们崇拜祖国的阿波罗和祖神宙斯,这些古老的民族神灵。因此,没有无条件的宽容。然后必须证明他们恭敬地对待了自己的父母,他们履行了兵役,并履行了对国家的其他义务。执政官的就职誓言是遵守法律、拒不接受任何礼物,如果违反了,就将一尊与他们身体同样重量的金像献给德尔菲的神。前三个执政官中的每一个都可以选择两名陪审法官。

梭伦之后的国家组织

然而,这一切都是在梭伦之前。根据他的宪制,执政官们只剩下了一种荣誉权,他们的政治作用被废除了。名年执政官只是一个单纯的有名无实的执政官。在后来的时代,军事执政官除了处理那些战斗阵亡者的葬礼外,没有任何其他事情可做。他们还组成了一种委员会,但其中没有什么重要的事情发生,只有在被驱逐出国的人回来时才会被判处死刑,以及类似的无所谓的事务。如果他们一直保持无可指摘,随后他们就会成为战神山议事会(Areopaga)的终身成员,而战神山议事会本身已经失去了其重要性。在梭伦之后,一切都过渡为真正的民主。人民带着权力进入国家,他们参与其中,而且有一种人民的代表。权力在于个别有组织的机关。它们是团体,而不是个体;个体的权力归于团体,团体都是选举产生的,任期一年。有许多这样的机关。

行政权

行政权的机关是:

(1)十一人——hendeka。这些是十个部落的十个代表。每个部落一名,还有一名书记员。他们负责监督国家监狱,指导执行,实施临时拘留,并不时作为主审官出现在法庭上。

(2)strategoi 或将军,共十人(每个部落一人),军事执政官占据他们的首脑地位,构成第十一人。他们其实是部队的总指挥。他们被赋予了召集特别公民大会的任务,不仅是为了战争,也是为了其他事务。当伯利克里[415]提议关于非婚生子女的法律时,他就是一名将军。在剧院里,他们必须主持祭酒并决定国家给付。他们也是战争中的军事领导人。

(3)之后是 Poleten,即税务厅,也是由十名成员组成,每个部落各一名。他们的长官是首席执政官(Prytane)。他们处理的是土地的租赁和证券的拍卖。

(4) *Syndikoi*（财产纠纷审判员）不是集体组成的，他们是财政机关的仆人。他们的任务是记录要收取的款项，为没收做准备，而且只是临时的。

(5) *Apostoleis*（负责装备和调遣海军船舰的官吏）是一种装备舰队的特别委员会。

此外，还有许多警察机关，特别是在后期：*astynomoi*，即城市警察，在城市和比雷埃夫斯各有五个；然后是 *agoranomoi*（市场警察）、*epimeletai tu emporiu*（港口管理员）；最后是度量警察和妇女警察。

所有这些机关对其事务同时都有管辖权。在梭伦之前，当宪制还是贵族制时，这些官职的意义大得多，他们拥有完全的管辖权。但后来他们不得不将案件提交给法院，只能进行预先调查（*anakrisis*）。确实，在一定数额以内，他们可以自行裁决，然后当事人可以向法院提出上诉。

因此，这些官职不会成为永久性的，他们要担负责任，而这是一个重大的进步。问责只能存在于一个自由的民族，而不是在谈不上自由的东方。在卸任的 30 日内，他们必须在没有被询问的情况下向账目审计人员（*euthynoi*）和会计师（*logistai*）作出汇报。如果有人不这样做，那么就会对这位官员提出特别投诉（*alogiu dike*）。对整个国家行政部门有一种全面的监督。这种核算是最重要的，体现了国家的秩序（伯克：《莱茵博物馆》[*Rheinisches Museum*]）。

公民大会

但这些都不是立法机关，而只是行政机关。立法机关的顶端是**公民大会**，它由各官员根据其事务召集。它在许多事项上是初审，在其他事项上是上诉。立法只能来自人民。在每年的前35天（在第一个主席团主席），人们讨论是否应该保留旧的法律，六位司法执政官对此提出议案。一个公民委员会被任命来审查新法律是否正确。这也适用于税收，它是任何地方都属于立法的一部分。然后事务会被带到人民面前。公民大会任命国家官员，决定战争与和平，决定税收，处理宗教事务和铸币业，并对公民权利有最终决定权。至少必须要有6000票。公民大会由主席团主席执政官和九位首席主席主持，而作出的决议是法令草案（*probuleuma*）。每位年满18岁且无不光彩之事的公民都可以投票。投票是通过举手（*cheirotonia*），但在某些情况下是通过陶片（*psephoi*）进行秘密投票。在所有关于事的问题上，人们必须公开投票；在所有关于人的问题上，人们必须秘密投票。在授予公民权和放逐的情况下，投票是秘密进行的，以避免*invidia*（妒忌、仇恨）[416]。

战神山议事会

在这个公民大会之外是战神山议事会（*Areopagus*），即战神山的元老院。它是神圣的起源；因为它的起源通常归于凯克洛普斯[417]，他本人仍然是一个神话人物。在旧时代，战神山议事会也是非常重要的，是国家最高权力机关或国务会议。梭伦给它制定了新的宪制，降低了它的地位，随着执政官重要性的下降，战神山议事会的重要性也随之下降。所以，梭伦希望战神山议事会成为对行政部门的一种控制和法律的一名守护者。它将负责关心伦理和教育，并能取消民众决议。然而，这已经过时了。它对普遍伦理只剩下有一种监督的作用而成为名义上的了。作为法庭，它必须对杀人、故意伤害、投毒谋杀和纵火以及亵渎神明作出裁决。在每个月结束前的第四天、第三天和第二天，在离城堡不远的一座山丘上举行露天会议，尽管有一个顶棚保护。像所有机关一样，战神山议事会是问责制的。

第三个议会是**五百人的元老院**。它领导外交事务、财政和粮食的进口。有时这个元老院被提升为法庭。例如在三十僭主的时代，它宣判生死。

就**法院**而言，它们具有完全的人民法院的性质。人们想把它们和陪审团法庭等而视之。然而，这些法官是法官而不是陪审员；陪审员是良心的法官、被告的辩护人。法官的数量总计6000名。后来，其实只有最贫穷的人才报名参加，这是一种制度的影响。只有针对杀人和投毒谋杀的法庭，即埃菲特法庭，与其他法庭不同。他们由50名雅典人和阿凯亚人组成，他们必须年满50岁，而且要有良好的道德。但梭伦让战神山议事会成为它们的上级。演讲是在这些法庭上举行的，案件审理是公开的。

它是一种完善的民主制，有史以来最纯粹的民主制。

四 市民社会

在东方，其实根本就不存在市民社会；而在希腊，市民社会已经与国家分离。生活中的直接性事务并不适合自由人。在国家里，自由人应该生活在闲暇中，即从生活的空虚操持、从谋生等中解放出来。奴隶被用于各行各业；公民应该牺牲他的职业而全身心投身国家。在我们这里，市民社会同时被纳入国家，这就使我们的市民社会区别于古代的市民社会。

同业公会

在雅典,有社区组织(同业公会)。在东方是种姓,在希腊则是社区。种姓是固定的、由神所创生的制度;与之相反,社区尽管是与宗教和家庭有关的制度,但更自由。那些仿佛在国家之内形成一个国家的社区是 *phylai*,即部落。在克里斯提尼之前,有四个部落,后来则有十个部落。它们被进一步划分为不同的村社。然而,部落与胞族没有任何关系。在克里斯提尼之前,胞族是部落的一个分支,但自此以后,它们就成为像胞族库里亚(*curiae*)这样的独立宗教共同体,它们行使着罗马氏族的私人圣礼;他们是神圣的的家庭共同体。

各部落其实是国家的组成部分。每个部落任命一名执政官、一名将军等。它们必须筹措国家规定的税款,并根据其规模提供一定数量的士兵参加战争。由它们来决定公民权利的获得。每个部落为 500 人议事会提供 50 人。这些社区(部落[*Phyles*]、村社[*Demes*]、胞族[*Phratrien*])举行集会并通过社区决议。在东方没有任何这一切的痕迹,在印度没有任何国家联合起来,在中国没有同业公会。

公民

个人是公民(*politai*)。这些人必然是来自父方和母方的土生土长的雅典人(*gnesioi*),并且是唯一有权担任公职的人。然而公民也可以通过归化来实现,但只能通过人民(*demopoietoi*)来实现。非婚生的私生子(*nothoi*)没有公民权;但是,可以通过引入胞族而承认嫡出。

在市民社会中,荣誉(*time*)和不荣誉(*atimia*)第一次在这里表现出来。公民的品格就是荣誉。这就是一个人格所投下的个体性之影。诚然,真正的荣誉只是随着现代世界的主体性而产生的。在古代,荣誉的概念是不同的。它仍然是纯粹客观的,完全与国家有关的,还不是主观性的,一种人与人之间的关系。因为在那里,确实存在个体,但还没有从中发展出主体性。这就是为什么在古代没有因为荣誉而发生的决斗。雅典公民必须充分享受他的荣誉,才能行使阿提卡的公民权利。有一种完全的和一种不完全的不荣誉。遭受完全不荣誉待遇的是失去其财产的国家债务人。第二类不荣誉包括那些偷窃或犯有其他罪行的人,或侮辱了一名执政官的人。这些人并没有失去他们的财产。最后,还有第三类不荣誉,它只排除某些权利和诉讼。

除了这种不荣誉之外,还要考察居民的不同阶层。这些人被分为公民和外邦人(*xenoi*),后者在权利上低于前者。这些外邦人可以是荣誉领事官(*proxenoi*)和特权外邦人(*isoteleis*)。他们有权在阿提卡获得财产和地产,但没有积极的公民身份。然而他们似乎有通婚权(*Epigamie*),即与雅典公民结婚的权利。然后是异邦人(*metoikoi*),他们进行商业活动以换取保护费和战争服役。被解放的奴隶有荣誉领事官(*proxenoi*)权利。再后是私生子(*nothoi*)、自然的孩子。由于这些人没有家庭权利,他们与公民没有任何联系。最后是同盟者,他们不得不在雅典寻求正义。

奴隶

之后是被解放的奴隶和奴隶(*duloi*),这是一个庞大的阶层,在我们这里,他们被纳入了国家之中。就宽和的家庭而言,雅典的世界是一个美的世界。在雅典,在那里,希腊主义与作为野蛮的自然相对抗,而民族则把自己设定为某种特殊的东西,奴隶制和自由之间的对立还不像罗马那样尖锐;这里的自由仍然是青年明朗的自由。因此与奴隶的关系并不严酷,而是温和而美好的。奴隶们照顾公民的事务,为金钱而劳动,是手工业者和艺术家。他们是阴谋家,掌管家庭,分享最美的享受。主人没有权利杀死他的奴隶。他们有一种特有产(*peculium*),可以以主人的人格受到侮辱。公共奴隶享有特殊的优先权,甚至可以接受审判。

市民社会本质上是从事商业活动的。雅典是希腊工业最发达的地方。

五 家庭

我们对家庭法有很多的了解。阿提卡家庭具有所有阿提卡法的特点,即它是美的家庭,而在东方则是自然性的家庭。这里既没有抽象的严格对立,也没有单纯的自然性。

(一) 婚姻

首先,婚姻具有一个环节,它不是神圣的婚姻,而是纯粹的**民事**婚姻。它与以往不同之处在于,它不再是宗教性的,也不再是买卖,而这是东方婚姻的两个方面。阿提卡式婚姻是民事婚姻,是一名雅典男性公民与一名雅典女性公民的婚姻。任何与外国女性或外国男性的婚姻都是被禁止的,并且有一个国家诉讼来反对它:对外国人的公诉(*graphe xenias*)。野蛮人的环节具有极大的重要性。外国人的丈夫必须支付1000德拉克马,而谁要是把一个外国女人当作属于他的同胞女公民来迎娶,他就会丧失荣誉,他的财产会被没收,三分之一的财产落入指控者手中。同样的情况也出现在帝国城市。

第二个环节是婚姻必须是唯一的;这里我们进入了**一夫一妻制**的领域,这在埃及已经出现了。在人类社会过渡到自由之处,一夫一妻制也就出现了。一夫一妻制完全是占主导地位的,但它还不纯粹。一个人尽管不能有两个妻子(苏格拉底也没有,尽管阿忒那奥斯[418] 有),但除了妻子之外,还可以保留情妇和小妾。他们通常保留在家室之外;在家室之内不能引入小妾。希腊人说,娶老婆是为了获得公民权,而小妾只是为了享受和呵护身体。妻子和情妇之间的区别是,妻子有一份彩礼,而找小妾则用不着彩礼,彩礼是由丈夫支付的。所以这种一夫一妻制的原则仍然与东方的背景相联系。

第三个环节是婚姻必须是通过完全有效的**契约**所产生的,女人必须是通过一纸婚约(*engye*)、一份担保交给男人的。必须作出担保的监护人(*kyrios*)总是必须为女子置办嫁妆的人:父亲、兄弟、父亲的兄弟、祖父,然后是远房亲属。没有这样的保证,就不能缔结婚姻,除非妇女没有亲属。那么她也可以由法院判归某人,然后是女继承人之判归某人(*epidikastheisa*)或判决之妻(*mulier adjudicata*)。

妻子只有通过登记入胞族才能取得法定之妻的各项权利。

买卖是完全在婚姻缔结之可能性之外的事情。只有小妾还能被买卖。在东方,妻子是一个物;在希腊,她是自由的,更受尊重,她的独立性确实还是不像后来那样发达。她还是被推到幕后,不属于论坛或事务,她监督仆人和女仆,管理家室和抚养孩子。在历史的前台活动的是丈夫以及最多是已经放弃了妻子之真挚的情妇。希腊妇女并没有像许多罗马妇女那样取得历史上的名声。只有像阿斯帕齐娅[419]这样的情妇才为人所知。甚至还有妇女之物性的痕迹。例如,德摩斯梯尼的父亲将自己的妻子以80米纳遗赠给德摩斯梯尼的监护人迪奥弗布斯。

嫁妆

因此,婚姻是自由的,而妻子必须在她的财产中实现这种自由。妻子的显著特征是嫁妆(*proix*, *dos*),它根据等级的不同而不同。在古代,只有那些拥有一份财产的人才是有意义的。一个女人没有 *proix*,没有 *dos*,这是一种耻辱;她不能是无嫁妆之妻(*aproikos*, *indotata*)。相反的情况很少,几乎从未出现。当然,德摩斯梯尼抱怨说,他的监护人因为不能给他的妹妹一份嫁妆而有罪。为什么古代如此强调嫁妆呢?因为这是一个女人在财富上实现了自我、拥有独立的标志。作为嫁妆替代品的观念的爱还不实存。嫁妆是如此必要,以至于雅典人的婚姻都离不开它。

置办嫁妆者是那些允诺一份婚约(*engyos*)的人:首先是父亲,然后是 *consanguineus*(兄弟)[420]、祖父和其他近亲。尽管近亲必须娶或捐赠嫁妆给一位贫穷的女继承人,但如果她是富有的,那么他就肯定会娶她。一般说来,标准如下:被征收最高税款的500斗级(*pentakosiomedimnoi*)支付500德拉克马,骑士级(*hippeis*)支付300德拉克马,双牛级(*Zygiten*)支付150德拉克马。数个亲属按比例(*pro rata*)捐款。如果有人不置办嫁妆,那么他必须向朱诺神庙支付1000德拉克马的罚款。首席执政官必须督促拖欠者,否则他本人将被罚款100德拉克马给朱诺神庙。

嫁妆本身是由丈夫以他的财产作抵押来保证的。如果妻子想对嫁妆作出一种主张,这一点便是必要的。如果没有发生这种情况,丈夫就不需要返还嫁妆。从抵押品(apotimema),或者后来也叫返还嫁妆(antipherne),到罗马人那里产生出来的 *donatio propter nuptias*(丈夫对妻子给予其嫁妆之对待给付)[421]。在婚姻存续期间,丈夫拥有用益权,但嫁妆必须从结婚之时起按18%的比例支付利息。当妻子在家的时候,她会得到供养。如果她离开了家,那么她就会被提供嫁妆。如果她在婚姻存续期间死亡,那么嫁妆归子女所有;如果没有子女,则归其监护人所有。如果是不同婚姻的孩子,每个孩子都要拿走其母亲的嫁妆。在丈夫死后,如果妻子嫁入近亲之家,那么她会得到嫁妆。

离婚

重要的是离婚,它可以通过两种方式发生。并非只有丈夫有权利;因为妻子是自由的,她也可以离开。因此,当丈夫将妻子打发走时,会发生无需仪式的丈夫休妻(apopempsis)。当妻子离开丈夫(apoleipsis)时,她必须遵守一种形式,她必须将 *apoleipseos grammata* 即离婚信提交给执政官,以使她的行动明确。这只是一种登记,而不是起诉;因为在阿提卡法中和罗马法一样,并不存在离婚诉讼。执政官的一种特殊调查(cognitio)是没有必要的,有一种理由陈述(narratio)就足够了。如果丈夫抓住了妻子的通奸行为,那么他必须把她打发走,并处以不荣誉的惩罚。

婚姻障碍

就婚姻障碍而言,某种程度上可以说是发生了乱伦。因此,妇女可以嫁给一个近亲。与 *soror consanguinea*(妹妹)[422] 的婚姻是被允许的,但仅仅是为了宗族关系,因为兄弟必须与父亲留给他的妹妹结婚或为她置办嫁妆。例如,伟大的将军客蒙[423]娶了他的妹妹。因为人们不希望财产被分割,宗族关系应该保持自身。在旁系中,这并非乱伦,但确实是在长辈和后裔的序列。与之相反,我们希望宗族分离。

(二) 父权

在阿提卡法中,父权可以首先通过婚姻产生,这样的孩子被称为合法子女(*paides gnesioi*)。如果父权要从婚姻中产生,就必须具备三个环节,否则就不会有受父权约束的公民出生,而是无法参与家庭和宗教事务的私生子(*nothoi*)。即使妻子是公民,但未订婚约(*engyete*),那么她也不能生下公民。其次,父权可以通过收养产生。只有那些没有亲生子女的人才能收养,这是被严格遵守的。收养只能出自男性,女性不能记入胞族,所以她们不能收养。存在一种 *adoptio inter vivos et mortis causa*(在世时收养和死亡后收养)[424]。第一种收养是,当一个人被收为养子(*pais poietos*〔人为制造之子〕),并被父亲登记在族谱(*koina grammateia*)中即登记在胞族中。另一种收养是通过遗嘱而发生的。当恺撒在遗嘱中收养奥古斯都·屋大维时,罗马人的情况也是如此。所有遗嘱继承人都是一个养子。因此,继承人指定和法定继承是统一的。死后,纳入胞族由遗嘱人的亲属或收养人本人完成。如果谁不在其中留下香火的话,那么没有人可以离开这样的收养家庭。除了收养之外,还有通过承认嫡出的第三种形式的父权,即把一个非婚生子女引入家庭(甘斯:《继承法》第1卷,第319页)。对阿提卡来说,这一点经常被否认,却是不公正的。从伊赛优斯那里可以得知,优科台蒙将一个小妾的孩子引入胞族。

与罗马的父权相比,希腊的父权是非常温和的。梭伦已经让它非常温和;在他之前,父权有点像东方:人们可以卖掉一个女儿。只能因犯罪而抛弃孩子。Apokeryxis（abdicatio）,即公开宣布剥夺儿子的继承权,是指宣布一个儿子犯了这样的罪行,必须由家庭委员会将其逐出家庭。这就要求在法官面前进行一种 causae cognitio（事实证明）[425]。然而,也有针对父亲的心智薄弱宣告。如果儿子作出这样的声明,父亲就可以从事务中脱身出来,安度晚年。例如,索福克勒斯[426]在80岁时被他的子女宣布为心智薄弱;但他们败诉了,因为他以其著名的精神产出向雅典人证明了相反的情况。在罗马,父亲可以随心所欲地虚弱,但他保留了他的权力。

风俗上,会在出生后的第十天给孩子取名字;之后会被引入胞族。第一次引入是在童年时期的阿帕图利亚节（Apaturienfest）[427],第二次是儿子成年时。18岁或20岁以后,当成年的年龄结束时,父权也停止了。在这之后会作为一个独立的成员重新引入胞族。然而,儿子的权利绝不会因此而减少;他仍然在家庭中。

整个亲属关系的规范从宗教角度看是基于胞族,而从法的角度看是基于真正的亲属关系。

(三) 继承法

法定继承

在希腊,遗嘱继承和法定继承结合得很好。在性质上,继承法是法定继承法。其原则是 gnesioi,即婚生的儿子首先继承。只有在婚生子出生前已被收养的情况下,poietoi（养子）才能与他们一起继承。然后,他们都以同样的份额继承。nothoi(私生子)被排除在外,他们没有继承权。与罗马法完全不同的是,在与男性后裔冲突的情况下,女儿继承不了任何东西。她只能要求自己得到嫁妆和供养(epiproikos)。但如果没有儿子,女继承人(epikleros)就会出现。然而她也不会继承,而是被继承,即她与财产一起被判归给最近的血亲。这里也是允许乱伦发生的地方。一旦女继承人有了儿子,她们就会重新获得财产;然后她们的儿子就会得到财产,并必须用它来抚养他们的母亲(英国**女贵族**也有一种类似的关系,她们将贵族权转移给她们的儿子)。如果一个女继承人不随财产一起转移,那么她就会成为一个私生女(nothe);因此,近亲有义务娶一个贫穷的女继承人为妻或为其置办嫁妆。如果有多个女继承人,那么必须要有多个血亲与她们结婚。

本森[428](《论雅典继承法》[Dejure hereditario Atheniensium],哥廷根,1813)得到了海伦[429]的支持。他主张,血缘关系从第三亲等开始中断。阿提卡的继承法可以用摩奴的法律来解释;其中也出现了中断血缘关系的情况。在印度,这与祖灵祭仪(Sraddha)和远亲(Samanodaka)有关。但这些都没有在阿提卡法中出现。本森的理由是错误的,而现在人们普遍认为,继承权会在后裔中一直延续下去。

如果没有后裔,那么并不会轮到长辈。如同德意志的封建法一样,宗族只能往下延续。如果有一个女继承人,那么长辈就不得不娶她。但这是不可能的,所以他也不能继承。旁系亲属紧随其后,而首先是父亲一方的兄弟,然后是他们的子女和子女的子女,再然后是姐妹和他们的子女,最后是母亲一方[430]的兄弟和姐妹以及他们的子女。叔叔和姑姑也会继承。如果这些都不存在,那么财产就归父亲一方的近亲。

遗嘱

在法定继承权之外出现了 *diatheke*（遗嘱），这是有史以来最早的遗嘱，它与法定继承权有着很好的联系；因为继承人指定是一种收养（*poiesis*［制造］）关系，而指定继承人的人使他们成为养子。因此，只有没有子女的人才能立下遗嘱。其原因是，遗嘱继承权还没有像罗马那样与法定继承权如此尖锐地对立；两者恰恰是通过遗嘱中的收养而相互接近的。在这里，没有出现一种像罗马法那样针对所有家庭伦理的苛刻的继承人指定。遗嘱绝不是排除法定继承，而只是对其进行补充。在罗马，法定继承是对遗嘱的补充。如果也指定了养子，而他们后来在养父的家中没有自己的儿子，那么养子必须悄悄地离开家，遗产就会重新归属旁系亲属。养子不能再次收养他人。如果一个人有女儿，那么他只能和女儿一起立遗嘱。

立遗嘱人不能心不在焉、不能幼稚，也不能被阴谋诡计引诱而立遗嘱。此外，所有雅典公民都可以被指定，也就是被收养；没有任何禁止规定。在法定继承中可以进行较小的遗赠，而这些遗赠与法定继承一起进行。遗嘱必须存放在胞族或市政长官处，也可以再次被撤销。

六　民法与刑法

阿提卡法是国家法，而且它包含在诉讼中。民众法庭是真正的法庭，在民众面前的演说家是真正的法律人。法院的陪审员是从所有公民中抽签选出来的，坐镇在十个法庭厅堂之中。最高法院是上诉法庭(*Heliaia*)。所有的上诉法庭法官都必须宣誓。每位法官都会收到一笔 *dikastikon*(薪俸)、一份报酬,最初是每天一个奥波尔,后来是三个奥波尔。

所有事务要么是公开的,民众中的每个人都可以登场,要么是私人的,每个人都可以追求他的权利。刑法和民法之间第一次在这种意义上有了区分,即刑法为公诉提供了根据,而民法则仍是留待每个人私人诉讼,即有了公诉(*graphai*)和私人诉讼(*dikai*)的区分。因此,私法有不同于国家法的一面,尽管它总是被国家法的条件所遮蔽。不言而喻,作为公开的指控,公诉(*graphai*)不一定是来自公开的指控者。所有带有暴力性质的行为都具有公共性质,即刑法属于公法(*jus publicum*)。一个中间类别是由那些除了私人满足之外,国家还追求惩罚的事务构成(*adikema*[不良行为]或 *timema*[赔偿])。然而在任何判决中,都不能施加**一种**以上的刑罚。不存在 *concursus poenarumm*(数种刑罚的叠加)[431]。这种观点在今天再次出现,而且它是正确的;最高的刑罚吸收较低的刑罚。一位公诉人必须在审判开始时存入一小笔钱,如果他未胜诉就会失去这笔钱。如果他没有得到哪怕是五分之一法官的赞成票,那么他就必须支付 1000 德拉克马的罚款,这是非常智慧的。

杀人罪

在阿提卡法中,杀人是根据其是否出于故意为之还是一时冲动或偶然为之来区分的。有预谋的谋杀(*phonos ek pronoias*)被判处死刑。然而,被定罪者可以自由选择流放。自愿流放在古代非常普遍,取代了赦免。例如,苏格拉底可以选择死亡或放逐自己,但他选择了前者。然而，弑亲者则被排除在外。他们没有这样的选择，而只能丧失他们的生命，他们的财产会被没收给国家。由于手段的轻便，暗杀和毒杀是特别强调的杀人类型。与故意杀人相区别，**非自愿杀人**（*phonos akusios*）必须由帕拉迪乌姆的法庭判决。刑罚是亲属方的流放或涤罪。人们认为，亲属可以解除罪人的刑罚。还没有完全排除血亲报复。**正当的杀人**应与这两种类型区分开来。它发生在两种情况下，首先是在训练中的搏斗，就像我们的决斗（在英国，一个人如因搏击而死，对手则不会受到惩罚）。第二种情况是杀死现行通奸者（在行为期间）。

其他犯罪

除谋杀之外，最严重的罪行是蔑视国家宗教（*graphe asebeias*）。其中一项是对苏格拉底的指控。那些不崇敬国家宗教的人会被处以死刑。另一项国家罪行是 *graphe prodosias*，即叛国罪。这将被处以死刑、没收财产、拆毁房屋、让子女蒙羞和公开的烙印。这是第一次出现对祖国的背叛，只有在有国家的地方才可能发生。当有人将一个方位、一艘战舰或一块营地泄露给敌人时，*graphe prodosias* 就成立了。因此，在雅典推翻宪法的人并不是叛国贼，就像我们这里的情况一样。这与推翻政府、违反宪法的 *katalysis tu demu*（推翻民主制度）不同，它更像是我们的叛国罪。这并不意味着死亡，而只是没收财产，其中的十分之一归雅典娜神庙所有，并被宣布剥夺公民权。然后，有一种 *graphe parapresbeias*（背离使节职责罪），即对逾越权限的使节提出一种指控。在此，刑罚是任意的：一种因官员受贿而没收财产的 *graphe dekasmu*（受贿罪）；一种针对那些怯懦地从军队中逃跑的人（如针对德摩斯梯尼）

的 *graphe deilias*（怯懦逃兵罪）；以及当有人逃避征兵时的 *graphe astrateias*（逃避兵役罪）；如果有外国人混入公民名单，则会有一种 *graphe xenias*（冒充本邦公民罪）；在忽视子女义务的情况下是一种 *graphe kakoseos goneon*（虐待尊属罪）；由于诱人通奸则是一种 *graphe etaireseios*（通奸罪）；以及最后，由于过度损害公共名誉的一种公共诽谤诉讼，就会是一种 *graphe hybreos*（暴行罪）。被定罪者将被处以 1000 德拉克马的罚款。这些是公诉。

私人诉讼

私人诉讼一般被称为 *dikai*。不存在对物诉讼，而只有对人诉讼。对人诉讼和对物诉讼之间的区别还不存在。阿提卡法只知道对人诉讼（*actiones personales*），而不知道返还物件之诉（*Vindikationsklage*）。*dike aikias* 是因遭到殴打而采取的诉讼。作为私人诉讼，它只能由受伤害之人提起，原告可以提出任意的要求。也就是说，它是一种完全的 *actio injuriarum aestimatoria*（要求相应罚款的私人诉讼）[432]。只有先动手打人者受到惩罚，第二个打人者则不会受到惩罚。这是非常好的。在我们这里两者都会受到惩罚，这是完全错误的。*Dike kakegorias* 更像是一种口头侵害的诉讼；它可以被 *exceptio veritatism*（要求恢复真相的抗辩）[433]所阻止。例如，如果有人辱骂某人为婊子，就是这种情况。*Dike biaion* 是一种阿奎利亚法之诉（*actio legis aquilia*），是对某一事物造成损害的诉讼。此外还有 *dike situ* 和 *dike epitropes*；前者是一个女人为索回她的嫁妆而采取的诉讼。*Dike enoikiu* 或 *kaspoi* 是租金和租赁的诉讼。*Dike daneion* 对应于 *actio ex mutuo*（借贷之诉）[434]，*dike parakatathekes* 对应于 *actio depositini*

(保管之诉)[435]。除了这些,还有 *diadikasia*,这适用于当一个女继承人被判归给一名亲属时,以及在破产程序中。

在东方,法是由宗教所设定和维护的;而在希腊,法律则是由拥有者所设定和维护的,对神圣之物的记忆是缺失的。

第三篇 罗马法

一 一般特征

罗马法已被大量研究并且在其细节上得到了深究,而这有着充分的理由;因为不仅对其自身而言,而且对所有时代而言,罗马法都是一种典范性的法。它是全部法的经典。我们只有在看到在它之前和在它之后的东西后才能理解这一点。这里没有必要谈及资料来源和个别的文明程度,只需确立罗马与所有其他立法之不同的立场即可。这一基本思想可以在罗马法的所有学说中得到证实。因此我们将局限于罗马法的哲学,只呈现其精神。

知性思维

罗马法的特征在于,在这里,法本身第一次以其可理解的抽象方式显现。因为知性只有在罗马才以其完满的形式出现;在希腊,它被美所排挤,完全隐于幕后。罗马法的基本思想是,在法本身之中存在着一种分离,法对自身进行了细分、划分和分离。现在,法的个别思想得到了其满足,每个部分都得到了它的权利。罗马法是第一个有这种分离的法,也是第一个法之为法出现的地方。即使是"法"这个词也要经过很久才会出现;它耗费世界的辛劳来制造它。在这个词被发明之前,思想早已存在。但在这里,"*jus*"一词登场了。

二元论

正如在罗马的所有环节,我们在罗马法中发现了牢固、稳定、自然性原则与衡平、可变和瓦解的原则之间的二元论对立。但是就像罗马历史一样,由于一般的罗马法是一种对立,以雅努斯的头的形象出现了两个原则,即绝对自由原则和自然规律的原则。罗马早期的任何法都不是这样的双重法;只有当思想在法内部分离自身时,这样的法才能产生。这首先表现在市民法(*jus civile*)和万民法(*jus gentium*)[436]的二元论中,即法要么是特殊的和民族所固有的,要么是普遍的和建立在人的本性之中的。在早期的法中并不存在这种对立,因为法本身在这里根本就没有以其自身的本性和形式显现。希腊人小心翼翼地不允许一种万民法(*jus gentium*)有效;他们只知道野蛮人,但罗马人有 *gentes*(外邦人)[437]、*peregrini*(异邦人)[438]。在罗马,我们第一次遇到这种对立的思想。因此,罗马法是一个绝对自由的、普遍的原则和一个反对它的严格原则之间的对立法。在这里,法被进一步分为公法(*jus publicum*)和私法(*privatum*)等等。出现了不同的方面;然而最大的划分是市民法(*jus civile*)和万民法(*jus gentium*),后者作用于前者。

罗马历史的不同时期

罗马是历史的成年。这里的本质东西是国家,而正如在罗马法的历史中一样,在国家内部也充斥着一场斗争。所以有一种二元论原则和一种周期性原则。

根据罗马历史的不同时期,二元论也是不同的。罗马有三个时期：①王政时期；②共和国时期；③帝国时期。在第一个时期，罗马还没有发展起来，诸种对立还没有出现，一切都还处于隐而不显之中。王权将分裂的局面维系在一起，直到诸王被驱逐，公开的斗争才开始。第二个时期是对立、内部和外部斗争出现的时期，是罗马历史的内核和罗马的伟大。二元论无处不在：有两名执政官、两名裁判官、两个等级、公民与异邦人（cives et peregrini）等等。法也是一种双重化的法：市民法和万民法；后者在共和国成立之初才形成。在第三个时期，随着这场斗争的松弛，出现了个别性的疲惫、一个人统治下的平等。专制主义是私人生活、市民事务之喧嚣和不关心国家的时期。

罗马法的不同时期

这三个历史时期对应于法的三个时期。在其中**第一个**时期，法仍然被包裹在其宗教的开端之中。在罗马，最古老时代的法也是与神性事物有关的。这是 *jus divinum*，即神法的时代，神法也被人们称作 *jus fetiale*（神圣法）[439]。祭司们对它产生了最大的影响，大祭司（*pontifex maximus*）是第一法学家。王政时代的法在十二表法之前，仍然是与宗教公式一体的，而这些公式的拥有者是神职人员，他们赋予公式。最古老的作品就是这些公式的汇编。和历史一样，这里的法还没有对立地形成。法学家和演说家在这里还未出现，祭司们拥有法。

第二个时期是这种祭司法的发展，也是贵族和平民之间对立的现实显露时期。在国王被驱逐后，法进入了公共生活，并成为公法（*jus publicum*）。人民想要参与，他们想要知道什么是法，而法就到了其他人的手中。立法分为（1）法律（*leges*）或平民会决议

(*plebiscita*)和(2)*Senatusconsulte*(元老院决议)[440]。前者团结了全体人民,后者没有。因此,法学是人民与贵族之间为取得法之设定的一场斗争。这一时代的法律(*leges*)正是致力于此。只是在共和国末期,才出现了真正受托处理法律事务的人员,即西塞罗和霍滕修斯(Hortensius)等演说家。大体上,法达到了希腊法的水平,而第一个时期是东方的方面。法学家所发挥的作用很小,他们在奥古斯都治下才出现,拉贝奥[441]和卡皮托[442]是学院的创建者。因此,确实存在 *pontifices*(司祭)[443],但真正的法学家并没有受到高度尊重。演说的力量使法首先是公法;重要的是法的整体。公共的观点也体现在私人言论中。

第三个时期是帝国时期、法学家和私法(*jus privatum*)的时期。贵族和平民已经融为一体,而公共领域正在回归私人生活。经常有人(萨维尼)声称,罗马的私法根本无法被理解,因为它的卓越是完全孤立的,在它的时代是独一无二的,与其他现象毫无相似之处。但不存在孤立的优秀,人们必须在与之相关的时代里寻求善[444]。这是一个从早先的激情中回归的时代,对公共生活有一种冷漠,但这还没有给罗马国家以致命一击,它仍将依靠其内在的力量维持自己很长一段时间。然而欲望和力量必须转向私人生活,从而转向私法,而私法只不过是私人生活及其保护。保护私人生活的法学家始于奥古斯都,这不是偶然的。在最早的皇帝治下,仍然寥寥无几;更重要的人,即后期的五个关键人物,是后来才出现的。乌尔比安[445]是首席,盖尤斯(Gajus)[446]则没那么重要。在这个时代,出现了法在细节上的详细阐发,就像希腊的雕塑,这种养成永远是独一无二的。其中包括一种独特的时代天赋,这种天赋会流逝，无法模仿。其精妙之处并不在于哲学的把握，而是直面事情，以卓越的方式进行诊断。这些法学家完全远离了雄辩的形式；他们给予咨询和解释。这个时期一直持续到4世纪初的戴克里先(Diokletian)。然后汇编了皇帝们的 constitutiones（法令）[447]，开始了编纂工作。

自基督教时代起，私法的养成就停止了。这种法是外在的，但基督教是内在的。它从人的内在校准出发，而如此一来就在不同意义上与罗马法相对立。基督教试图改变法，而那座法的美丽大厦就会陷于崩塌。

两种原则的二元论，要式转移物(res mancipi)[448]和略式转移物(nec mancipi)、市民法所有权和裁判官所有权、严格的和自由的取得方式、stricti juris（严格法诉讼）和 bonae fidei actiones（衡平法诉讼）[449]、严格的和自由的婚姻的对立、血亲和宗亲以及 cura（对需要照料之成年人的监护）[450]和 tutela（对未成年人的监护）[451]的对立出现在每一个别学说中。在帝国时代晚期，它们的统一通常会实现。当然，个别学说的历史进程往往与这三个时期不相吻合。

二　全部法与国家的状态

罗马国家从本质上讲是一个斗争的国家。在第一个时期，我们已经发现元老院和人民、贵族和平民的对立。但这些对立仍然静静地掩盖在王权的权威之下；平民仍然什么都不是。然而在第二个时期，这两个国家的原则相互争斗；直到苏拉[452]和恺撒，这场斗争一直持续。我们看到贵族和平民处于严酷的对立之中，这表现在一种平民受压迫的状况中。平民试图解放自己,并通过出走来实现这一目标。如果他们不返回,那么罗马国家就会荒废。平民必须艰辛地获得一切。后来,他们获得了权利的平等,先是 *connubium*(通婚)[453],这是一项要务,因为对立是两个民族部族之间的对立,然后是否决权、保民官、执政官等,所有的职务都归平民所有。在帝国时期,两者之间达到平衡。两者都被扑灭和敉平了;通过数个世纪的斗争,力量已经消失。

此外,在罗马帝国,罗马和各行省之间的对立出现了。有些事情只能由罗马的裁判官来做,即法律裁判(*legitimum judicium*)。在这里也出现了公民(cives)和异邦人(peregrini)之间的对立。后者要么是拉丁人(*colonarii*[殖民地拉丁人][454]或 *Juniani*[朱利亚拉丁人][455]),要么是 *peregrini dediticii*[降服异邦人][456]*。公民(*Cives*)只是人民中享有特权的部分;异邦人(*peregrini*)拥有较少的权利,其余的是外邦人(*gentes*)。这种差异在共和国时期才出现,以至于一名拉丁人获得公民权的方式在奥古斯都和提比略时期才出现。帝国时期只能在开始时容忍这种差异;在卡拉卡拉时期,这种差异实际上已经被废除了,而人民的统一性通过一项法令得以公布。[457]从那时起,它只在私法上存续,而在优士丁尼时期完全作废。

在阿卡迪乌斯和霍诺留时期,出现了国家的分裂,罗马帝国分裂为**东方帝国**和**西方帝国**[458]。一翼不得不提前流血致死,另一翼则显示了罗马国家的顽强。历史上从未发生过两个在土地和制度

---

* 以上三词的注解详见后文注释内容。——译者

上不同的帝国却形成一个帝国的情况。在君士坦丁堡通过的法律必须被送到罗马,以便同样由那里的皇帝和元老院通过。

这种对立也表现在罗马共和国的两位执政官。在以前的国家中,没有一个有两个权威(auctoritas);但在罗马,进行统治的是两个执政官、两个统治者。这不是偶然的,在任何地方我们都能看到二元性。只有困境才能产生统一、暂时的独裁。然而随着皇帝的出现,这种执政官权力消失了。

在市民社会,首先在奴隶和奴隶解放中出现了一种原初的二元论。自由人分为 libertini(解放自由人)[459] 和 ingenui(天生自由人)[460]。这种斗争在继承法中表现得尤为明显。有的被解放者是罗马公民,而有的被解放者则不是。在奴隶解放之后,奴隶是获释奴(libertus),即他与恩主的关系。这样的人还没有完全摆脱束缚。[461] 解放自由人和罗马公民(cives Romani)之间的对立在开始时也还不存在。《艾利亚·森迪亚法》(Lex Aelia Sentia)[462] 和《朱利亚·诺博纳法》(Lex Junia Norbana)[463] 提倡被解放者应当是不同的。该法设定了拉丁人或公民和解放自由人之间的那些区别。在最后一个时期,这被废除了。

一种对立也包含在奴隶本身中:奴隶最初是物。他被称为 homo,因为他是一个单纯的人、一个小子、一个老实人(honnête homme),他还没有罗马人的素质,没有罗马的国籍。但是如果罗马人经常虐待他的奴隶,那么就会被迫卖掉奴隶;因为他是一个 quasi prodigus(某种程度上的浪费人)[464]。这个物也是一个人,因此不能被视作失去了精神。

最后,这种对立体现在民法和裁判官法的二元论中,它们作为市民法（jus civile）和荣誉法（jus honorarium）是完全对立的。裁判官法（jus praetorium）是对出于罗马性格的法进行缓和。1814年，在关于法典的争论中，施拉德[465]要求成立一个由教授和政治家组成的委员会，为德国编辑一种修正立法的裁判官告示。然而，他完全误判了我们的时代。

三　家庭

在家庭中，对立以最高的方式出现。

（一）婚姻

在王政时代，可能只有一种婚姻，即 confarreatio（共食婚）[466]*。与之相反，在共和国时代，婚姻几乎呈现为双重的，严格婚与自由婚、归顺夫权（in manum conventio）与时效婚（usus）相对立。这里的区分纯粹是法律上的，而不是像早期民族那样是宗教性的。严格婚和自由婚的原则是通过《卡努莱亚法》[467]所形成的，当时贵族和平民之间的同居是允许的。前者把妻子归于夫权之下，让她丧失独立性；她所有的一切都属于丈夫。她被认为是女儿（filiae loco［女儿的地位］），以女儿的身份继承她的丈夫，作为 consanguinea（姐姐）[468]继承她的子女。自由婚与严格婚是完全对立的。在这里，妇女保留了她的财产，但仍然在她父亲的权力之下；她仿佛仍然属于她父母的家庭。由此，丈夫和妻子之间的整个婚姻关系其实是被解除了。妻子拥有一切权利，她有可以处置的财产，她所获得的东西属于她，甚至 actio legis Aquiliae（财产损害赔偿之

---

*　详见后文注释内容。——译者

诉)[469]也在夫妻双方之间适用。Donationes inter maritu et uxore, ne mutuato amore invicem spolilarentur,即丈夫和妻子之间的赠与是被禁止的,免得他们被剥夺彼此之间的爱,他们不会让自己一无所有。但财产的分离使他们以至于根本没有任何共同的东西。普鲁塔克[470]说,这样做是因为丈夫和妻子拥有一切,但这从根本上是错误的。

在第三个时期,即帝国时代,只出现了**一种婚姻**,严格婚已经逐渐消失了。最早是共食婚,塔西佗[471]提到它已不再使用。然后,通过与 senex(长者)[472]进行表面上的买卖,以摆脱长者监护(tutores sexus)的买卖婚(coemtio)。由于后来人们不再认为有必要外宿 trinoctu(三夜)[473],时效婚(usus)最终消失。从亚历山大[474]时代开始,所有这些形式都消失了,而**一种**适合和类似于自由婚的婚姻出现了。这在优士丁尼的法中得到了普遍认同。妆奁之外的东西是完全分离的;妻子是一个独立的主妇(matrona)。"家庭之母"(mater familias)这个词就这样发生了变化:早些时候,这只是指 cum in manu conventio(归顺夫权)的妻子,而在优士丁尼那里则是自由婚的妻子。

(二) 父权

父权并不包含以上两种形式,而是两种截然不同状态的二元论:儿子要么在父权中,要么被解放。只要父权实存,儿子就会被完全吸收,他无条件地处于父亲之下,没有独立性。与之相反,通过解放,他脱离了所有的家庭纽带,他不再处于任何血亲关系中,没有继承权。这里有最大的顺从,因为有最大的自由——这种完全的对立在东方和希腊都还没有出现。在希腊，父母和子女之间的程序是随着成年而从权力中解放出来的，然而儿子留在家庭中。

在这里，也有历史的各个时期。在较早的时期，儿子是如此严格地处于父权之下，以至于无法设想 emancipatio（解放）[475] 的情况。他三次被卖掉并获得解放，他三次落入主人之手，必须通过 imaginaria servitus（虚构的奴隶制）[476]（mancipium[暂时的准奴隶]），直到他最终获得自由。一方面，第二个时期的父权是严格的，儿子要服从于父亲。与之相反，被解放的儿子变得独立，与家庭不再有联系。在第三个时期，父权的严格性减轻了。它之所以变得松弛，是因为废除了 jus vitae ac necis（生杀之权）[477]，确立了许多特有产，这是儿子自由的延伸。与之相反，解放的缺陷消失了，因为被解放者逐渐获得了继承权，一种 bonorum possessio（经市政厅承认的继承财产）[478]，他是无遗嘱继承人，也是违反遗嘱占有遗产的人（contratabulas），并在《新律》第118号中获得了与家子（filius familias）平等的权利。帝国时期的整个继承法历史就是被解放者恢复其家庭权利的过程。在罗马帝国末期，解放的意义已经消失，只剩下一些个别的东西。因此，处于权力之下的子女和被解放的人几乎是平等的。

（三）亲属关系

在亲属关系中，二元论也表现在 agnatio（血亲）[479] 和 cognatio（宗亲）[480]*、严格和自由的自然亲属关系的对立中。在罗马法初期，只有血亲关系占主导地位；十二表法根本没有谈到通过

---

* 此二词的注解详见后文注释内容。——译者

妻子而有血缘关系的宗亲，cognati 没有权利。只有到了中期，他们才在裁判官法中得到承认。随着旧的权利逐渐被侵蚀，血亲和宗亲之间的区别被废除了。在《新律》第 118 号中宣布了 cognatio 的胜利。

(四) 监护

在监护中，又出现了两个原则：监护（tutela）和保佐（cura）。在其他任何地方都没有两种类型的照顾者，在之前或之后的其他法中也没有这种区分，无论是一般的监督，如对缺乏父权的补充，还是对个别行为的个别监督（监护人照管的是人，而保佐人只照管财产——tutor personae datur，curator rei [监护人针对的是人，保佐人针对的是物]——至少一般说来是正确的）。保佐和监护一样影响深远。

一开始，并没有保佐人（curator）。与监护相比，保佐在共和国通过《普勒托利亚法》（Lex Plaetaria）[481] 才被引入。保佐并非必要的，而监护必须申请。这种区别在优士丁尼法中并没有完全废除，但不再被如此严格地对待；一种更宽松的关系变得明显。保佐逐渐成为必要的，成为一种监护。监护的统一性只有在我们这里才出现。监护人（tutor）本身有两个功能：auctoritas（准可）[482] 和 gestio（管理）[483]。一方面，当 pupillus（被监护人）[484] 不再是婴儿（infans）时，监护人对其进行补充，通过他的 auctoritas 把被监护人推到前面，并使其成为整体；另一方面，通过 gestio，监护人处理被监护人的事务，并管理其财产。

(五) 继承法

在继承法学说中，出现了两个完全分离的法律：无遗嘱继承和遗嘱继承。世界上没有任何一种继承法有这种尖锐的二元论（彭波尼说，*earumque rerum naturaliter inter se pugna est*, *testatus et intestatus*[485]），两者完全分开：*nemo pro parte testatus, pro parte intestatus decedere potest*（没有人可以部分立遗嘱，也没有人可以部分不立遗嘱）[486]。这种不可调和性是基于任意（即遗嘱）和家庭义务或实体性（即无遗嘱继承法）。后者只是一种非遗嘱式的继承法。

在较早的法中，法并非是截然的任意。在 *testamenta calatis comitiis*（会前遗嘱）[487]和 *in procinctu*（战前遗嘱）[488]*的情况下，人们根据衡平决定某人是否应该成为继承人。任意从十二表法才开始：*uti legassit super pecunia tutelave suae rei, ita jus esto*[489]。与之相反，无遗嘱继承在第二个时期兴起，表明无遗嘱继承人有权要求得到一切。除了消灭对立，第三个时期已经没有什么可做的，而且是以最多样化的方式消灭对立。对立首先通过无遗嘱继承人获得在遗嘱中被提到的权利而被结合在一起。他们必须要么是被指定的，要么是被剥夺继承权的，也就是被提及的。第二项权利是，被解放者也在 *bonorum possessio cum re*（胜诉遗产占有）[490]中获得这一权利。我不能不考虑我的儿子。必须供养家庭。第三是无遗嘱继承人不仅希望被提到，而且希望有所收获。他们坚决主张自己的权利，发起了 *querela inofficiosa testamenti*（撤销不负责任的遗嘱之诉）[491]，这逐渐产生了一种法定份额。如此一来，无遗嘱继承人就有了一个量上的参照点。最后，在最晚的罗马法中，《新

---

* 此二词的注解详见后文注释内容。——译者

律》第115号将遗嘱和无遗嘱继承人结合起来。后者可以要求将他们指定为部分继承人。无遗嘱继承人本身必须是一个遗嘱继承人；每个人都必须为他下一顺位的无遗嘱继承人留下其法定份额。

四　道德

在道德中出现了同样的对立，即有严格法（*jus strictum*）和善与衡平（*bonum et aequum*）。后者是道德上的衡平。斯多葛派和伊壁鸠鲁派的原则占主导地位，并相互争斗。法和衡平（*aequitas*）的对立在这里第一次出现。希腊人没有衡平，因为他们没有法；因为衡平即是背离法。在没有法的地方，也就不可能背离法。

五　民法与刑法

（一）物法

民法的情况也是如此。例如关于所有权，盖尤斯说，在早先的时代只有**一种**所有权，但后来所有权被分为两种，分为严格的或市民法所有权和裁判官所有权（*ex jure quiritium* 和 *in bonis*）。后者指的是效用，指的是使用，指的是我们真正称之为所有权的东西；在市民法所有权中，除了所有权的形式，什么都没有。这两种所有权在第三个时期被结合起来（*de nudo ex jure quiritium tollendo*[492]），优士丁尼废除了这种陈旧的区分。

物，一种更为坚硬的材料，也表现出这种对立；它们是要式转移物（*res mancipi*）和略式转移物（*nec mancipi*）。要式转移（*mancipi*）是纯粹的罗马物，它们是珍贵的或与意大利农业有关，略式转移物是一般的事物,它们一般是自由的,所有人都拥有。如果我们把要式转移物和略式转移物放在各个时期,会发现从第二个时期开始,在第三个时期的皇帝治下,这种区分被废除了。

相应于所有权的不同类型,有不同的取得方式,有严格的和宽松的,有市民法的和这种万民法的。在罗马历史的开端,有三种取得方式:*mancipatio per aes et libram*(铜块和秤要式买卖)[493];*in iure cessio*(拟弃诉权)[494],一种较为自由的方式;以及*usucapio*(时效取得)[495],一种并列的方式。在第二个时期,万民法的交付(*traditio*)与严格的获取方式相对立。后来,这些区分被废除了,而剩下交付作为主导形式。

(二) 债法

如果我们在债法领域追踪这种对立,那么会发现同样巨大的区分。债是*bonae fidae*(根据严格法或根据衡平法)[496]。除了少数例外,所有个别的债都可以排在它们之下,正如甘斯[497]所尝试的那样。在前者中,并不存在自由的范围,人们被定式所束缚。善意、双务之债(*obligationes bonae fidae*,*ultro citroque*),则有一种宽松的原则,它包含在万民法(*jus gentium*)等。在开始时,只有严格法的债(*obligationes stricti juris*)。后来,又增加了善意之债(*obligationes bonae fidei*)。在第三个时期,这些区分并没有完全取消,但大部分都取消了。善意(*bona fies*)变得无所不能。严格法(*strictum jus*)地位下降,甚至还有一种*stipulatio bonae fidei*(善意要式口约)[498]。

在契约本身中则是合同(*contractus*)和简约(*pactum*)的对

立,这在其他法的契约中从未出现过。合同有诉权,而简约则只有异议。只有在最后一个时期,这种区分才不再重要,一些简约也获得了诉权。

在诉讼法中出现了 *actio directa*(直接诉讼)和 *utilis*(准诉讼)[499]* 以及 *actio directa*(主诉讼)和 *contraria*(附带诉讼)[500] 的对立。

(三) 刑法

这种对立也实存于刑法中。在东方世界,犯罪还没有被分离开。在希腊,已经出现了某种对立;在共和国时期,在罗马法中出现了 *crimen*(公犯)和 *delictum*(私犯)之间的区分,据此,*delictum* 具有更多的私法性质,而 *crimen* 则具有公共性质。*crimen* 是国家惩罚的罪行,*delictum* 是更多受到私人追诉的违法行为。这种对立没有那么详细,因为刑法仍然是崭新的;它是第一部刑法。在最后时期,可以觉察到一种平衡两方的趋势;*crimen* 占了上风,*delictum* 则消失了。

在罗马法中,古代完成了,它是古代最伟大和最后的作品;罗马、希腊和东方的生活融合在其中。但罗马法对世界历史还有另一种意义。它不仅是一种历史性的法、一种自身在历史中出现的法,也是一种经典的法,而且它本身是所有时代和世界上所有民族的法,就像我们不能放弃经典作家,也不能放弃希腊的雕塑一样。作为所有私法的基础,罗马法具有与经典作家相同的意义。它要从其历史和经典性的视野观之。

---

* 此二词的注解详见后文注释内容。——译者

在优士丁尼时代,罗马法成为一种汇编。这个体系并没有取得特别大的成就,然而在他的时代之后,在这里却取得了很大的成就,并为我们缓慢的法律提供了一种模范。这个汇编等同于罗马在其中完全终结的汇编,等同于拜占庭。

第四篇　中世纪法

一　导论

中世纪法首先是建立在基督教的思想上，基督教对一切外在的东西因而对一切法律关系都具有破坏性。在基督教里包含一个新的原则；它离开了外在法的世界，在最内在的东西中寻找人，并试图让他返回到自身，而就此而言，基督教是对一般古代的一种背离。这就是为什么罗马法被基督教啃噬和腐蚀的原因。伦理不再在法权状态中拥有其意识；人身上的神性东西取代了法权世界的位置。因此，第一批基督教社团的法权性质也只是微不足道的。如果基督教是对法的否定，那么它对罗马法有什么影响？很少或根本没有。基督教对罗马法的影响在于，罗马法的伦理环节逐渐消失，呈现出一种苍白的形态；它失去了它的一贯性，通过与基督教的同化，它变得完全毫无特征。因此，基督教对罗马法的影响是消极的。只有一种学说，即由阿卡迪乌斯和霍诺留[501]引入并由君士坦丁[502]的母亲海伦娜首先施加的恩典学说，是一种积极的影响。

另一方面，基督教必然要有一个可以赖以生存的点，它想为世界作工。基督教有启示真理的任务，一切内在的、真正内在的东西都必须实现自己。基督教的思想是所有人都应该分享它的善举；它并不限制于一个民族，它是一个世界宗教。然而这种思想又预设，我们必须拥有世界，基督教必须进行统治，而如此一来，基督教又偏离了它最初的立场。内在性把自己驱赶到外在东西，而为了渗透和消化世界，它与世界发生了斗争。

教会法

基督教的第一个可见世界是教会。如果基督教应当获得实存并赢得对世界的统治权，教会就必然会产生。它将基督教引入世界。教会独立于其他一切，只依赖于神，并在一个唯一的主体、作为基督代理人的教皇身上得到呈现。作为制度，它本身必须有一个法权的环节、一种效力和执行。这就是教规、教会法。这是出自于基督教的第一种法，不为世界而只为教会、被全部现实所包围的第一种法。与封建法不同，教会法并非个人的意识自下而上形成的，而是一开始就是普通法，这就是为什么它与罗马法都有一种性质：普遍的性质。教会法起初不过是教会统治者为教会公布的法律：教父的教令。在宗教大会之后，这些教令构成了教会法。在这里，人们一下子就踏入了外在性，这也使教会陷入了困境，偏离了它的立场。

在他们的语言以及他们所发布出去的一切方面，教士们不得不谨守过去，返回到罗马。他们不能属于任何一个特殊的民族，所以他们不能说一门特殊的语言，而是必须有一种普遍的语言。普遍的语言，即拉丁语，导致了对古典的研究，而且就教士讲和写拉丁语而言，教会法接续古代法。总体而言，教会法遵循罗马法，但它只适用于教会。在他们的私人关系中，牧师们必须利用现存的世俗法,即罗马法。教会法和罗马法彼此都是普通法。

日耳曼各民族的法

从这个教会出发,其余的世界得以加工;因为基督教被遣送到世界上乃是为了形成一个国家,而这个国家是在日耳曼民族中由下而上形成的。教会所面对的民族在外在上是相当刚硬的,有着野蛮的力量;内在上,他们完全是软弱而没有意义的。这些野蛮的民族在接受基督教方面最为积极,而被视为基督教的世俗器官。他们还没有思虑过他们所攫取而来的东西,他们想像孩子一样拥有它。但基督教对他们来说却成了一种救赎的手段,因为他们单纯地、没有偏见地、没有早先的教化就把它纳入自身之中。他们给自己颁布的法律有着深刻的开端和思想,这些法律越是有教化就越多包含罗马法,而越是粗糙它们就越是以自己为基础(leges barbarorum[503])。最有教化的蛮族法律是 Lex Visiothorum(《西哥特罗马法典》)[504]。它的命运最长;它在今天部分地仍然是西班牙法,并被罗马的思想所充实。《伦巴第法典》(Langobarda)[505] 较少出自罗马法,而更多的是关于教化方面的规定。教化程度较低的是 Lex Baiuvariorum(《巴伐利亚法典》)[506] 和 Lex Alamannorum(《阿勒曼尼法典》)[507],它们只包含对违法行为的惩罚。与这些不同的是 Lex Burgundionium(《勃艮第法典》)[508]、Lex Salica(《萨利克法典》)[509] 和 Lex Ribuaria(《里普利安法典》)[510]。前者已经有了更多的罗马法。《萨利克法典》包含的大部分其实是德意志的东西。《里普利安法典》更适合于后来的教化,而 Lex Frisionum(《弗里西亚法典》)[511] 只包含粗糙的开端,呈现的是盎格鲁-撒克逊法。这些 leges barbarorum 是中世纪法律的第一个来源。

第四篇 中世纪法

封建法

由于没有受过教化,野蛮人的法还没有什么基督教的习俗和方式;野蛮人与基督教相伴而行。关于教会,显然,作为受到无限教化者,教会主宰着野蛮民族,因为只有精神才有权力。教会必定占据上风。早在10世纪和11世纪,野蛮人的法就已经在很大程度内组织起来了,而且范围更广。教会必须将自己设定在一种与世俗的关系中,尽管这种关系就是对教会服从的意识,这是**封建法**的第一原则。人们也自觉到这种依赖,并被其必然性所渗透。世界是教会的一块大封地,教会本身与其他事物从未处于一种封建关系之中,它是自由的,有着完善的教阶制度的。这就是为什么教士们按照罗马法生活。否则,它将不得不转向它自己所设定的依赖。此外,封建制度也是个别事物对整个国家的依赖,而这同样又是对教会的依赖。在国家内部,在细微之处也可注意到同样的依赖,就像国家对教会的依赖一样。

封建法在日耳曼民族散布的所有欧洲国家中盛行。人们常常说,日耳曼民族桀骜不驯、自由自在,领导人总是人民中的第一人,一切都在民众大会上决定。但这说明不了什么。日耳曼人的自由是自为存在形态的自由,即脱离任何普遍性的个别性和个体性的自由。中世纪的自由与古代的自由不同:在中世纪,每个人都是自为地自由的;而在古代,个人不是以其自己的力量而自由,而是作为整体的一部分。在古代,没有什么是在人的内在之中,但关于他的一切都是普遍物。希腊人是国家的一小部分,但本身并非一个无限物,并非最高者;他不把一切归于自己。然而封建自由基于这种思想,即每个人都是自为的;这是基督教法的思想。就像基督教希望返回内在一样,封建法也希望人从自己之中建立起自己,主体与他人的联系是一种主观的联系。

因此,这个封建世界必须自下而上形成,这就是中世纪国家法在单一性和内在性的形态上非常独特的原因之所在。由于是从主体中发展出来的,因此尽管不是私法,但它却以私法的形式出现。基督教法让一切在私法的地基上产生。就像人有财产一样,人也有王冠;没有国家的理念,国家被置于内在之物之中。因此,封建主义产生于个人,而这些个人被拴在了普遍性上。因此国家法是一方对另一方的依赖,即是一种并列的存在,而不是彼此交融的存在。封建法是私法,因为没有什么普遍的东西;一切都从主体开始,到处都是特殊的、世袭的东西。但也没有像样的私法。在一切都是私人性的地方,根本就没有什么私人性的东西。如果私法应当是纯粹的,那么它必须以其最本己的形态被认为不同于公法。这就是为什么日耳曼法没有产生良好的私法,这也是为什么完全保留了日耳曼法的国家,如英格兰和斯堪的纳维亚半岛,有糟糕的私法和糟糕的司法。这就是中世纪借用了罗马法而罗马法又不得不帮忙的原因。一开始罗马法在法律中得到采用,然后在博洛尼亚(按照海德堡的方式)获得研究。我们发现了一种鉴赏力,当马克西米利安[512]宣布罗马法为普通法时,它早已在各国和习俗中被继受。因此,罗马法的引入并不是由于篡夺,而是由于中世纪的人感到他们自己没有能力产生一个强大的私法。

然而封建法还有另一个特点,它是忠诚的法、心灵的法,因此它的所有制度都有一种伦理形态,而这与古代的伦理形态完全不同。忠诚是一个古人所没有的魔咒;它(正如"心灵"只是德国人的)是一个纯粹的中世纪词汇。忠诚是对一个人的依附,这种依附来自自由意志,而不是来自强制。封建的忠诚在于,个人在自身之中,但出于自身服从于另一方。一个封建服从者并非任意的,而是出于自己的意志而服从。封建法就是将一个人与另一个人联系在一起;它涉及所有一般的法律关系。因此,封建法也赋予私法以一种伦理形态。因此,在伦理上重要的地方不能使用罗马法。因此,罗马法的婚姻、父权和继承权不再属于中世纪。封建法包含罗马法中不存在的差别,例如动产和不动产之间的差别。不动产不仅仅是对一个物的拥有,它还能反射到所有权人身上,提高他作为一个地方的居住者的性质和意义。因此,它对所有权人产生了一种伦理上的影响。

但是,法丧失了严格和形式性、与内在之物对立的知性之养成以及抽象的力量。因此,契约学说和所有权都不太发达。而与之相反,那些更具有一种伦理的东西,如国家法和家庭法,则比较发达。作为一种心灵的法,封建法只有在法权制度本身是伦理的情况下,才能在私法上取得进步,而不是在形式法严格的我的和你的方面。因此,在需要一种私法基础的地方,人们必须求助于罗马法。因此罗马法必然进入日耳曼法,就像古典文学进入我们的教化一样。

然而,封建法在罗曼语族、日耳曼语族和斯拉夫民族中是完全不同的。

罗曼语族国家

我们从罗曼语族国家中知道,它们坚持古代的实体。他们的法也是如此(参见本书世界历史概览部分)。

在**意大利**,日耳曼法与罗马法相融合。罗马法在这里从未真正消失,这里的法权状况如同语言一般。即使是封建主义的伦巴第封建法,即 *Libri feudorum*(《采邑法全书》)[513],也适应了罗马法的严格形式,它甚至成为了 *Corpus juris*(《国法大全》)[514] 的一部分。但由于罗马法本身进入了生活,对它的研究就消失了。

在德意志部落建立之初就存在法律。最古老的是 *Edictum Theodorici*(《狄奥多希敕令》)[515],它将成为罗马人和哥特人的基础;它是最糟糕的蛮族法律。后来,伦巴第人渗透到了意大利。在他们到达 77 年后,罗塔里[516] 记录了他们的习惯,而后来直到洛塔尔二世[517] 的德国皇帝都为此尽了他们的力。尽管这种伦巴第法不像西哥特法那么罗马化,但它确实属于不久后具有罗马特征并且也使用了罗马语言的立法之一。

12 世纪,在各城市立法中,一种独特的意大利法在伦巴第法和罗马法中共同呈现了出来。最古老的城市法是比萨的法,汇编于 1161 年。它由劳默[518] 和萨维尼带到这里,目前藏于柏林图书馆,但还未及出版。作为意大利城市法的第一个真正的证明,它是非常重要的。紧随其后的是费拉拉、摩德纳、维罗纳、拉文纳、米兰和皮斯托亚的城市立法。它们包含了伦巴第法和罗马法,在所有的形式规定中罗马法占上风,而在伦理教义中则是伦巴第法占上风。在 14 世纪末和 15、16 世纪,到处都出现了不再是罗马式的改革、改良的城市法。在大多数城市立法中,我们发现了对其他法的借用。正如当时整个欧洲的情况一样,一个城市向另一个城市借用了它的法。通常情况下,城市不是从附近的城市,而是从遥远的城市获得它的法。这些城市法中的一部分仍然构成了今天意大利的法学。大多数分为五卷，有些分为六卷，有些则为八卷。只有那不勒斯与此不同，那里有一种王室立法（*pragmatica*，*concordata*，*capitula*）。在撒丁岛，早在14世纪就有一部法典，即由埃莱奥拉[519]撰写的《洛古宪章》。

在**西班牙**，《西哥特法典》（*Lex Visigothorum*）构成了基础。当拉丁语在9世纪或10世纪转变为西班牙语时，就需要一个西班牙语的译本，而这个译本至今仍是西班牙法律的基础，它就是*Fuero juzgo*。它很快就变得不敷使用了，1020年，阿方索五世[520]在莱昂为阿斯图里亚斯、莱昂和加利西亚颁布了49条法律的*Fuero de Leon*（《莱昂法典》）。在这里，城市法也涌现出来。第一批大多撰写于13世纪，来自莱昂、比利亚维琴蒂亚、纳雷拉、塞普尔维达和洛格龙诺。智者阿方索[521]曾经试图颁布普遍的城市法。他依据《西哥特法典》《卡斯蒂利亚法典》（*Fuero viejo de Castilla*）和《莱昂法典》（*Fuero de Leon*）制定了《里亚尔法典》（*Fuero real*）。这与1831年的城市法一样，并非对所有新城市都实行，而只是通过特许权授予。这部法律是应各城市的请求而颁布的。在很长一段时间里，它被视作西班牙的法典。但智者阿方索还不满足于此，而是在1263年又颁布了另一部法律，即*siete partitas*（"七章律"，即根据《学说汇纂》的*septem partes*[七个部分]），这是一部罗马法、教会法和西班牙法的汇编。但起初它们的效力并没有100年之久。直到1348年，通过《阿尔卡拉法令》（*die Ordonnanz von Alcala*），它们才获得法律效力。它们应当永远保持辅助地位。查理一世（或查理五世[522]）的母亲、西班牙的胡安娜[523]于1505年在托罗市发布了84部增补的《托罗法令集》（*Leyes* de Toro），而在她的遗嘱中，她下令对整个西班牙的立法进行修订。在1567年的《汇编》(Recopilacion)中，腓力[524]承担了这项工作。在其中，从一开始，法律就按照其日期排序。它分为9卷和212章。它在《新法律汇编》(Nueva)和《最新法律汇编》(Nuevissima Recopilacion)(1804)中得以延续。这项立法与优士丁尼的立法一样，也是一种汇编。

在葡萄牙，《西哥特法典》也是基础。这里的城市法较少，但人们更早就进入了王室立法——《马努埃尔法典》(Codex Manuelis)和《阿丰索法典》(Alfonsinus)，以及国王的律令(ordenaçoes)，当今的葡萄牙法典都由它们汇编而成。

法国分为两个完全不同的国家，它们很早就以不同的法著称。南部通行的是《西哥特蛮族法典》(Lex Visigothorum)和《勃艮第法典》，北部通行的是《萨利克法典》和《里普利安法典》。因此，法国是一个双重法律和双重语言（奥依语[langue de l'ont]和奥克语[langue d'oc]）的国度、罗马法和 droit coutumier 即习惯法的国度。在北方是日耳曼法，它是从各种法典发展而来的；而在封建法影响不大的南方，《西哥特蛮族法典》和《勃艮第法典》很快就转变成为了罗马法，而这就成为了成文法(droit écrit)。罗马法的区域从奥弗涅向北一直延伸到卢瓦尔河，然后习惯(coutumes)法就开始了。也有两者都通行的地方。直到大革命之前都是如此。

有习惯巴力门和罗马法巴力门。《法典》是由二者共同组成的。最古老的习惯是由布雍的戈特弗雷[525]所带来的《耶路撒冷条令》(Assises de Jerusalem)。这些先是佚失，后又被恢复，1536年被翻译成意大利文，并在坎恰尼以原文出版。法国人在耶路撒冷取得优势并撰写了《条令》；因此它们是法国普通法的渊源。此外，关于高级法院条令还有一个托马希埃（Thaumassière）的版本，但它没有什么价值；低级法院的条令只见于坎恰尼（Canciani），它们是旧法国法的一个写照。最古老的习惯是1144年博韦的城市习惯。它是根据查理七世[526]的一项法令编辑而成的。在15世纪，人们已经达到了考虑进行修订的程度，最古老的是1495年完成的《蓬蒂约习惯》（Coutume de Ponthieu）。此外，还有《圣路易法规汇编》（établissements de St. Louis）——一个习惯和法院判例汇编。除了罗马法和习惯之外，还有国王的法令，这些法令有时是为整个国家颁布的。它们的最后汇编是由儒尔丹[527]制作的，并由伊桑贝尔[528]继续完成。[529] 1789年大革命之后，一切都崩溃了。

日耳曼国家

就日耳曼国家而言，英国、丹麦和瑞典对罗马法仍然完全是陌生的。罗马法已经进入了**德国**；德国人引进并在建立帝国法枢密庭时采用了它。区别在于，在罗曼语族国家采纳的是封建法，而在我们这里采纳的则是罗马法。除此之外，请参考关于**德国**的专门讲座。

英国要根据一种完全属于自己的制度来评判。罗马法在这里几乎没有影响，这就是为什么英国私法是糟糕的，而家庭的规定是好的和自然的。没有人们称之为法典的汇编，没有城市法，没有法典；英国法的庞然大物像珊瑚一般生长开来。最古老的法是所谓的盎格鲁-撒克逊法律，其中包含关于罚金、债法、教会法和家庭法的规定。《埃塞尔伯特法》（Leges Aethelberthi）被记录于591年至604年之间。紧随其后的是《依尼法》[530]和《奥法法》[531]，这些法律由阿尔弗雷德国王[532]编辑成《阿尔弗雷德法》(*Leges Alfredi*)，并一直延续到"忏悔者"爱德华[533]时代。它们现在被称为盎格鲁-撒克逊法律，是法的最初基础。

但在1066年前后，另一个时代到来了。"征服者"威廉[534]改变了整个法并使之封建化。他想拥有所有的土地，并将其记录下来，写在温彻斯特教堂的一个卷轴上，即 *Rotulus Vintoniae*（《温彻斯特卷轴》）或 *Domesdaybook*，即《末日审判书》。法律规范也出现在其中。后来，人们怀念起以前的法律，他们想回到爱德华的法律。亨利一世的**法律**（*leges*）不像是法律，而是一部法书（*Rechtsbuch*），其内容更多的是取自盎格鲁-撒克逊的法，而不是诺曼法。直到12世纪，一切都是任意的。然而，当时出现了封建法学家，他们通过特殊的书信从先例或律师陈述（报告）中发展英国法。一本经典之作是格兰维尔[535]的《论英格兰王国的法律与习惯》(*Tractatus de legibus et consuetudinibus regni Angliae*)（约1180年）；格兰维尔是"狮心王"理查手下的首席大法官（*chief justice*）。威尔士有自己的法律，汇编在 *Cyfreithjeu Hywel Dda* 即"好人"海韦尔[536]的法律中。在亨利三世[537]时期，其他法学家接续了格兰维尔。应该提到亨利·布拉克顿[538]的《论英格兰的法律与习俗》(*De legibus et consuetudinibus Angliae*)，这是中世纪英国法的最佳著作。在爱德华一世[539]时期，还有弗莱塔和布里顿用法语写作的对布拉克顿的补充，以及报告（*Reports*），即律师的报告，这些先例的汇编今天仍然构成法的基础。在之后的时代，成文法（*Statute law*）还被添加到 *auctoritas juris Britannicum*（不列颠法律权威）中。在国王的每个统治时期，一年形成一部成文法

(Statute),因此法律也会被引用。在查理二世[540]时期还出现了伟大的法学家如利特尔顿[541]和柯克[542]。整个英国法律是一种普通法。

在**丹麦**，最古老的时代并没有法律。奥丁[543]的法律是宗教性质的。据说，斯约尔德[544]曾颁布过一项关于撤销奴隶解放的法律。后来出现了弗洛德[545]关于战利品的法律和拉格纳·洛德布罗克[546]关于引入陪审团法庭的法律。哈拉尔德[547]引入了烧红的烙铁作为证据，斯文德[548]赋予妇女以继承权。在之后的时代，颁布了城市法或庄园法，这些法律并不具有普遍的效力。在这些法律中，我们必须包括克努特（1018—1035）[549]所谓的 *Witherlagsrecht**，1259 年由克里斯托夫一世[550]又为其增加了一项补充。这是一部针对国王常备军的庄园法。此外，还有斯科讷世俗法，这是瓦尔德马二世（1202—1241）[551]对斯科讷现行法所做的一个汇编；埃里克的西兰岛法律，同样也是一个私人汇编，它在 1135 年和 1137 年被埃里克·爱德华国王[552]赋予法律效力；以及瓦尔德马国王的西兰岛法律。在这一时期，随之而来的是大量的城市法、许多行会法律和教会条例。1241 年，《日德兰法典》（*Jütsche Low*）得以颁布。值得注意的是，它在丹麦的部分地区仍然具有重要意义。它有托

---

* 甘斯：《世界历史发展中的继承法》，第 4 卷（1835 年），第 590 页对 Witherlagsrecht 的描述如下："在这一时期［指 1020—1241 年］的世俗法中，克努特大帝的 Witherlagsrecht 应首先予以注意。它是于 1018 年至 1036 年间在英国完成的，但作者是两个西兰人，即奥波·斯尼亚勒（即机灵人或聪明人）和他的儿子艾斯基尔。克努特对他们两人都很有信心，并让他们成为他的书记员。科德卢普·罗森温格从"ret"这个词的词源中寻找到，Withaerlag 的意思是刑法……它最初是克努特的常备军（Tinglith）的一种法庭法律，其内容部分涉及个人的违法行为，部分涉及审判方面……"——译者

德·德恩[553]的补充,并且对家庭和继承法很重要。此外,还有王室法令和 *Handfaestninger*,即王室信函。在之后的时代,1683年,克里斯蒂安五世[554]带来了一部新的法典。这部法典在今天的丹麦仍然有效。

瑞典的法律和丹麦的法律一样,只为民族的个别地区而定;只有省级法律。在最古老的时代,瑞典也只有习惯。据说英嘉陵国王[555]利用了里加的乌普兰法。有人说,比尔耶尔国王[556]是作者。后来,省级法律陆续出现,其中乌普兰法律是基本法律,其他大多数法律都借鉴了它。与一般的语言一样,北欧的立法也起源于冰岛。这些北欧法的来源是冰岛的《灰鹅》*。围绕着乌普兰法,新的省级法律聚集在一起,首先是西曼兰法,它有伟大时代的痕迹。誊写员似乎是一位主教。西曼兰法属于海尔辛兰法,这是由马格努斯·斯梅克国王[557]所颁布的。达尔勒卡里的法律和南曼兰的法律都属于它。除了这些省级法律之外,还有撰写于 1048 年并在 1260 年引入的《西哥特兰法》和两部《东哥特兰法》。此外,还有起源于丹麦的斯科讷法律、斯莫兰法律、厄兰岛法律和芬兰法律。17世纪,国王卡尔九世[558]将各个省级法律汇编成一部法典。1721年,瑞典人有了一部新的汇编——科林和施吕特尔的《古瑞典民法大全》[559]。

斯拉夫民族

就斯拉夫民族而言,封建法在这里没有得到彻底的发展;它在

---

* 《灰鹅》(*Grane Gans*,或写作 *Graugans*)是 13 世纪古冰岛的一部著名法典。——译者

上层得到了发展,但在下层却没有。第三等级的缺失造成了自由在社会的下层领域并不存在。这带来了他们历史上的所有灾祸。斯拉夫人借鉴了已有罗马法影响的日耳曼法。

关于波兰法,充斥着各种不同的意见。察慈奇[560]的《论立陶宛和波兰的法律》,从斯堪的纳维亚引导出一切。据此,波兰法与斯堪的纳维亚法有亲缘关系。约翰内斯·韦琴提乌斯·班特基[561]将古波兰法更多地与法兰克人和伦巴第的概念联系起来。纳鲁斯维奇[562]也持这种观点。然而,现居布鲁塞尔的勒勒维尔[563]在他对波兰民事和刑事立法的历史叙述中强调了一个先前没有引起重视的环节,即斯拉夫环节。确实,波兰法的特点既不是日耳曼式的,也不是斯堪的纳维亚式的,而是斯拉夫式的。有一种古老的斯拉夫法,它在12世纪和13世纪逐渐转移与转变为德意志法。这种法已经在许多城市占据了主导地位,例如库尔姆*等地。波兰法见于国王的法规,尤其是卡齐米日二世[564]和四世[565]。

然而,早在13世纪,通过罗马法在德国发生的事情在波兰也发生了。引入了两项豁免,即公爵法(*jus ducale*)和条顿法(*jus teutonicum*)。前者免于国家司法权力和税收,而条顿法仅免于司法权力。由此,波兰瓦解成了原子,国家的孤立和毁灭开始了。

大约在14世纪中叶,德意志习惯在所有城市传播,马格德堡法变成了库尔姆法,并占据了斯拉夫的思想,而斯拉夫法仍然在贵族等级中得到保留。

俄罗斯作为国家并不属于中世纪,而只属于较近的时代。然

---

* 今波兰海乌诺姆。——译者

而早在 11 世纪就出现了一部构成法之基础的一般法典，即《罗斯真理》(Prawda)，以及雅罗斯拉夫[566]的法令。斯堪的纳维亚的环节在这里是微不足道的。1649 年，俄罗斯有了一部法典，它之后又通过法令而得到扩充。早在从 18 世纪开始，人们试图制定一部法典。卡特琳娜二世[567]建立了一个立法委员会。现在，七卷法令已经出版，并附有法文概要。

二 中世纪的国家法

中世纪国家法的特点是，国家不是绝对者，它必须向一种高于它的思想致敬。这就是基督教世界作为一个大国家的思想，其福祉是委托给神和教皇的。国家法的中心是教会。它是整个国家概念的灵魂，是连接各个国家的生命之所在。这就是为什么整个中世纪都是从国家是一个基督教国家、各个国家都参与同一个基督教国家的思想出发的。这个伟大的基督教国家有两个机关，教皇是精神机关，皇帝则是一个世俗机关。教皇在本质上被承认为基督教世界的领袖，并优先于皇帝。从查理大帝[568]开始，罗马皇帝是这样一种观念的产物，即罗马帝国不能由一位东方摄政者所代表。因此他不仅是德意志的主人，而且在理论上也是神圣罗马帝国、整个基督教世界的主人，只要其他诸侯必须承认他至高无上的地位。然而，基督教国家只是连接在罗马皇帝的空虚思想之中，它在其他国家并没有牢牢地扎根。罗马皇帝几乎只是一个名义上的君主。他只有通过教皇的加冕才能成为皇帝，否则他只是德国国王。各国尽管向他臣服，但他只在德意志才把这个统治保留到 1806 年。此外，实践上，他在自己的国家没有发言权，更不用说对诸侯们的发言权。思想可以持续很长时间,即使没有任何东西附着在它们身上。

(一) 德意志

神圣罗马帝国产生于法兰克帝国,这是第一个各民族的联合。但这是一种糟糕的普遍性,因为它没有控制住特殊性,所以它更像是一个名称,而不是一种实在性。法兰克帝国灭亡后,德意志皇帝仍然留存。在最早的时代,有一种行政区制度(*Gauverfassung*),据此,每个行政区(*Gau*)都由一个服从于皇帝的伯爵主理。这种体制瓦解了,取而代之的是教会和世俗诸侯的主权以及个别城市的特殊性。在德国,行政区体制很容易转变为诸侯的主权。这在任何其他国家都没有出现过。

德意志是欧洲的心脏;作为欧洲生命的这种感觉中枢,它可以意识到其他国家发生的一切。德意志人吸收了其他国家带来的一切,是最好的翻译者。自海因里希四世[569]以来,皇帝都是由某些帝国等级即由七个选帝侯选举产生。这种选举与世袭相辅相成,因为世袭必须通过选举的考验,而这一点非常独特。皇帝和教皇的尊位都属于选举。那些占据顶端者是选帝侯,因为一般性不能被世袭,不能被专门化。(如果教皇是世袭的,由于他不能有子女,那么这个职位怎么可能被继承呢?)皇帝无非是教会的护卫者,因此他处于教皇之下。然而护卫者将是积极活动者,因此也是更强大者。正是这种冲突引起了皇帝和教皇之间的斗争。

皇帝是德意志的一切,除了他所不是的东西。他不在城市、诸侯和高级教士所在之处。他拥有的是保留权,而这证明了他在特殊邦国上的虚弱。例如,他有权利册封贵族。他也有立法权,但只有在与帝国各等级联合时才有。此外,他还拥有最高的封建领主地位、最高的司法权和授予特权的权利。执行并非是他的权力。然而如果发生某种对他不利的事情,他可以宣布剥夺公权。教皇革除教籍,皇帝剥夺公权。但这些都只是字面而已。两者都有一种字面的权力,这种字面的权力逐渐虚弱,而这就证明了直接权力的缺乏。因为如果皇帝只有拒绝的权利,而非自主进行惩罚的权力,那么这就不是绝对主义。皇帝本人对莱茵-普法尔茨伯爵享有权利,后者便因此可以将皇帝告上法庭。

在后来的时代,当等级已经变得更加独立时,人们感受到了一种对普遍秩序的渴望。火药的发明结束了诸侯国为战争提供骑士的义务,一种税收——帝国芬尼——应运而生。马克西米利安一世(Maximilian Ⅰ.)皇帝进行了赋予德意志以一种普遍性的最后一次尝试。他建立了和平条例,设立了皇室枢密法庭,而正是在这里,法得到了伸张。他还将德意志划分为十个大区,以便在地理上将其统一起来。但是,这并没有抹去地区的独立性。德意志从来没有像其他国家那样成为一个国家。

(二) 英国

英国从一个由伯爵和公爵组成的自由行政区制度开始,它一直保持至今。这些小王国由埃格伯特国王[570]联合起来,形成了一个盎格鲁-撒克逊帝国。这套宪制很好、很平稳,直到11世纪末英格兰被诺曼征服,诺曼人带来了封建主义,现在一种罗马原则介入了旧宪制中。一种封建的宪制诞生了,而旧的自由被削弱了。

征服者威廉对土地进行了登记,而国王成为所有财产的 *dominus directus*(所有者)[571]。从那时起,不再有自由所有权,而只有封地所有权。但是封建主义从来没有发展到男爵们把自己立为诸侯的程度,而是说他们仍然是独立的领主,自己与国王交战。他们巨大的权力受到王权的制约,而王权达到了与德意志完全不同的程度。贵族制永远不可能使自己成为主权者,而总是停留在自己的领域内。王室与男爵的斗争构成了中世纪的英国历史。

封建法庭(*Lehnshof*)逐渐发展成为最高机关,被称为议会。直到 13 世纪,只有男爵们才是议会的成员。但市镇形成了,联合为城市,而城市宪法在国王和男爵之间形成了一个中心。各个城市采取行动,呼吁各个领主帮助他们反对男爵,反之亦然。13 世纪,在亨利三世时期,出现了一种市镇代表,市镇居民获得了进入王国的入场券。当亨利三世与他的领主们发生争执时,骑士和市民也被召集起来讨论税收问题。起初,他们只是旁观者,没有投票权,只是后来他们才形成了这样的表决权,以至于在爱德华一世时期,他们被召集到一个自己的下院,这个下院不断壮大,最后超过了现在构成上院的男爵们的会议。在亨利七世之前的时代,这套宪制就已经开始运行了。都铎王朝努力赋予下院权利,于是下院就拥有了特权。

在爱德华一世和三世[572]的统治下,王室的权力得到了提升。各等级不仅是服从而且是屈从于国王,而贵族的最后一次爆发发生在白玫瑰和红玫瑰之战中,在这场战争中,王室获得了更大的权势,而在都铎家族的领导下,王室变得强大。在亨利七世[573]、亨利八世[574]和伊丽莎白[575]时期,它几乎成为绝对的。但中世纪的形式一直延续到更晚近的时代,而英国是除匈牙利之外唯一的封建制度国家。在中世纪,英国的宪制看起来其实已经完善了。这里的男爵和城市更多的是遵守日耳曼人的特点,而不是罗马人的特点,因为王权从来没有成为完全绝对的。这就是斯图亚特家族灭亡的原因。

(三)丹麦

丹麦向来拥有日耳曼式的自由思想,也就是说它拥有国会,国会被称为 *Dannehof*。帝国等级是神职人员、贵族、市民和农民。市民和农民在 13 世纪加入等级身份,因为那里的农民本来就是自由的。在罗曼语族国家,没有农民,只有第三等级。通过各个等级形成了对国王的巨大限制。战争与和平、土地税和国王的选举都是在 *Dannehof* 上决定的。除了这些对一切事情都发表意见和采取行动的等级外,国王周围还有一个由 25 名贵族成员所组成的帝国委员会,它拥有行政权。这个委员会为自己篡夺了巨大的宪法权利。在诸等级缺席的情况下,帝国委员会是一个决定一切的团体。这些法律大多是国王和各等级的契约,被称为 *Handfestinge*。1660 年,人民把宪法提交给了国王弗雷德里克三世[576],并任命他为绝对统治者,以便剥夺贵族的权利,推翻贵族制度。因此,丹麦绝对主义的大厦就出自帝国委员会。

(四)瑞典

在瑞典,高级神职人员的威望几乎与国王的威望相等。通常情况下,由高级神职人员对国家事务作出决断。直到 13 世纪,当人们不得不进行武装投票时,公民和农民才被召集到帝国国会。

在古斯塔夫·瓦萨[577]时期,城市和农民得到了更多的权利。帝国委员会在卡尔马联盟[578]期间获得了帝国议会的权利,它由最高的帝国官员组成。它包括帝国长官、帝国元帅、帝国首相、帝国海军部长和帝国司库。国王受到了很大的约束,没有绝对的权力。今天,这里仍然存在几乎相同的情况。尽管瑞典经历了巨大的革命,但它仍然是除英国之外最具中世纪色彩的国家。

这些北欧国家与欧洲其他国家截然不同。英国当然产生了一些影响,然而瑞典和丹麦的宪制却被完全忽视了。罗曼语族国家的情况则不同。这些国家包含的日耳曼自由只是作为罗马精神的一件外衣。它们忠于古代,在自身中征服个体,并使自己成为唯一的国家个体。

(五)西班牙

在中世纪,西班牙是最高的、以荣誉为基础的自由国度,有着活跃的民众生活,然而随着时间的推移,它被教士们埋葬了。实际上,直到15世纪末,在"天主教徒"斐迪南[579]和伊莎贝拉[580]的领导下,它才成为一个君主制国家。在其中,情况正好相反;在西班牙,封建制度被引入,但依据的是西班牙的概念。卡斯蒂利亚和阿拉贡的个别领地在议会中拥有不同的权利。卡斯蒂利亚的帝国等级拥有很多权利,但从未通过任何法律,也不享有很大的威望。他们由高级贵族、神职人员、圣地亚哥-德孔波斯特拉、阿尔坎塔拉和卡拉特拉瓦的骑士以及各大城市的代表组成。阿拉贡的自由度更大,那里的各等级拥有重要的权利;他们不仅仅是顾问,还必须决定税收、征税等,没有他们,国王就什么也不能做。但当"天主教徒"斐迪南建立了统一的国家之后,所有的权利立即终结了。在查理五世时期,这两个王国都消失了,而议会的召开只是为了走走形式。绝对君主制首先在西班牙形成。

(六) 葡萄牙

葡萄牙的宪法几乎与西班牙相同。议会包括大主教、主教、公爵、侯爵、伯爵、子爵和男爵,加上 procuradores,即各城市的代表。1143 年,拉梅戈议会在这里制定了一部国家法,它于 1641 年经布拉干萨(Braganza)家族确认。据此,后裔在长子之后登上王位。当男系死亡时,就会轮到女系。这样一位葡萄牙女王只应被允许嫁给一位葡萄牙男人,而这个男人应该永远走在妻子的左边(这方面已经发生了一些例外)。每个出身王室的葡萄牙人都应是贵族。在与摩尔人的战争中取得胜利的人或将国王从危险中解救出来的人将成为贵族。此外就没有其他内容了,所以它非常贫乏,因此经常遭人背离。这部法律现在经常被人援引。随着布拉干萨家族的出现,议会消失了,而宪制转为绝对主义。

(七) 意大利

在意大利,从来没有出现过真正的国家法。虽然古代的实体性东西作为所有生命的核心而存在,但它也是教皇统治、精神权力的所在地。所有其他国家,无论它们把自己建造得多么伟大,都没有权利反对这个核心。意大利一直在努力争取统一,但教皇统治使它无法实现统一和自由。然而,小省份、共和国已经形成。意大利划分为北部和南部。在南部形成了诺曼人的王国——两西西里王国,但它是作为教会的封地。上意大利分裂成小共和国、公国、城市，它们有自己的宪法，以旧时的市政宪法为范本，而中间是教皇圣座，它对两方面都有约束。这些要素无法形成同质化的国家法。教皇拥有一种分离的力量，就像皇帝是德国的分离原则。因此，上意大利首先成为德意志帝国的猎物，然后成为法国、西班牙和德国争夺的一个普遍焦点。

(八) 法国

在法国，可以在墨洛温王朝、加洛林王朝和卡佩王朝找到不同的国家法。在墨洛温王朝统治下，有一种自由的行政区制度，它没有什么发展。在加洛林王朝统治下，封建制度得到了发展：凡土地皆有领主（*nulle terre sans seigneur*）。最后，卡佩王朝是封建制度的破坏者，将封地尽可能地纳入他们的手中，巩固了王权。这导致了诸侯和国王之间的争端。然而，阿图瓦、勃艮第、马恩、布列塔尼和朗格多克的各等级仍然保持独立。这些被称为"三级会议省"（*pays d'état*），它们有权安排税收的重新分配。直到路易十一[581]把它们收拢，封臣关系终结于法国王位。虽然它们被并入了王室，但都保留了自己所特有的权利。一直存续到1614年的三级会议首先在"美男子"腓力（1285—1314）[582]时期召开。从一开始，它就由三个等级组成——贵族、神职人员和平民，即第三等级。在这些平民中，他们自身力量的精神正在觉醒。此外还有贵族，但他们没有自己的权利，也不像英国贵族那样坐在自己的议院里，而只是生而为巴黎最高法院的成员（*y séants*[在此就座]）。谚语有云：*Dien nous empeche de l'equite du Parlement*（神不允许最高法院之公平）。直到法国大革命，这些三级会议已经召开了约30次会议。为了决议一些事情，所有三个等级都必须达成一致。由于各等级后来很少被召集,最高法院(巴力门)冒充是 états à petit pied(小一号的三级会议),自称是王国的宪制,并为自己攫取了登记或不登记法律的权利。然而它们并不受欢迎,直到18世纪才显赫起来。法国的城市发展得更加繁荣,王室的地位在它们的帮助下大幅上升。由于财政是以城市为基础的,所以必须保持它们的影响。第三等级获得了发展并且导致了革命。

在国王强大的法国,王权从未像欧洲其他地方那样受到限制。法国在本质上是一个王国。

(九)斯拉夫民族

日耳曼元素置于斯拉夫民族就像罗马元素置于日耳曼民族。在斯拉夫人中,个人消融于普遍物中,而日耳曼人则从他的个体性开始,并从中逐渐形成普遍物。斯拉夫人则相反:普遍性从一开始就是基础,他们自上而下形成为特殊物;而个体性之所以被接受,乃是因为他们缺乏个体性。因此,国家的原则是:对上,人人平等,没有出生和功绩的差别;与之相反,对下,征服和奴役盛行。因此,国家也处于永久的破裂之中。

Pola 其实上是指田野、平原的奴隶。波兰人很早就转向了基督教,并很早就采用了日耳曼式的制度。例如,有称为公爵法(jus ducale)和条顿法(teutonicum)的豁免,使他们不受国家司法权的约束。但波兰由此瓦解成了原子,在其他国家产生的统一在这里并没有出现。然而,在波兰法中也有例外。例如,在卡齐米日大帝[583]治下,波兰实现了统一。

波兰赋予东方和日耳曼原则之间以一种中介。各等级不是从自由人中产生的,民族的基础是东方农奴制,只有个别自由人作为国家公民从中脱颖而出并形成国家。下层为农奴，每个贵族都拥有对下层的权力；在上层等级，在贵族内部，有一种民主。第三等级没有形成，而这已经摧毁了波兰。在雅盖隆王朝（Jagellonen）时期，只有几十万公民，其余都是农奴。在波兰，公民和贵族是重合的。因此，波兰其实原本就是一个所有贵族都参与的共和国。在皮雅斯特王朝（Plasten）时期出现了一种王权，但这些国王只是 *primi inter pares*（同级中居首位者）[584]，并非统治者。波兰法的主要事项是贵族的平等，而波兰的贵族是最没有压迫性的。后来的头衔大多是从日耳曼体制中因袭下来的特许权。在波兰，有公爵、省长、*Starrosten*（大公）、伯爵、城堡主（*Liberi Barones*［自由男爵］）、城堡军事长官、男爵。就质而言，这些都与其他贵族无异。

雅盖隆王朝的统治者在14世纪引入了基督教，而王权成为了一种选举制王国。然而这种选举并不在于任意选举外国人为统治者，而是因为合法的继承人总是第一个而且是唯一一个供选举的人，所以要反对他。这个环节往往适用于个体性。虽然个体性并不完全主张自己与普遍物相矛盾，但在这里它保留了这个领域。16世纪雅盖隆王朝覆灭后，波兰完全成为了一个选举制王国，并失去了它的意义。波兰国家的真正全盛时期可以追溯到立陶宛公爵成为波兰国王的时候。

至于俄罗斯，它在中世纪不是那么重要。

三　中世纪的家庭

东方的家庭可以被称为自然的家庭，希腊的家庭可以被称为美的家庭，罗马的家庭是斗争和撕裂的家庭，而与之相反，中世纪的家庭则应被称为伦理的家庭。它与自然的家庭不同的是，它认识到自己是伦理的目的和对象。家庭的真正原则、心和心灵，只有在这里才通过基督教得到发展。然而即使在前基督教时代，古代日耳曼民族的婚姻和家庭概念也完全适合与基督教概念相结合，这尤其表现在古斯堪的纳维亚法中。

（一）婚姻

基督教非常强调婚姻的神圣性。天主教会将婚姻定为圣事，它当然是混合并混淆了婚姻的神圣性和稳固性。尽管如此，罗曼人、日耳曼人和斯拉夫人还是以不同的方式塑造了婚姻。在罗曼语民族中，罗马人的婚姻原则被保留了下来，在斯拉夫民族中，婚姻是基督教和东方原则的混合体，在日耳曼民族中，它是根据基督教发展而来的。在意大利、法国南部、西班牙和葡萄牙，基督教引入了婚姻的不可解除性；财产关系等仍然保留了罗马的妆奁关系。丈夫和妻子之间的关系不是真挚的婚姻伴侣，夫妻双方都是相互独立的。在意大利，*cicisbeo*（已婚妇女的情夫）[585]是某种合乎伦理的东西，甚至是被规定的。在斯拉夫民族中，根据基督教-日耳曼法，妇女被视为自由的，但她与东方一样，从属于男人。

古日耳曼人的婚姻还是买卖，因此婚礼被称为 *brudkaup*，妻子被称为 *mundi keypt kon*，*kon* 是女王，而这就意味着为了 *Munder*（一笔款项）而卖掉的女人。这笔款项最初由女方的父亲领取，但很快它就具有了晨礼的性质，它是在结婚后的第二天送给女方的，以补偿失去的贞操。晨礼与其说是一笔买卖，不如说是对妇女独立性的承认。后来，晨礼变成了寡妇产（*Wittum*）或寡妇所得财产（*Leibgedinge*），妻子在丈夫死后用这份财产来照顾自己。然后，女孩必须有一个亲戚，称为 *Giptaman*，来娶她，因为她不能自己自主结婚。即使在北欧的古代，妇女虽然是被买来的，但也是真正的家庭主妇，处于财产的共同体中。家庭主妇（*Husfreya*）拥有 *potestas clavium* 即钥匙权，因此可以管理家室的内部，但对子女既无权力也无强力。妻子被称作 *Adelone*，与不被允许进入家室的 *Heilfriedl* 即小妾不同。在古日耳曼法中，离婚仅仅是声明废止。

塔西佗（《日耳曼尼亚志》，第 19 章）已经说过："*Melius quidem adhuc eae civitates, in quibus tantum virgines nubunt et cum spe votoque uxoris semel transigitur. Sic unum accipiunt maritum quo modo unum corpus unamque vitam, ne ulla cogitatio ultra, ne longior cupiditas, ne tamquam maritum, sed tamquam matrimonium ament.*"（有些部落的风俗尤其可嘉，在那里只有处女可以结婚；当一个女人做了新娘以后，她便不得再有任何其他妄想了。这样，她们得到了一个丈夫，犹如只有**一个**身体、只有**一次**生命一样，所以在他死后，没有任何思想会在她们里面萌芽，没有任何欲望会在这段时间里持续下去。这样，她们仿佛爱的不是她们的丈夫，而是婚姻。）这种以爱为基础的家庭是取自德意志的本质，与基督教的婚姻相关。基督教只是给了这种婚姻一个更为实体性的方向，却完整地保留了其本质。丈夫对妻子没有 *potestas*（支配权）、*manus*（夫权），而只有一种监护权。

在婚姻方面，塔西佗在其他地方卓绝地指出日耳曼人的权利：

丈夫给妻子彩礼，而这当然是相当值得注意的事情。爱的力量取代了妆奁，使丈夫带给妻子一份寡妇产。其中所包含的就是丈夫为妻子描述了这个自由的领域。由此可见，婚姻中的财产原则与一般的婚姻原则是一样的。财产的原则是财产共有制。在所有早期的法中，妻子要么一无所有，要么拥有自己的财产。罗马法只知道分割的财产，而在日耳曼法中则出现了财产共有制。在日耳曼城市中，除了寡妇产和寡妇所得财产之外，财产共有到处出现，要么是在罗马法侵入的地方作为 portio statutaria（配偶继承权）[586]，要么是作为整个财产与子女不可分割的共有（communio bonorum prorogata），要么财产共有制所涉及的是双方取得的东西（communio bonorum acquaestus）。这种财产共有制也适用于罗曼语族国家。妻子是婚姻的一半。财产共有制不过是婚姻关系在实在中的表达。只有它才能建立起婚姻中的真正关系。只有英国和意大利不存在财产共有制。罗马法只知道分割的财产。

在中世纪，天主教将婚姻变成了一种圣礼，这使得婚姻成为某种外在的东西，正因为它应当是一种圣礼，单纯的外在联系才会得以保持。然而在中世纪的婚姻中，出现了早期婚姻中所没有的条件。因此，当某人的婚姻低于他的等级时，就会产生社会地位不匹配的婚姻（disparagium matrimonium）的概念（皮特[587]对此写了一本厚厚的书）。这样的婚姻在教会上是 matrimonium verum et ratum（真实有效的婚姻）[588]，但在世俗上不是，所以它被称为 matrimonium ad morganaticam（贵贱通婚）[589]，也叫 ad legem Salicam（根据《萨利克法典》的）[590]婚姻。

(二) 父权

父权具有基督教的痕迹,因为孩子是物的思想已经停止了。罗曼语民族还保留了一些罗马人的严厉。在这里,孩子们对他们的父亲有很大的顺从性。在斯拉夫国家,存在着一种家父长式关系。在日耳曼国家,父亲在古代有权利抛弃他的孩子,并在一定条件下将他们卖掉。后来的法将 *mundium*(保护权)[591]与父母管教区分开来。*mundium* 是一种真正的准可(*auctoritas*),如果孩子们遭到侵害,父亲有权代表他们并收取赔命价金。与之相反,在父母的管教中出现了一种全新的关系。父亲和母亲都有责任教育子女。如此一来,亲权取代了父权,这就发展为父亲对子女的保护;而他们一旦独立,也就从这种小权力中解脱出来,但要保留爱等所联结在一起的家庭团体。解放并没有废除父权,但它确实赋予了儿子自己持家和就业的权利,以及女儿结婚的权利。罗马法无法引入其特有的严苛,不得不向日耳曼原则让步。

(三) 继承法

日耳曼继承法的特点可以归结为三个方面。

其一是,日耳曼法不以任意为基础;它超越了作为任意的自由的层次,具有一种伦理的形态,而罗马式的继承则具有更多的形式性质。遗嘱,这是一个真正的罗马制度,被驱除了。塔西佗已经注意到古代日耳曼部落中缺乏这种东西,他说:*nullum testamentum*(没有遗嘱)。罗马式的遗嘱只能通过暗中的手段被接受。这是与德国人的伦理相抵触的。

另一个是,继承法不仅仅是基于家庭的,而且也是合乎契约的。在这里,我们谈一谈继承契约,它只出现在日耳曼法中。继承契约的特点对罗马法来说是相当陌生的;与之相反,在日耳曼法中,继承是基于继承人和立遗嘱人之间的财产共有。一份继承契约是只基于所中介的意志的继承;它比遗嘱多,比家庭少。这包含在关于继承的契约中,人们承认,继承人必然是继承人,而且他在继承前就已经是继承人。这一点根本没有在罗马法中出现,在罗马法中,继承法是在控告后才开始的。

最后,必须注意到物的伦理及其与使用它们的人格之间的差异。男人和女人不是相互从属的,而是彼此协调的,两性之间的差异不是血亲上的,而是一种物上的。我们可以说,有男人的物和女人的物。男方(Schwertmagen[血亲])从遗产中拿走军事装备(Heergeräte)*,女方(Spillmagen[宗亲])则从遗产中拿走女人的东西(die Gerade[女性预留遗产]**)。土地通常归儿子所有,但只是在抚养女儿的义务下。如果没有儿子,女儿也可以继承。物是自有的还是继承的(*heritage*[遗产]),它是地产还是动产,这都是有差异的。

(四) 刑法与民法

刑法的三条世界历史性原则是血亲复仇、赎罪金(Kompositionen)和公共刑罚。中世纪的刑法,其本质根据不是国家,而是受侵犯的

---

* 也作 Heergewäte,古德语,指男子的战争装备,如利剑、盔甲、战马等。在日耳曼继承法中指独立于其他遗产,专属于血亲中的长子、孙子以及同等出生之男子的遗产。——译者

** 与 Heergewäte 相对,是指给女性继承人预留的遗产,包括寡妇预留产、女儿预留产,诸如女性的衣服、首饰、小家畜等。——译者

人格性。在中世纪初,发生了从血亲复仇到赎罪金制度的过渡。如果有人犯罪,他可以向受侵犯者支付赔命价金,从而避免公共惩罚。这表明在犯罪中,国家还没有真正的权利,毋宁说这与受其影响的个人有关。然而根据各民族的三种特点,犯罪和刑罚的概念也有着不同的形态。在此前已经达到普遍性的罗曼语族国家,很快就按照罗马法和教会法的模式制定了一部普遍的刑法,由国家负责对犯罪进行追究。唯一仍然表现主体性的是荣誉,它还经常代表法律。在日耳曼国家,尽管赔命价金正在消失,但私人刑法在拳头法*和所谓的武力自卫法中一直存续到15世纪末。这只不过是报复之外的复仇。人要自己报复,而不是被报复。在中世纪,只有各个城市有刑法,大多基于罗马法和教会法,他们吸收了这些法律,并据此规定了自己的状况。在中世纪末期,出现了查理五世的刑事法庭规则,被称为《卡洛林那刑法典》(Constitutio Carolina),这在当时是卓越的。它仍然存在于普通法中,在观点上仍然有效,但其实已经失去了它的实际意义。即使在国家掌握了犯罪的情况下,仍有两种体系存在:纠问式诉讼和控告式诉讼。后者只在英国可以相当纯粹地见到。刑罚是严厉的,而现在已经逐渐缓和。在斯拉夫民族中,日耳曼的任意仍然留存了很长时间。贵族是领主,大多数群众是农奴,对他们的管教就像对孩子一样,而不是刑罚。

在德意志**私法**中,修正首先出现在等级中。农奴不再是奴隶,他们拥有所有权和荣誉。领主不能杀死他们,只能责罚他们。此

---

* 拉丁文为 *jus manuarium*,中世纪的武装自卫权,被德国人戏称为弱肉强食的拳头法。——译者

外，我们在这里发现了一个不同的所有权地位。罗马的所有权是纯然形式的，而日耳曼的所有权则是伦理的，因为伦理的品质与之相关。在长子继承权和信托遗赠中，它具有家庭所有权的特征。中世纪在契约方面更为重要。在这里，我们必须遵循罗马人的契约，日耳曼人的契约很烦琐。但从交往和贸易中产生了许多新的契约，而罗马人对此没有概念。商法具有了一种与旧时代完全不同的意义。重要的是比萨人、热那亚人、阿马尔菲以及黎凡特的市民。另一方面，商队贸易也非常重要。*actio institoria*（迫使委托人履约之诉）[592]、*Lex Rhodia de iactu*（《罗德岛法典》论海运弃物）[593]，以及关于 *fenus nauticum*（海上借贷）[594] 的诉讼不再有任何意义。人们不得不寻找其他的担保手段。商法出现了，汇票也被发明出来了，它就像火药，似乎完全近在咫尺。汇票是一种契约，通过这种契约，货币可以从一个地方转移到另一个地方，而不用实际转移。汇票是获得信用的东西。除此之外，还增加了船舶抵押借贷法和保险法的内容，因此现在运输的货物有了一种真正的保障。在近代，增加了海商法和其他古代所不知道的制度。所有这些赋予了形式法以一个全新的领域。这种商法是一种活生生的、永远流动的法，这就是为什么在这里唯有商业法庭是必不可少的。

中世纪是一个法在数个世纪里艰难成长的时代，就像一座哥特式大教堂通过几代人的勤劳方可建成。它慢慢地成长，一部分接着一部分，直到宗教改革将建筑分开。

第五篇　近代

近代的法律史在概念上与中世纪的法律史没有太大区别,因为基督教已经指出了普遍的形式。但是在中世纪还处于粗糙、直接的对象性中的东西,现在转变成了明晰的概念和理念。基督教在中世纪的世界观得以实现。只要教会是属于这个世界的,它的权力就必须削弱;与之相反,国家则必须增强。教会必须从属于国家,也就是说新教的原则出现了。然而,罗曼语民族仍然完全信奉天主教,而斯拉夫民族则是大部分信奉天主教。这些民族仍然处于中世纪的状态,他们还没有发展到更近的时代,还生活在静息的状态之中。

一　国家

在国家法中,确立了一种完全不同的关系。近代废除了不具有普遍法律性质的封建制度。国家不再是私有财产;在本来只有个人私权的地方,出现了普遍的性质。法律面前人人平等,特权不复存在。所有国家公民都有相同的权利,即使他们属于不同的等级。国家的统一性是在绝对的国王身上形成的。

国家在中世纪逐渐形成;整体从个人中兴起,就像大教堂完成于其尖顶一样。从封建制度过渡到我们的国家,只能通过国家向自身聚集来实现。这种自我意识就是宗教改革后兴起的绝对主义。国家不是自下而上,而是自上而下。近代国家设定了之前设定它的那种关系。之前构成国家的一切——小骑士、教士、特殊性——都不再是权利,而是变成了特权;法集中在顶端,绝对君主制的原则统一了国家。被绝对主义的缰绳改造过的国家,比那些中世纪衔铁没有被打破的国家拥有更好的命运。

在德意志,帝国联盟变得更加虚弱;由于各个诸侯通过其领土主权独立崛起,皇帝的普遍性不再有效。领主们变成了小君主。现在,这种普遍性在其他国家是不同的。在法国,绝对统治从黎塞留开始。通过路易十四,他的格言"朕即国家"(l'état c'est moi)在思想上确立了绝对君主制,这座大厦得以完成。在西班牙,腓力已经建立了绝对权力,议会成了装饰性的等级、悬设的等级,只是为了吃喝而召集。在葡萄牙同样如此。在英国,斯图亚特王朝也尝试过同样的事情,但他们被打败了,中世纪的原则仍然占据了上风。在丹麦,弗雷德里克三世于1660年自立为绝对国王。1680年,卡尔十一世[595]在瑞典进行了同样的尝试,但他并没有取得成功。在英国、瑞典和波兰,绝对君主制并没有出现。因此,这些国家一直处于困境之中,它们没有充满生机的文明,它们没有被牢固地确立起来,而是在自由与不自由之间摇摆不定。在俄罗斯,彼得大帝[596]建立了绝对权力。在普鲁士,腓特烈大帝根据思想确立了绝对权力。

这种绝对国家也有其巨大的意义。然而,它不是最终者。源于自由的它,只能是一个过渡时期,必须过渡到国家的思想。在这样一个抽象的统一产生之后,它必须对自己进行划分,以便成为一个具体的、在自身中特殊的统一。自18世纪末以来,绝对主义已经衰落,因为在它的保护下,思想以及与之相伴的怀疑也随之不断发展。要转化为君主立宪制的形式,只需要一件简单的事情。当一个人受够了它的绝对主义,他必须再次放弃它。绝对君主制必定不能将一切吸收到自身之中,它也必须交出它所得到的东西,并将其设定为自由的环节。如果它不这样做,那么就会产生革命,而立宪国家也会由此产生。因此,较新的国家法包含了国家的**内部**划分。各个权力被创设出来,而行为被分解成几个部分。这种立宪制度与法国大革命进行全面的斗争,所以我们这个时代是中世纪的颠倒:国家现在应当是一个内部划分的统一。在许多国家,形式可能仍然是绝对的,但绝对主义的内容已经消失了。

这种国家法的劳作对其余的法产生了多大程度上的影响呢?对家庭的影响很小;在这一点上,基督教规定了规范。通过废除形式法的伦理关系,私法则更进一步。契约和所有权不应当被伦理化,而只是形式的。

二 家庭

在家庭法中,教会法部分地与罗马法混合存续。在日耳曼国家,家庭在16世纪采用了新教教会的原则。自宗教改革以来,**婚姻**不再是圣礼式外在的,而是返回到一种内在的伦理。这就意味着:婚姻自在地是神圣的,但并非它的实在,而只是它的概念;因此,离婚是允许的。天主教国家的婚姻是根据教会法沉闷的原则并从罗马法中形成的,从而成为了一种束缚;而在新教国家,婚姻自在地是神圣的,但只是其概念,而非其实在。它是某种有约束力的东西,但并非不可分离的枷锁。因此,离婚是被允许的。

在罗曼语国家,**父权**只是失去了过去的严厉。在日耳曼国家,它被返回到了父亲的自然保护,私法的环节被排除了。父亲和母亲是孩子们爱的保护者和顾问。母亲拥有荣誉和威望。

继承法并没有从这个时代中获得任何收益,因为罗马法已经过度地潜入其中,而原本伦理的日耳曼思想不得不让步。因此,继承法将不得不返回到思想。在遗嘱处分的情况下,家庭被视作考虑的要务。

三　私法与刑法

刑法发生了很大变化,因为国家已经意识到,刑罚归属于它。由此,刑罚已经表明它是犯罪的另一面。渐渐地,时代来到了纯粹的报应,刑罚是根据犯罪的原则来权衡的。从书面卷宗开始,人们努力争取程序的公开性和陪审团。

随着国家成为现实的最高理念,它必须部分吸收**私法**。在这里,罗马法也许是世界上唯一的私法,在整个欧洲确立了自己的地位,除了斯堪的纳维亚和英国。立法返回到这位大师。对于每个国家来说,私法都把自己塑造为个别的法典,特别是以各自国家的语言。没有成为绝对君主制的国家,如英国、瑞典等,没有正式的法典,只有个别议会法规和司法判决。

然而,私法不是我们唯一的生活。我们有许多新的伦理和国家法思想,它们改变了法之中的一些东西。这就是为什么整个欧洲处处都有这么多新的法典被创造出来。中世纪只有**法书**;法典源自各个国家、源自普遍性。就像现代历史自身一样,近代的立法是双重的。在17、18世纪,法只不过是对中世纪法的软化;剩下的只是一种传统、一种古老的习惯。在18世纪末,当国家作为国家集中起来并获得一种意识时,现代法就发展为立法。在个人心中有一种制定法律的追求。

这种需要经常受到攻讦。有人反驳它说,新的法典根本没有任何支撑,这些法典的许多变化表明,我们是多么不该对它们抱有使命。但是法律的这种变化正是时代的财富,而当时代在制定法律时,它当然是在践行其使命;因为一部法律不过是历史的内容索引。正如历史会发生变化一样,那么这也必须发生在法律上。

最近的法典化

这里要考察三部法典:《普鲁士国家邦法典》、法国《拿破仑法典》(*Code*)和《奥地利法典》。

(1)《普鲁士国家邦法典》属于启蒙时代。在这个时代,中世纪的特殊性消失了,意识觉醒了,想知道什么是有用的,而不再仅仅是存在。在18世纪,只有它们在知性中有其辩护时,世界上的所有关系才是真的。后来,人们把这些东西构建起来,并上升为一种概念。邦法是理性理由的立法、启蒙的最后作品,它在现存的东西中仍能找到用武之地。法典的思想基础是,个别的东西必须受到审核,而且它必须由习惯和理性构成。它人道地对待现存的东西。然而一部宽泛的、非法学的案例列举的法典就产生了,因为它畏首畏尾地不敢攻击 *jura quaesita*(既得权利)[597],即便它们是过时的和不公正的。它想成为一部锁闭的、恒久的法典,而这是错误的。

它只按照知性发挥作用,而且是以这样一种方式,即一切都应依据法典来决定。也就是说,腓特烈大帝希望没有不读邦法的法学家。因此邦法陷入了启蒙的错误,想要设定一切,操心一切所说的东西。但案例列举越多,健全人类知性就越少。邦法的第二个错误是,它现在相信,它可以抛弃法律人等级。然而随后,由于邦法出现的时代给法带来了新的概念,邦法被废除了。

(2)《**拿破仑法典**》不属于好心肠的启蒙,不属于理性和教化,而是掺杂着其时代的所有糟粕、强劲的革命式启蒙。它规定明晰,简明扼要,少有案例列举,只崇尚原则,在表达上具有艺术修养,但在普遍关系上较为薄弱。它是在恐怖时期所获得的经验的产物。完整性、明晰性、一种艺术的表达、一贯和原则是它的优点;它的缺陷是缺乏一种普遍的哲学。它是从罗马法和习惯中产生的。然而由于这种彼此嵌合非常巧妙,《拿破仑法典》的确已脱离了它的土壤,废除了省级法。与邦法不同的是,《拿破仑法典》进行了加工。它已被一门科学所追随,即它产生了专著、法院的判决等。它是一部在自己的法学中阐述的法典。邦法则反对这样的考察。

(3)蔡勒所完成的1811年《**奥地利法典**》达到了这些启蒙和恐怖的极端。它是前两部法典之间的**媒介**(*medium*),比《普鲁士国家邦法典》更短、更简洁,在许多方面写得更好,尽管不如《**拿破仑法典**》那样简洁,而且没有从任何哲学中产生。它是实用的,具备了许多文明的优点,并以文明的认识写就。因此,蒂堡在1814年建议将其暂时作为一部通用的德意志法典。对于私法来说,特殊的专业性并不那么重要。

那么,我们就此结束了普遍法历史。

第三部分　　实践法或立法的科学

这个讲座包含两个对象。第一个对象是一般的国家和法之理念,没有历史性的成分,因为辩护在于结果本身。在这里,法被带回了它的核心,那就是内在的精神。这样的一种思想并不是没有肉体;但这个身体是思想所产生的时代。因此,第二方面涉及我们依据概念所看到的东西在历史中的呈现。法历史就是以其时代现象呈现出来的法哲学。这应当表明,法历史与法哲学具有相同的内容。因此,最近的法历史与哲学考察的结果大致是一致的。实践法必须表明自己是与思想相称的,并在历史中得到了现实化。这就是哲学和历史的联合。从来没有一种哲学超越了它的时代,因此,这种法哲学只不过是一种时代如何呈现自己的观点。灵魂是哲学,肉体则是历史。

如果我们把这两方面总括在一起并追问两者的统一,那么这就是**立法**,法哲学和法历史的交汇之处,两者都奔流而入的海洋。法学的最高层次是**立法的科学**,它是那种具体的统一。立法一方面由思想构成,另一方面出自对历史材料的认识,这种材料必须被立法者用思想来渗透。就此而言,他是一个哲学的识见与历史的认识结合在一起的个体。他必须被两种事物所渗透,首先是他所处时代的精神,也就是哲学,以及今天合适的、确切的和正确的东西。他不能引入旧的废弃之物,而是必须被他的时代所渗透,悉心听取它的这种精神;他必须是一个哲学家,而不仅仅是一名顾问、一位官员,而是被他的时代之思想所渗透的人。此外,一个立法者必须了解历史。了解哲学的人也需要对实在的认识,他必须了解法在不同时期的历程。因此,立法者必须是这两方面的行家;他以哲学为其精神,以历史为其材料。他不仅仅是一名实践的法学家,但也并非一名单纯的理论法学家,他的创作应当是一个既出于思想又出于历史的活物。这就是为什么立法是一门实践的艺术,而立法者是一位法的艺术家。我们可以像欣赏拿破仑一样欣赏梭伦和吕库古、摩西等人的立法。

立法的理念

近来,立法已经变得更加频繁。很多人都处理过它,而问题是我们无论在历史上还是哲学上从这整个讲座中搜集到的立法的理念是什么。

就**国家**而言,它是一个普遍物、一种理念,并且本身是活生生的。我们已经看到,国家现在所达到的时期是它自己管理自己,拥有关于自己的意识。作为现实的理念,它必须拥有一种有机的划分,它的各个方面和方向以及真理必须具有一种秩序,而这就是宪制。从理性国家中,我们已经熟悉了君主立宪制的哲学构建。在历史之初,这种国家的统一性也是存在的,但没有意识。古代也是自由的,但没有自觉到这种自由。基督教把国家从其个体性中发展为自由,虽然起初只是私法性的,但君主立宪制最终也是在历史上逐渐形成的。然而无论宪制是作为君主立宪制还是作为共和制而确立,始终都会要求统治的合乎理性、公民的积极参与和法官的不可免职。因此国家必须具有宪制，而非任意地塑造，而这是哲学和历史的结果，它必定就是留给我们的关于国家的东西。

在**市民社会**中，斗争是无法避免的。它应被视为反思的、竞争——这种竞争不能被抑制而必须得到促进——的立场，而它的统一性只在于国家。"人人为己"（*sauve qui peut*）原则不能被废除，它导向了目标。必须促进个人的竞争和斗争，贸易必须是自由的，而产业必须允许每个人参与。因此，市民社会的自由和竞争原则是从哲学和历史中所产生出来的结果。

在**家庭**中，我们拥有同样决定性的原则。它的哲学建构已经教导我们，伦理是其主要原则，但还是以爱、感情的真挚的形式。**婚姻**是一种自然的伦理和神圣之物。但因为它是神圣的，所以它依据概念之所是也必须在现实中。它的现实绝不能仅仅在外在实存、在外在的纽带中去寻求。如果它的实在与概念不再符合，如果它是什么与它应当是什么不符合，而且 *divortium*（离婚）[598]是内在地存在的，那么它也应当外在地被解体。离婚的环节是一个必然的环节，只是不能让它太容易做到，否则婚姻只是一纸契约，没有什么伦理可言。丈夫和妻子的统一，即财产的共有，是从婚姻的伦理中产生的。统一本身之所是也必须表现在人格所实现的东西上，即在所有权和财产上。一种妆奁关系是非伦理的。人格必须与同一财产相关联。

在**父权**中，更多的是表现保护未成年人的必要性，而不是父亲对孩子的权利。因此在不再需要这种保护时，即一旦儿子经营自己的家室时，就必须停止这种保护。然而脱离了父权的儿子并没有脱离家庭，父母关系代替了父权。

在**亲属关系**中,已经表明它对政治领域很重要,但对私人亲属关系而言,无论它们是源于父亲还是母亲一方都是无所谓的。

最后,我们这个时代的**继承法**是以家族继承为基础的。废除遗嘱的任意是立法所要求的。但不能剥夺立遗嘱人处分其部分财产的权利。这种可处分的份额随着亲属的距离而扩大。在后代的情况下它必须是小额的,在长辈的情况下它会扩大,在兄弟的情况下会更大,在更远的亲属的情况下会扩展到整个。因此,遗嘱必须被排除为继承法的基础,但每个人必须有权获得可处分的份额。

在**刑法**中,出现了这样一个原则,即刑罚是来自国家方面的报应。然而刑罚并非无度的,不是对犯罪的无限反应,不是复仇,而是在刑罚中对犯罪的公正权衡。其结果是死刑永远不可能被绝对废除,谋杀后必须被处死。因为如果我们废除了死刑,那么谋杀也必须被废除。但是对于所有的犯罪来说,死刑必须是简单的,因为死亡是最高的东西。那么对于政治罪、盗窃罪、伪造货币和所有那些不需要用死亡来赎罪的罪行,死刑就应当停止。

在**诉讼**和法庭规则中,哲学意识表明,法庭和法律一样,必须是公开的,以便让所有人都知道。这在历史发展中也得到了考验:在东方,任何诉讼都是公开进行的;而在中世纪,诉讼程序才有了一种私法的形式。然而尽管中世纪的这种状态保持了很长时间,但在民事和刑事诉讼中,案件审理的公开性和口头性的必然性很快就表现了出来,尤其是陪审团法庭的公开性。在**民事诉讼**中,我们看到有两条准则在斗争,即案件审理的准则和调查的准则。在这里,这涉及国家和法官在民事诉讼中是否应该参与事实调查的问题,或者法官是否应该仅仅进行裁判而把事实留给当事人。后者是正确的,因为民事程序是无犯意的不法,而调查的准则使法官在判决前有偏见。

最后,就**私法**而言,契约在东方是某种神圣的东西,但在罗马却受制于形式主义,契约最终证明自己在哲学上以及历史上是自由的,因此形式必须尽可能弱地而且也现实地出现。它们只是根据内容来分类,而这也是它们必须被分类的唯一方式。所有权必须是自由的,而伦理必须被从中驱逐出去。它愈发自由,中世纪的长子继承制等被废除,人们返回到了罗马法,而这是有理由的。我们生活在所有权流动化的时代。人格的自由是法的最后一根支柱。

那么,我们就以此来结束整个讲座吧!

注　释

1　甘斯所说的"历史学家"是指历史法学派的追随者，他在本书中也经常与他们进行论战。

2　古斯塔夫·胡果(Gustav Hugo,1764—1844):《作为一种实定法哲学的自然法教科书》(*Lehrbuch des Naturrechts als einer Philosophie des positiven Rechts*),第4版,1819年。

3　歌德(Goethe):《浮士德》(*Faust*)(第1卷),1972年起:"法律和法如同一种永恒的疾病一样被继承。"

4　黑格尔(Hegel):《法哲学原理》(*Grundlinien der Philosophie des Rechts*),序言。

5　根据潜能和现实。

6　泰勒斯(Thales,约公元前625—前545),希腊哲学家。据亚里士多德说,他是第一位爱奥尼亚自然哲学家,由此也是第一位希腊哲学家。

7　Gnomen＝Sinnsprüche(箴言)。

8　认识你自己！

9　阿那克西曼德(Anaximander,公元前611—约前545),爱奥尼亚自然哲学家,泰勒斯的学生和继承者。

10　毕达哥拉斯(Pythagoras,公元前580—约前500),希腊哲学家、数学家。

11　色诺芬尼(Xenophanes,公元前580—约前485),希腊哲学家,埃利亚学派的创始人。

12　巴门尼德(Parmenides,约公元前540—前480),希腊哲学家,埃利亚学派中第一位概念哲学家。

13　麦里梭(Melissus),公元前5世纪的希腊哲学家。

14　芝诺(Zenon,公元前490—约前430),埃利亚人,希腊哲学家。

15 恩培多克勒(Empedokles,公元前483—前424),希腊哲学家、医生。

16 留基波(Leukippus),约公元前460年的希腊哲学家,相传是德谟克利特的老师,与德谟克利特一起被视为原子论的创始人。

17 德谟克利特(Demokrit,公元前480—前410),希腊哲学家。

18 阿那克萨戈拉(Anaxagoras,公元前500—约前428),希腊哲学家、数学家和天文学家。

19 努斯,即(世界)理性。

20 普罗泰戈拉(Protagoras,公元前480—前410),希腊哲学家。

21 关于哈勒(Haller),参见后注87。

22 亚里士多德(Aristoteles):《政治学》(Politik),1252b:"由于男女同主奴这两种关系的结合,首先就组成'家庭'。从这两种共同体中首先形成的是家庭,所以赫西俄德的这种说法是正确的:'先营家室,以安其妻,爱畜牡牛,以曳其犁。'"

23 古斯塔夫·胡果:《自然法教科书》(Lehrbuch des Naturrechts),第4版,1819年,第242页以下(尽管并未提及亚里士多德)。

24 海因里希·莱奥(Heinrich Leo,1799—1878),最初是黑格尔的门徒,之后成为黑格尔的对手。

25 自然教导一切生灵的东西。

26 为一切民族所同等遵循的东西。

27 罗马市民法。

28 万民法。

29 马库斯·图利乌斯·西塞罗(Marcus Tullius Cicero,公元前106—前43),罗马政治家、哲学家。

30 西塞罗:《论法律》,第1卷,第6节,第18页之后。

31 西塞罗:《论正确的行为》,第1卷,第19节,第62页以下。

32 西塞罗:《论演说家》。给出的这段话可能是一个错误的引用。可能是指第1卷第42节190页以下。

33 弗朗西斯·培根(Francis Bacon,1561—1626),英国经验主义的创立者。

34 雅各布·波墨(Jakob Böhme,1575—1624),神秘学家、辩证哲学家。

35 尼科洛·马基雅维里(Niccolò Machiavelli,1469—1527),政治家、历史学家。

36 尼科洛·马基雅维里:《佛罗伦萨史》(*Istorie fiorentini*,1532),德文版名为:*Geschichte von Florenz*,1986。

37 《驳马基雅维里,或试对尼科洛·马基雅维里的君主治理术进行批判》(*Anti-Machiavel,oder Versuch einer Kritik über Nic. Machiavels Regierungskunst eines Fürsten*,1745)。

38 托马斯·莫尔(Thomas Morus,1478—1535),英国政治家。

39 托马斯·莫尔:《关于最完美的国家制度和乌托邦新岛》(*De optimo statu rei publicae deque nova insula Utopia*,1516)。

40 影射费希特(Fichte)的著作《锁闭的商业国》(*Der geschlossene Handelsstaat*,1971),第3卷,第4章,载《费希特全集》(*Fichtes Werke*),第3卷,484页以下。

41 让·博丹(Jean Bodin,1529—1596)。主要著作:《共和六书》(*Lex six livres de la République*,1576)。

42 闭海论。

43 雨果·格劳秀斯(Hugo Grotius):《战争与和平法三书》(*De jure belliac pacis libri tres*,1625)。

44 查理八世(Karl Ⅷ.),1483—1498年的法国国王,1494年入侵意大利,次年征服了那不勒斯。

45 指法国国民公会。

46 勒内·笛卡尔(René Descartes,1596—1650),现代理性主义的创立者。

47 第一本著作出版于1677年,第二本著作则是1670年。

48 在手稿五第25页中这个词的读法有疑问。

49 必须走出自然状态。

50 我们必须退回到自然状态。

51 约翰·弥尔顿(John Milton,1608—1674),英国诗人、作家。

52 胡伯特·兰格特(Hubert Languet,1518—1581),出生于法国的政治评论家、外交官,从1560年起为萨克森选帝侯服务。以"施蒂法努斯·尤尼乌斯·布鲁图斯"(Pseudonym Stephanus Junius Brutus)为笔名出版的《人民有权反对暴君的辩白》(*Vindiciae contra tyrannos*)一书中的哪些部分属于他,还没有完全弄清楚。

53 这部作品于1744—1747年间由海因里希·冯·科克采伊(Heinrich

von Cocceji)的儿子萨穆埃尔(Samuel)编辑出版。

54　萨穆埃尔·冯·科克采伊(Samuel Von Coceji)于1699年在其父亲担任主席期间撰写的博士论文,于1712年出版。

55　道德能力。

56　各得其所。

57　礼节、诚实和正义。

58　尼科劳斯·西埃罗尼穆斯·贡德林(Nicolaus Hieronymus Gundling),萨勒河畔哈勒大学的哲学教授,之后任修辞教授,再后来任自然法和国际法教授,雅各布·保罗·冯·贡德林男爵(Jakob Paul Freiherr von Gundling, 1673—1731)的兄弟,他在腓特烈·威廉一世(Friederich Wilhelms Ⅰ.)的宫廷中违背自己的意愿而遭到嘲弄。

59　强制性的自然法。

60　克里斯蒂安·沃尔夫(Christian Wolff):《关于人的社会生活以及尤其是普通本质的理性思想》(*Vernünfftige Gedanken von dem gesellschaftlichen Leben der Menschen und insonderheit dem gemeinen Wesen*,1721),第1版。

61　约翰·彼得·弗里德里希·安西隆(Johann Peter Friederich Ancillon, 1767—1837),普鲁士政治家、学者。甘斯大概是指安西隆的作品《论国家宪法的精神及其对立法的影响》(*Über den Geist der Staatsverfassungen und dessen Einfluß auf die Gesetzgebung*,1825)。

62　在这一天,三级会议自1614年以来首次举行。

63　康德(Kant):《道德形而上学奠基》(*Grundlegung zur Metaphzsik der Sitten*),学院版,第4卷,第421页:"要只按照你同时能够愿意它成为一个普遍法则的那个准则去行动。"

64　以下阐述涉及康德:《法权论的形而上学初始根据》(*Metaphysische Anfangsgründe der Rechtslehre*,1797)。

65　影射卢梭《社会契约论》的第2卷第8章。其中说道:"因为只有在一个民族是野蛮的时候,它才能使自己自由,可是当政治精力衰竭时,它就不再能如此了。那时候,忧患可以毁灭它,而革命却不能恢复它;而且一旦它的枷锁被打碎之后,它就会分崩离析而不复存在。自此而后,它就只需要一个主人而不是需要一个解放者了。"

66　弗朗索瓦·魁奈(François Quesnay,1694—1774),于1758年出版了《经济表和农业国经济统治的一般准则》(*Tableau économique avecson explication et les Maximes générales du gouvernement économique déun royaume agricole*)。他不仅凭借此著创建了重农学派,而且同时还创建了国民经济学的商品流通理论。

67　埃马纽埃尔·约瑟夫·西耶斯(Abbé Emmanuel Joseph Sieyes, 1748—1836),神父、政治理论家、实践家以及法国大革命的带头人之一。

68　奥诺雷·加布里埃尔·里克蒂·米拉波伯爵(Honoré Gabriel Riqueti *comte* De Mirabeau,1749—1791),三级会议第三等级代表,1790 年担任雅各宾派主席,1791 年任国民议会主席。

69　威廉·特劳戈特·克鲁格(Wilhelm Traugott Krug,1770—1842),康德在哥尼斯堡的继任者,自 1809 年起于莱比锡任职。

70　戈特利布·胡菲兰德(Gottlieb Hufeland,1760—1817),耶拿大学、维尔茨堡大学和兰茨胡特大学的法学家,撰写了《试论自然法的原则》(*Versuch über den Grundsatz des Naturrechts*,1785),以及《自然法以及相关科学的原理》(*Lehrsätze des Naturrechts und der damit verbundenen Wissenschaften*, 1790)等。

71　约翰·克里斯多夫·霍夫鲍尔(Johann Christoph Hoffbauer, 1766—1827),自 1799 年起任哈勒大学哲学教授,撰写了《对自然法最重要对象的研究》(*Untersuchung über die wichtigsten Gegenstände des Naturrechts*, 1795),以及《依据法的概念来发展自然法》(*Lehrsätze des Naturrechts und der damit verbundenen Wissenschaften*,1825)。

72　约翰·格布哈特·埃伦赖希·马斯(Johann Gebhard Ehrenreich Maass,1766—1823),自 1791 年起任哈勒大学哲学教授。此外,他还撰写了《论一般的权利和责任以及特别是民事责任》(*Über Rechte und Verbindlichkeiten überhaupt und die bürgerlichen insbesondere*,1794)。

73　卡尔·海因里希·海登赖希(Karl Heinrich Heydenreich,1764—1801),莱比锡大学哲学教授,撰写了《根据批判性原则的自然法体系》(*System des Naturrechts nach kritischen Prinzipien*,1794),以及《自然国家法的原则及其应用》(*Grundsätze des natürlichen Staatsrechts und seiner Anwendung*,1796)。

74　卡尔·莱昂哈德·莱因霍尔德(Karl Leonhard Reinhold,1757—1823),1787 年在耶拿大学任哲学教授,自 1794 年起任基尔大学教授。莱因霍尔德最初是康德哲学的宣扬者,之后接近费希特和后来的雅各比(Jacobi)。

他撰写了《一种关于人类表象能力的新理论的探讨》(*Versuch einer neuen Theorie des menschlichen Vorstellungsvermögens*,1789)和《关于康德哲学的书信集》(*Briefe über die kantische Philosophie*,1790)。

75 卡尔·海因里希·格罗斯(Karl Heinrich Gros,1765—1840),埃尔朗根大学和哈勒大学的法学教授,撰写了《哲学法学或自然法教科书》(*Lehrbuch der philosophischen Rechtswissenschaft oder des Naturrechts*,1802)。

76 保罗·约翰·安塞尔姆·费尔巴哈(Paul Johann Anselm Feuerbach,1775—1833),重要的刑法学家,最初是康德的追随者,撰写了《对自然法的批判》(*Kritik des natürlichen Rechts*,1796)。

77 在《费希特全集》(I.H.费希特编辑),1971,第四卷,第 377 页以下。

78 路易·博纳尔子爵(Louis *vicomte* De Bonald,1754—1840),法国哲学家,在其国家学说中提出了在神权基础上的君主制的基本特征。文中提到的第一部作品出版于 1802 年,最初为两卷,另一部作品在 1800 年出版了第 1 版。

79 约翰·威克里夫(John Wiclif,1324—1384),英国早期宗教改革家、教会政治家,站在英国国王一边反对教皇。

80 约翰·胡斯(Johann Hus,1370—1415),波西米亚宗教改革家,威克里夫的追随者,他也对路德产生了巨大影响。

81 约瑟夫·马里·迈斯特伯爵(Joseph Marie *comte* De Maistre,1753—1821),法国政治家、哲学家,主张天主教-保守主义的国家学说。根据该学说,对所有民族的绝对统治应授予教会以及作为神代理人的教皇。其著作《圣彼得堡之夜》(*Soirées des St. Pétersbourg*)于 1821 年出版。

82 乌格斯·费利西泰·罗贝尔·德·拉梅内(Hugues Félicité Robert De Lamennais,1782—1854),天主教宗教哲学家、政治家,最初是教皇至上主义的极端保守主义天主教的代表,但后来越来越多地与梵蒂冈发生冲突。

83 这个词在手稿六第 34 页中的读法不同,但无法破译。

84 《论对宗教的冷漠》于 1817—1823 年分四卷出版,《罗马丑闻》于 1836 年出版,《一个信徒的话》于 1834 年出版。

85 亚当·穆勒(Adam Müller,1779—1829),一种有机的、天主教普世主义国家观的代表。文中提到的两部作品分别于 1809 年和 1819 年出版。

86 弗里德里希·冯·施莱格尔(Friedrich von Schlegel,1772—1829),

哲学浪漫派的主要代表。

87　卡尔·路德维希·冯·哈勒(Karl Ludwig von Haller),自1806年起任伯尔尼大学历史教授,1820年皈依天主教。他在文中提到的六卷本著作出版于1816—1834年。

88　弗里德里希·尤里乌斯·施塔尔(Friedrich Julius Stahl),基督教保守主义国家学说的代表。他的两卷本作品《依据历史观的法哲学》(*Die Philosophie des Rechts nach geschichtlicher Ansicht*)出版于1830—1837年。

89　影射黑格尔《法哲学原理》第258节脚注:"可是把那里的两种思想结合起来,而其实根本连一种思想都没有,这将是一种过分的要求。"

90　影射古斯塔夫·胡果,参见前注2。

91　邦雅曼·贡斯当(Benjamin Constant,1767—1830),法国政治学家、作家,政治自由主义的共同创立者。

92　皮埃尔·保罗·罗亚-科拉尔(Pierre Paul Royer-Collard,1763—1845),法国作家、哲学家和政治家。

93　弗朗索瓦·勒内·奥古斯特·德·夏多布里昂子爵(François René Auguste *vicomte* De Chateaubriand,1768—1848),法国作家、政治家。

94　纳尔西斯·阿希尔·德·萨凡迪(Narcisse Achille De Salvandy,1795—1856),法国政治家、历史学家。

95　奥古斯特·希拉里昂·凯拉特里伯爵(August Hilarion *comte* De Keratry,1769—1859),法国作家、政治家。

96　这可能是指法国哲学家克劳德·约瑟夫·蒂梭(Claude Joseph Tissot,1801—1876)。他在M. 米肖(M. Michaud)编辑的《世界传记》(*Biographie Universelle*,1856)新版第15卷中写了一篇关于甘斯的文章,见该书第518页。

97　克劳德·阿德里安·爱尔维修(Claude Adrien Helvétius,1715—1771),法国哲学家。他从感性知觉能力和自爱中推导出所有的人类活动。

98　此处参见爱德华·甘斯《回顾人和状况》(*Rückblicke auf Personen und Zustände*,柏林,1836)第91—102页:"但现在我想过渡到对当时法国社会最后一方面的考察,它从晦暗的开端——即使没有达到持久的辉煌——然而提升到了一种观念性的意义,我所指的即是圣西门主义者。当我在1830年来到法国时,我几乎不知道这个教派的肯定实存。我只是顺便被告知,我的一些老熟人属于其中,特别是儒勒·勒舍瓦利耶(Jules Lechevalier),他是马提尼克岛人,此前曾在柏林,在哲学上稍作考察,并掌握了历史哲学的一些转折,后来也被发现转变到了圣西门主义的思路上。从我听到的情况来看,我不得不得出结论,这里只是确立了新的国民经济学观点或工业上的意见,整个事情活动在一直以来分配给科学的领域里。我发现了别的东西:我发现了一种宗教,在泰特布特街有一座寺庙,在乔伊索尔巷的一所房子里有精神性的聚会。邦雅曼·贡斯当告诉我,大约一年前,当圣西门主义者向他征求如何传播他们的原则的建议时,他告诉他们:把它变成一种宗教。这种新的宗教启示的主要教义仅仅是,基督教只把神把握为精神,从而在精神和物质之间创造了二元论,后者必须因此被视为去神化的。但由于神既不只属于天也不只属于地,他既在肉体之中也在肉体之外,而肉体和精神在爱中结合在一起。因此,宗教必须照顾到有限的利益,以类似于精神的关怀来理解和安排它们。一般来说,没有什么东西会落在宗教之外:以前有差异的东西会融合在一起,因此圣西门主义者的启示将是把基督教提升到一个它无法达到的统一体。无论谁从正确的视角来看待这场反对基督教的论战,也都无法忽视它是完全错误的。基督教的精神并不是圣西门主义者所称的纯粹精神,也不是我们所称的抽象精神。这种精神已经进入世界,渗透到世界中,并按照它的模型形成世界。如果在18个世纪之后,不自由的状态逐渐消失,宣布了所有被压迫者的解放,而人只以真正内在性的表达来取悦自己,那么这正是基督教的世俗化。诚然,它需要许多个世纪,以便创造为日常状态。它的思想和细微差别是如此丰富,以至于它能忍受所有的异议,承受所有的差异性,甚至圣西门主义在打算完全拆毁它时,也只是在它的范围内劳作。恰恰是今天基督教精神所达到的这种世俗的形态,使得它在其领域内不可能与所谓的新宗教并肩而立。应该带动它的狂热在哪里?那些为信仰献身的烈士们的热情在哪里?世俗的、科学的或工业的利益会不会引起那种直接的、绝不通过知性的发展而启示自身的热情?在我离开巴黎的前几天,勒米尼埃(Lerminier)和我约定在坎卡莱餐厅再次共进晚餐。勒米尼埃,他不受规定的热情使他与圣西门主义的信徒们有了密切的联系,他邀请了儒勒·勒舍瓦利耶,而我则邀请了维勒曼(Villemain)和比西翁(Büchon)。谈话的对象只涉及新教义的追随者们对其传播所抱的巨大希望。当维勒曼说,没有痛苦和受难、没有牺牲和殉道,任何新的宗教都不可能扎根时,勒米尼埃回答说:'殉道者,他们会找到的。'但是,维勒曼反驳道:'基督教殉道者没有在坎卡莱餐厅用餐。'而事实上,这个好词可以在更严肃的意义上理解。在一个对所有宗教内容都漠不关心的时代,那些不放弃世界的富足而是把它作为宗教处理对象的年轻人并不可能引起一种震动,而这种震动对于建立一种新的神的学说来说显然是必然的。

"如果我们这样把目光从圣西门主义者不必要地披上的宗教装扮上移开,就不能不对他们的社会和国民经济学原则进行更严肃的审查。在这里,我们发现伟大而事实上又深刻的思想与不切实际的建议混杂在一起,寻求无法达到的统一,并希望产生一种等级制度,而这种等级制度是建立在旧的等级制度正在离去之时的。即使是最初的基本思想,即人类社会只有两个时代:有机的时代和批判的时代——它们自己产生了两次——也会遭受挑战。两个有机的时代是犹太教和希腊多神教时代,然后是中世纪的天主教会;两个批判的时代是罗马和近代的新教自由主义时代。我们要承认这些时代的命名,也想不起对此有什么好反对的,一个时代更积极和具体,另一个则更消极和抽象。但是,这些时代之间的差异是否已经耗尽?有机的和批判的表达是否已经是对这种有机主义与批判主义之如何的详细阐述?世界历史不断要处理从直接状态到中介状态、从教条主义到怀疑主义的时代的过渡。然而正如人们无法用两笔画出一个人类有机体一样,人们也无法用两个抽象概念来描绘世界历史。这也包括细微别和过渡、光和影。批判性的时代也有有机的实体在其中:有机的时代从来不缺少批判的否定物。一个有机的整体可以有划分,但它绝不是由两块抽象的东西组合而成的。如果我们在这里不是反对理论,而是反对形式的东西,那么与之相反,我们必须赞扬圣西门主义者判断他们自己时代的巧妙实际策略。因为整个哲学历史框架其实只是一个科学上次要的事情。圣西门主义者在我们这个时代的自由主义中看到了它生产性的弱点:它可以正确地、有理由地拆掉旧的东西和摧毁腐朽的东西,但它没有能力创造新的东西。这就是为什么十五年来的反对派在最终进入政府并要进行治理时是如此无能为力。它几乎变成了它所反对的那些人的原则;一旦人们要求它的内容,他们的演讲才能就会减弱;在经济和商业问题上,它又变成了旧的贸易保护主义庸俗,在外交事务上又变成了过去的外交例行公事。幸运的是,时代总是自行找到适合自己的积极方向。我们的时代正在进入铁路连接领域,希望消除距离的障碍。这种世界联系的思想也是由圣西门主义者首先提出的。五年前,当米歇尔·舍瓦利耶(Michel Chevalier)在《环球报》(*Globe*)上谈到一个铁路网时,谁能相信这个网络会依据这种思想在今天完成?

"我认为,圣西门主义者的错误只是对自由主义必须以使其成为合乎内容的和有机的所必须采取的立场所作的陈述。他们想排除所有的偶然和所有由偶然带来的财产,却没有看到它在人们想对其关闭的门前又溜了进来。因为如果能力也是幸运财富的最后承载者,那么这种能力的尺子在哪里呢?喜欢和厌恶、激情和人类的冲动,这些毕竟是不能被驱逐的,难道不会在能力的判断上出错吗?是否有一个客观的监管者,而竞争本身不就是发挥能力的最可靠手段吗?个人根据其能力只是以国家的名义应当享有的财产,被这一规定取消的继承权,也将剥夺个人的个体性和特殊性的基础。在没有继承权的情况下,甚至连财产的道德方面也会失去,而后者是不能被剥夺的。那些几乎不认得自己孩子的人,不为他们劳动的人,是否会像那些看到自己未来的人一样勤奋积极,即使在那时,他们将不复存在?或者我们是否可以假设,一个人在普遍性中、在国家中可以有一种他在家庭中失去的东西的替代物?然后,又出现了对能力基础的控诉,即一个人有职业,而另一个人没有,这最终是一种特权。现在,没有能力的人是否应该被完全抛弃,不能在幸运和偶然中找到他的愚蠢的一种可能替代物?

"圣西门主义者认为,市民社会中的竞争或战争以及斗争的罪恶,必须转化为秩序和等级制度,我认为,这是相当错误的。有些人在这场斗争中毁灭,处处可以听到人人为己(sauve qui peut)的喧嚣,这是不能否认的。为什么圣西门主义者相信,当爱的状态和牧师等级作出安排,并将自命不凡和自大的人置于较低的领域时,会产生一种普遍的满足呢?那么他不会相信,他将独自熬过难关并爬到一个更高的层次?正如在理念中包含了较低的反思领域,在国家中也包含了市民社会的从属地位。反思性的特征不能与之分离:它本身不能被提升为一个国家。它的普遍物是思想,尽管这些思想是孤立的、斗争的,但它们却在其中扎下了根,最终导致结果和科学的总结。但是,想把竞争排除在外的人创造了另一种奴役性的前景,即使它提供了更幸运的条件,也是无法忍受的。古代用奴隶劳动;我们用我们自己的人格劳动。然而为此,人格也属于自己,如果剥夺它的幸运或不幸、成功或厄运,就等于今天剥夺了它唯一能做的诗。因为生活的消极面也属于它:就像善以恶为前提一样,为了使幸运得到具体和适当的形态,那么一种完全的不幸必须是可能的。

"但在这些思想混乱中,圣西门主义者又说出了某种伟大的东西,并且指出了时代的一个公然弊病。他们正确地指出,奴隶制实际上还没有结束,它在形式上已经不复存在了，但它在物质上以最完善的形态还存在着。正如以往主人和奴隶，后来的贵族和平民，再后来的封建领主和附庸对立一样，现在有闲者和劳工也是如此。参观英国的工厂，你会发现成百上千的男人和女人，他们憔悴而悲惨，为一个人做工，牺牲他们的健康，牺牲他们的生活乐趣，只是为了可怜的保存。像动物一样剥削人，即使他可以自由地死于饥饿，这难道不意味着奴役吗？在这些可怜的无产者身上不应该有伦理的火花吗？难道不应该允许他们被提升到参与他们现在必须无精神和无意识地做的事情中吗？这一点，即国家必须照顾最贫穷和最为数众多的阶级，如果他们想劳动，就绝不能剥夺适合他们的职业，必须主要注意削薄市民社会中通常被称为贱民的那层疮痂，这是对我们时代的深刻展望，下面的历史将不得不不止一次地在其篇幅中谈到无产者对社会中产阶级的斗争。中世纪及其行会有一种有机的劳动制度。行会已经被摧毁，永远不可能重新建立。但是已经获得自由的劳动，现在是否应该从同业公会堕落为专制，从主人的统治变成工厂主的统治？对此没有补救措施吗？确实有。它是自由同业公会，它是社会化。

"在法国，最近一段时间，人们残酷地认为工人们联合起来与工厂主对抗的组织是一种不被允许的社团，并强调可能暗中隐藏的政治目的，由此禁止这种联合。然而这样一来，工资的决定权就落入了工厂主的手中，参与的交互性也被破坏了。这些状态能否长久，工人是否必须在社会中寻求一个参照点，这正是目前比以往任何时候都更需要解决的问题。过去，傅立叶（Fourrier）把这一结社原则作为一本晦涩的、以公式化风格写成的著作的主题，后来一些圣西门主义者，如儒勒·勒谢瓦里埃等人，把他们教义的旗帜与傅立叶主义的旗帜交换。

"我们不想跟随圣西门主义者进入他们的家庭关系、他们设计的社会阶级和他们的道德领域。因为这些思想在一定程度上属于早期的哲学家，如柏拉图和费希特，在一定程度上这里还没有什么固定和明确的东西，而道德因素与婚姻的联系恰恰产生了不一致，圣西门主义团体由此解体。但一些实践的思想和指示会保留下来并生根发芽，就像顺势疗法会对医学产生重大影响一样，也不应该否认圣西门主义描述了我们市民秩序的一些主要伤口，这些伤口的未来疗愈是它的功绩。"

99　克劳德·亨利·圣西门伯爵（Claude Henri *comte* De Saint-Simon，1760—1825），法国社会主义的创始人。

100 巴泰勒米·普洛斯佩·安凡丹(Barthélemy Prosper Enfantin, 1796—1864),法国社会主义者,圣西门主义运动的引领者之一。

101 路德将这句话翻译为:"让正义得以伸张,纵使这世界毁灭。"

102 "让正义得以伸张,而世界是其奴仆。"

103 自行运动的物。

104 弗里德里希·卡尔·冯·萨维尼(Friedrich Carl von Savigny, 1779—1861),当时最重要的法学家。自 1810 年起在柏林大学任教授。甘斯与萨维尼处于公开的敌对关系中。在甘斯被任命为教席教授之际(1828),萨维尼永久性地退出了学院事务。

105 萨维尼:《占有的权利》(*Das Recht des Besitzes*),第 1 版出版于 1803 年,第 6 版出版于 1837 年。

106 对萨维尼之占有学说的详细批判,见甘斯:《罗马民法体系纲要》(*System des römischen Civilrechts im Grundrisse*,1827),第 202—215 页;以及甘斯:《论占有的基础》(*Über die Grundlage des Besitzes*,1839)。萨维尼与甘斯关于占有权争论的概况,见布劳恩:《犹太教、法学和哲学》(*Judentum, Jurisprudenz und Philosophie*,1997),第 91 页以后。

107 关于约翰·克里斯蒂安·哈瑟(Johann Christian Hasse,1779—1830),参见甘斯:《继承法》(*Erbrecht*,1839)第 2 卷,第 267 页以后;以及《罗马民法体系纲要》(*System des römischen Civilrechts im Grundrisse*,1827),第 168 页以后。

108 合法占有。

109 对物进行支配的意志。

110 单纯的持有。

111 Ersitzung(取得时效)。

112 影射萨维尼的《占有的权利》,第 6 版,1837 年,第 6、28 页。

113 伤害之诉。

114 要求返还赃物之诉。

115 新生岛屿。

116 约定所有权转移的占有转移。

117 分配诉讼中的司法判决。

118 通过在裁判官面前进行表面诉讼让与权利。

119 永久被排除了使用之可能性的所有权。

120　用益权。

121　由于程序方面的裁判官法令,无法得以执行的市民法所有权(*dominium ex jure Quiritium*)。

122　Prätorisches Eigentum(执政官上的所有权)。

123　物权。

124　上层所有权人和次级所有权人。

125　Ersitzung(取得时效)。

126　万物的神经。

127　利益。

128　康德:《法权论的形而上学初始根据》(*Metaphysische Anfangsgründe der Rechtslehre*),第31节。

129　黑格尔:《法哲学原理》,第80节。

130　借贷契约。

131　可随时要求返还的财物借用。

132　寄存契约。

133　无偿保管契约。

134　劳务报酬。

135　买卖契约。

136　劳务租赁。

137　古斯塔夫·弗里德里希·伽特纳(Gustav Friedrich Gärtner):《普鲁士民事诉讼程序调查原则批判》(*Kritik des Untersuchungsprincips des Preußischen Civilprocesses*,1832)。甘斯对此书所作的书评,见:《普鲁士立法修订论稿》(*Beiträge zur Revision der Preußischen Gesetzgebung*,1830—1831),第450—479页。

138　确定事实和争议点。参见1793年《普鲁士一般审判规则》(*Preußische Allgemeine Gesichtsordnung*),第1节,第10条。

139　根据《普鲁士一般审判规则》,调查事实由特殊的指导法官即指示者承担。

140　缺席审判。

141　就裁定诉讼、略式诉讼、简易诉讼的规定,见1833年6月1日的《普鲁士王国法律汇编》(*Gesetz-Sammlung für die Königlichen Preußischen Staaten*),第37页以后;同时可参见1833年7月24日的审判指南。

142 暴行罪(crimen vis)指攻击公共安全与普遍和平的一般犯罪构成，如不被允许的自救、拦路抢劫、非法侵入。

143 非法提高生活必需商品的价格。

144 伤害君主罪。

145 Kulpos＝fahrlässig(过失)。

146 为了不再犯罪，而不是因为犯罪。

147 加卢斯·阿洛伊斯·卡斯帕·克莱因施罗德(Gallus Aloys Kaspar Kleinschrod,1762—1824)以预防论为基础,于1802年发表《普法尔茨巴伐利亚邦国刑法典草案》(*Entwurf eines peinlichen Gesetzbuchs für die Kurpfalzbairischen Staaten*)。

148 1805年12月11日的普鲁士刑法规章。

149 克里斯托弗·卡尔·斯图贝尔(Christoph Karl Stübel,1764—1828),其以预防论为基础的作品见《一般刑法体系及其在萨克森选帝侯国现行法中的适用》(*System des allgemeinen Peinlichen Rechts mit Anmendung auf die in Chursachsen gelterden Gesetze*)。

150 卡尔·路德维希·威廉·冯·格罗尔曼(Karl Ludwig Wilhelm von Grolman,1775—1829),撰写了《刑法科学原理》(*Grundsätze der Criminalrechtswissenschaft*,1789),以及《论刑法基础和刑事立法及法学归责标准理论的发展》(*Über die Begründung des Strafrechts und der Strafgenalrechtswissenschaft nebst einer Entwicklung der Lehre von dem Maßstabe der juristischen Imputation*,1799)。

151 保罗·约翰·安瑟尔姆·冯·费尔巴哈(Paul Johann Anselm von Feuerbach,1775—1833),见《实定刑法基本原则与基础概念的修正》(*Revision der Grundsätze und Grundbegriffe des positiven peinlichen Rechts*,1799—1800)两卷本、《对克莱因施罗德普法尔茨巴伐利亚邦国刑法典草案的批判》(*Kritik des Kleinschrodischen Entwurfs zu einem peinlichen Gesetzbuch für die Chur-Pfalz-Bayerischen Staaten*,1804)。

152 爱德华·亨克(Eduard Henke,1785—1829),见《论刑法理论之争》(*Über den Streit der Strafrechtstheorien*,1811)。

153 朱利叶斯·爱德华·希茨格(Julius Eduard Hitzig,1780—1849),刑事顾问,编辑过多个法学杂志:自1825年起编辑《莱茵省外普鲁士国家刑事司法杂志》(*Zeischrift für die Criminal-Rechts-Pflege in den Preußischen*

Staaten mit Ausschluß der Rheinprovinzen）；自 1827 年起编辑《德国及外国刑法判决年鉴》（Annalen der deutschen und ausländischen Criminalrechtsprechung）；自 1828 年起编辑《普鲁士及外国刑事司法年鉴》（Annalen für preußische und ausländische Strafrechtspflege）。甘斯提到的案例很可能载于上述杂志的某一本中。

154　切萨雷·贝卡里亚（Cesare Beccaria,1738—1794）：《论犯罪与刑罚》（Dei delitti e delle pene,1764）。

155　约瑟夫·冯·索南菲尔斯（Joseph von. Sonnenfels,1733—1817）：《论废除刑讯》（Über die Abschaffung der Tortur,1775）。

156　约瑟夫二世（Joseph Ⅱ.）于 1781 年用"更可怕、更严厉的"船上苦役刑罚取代了在此之前的死刑。

157　关于普鲁士的死刑执行情况,参见理查德·J. 埃万斯（Richard J. Evans）文,见海因茨·赖夫（Heinz Reif）（编）：《强盗、人民与权威》（Räuber, Volk und Obrigkeit,1984）,第 185 页（218 页以后）。

158　Brandmarke（烙印）。根据 1848 年《保罗教堂宪法》（Paulskircheverfassung）第 9 条,烙印刑在德国被废除。

159　卡尔·路德维希·米歇莱（Karl Ludwig Michelet,1801—1893）,黑格尔的学生及其著作编者,他在年轻时就由法律转向哲学研究,是甘斯的朋友之一。

160　亚里士多德：《尼各马可伦理学》,第 3 卷,1110a—1110b。

161　其行为的自由原因。

162　Fahrlässige Handlung（过失行为）。

163　思虑。

164　亚里士多德：《尼各马可伦理学》,第 3 卷,1110b。

165　由故意所规定的过失。

166　最后一句话出自贝尔纳（Berners）于 1838 或 1839 年所作的讲座记录。除这句话外,其他内容不详。

167　雨果·多内鲁斯（Hugo Donellus,1527—1591）,人文主义法学的重要代表人物。

168　较大或较小的注意。

169　接近故意。

170　接近偶然。

171 亚里士多德:《尼各马可伦理学》,第 3 卷,1111b。

172 克劳德·阿德里安·爱尔维修(Claude Adrien Helvétius,1715—1771),法国哲学家。他认为自爱是一切行动的动机。

173 艾蒂安·博诺·德·孔狄亚克(Etienne Bonnot de Condillac,1715—1780),法国哲学家,他将感官知觉视为认识的唯一来源。

174 弗兰西斯·哈奇森(Francis Hutcheson,1694—1747),英国道德哲学家、美学家。他代表了一种内在性的美学,并认为一种直接的审美愉悦感是对美之感觉的基础。

175 安东尼·阿什利·库珀·格里夫·冯·沙夫茨伯里(Antony Ashley Cooper Graf von Shaftesbury,1671—1713),英国哲学家。他认为伦理的本质在于利己与社交偏好之间的和谐关系。

176 威廉·沃拉斯顿(Willam Wollaston,1659—1724),英国道德及宗教哲学家,著有《自然宗教概述》(*The Reiligion of Nature delineated*,1722)。

177 亚当·弗格森(Adam Ferguson,1723—1816),苏格兰道德哲学家。他认为伦理生活之基础在于自爱、友善和完满的结合。

178 一个健全的精神寓于健康的体魄。

179 康德:《德行论的形而上学初始根据》(*Metaphysische Anfangsgründe der Tugendlehre*),学院版,第 6 卷,第 404 页及 432 页以后。

180 此处甘斯指的是费希特于 1798 年发表的著作《以知识学为原则的伦理学体系》(*Das System der Sittenlehr nach den Principien der Wissenschaftslehre*)。

181 弗里德里希·海因里希·雅各比(Friedrich Heinrich Jakobi,1743—1819),现代个人主义先驱。

182 1819 年 3 月 23 日,来自埃尔朗根的神学学生卡尔·路德维希·桑德(Karl Ludwig Sand)出于爱国主义狂热谋杀了诗人奥古斯特·冯·科茨布(August von Kotzebue,1761—1819)。他把科茨布视为一位反动国家的象征性人物。1819 年 3 月 31 日,柏林神学教授威廉·马丁·雷贝布雷希特·德维特(Wilhelm Martin Lebebrecht De Wette,1780—1849)给凶手的母亲写了一封过于同情的安慰信,这封信被人所知后导致德维特被解雇。桑德的行为引发了臭名昭著的《卡尔斯巴德决议》(*Karlsbader Beschlüsse*)。

183 弗里德里希·施莱格尔(Friedrich Schlegel,1772—1829),哲学家、诗人。在小说《露辛德》(*Lucinde*,1799)中,描绘了他与哲学家摩西·门德尔松(Moses Mendelssohnn)的女儿多萝西(Dorothea)的疯狂婚姻,后者为了他离开了其银行家丈夫。

184　路德维希·蒂克(Ludwig Tieck,1773—1853),浪漫派诗人。他于 1797 年创作了喜剧《穿靴子的猫》(*Der gestiefelte Kater*)。

185　弗里德里希·克里斯托弗·施罗瑟尔(Friedrich Christoph Schlosser,1776—1861),自 1819 年起任海德堡大学历史学教授。文中的影射涉及他于 1832—1835 年发表的著作《对拿破仑及其最近的指责者和讴歌者的评价》(*Zur Beurteilung Napoleons und seiner neusten Tadler und Lobredner*)三卷本。

186　康德:《法权论的形而上学初始根据》(*Metaphysische Anfangsgründe der Rechtslehre*),学院版,第 6 卷,第 278 页。

187　不可分割的生活共同体。

188　浪荡之爱。

189　依据纽带。

190　1545—1563 年,为解决宗教改革引起的教会动乱,召开了特利腾教会会议。

191　婚姻的教会祝福。

192　Seitenverwandte(旁系血亲)。

193　同父异母的姐妹。

194　异父姐妹。

195　家庭的声望。

196　嫁妆。

197　纽带。

198　不共寝食。

199　父权。

200　卢梭:《爱弥尔》(1762)。

201　约翰·海因里希·裴斯泰洛齐(Johann Heinrich Pestalozzi,1746—1827),瑞士教育家、社会改革家。

202　*Peculium*,即家庭成员的个人财产。

203　奴隶之家。

204　家父。

205　对未成年人的监护。

206　对需要照料之成年人的监护。

207　法定监护。

208　监护法庭。

209　当某人已经立遗嘱时,那么它应当具有法律效力。

210　哈德良至马可·奥勒留时期的古罗马法学家。

211　《学说汇纂》50,17,7(彭波尼[Pomponius],论萨宾学派的第三卷):"这些关系之间发生了自然的冲突:有遗嘱处分和无遗嘱处分。"

212　Agnaten,即听从于同一父权的亲属。

213　宗亲。

214　让-巴普蒂斯特·柯尔贝尔(Jean-Baptiste Colbert,1619—1683),路易十四的大臣,重商主义的典型代表。

215　吕库古(Lykurg),传说中斯巴达法律的制定者。

216　第欧根尼(Diogenes),生活于约公元前412—前323年,希腊哲学家。他以极度节俭为义务,厌恶任何舒适的生活方式。

217　参见前注214。

218　托马斯·罗伯特·马尔萨斯(Thomas Robert Malthus,1766—1834),英国国民经济学家,以悲观的人口理论闻名。

219　亚当·斯密(Adam Smith,1723—1790),英国国民经济学家、哲学家。

220　大卫·李嘉图(David Ricardo,1772—1823),英国国民经济学家。

221　在1816年普鲁士各州内部的关税取消后,巴伐利亚和符腾堡之间的南德意志海关联盟于1827年成立,普鲁士-黑森州海关联盟于1828年成立。1834年,上述两个联盟组成了德国关税同盟。

222　参见前注66。

223　让-巴蒂斯特·萨伊(Jean-Baptist Say,1767—1832),法国国民经济学家。

224　卡尔·海因里希·劳(Karl Heinrich Rau,1792—1870),德国国民经济学家。

225　卡尔·奥古斯特·冯·马尔休斯男爵(Karl August Freiherr von Malchus,1770—1840),政治家、国民经济学家。

226　卡尔·弗里德里希·内贝尼乌斯(Karl Friedrich Nebenius,1784—1857),巴登政治家、国民经济学作家。

227　特权受理法院。

228 习惯。

229 F. C. v. 萨维尼(F. C. v. Savigny):《论立法和法学的当代使命》(*Vom Beruf unserer Zeit für Gesetzgebung und Rechtswissenschaft*,1814)。

230 可能指1807年《法国商法典》,它在普鲁士莱茵州同样适用。

231 《普鲁士国家邦法典》(*Preußisches ALR*)导论第6条:"在未来裁决中,不应考虑法学家的意见及法官之前的判决。"

232 程序重开。

233 Unabsetzbarkeit(不可被撤职)。

234 在手稿五第132页跟着括号内的补充:"甘斯是御林广场的仲裁法官,但是三年内从未受理过诉讼。"

235 手稿五第133页括号内的补充:"甚至在牛津街和甘斯一起推翻一辆车。"

236 参见1833年6月1日颁布的《裁定诉讼、略式诉讼和简易诉讼条例》(*Verordnung über den Mandats-, den summarischen und den Bagatellprozeß*),《普鲁士王国法律汇编》(*Gesetz-Sammlung für die Königlichen Preußsichen Staaten*,1833),第37页(第26节)。

237 详见爱德华·甘斯:《法官作为陪审员》(Die Richter als Geschworene),载《普鲁士立法修订的论稿》(*Beiträge zur Revision der Preußischen Gesetzgebung*,1830—1832),第68—96页;同时可参见氏著:《1831年新法国刑事陪审法庭法》(Das neue französische Assisen-Gesetz von 1831),载《杂文集》(*Vermischte Schriften*,1834),第1卷,第103—116页。

238 P. J. A. 费尔巴哈(P. J. A. Feuerbach):《刑事陪审法庭考察》(*Betrachtungen über das Geschworneugericht*,1831);同时可参见氏著:《关于我对陪审法庭所谓改变信念的说明》(Erklärung über meine angeblich geänderte Überzeugung in Ansehung der Geschworenengerichte),载《短篇杂文集》(*Kleine Schriften vermischten Inhalts*,1833),第229页(第1版由新莱茵水星出版社于1819年出版)。

239 命中注定。

240 坦白和被定罪者。

241 孟德斯鸠(Montesquieu):《论法的精神》,第17章。

242 邻人。

243 Einmütig(意见一致的)。

244 关于此,可进一步参见爱德华·甘斯:《新法国刑事陪审法庭法》(Das neue französische Assisen-Gesetz),载《普鲁士国家总汇报》(Allgemeine Preußische Staatszeitung,1831),第399页,即《杂文集》(Vermischte Schriften,1834),第1卷,第103页以后。

245 弗莱塔(Fleta):《13世纪晚期某位不知名作家关于英国普通法的论著》(Abhandlung eines unbekannten Autos aus dem späten 13. Jahrhundert über das englischer commen law)。此姓名记载于弗利特监狱的一份文件中。

246 亨利·德·布拉克顿(Henry De Bracton),13世纪英国著名法学家。

247 罗伯特·皮尔(Robert Peel,1788—1850),保守派英国政治家。

248 这句话出自手稿五第138页以后。在手稿一第138页写道:"警察身份必须公开,且应当穿制服。"手稿二第156页写道:"警察身份必须公开,其必须穿上可辨认的制服。"手稿四第90页写道:"理所当然,此处不存在秘密警察的说法。"

249 1811年颁布的关于产业警察的法令;参见1810年11月2日已有的产业税收法令及1807年10月9日颁布的法令第2条(《普鲁士王国法律汇编》,1833年,第170页)。

250 手稿六第115页:Handelsverein(贸易协会)。

251 贝尔-兰卡斯特方法(Bell-Lancaster-Methode):19世纪早期为英国教育体系而发展起来的一种教学形式。根据此种教学形式,进度较快的学生帮助水平较低的学生。

252 此段几乎完全出自手稿六第116页以后。与此相反,手稿三第113页写道:"在这一点上,我同意圣西门主义者的意见,唯有他们在此点上是正确的……警察必须能够确保没有贱民存在。贱民是一个事实,但并不正当,人们必须能够进入这一事实的根据并扬弃它。"同时见手稿四第92页:"圣西门主义者在这里是正确的,即人不应当被贬低到贱民之列。在一个组织良好的社会中,我们可以看到,每个人都可以劳动,并且被分配劳动。"

253 恩格斯(Engels):《马克思恩格斯全集》,第2卷,第496页。在英国,1834年颁布的新《济贫法》(Armengesetz)废除了对穷人的所有金钱或食物支持。甘斯显然不知道这一变化。

254 律师协会主席。

255　意志的对立。

256　教会首脑。

257　符腾堡激进的虔信派运动。

258　不信仰国教者。

259　拒绝三位一体的教义,视神为一个整体的信仰。

260　指格奥尔格·海因里希·迪斯特尔(Georg Heinrich Diestel)和约翰·威廉·埃贝尔(Johann Wilhelm Ebel)掀起的狂热觉醒运动,该运动被指存在性侵犯的情况。

261　根据1795年9月颁布的法国《督政府宪法》(*Direktorialverfassung*),督政府为最高政府机关。

262　1824年3月25日在佩德罗一世(Dom Pedro Ⅰ.)的带领下,巴西制定了一部自由的宪法,成为一个君主立宪制国家。

263　法兰西的王和英格兰的王。

264　普鲁士人的国王。

265　腓特烈二世(Friedrich Ⅱ.),指霍亨施陶芬王朝的国王腓特烈二世(1194—1250)。

266　1831年颁布的英国法案,其目的是选举改革。黑格尔的最后一部出版作品《论英国改革法案》(*Über die englischer Reformbill*)即专门为此而作(《全集》,纪念版,第20卷,第471—518页)。

267　此段仅见于手稿三和手稿四。在其中,关于国家权力一节的末尾有独立标题。在此处提及是因为其他笔记在君主制的论述框架内也提到了共和国。

268　Göttlicher Augustus bzw. Justinianus(神圣的奥古斯都或优士丁尼)。

269　路易十八(Ludwig XVIII.),1814—1824年任法国国王,1814年颁布了一部《宪章》,该宪章延续了旧制度的原则,但同时也保障了人权。

270　查理十世(Karl X.),路易十八的兄弟和继任者,1824—1830年任法国国王。在他于1830年实际取消宪法并颁发四条反动法令后,七月革命爆发了。

271　Absetzbar(可撤换的)。

272　395年罗马帝国最终分裂后,霍诺留(Honorius)成为西罗马的皇帝。

注　释

273　438年完成了自君士坦丁(Konstantin)以来的帝国宪法汇编。

274　"狮心王"理查一世(Richard Ⅰ. Löwenherz)，1189—1199年任英国国王。

275　斐迪南七世(Ferdinand Ⅶ., 1813—1833年任西班牙国王)废除了《萨利克继承法》(*salische Thronfolgegesetz*)，以确保其女儿伊莎贝尔能继位。斐迪南七世去世后，其弟弟卡洛斯宣布自己另立国王，后卡洛斯的党羽输掉了由此引发的内战。

276　威廉·皮特(William Pitt, 1759—1806)，英国政治家。

277　安德鲁·杰克逊(Andrew Jackson, 1767—1845)，美国第七任总统。

278　元老院。

279　与此相反，手稿一第173页写道："然而税收的原则无法适用。无论缴税1000还是300法郎都不重要。必须以财产而不是税收作为尺度，才能将贱民排除出选举范围，并让常住公民参与到选举中。"

280　选举权。

281　手稿一第173页(手稿二第171页以下与之类似)写道："当选者的收入必须比选民多；这一点非常好。代表必须独立，否则他们就不是真正的全体的代表。"

282　免付邮费。

283　在威廉·多洛夫(Wilhelm Dorow)主编的《编辑收藏的名人手稿影印件》(*Facsimile von Handschriften berühmter Männer und Frauen aus der Sammlung des Herausgebers*，柏林，1838，第4辑)中，一份出自甘斯的以"论反对派"为题的手稿被部分翻印为影印件，并再次以抄本的形式完整印出。第二次重印，其中一些校读错误得到了纠正，可参见W.多洛夫(W. Dorow)(编)：《回忆录与书信》(*Denkschriften und Briefe*，柏林，1841)，第5卷，第90页及以下。在本书中，根据原文(现处于私人收藏状态)——尽管对拼写方式和标点符号进行了现代处理——对文本进行转述：

"现在，反对派，特别是在德国，通常被理解为反对政府的敌对企图，阻碍它所想要的东西，并提出其他的东西，起初不管是**什么**。顺从的听命者甚至宣布反对派是叛国罪的同义词，反对派是谋反者。

"但是如果我们要证明反对派的环节不在于反对者和被反对者，这个环节是每个受过教化的人，每个有能力的、超越父权主义立场的家庭，以及每个文明国家，即一般意义上的否定物，本质上所固有的一种必然之物，那又如何？

"人与动物的不同之处在于，他是双重的并且知道自己。由于他是双重的，认识与被认识是有区别的。在他那里立即准备了一种对立，然而这在生命中又有一种统一，但只有当他在自身中强而有力时，才能达到丰富的生活。一个人如果过着繁花似锦的生活，从来没有遇到过强大的逆境，从来没有反对过自己，从来没有为自己感到深深的悲叹，就不是一个真正的人。$\mu\eta\ \delta\alpha\rho\epsilon\upsilon s\ \alpha\nu\theta\rho\omega\pi o\sigma\ o\upsilon\kappa\ \pi\alpha\iota\delta\epsilon\upsilon\epsilon\tau\alpha\iota$（一个未曾遭受打击的人，不会受到教育）。

"然而，一个家庭的实体是爱和感觉的领域。但是，爱和感觉本身有对立的中介。我面对的是一个他者，但我应该在他身上知道和喜欢自己，就像在我自身之中一样。现在，如果家庭与生活的对象和财富以及世界发生冲突，在家庭之外的分裂也会移植到家庭之内。一个没有**反对**环节的家庭，丈夫像妻子，儿子像女儿。在其中，不同的意见和观点不能自由出现，这样的家庭将是陈旧和乏味的，即使作为家庭，也不会成为国家的充分基础。

"而尤其是国家，在最充分的意识应当统治的地方，它怎么敢没有反对派呢？它怎么可以误认为，对它的进步或倒退所进行的反抗除了否定物的方面外还有其他的意义，否定物的方面总是在行动和思想中出现，在它被打败或被消除后，真理才存在？在立宪国家，这一点是如此被认可，以至于皮特在议会中一旦觉察到没有反对派的不幸，就认为老英格兰输了，并试图从他的经费中收买一个反对派。坎宁（Canning）在1827年4月也处于同样的境地，蒂尔尼（Thierney）风趣但非常深刻地称反对派为陛下的反对派。当一个后来站在新政府一边的政党为它的措施辩护，在表面上不再假装是它几年前所试图呈现的样子时，所谓的十五年的反对派（最近也被人们称为十五年的喜剧）在法国已经变成了什么样子。一个政府当然应该掌握反对派，但只能通过向反对派学习，被反对派所充实，并仿佛将之吸收到自身中。

"如果在一个受过教化的国家里，公开的反对派受到法律手段的阻碍和压制，那么尽管它不会消失，但它会成为一个溃烂的疮疤、**阴谋**。阴谋是偷偷摸摸的反对，用私人利益代替公共利益，用阴谋家的诡计代替斗争和观点争论的纯洁空气。在真正的、高尚的和货真价实的反对派有一个机关的地方，阴谋就可以被钉上耻辱柱，因为它在光明显示的地方就会消失；如果缺乏这种表达的可能性，那么它首先会啃食能者，然后攻击自己，无政府状态和解体将是它的作品。"

注　释

284　一个未曾遭受打击的人，不会受到教育。

285　参见前注 276。

286　乔治·坎宁(George Canning,1770—1827)于 1827 年 4 月 12 日任英国首相。

287　Zunähen(缝上)，zuklammern(夹上)。

288　外国印刷品最初不受普鲁士审查制度的约束，所以可以通过在国外印刷被拒稿件以规避国内的审查制度。因此，甘斯在《普鲁士立法修订论稿》(*Beiträge zur Revision der Preußischen Gesetzgebung*，1830—1832)的序言中也写道："人们在其他地方会读到关于 1831 年普鲁士城市规章和关于立法修订的两篇被拒论文……"等等。

289　影射卡尔·古茨科(Karl Gutzkow)所写小说《多疑女人瓦莉》(*Wally，die Zweiflerin*，1835)，因其中有一个脱衣场景而引起了很大轰动。

290　红衣主教黎塞留(Kardinal Richelieu)刻在炮筒上的铭文："*ultima ratio regum*"，即"国王的最后论据"。

291　法国和奥地利之间的冲突从 1792 年开始，于 1797 年 10 月 17 日以双方缔结《坎波福米奥和约》(*Frieden von Campo Formio*)结束。在一项秘密附加条款中，奥地利同意将莱茵河左岸割让给法国。

292　罗伯特·斯图尔特·卡斯特里赫(Robert Stewart Castlereagh，1769—1822)，英国政治家。

293　安德烈·迪潘(André Dupin,1783—1865)，法国法学家、政治家，1832 年任众议院议长。

294　古希腊邦联。

295　俄国、奥地利和普鲁士的君主在 1815 年缔结联盟。除英国和梵蒂冈外，所有欧洲基督教诸侯都逐渐加入这一联盟。

296　感觉中枢(*sensorium commune*)：根据先前的观点，指大脑的一个区域，所有的感觉都集中于此。

297　"他们是奴隶，因此他们免遭死亡。"

298　雅克-贝尼涅·波舒哀(Jacques-Bénigne Bossuet,1627—1704)，法国神学家、作家，主要著作有 1681 年出版的《世界史叙说》(*Discours sur l'Historie Universelle*)。

299　詹巴蒂斯塔·维柯(Giambattista Vico,1668—1744)，意大利哲学家、历史学家，著有《关于各民族的共同性质的新科学原则》(*Cinque libri de principi di una scienza nouva d'intorno alla comune natura delle nazione*, 1730)。

300 "蕴含了如此巨大的艰险的,是罗马民族的建立。"[维吉尔:《埃涅阿斯纪》(*Aenaeis*),第 1 卷,第 33 页。]

301 神法。

302 公元前 450 年通过公民投票颁布的《卡努莱亚法》(*Lex Canuleia*)推翻了贵族和平民之间的通婚禁令。

303 313 年,君士坦丁一世(Konstantin Ⅰ.)和李锡尼(Licinius)共同签署的《米兰敕令》(*Mailänder Toleranzedikt*)承认了一般的信仰自由。直到 380 年基督教才被狄奥多西(Theodosius)正式宣布为国教。

304 亚伯拉罕·亚辛特·安格迪尔·迪佩龙(Abraham Hyacinthe Anquetil Duperron):《东方立法》(*Législation orientale*,1778)。

305 约瑟夫·德·吉涅(Joseph de Guignes)(编):《书经:一部中国圣书》(*Le Chou-king, un des livres sacrés des Chinois*,1770)。

306 《易经》(*I King, auch I-Ging*),古代中国哲学著作。

307 乔治·托马斯·斯丹东(George Thomas Staunton):《大清律例》(*Ta-Tsing-Leu-Lee*,1810)。

308 让-皮埃尔-阿贝尔·雷慕沙(Jean-Pierre-Abel Rémusat):《玉娇梨:两个表姐妹》(*Lu-kiao-li, ou les deux cousins*,1826)。

309 让-巴普蒂斯特·杜赫德(Jean-Bapitiste Du Halde):《中华帝国及其所属鞑靼地区的地理、历史、编年纪、政治及博物》(*Description géographique, historique, chronologique, politique et physique de l'empire de la Chine et de la Tartarie chinoise*,1735),第 4 卷(德文版名为:*Ausführliche Beschreibung des Chinesischen Reichs und der großen Tartarey*,1747—1756)。

310 让-巴普蒂斯特·格鲁贤(Jean-Bapitiste Grosier):《中国概述》(*Description générale de la Chine*,1785),第 2 卷(德文版名为:*Allgemeine Beschreibung des chinesischen Reichs nach seinem gegenwärtigen Zustand*,1789)。

311 乔治·托马斯·斯丹东(George Thomas Staunton):《大不列颠王国特使出使中华帝国实录》(*An Authentic Account of an Embassy from the King of Great Britain to the Emperor of China*,1797)。

312 约翰·巴罗(John Barrow):《中国行纪》(*Travels in China*,1804),

第 2 卷（德文版名为：*Reisen in China*，1805）。

313　手稿一第 215 页为 18000—20000。

314　手稿三、手稿四和手稿六为 1734 年，而手稿五为 1738 年。后者不可能为真，因为雍正统治期间为 1723—1735 年。

315　威廉·琼斯爵士（Sir William Jones）：《印度法典，或摩奴法典》(*Institutes of Hindu Law, or the Ordinances of MANU*，1794)。1797 年由约翰·克里斯蒂安·许特纳（Johann Christian Hüttner）译成德文出版，书名为：*Hindu Gesetzbuch oder MENU's Verordungen*。在手稿三第 153 页中可见如下句子："现在它从梵文译成德文，并附有甘斯所作的序言。"

316　亨利-托马斯·科尔布鲁克（Henry-Thomas Colebrooke）：《印度契约与继承法文摘》(*A digest of Hindu Law on Contracts and Successions*，1798）。

317　霍勒斯·海曼·威尔逊（Horace H. Wilson）：《印度戏剧精选集》(*Select Specimens of the Theatre of the Hindus*，1827)，第 3 卷。

318　《薄伽梵歌：翻译附注释》(*The Bhagvat Geeta, Translated, with Notes*），1785 年由查尔斯·威尔金斯（Charles Wilkins）撰写；奥古斯特·威廉·冯·施莱格尔（August Wilhelm v. Schlegel）将其译为拉丁文出版，书名为：*Bhagavad-Gita id est Thespesion Melos sive almi Krischnae et Ariunae colloquium de rebus divinis*，1823。

319　詹姆斯·密尔（James Mill）：《英属印度史》(*The History of British India*，1817)。

320　特权。

321　克里斯蒂安·卡尔·约西亚·冯·本森（Christian Karl Josias von Bunsen）：《关于雅典继承法语文学的考察》(*de jure herditatio Athenensium disquistio philologica*，1813)。

322　在手稿六第 167 页中的这句话显然是为了逗乐听众："牛在印度很受尊重。"

323　雅各布·格林（Jacob Grimm）：《论法中的诗》(Von der Poesie im Recht)，载《历史法学杂志》(*Zeitschrift für geschichtliche Rechtswissenschaft*) 1816 年第 2 期，第 25—99 页。

324　亚伯拉罕·亚辛特·安格迪尔·迪佩龙（Abraham Hyacinthe Anquetil Duperron）：《赞德·阿维斯塔：琐罗亚斯德的作品》(*Zend-Avesta*, *ouvrage de Zoroastre*, 1771), 由约翰·弗里德里希·克洛伊克尔以"Zend-Avesta. Zoroasters lebendiges Wort"为名翻译为德语。

325 菲鲁兹·伊本-卡乌斯(Firus Ibn-Kawus):《法令或古波斯先知的神圣作品》(*The Desatir or Sacred Writings of the Ancient Persian Prophets*, 1818)两卷本。

326 让·夏尔丹(Jean Chardin):《波斯行纪》(*Journal du Voyage en Perse*, 1687)。

327 居鲁士大帝(Cyrus Ⅱ., der Große, 公元前580—前529), 庞大波斯帝国的建立者。

328 古施塔斯普(Gustasp), 也称Guthtasp(希腊语的Hystaspes或古波斯的Vishtaspa), 传说中约公元前1000年(或更早)的巴克特里亚国王, 被认为是琐罗亚斯德的支持者。

329 贾姆希德(Dschemschid), 神话中的古波斯国王。

330 Feuer＝Seele, Engel(火, 即灵魂、天使)。

331 让·弗朗索瓦·商博良(Jean François Champollion, 1790—1832)借助罗塞塔石碑破译了古埃及象形文字等。

332 阿马德奥·佩隆(Amadeo Peyron, 1785—1870), 自1815年起任都灵大学东方语言学教授。1826至1827年出版有《都灵埃及博物馆希腊王政时期的纸草》(*Papyri graeci regii taurinensis musei aegptii*)两卷本, 研究公元前119年的赫米亚斯诉讼。

333 塞索斯特利斯一世至塞索斯特利斯三世, 公元前20世纪至前19世纪古埃及法老。

334 冈比西斯(Kambyses), 于公元前522年去世, 古波斯国王, 曾征服埃及。

335 迪奥多罗(Diodoros):《希腊世界史》(*Griechische Weltgeschichte*), 第1卷, 第73页以后。

336 《斯特拉波地理学》(*Strabos Erdbeschreibung*), 第17卷, 第3页。

337 希罗多德(Herodot):《历史》(*Historien*), 第2卷, 第164页。

338 根据希罗多德, 塞通早先是赫菲斯托斯(Hephaistos)的牧师。在他的领导下, 亚述王辛那赫里布(Sennacherib)入侵了埃及。

339 迪奥多罗著作(见前注335), 第1卷, 第80页。

340 奥西里斯(Ostris), 冥王和丰饶之神。被自己的弟弟塞特(Seth)杀死后复活。他的妻子和妹妹伊希斯(Osiris)找到了他除生殖器以外的尸体碎块,使奥西里斯获得新生,由此他成为亡灵之神和复活的象征。迪奥多罗著作(见前注 335)第 1 卷第 21 页以后略有不同。

341 迪奥多罗著作(见前注 335),第 1 卷,第 80 页。

342 *Falsa* = Fälschungen(伪造品)。

343 据说公元前 3000 年美尼斯(Menes)统一了上、下埃及。

344 波克霍利斯(Bocchoris),公元前 717 年—前 712 年在位。

345 *Alterum tantum*:一样多,即不得索取超过本金数额的利息。

346 约翰·大卫·米夏埃利斯(Johann David Michaelis,1717—1791),新教哲学家、东方学家,哥廷根大学教授,1770—1774 年著有《摩西法》(*Mosaisches Recht*)。

347 米夏埃利斯:《摩西法》(*Mosaisches Recht*,1777),第 92 章,第 28—31 页。

348 约瑟夫·萨尔瓦多(Joseph Salvador):《摩西与希伯来人的制度史》(*Histoires des institutions Moise et du peuple Hébreu*,1828),三卷本。德文版名为:*Geschichte der Mosaischen Institutionen und des jüdischen Volkes*(1836),三卷本。

349 参见《撒母耳记》(上),第 10 章,第 17 节以下。

350 《申命记》,第 25 章,第 5 节以下;同时参见《创世记》,第 38 章,第 1 节以下。

351 《利未记》,第 18 章,第 6 节以下。

352 姑姑和侄子或叔叔和侄女之间的关系。

353 女性通奸者。

354 《申命记》,第 21 章,第 18 节以下。

355 《民数记》,第 36 章,第 1 页以下。

356 米夏埃利斯著作(见前注 347),第 80 节。

357 《申命记》,第 21 章,第 15—17 节。

358 《申命记》,第 24 章,第 16 节。

359 《出埃及记》,第 20 章,第 5 节。

360 《卡洛林那法典》(*Carolina*),即 1532 年卡尔五世(Karl V.)颁布的刑法典。

361 同态复仇。

362 《出埃及记》,第20章,第23—25页。

363 禁止圣像、毁坏偶像运动。

364 强奸。

365 $Stuprum=$Unzucht(猥亵)。

366 引诱者。

367 《申命记》,第22章,第28节以后。

368 《民数记》,第35章,第9—29节。

369 米夏埃利斯著作(见前注347),第10章。

370 《出埃及记》,第21章,第26节以后。

371 《出埃及记》,第21章,第2节以后;《申命记》,第15章,第12节以后。

372 《申命记》,第25章,第4节以后。

373 《利未记》,第25章,第8节以后。

374 《利未记》,第25章,第35节以后。

375 约瑟夫·冯·哈默尔(Joseph von Hammer):《奥斯曼帝国的国家宪制》(*Des osmanischen Reichs Staatsverfassung und Staatsverwaltung*, 1815)。

376 伊斯兰教认为,哈里发是先知穆罕默德的继承人,既是世俗领袖又是精神领袖。

377 奥尔汗(Orchan)苏丹,1326—1359年。在他的带领下,土耳其向欧洲大陆扩张。

378 苏丹的大臣和代表,在国家中常掌握实权。

379 一些省份行政长官的官衔。

380 穆拉德三世(Murad Ⅲ.),1574—1595年任苏丹。

381 穆罕穆德三世(Mohammed Ⅲ.),1595—1603年任苏丹。

382 苏莱曼三世(Suleiman Ⅲ.),1687—1691年任苏丹。

383 塞利姆二世(Selim Ⅱ.),1566—1574年任苏丹。

384 伊斯兰教法学家顾问的官衔。奥斯曼帝国政府为每个省任命一名穆夫提。

385 为苏丹命令署名的国家机关。

386 财政管理机关的负责人。

387 卡蒂莎是先知穆罕穆德的妻子。

388　与之缔结临时婚姻关系的租赁妻子。

389　参见《普鲁士国家邦法典》第二部,第1011条,以及第990条以后、第996条。

390　在"骨骼"的意义上即指骨头。

391　帖木儿·塔梅尔兰(Timur Tamerlan,1336—1405),中亚征服者,1402年在安哥拉战役中俘获了奥斯曼苏丹巴耶塞特一世(Bajasid Ⅰ.)。

392　希腊人的忠实,讽刺失信行为。

393　德摩斯梯尼(Demosthenes),公元前384—前322年。

394　伊赛优斯(Isaeus),亚历山大港的古代演说家。

395　希罗多德(Herodot,公元前485—前425),希腊历史学家。

396　修昔底德(Thukydides),约公元前460—前355年。

397　色诺芬(Xenophon),约公元前430—前355年。

398　奥古斯特·伯克(August Böckh):《雅典人的国政》(*Die Staatshaushaltung der Athener*,1817)。

399　莫里茨·赫尔曼·爱德华·迈尔(Moritz Hermann Eduard Meier)、格奥尔格·弗里德里希·舒曼(Georg Friedrich Schömann):《阿提卡诉讼程序》(*Der attische Prozeß*,1824)。

400　爱德华·甘斯:《继承法》,第1卷,第281页以后。

401　卡尔·奥特弗里德·穆勒(Karl Otfried Müller,1797—1840),哥廷根大学古典哲学及考古学教授。甘斯指其作品《希腊部落与城市史》(*Geschichten hellenischer Stämme und Städte*,1824)第2卷及第3卷中的"多利亚人"。

402　约翰·海因里希·沃斯(Johann Heinrich Voss,1751—1826)于1824—1826年著有《反象征主义》(*Antisymbolik*)第2卷。

403　乔治·弗里德里希·克罗采尔(Georg Friedrich Creuzer,1771—1858),哲学家、考古学家,1810—1819年著有《古代民族象征主义与神话学,尤以希腊为例》(*Symbolik und Mythologie der alten Völker, besonders bei den Griechen*)第7卷。

404　梭伦(Solon,约公元前638—前558),雅典立法者。

405　吕库古(Lykurg),传说中斯巴达的立法者,一般认为他生活在公元前11—前8世纪。

406　扎琉科斯(Zaleukos),传说中公元前7世纪洛克里斯的立法者。

407 卡塔纳城的卡伦达斯(Charondas von Katane),公元前7世纪为迦勒底人在意大利和西西里的殖民地立法。

408 出自神的立法者。

409 护卫者。

410 马库斯·图利乌斯·西塞罗(Marcus Tullius Cicero,公元前106—前43),罗马政治家、演说家。

411 圣王。

412 Trankopfer(祭酒)。

413 克里斯提尼(Kleisthenes),约生活在公元前510年的雅典城邦改革家。

414 阿里斯提德(Aristides,公元前530—前468),被称为"正义之人"的雅典政治家。

415 伯利克里(Periles,公元前493—429),雅典政治家。

416 妒忌、仇恨。

417 凯克洛普斯(Kekrops),据说是阿提卡的第一任国王。

418 阿忒那奥斯(Athenaeus),约公元前200年的希腊历史作家。

419 米利都的阿斯帕齐娅(Aspasia von Milet,约公元前530—前468),伯里克利的情妇。

420 兄弟。

421 丈夫对妻子给予其嫁妆之对待给付。

422 妹妹。

423 客蒙(Cimon),死于约公元前450年,米太亚得(Miltiades)之子。

424 在世时收养和死亡后收养。

425 事实证明。

426 索福克勒斯(Sophokles,公元前496—前406),古希腊作家。

427 Fest der Phratrien(氏族庆典)。

428 克里斯蒂安·卡尔·约西亚·冯·本森(Christian Karl Josias von Bunsen,1791—1860),外交家、学者。

429 阿诺德·路德维希·赫尔曼·海伦(Arnold Ludwig Hermann Heeren,1760—1842),哥廷根大学哲学及历史学教授。

430 手稿六,第192页:来自父亲一方。

431 数种刑罚的叠加。

432 要求相应罚款的私人诉讼。

433 要求恢复真相的抗辩。

434 借贷之诉。

435 保管之诉。

436 与万民法相比,市民法适用范围仅限于罗马公民。

437 外邦人。

438 异邦人。

439 神圣法。

440 元老院决议。

441 马库斯·安提斯提乌斯·拉贝奥(Marcus Antistius Labeo),约生活在公元前50—公元20年。

442 盖尤斯·阿特伊乌斯·卡皮托(Gajus Ateius Capito),约生活在公元前37—公元22年。

443 司祭。

444 还可参见甘斯:《继承法》,第1卷,第8页注释3。

445 多米提乌斯·乌尔比安(Domitius Ulpianus),死于228年。

446 生活于2世纪的罗马法学家。

447 法令。

448 古罗马法中的特权物构成了农民资产的基础。

449 严格法诉讼和衡平法诉讼。

450 对需要照料之成年人的监护。

451 对未成年人的监护。

452 卢修斯·科尼利厄斯·苏拉(Lucius Cornelius Sulla,公元前138—前78),罗马政治家、将军。

453 通婚。

454 根据拉丁法所建立殖民地中的自由人。

455 拉丁裔自由人。

456 无法获得公民权的异邦人。

457 公元前212年,罗马皇帝安东尼努斯·卡拉卡拉(Antoninus Caracalla)颁布《安东尼努斯敕令》(Constitutio Antoniniana),据此所有居住在罗马帝国范围内的自由人都享有公民权。

458 395年罗马帝国分裂。

459 解放自由人。

460 天生自由人。

461 还可参见甘斯:《继承法》,第 2 卷,第 354 页以后。

462 公元 4 年颁布的《艾利亚·森迪亚法令》(Lex Aelia Sentia)规定,犯罪的奴隶无法通过解放成为罗马公民,但是无家可归的异族人可以成为罗马公民。

463 根据公元 19 年颁布的《朱利亚·诺博纳法》(Lex Junia)只给予事实上的被解放自由人殖民地拉丁人的地位。

464 某种程度上的浪费人。

465 海因里希·爱德华·齐格弗里德·施拉德(Heinrich Eduard Siegfried Schrader,1779—1860),图宾根大学法学教授,1815 年著有《将罗马人的裁判官告示适用于我们的情况,这是良好而合乎人民的方式让我们的法得以形成的主要手段》(*Die Prätorischen Edikte der Römer auf unsere Verhältnisse übertragen, ein Hauptmittel unser Recht allmälig gut und volksmäßig zu bilden*)。

466 Opferzeremoniell(祭祀仪式)。

467 公元前 445 年颁布的《卡努莱亚法》(Lex Canuleia)废除了贵族与平民之间的通婚禁令。

468 姐姐。

469 财产损害赔偿之诉。

470 普鲁塔克(Plutarch,45—125),希腊作家。

471 普布利乌斯·科尔涅利乌斯·塔西陀(Publius Cornelius Tacitus,约 55—116),罗马历史学家。

472 长者。

473 三夜。

474 可能指生活于 222—235 年的亚历山大·塞维鲁(Alexander Severus)。

475 解放。

476 虚构的奴隶制。

477 生杀之权。

478 经市政厅承认的继承财产。

479 服从于同一父权的家庭隶属关系。

480 血缘关系。

481 约公元前190年。

482 准可。

483 管理。

484 被监护人。

485 见前注211。

486 没有人可以部分立遗嘱,也没有人可以部分不立遗嘱。

487 在公民大会上公开。

488 口头战前遗嘱。

489 第五表第3条:凡以遗嘱处分自己的财产,或对其家属指定监护人的,具有法律上的效力。上述文字是这一原则的颁布。更多可参加甘斯:《继承法》,第2卷,第73页,注释74。

490 胜诉遗产占有。

491 撤销不负责任的遗嘱之诉。

492 《优士丁尼法典》(*Codex Justinianus*),第7章,第25条第1款。

493 铜块和秤要式买卖。

494 拟弃诉权。

495 时效取得。

496 根据严格法或根据衡平法。

497 甘斯:《论罗马债法》(*Über Römisches Obligationenrecht*,1819)。

498 口头合同。

499 *Actio directa*,附于原有诉求上的诉讼。*actio utilis*,诉求经过改变,适用于新案件的诉讼。

500 主诉讼和附带诉讼。

501 阿卡迪乌斯(Arcadius)和霍诺留(Honorius),395年罗马帝国分裂后的两位皇帝。

502 君士坦丁大帝(Konstantin der Große),生活于307—337年的罗马皇帝。

503 罗马帝国崩溃后,对5—8世纪兴起的日耳曼民族法(Volksrecht)的总称。

504 《西哥特罗马法典》:506年适用于罗马境内西哥特帝国的法典。

505 《伦巴第法典》(*Langobarda*,缩写为:*Lombarda*),约1100年伦巴

第帝国法律汇编。

506 《巴伐利亚法典》,741—744 年期间巴伐利亚民族法。

507 《阿勒曼尼法典》,710—720 年期间阿勒曼尼民族法。

508 《勃艮第法典》,勃艮第国王耿多巴德(Gundobad)于 5 世纪后颁布的法典,法典为日耳曼及日耳曼与罗马之间的纠纷制定。

509 《萨利克法典》,约 508—511 年颁布的法兰克人萨利克部落法。

510 《里普利安法典》,630—750 年期间的里普利安部落法。

511 《弗里西亚法典》,约 800 年颁布的弗里西亚法典。

512 马克西米利安一世(Maximilian Ⅰ.,1459—1519),自 1493 年起任神圣罗马帝国德意志民族国王。

513 《采邑法全书》,即 11 世纪末颁布的《伦巴第采邑法典》(Lehnrechtsbücher)。

514 《国法大全》,即由《法学阶梯》《学说汇纂》《优士丁尼法典》《新律》所组成的法典化罗马法的总称。

515 《狄奥多希敕令》,东哥特国王狄奥多希(Theodorici)颁布的敕令,敕令内容主要来自罗马法律汇编。

516 罗塔里(Rothari),7 世纪的伦巴第国王。

517 洛塔尔二世(Lothar Ⅱ.,约 835—896),普吕姆帝国(855)分裂后的中部王国国王,从其中产生了后来的洛林。

518 弗里德里希·冯·劳默(Friedrich von Raumer,1781—1873),自 1819 年起任柏林大学政治学、历史学教授。

519 德阿尔博雷亚·埃莱奥拉(D'Arborea Eleonora,1340—1404),1383 年她继承其被谋杀的兄长之职,担任"女法官"。

520 卡斯蒂利亚的阿方索五世(Alonzo Ⅴ. von Kastilien),999—1028 年任莱昂国王。

521 "智者"阿方索十世(Alonzo Ⅹ.,der Weise),1252—1284 年任卡斯蒂利亚国王及莱昂国王。

522 查理五世(Karl Ⅴ.,1500—1558),自 1519 年起任神圣罗马帝国皇帝,1530—1556 年任神圣罗马帝国皇帝,1516—1556 年任西班牙国王(称卡洛斯一世[Karl Ⅰ.])。

523 "疯女"胡安娜(Johanna „die Wahnsinnige",1479—1555),与"美男子"腓力一世(Philipp Ⅰ.)结婚,腓力一世于 1504—1516 年任卡斯蒂利亚

国王。

524　腓力二世(Philipp Ⅱ.,1527—1598),自 1556 年起任西班牙国王。

525　戈特弗雷·冯·比隆(Gottfried von Bouillon,约 1060—1100),下洛宁公爵,耶路撒冷征服者。

526　查理七世(Karl Ⅶ.,1403—1461),自 1422 年起任法兰西国王。

527　阿塔纳塞·让·莱歇·儒尔丹(Athanase Jean Léger Jourdan,1791—1826),法国法学家。

528　弗朗索瓦·安德鲁·伊桑贝尔(François André Isambert,1792—1826),法国法学家、政治家。

529　阿塔纳塞·让·莱歇·儒尔丹:《从 420 年到 1789 年大革命为止的法国古代法律总录》(*Recueil général des anciennes lois françaises depuis l'an 420 jusqu'à la révolution de 1789*),28 卷,1821—1827 年出版。

530　依尼(Ine),688—726 年任威塞克斯国王,死于 728 年。

531　奥法(Offa),757—796 年任盎格鲁-撒克逊国王。

532　阿尔弗雷德大帝(Alfred der Große,约 847—899),自 871 年起任英国国王。

533　"忏悔者"爱德华(Eduard der Bekenner),1042—1066 年间任英国国王。

534　"征服者"威廉一世(Wilhelm Ⅰ., der Eroberer,1027—1087),自 1066 年起任英国国王。

535　拉内弗·德·格兰维尔(Ranulf De Glanville),死于 1190 年,英国法官。

536　"好人"海韦尔(Hywel Dda,约 882—950),自 920 年起任威尔士国王。

537　亨利三世(Heinrich Ⅲ.,1207—1272),自 1216 年起任英国国王。

538　亨利·德·布拉克顿(Henry de Bracton),死于 1268 年,英国法官、法学家。

539　爱德华一世(Eduard Ⅰ.,1239—1307),自 1272 年起任英国国王。

540　查理二世(Karl Ⅱ.,1630—1685),自 1660 年起任英国国王。

541　托马斯·利特尔顿(Thomas Littleton,约 1422—1481),英国法官、法学家。

542　爱德华·柯克(Edward Coke,1552—1634),英国法官、法学家。

543 奥丁(Odin,也称 Wodan),德国及挪威神话里的至高之神。

544 斯约尔德(Skjold),传说中一位挪威国王的名字。

545 弗洛德(Frode),传奇丹麦国王,出生于 760 年之前。

546 拉格纳·洛德布罗克(Ragnar Lodbrok),与传说故事联系在一起的 8 世纪或 9 世纪的丹麦国王。

547 哈拉尔德一世(Harald I.,"蓝牙王"),约 950—986 年任丹麦国王。

548 斯文德一世(Svend I.,"八字胡王"),丹麦国王,死于 1014 年。

549 克努特二世大帝(Knud I.),1018—1035 年间任丹麦国王。

550 克里斯托夫一世(Christoph I.),1252—1259 年间任丹麦国王。

551 "胜利者"瓦尔德马二世(Waldemar II.,der Sieger,),1202—1241 年间任丹麦国王。

552 "令人难忘的"埃里克二世(Erik II.)1134—1137 年间任丹麦国王。

553 托德·德恩(Thord Degn),14 世纪中期丹麦法官。

554 克里斯蒂安五世(Christian V.),1670—1699 年间任丹麦国王。

555 伊尔雷达·英嘉陵,7 世纪时乌普萨拉国王。

556 比尔耶尔·马格努斯松(Birger Magnusson)是 1290—1319 年间的瑞典国王。

557 马格努斯二世·斯梅克(Magnus II.Smek,1316—1374),1319—1363 年间任瑞典国王。

558 卡尔九世(Karl IX.),1604—1611 年任瑞典国王。

559 汉斯·塞缪尔·科林(Hans Samuel Collin)、卡尔·J.施吕特尔(Carl J. Schiyter):《古瑞典民法大全》(*Corpus juris Sueo-Gotorum antiqui*),13 卷,1827—1877 年出版。

560 塔德乌什·察慈奇(Tadeusz Czacki),波兰政治家、作家,著有《论立陶宛和波兰的法律》(*O litewskich i polskich prawach*),1800 或 1801 出版。

561 扬·温琴蒂·班特基(Jan Wincenty Bandtkie,1783—1846),华沙大学法学院教授,在波兰文献中被称为"波兰法律史之父",出版有《波兰法:古代法典的手抄本和印刷版汇编》(*Jus Polonicum codicibus veteribus manuscriptum et edionibus quibusque collatis*,1831)。

562 读法不确定。亚当·斯坦尼斯拉夫·纳鲁斯维奇(Adam

Stanislaw Naruszewicz,1733—1796)是波兰诗人、历史学家,晚年任斯摩棱斯克(1788)和卢茨克(1790)主教。他写了一部七卷本的《波兰史》(*Historia narodu polskiego*,1779—1786)。

563 约阿希姆·勒勒维尔(Joachim Lelewel,1786—1861),波兰历史学家。在压波兰起义被镇压后,在俄国沙皇的要求下,他于1833年逃往巴黎。

564 卡齐米日二世(Kasimir Ⅱ.,1138—1194),1177—1194年间波兰公爵。

565 卡齐米日四世(Kasimir Ⅳ.,1427—1492),自1447年起任波兰国王。

566 "智者"雅罗斯拉夫一世(Jaroslaw Ⅰ.,der Weise,978—1054),自1019年起任基辅大公。

567 卡特琳娜二世大帝(Katharina Ⅱ.,die Große,1729—1796),自1762年起任俄罗斯沙皇。

568 查理大帝(Karl der Große,742—814),自768年起任法兰克国王,自800年起任罗马皇帝。

569 海因里希四世(Heinrich Ⅳ.,1050—1106),自1056年起任德意志国王,1083—1105年任德国皇帝。

570 威塞克斯国王埃格伯特(Egbert of Wessex,约770—839),自802年起任西萨克森国王,通过征服,成为全英国的第一个国王。

571 所有者。

572 爱德华三世(Eduard Ⅲ.,1312—1377),自1327年起任英国国王。

573 亨利七世(Heinrich Ⅶ.,1457—1509),自1485年起任英国国王。

574 亨利八世(Heinrich Ⅷ.,1491—1547年),自1509年起任英国国王。

575 伊丽莎白一世(Elisabeth Ⅰ.,1533—1603),自1559年起任英国国王。

576 弗雷德里克三世(Friedrich Ⅲ.,1609—1670),自1648年起任丹麦及挪威国王。

577 古斯塔夫一世·埃里克森·瓦萨(Gustav Ⅰ. Erikson Wasa,1496—1560),自1523年起任瑞典国王。

578 在卡尔马联盟(Kalmarer Union,1397—1521)中,三个斯堪的纳维亚王国,即丹麦、挪威和瑞典共同拥戴同一个君主。

579 "天主教徒"斐迪南二世(Ferdinand Ⅱ.,der Katholische,1452—1516),自1479年起任西班牙国王。

580 伊莎贝拉一世(Isabella Ⅰ.,1451—1504),斐迪南二世的妻子。

581 路易十一(Ludwig Ⅺ.,1423—1483),自1461年起任法兰西国王。

582 "美男子"腓力四世(Philipp Ⅳ.,der Schöne,1423—1483),自1461年起任法兰西国王。

583 卡齐米日三世大帝(Kasimir Ⅲ.,1310—1370),自1333年起任波兰国王。

584 指同级中居首位者。

585 *Cicisbeo*,即已婚妇女的情夫。

586 配偶继承权。

587 约翰·斯特凡·皮特(Johann Stephan Pütter,1725—1807),哥廷根大学国家法教授。

588 真实有效的婚姻。

589 贵贱通婚。

590 根据《萨利克法典》的。

591 保护权。

592 迫使委托人履约之诉。

593 公元前2世纪颁布的关于海上运输中危险组织的法律。

594 指罗马的海上借贷。

595 卡尔十一世(Karl Ⅺ.,1655—1697),自1672年起任瑞典国王。

596 彼得一世大帝(Peter Ⅰ.,der Große,1672—1725),自1682年起任沙皇,自1696年起与其兄长伊凡五世共治。

597 既得权利。

598 分开,离婚。

版本报告

一　所使用的资料来源

这里发表的文本是对"与普遍法历史相联系的自然法或法哲学"讲座的重构。1827—1828年冬季学期开始,法学家爱德华·甘斯定期举行五小时的讲座,周一至周五各一小时。从编辑技术上来看,这种重构采取的是对总共六份讲座记录稿进行对观的形式。为了获得更迅速的理解,这些讲座笔记在下文中用粗体罗马数字标注。这些数字也与上文复述的文本注释中使用的数字相对应。*

具体而言,这些手稿如下:

Ⅰ 自然法,1828—1829年冬季学期匿名[1]记录稿,有页码,

---

* 在本书注释中,编者约翰·布劳恩先生在德文原版中用罗马数字来指代这些手稿。在中译本中按照中文的表达方式,均改为手稿一、手稿二,诸如此类。特此说明。——译者

1　曼弗雷德·里德尔(见爱德华·甘斯:《自然法与普遍法历史》,1981年,第249页)将这份记录稿归于来自舍讷贝克的特奥多尔·许策(Theodor Schütze)。然而根据洪堡大学档案馆的资料,在上述时期没有这个名字的学生的记录。在手稿的第60页和第255页,用工整的字体注明了"舒尔策"(Schulze)的名字。但在上述期间,柏林大学法律系并没有以这个名字注册的学生。

316页,柏林普鲁士文化遗产国家图书馆,Ms. germ. qu. 1708。除了关于普遍法历史的部分,这份记录稿由霍斯特·施罗德(Horst Schröder)编辑在文集中,即爱德华·甘斯:《哲学文集》(*Philosophische Schriften*),陶努斯的格拉斯许特出版社,1971年,第37—154页。

Ⅱ 与普遍法相联系的自然法或法哲学,同样大概也是1828—1829年冬季学期的抄本,有伯恩哈德·奥古斯特·格拉夫·舒伦堡[2]的所有权标记,有页码,265页,柏林德意志国家图书馆,Ms. Germ. Oct. 1169。

Ⅲ 自然法与普遍法历史,伊曼纽尔·黑格尔(哲学家的小儿子)1832—1833年冬季学期的讲座记录稿,有页码,215页,海德堡大学法律系,RPh 2053。这份记录稿的第一部分主要内容由**本人**在1976年作为手稿出版。整个记录稿由曼弗雷德·里德尔发表在其所编辑的爱德华·甘斯:《自然法》,斯图加特,1981年,第31—155页。

Ⅳ 自然法,W. F. 扬克(W. F. Jahncke)于1832—1833年冬季学期的讲座记录稿,没有页码,204页,柏林洪堡大学图书馆,Hdschr. Koll.。

Ⅴ 与普遍法相联系的自然法,P. 费尔巴哈 1836—1837年冬

---

2 手稿上有"A. Gr. v. d. Schulenburg"的藏书印。伯恩哈德·奥古斯特·格拉夫·v. D. 舒伦堡(Bernhard August Graf v. D. Schulenburg)于1828年5月3日至1829年8月13日在法律系就读,在甘斯那里报名学习自然法,甘斯也证明了这一点。从1829年5月6日到1830年3月11日,另一位阿尔伯特·瓦尔特·格拉夫·v. D. 舒伦堡-亚门(Albert Walter Graf v. D. Schulenburg-Jahmen)在法律系注册,但根据注册表,他没有参加甘斯的任何讲座。

季学期的讲座记录稿，有页码，246页，斯图加特符腾堡州立图书馆，Cod. iur. 2° 268。

Ⅵ 自然法，1837—1838年冬季学期的讲座记录稿，由E. 约阿希米（E. Joachimi）撰写，有页码，214页，柏林德意志国家图书馆，Ms. germ. oct. 1069。

这些手稿的**质量**差别很大。到目前为止，最好的课堂记录是出自1836—1837年冬季学期的手稿五。这位记录者在参加讲座时正处于第三学期，通常对材料已经可以驾轻就熟，同时又懂得保留较多的材料，因为他使用了一套复杂的缩写系统，这是当时兄弟会学生的习惯做法。[3] 此外，他经常省略元音，只把辅音串起来写。另外，他还使用了许多缩写，其含义只有在长期研究后才会明了。[4] 当然，其结果是，即使对那些熟悉这一系统的读者来说，课堂记录在很多地方也是难以读解的。事实上，这位记录者对法哲学比对普遍法历史更感兴趣。无论如何，他在普遍历史部分的记录明显更简短。另一份相当好的记录稿是1828—1829年冬季学期的手稿一。这份手稿包含的缩写要少得多，[5] 仅仅由于这个原

3　海因里希·劳伯：《全集》，第1卷，1875年，第54页。

4　例如：

1 = sein, 1 = sich; ⅄ = selbst; ∂ = der, ∂ = deutsch, ⱨ = durch; ƒ = für, ⚹ = auf; 6 = es, 8 = aus. Daraus folgen Zusammensetzungen wie: ⱨ = darauf, ⱨ = daraus, ⱨ = durchaus, ⱨ = dadurch, ⱨⱨ = Aufgabe usw. Die Silbe „ein" wird gewöhnlich mit der Zahl 1 wiederge-geben, also ⱨⱨ = Einrichtung, ⱨⱨ = Einfachheit, ⱨⱨⱨⱨ = miteinander u.a.m.

例如，在手稿的第40页，潦草的文字中可以找到以下句子（为简便起见，这里以印刷体转述）："国家由此被毁灭了，因为它只是神性本质的一个实质，它本身没有持存，只是被认为是由神所设定的。"(D stt st vött dd, dβrnur 1e Essz st ds göttlen Wsensr ht knen Bestd in s., sndrn gilt nur ls v. Gott gstzt)

5　霍斯特·施罗德在其版本的第385页及以下对它们进行了解释。

因就比较容易阅读。1832—1833或1837—1838年冬季学期的课堂笔记三、四与六相比,与记录稿五相比,质量就相当一般。最后,1828—1829年冬季学期的课堂笔记二是所有手稿中印象上最差的一份。然而有趣的是,即使是这位记录者偶尔也会在显然更吸引他的主题上"妙笔生花",并提供其他课堂记录中所没有的信息。

正如更仔细的考察表明的,在这些课堂记录所涵盖的十年中,甘斯在一些点上从形式上区分了他的讲座,在其他方面则发展了其内容。这些手稿可以根据内部一致的程度分为三组。手稿一和手稿二来自同一学期,尽管在质量上有很大差异,但在内容上非常相似。偶尔甚至会有相同的句子。同样来自同一学期的手稿三和手稿四,则更加接近。然而与手稿四不同,手稿三法哲学结尾处的世界历史概述极为简短,这可能是由于手稿三的记录者同时参加了甘斯的历史哲学讲座。除此之外,在这两种情况下,看到两名听众在同一个讲座中记下的内容有时会有多么不同,是很有启发性的。手稿五和手稿六是在连着的两个学期产生的,显然反映了讲座的最成熟版本,比其他课堂记录彼此之间也更接近,这里当然也可以用时间上的接近来解释。

在这一时期,保留在这些课堂记录之中、作为其基础的讲座之**整体构想**一直未曾改变。作为黑格尔的忠实学生,甘斯严格地以黑格尔的《法哲学原理》或他能得到的黑格尔的课后笔记为准。[6]

6　正如戈勒(Göhler)在对里德尔版的书评中所指出的那样(《国家》[*Der Staat*],第21卷[1982年],第607[608]页):"如果对甘斯对于黑格尔法哲学的这一阐述的两个版本进行研究,看它们在哪里显示了对黑格尔的改变并超越了⋯⋯他,那么四年后发表的讲座(里德尔版)和第一个版本(施罗德版)之间的差异很小。"

与之相反，所提到的变化主要是由于甘斯也越来越多地注意到了近来的发展。因此，从手稿四和手稿五开始，提到了他于1830年在法国认识的圣西门主义者。同样的情况也适用于1831年的英国改革法案。由于时间的原因，萨维尼的《论占有》第六版中的变化在手稿六中才得到讨论。显然，为了换取某些个别问题更大的详尽性或纳入新的观点，其他方面有时会被更简短地处理或完全省略。然而从核心上讲，这个构想在所有的记录稿中无疑都是一致的。

二 编辑原则

1. 编辑讲座笔记此间已经成为了传统。特别是，黑格尔自己的一系列讲座记录稿和笔记已经出版。[7] 然而就目前来看，试图从此类的**多个**手稿中制作出一个**统一的**文本，在近来还没有人做过。[8] 毋宁说，这种做法与实证主义的编辑原则相矛盾，而今天人们认为这些原则是不可或缺的，因为人们把这些原则看作唯一适合于排除编辑者的一切任意并保证形式上的客观性。[9] 然而，如

---

7 参见上文编者引论注释11。

8 一方面是1936年鲁道夫·许伯纳（Rudolf Hübner）为德罗伊森（Droysen）的《史学》(*Historik*)(1967年第5版)所写的序言(第 XIV 页)，另一方面是1977年彼得·莱(Peter Leyh)的序言(第 XV 页)，都很有启发。——最近，在费希特1812年"知识学"的讲座版本中，至少发现了一种对观版本的雏形，即费希特：《全集：学生笔记》(*Gesamtausgabe. Kollegnachschriften*)，第4卷，2004年，第239—451页。

9 参见赫伯特·克拉夫特（Herbert Kraft）：《编辑语义学》(*Editionsphilologie*)，1990年；《书信编辑疑难》(*Probleme bei Briefedition*)(W. 弗里瓦尔德[W. Frühwald]等编)，1977年；亨克曼（Henckmann）文，见《字面与精神》(*Buchstabe und Geist*)(耶什克等编)，1987年，第83页(101页以下)。

果在这里偏离了这些原则，并试图进行重建，而不仅仅是记录，那么这就需要解释了。以下原因对此起着决定性作用。

首先，以同样的方式对待所有的文本，而考虑它们是谁写的、以何种方式制作的、处于何种状态、出于何种目的出版的，似乎并不合适。即使在讲座**课堂**记录和讲座**课后**记录之间，有时也有相当大的差异，因此我们很有必要对它们进行区别对待。课堂记录是一份在讲座上直接做的记录，它自然就有这种创作方法的所有缺陷。与此相对，课后记录是在这种课堂记录的基础上随后制作的誊写稿，根据抄写者的能力，它在最好的情况下可以达到可付印的手稿的质量。在课堂记录的情况下，必须进一步区分它们是基于口述还是或多或少的自由讲座而产生的。在 19 世纪，人们往往还是习惯于口述，这自然而然会影响到课堂记录的质量。如果演讲者逐字逐句地口述——无论是在课程开始时还是在课程快结束时——所有他写下来的内容，只要记录者能够跟上口述的内容，那么这份课堂记录就是真实的。然而"隐蔽"口述的方法也很常见，即演讲者将所讲的内容以多种措辞重复，以一种螺旋式的方式推进。在这种情况下，对记录者提出了更高的要求，因为重要的是要抽象地掌握在他面前慢慢发展的东西，并以认为合适的表达方式重述它。我们从甘斯那里知道，他最喜欢任自己驰骋在自由言说的自发性中。据称，他也不得不"不断打断自己，把同一句话重复两三遍"，这与他的性情非常相悖。

现存的甘斯自然法讲座课堂记录——它们都是课堂记录，而非课后记录——因此不能与真正的口述，甚至不能与誊写稿相提并论，即使它们包含口述的句子。即使对手稿五来说也是如此，而它是明显最为熟练的记录者的成果。

在这种情况下,一份孤零零的并且还带有各种缺陷的课堂记录只能非常不充分地反映出实际所演讲的内容,这一点毋庸赘言。毋宁说参见施罗德和里德尔所编辑的文本就足够了,这些文本给人留下一种极其零碎甚至常常是笨拙的印象,很难让读者生动地了解到柏林大学最雄辩的教师之一正在这里演讲。对于那些直至细节就其本身而言非常重要的表述,无疑必定会重现原文的这种缺点。这里剩下的只是一个问题,即一种哲学在哪里瓦解为了语言学,从而丧失了其真正的生命。然而就甘斯的情况而言,从一开始,让读者无缘无故地面对一个选定的课堂记录版本,似乎没有什么意义,因为它最突出的特点恰恰是它由编辑以语言学的一丝不苟所保存下来的缺点。一种人们认为要通过这样一个版本为之铺平道路的科学并不存在,而且将来可能也不会存在,因为它似乎没有任何活生生的兴趣。

为了不为一种无用的博学服务,我因此努力同时利用所有可用的课堂记录制作一个**可读的**文本,比起仅限于单一的课堂记录的情况,这个文本更接近实际讲座的特点。当然,要正确理解这一点。由于多年来讲座的逐步发展,这里提供的对观的范围在主题上超出了甘斯在某次讲座中所阐述的内容——无论是因为个别观点在早些年较少或根本没有涉及,还是因为其他观点在晚些年退却或消失了。然而,本版本的一个根本目的是阐明甘斯的讲座实际为听众提供的内容范围。与黑格尔作品的所谓友人版类似,重建了一个严格意义上从未以这种形式发表过的讲座,但在我看来,这并不构成对这一计划的根本异议。如果我们考虑到,在这些情况下,比起从另一个学期的课堂记录中增加的新的主题和侧重,一个在语言学上忠实的受错误、空白和其他缺陷困扰的讲座课堂记录版本可能会失去更多的实际讲座内容,那么这里所呈现的这种对观可能比完全复制一个精准确定但有缺陷的手稿更真实。那些想追踪甘斯细节发展的人,当然不会感到满意。但这种隐微的兴趣不太适合成为为一个版本花费的理由。

2. 原则上,本对观版本的制作分为四个阶段。

(1) 第一步,根据影印件或缩微胶片破译所有课上笔记,同时将手稿中包含的缩写破解转录为誊写稿。对施罗德和里德尔的现有版本与手稿进行了逐字比较,并进行了更正。在这第一道工序中,拼写就已经被仔细地、在保留语音状况的情况下现代化了。困难的是,我所要使用的复印件在 20 世纪 70 年代就已经制作完毕,还有一些地方需要改进。特别是对于那些较难破译的手稿,在这个阶段的转录仍有许多空缺,只能在今后的工作中逐步弥补。

(2) 在下一道工序中,我想我可以如此操作,以非常粗略的马赛克的方式,逐节从包含最好的——或者根据情况,唯一的——版本的课堂记录中提取。然而,很快就可以看出,这样做既不能穷尽手稿内容上的丰富性,也不能弥补其形式上的不足。在细节上,一个记录者更好地掌握了这个观点,另一个则是那个观点,或者找到了更吸引人或更合适的表述。因此,我决定在必要时同时从所有的课堂记录中提取,并根据手稿情况,不仅将个别句子而且将句子的部分,偶尔甚至将表达方式和概念以小块马赛克的形式彼此拼接在一起,这样做的结果形成了一个尽可能流畅可读的文本。只要课堂记录的内部划分相同,那么这在大多数情况下并不困难。

在文本结构不同的地方,我通常以手稿五和手稿六为准,因为这里可以找到最成熟的版本。在少数情况下,甘斯在讲座中随着时间的推移转移了某些主题,或在不同的位置谈到这些主题,因此在有关问题于手稿五或手稿六中得到处理的情况下,从其他课堂记录中所使用的文本材料被集中到这里。此外,在这个阶段,语法错误被消除了,标点符号也被标准化了。

由此,文本不仅在内容上更加丰富,而且通过对同一思想采取不同的表述方式,有时几乎给人以直接讲话的印象。在这种情况下,说话者往往还进行重复和澄清。当然,**种种矛盾**也暴露出来了,因为甘斯在个别讲座中有不同的侧重,或者可能改变了他的观点。在更严重的差异的情况下,我目前为止也主要遵循手稿五和手稿六,并简要地标注之。然而在其他方面,我并不认为抹去更微小的不一致是有意义的,因为它们在每个较长的演讲中都会出现,而是在有疑问的情况下,优先考虑主题和内容的广度。

(3)在这第二道工序之后,借助所有课堂笔记,再次对文本进行了逐节检查和修改。在第二轮中作出的一些决定被修改,并被另一个版本所取代。同时,借此机会对文本进行了风格上的修订。特别是,通过重新安排词序,将笨拙的句子结构尽可能地正常化。太短的句子被合并,太长的句子被拆散。如果在第二道工序中还没有做到这一点,那么时态的顺序也被标准化了。这是必要的,因为它在所有使用的文本模块中都不一样。最后,在必要的时候,为了更容易理解或出于审美原因,恼人的词语重复被替换为其他的表达,偶尔也会插入一些填充词,如 und(和)、denn(因为)、nämlich(即)等。

（4）在必要和可能的情况下，独立于手稿完成的最后一步提供了再一次的外部打磨。不美观的词语重复被删除，句子被合并或分割，拼写被标准化，引文被检查，等等。根据一些课堂记录，热情的剧院观众甘斯一再使用从舞台语言中借用的词语，如"登台"（auftreten）或"出场"（erscheinen），即使在不恰当的语境中。在这种情况下，我用其他的表达来代替。在非常罕见的情况下，在对拼写进行现代化处理时，我现在也对语音状况进行了干预（例如，用Konterrevolution[反革命]代替Contrerevolution）。同样，通篇写作"Saint-Simonisten"（圣西门主义者），而非"Simonisten"。

从不同的课堂记录中制作出一份统一文本的任务，使得我有必要确保从各种视角出发的统一性，例如关于当时常见的后缀 e （"dem Staate""Geiste"等），记录者们以各种方式使用的着重强调，以及关于段落的形成。

另一个问题是大量的希腊语表达，特别是在讲座中的普遍法历史部分。为了使文本更容易阅读，我认为将希腊字母转写成拉丁文是很有意义的。

在所有四道工序中，最高的原则是尽可能地便利今天的读者，但不是借此编造一个"更好"的文本。因此，在本版本中，也经常出现风格上不流畅的段落，即所有课堂记录中的文字材料都不充分，以至于如果没有实质性干预就无法弥补不足。在任何时候都没有进行这种干预。相反，这里所发表的文本是根据资料制作而成的，尽管方式与今天习以为常的不同。

3. 由于个别课堂笔记的章、节等**划分**遵循不同的原则，因此在这方面也必须确保统一性。我已经注意到，读者可以不费力地在讲座的自然法部分找到黑格尔的《法哲学原理》的相应段落。然而，为了不在自然法部分和普遍法历史部分使用不同的划分原则，不可能原封不动采用《法哲学原理》的划分结构。毋宁说，必须找到一条结合清晰性和统一性的中间道路。

在文本的划分上，特别是手稿四和手稿五帮了大忙。手稿四包含了许多手稿三中所没有的标题，尽管这两个手稿出自同一个学期。与之相反，手稿五的重要概念作为旁注长篇呈现。我利用了这两份课堂记录，并偶尔在我认为对帮助阅读有意义的地方创建了**进一步的标题**。出于同样的原因，我还插入了许多**中间标题**，这些小标题已经可以被认作是编辑者的补充，因为它们**没有**与一个划分点相联系。

4. 不言而喻，所有文本小品词的确切来源、句子结构内的频繁倒置、整体结构内的偶尔重新排列、风格上的改进等等，都不能在文本本身或一份专门的注释材料中被记录下来，如果这种记录不采取荒谬的篇幅的话。因此，我倾向于不做任何此类尝试，只在可能与当前问题相关的情况下指出各份课堂笔记之间的差异。在这里也适用：那些觉得不能放弃这些细节的人也可以自行查阅手稿。这种在这里以此方式呈现的版本是为那些对其他事物感兴趣的读者准备的。

三 与其他版本的关系

众所周知，霍夫迈斯特已经严厉批评了[10]甘斯和卡尔·黑格

---

10 霍夫迈斯特（Hoffmeister）语，见黑格尔：《世界历史哲学讲座》，第一卷，第5版，1955年，第273页以下。

尔所组织的黑格尔历史哲学讲座的版本。在这些版本中,同样根据合目的性的观点,将数份课堂笔记相互组合在一起,并将甘斯对《法哲学原理》第二版的编辑活动——即从讲座课后笔记中填补为补充——谴责为"胡乱拼凑"[11]。有人可能会对我的方法提出类似的反对意见。因此,读者可能会原谅我预先对此进行评论。

每个内行人士都知道,在文本编辑领域,理论和实践之间存在着相当大的鸿沟。为他人设定标准和自己遵守标准是两码事。例如,霍夫迈斯特的黑格尔《法哲学原理》版本包含了一系列疏忽,鉴于霍夫迈斯特批评其前辈的严厉方式,人们很难料想到他自己会出现这些疏忽。他的黑格尔书信集版本似乎也是如此。无论如何,上文引言中所引用的黑格尔的信(第 XX 页),在这里是根据手稿而不是根据霍夫迈斯特的书信集版本来转载的,因为那里直接遗漏了原文中的两个词。因此,霍夫迈斯特宣布的具有约束力的原则并不能为忠实于原文的文本提供担保,即使是在他自己的情况下。

霍斯特·施罗德在其 1828—1829 年的课后记录版本中承认对拼写进行了现代化处理,并做了一些小的修正。[12] 而里德尔则声称已尽可能准确地重述了手稿,并指出了可能的必要修正。[13] 由于他们在破译过程中都没有使用已知的平行手稿,因此在他们

---

[11] 参见黑格尔:《法哲学原理》(霍夫迈斯特编),1955 年,第 X、XII—XVI 页。伊尔廷又反过来对霍夫迈斯特提出了批评,见黑格尔:《法哲学:1818—1831 年讲座》(伊尔廷编),第 1 卷,1973 年,第 120—125 页。

[12] 霍斯特·施罗德语,见甘斯:《哲学文集》,1971 年,第 IX—XI 页。

[13] 曼弗雷德·里德尔语,见《自然法与普遍法历史》,1981 年,第 248 页以下。

的转录中包含了大量怪异的阅读错误，而这些错误在大多数情况下通过查看其他课堂记录就可以避免。

仅举几个例子：在施罗德那里，我们发现，sich erlaubt 而非 erbaut，entwickelt 而非 gebildet，Unstimmigkeit 而非 Nichtigkeit，häufig 而非 fähig，beweisen 而非 beweinen，sein 而非 sagen，begründen 而非 Begriff，meinem 而非 keinem，delegieren 而非 derelinquieren，Polizeirecht 而非 positives Recht，Glückseligkeit 而非 Geselligkeit，jeden 而非 jemanden，umsicht 而非 mechanisch，等等。另一方面，里德尔写的是 ein wenig Fehde，而非 eine ewige Fehde，ein Wahres，innig 而非 ein Wahnsinnigen，geliehene Verhältnis 而非 gleiche Verhältnisse，griechisch 而非 christlich，Wirklichkeit 而非 Wahrheit，borniert 而非 breit，Freundschaft 而非 Feindschaft，solide Dinge 而非 isolierte Dinge，riesig 而非 mäßig，Grundlegung 而非 Gundling，bei vielen 而非 bisweilen，Entschluß 而非 Entstehung，positive Strafe 而非 große Stufen，Prinzip 而非 Reinigung，Geyst 而非 Begriff，heutige 而非 justinianische Gesetzgebung，ausgedacht 而非 ausgedehnt，organisches 而非 europäisches Interesse，等等。

施罗德对文本所采取的纠正性干预，超出了读者在已被宣布为权威的编辑原则基础上的预期。然而它们往往有客观的理由，并有助于提高可读性。唯一的批评是，施罗德对他正在做的事情不够清楚。

里德尔的情况是，主张和现实之间的分歧实在太大。课后记录中散布着无数与原文有出入的地方，有时是由于风格上的改进，但大多数是由于单纯的疏忽。为了让读者有所了解，我们只将手稿中的一句话与里德尔的转录进行比较：

手稿三，第112页以下——

Die so durch die Polizey in Ordnung gehaltene bürgerliche Gesellschaft wird so nothwendigerweise zu einer Organisation gelangen, die sich in Reiche, Begüterte oder solche, die zu leben haben, und in solche, die nicht zu leben, und nicht das Bewußt-seyn einer gesicherten Existenz haben, theilt. （这样由警察维持秩序的市民社会将因此必然地达成一种组织，它分为富人、有钱人或必须要生活的人，以及不必生活和一种没有得到有保障生存的意识的人。）

里德尔，第92页——

Die so durch die Polizey in Ordnung ge-haltene bürgerliche Gesellschaft wird um so nothwendiger reich und zu einer Organisation gelangen, die sich scheidet in Reiche, Begüterte oder solche, die zu leben haben, und in solche, die nicht zu leben, und eine gesicherte Existenz haben, theilt. （这样由警察维持秩序的市民社会更必然会变得富有，并达成一种组织，将自己分为富人、有钱人或必须生活的人，以及不必生活和一种没有得到有保障生存的人。）

这里之所以选择这个句子是因为读者可以自己检查其中的出

入。同样的句子也出现在里德尔所撰写的导言的第 26 页以下。在那里,它与手稿完全一致(除了一个被删除的 th)。里德尔在他的导言中所引用的其他句子也与他的版本有部分出入。如何解释这些矛盾,在这里或许可以置之不理。我绝不打算以在编者那里常见的方式去试图贬低前辈们的工作,这些作品使我的一些工作变得更容易。毋宁说,在这里应当澄清的是,一个版本的质量取决于其他方面,而不是版本报告中所规定的编辑原则。即使我采取了一些当代版本语言学普遍认为编者应该被剥夺的自由,我仍然认为这里呈现的对观重建就其客观的可靠性而言也远远优于迄今为止的尝试。当然,这并不排除在比我现有的条件更有利的情况下,可以取得更好的结果。我非常清楚自己工作的不足之处。

虽然读者最终必须相信编者的细心和能力,但仍有一种可能性,即形式上更严格的编辑原则本身是可取的,而也应严格遵守。我已经在第二节第一部分中对此表明了立场,在此不再重复。一个版本的原则也必须面向被编辑的东西和应当通过该版本所带来的东西。理所当然,有很多事情可以比这里做得更好。在漫长的旅程结束时,每个人都会比开始时更加明智。

人名索引

（索引页码为原书页码，即本书边码）

A

Abraham 亚伯拉罕 303
Absalon 押沙龙 219,307
Abu Bekr 艾布·伯克尔 309
Abu Hanife 阿布·哈尼法 310,315
Adeimantos 阿德曼托斯 14
Ahrens, Heinrich 海因里希·阿伦斯 L
Ahriman→Ariman
Akberg, Ayeen 阿耶恩·阿克伯格 277
Alexander der Große 亚历山大大帝 18,23,240,252,288,294,302
Alexander I. 亚历山大一世 232
Alexander Severus 亚历山大·塞维鲁 341,395
Afred der Große 阿尔弗雷德大帝 353,396
Ali 阿里 309
Alfonzo V. 阿方索五世 351,396

Alfonzon X., der Weise "智者"阿方索十世 351,396
Anaxagoras 阿那克萨戈拉 11,377
Anaximander 阿那克西曼德 10,377
Ancillon, Johann Peter Friedrich 约翰·皮特·弗里德里希·安西隆 41,378
Angehrn, Emil 埃米尔·安格尔恩 XXII
Anquetil Duperron, Abraham Hyacinthe 亚伯拉罕·亚辛特·安格迪尔·迪佩龙 262及下页,288,391
Antäus 安泰俄斯 107
Antigone 安提戈涅 140
Apollo 阿波罗 251,322
Arcadius 阿卡迪乌斯 339,346,395
Ariman 阿赫里曼 249,289及下页
Aristides 阿里斯提德 322,394
Aristoteles 亚里士多德 XLIV,13,18及以下诸页,41,65,86,

123,125,127,131 及以下诸页,138,212,251,317,377,385

Arrian 阿利安 288

Aspasia 阿斯帕齐娅 328,394

Athenaeus 阿忒那奥斯 328,394

Athene 雅典娜 334

Augustinus 奥古斯丁 132

Augustus 奥古斯都 XLVIII,216,338 及下页,389

Augustus Octavianus 屋大维·奥古斯都 330

B

Babeuf, François-Noël 弗朗索瓦-诺埃尔·巴贝夫 XXXV

Baco von Verulam→Bacon,Francis 弗朗西斯·培根 26 及以下诸页,378

Baeck, Leo 莱奥·贝克 LII

Bandtkie, Jan Wincenty 扬·温琴蒂·班特基 354,397

Barrow, John 约翰·巴罗 265

Beccaria, Cesare 切萨雷·贝卡利亚 117,385

Beck, Hanno 汉诺·贝克 402

Becker, P. P. 贝克尔 XXI,XXV,XXIX,XXXI

Bell-Lancaster 贝尔-兰卡斯特 388

Bentham, Jeremy 杰瑞米·边沁 58,128

Berner, Albert Friedrich 阿尔伯特·弗里德里希·贝尔纳 385

Birger, Manusson 比尔耶尔·马格努斯松 354,397

Bocchoris 波克霍利斯 298,392

Böckh, August 奥古斯特·伯克 317,324,393

Bodin, Jean 让·博丹 29,378

Böhme, Jakob 雅各布·波墨 26 及下页,378

Bonald, Luis vicomte de 路易·博纳尔子爵 XLIV,54 及下页,203,379

Bosuet, Jaques-Bénigne 雅克-贝尼涅·波舒哀 245,390

Bouillon, Gottfried von 布雍的戈特弗雷 352,396

Bracton, Henry de 亨利·德·布拉克顿 186,353,387,396

Brahma 婆罗门 278,286,300

Braun, Johann 约翰·布劳恩 XIX,XXII,XXV,383

Britton 布里顿 353

Büchon 比西翁 381

Bülow, Oskar 奥斯卡·比洛夫 XLIX

Bunsen, Christian Karl Josias von 克里斯蒂安·卡尔·约西亚斯·冯·本森 285,331,391,394

C

Caesar 恺撒 330,339

Calvin, Johannes 约翰内斯·加尔文 55
Canciani 坎恰尼 352
Canning, George 乔治·坎宁 231,238,390
Capito, Gajus Ateius 盖尤斯·阿特伊乌斯·卡皮托 338
Caracalla, Antonius 安东尼乌斯·卡拉卡拉 267,339,394
Carlos, König von Spanien 西班牙国王卡洛斯 220
Cartesius 笛卡尔 23,27
Castereagh, Robert Steward 罗伯特·斯图尔特·卡斯特里赫 238,390
Champollion, Jean François 让·弗朗索瓦·商博良 293,392
Chardin, Jean 让·夏尔丹 288
Charondas 卡伦达斯 319,393
Chateaubriand, François-René vicomte de 弗朗索瓦-勒内·夏多布里昂子爵 57,117,380
Chevalier, Michel 米歇尔·舍瓦利耶 382
Chinenon 神农 270
Christian Ⅴ. 克里斯蒂安五世 353,397
Christoph Ⅰ. 克里斯托弗一世 353,397
Cicero, Marcus Tullius 马尔库斯·图利乌斯·西塞罗 24,320,338,377,393

Cimon 客蒙 330,394
Cocceji, Heinrich von 海因里希·冯·科克采伊 ⅩⅢ,38,378
Concceji, Samuel von 塞缪尔·冯·科克采伊 38,378
Coke, Edward 爱德华·柯克 353,396
Colbert, Jean-Baptiste 让-巴普蒂斯特·柯尔贝尔 157,164,387
Colebrooke, Henry-Thomas 亨利-托马斯·科尔布鲁克 277,391
Collin, Hans Samuel 汉斯·塞缪尔·科林 354,397
Condillac, Etienne Bonnot de 艾蒂安·博诺·德·孔狄亚克 129,385
Constant, Benjamin 邦雅曼·贡斯当 57及下页,212,380
Creuzer, Georg Friedrich 格奥尔格·弗里德里希·克罗采尔
Cromwell, Oliver 奥利弗·克伦威尔 35,37,197
Cyrus Ⅱ., der Große 居鲁士二世大帝 288,391
Czacki, Tadeuz 塔德乌什·察慈奇 354,397

D

David 大卫 219,307
Degn, Thord 托德·德恩 354,396
Demokrit 德谟克利特 11,377

人名索引

Descartes René 勒内·笛卡尔 XLIII,31 及下页,378

Diestel, Georg Heinrich 格奥尔格·海因里希·迪斯特尔 388

Diodors→Diodor 迪奥多罗 288, 293 及下页,297 及下页,392

Diogenes 第欧根尼 159,387

Diokeletian 戴克里先 338

Diophobus 迪奥弗布斯 328

Dom Pedro I. 佩德罗一世 212,388

Don Carlos 堂·卡洛斯 389

Donellus, Hugo 雨果·多内鲁斯 126,385

Dorothea 多萝西 386

Dorow, Wilhelm 威廉·多罗夫 389

Droysen, Johann Gustav 约翰·古斯塔夫·德罗伊森 402

Dupin, André 雅克·杜邦 200, 238,390

E

Ebel, Johann Wilhelm 约翰·威廉·埃贝尔 388

Eduard der Bekenner "忏悔者"爱德华 353,396

Eduard I. 爱德华一世 353, 358,396

Eduard III. 爱德华三世 358,397

Egbert of Wessex 威塞克斯的埃格伯特 357,397

Eleonora D'Aborea 德阿尔博雷亚·埃莱奥拉 351,396

Elisabeth I., die Große 伊丽莎白一世大帝 27,35,144,216, 358,397

Empedokles 恩培多克勒 11,377

Enfantin, Barthélemy Prosper 巴泰勒米·普洛斯佩·安凡丹 61,383

Engels, Friedrich 弗里德里希·恩格斯 388

Erdmann, Benno 本诺·埃尔德曼 XXI

Erik II., der Denkwürdige "令人难忘的"埃里克二世 354,397

Euctemon 优科台蒙 330

Evans, Richard J. 理查德·J.埃万斯 385

F

Ferdinand II., der Katholische "天主教徒"斐迪南二世 359,397

Ferdinand VII. 斐迪南七世 220,389

Ferguson, Adam 亚当·弗格森 131,385

Feuerbach, Ludwig 路德维希·费尔巴哈 XLVIII 及下页

Feuerbach, Paul Johann Anselm 保罗·约翰·安瑟尔姆·冯·费尔巴哈 XLVIII 及下页,LVI,50,183,

379,385,387,400

Fichte,Johann Gottlieb 约翰·戈特利布·费希特 XXXIII 及下页,16,18,29,31,43,50 及以下诸页,62,97,113,117,133 及下页,378 及下页,383,402

Firus Ibn-Kawus 菲鲁兹·伊本-卡乌斯 391

Fletta 弗莱塔 186,353,387

Fourrier 傅立叶 383

Friedrich Ⅱ.,der Große 腓特烈二世大帝 28,38,105,175 及下页,213,224,369,371

Friedrich Ⅱ.,Staufenkaiser 霍亨施陶芬王朝的皇帝腓特烈二世 213,388

Friedrich Ⅲ., 弗雷德里克三世 259,358,369,397

Friedrich Wilhelm 腓特烈·威廉 224

Friedrich Wilhelm Ⅰ. 腓特烈·威廉一世 378

Friedrich Wilhelm Ⅲ. 腓特烈·威廉三世 XXII,XXXII

Frode 弗洛德 353,396

Frolov 弗罗洛夫 LVII

Frühwald,Wolfgang 沃夫冈·弗里瓦尔德 402

G

Gabriel 加百列 313

Gajus 盖尤斯 338,344

Galli 加利 165

Gans,Eduard 爱德华·甘斯 V 及下页,XIX 及以下诸页,XXXIX 及下页,XLII 及以下诸页,65,314,317,330,344,377,380,383 及下页,387,393 及以下诸页,399 及以下诸页

Gärtner,Gustav Friedrich 古斯塔夫·弗里德里希·伽特纳 103,384

Garve,Christian 克里斯蒂安·伽尔维 LVI

Gellius 格利乌斯 298

Gentz,Friedrich von 弗里德里希·冯·根茨 XXVIII 及以下诸页

Glanville,Ranulf de 拉努尔夫·德·格兰维尔 353,396

Glaukon 格劳孔 14

Goethe,Johann Wolfgang von 约翰·沃尔夫冈·冯·歌德 6,377

Göhler,Gerhard 格哈德·戈勒 401

Georgias 高尔吉亚 21

Granovskij,Timofei Nikolaewitsch 提莫菲·尼古拉维奇·格拉诺夫斯基 LVII

Griesheim,Karl Gustav Julius von 卡尔·古斯塔夫·尤里乌斯·冯·格里斯海姆 XXII

Grimm,Jacob 雅各布·格林 287,391

Grolmann, Karl Ludwig 卡尔·路德维希·格罗尔曼 111,385
Gros, Karl Heinrich 卡尔·海因里希·格罗斯 50,379
Grosier, Jean-Baptiste 让-巴普蒂斯特·格鲁贤 265,391
Grotius, Hugo 雨果·格劳秀斯 29 及下页,378
Guignes, Joseph de 约瑟夫·德·吉涅 391
Guizot, François Pierre 弗朗索瓦·皮埃尔·基佐 108
Gundling, Jakob Paul Freiherr von 雅各布·保罗·冯·贡德林男爵 378
Gundling, Nocolaus Hieronymus 尼古拉斯·希罗尼穆斯·贡德林 XLIII,31,29 及下页,45,83,378
Gundobad 耿多巴德 396
Gushtasp→Gustasp 古施塔斯普 289,391
Gustav Ⅰ.Erikson 埃里克森·古斯塔夫一世 358,397
Gustav Wasa→Gustav Ⅰ.Erikson
Gutzkow, Carl 卡尔·古茨科 390

H

Hadrian 哈德良 386
Hagar 夏甲 303
Halde, Jean Baputiste du 让·巴普蒂斯特·杜赫德 265,391

Haller, Karl Ludwig von 卡尔·路德维希·冯·哈勒 XLIV,14,55 及下页,177,203,377,380
Hammer, Joseph von 约瑟夫·冯·哈默尔 310,393
Hanbel 罕百里 310
Harald Ⅰ.(Blauzahn) 哈拉尔德一世(蓝牙王) 353,396
Hasse, Johann Christian 约翰·克里斯蒂安·哈瑟 82,383
Hattenhauer, Hans 汉斯·哈滕豪尔 LIV
Heeren, Arnold Ludweig Hermann 阿诺德·路德维希·赫尔曼·海伦 331,394
Heffter, August Wilhelm 奥古斯特·威廉·赫夫特 317
Hegel, Georg Wilhelm Friedrich 格奥尔格·威廉·弗里德里希·黑格尔 V 及下页,XIX 及以下诸页,XLIV 及以下诸页,XLIX 及以下诸页,LV 及以下诸页,7,12,50,56,65,98,213,377,385 及下页,401,403,406 及下页
Hegel, Immanuel 伊曼努尔·黑格尔 399
Hegel, Karl 卡尔·黑格尔 406
Heine, Heinrich 海因里希·海涅 LII
Heinrich Ⅲ. 海因里希三世 353,357,396

Heinrich Ⅳ. 海因里希四世 356,397

Heinrich Ⅶ. 海因里希七世 358,397

Heinrich Ⅷ. 海因里希八世 28,258,358,397

Helena 海伦娜 346

Helvétius, Claude Adrien 克劳德·阿德里安·爱尔维修 58,128,380,385

Henckmann, Wohlfahrt 沃尔法特·亨克曼 402

Henke, Eduard 爱德华·亨克 113,385

Heinrich, Dieter 迪特·亨里希 XXI, XXIII, XLI, XLV

Hephaistos 赫菲斯托斯 392

Herder, Johann Gottfried 约翰·戈特弗里德·赫尔德 XLVII

Herkules 赫拉克勒斯 107

Herodot 希罗多德 288,293及下页,296及下页,317,392及下页

Hesiod 赫西俄德 17

Heydenreich, Karl Heinrich 卡尔·海因里希·海登赖希 50,379

Heyse, Karl Wilhelm Ludwig 卡尔·威廉·路德维希·海泽 XXII, XLIX

Hitzig, Julius Eduard 尤里乌斯·爱德华·希茨格 116,385

Hobbes, Thomas 托马斯·霍布斯 XLIII,14,31,35及以下诸页,39,45及下页,55及下页,203

Hoffbauer, Johann Christoph 约翰·克里斯托弗·霍夫鲍尔 50,379

Hoffmeister, Johannes 约翰内斯·霍夫迈斯特 406及下页

Homer 荷马 17,56,248

Homeyer, C. G. C. G. 霍迈尔 XXI及下页

Honorius 霍诺留 219,339,346,395

Hortensius 霍滕修斯 338

Hosea 何西阿 302

Hotho, Heinrich Gustav 海因里希·古斯塔夫·霍托 XXII, XXXVIII

Hübner, Rudolf 鲁道夫·许伯纳 401

Hübscher, Arthur 阿瑟·许伯谢尔 XXXVI

Hufeland, Gottlieb 戈特利布·胡菲兰德 50,379

Hugo, Gustav 古斯塔夫·雨果 5,20,377,380

Humboldt, Alexander von 亚历山大·冯·洪堡 402

Hus, Johann 约翰·胡斯 55,379

Hutcheson, Francis 弗兰西斯·哈奇森 129,385

Hüttner, Johann Christian 约翰·

克里斯蒂安·胡特纳 277,391
Hystaspes→Gustasp
Hywel,Dda "好人"海韦尔 353,396

I

Ilraeda,Ingiald 伊尔雷达·英嘉陵 354,397
Ilting,Karl-Heinz 卡尔-海因茨·伊尔廷 XXI,XXIX,XXXIII,XXXV,XXXVIII,407
Ine 依尼 353,396
Isabella Ⅰ. 伊莎贝拉一世 359,397
Isabella Ⅱ. 伊莎贝拉二世 389
Isaeus 伊赛优斯 317,330,393
Isambert,François André 弗朗索瓦·安德鲁·伊桑贝尔 352,396
Isis 伊希斯 297
Iwan Ⅴ. 伊万五世 398

J

Jackson,Andrew 安德鲁·杰克逊 221,389
Jacobi,Friedrich Heinrich 弗里德里希·海因里希·雅各比 135,379,386
Jaeschke,Walter 瓦尔特·耶什克 402
Jahncke,W.F. W.F.扬克 XXXII,XXXIV,400

Jakob 雅各布 301及下页,305
Jakob Ⅰ. 詹姆斯一世 35,216
Janus 雅努斯 253
Jaroslaw Ⅰ. 雅罗斯拉夫一世 355,397
Jehova 耶和华 306
Jhering,Rudolf von 鲁道夫·冯·耶林 XLIII,L,LVII
Joachimi,E.E. 约阿希米 400
Johannes Vincentius Bandtkie→Bandtkie,Jan Wincenty
Johanna von Sapnien,die Wahnsinnige "疯女"西班牙的胡安娜 351,396
Jones,William 威廉·琼斯 277,391
Joseph Ⅱ. 约瑟夫二世 117,385
Jourdan,Athanase Jean Léger 阿塔纳塞·让·莱歇·儒尔丹 352,396
Jung,Alexander 亚历山大·荣格 XX
Juno 朱诺 329
Jupiter 朱庇特 17
Justinian→Justinianus 优士丁尼 XLVIII,91,216,339,341,344,388

K

Kadischa 卡蒂莎 393
Kambyses 冈比西斯 294,296,392

Kant, Immanuel 伊曼努尔·康德 XXXII 及下页, 31, 38, 43 及以下诸页, 48, 50 及下页, 74, 98, 101, 122, 133, 139, 142, 378, 384, 386

Karl der Große 查理大帝 240, 255, 355, 397

Karl Ⅰ. 查理一世 37, 197, 351

Karl Ⅱ. 查理二世 35, 353, 396

Karl Ⅴ. 查理五世 351, 366, 396

Karl Ⅶ. 查理七世 352, 396

Karl Ⅷ. 查理八世 30 及下页, 378

Karl Ⅸ. 卡尔九世 354, 397

Karl Ⅹ. 查理十世 117, 216, 220, 388

Karl Ⅺ. 卡尔十一世 369

Kasimir Ⅱ. 卡齐米日二世 355, 397

Kasimir Ⅲ. 卡齐米日三世大帝 361, 397

Kasimir Ⅳ. 卡齐米日四世 355, 397

Katharina 卡特琳娜 144

Katharina Ⅱ. 卡特琳娜二世 355, 397

Kekrops 凯克洛普斯 324, 394

Kephalos 克法洛斯 14

Keratry, Auguste Hilarion comt de 奥古斯特·希拉里昂·凯拉特里伯爵 57, 380

Kind, Moritz 莫里茨·金德 LIV

Kleinschrod, Gallus Aloys Kaspar 加卢斯·阿洛伊斯·卡斯帕·克莱因施罗德 110, 380

Kleisthenes 克里斯提尼 322, 326, 393

Kleuker, Johann Friedrich 约翰·弗里德里希·克洛伊克尔 288, 392

Klüber, Johann Ludwig 约翰·路德维希·克吕伯 XXVIII

Knud Ⅱ. der Große 克努特二世大帝 353, 397

Knütel, Rolf 罗尔夫·克努特 XL

Kohler, Josef 约瑟夫·科勒 L, LVII

Konfuzius 孔子 266, 275

Konstantin der Große 君士坦丁大帝 346, 389, 395

Konstantin Ⅰ. 君士坦丁一世 XXXII

Kopernikus, Nikolaus 尼古拉·哥白尼 XXXII

Kotzebue, August von 奥古斯特·冯·科茨布 135, 386

Kraft, Herbert 赫伯特·克拉夫特 402

Krug, Wilhelm Traugott, 威廉·特劳格特·克鲁格 50, 379

Kunze, Michael 米夏埃尔·昆策 L

L

Laban 拉班 302

人名索引

Labeo, Marcus Antistius 马库斯·安提斯提乌斯·拉贝奥 338,394

Lamennais, Hugues Félicité Robert de 乌格斯·费利西泰·罗贝尔·德·拉梅内 55,203,379

Landsberg, Ernst 恩斯特·兰茨贝格 LVI

Languet, Hubert 胡伯特·朗格特 37,378

Laube, Heinrich 海因里希·劳伯 XXVI, LII, 400

Lechevalier, Jules 儒勒·勒谢瓦利埃 380 及下页,383

Lelewel, Joachim 约阿希姆·勒勒维尔 397

Lenz, Marx 马克斯·伦茨 XIX

Leo, Heinrich 海因里希·莱奥 20,377

Leonhard, Karl Cäsar von 卡尔·凯塞·冯·莱昂哈特 XXXIV 及下页

Lerminier, Eugène 尤金·勒米尼埃 381

Lessing, Gotthold Ephraim 戈特霍尔德·埃夫莱姆·莱辛 44

Leukippus 留基波 11,377

Levi 利未 301

Leyh, Peter 彼得·莱 402

Licinius 李锡尼 391

Littleton, Thomas 托马斯·利特尔顿 353,396

Livius 李维 28

Lodbrok, Ragnar 拉格纳·洛德布罗克 353,398

Lord Amers 阿默斯勋爵 265

Lothar Ⅱ. 洛塔尔二世 350,396

Louis Philipp 路易·菲利普 213

Löwith, Karl 卡尔·洛维特 XIX

Ludwig Ⅺ. 路易十一 360,397

Ludwig ⅩⅣ. 路易十四 30,41, 163 及下页,169,189,216,258,369

Ludwig ⅩⅤ. 路易十五 42,165

Ludwig ⅩⅥ. 路易十六 49,220

Ludwig ⅩⅧ. 路易十八 216,388

Luther, Martin 马丁·路德 55, 258,379,383

Lykurg 吕库古 158,251,319, 374,387,393

M

Maas, Johan Gebhard Ehrenreich 约翰·格布哈德·埃伦赖希·马斯 50,379

Macartney, George Lord 乔治·马戛尔尼勋爵 265

Michiavelli, Niccolò 尼科洛·马基雅维里

Maistre, Joseph Marie comte de 约瑟夫·马里·迈斯特伯爵 XLIV, 54 及下页,203,379

Malchus, Karl August Freiherr von 卡尔·奥古斯特·冯·马尔休斯男爵 165,387

Malik 马利克 310

Malthus, Thomas Robert 托马斯·罗伯特·马尔萨斯 164,387

Manthe, Ulrich 孟文理 Ⅵ

Marc Aurel 马可·奥勒留 386

Marx, Karl 卡尔·马克思 Ⅵ, ⅩⅩⅩⅢ

Maximilian Ⅰ. 马克西米利安一世 349,357,396

Mehring, Franz 弗朗茨·梅林 ⅩⅩ

Meier, Moritz Hermann Eduard 莫里茨·赫尔曼·爱德华·迈尔 317,393

Melissus 麦里梭 11,377

Mendelssohn, Moses 摩西·门德尔松 386

Menes 美尼斯 298,392

Menu 摩奴 277 及以下诸页,286 及下页,331,391

Metternich, Klemens Wenzel Lothar Fürst von 克莱门斯·文策尔·冯·梅特涅 ⅩⅩⅧ

Michaelis, Johann David 约翰·大卫·米夏埃利斯 299,305,307,392

Michaud, M. M.米肖 380

Michelet, Carl Ludwig 卡尔·路德维希·米歇莱 LⅡ,122,385

Mill, James 詹姆斯·密尔 278,391

Miltiades 米太亚得 394

Milton, John 约翰·米尔顿 37,378

Minerva 密涅瓦 12

Mirabeau, Honré Gabriel Riqueti comte de 奥诺雷·加布里埃尔·里克蒂·米拉波伯爵 31, 49 及下页,379

Moeller, Ernst von 恩斯特·冯·莫勒尔 ⅩLⅦ

Mohammed 穆罕默德 309,313

Mohammed Ⅲ. 穆罕默德三世 311,393

Mohnhaupt, Heinz 海因茨·莫恩豪普特 L,LV

Moloch 摩洛赫 306

Montesquieu 孟德斯鸠 ⅩLⅢ, ⅩLⅦ,21,31,40 及以下诸页,185, 212,262 及下页,387

Morus, Thomas 托马斯·莫尔 4,27 及以下诸页,378

Moser, Moses 摩西·摩泽尔 LⅦ

Moses 摩西 251,272,278,293, 297,300 及以下诸页,305,307 及下页,374

Müller, Adam 亚当·穆勒 ⅩLⅣ, 55 及下页,379

Müller, Karl Otfried 卡尔·奥特弗里德·穆勒 318,393

Münchenhausen, Karl Friedrich Hieronymus Freiherr von 卡

尔·弗里德里希·希罗尼穆斯·冯·明希豪森男爵 XXXIX

Murad Ⅲ. 穆拉德三世 311,393

N

Napoleon 拿破仑 XXII,XXVII,31,94,136及下页,175,183,232,235,238,240,269,374

Naruszewicz,Adam Stanislaw 亚当·斯坦尼斯瓦夫·纳鲁斯维奇 355,397

Nebenius,Carl Friedrich 卡尔·弗里德里希·内贝尼乌斯 165,387

Nicolin,Günther 京特·尼柯林 LII

O

Odin 奥丁 353,396

Ödipus 俄狄浦斯 294

Offa 奥法 353,396

Olfers,Hedwig von 海德威·冯·奥尔菲尔斯 XXXII

Omar 奥马尔 309

Orchan 奥尔汗 311,393

Ormuzd 奥尔穆兹德 233,249,264,289及以下诸页

Ortloff,Hermann 赫尔曼·奥特洛夫 LIII

Osiris 奥西里斯 297,392

Osmanbeck 奥斯曼贝克 311

Othman 奥斯曼 309

P

Parabrahma 梵天 278

Parmenides 巴门尼德 11,377

Paul,Jean 让·保罗 100

Pausanias 泡萨尼亚斯 288

Peel,Robert 罗伯特·皮尔 189,388

Perikles 伯里克利 251,323,394

Pestalozzi,Johann Heinrich 约翰·海因里希·裴斯泰洛齐 47,149,386

Peter Ⅰ.,der Große 彼得一世大帝 213,369

Peyron,Amadeo 阿马德奥·佩隆 294,392

Pfister 普菲斯特尔 188

Philipp Ⅱ. 腓力二世 351,369,396

Philipp Ⅳ.,der Schöne "美男子"腓力四世 360,397

Philiipp von Macedonien 马其顿的菲利普 252

Pitt,William 威廉·皮特 221,231,389及下页

Platner Eduard 爱德华·普拉特纳 317

Plato 柏拉图 12及以下诸页,21及以下诸页,52,60,78,86,116,131,171,201,203,293及下页,317,320,383

Plutarch 普鲁塔克 341,395

Polemarchos 波勒马科斯 14
Polo, Marco 马可·波罗 265
Pomponius 彭波尼 154,343,386
Protagoras 普罗泰戈拉 11,377
Puchata, Georg Friedrich 格奥尔格·弗里德里希·普赫塔 LVI
Pufendorf, Samuel von 塞缪尔·冯·普芬道夫 XLIII,31,37及下页,45
Pütter, Johann Stephan 约翰·斯蒂凡·皮特 XLVII,364,397
Pütter, Karl Theodor 卡尔·西奥多·皮特 L
Pythagoras 毕达哥拉斯 10,377

Q

Quesnay, François 弗朗索瓦·魁奈 49,164及下页,379

R

Rabel, Ernst 恩斯特·拉贝尔 L
Radbruch, Gustav 古斯塔夫·拉德布鲁赫 XLVIII
Rau, Karl Heinrich 卡尔·海因里希·劳 165,387
Raumer, Friedrich von 弗里德里希·冯·劳默 350,396
Reif, Heinz 海因茨·赖夫 385
Reinhold, Karl Leonhard 卡尔·莱昂哈特·莱茵霍尔德 50,379
Reitemeier, Johann Friedrich 约翰·弗里德里希·赖特迈尔 XLVII
Remus 雷穆斯 253
Rémusat, Jean-Pierre-Abel 让-皮埃尔-阿贝尔·雷慕沙 265,391
Ricardo, David 大卫·李嘉图 164及下页,387
Richard Ⅰ. Löwenherz "狮心王"理查一世 220,353,389
Richelieu, Armand Jean de Plessis 阿尔芒·让·迪普莱西·德·黎塞留 369,390
Riedel, Manfred 曼弗雷德·里德尔 399及以下诸页,403及下页,407及下页
Ringier, Johann Rudolf 约翰·鲁道夫·林伊尔 XXII,XLI
Romulus 罗慕路斯 253
Rosenkranz, Karl 卡尔·罗森克朗茨 XX
Rothari Ⅰ. 罗塔里一世 350,396
Rousseau, Jean-Jacque 让-雅克·卢梭 XLIII,31,36,38,42及下页,45及以下诸页,74,113,149,157,378,386
Royer-Collard, Pierre Paul 皮埃尔·保罗·罗亚-科拉尔 57,380
Ruben 流便 305
Ruge, Arnold 阿诺德·卢格 X,XXV
Rühl, Franz 弗朗茨·吕尔 XXXII
Rupprecht, Hans-Albert 汉斯-阿

尔伯特·鲁普雷希特 VI

S

Sabinus 萨宾 386
Saint-Simon, Claud Henri comte de 克劳德·亨利·圣西门伯爵 58,383
Saint-Simon Henri Graf von→Saint-Simon, Claude Henri comte de
Salvador, Joseph 约瑟夫·萨尔瓦多 299,392
Salvandy, Narcisse Achille de 纳尔西斯·阿希尔·德·萨凡迪 57,380
Samuel 撒母耳 392
Samuel Ⅰ. 撒母耳一世 300
Sand, Karl Ludwig 卡尔·路德维希·桑德 135,386
Sarah 撒拉 303
Savigny, Friedrich Carl von 弗里德里希·卡尔·冯·萨维尼 XLV, LIV, LVII, 81 及以下诸页, 173,287,338,350,383,387,401
Say, Jean-Baptist 让-巴蒂斯特·萨伊 165,387
Schafii 沙菲仪 310
Schilbach, Erich 埃里克·施尔巴赫 XXII, XLIX
Schiller, Friedrich von 弗里德里希·冯·席勒 XLIV,128
Schlegel, August Wilhelm von 奥古斯特·威廉·冯·施莱格尔 277,391
Schlegel, Friedrich 弗里德里希·施莱格尔 XLIV,55 及下页,136,140,380,386
Schlosser, Friedrich Christoph 弗里德里希·克里斯托弗·施罗瑟尔 136,386
Schlyter, Carl J. 卡尔·J.施吕特尔 354,397
Schömann, Georg Friedrich 格奥尔格·弗里德里希·许曼 393
Schönfeld, Walter 瓦尔特·舍恩菲尔德 XL
Schopenhauer, Arthur 阿图尔·叔本华 XXXVI
Schrader, Heinrich Eduard Siegfried 海因里希·爱德华·西格弗里德·施拉德尔 340,395
Schröder, Horst 霍斯特·施罗德 399,401,403 及下页,407 及下页
Schröder, Jan 扬·施罗德 LV
Schubarth, Carl Ernst 卡尔·恩斯特·舒巴尔特 XXI
Schulenburg, Bernhard August Graf von der 伯恩哈特·奥古斯特·冯·舒伦伯格伯爵 399
Schulenburg-Jahmen, Albert Walter Graf von der 阿尔伯特·瓦尔特·冯·舒伦伯格-雅门伯爵 399
Schulze 舒尔策 399
Schütze, Theodor 特奥多·许策

399

Seagle, William 威廉·西格尔 L

Selim Ⅱ. 塞利姆二世 311,393

Seneca 塞涅卡 111

Sennacherib 辛那赫里布 392

Sesostris 塞索斯特利斯

Sesostris Ⅰ. 塞索斯特利斯一世 392

Sesostris Ⅱ. 塞索斯特利斯二世 392

Sesostris Ⅲ. 塞索斯特利斯三世 392

Seth 塞特 392

Sethon 塞通 296

Shaftesbury, Antony Ashley Cooper Graf von 安东尼·阿什利·库珀·冯·沙夫茨伯里伯爵 129 385

Siéyes, Abbé Emmanuel Joseph 埃马纽埃尔·约瑟夫·西耶斯神文 XLⅢ,31,49,379

Simonides 西蒙尼德 14

Skjold 斯约尔德 353,396

Smek, Magnus Ⅱ. 马格努斯二世·斯梅克 354,397

Smith, Adam 亚当·斯密 164 及下页,387

Sokrates 苏格拉底 11 及下页,14 及下页,19,22,49,63,131,166,219,328,333

Solon 梭伦 251,319,321 及以下诸页,374,393

Sonnenfels 约瑟夫·冯·索南菲尔斯 117,385

Sophokles 索福克勒斯 330,394

Spinoza, Benedict 本尼迪克特·斯宾诺莎 XLⅢ,14,31 及以下诸页,43,55,130,203

Stägemann, Friedrich August von 弗里德里希·奥古斯特·冯·施泰格曼 XXXII

Stahl, Friedrich Julius 弗里德里希·朱利叶斯·施塔尔 55,380

Stammler, Rudolf 鲁道夫·施塔姆勒 XLⅦ

Stankevič 斯坦科维齐 LⅥ

Staunton, George Thomas 乔治·托马斯·斯丹东 265,391

Stephanus Junius Brutus→Languet, Hubet

Stintzing, Johann August Roderich von 约翰·奥古斯特·罗德里希·冯·斯汀辛 LⅥ

Strabo 斯特拉波 288,293 及下页,392

Strabos→Strabo

Strauss, David Friedrich 大卫·弗里德里希·施特劳斯 XXII

Stübel, Christoph Kral 克里斯托弗·卡尔·斯图贝尔 111,384

Suleiman 苏莱曼 315

Suleiman Ⅲ. 苏莱曼三世 311,393

Sulla, Lucius Cornelius 卢修斯·

科尔内留斯・苏拉　338,394

Svend Ⅰ.(Gabelbart)　斯文德一世(八字胡王)　353,397

T

Tacitus,Publius Cornelius　普布利乌斯・科尔涅利乌斯・塔西陀　145,341,363,365,395

Tamerlan,Timur　帖木儿・塔梅尔兰　316,393

Thales　泰勒斯　10,377

Thaumassière,Gaspard de la　加斯帕德・德・拉・托马希埃　352

Theoderich　狄奥多希　396

Thibaut, Anton Friedrich Justus　安东・弗里德里希・尤斯图斯・蒂堡　XLVII及以下诸页,LIV,372

Thierney,Clark　克拉克・蒂尔尼　390

Thomas von Aquin　托马斯・阿奎那　XLIII

Thomasius,Christian　克里斯蒂安・托马修斯　XLIII,31,39,40,44及下页,152

Thukydides　修昔底德　288,317,393

Tiberius　提比略　339

Tieck,Ludwig　路德维希・蒂克　136,386

Tissot,Claude Joseph　克劳德・约瑟夫・蒂梭　57,380

Trasymachos　特拉叙马霍斯　14,203

U

Ulpianus,Domitius　多米提乌斯・乌尔比安　338,394

Unger,Josef　约瑟夫・昂格尔　L

Unterholzner,Karl August Dominik　卡尔・奥古斯特・多米尼克・翁特霍尔茨纳　XLVIII

V

Varmas　瓦玛斯　287

Varnhagen von Ense,Karl August　卡尔・奥古斯特・瓦恩哈根・冯・恩塞　XX及以下诸页,XXXII

Veit　维特　386

Vergilius　维吉尔　391

Vico,Giambattista　詹巴蒂斯塔・维柯　245,390

Villemain　维勒曼　381

Vishtasp→Gustasp

Voltaire　伏尔泰　43

Voss,Johann Heinrich　约翰・海因里希・沃斯　318,393

W

Waldemar Ⅱ.,der Sieger　"胜利者"瓦尔德马二世　353,397

Walter,Ferdinand　费迪南德・瓦

尔特 XXXVI

Wannemann, P. P.万纳曼 XXI, XXV, XXIX

Warnkönig, Leopold August 利奥波德·奥古斯特·瓦恩柯尼希 XLVII, L, LV

Wenger, Leopold 利奥波德·温格 L

Wesel, Uwe 乌维·维瑟尔 L

Wesenberg, Gerhard 格哈特·维森贝格 XLV

Wette, Wilhelm Marin Lebebrecht de 威廉·马丁·雷贝布雷希特·德维特 135,386

Wiclif, John 约翰·威克里夫 55,379

Wilhelm, I., der Eroberer "征服者"威廉一世 353,357,396

Wilkins, Charles 查尔斯·威尔金斯 277,391

Wilson, Horace H. 赫拉斯·H.威尔逊 277

Wodan→Odin

Wohlwill, Immanuel 伊曼努尔·沃尔维尔 LVII

Wolff, Christian von 克里斯蒂安·冯·沃尔夫 XLIII,31,40,378

Wollaston, William 威廉·沃拉斯顿 130,385

X

Xenophanes 色诺芬尼 11,377
Xenophon 色诺芬 317,393

Y

Yao 尧 266
Yung-Tscheng 雍正 270,391

Z

Zaleukos 扎琉科斯 319,393
Zarathustra→Zoroaster
Zeiller, Franz von 弗兰茨·冯·蔡勒 372
Zelophchad 西罗非哈 305
Zenon 芝诺 11,377
Zeus 宙斯 319,322
Zoroaster 琐罗亚斯德 249,251,288,289,391

译后记

约翰·布劳恩教授已经在"编者引论"中非常详尽地为我们呈现了爱德华·甘斯在黑格尔学派以及整个法哲学发展史上的意义,而对爱德华·甘斯生平感兴趣的读者亦可参考布劳恩教授所编辑的《爱德华·甘斯书信与档案集》(*Eduard Gans, Briefe und Dokumente*, Mohr Siebeck, 2012)中的"导论"。在那里,布劳恩教授为我们呈现了一个生平史中的爱德华·甘斯:他与历史法学派斗争的各种细节,他如何作为黑格尔学派的护卫者并创办了黑格尔派的机关报《科学批判年鉴》,他在大学和社会公共领域的政治活动,他如何充当青年德意志文学运动的领唱人,他如何扮演德国最早的"德国欧洲人"角色,以及在溘然长逝后他如何遭受了被迅速遗忘的命运——没有人管理和整理他的文献遗产:他已经宣布即将付梓的《过去五十年的历史》一书始终没有印刷,最后,手稿竟然全部散佚;他的丰富藏书被拍卖,以各种方式转送他人;书信散落四处,大量丢失,只有少数幸免于难。而随着黑格尔学派在黑格尔去世后的迅速衰落,爱德华·甘斯也逐渐淡出人们的视野。在他去世第二年,他的论战对手萨维尼就开始出版他的主要著作《当代罗马法体系》。遗憾的是,命运却不再给爱德华·甘斯回应的机会,正如他的朋友瓦恩哈根·冯·恩塞所言:"萨维尼再次崛起,帝国重新归属于他。"

《自然法与普遍法历史》的编辑与出版可以说是"命运最美的馈赠之一"(黑格尔评柏拉图作品语)。布劳恩教授在他的自传《在德国的一生:回顾联邦德国的七十载》(Johann Braun, *Ein Leben in Deutschland:Rückblicke auf sieben Jahrzehnte BRD*, LIT Verlag, 2018)以及和译者的通信中讲述了本书的诞生过程。1975年,教授在准备一个黑格尔法哲学的研讨班时,注意到了爱德华·甘斯,而在此之前他完全不知道爱德华·甘斯的存在,从此,对于爱德华·甘斯的研究就成了他一生的事业之一。当时,布劳恩教授不知从何处得知,海德堡大学法律系保存了一份爱德华·甘斯的法哲学讲座记录,而记录者正是哲学家的小儿子伊曼努尔·黑格尔,于是他驱车前往海德堡大学,让人取出了这份手稿,然后在复印机上复印了一份——我们当然会惊讶不已,在当时如此轻易地就可以接触到这些珍贵的手稿,每个人都可以随意取用、翻阅、复印。回到家后,教授仔细阅读了这些复印本,他注意到,这份笔记包含了三个组成部分:哲学史导论、黑格尔法哲学的详细阐释、普遍法历史的纲要。正如布劳恩教授所言,他越是研究,越觉得这份笔记适合年轻的法律人学习黑格尔的《法哲学原理》这个难以驾驭的文本,于是他把其中解析《法哲学原理》的部分在打字机上誊写出来,复印给了研讨班的参与者们。在这个研讨班结束后,布劳恩教授却发现,民主德国学者霍斯特·施罗德已经在1971年编辑出版了《爱德华·甘斯哲学著作集》(Eduard Gans, *Philosophische Schriften*, Verlag Detlev Auvermann K. G. Glashütten im Taunus, 1971),其中的第三部分"自然法:1828年冬季—1829年复活节"与他誊写的这个部分是类似的。在那个没有互联网的时代,如果本地的图书馆中没有收录相关的著作,人们很难了解到别人的研究成果。于是,他决定继续誊写法哲学导论和普遍法历史部分,以完成一个完整的版本。当然,这个工作要困难和复杂得多,因为记录者伊曼努尔·黑格尔显然对这两个部分并不熟悉,记录中有不少的错误。而当布劳恩教授终于完成了这一誊写工作时,曼弗雷德·里德尔却推出了同一份讲座记录的完整版本(Eduard Gans, *Naturrecht und Universalrechtsgeschichte*, hrsg. v. Manfred Riedel, Klett-Cotta,1981),他们二位为自己确立了同样的目标,却互相不知道对方的情况。于是,他面临着这样一个局面,是否继续为此付出努力?正如教授所言:"又一次,一切都徒劳无功;又一次,像一个投资失败后的商人一样,我面临着这样的问题:我是否应该在损失了资本之后投入新的资本,以便或许还能挽救它,或者我是否应该扣除损失,就此打住。像我这样不太灵活的人,我决定继续下去。我决心收集所有还能找到的这个讲座的记录,并制作一个对观版本,在其中抵消那些自然附着在这些手稿上的不足之处。直到新千年,我才结束了这一'副业'。"而这一切的成果就是我们眼前的这本《自然法与普遍法历史》,从1975年到2005年本书德文版的出版,这是一位学者整整三十年的时光。在此期间,布劳恩教授克服了诸多不利的条件,出版了关于爱德华·甘斯的研究著作《犹太教、法学和哲学——法学家爱德华·甘斯的生平图景》,不断发表关于爱德华·甘斯的论文。在本书翻译过程中,他还在德国《法学时代史杂志》(*Journal der Juristische Zeitgeschichte*)发表了一份他在20世纪90年代发现的由俄国人涅沃夫撰写的关于爱德华·甘斯的悼词。在我们往来的邮件中，布劳恩教授热情地向我回顾了他如何在两德统一时的莱比锡工作期间发现了这份材料的传奇经历，并竭尽所能地还原一幅整体性的爱德华·甘斯形象。当然，我们不要忘记，布劳恩教授也是一位杰出的民法学家、法哲学家，他撰写了非常出色的民法学、法学方法论著作，他的法哲学史著作位列德语学界的经典之列，而对于爱德华·甘斯的研究也确实只是他的一个"副业"而已，但是他却把这个副业做得这么好、这么深入，我们不得不向这样一位法学家致敬。爱德华·甘斯说，法学不能局限在教义学和实用主义的"微观学"上。我想，布劳恩教授以他一生所思向我们展示了一幅整全的法律人图景。

所以在本书的翻译过程中，我首先要感谢布劳恩教授所给予的帮助。通过翻译这本书，我也参与到了爱德华·甘斯和布劳恩教授的生命之中，这属实一份莫大的荣幸。再者，我要感谢"政治哲学名著译丛"的主编吴彦老师，早在本人于弗赖堡大学攻读博士学位伊始，他就邀请我翻译这部著作。我在接到邀请后从弗赖堡大学图书馆借阅了曼弗雷德·里德尔的版本和本版本的《自然法与普遍法历史》，并最终决定翻译后者。由于学业紧张，这项工作一直未能展开，直到回国工作一段时间后才下定决心，按照吴彦老师的安排，开始推进本书的翻译工作。此外，在本书的翻译过程中，我得到了众多师友的帮助：作为我的领导和师长，张政文老师一直支持着我的学术活动，给了我莫大的关心和帮助；我向最高人民法院《应用法学》杂志社的周维明博士请教了许多拉丁语、希腊语名词的翻译；与暨南大学的汤沛丰老师就许多德文段落的翻译进行过讨论；敏振海老师帮助我核对了相关伊斯兰法学著作的译名;弗赖堡大学博士生金晶协助我制作了本书的人名索引;我也曾就一些专业问题向朱学平、樊文、庄振华、黄家镇、柳建龙、张羽佳、程捷、黄涛、王丁、姚远等多位老师请教,在此一并致谢。当然,翻译中出错是难免的,这是每位译者不得不遭受的一种命运,他只能独自承受它,甚至他越是要与这种命运进行抗争,这种命运越是不期而至;作为译者,唯一所能的就是祈求读者记取他曾如此竭力与之抗争。

最后,感谢我的妻子陈鲁夏博士,给了我家庭的温暖与真挚,在爱与科学的道路上陪伴我;感谢我的岳母在翻译期间的悉心照顾;感谢父母一路以来的支持与鼓励。就像布劳恩教授在"版本报告"中所言:"在漫长的旅程结束时,每个人都会比开始时更加明智。"于我而言,这部法学的百科全书是生命中历经的一个驿站、经验到的一种精神教化,希望对耐心的读者也有所助益吧!

黄钰洲

中国社会科学院大学,2022 年 10 月 10 日

作者简介

爱德华·甘斯(Eduard Gans,1797—1839),19世纪前叶德国著名法学家、法哲学家,黑格尔派和青年德意志文学运动的重要代表人物,马克思在柏林大学时期的老师。自1816年起,甘斯先后在柏林大学、哥廷根大学和海德堡大学学习,1819年在蒂堡的指导下完成其博士论文,1826年起担任柏林大学法学院教授。甘斯主导创办了黑格尔派的机关报《科学批判年鉴》,作为哲学法学派的代表人物展开了与以萨维尼为代表的历史法学派的激烈论战,共同编辑出版了友人版《黑格尔全集》。恩格斯曾指出,甘斯与黑格尔、费尔巴哈、施特劳斯、卢格和《德国年鉴》一起代表了19世纪"哲学的全部发展"。

编者简介

约翰·布劳恩(Johann Braun,1946—),当代德国著名法学家、法哲学家,帕绍大学民事诉讼法、民法和法哲学教席荣休教授,著有《自由、平等、财产:费希特哲学视野下的法的基本问题》《法学导论》《法哲学导论》《犹太教、法学和哲学——法学家爱德华·甘斯的生平图景》等。

译者简介

黄钰洲,弗赖堡大学法学博士,中国社会科学院大学法学院讲师,主要研究领域为德国法哲学、德国古典哲学和法律史。

图书在版编目(CIP)数据

自然法与普遍法历史：黑格尔法哲学讲座/(德)爱德华·甘斯著；(德)约翰·布劳恩编；黄钰洲译.—北京：商务印书馆，2023
（政治哲学名著译丛）
ISBN 978-7-100-22155-9

Ⅰ.①自… Ⅱ.①爱… ②约… ③黄… Ⅲ.①黑格尔(Hegel,Georg Wilhelm Friedrich 1770—1831)-法哲学-研究 Ⅳ.①B516.35 ②D90

中国国家版本馆 CIP 数据核字(2023)第 065568 号

权利保留，侵权必究。

中译本为教育部人文社会科学研究项目"爱德华·甘斯《自然法与普遍法历史》翻译与研究"（22YJC720004）的阶段性成果。

政治哲学名著译丛
自然法与普遍法历史
黑格尔法哲学讲座
〔德〕爱德华·甘斯 著
〔德〕约翰·布劳恩 编
黄钰洲 译

商 务 印 书 馆 出 版
（北京王府井大街36号 邮政编码100710）
商 务 印 书 馆 发 行
北京艺辉伊航图文有限公司印刷
ISBN 978-7-100-22155-9

2023年4月第1版　　开本 880×1230　1/32
2023年4月北京第1次印刷　印张 21⅛
定价：108.00元